DICCIONARIO
ESPASA

DICCIONARIO
SINÓNIMOS Y ANTÓNIMOS

ESPASA

Director Editorial
Juan González Álvaro

Editora
Marisol Palés Castro

Redactor Jefe
Faustino Muñoz

Equipo de Redacción
Bernardo Cuéllar, Antonio Novoa, Mariano Velasco

Diseño de la Colección
Joaquín Gallego

Séptima edición: mayo, 1997

Depósito legal: M. 13.486-1997
ISBN: 84-239-9204-7

Impreso en España / Printed in Spain
Impresión: Unigraf, S. L.

Editorial Espasa Calpe, S. A.
Carretera de Irún, km 12,200
28049 Madrid

Prólogo

El DICCIONARIO DE SINÓNIMOS Y ANTÓNIMOS de Espasa Calpe, en su práctico formato de bolsillo, pone al alcance de los usuarios —tanto estudiantes como profesionales— un amplio repertorio de voces con sus correspondientes sinónimos, o palabras de significado igual o semejante, y antónimos, o palabras de significado opuesto. La mayor riqueza de este diccionario radica en ofrecer a los hispanohablantes una multiplicidad de posibilidades léxicas que les permitan expresar con precisión ideas o conceptos análogos.

La facilidad de poder elegir entre diversas voces aquella que mejor se ajusta a la idea que queremos comunicar en cada momento es, sin duda, una de las propiedades fundamentales que caracteriza el uso adecuado de una lengua, y el DICCIONARIO DE SINÓNIMOS Y ANTÓNIMOS de Espasa Calpe simplifica a los usuarios esa búsqueda, a veces impaciente, de la palabra justa. Por otra parte, el avance constante de las investigaciones lexicográficas ha obligado a los profesores de lengua a incluir desde los primeros cursos de la Educación Primaria ejercicios de sinonimia y antonimia con el fin de estimular en los alumnos el dominio de los recursos idiomáticos.

Si bien es cierto que los sinónimos considerados en su sentido más estricto, es decir, como voces distintas de significación idéntica, se dan en muy contadas ocasiones, también es cierto que la utilidad de un diccionario de sinónimos y antónimos no es tanto la de indicar las palabras con significados idénticos o contrarios como la de proporcionar aquellas que, en un contexto semántico concreto, pueden ser reemplazadas o sustituidas por otras que expresen un matiz o sentido específicos. Así, el DICCIONARIO DE SINÓNIMOS Y ANTÓNIMOS, compartiendo el objetivo prioritario y común de todas las publicaciones de Espasa Calpe de ofrecer la mayor utilidad a sus lectores, permite a todas las personas interesadas en profundizar en el conocimiento de nuestra lengua el acceso a la inmensa riqueza de su vocabulario y a su infinita variedad de matices. Además, uno de los aportes más significativos de este diccionario es que su repertorio léxico cuenta con una gran cantidad de voces extraídas del lenguaje coloquial, así como de localismos, americanismos, neologismos, extranjerismos, locuciones y términos compuestos.

Las más de 18.000 entradas que incluye este diccionario aparecen rigurosamente alfabetizadas de la A a la Z. Siguiendo la decisión aprobada en abril de 1994 por el X Congreso de la Asociación de Academias de la Lengua Española, la *ch* y la *ll* han sido englobadas en la *c* y la *l* respectivamente, según las normas de alfabetización universal. Los listados de sinónimos y antónimos correspondientes a cada entrada han sido dispuestos en columnas para favorecer y simplificar la búsqueda. La ordenación interna de los bloques de sinónimos responde a dos criterios fundamentales: *1)* mayor cercanía semántica con la voz que se enuncia en la entrada; *2)* frecuencia de uso. En el caso de que una entrada presentara, o bien varias acepciones, o bien distintas categorías gramaticales, éstas han sido separadas en bloques, con sus correspondientes antónimos (escritos *en cursiva*) al final de cada bloque. Por último, las voces pertenecientes al español hablado en Hispanoamérica han sido marcadas con la abreviatura «*amer.*».

Como bien sabemos, ningún diccionario podrá ser nunca considerado como una obra concluida ni definitiva, sino que, por el contrario, su *corpus* debe mantenerse en constante revisión y renovación. En eso estamos. Por el momento nos daremos por satisfechos si este DICCIONARIO DE SINÓNIMOS Y ANTÓNIMOS, en cuya elaboración hemos puesto nuestro mejor empeño, significa algún avance en la actual lexicografía y si cumple, sobre todo, los objetivos para los que fue concebido: servir a los lectores con sobriedad y eficacia.

ESPASA CALPE.

Organización interna de las entradas

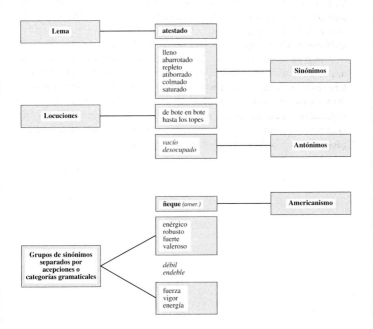

A

ababol
amapola
adormidera

abacería
tienda
comercio
colmado

abacial
monacal
clerical
conventual
monástico

ábaco
numerador
contador
tanteador

remate
capitel
coronamiento

abad
prior
superior
rector

abadejo
bacalao

reyezuelo

régulo

cantárida

abadesa
priora
superiora
rectora

abadía
convento
monasterio
abadengo
cenobio
cartuja

abajo
debajo
bajo

arriba
encima

abalanzarse
arremeter
arrojarse
lanzarse
atacar
acometer

retroceder
retirarse

abalizar
señalizar
marcar
demarcar

abalorio
cuentecilla
cuenta
oropel
lentejuela

abanderado
portaestandarte
alférez

protector
defensor
paladín

abanderar
matricular
registrar
inscribir

dirigir
acaudillar
encabezar

defender
proteger

abandonado
dejado

descuidado
negligente

cuidadoso
diligente

sucio
desaliñado

pulcro
aseado
arreglado

desamparado
inerme
desvalido

protegido

despoblado
deshabitado

habitado
poblado

abandonar(se)
desatender
desasistir
desamparar
renunciar

amparar
conservar

marcharse

irse
ausentarse

abandono
dejadez
apatía
desidia
negligencia

cuidado
diligencia

renuncia
cesión

desamparo
indefensión

amparo
abrigo

abanicar(se)
refrescar
ventilar
soplar

abanico
soplillo
paipay
flabelo
perico

abaratamiento
rebaja
depreciación
desvalorización

encarecimiento
alza

abaratar
rebajar
depreciar
desvalorizar
devaluar

encarecer
revalorizar

abarcar
comprender

englobar
contener

excluir
separar

rodear
ceñir

soltar

abarquillar(se)
alabear
combar
curvar

enderezar

abarraganarse
amancebarse

abarrancar
varar
encallar
embarrancar

abarrotar
atestar
atiborrar
colmar
llenar

vaciar
desocupar

abastecer(se)
suministrar
proveer
equipar
aprovisionar
avituallar

abastecimiento
suministro
aprovisionamiento
abasto
avituallamiento

privación
carencia

abasto
suministro
abastecimiento
acopio

abatido
decaído
apesadumbrado
desalentado
extenuado
fatigado

animado
vigoroso

envilecido
abyecto
miserable

abatimiento
decaimiento
desánimo
desaliento
agotamiento
desfallecimiento

ánimo
aliento
vigor

abyección
vileza

abatir(se)
desalentar
desanimar
extenuar
agotar

animar
fortalecer

derrumbar
derribar
volcar
aplastar
deshacer
. destruir
aniquilar

levantar

construir

doblegar
oprimir
humillar
degradar

exaltar
enaltecer

abdicación
renuncia
dimisión
cesión
abjuración

abdicar
renunciar
dimitir
cesar

abdomen
barriga
vientre
panza

abdominal
ventral
intestinal
estomacal

abecedario
alfabeto
abecé
cartilla
silabario
catón

abejorro
zángano
abejarrón

molestoso
fastidioso

aberración
desvío
extravío

perdición
perversión

corrección

equivocación
error

acierto
certidumbre

abertura
agujero
hendidura
orificio
hueco
grieta
rendija
ranura
raja

cierre
obturación

abeto
sapino
pinabete
abete

abierto
despejado
descubierto
amplio
llano
expedito

cerrado
tapado
vallado

claro
sincero
franco

hipócrita

hendido
rajado
roto
agrietado

intacto

abigarrado
sobrecargado
recargado
barroco

sobrio

heterogéneo
mezclado
confuso
complicado

homogéneo
sencillo

abisal
abismal
hondo
profundo

abismado
absorto
ensimismado
silencioso
reservado

sumergido
sumido

abismo
precipicio
sima
acantilado
barranco

llano
cumbre

profundidad
inmensidad
piélago

infierno
averno

abjurar
renunciar
retractarse
renegar
desdecirse
apostatar

ablación
amputación
extirpación
mutilación

ablandar(se)
suavizar
emblandecer
reblandecer
moderar

endurecer

enternecer
conmover
aplacar
apaciguar

enfadar
enojar
ensañarse

ablución
lavatorio
baño
lavado

abnegación
renuncia
filantropía
generosidad
bondad

egoísmo
indiferencia

abobado
necio
tonto
embobado
alelado
simple

espabilado
listo

abocar(se)
verter
trasvasar
envasar

acercarse

arrimarse
unirse

separarse
alejarse

abocetar
bosquejar
esbozar
esquematizar
diseñar

abochornado
avergonzado
ruborizado
confundido
humillado
ridiculizado

abochornar(se)
avergonzar
humillar
ruborizar
sonrojar
ridiculizar

abocinado
acampanado
atrompetado
aboquillado

abofetear
cachetear
pegar
sopapear

abogado
letrado
jurisconsulto
jurista

defensor
intercesor
mediador

abogar
defender
interceder
mediar

auxiliar
ayudar

acusar
atacar

abolengo
alcurnia
linaje
estirpe
origen
casta
aristocracia
solera

plebeyez
humildad

abolición
derogación
abrogación
anulación
revocación
cancelación
eliminación
extinción

aprobación
autorización
ratificación
validez
vigencia

abolir
derogar
abrogar
eliminar
revocar
anular
invalidar
suprimir

instituir
autorizar

abolladura
abollonadura
bollo
hundimiento

abollar(se)
deformar
hundir
abollonar
chafar

aplanar
alisar

abombado
abultado
alabeado

liso
plano

aturdido
atolondrado

abombar(se)
alabear
arquear
combar

alisar
aplanar
nivelar

aturdir
atolondrar

abominable
aborrecible
detestable
repugnante
despreciable
deleznable
execrable

estimable
apreciable
amable

abominar
aborrecer
detestar
odiar
condenar
reprobar

estimar
apreciar

abonado
inscrito
socio

acreditado
pagado

abonar(se)
pagar
costear
sufragar

adeudar
deber

inscribirse
matricularse

fertilizar
estercolar

empobrecer

abono
estiércol
fertilizante
mantillo
humus

fianza
garantía
seguridad

inscripción
suscripción

abordaje
choque
colisión
accidente

acometida
ataque

abordar
aproximarse
acercarse
tocarse
unirse

chocar

encontrarse
asaltar

iniciar
emprender
acometer

abandonar
desistir
eludir
evitar

aborigen
indígena
primitivo

autóctono
nativo
oriundo

foráneo
extranjero

aborrecer
despreciar
detestar
abominar

amar
apreciar

aborrecible
repugnante
detestable
abominable
despreciable
reprobable

amable
admirable

aborrecimiento
repulsión
aversión
odio
desprecio
execración
repugnancia
animosidad

antipatía
manía

aprecio
admiración

abortar
malograr
fracasar
interrumpir
malparir

lograr
realizar

aborto
malogro
fracaso
interrupción
malparto

éxito
logro

engendro
prematuro
feto

abotagado
hinchado
congestionado

deshinchado
desinflado

abotagarse
hincharse
inflarse
embotarse

desinflarse
desinflamarse

alelarse
atontarse

despabilarse

abotonar
abrochar
ceñir
ajustar

desabotonar
desabrochar

abovedado
arqueado
combado
curvo
convexo
cóncavo

abra
bahía
ensenada
cala
rada

paso
collado
desfiladero

abracadabra
conjuro
hechicería
sortilegio

abrasar(se)
quemar
achicharrar
calcinar
carbonizar

enfriar
helar
congelar

secar
marchitar
agostar

abrazadera
anillo
ceñidor
sujetador

abrazar
apretar
ceñir
rodear
estrechar

aflojar
soltar

comprender
contener

adoptar

acoger
adherirse

rechazar
abjurar

abrazo
apretón
estrujón
caricia
mimo
saludo

abrevadero
aguadero
pila
pilón
aljibe
estanque

abrevar
beber
refrescar

abreviar
resumir
sintetizar
compendiar
extractar

alargar
ampliar
aumentar

aligerar
acelerar
apremiar

tardar
atrasar

abreviatura
sigla
inicial
monograma

abridor
abrelatas
abrobotollas

abrigar(se)
arropar
cubrir
tapar
cobijar

desabrigar
desarropar

amparar
proteger

desamparar

abrigo
gabán
sobretodo
capa
pelliza

albergue
refugio
resguardo
parapeto

desamparo
desabrigo

abrillantar
lustrar
pulimentar
pulir
bruñir
encerar
esmerilar

deslustrar
empañar
deslucir

abrir(se)
rasgar
romper
agrietar
perforar

juntar
unir
soldar

entreabrir

descubrir
destapar

tapar
cubrir
cerrar

iniciar
inaugurar
estrenar

acabar
clausurar

sincerarse
confiarse

abrochar(se)
abotonar
ceñir
ajustar

desabrochar
desabotonar

abroncar
amonestar
abochornar
regañar
reprender

elogiar
felicitar

abrumador
agotador
molesto
agobiante
angustioso

abrumar(se)
agobiar
atosigar
apabullar
molestar
angustiar
fatigar

aliviar
confortar

abrupto
áspero
escarpado
rudo
escabroso
inaccesible

llano
suave
liso

absceso
inflamación
tumor
forúnculo
grano
divieso
lobanillo
flemón
golondrino
pústula

absentismo
ausencia
abandono
deserción

absolución
exculpación
indulto
perdón
condonación
liberación

condena
penitencia

absolutismo
autocracia
totalitarismo
dictadura
cesarismo

democracia

absolutista
autócrata
dictador
totalitario

déspota
tirano

democrático
liberal

absoluto
total
único
definitivo
categórico
tajante
general
universal

relativo
parcial

autoritario
despótico
dictatorial
tiránico

flexible
tolerante
liberal

absolver
exculpar
eximir
condonar
indultar

condenar
inculpar

absorber
chupar
aspirar
sorber
impregnar
empapar

repeler
expulsar

asimilar
digerir

cautivar
fascinar
hechizar

absorto
alelado
enajenado
abstraído
asombrado
atónito
cautivado
enfrascado
ensimismado
pensativo

abstemio
sobrio
frugal
moderado
parco

borracho
bebedor

abstención
contención
inhibición
abstinencia

consumo
abuso

abstenerse
contenerse
inhibirse
renunciar
privarse

obrar
actuar

abstinencia
ayuno
dieta
frugalidad
continencia

exceso
abuso

abstracción
idealización
conceptualización

concreción
materialización

contemplación

embelesamiento
embebecimiento

abstracto
indeterminado
vago
impreciso
indefinido

concreto
preciso

abstraer(se)
enajenarse
enfrascarse
ensimismarse
embelesarse

aislar
separar
sacar

abstruso
difícil
inasequible
incomprensible

claro
fácil
comprensible

absuelto
perdonado
redimido
exculpado
indultado
rehabilitado

condenado

absurdo
irracional
descabellado
ilógico
disparatado

racional
lógico
sensato

irracionalidad
necedad
disparate

abuchear
silbar
vociferar
abroncar
pitar
gritar

ovacionar
elogiar
aplaudir

abucheo
protesta
desaprobación
pita
bronca

ovación
aplauso

abuelo
anciano
viejo
yayo

joven

abulia
apatía
desgana
desidia
desinterés

interés
actividad

abultado
voluminoso
gordo
grueso

desmesurado
exagerado

delgado
enjuto

abultar
agrandar
engordar
aumentar

acrecentar
hinchar

adelgazar
desinflar
decrecer

exagerar
fantasear

abundancia
copiosidad
profusión
exuberancia
opulencia

escasez
estrechez
falta

abundante
copioso
cuantioso
profuso
prolífico
fecundo
rebosante
repleto
pletórico

escaso
pobre

abundar
colmar
rebosar
proliferar
sobrar

escasear
faltar

aburguesado
acomodado
adinerado
burgués

aburrido
desganado

hastiado
desanimado

animado
alegre

pesado
soporífero
tedioso

entretenido
divertido

aburrimiento
cansancio
desgana
apatía
tedio
pesadez
sopor

entretenimiento
diversión
interés

aburrir(se)
cansar
hartar
hastiar
empalagar
molestar

divertir
entretener
interesar

abusar
aprovecharse
propasarse
maltratar
explotar

respetar

abusivo
desmesurado
exagerado
desmedido
excesivo
inmoderado

justo
moderado

abuso
injusticia
atropello
exceso
extralimitación
arbitrariedad

moderación

abyección
servilismo
bajeza

ignominia
indignidad
vileza

nobleza
dignidad

abyecto
bajo
degradado
servil

ignominioso
infame
rastrero
ruin
vil

bueno
noble

acabado
consumido
agotado
gastado

rematado
terminado

incompleto

acabar
terminar
ultimar
zanjar
finalizar
concluir
agotar

empezar

iniciar
comenzar

redondear
rematar
completar

morir
perecer
fallecer
prescribir

academia
corporación
institución

escuela
colegio
instituto

academicismo
clasicismo
purismo
cultismo
amaneramiento

académico
correcto
clásico
culto

vulgar

escolar
universitario
colegial

erudito
sabio
docto

acaecer
suceder
ocurrir
acontecer

acaecimiento
acontecimiento
suceso
incidente
hecho
evento

acallar(se)
aplacar
calmar
serenar
sosegar

exaltar

silenciar
callar
enmudecer

acaloramiento
exaltación
excitación
arrebato
enardecimiento
fogosidad
impetuosidad
vehemencia

calma

acaloro
sofoco

acalorar(se)
irritarse
exaltarse
excitarse
agitarse
enardecerse

tranquilizarse
calmarse
sosegarse

calentar
asolear

enfriar
refrescar

acampada
campamento
camping

acampanado
abocinado
atrompetado

acampar
establecerse
instalarse
alojarse
estacionarse

acanalado
surcado
estriado
ondulado

acantilado
abismo
escarpadura
precipicio
salto
despeñadero

acantonamiento
campamento
acuartelamiento
emplazamiento
posición

acaparamiento
acopio
almacenamiento
amontonamiento
especulación

acaparar
acumular
almacenar
abarcar
especular
monopolizar

distribuir
repartir

acaramelado
azucarado
dulzón
meloso
empalagoso
pringoso

amargo

enamorado

amartelado
tierno

esquivo

acariciar(se)
tocar
manosear
sobar
arrullar
besar
magrear

maltratar
golpear

halagar
adular

ambicionar
desear

acarrear
llevar
transportar
conducir
portar

dejar

ocasionar
originar
producir

acartonado
apergaminado
tieso
momificado
curtido

lozano
fresco

acartonarse
apergaminarse
momificarse
secarse

acaso
azar
casualidad

fortuna
destino
hado

posiblemente
probablemente
quizá

acatamiento
obediencia
respeto
sometimiento
sumisión
supeditación

desobediencia
rebeldía

acatar
aceptar
obedecer
acceder
respetar

desacatar
desobedecer

acatarrado
constipado
griposo
resfriado

acatarrarse
constiparse
enfriarse
resfriarse

acaudalado
millonario
rico
adinerado
potentado

pobre
mísero

acaudillar
liderar
abanderar
capitanear

conducir
dirigir

acceder
aceptar
transigir
consentir
ceder
condescender
permitir
doblegarse
resignarse

negar
rechazar
rehusar

llegar
alcanzar
entrar

accesible
alcanzable
cercano
asequible
cordial
afable

inalcanzable
altivo

inteligible
fácil
sencillo

incomprensible
oscuro
difícil

accésit
galardón
premio
gratificación
recompensa

acceso
entrada
llegada
carretera

camino
senda

indisposición
vahído
trastorno

accesorio
accidental
circunstancial
secundario
episódico
anecdótico

esencial
fundamental

repuesto
recambio
complemento

accidentado
abrupto
escabroso
montañoso
irregular

liso
llano
suave

difícil
complicado
peliagudo

herido
víctima
damnificado

accidental
casual
fortuito
ocasional
provisional
imprevisto

esencial
fundamental

accidentarse
dañarse
herirse

accidente
circunstancia
eventualidad
peculiaridad

esencia
meollo

incidente
contratiempo
percance
desgracia
choque
atropello

acción
hecho
acto
actuación
operación
obra

actividad
movimiento
ejercicio
ardor
celo

inactividad
pasividad

bono
título
valor
participación

accionar
gesticular
agitar
mover

accionista
socio
asociado
capitalista
rentista

acechar
observar
escudriñar

atisbar
espiar
vigilar
husmear
aguardar
esperar

acecho
vigilancia
acechanza
asechanza
espionaje

acecinar(se)
ahumar
cecinar
secar
curar
salar

acartonarse
apergaminarse

acedía
acidez
agrura

desabrimiento
aspereza

dulzura
suavidad

acedo
ácido
agrio

ceñudo
antipático

dulce
meloso

acéfalo
decapitado
descabezado

caótico
desorganizado

aceitar
engrasar

lubricar
untar

desengrasar
resecar

aceite
grasa
óleo
unto

aceitera
vinagrera
alcuza

aceitoso
grasiento
graso
aceitado
oleoso

aceituna
oliva

aceitunado
aceitunil
verdoso
cetrino

aceleración
aceleramiento
celeridad
prontitud
rapidez

retraso
lentitud

acelerar
apresurar
apretar
avivar
urgir
precipitar

frenar
retardar
demorar

acémila
mula
asno
caballería

bruto
torpe

acendrado
depurado
limpio
purificado
puro
inmaculado

impuro
sucio
manchado

acento
acentuación
deje
tono
tonillo

tilde
vírgula
espíritu

acentuado
marcado
reforzado
recalcado
manifiesto
evidente

débil
atenuado
disimulado

acentuar(se)
aumentar
destacar
enfatizar
insistir
recalcar
resaltar

difuminar

atenuar
disimular

tildar
marcar

acepción
sentido
significado
significación
extensión

acepillar
alisar
cepillar
pulir
limpiar

aceptable
admisible
tolerable
soportable
correcto
apto
pasable

inaceptable
inadmisible
inepto

aceptación
admisión
aprobación
asentimiento
aquiescencia

rechazo
recusación
denegación

aceptar
admitir
aprobar
acceder
consentir
tolerar
transigir
someterse

recibir
recoger

negar
rechazar
recusar

acequia
canal
zanja
cauce
reguero
caz

acera
orilla
bordillo
andén
borde

acerado
duro
resistente
templado

blando
débil

ofensivo
penetrante
incisivo
punzante

acerbo
áspero
ácido
agrio
amargo

dulce

cruel
desabrido
despiadado
riguroso
severo

tratable
bondadoso
amable

acercamiento
aproximación
unión
reunión

distanciamiento
separación
alejamiento

acercar(se)
aproximar
arrimar
juntar
unir
yuxtaponer
abocar
adosar
aplicar

alejar
separar
arrinconar

acería
acerería
factoría
forja
fundición
siderurgia

acero
espada
puñal
hoja

acérrimo
tenaz
voluntarioso
constante
entusiasta

intransigente
fanático

acertado
adecuado
apropiado
conveniente

equivocado

desacertado
inadecuado

acertar
adivinar
atinar
averiguar
descubrir

equivocar
errar

acertijo
adivinanza
enigma
jeroglífico
pasatiempo
rompecabezas

acervo
acumulación
cúmulo
aglomeración
colección

caudal
pertenencia
propiedad

achacar
atribuir
imputar
inculpar
endosar

defender
disculpar

achacoso
delicado
enfermizo
enclenque
débil

sano
robusto

achaflanar
achatar
arromar
chaflanar

achantar(se)
acoquinar
atemorizar
intimidar
acobardar

conformarse
aguantarse
someterse

achaparrado
rechoncho
regordete
bajo

alto
esbelto

achaque
dolencia
indisposición
enfermedad

salud

achatado
aplastado
despuntado
romo

afilado
agudo

achatar
achaflanar
redondear
enromar
despuntar

afilar

achicado
apocado
empequeñecido
achantado

crecido

achicar(se)
abreviar
acortar

menguar
rebajar
disminuir
reducir

agrandar
aumentar

acobardar
acoquinar
amilanar
empequeñecer

envalentonar

achicharrar
quemar
incinerar
abrasar

achispado
borracho
chispo

achisparse
emborracharse
chumarse

achuchar(se)
empujar
abrazar
besar
instigar

achuchón
empujón
sobo

indisposición
arrechucho

aciago
nefasto
infausto

triste
infeliz
desgraciado

feliz
afortunado

acíbar
áloe

amargura
pena

alegría
satisfacción

acibarar
atormentar
fastidiar
entristecer
apenar

amargar
acidular

endulzar

acicalado
limpio
pulcro
arreglado

desaliñado
sucio

acicalar(se)
aderezar
aliñar
adornar
engalanar
arreglarse
asearse

descuidarse

bruñir
pulir

acicate
aliciente
estímulo
motivación

rémora
freno

aguijón
espuela

acicatear
estimular
animar

desanimar
disuadir

acidez
acedía
acerbidad
acritud

dulzor
suavidad

ácido
acedo
acidulado
agrio
acre

dulce
azucarado

agresivo
desagradable

acierto
puntería
tino
habilidad
destreza

desacierto
torpeza

éxito
fortuna
suerte

error
yerro
fracaso

cordura
prudencia

aclamación
aplauso
ovación
entusiasmo
aprobación

alabanza
homenaje

abucheo
pita

aclamar
aplaudir
vitorear
ovacionar
ensalzar
exaltar

abuchear
pitar
desaprobar

proclamar
nombrar
designar

aclaración
explicación
justificación
puntualización
especificación
esclarecimiento
demostración

confusión
equívoco
ambigüedad

aclarar(se)
limpiar
enjuagar

clarificar
esclarecer
explicar
definir
demostrar
descubrir
descifrar
desenredar
puntualizar
ilustrar
informar

complicar
embarullar

abonanzar

escampar
despejar
clarear

nublarse
encapotarse

aclimatación
adaptación
arraigo
familiarización

desarraigo
inadaptación

aclimatarse
adaptarse
ambientarse
habituarse
acostumbrarse

desarraigarse
deshabituarse

acné
grano
espinilla
erupción

acobardado
amedrentado
intimidado
acoquinado

resuelto
envalentonado

acobardar(se)
intimidar
acoquinar
atemorizar
asustar

envalentonar
animar
alentar

acodar(se)
doblar
acodalar

sostener
apoyar
apuntalar

enderezar

acodo
codal
codadura
sarmiento

acogedor
agradable
cómodo
hospitalario
sociable

incómodo
insociable

acoger(se)
aceptar
recibir
proteger
amparar
cobijar
refugiar

rechazar
desamparar

acogida
aceptación
recibimiento
admisión

despedida
rechazo

hospitalidad
protección
cobijo

desamparo
abandono

acogotar
arrinconar
derribar

dominar
vencer

liberar
soltar

acoquinar
amedrentar

acojonar
acobardar
acoquinar
arredrar
achantar
atemorizar

acolchado
almohadillado
mullido
blando

duro

acolchar
almohadillar
mullir

endurecer

acólito
cómplice
compinche
adlátere
acompañante
compadre

enemigo
adversario

monaguillo
sacristán

acometedor
agresivo
impetuoso
violento

emprendedor
dinámico
resuelto

apocado
tímido

acometer
agredir
arremeter
atacar
embestir
hostigar

retroceder
defender

intentar
emprender

desistir
abandonar

acometida
arremetida
asalto
ataque
agresión

defensa
resistencia

embocadura
empalme

acometividad
agresividad
belicosidad
violencia

pacifismo

decisión
brío
dinamismo

apocamiento
indecisión

acomodación
ajuste
adaptación
arreglo

inadaptación
desacuerdo

acomodado
adecuado

apropiado
apto

inadecuado
inoportuno

rico
adinerado
acaudalado

pobre
necesitado

acomodamiento
acuerdo
ajuste
convenio
arreglo
acomodo

desacuerdo
desajuste

acomodar(se)
adaptar
acoplar
adecuar
acondicionar
aclimatar

alterar
desajustar

colocar
instalar
asentar

descolocar

aceptar
consentir
resignarse

discrepar

coordinar
conciliar
armonizar

descoordinar
descompasar

acomodaticio
contemporizador

transigente
conformista
flexible

intransigente
inconformista

acomodo
acomodación
empleo
ocupación
colocación
cargo

desempleo

acuerdo
arreglo

desacuerdo

**acompaña-
miento**
compañía
cortejo
séquito
comitiva

aislamiento
soledad

coro
armonía

acompañante
compañero
amigo
camarada
acólito
adlátere

acompañar
seguir
escoltar
agregarse
unirse
asociarse

abandonar
retirarse

acompasado
rítmico
regular
mesurado
pausado

desacompasado
irregular

acompasar
acomodar
compasar
adecuar
sincronizar

desequilibrar
desacompasar

acomplejado
disminuido
inhibido
retraído

cabal
equilibrado

acomplejar(se)
disminuir
inhibir
retraerse

afrontar
superarse

acondicionado
adaptado
adecuado
preparado

**acondiciona-
miento**
adaptación
adecuación
acomodación

acondicionar
preparar
adecuar
adaptar
disponer

desarreglar
desordenar

acongojado
apenado
triste
afligido
consternado

animado
alegre

acongojar(se)
apenar
entristecer
afligir
desconsolar
angustiar

animar
alegrar

aconsejable
conveniente
recomendable
apto
apropiado

inadecuado
inconveniente

aconsejado
advertido
avisado
prevenido
prudente

aconsejar(se)
asesorar
recomendar
advertir
indicar
orientar
aleccionar
adiestrar

desaconsejar
disuadir

acontecer
suceder
pasar
ocurrir

acaecer
sobrevenir
realizarse

acontecimiento
suceso
hecho
acaecimiento
evento
incidente

acopiar
acumular
reunir
almacenar
acaparar

esparcir
derrochar

acopio
acumulación
recolección
acaparamiento
montón
conjunto

dispersión
carencia

acoplamiento
ajuste
ensambladura
conexión
compenetración
entrelazamiento
incrustación

acoplar(se)
ajustar
adaptar
encajar
articular
ensamblar
compaginar
enlazar
unir
conectar

desacoplar

desconectar
desunir

armonizarse

discrepar
enemistarse

acoquinar(se)
acobardar
intimidar
atemorizar

envalentonarse

acorazado
blindado
fortalecido
fortificado
reforzado

acorazar(se)
blindar
revestir
fortificar
reforzar
endurecer

acorcharse
insensibilizarse

secarse
agostarse
embotarse

acordado
congruente
lógico

incongruente
ilógico

convenido
pactado
establecido

acordar(se)
convenir
pactar
concertar
determinar

resolver
disponer

disentir
discrepar

recordar
rememorar

olvidar

acorde
armónico
concorde
consonante

disconforme
discordante

melodía
arpegio
cadencia

acordonar
acotar
limitar
rodear
cercar

acorralar
intimidar
acobardar
asustar

envalentonarse

acordonar
acotar
cercar

liberar
soltar

acortamiento
reducción
disminución
merma
encogimiento
corte

aumento
ampliación

acortar(se)
disminuir
abreviar
cortar
reducir
achicar
aminorar
resumir
sintetizar

alargar
ampliar

acosamiento
acoso
hostigamiento
persecución

acosar
acorralar
hostigar
perseguir
molestar

acoso
acosamiento
atosigamiento
hostigamiento
persecución

acostado
echado
tendido
tumbado
yacente
dormido

levantado

acostarse
echarse
tenderse
tumbarse
yacer
levantarse

acostumbrado
habituado
familiarizado
aclimatado

cotidiano

habitual
normal
ordinario
tradicional
usual

inusual
insólito

acostumbrar(se)
habituarse
aclimatarse
adaptarse
familiarizarse
adiestrarse

desacostumbrarse
deshabituarse

avezar
curtir
enseñar
hacer

soler

acotación
nota
advertencia
comentario
apostilla
observación

acotar
vedar
delimitar
limitar
vallar
cercar

anotar
señalar

ácrata
anarquista
libertario

acre
amargo

agrio
áspero

dulce
suave

desagradable
adusto
desabrido

agradable
amable

acrecentar(se)
aumentar
incrementar
ampliar
agrandar
desarrollar
mejorar
añadir

disminuir
menguar

acreditación
justificación
confirmación
credencial

acreditado
afamado
célebre
renombrado
reputado
prestigioso

desprestigiado

acreditar(se)
atestiguar
demostrar
justificar
garantizar
probar
avalar
autorizar
asentar
consignar

desacreditar
desprestigiar

deshonrar
difamar

acreedor
digno
merecedor

indigno
desmerecedor

fiador
demandante
reclamante

deudor

acribillar
agujerear
cribar
herir

molestar
importunar

acrimonia
acritud

acriollarse
aclimatarse
acostumbrarse

acrisolado
depurado
refinado
aquilatado
acendrado

adulterado
mezclado

acrisolar
depurar
refinar
purificar
aquilatar
acendrar

acritud
brusquedad
aspereza
agresividad

mordacidad
acrimonia

amabilidad
dulzura

acrobacia
acrobatismo
equilibrismo
pirueta
contorsión

acróbata
equilibrista
saltimbanqui
titiritero
volatinero

acrobático
ágil
ligero
rápido

acromático
incoloro
descolorido

acrópolis
ciudadela
fortificación

acta
certificación
certificado
memoria
acuerdo

actitud
disposición
talante
postura
ademán
gesto
aspecto
porte

activar
acelerar
estimular

excitar
mover
impulsar
avivar

parar
desactivar

actividad
ocupación
tarea
función
trabajo

acción
dinamismo
presteza
diligencia
prontitud

pasividad
inactividad
lentitud

activista
agitador
provocador
perturbador

activo
diligente
dinámico
enérgico
ágil
vivo
laborioso
trabajador

pasivo
inactivo
perezoso

acto
acción
hecho
suceso
episodio

ceremonia
función

gala
fiesta

actor
intérprete
comediante
artista
cómico
ejecutante

actriz
intérprete
artista
cómica
estrella
vedette

actuación
intervención
acción
acto
función
conducta
proceder
comportamiento

actual
contemporáneo
coetáneo
presente
moderno
vigente
existente

anticuado
pasado

actualidad
novedad
uso
moda
coetaneidad
contemporaneidad
presente

antaño
pasado

actualizar
modernizar

renovar
rejuvenecer
restaurar
modificar

envejecer

actuar
ejecutar
ejercer
elaborar
proceder
conducirse

abstenerse
inhibirse

acuadrillar
apandillar
juntar
reunir

capitanear
dirigir
mandar

acuarela
aguada
aguazo

acuario
pecera

acuartelar
acantonar
alojar
estacionar

acuático
acuoso
fluvial
marítimo
oceánico
pantanoso

acuchillar
apuñalar
lesionar
herir

matar
asesinar

pulir
alisar
lijar

acuciante
apremiante
urgente

acuciar
urgir
apremiar
estimular
incitar

aplacar
sosegar

acudir
asistir
ir
afluir
presentarse
congregarse

ausentarse
faltar

acueducto
conducción
conducto
canal

acuerdo
alianza
convenio
pacto
concierto
contrato

desacuerdo
discrepancia

acumulación
acopio
amontonamiento
hacinamiento
depósito
montón

acumulador
condensador
pila
batería

acumular
amontonar
apilar
hacinar
aglomerar
almacenar
reunir

disgregar
esparcir

acunar
arrullar
adormecer
mecer

acuñación
grabación
sellado
troquelado

acuñar
estampar
grabar
imprimir
troquelar

acuoso
húmedo
mojado
aguado

acurrucarse
agacharse
doblarse
encogerse
recogerse

estirarse

acusación
imputación
inculpación
recriminación

cargo
denuncia
queja

defensa
exculpación

acusado
inculpado
procesado
reo

calumniado
denigrado
difamado

acusador
delator
denunciante
inculpador
fiscal

defensor

acusica
difamador
chivato
soplón

acusar
culpar
imputar
inculpar
denunciar
delatar

defender
disculpar

acusica
delator
acusón
chivato
soplón

acusón
acusica

acústica
sonoridad

resonancia
sonido

acústico
sonoro
auditivo
resonante

adagio
sentencia
apotegma
dicho
máxima
proverbio

lentamente

adalid
caudillo
jefe
dirigente
líder

adán
dejado
descuidado
desastrado
harapiento
sucio

elegante
limpio

adaptable
acomodable
amoldable
flexible
dúctil

rígido

adaptación
aclimatación
acomodación
adecuación
conformación

adaptar(se)
aclimatar
acomodar

acondicionar
adecuar
ajustar
habituar

desacomodar
inadecuar

adarga
broquel
escudo

adarme
insignificancia
nadería
nimiedad

adarve
defensa
muro
protección

adecentar
asear
ordenar
limpiar
aviar
arreglar

desordenar
ensuciar

adecuado
apropiado
apto
oportuno
lógico

impropio

adecuar(se)
acomodar
acondicionar
adaptar
ajustar

desajustar

adefesio
espantajo
esperpento

mamarracho
birria
facha

adelantado
aventajado
destacado
precoz

retrasado

adelantar(se)
aventajar
progresar
mejorar
preceder
sobrepasar

retrasar
retroceder

anticiparse

adelanto
avance
adelantamiento

progreso
desarrollo

retraso
retroceso

adelgazamiento
flaqueza
delgadez
desnutrición

adelgazar
enflaquecer
desnutrirse
desmejorar
afinar

engordar
robustecerse

ademán
gesto
mueca
actitud

ademanes
modales
maneras
modos
formas

además
asimismo
igualmente
también

adentrarse
penetrar
profundizar
entrar
introducirse

salir
retroceder

adentro
dentro
interior

afuera
exterior

adepto
adicto
incondicional
seguidor
simpatizante
partidario

adversario
enemigo

aderezar
acicalar
adornar
ataviar

desarreglar

adobar
aliñar
condimentar
sazonar

aderezo
adorno

avío
atavío

adobo
condimento

adeudar
deber
entramparse
comprometerse

abonar

adherencia
adhesión
unión
conexión
soldadura

rotura
separación

adherir(se)
pegar
unir
anexar
incorporar

despegar
desunir

asociarse
sumarse
suscribirse

oponerse
discrepar

adhesión
aprobación
aceptación
ratificación
solidaridad

discrepancia
desacuerdo

adhesivo
adherente
cohesivo
aglutinante

cola

goma
pegamento

adición
suma
aditamento
anexión
añadidura

resta
disminución

adicional
accesorio
complementario
añadido
agregado

fundamental
principal

adicto
adepto
fiel
incondicional
seguidor
partidario

enemigo
desleal

adiestrado
educado
entrenado
instruido
preparado

inexperto
profano

adiestramiento
educación
enseñanza
instrucción

adiestrar
instruir
dirigir
educar
amaestrar

adinerado
rico
acomodado
opulento
acaudalado

pobre

adiós
chao
abur
agur
hasta la vista
hasta luego

adiposo
grasiento
gordo
obeso

delgado

aditamento
añadido
apéndice
complemento

adivinación
predicción
previsión
vaticinio
augurio

adivinanza
acertijo
enigma
rompecabezas

adivinar(se)
augurar
predecir
profetizar
pronosticar
vaticinar

traslucirse
insinuarse

adivino
adivinador
clarividente
agorero
vidente

adjetivar
calificar
motejar
llamar

adjetivo
epíteto
aposición
atributo

accidental
secundario

esencial

adjudicación
entrega
donación
cesión

denegación

adjudicar(se)
conceder
asignar
atribuir
otorgar

quitar

apropiarse
retener
apoderarse

adjudicatario
beneficiario
concesionario
agraciado

adjuntar
acompañar
unir
agregar

adjunto
unido
adherido
agregado

separado
desunido

auxiliar
ayudante
colaborador

administración
gerencia
gestión
gobierno
dirección

oficina
agencia
contaduría
caja

administrado
gobernado
regido
tutelado
súbdito

administrador
director
gerente
directivo
apoderado
tutor
mayordomo
síndico

administrar
gobernar
dirigir
apoderar
tutelar

dar
aplicar
otorgar
suministrar
proveer

administrativo
empleado
funcionario
comisionado
burócrata

admirable
magnífico
maravilloso
espléndido
excelente
estupendo
encantador
extraordinario

insignificante
corriente

admiración
asombro
estupor
fascinación
sorpresa
maravilla
entusiasmo
encanto
extrañeza

indiferencia
frialdad

admirado
asombrado
fascinado
sorprendido
maravillado
encantado
aturdido
atónito
boquiabierto

indiferente
frío

respetado
apreciado
estimado
querido

despreciado

admirador
simpatizante
seguidor
partidario
hincha

adversario
enemigo

admirar(se)
disfrutar
gozar

asombrar
pasmar
fascinar
maravillar
deslumbrar
entusiasmar

apreciar
estimar

despreciar
criticar

admisión
aceptación
entrada
ingreso
inscripción
afiliación

expulsión

admitir
aceptar
recibir
acoger
consentir

rechazar
prohibir

reconocer
confesar
convenir

negar

admonición
amonestacón
reproche

recriminación
reprimenda
regañina

elogio
alabanza

advertencia
aviso
apercibimiento
exhortación

adobar
sazonar
aliñar
aderezar
condimentar
salar

arreglar
adornar
componer

adobo
salsa
aliño
aderezo
condimento

adocenado
vulgar
corriente
trivial
mediocre
ordinario
chabacano

selecto
distinguido

adoctrinar
aleccionar
enseñar
instruir
adiestrar
amaestrar

adolecer
carecer
necesitar

padecer
soportar
aguantar

adolescencia
pubertad
juventud
mocedad
pubescencia

vejez
senectud

adolescente
joven
mozo
muchacho
imberbe
mancebo
quinceañero
juvenil

anciano

adonde
donde

adopción
prohijamiento
acogimiento
patrocinio
apadrinamiento

abandono
desamparo

adoptar
prohijar
ahijar
acoger
recoger
apadrinar

desamparar
abandonar

admitir
aceptar
seguir

rechazar

adoptivo
prohijado
adoptado
acogido

adoquín
piedra
ladrillo
losa

bruto
cabezota
zote
rudo
tosco

adoquinar
pavimentar
empedrar

adorable
encantador
delicioso
atractivo
seductor
cautivador

detestable
repugnante
despreciable

adoración
veneración
devoción
admiración
fervor
pasión
idolatría

desdén
desprecio
odio

adorar
venerar
reverenciar
idolatrar
amar
honrar

despreciar
desdeñar

detestar
aborrecer

rezar
orar

adormecedor
tranquilizador
calmante
narcótico
hipnótico

excitante

aburrido
pesado

ameno

adormecer(se)
adormilarse
amodorrarse
sosegarse
tranquilizarse
entumecerse
hipnotizar
anestesiar
sedar

espabilarse
despertarse
desentumecerse
avivarse

adormecimiento
adormilamiento
amodorramiento
letargo
somnolencia
sopor
entumecimiento

adormilarse
adormecerse
amodorrarse

adornar(se)
acicalar
arreglar
aderezar

componer
ataviar
engalanar
embellecer
decorar

despojar
estropear

adorno
aderezo
ornamento
ornato
atavío
tocado
arreglo
compostura
aliño
realce
acicalamiento

adosado
anexo
adyacente
contiguo

aislado
separado

adosar
arrimar
juntar
unir
acercar
yuxtaponer
pegar

separar

adquirir
comprar
conseguir
obtener
adueñarse
apoderarse

vender
ceder
dar

adquisición
compra
consecución
logro
descubrimiento
hallazgo
obtención

pérdida

adrede
aposta
deliberadamente
expresamente
a propósito

sin intención
sin querer

adscribir
atribuir
asignar
inscribir
vincular

aduana
frontera
registro

aducir
alegar
argumentar
declarar
probar
acreditar

adueñarse
apoderarse
apropiarse
tomar
coger
conquistar
capturar

ceder
entregar

adulación
halago

alabanza
agasajo
coba
jabón
zalamería
carantoña

crítica
reprobación

adulador
lisonjero
halagador
zalamero
meloso
pelotillero
tiralevitas

crítico
difamador

adular
halagar
lisonjear
agasajar
camelar
requebrar
piropear

criticar
vituperar
difamar

adulteración
fraude
falsificación
imitación
falseamiento

adulterado
fraudulento
falsificado
falseado
corrompido
corrupto

auténtico
verdadero
cabal

adulterar
falsificar
defraudar
imitar
falsear
corromper
pervertir
viciar

purificar
sanear

adulterino
ilegítimo
bastardo
ilegal
espurio
apócrifo

adulterio
infidelidad
amancebamiento
abarraganamiento

fidelidad
legitimidad

adúltero
infiel
amancebado
liado
abarraganado

fiel

adulto
mayor
maduro
experimentado

niño
inmaduro

adusto
serio
severo
brusco
hosco

seco
austero

afable
amable

advenedizo
intruso
entremetido
forastero
foráneo
ajeno

avezado
veterano

advenimiento
llegada
venida
aparición

adventicio
accidental
casual
eventual

adversario
contrincante
antagonista
competidor
rival
enemigo
contrario

aliado
amigo

adversidad
infortunio
desgracia
desastre
calamidad
percance
contratiempo

suerte
fortuna

adverso
desfavorable

infortunado
aciago
enemigo
contrapuesto
contrario
antagonista

favorable
propicio
amigo

advertencia
aviso
observación
consejo
sugerencia
apercibimiento

advertir
aconsejar
avisar
asesorar
sugerir
insinuar
prevenir
indicar

callar
omitir

ver
observar
notar
percatarse

adyacente
contiguo
cercano
próximo
lindante
vecino
yuxtapuesto

distante
lejano

aéreo
etéreo
leve
volátil

celeste
espiritual

terrenal
material

aerodinámico
ahusado
alargado
grácil

chato
pesado

aeródromo
aeropuerto

aerolito
meteorito
astrolito

aeronauta
astronauta
cosmonauta
aviador
piloto

aeronáutica
aviación
aerostación

aeronave
avión
aeroplano
avioneta
reactor
cosmonave

aeroplano
avión

aeropuerto
aeródromo
base aérea

aerosol
vaporizador
pulverizador
spray

aerostación
aviación
aeronáutica

aeróstato
globo
dirigible
zepelín

afabilidad
cordialidad
amabilidad
cortesía
ternura
dulzura
sencillez
bondad
gracia
gentileza
benevolencia
benignidad

adustez
aspereza

afable
cordial
amable
cortés
afectuoso
cariñoso
simpático
acogedor

desabrido
antipático
descortés

afamado
famoso
célebre
conocido
popular
ilustre
eximio
insigne

desconocido
ignorado

afán
anhelo
deseo
ansia
aspiración
pretensión
ambición
interés

desgana
apatía
desidia

afanar(se)
robar
hurtar
sustraer
sisar
choricear

esforzarse
empeñarse
esmerarse
trabajar
bregar
luchar
desvelarse

vaguear
holgazanear
descansar

afanoso
trabajador
diligente
hacendoso
atareado
ocupado

vago

penoso
duro
trabajoso
difícil

fácil
cómodo

afear
censurar
reprender

reprochar
reprobar
criticar

elogiar
encomiar

afección
dolencia
enfermedad
padecimiento
achaque

salud
bienestar

afecto
cariño
aprecio
amistad

antipatía
odio

afectación
amaneramiento
hipocresía
doblez
jactancia
petulancia
pedantería
esnobismo
cursilería
mojigatería

naturalidad
espontaneidad
sencillez

afectado
amanerado
redicho
hipócrita
fingido
simulado
pedante
presumido
creído
cursi

natural
espontáneo

sencillo
llano

enfermo
delicado
triste
afligido

afectar
dañar
perjudicar
damnificar
estropear

favorecer
beneficiar

fingir
disimular
simular
aparentar
presumir

atañer
incumbir
corresponder
concernir

afectividad
emotividad
sensibilidad

afectivo
cariñoso
cordial
afable
emotivo

hosco
desabrido

afecto
cariño
estima
aprecio
amistad
amor

indiferencia
antipatía
odio
rencor

afectuoso
cariñoso
afable
cordial
amable
simpático
dulce
tierno
entrañable
acogedor

antipático
hostil
odioso

afeitar(se)
rasurar
rapar
apurar

acicalar
arreglar
aliñar
aderezar

afeite
aderezo
adorno
cosmético
maquillaje

afelpado
aterciopelado
suave

afeminado
amariconado
marica
mariquita
maricón
sarasa
homosexual
sodomita

viril
varonil
masculino

pusilánime
enteco

afeminar(se)
amariconarse
amadamarse

aféresis
metaplasmo
elisión
sinalefa

aferrar(se)
asir
agarrar
coger
asegurar
afianzar
retener

soltar
obstinarse
empeñarse

afianzar
consolidar
asegurar
estabilizar
amarrar
reforzar
fortalecer

aflojar
debilitar
soltar

afición
inclinación
propensión
tendencia
afecto
apego
amor

despego
antipatía

pasatiempo
distracción
hobby

aficionado
simpatizante
inclinado
adicto
propenso

desinteresado

aficionar(se)
acostumbrarse
encariñarse
enviciarse
apasionarse

despegarse
desinteresarse

afijo
sufijo
prefijo
infijo

afilado
aguzado
punzante
puntiagudo

romo
embotado

afilador
amolador

afilar
aguzar
afinar
amolar

achatar
embotar

afiliado
asociado
miembro
socio
adepto
partidario
inscrito

afiliar(se)
asociar

adherir
inscribir

afiligranado
labrado
adornado
tallado
repujado

afeado

afín
similar
análogo
parecido
semejante

diferente
contrario

pariente
allegado
consanguíneo
ascendiente
descendiente

afinar
entonar
templar
ajustar

desafinar
desentonar

pulir
adelgazar

afincarse
establecerse
asentarse
avecindarse
domiciliarse
instalarse

marcharse
emigrar

afinidad
analogía
similitud

semejanza
parecido

diferencia
disparidad

afirmación
asentimiento
aserto
aseveración
confirmación
prueba
alegato
alegación

negación
negativa

afirmar(se)
asentir
confirmar
ratificar
reiterar
sostener
mantener

negar
denegar

afianzar
consolidar
reforzar
fortalecer

debilitar
aflojar

afirmativo
positivo
cierto
asertivo

negativo

aflicción
pesar
pena
dolor
pesadumbre
tristeza
congoja

amargura
desazón

alegría
gozo
contento

afligido
apenado
pesaroso
dolorido
apesadumbrado
triste
acongojado
consternado
atribulado
abatido
desolado
desconsolado

alegre
contento
feliz

afligir(se)
apenar
apesadumbrar
entristecer
desesperar
sufrir
mortificar
atormentar

consolar
animar
alegrar

aflojar(se)
ceder
relajar
ablandar
distender
soltar
amainar
debilitar

apretar
endurecer
oprimir
tensar

aflorar
asomar
aparecer
surgir
salir
brotar
manifestarse

ocultarse
desaparecer

afluencia
abundancia
multitud
cantidad
muchedumbre
aglomeración
concurrencia
gentío

ausencia
escasez

afluente
tributario
secundario
subafluente

afluir
llegar
acudir
concurrir
concentrarse
aglomerarse

ausentarse
faltar

confluir
verter
desaguar
desembocar

afonía
ronquera
carraspera
enronquecimiento

afónico
ronco
áfono

aforar
evaluar
tasar
estimar
valorar
justipreciar

aforismo
sentencia
proverbio
adagio
refrán
máxima
dicho

aforo
capacidad
cabida
espacio
contenido
volumen

afortunado
venturoso
bienaventurado
próspero
dichoso
feliz

desgraciado
desdichado
infortunado
desafortunado

afrenta
ofensa
agravio
ultraje
insulto
injuria
vejación
deshonra
vilipendio

respeto
elogio

afrentar
ofender
agraviar

ultrajar
insultar
injuriar
escarnecer
vejar
avergonzar
deshonrar

honrar
ensalzar
elogiar
alabar

afrentoso
ofensivo
agraviante
ultrajante
insultante
injurioso
infamante
vejatorio
deshonroso

honroso

afrodisiaco
estimulante
excitante
incitante

afrontar
enfrentar
desafiar
arrostrar
aguantar
soportar

eludir
rehuir
someterse
rendirse

afuera
fuera
exterior
externo

dentro
adentro

afueras
alrededores
cercanías
extrarradio
periferia

centro

agacharse
doblarse
inclinarse
encorvarse
bajarse
arrodillarse

incorporarse
levantarse
erguirse

agallas
branquias

amígdalas

valor
coraje
valentía
audacia
osadía

cobardía

ágape
banquete
festín
convite

agareno
árabe
mahometano
musulmán
sarraceno
moro

agarrada
riña
altercado
pendencia
contienda
disputa
pelea

agarraderas
recomendación
influencia
enchufe

desamparo
abandono

agarradero
asa
mango
asidero
empuñadura

agarraderas

agarrado
avaro
mezquino
tacaño
usurero
cicatero
roñoso
rácano
miserable

generoso

asido
aferrado
sujeto
cogido

suelto

agarrar
coger
asir
sujetar
aferrar
afianzar

soltar
desasir
dejar
liberar

agarrotamiento
contracción

calambre
rigidez

distensión
relajación

agarrotar(se)
oprimir
apretar
comprimir

aflojar

estrangular
asfixiar
ajusticiar
ejecutar

contraerse
entumecerse

relajarse
estirarse

agasajar
homenajear
obsequiar
festejar
linsonjear

desairar
despreciar
menospreciar

agasajo
homenaje
fiesta
convite
halago
atención
delicadeza

desaire
desprecio
desdén

ágata
ónice

agave
pita

agavillar
atar
liar
enlazar

agazapar(se)
agacharse
encogerse
acurrucarse
esconderse
ocultarse

levantarse
erguirse
descubrirse

agencia
delegación
administración
representación
establecimiento

central
sede

agenciar(se)
lograr
obtener
conseguir
alcanzar
gestionar
organizar
disponer

agenda
dietario
memorándum
diario

agente
delegado
intermediario
representante
administrador
gerente

espía
vigilante
guardia

policía
detective

elemento
ingrediente
parte

agigantarse
crecer
aumentar
agrandar
acrecentar
exagerar
hinchar

empequeñecer
disminuir
rebajar

ágil
rápido
raudo
veloz
ligero

lento
pesado
torpe

agilidad
rapidez
velocidad
ligereza
liviandad
prontitud
diligencia
destreza

lentitud
torpeza

agilizar
aligerar
mover
activar
estimular
apresurar

entorpecer
dificultar

agitación
alteración
intranquilidad
inquietud
desasosiego
excitación
convulsión
perturbación
bullicio
revuelo
movimiento
temblor
palpitación
vibración
oscilación

tranquilidad
paz
calma
sosiego
quietud

agitado
alterado
intranquilo
inquieto
excitado
nervioso
perturbado
bullicioso
revuelto
movido
alborotado
tembloroso
vibrante
oscilante

tranquilo
sosegado
calmado
quieto

agitador
provocador
perturbador
revolucionario
sedicioso
amotinador

insurgente
insurrecto

pacificador

agitar(se)
alterar
inquietar
excitar
turbar
bullir
revolver
mover
ajetrear
acalorar
sacudir
zarandear
temblar
palpitar
vibrar
oscilar

tranquilizar
calmar
serenar
aquietar

aglomeración
amontonamiento
acumulación
hacinamiento
agolpamiento
muchedumbre
multitud
gentío
chusma

dispersión
separación
aislamiento

aglomerar(se)
acumular
amontonar
apilar
hacinar

agolparse
apiñarse

reunirse
congregarse

dispersarse
disgregarse
esparcirse
separarse

aglutinar
unir
juntar
pegar
encolar
comprimir
reunir
apiñar
aglomerar

separar
despegar
desencolar
disgregar

agnóstico
escéptico
descreído
ateo
incrédulo

religioso
creyente

agobiado
angustiado
abrumado
preocupado
rendido
abatido
apesadumbrado

despreocupado
descansado
contento

agobiante
angustioso
abrumador
sofocante
atosigante
agotador

agobiar(se)
angustiar
abrumar
preocupar
oprimir
atosigar
agotar
molestar

aliviar
aligerar
distraer
consolar

agobio
angustia
preocupación
opresión
sofoco
fastidio
abatimiento

alivio
distracción
consuelo

agolparse
amontonarse
juntarse
aglomerarse
apiñarse

dispersarse
separarse
dividirse

agonía
estertor
muerte
expiración
angustia
pena
dolor
tribulación
pesar

vida
vitalidad
tranquilidad
dicha

agonizante
moribundo
agónico

agonizar
morirse
expirar
perecer
extinguirse
finalizar

vivir
florecer

ágora
plaza
foro
asamblea

agorero
pesimista
derrotista
infausto

optimista
positivo

adivino
vidente
mago

agostar(se)
marchitar
secar
consumir
abrasar

crecer
florecer

agotado
exhausto
extenuado
consumido
fatigado
cansado
débil
acabado
gastado

vigoroso

fuerte
fresco

agotador
extenuante
duro
fatigoso
ímprobo
pesado

descansado
ligero
fácil

agotamiento
cansancio
extenuación
debilidad
fatiga

fortaleza
vigor

agotar(se)
vaciar
consumir
acabar
apurar
fatigar
cansar
desgastar
extinguir

llenar
colmar
conservar
abundar

agraciado
afortunado
favorecido
premiado

desafortunado

bello
guapo
apuesto
gallardo
atractivo

feo
deforme

agraciar
favorecer
otorgar
conceder
premiar

agradable
grato
atractivo
atrayente
entretenido
ameno
simpático
alegre
afectuoso
afable

desagradable
fastidioso
antipático

agradar
gustar
satisfacer
complacer
contentar
encantar
alegrar
atraer
seducir

desagradar
disgustar
fastidiar

agradecer
corresponder
gratificar
retribuir
devolver
dar las gracias

olvidar

agradecimiento
gratitud
reconocimiento
correspondencia

ingratitud
olvido

agrado
gusto
satisfacción
interés
contento
alegría
gracia
simpatía
atracción
afecto
amenidad

desagrado
descontento
repulsión
tristeza

agrandar
aumentar
ampliar
dilatar
desarrollar
extender
alargar
acrecentar
engrandecer

mermar
empequeñecer
reducir
disminuir

agrario
agrícola
rural
rústico

agravamiento
empeoramiento
agravación
recaída

alivio
mejoría
atenuación

agravante
desventaja

perjuicio
inconveniente

eximente
atenuante

agravar(se)
empeorar
recaer
debilitarse
enfermar
recrudecer

mejorar
recuperarse
progresar

gravar
imponer
recargar

aligerar
descargar

agraviar
afrentar
injuriar
insultar
ofender
ultrajar
mancillar

honrar
desagraviar

agravio
injuria
afrenta
ofensa
ultraje
humillación

desagravio
satisfacción

daño
perjuicio

reparación
compensación

agredir
atacar

acometer
herir
golpear
pegar

defender
proteger
resguardar

agregar
añadir
incorporar
adjuntar
anexionar
unir
incrementar
completar

disminuir
restar
quitar
separar

agresión
ataque
asalto
atraco
acometida

defensa
ayuda

agresividad
acometividad
belicosidad
combatividad

agresivo
belicoso
provocador
violento

manso
dócil
pacífico

agresor
provocador
pendenciero

defensor

agreste
abrupto
áspero
escarpado

rústico
rural
silvestre

urbano
cultivado

agriado
ácido
acidulado
avinagrado
cortado

irritado
disgustado

agriar(se)
acedar
acidular

endulzar
suavizar

avinagrarse
fermentar
descomponerse
estropearse

exacerbar
exasperar
irritar

tranquilizar
calmar

agrícola
agrario

agricultor
labrador
labriego
cultivador
campesino
rústico

agricultura
laboreo

labranza
agronomía

agrietado
cuarteado
resquebrajado
rasgado
rajado

agrietar(se)
resquebrajar
cuartear
abrir
rajar

agrimensor
medidor
topógrafo

agrio
ácido
acre
avinagrado

dulce
suave

desabrido
desagradable
irritable

amable
agradable

cítrico

agro
campo
tierra
suelo

agrónomo
agricultor
perito

agrupación
asociación
sociedad
corporación

gremio
mutualidad

concentración
conglomeración

separación
disgregación

agrupar(se)
asociar
reunir
juntar
unir
congregar
sindicar
aglutinar
conjuntar

desunir
separar
disgregar
dispersar

agua
líquido
fluido

aguacero
chaparrón
lluvia
chubasco

aguachirle
sopicaldo
bebistrajo
brebaje

menudencia
insignificancia

aguada
acuarela
pintura

aguaderas
angarillas

aguado
diluido
claro

aguachinado
calado
mojado
húmedo

aguafiestas
cenizo
gafe
cascarrabias
agorero

optimista
alegre

aguafuerte
grabado
estampa
litografía

aguamanil
lavamanos
palangana
jofaina

aguamarina
berilo
gema

aguanieve
cellisca
llovizna

aguantar(se)
tolerar
sufrir
soportar
transigir
aceptar

rendirse
claudicar

dominarse
reprimirse
contenerse

rebelarse
levantarse
estallar

sostener

mantener
resistir

soltar

aguante
resistencia
fortaleza
firmeza
fondo

paciencia
tolerancia
resignación
sufrimiento

aguar
diluir
aclarar
aguachinar

chafar
estropear
frustrar

aguardar
esperar
permanecer

marchar
irse

retrasar
demorar
postergar

aguardiente
cazalla
ojén
orujo

aguarrás
disolvente

agudeza
perspicacia
sutileza
ingenio
inteligencia
vivacidad

ingenuidad

simpleza
torpeza

ocurrencia
chiste

agudizar(se)
empeorar
agravar
aguzar
intensificar

suavizar
mejorar

agudo
afilado
acerado
puntiagudo
punzante

romo
chato
achatado

acentuado
intenso
fuerte

débil
apagado

sutil
ingenioso
perspicaz
sagaz

torpe
ingenuo
simple

agüero
presagio
premonición
augurio
predicción
vaticinio
indicio
señal

aguerrido
belicoso

valiente
combativo

pacífico

experimentado
avezado
ejercitado
entrenado

bisoño
novato
inexperto

aguerrir(se)
curtir
ejercitar
entrenar

aguijón
puya
púa
rejón

acicate
aliciente
estímulo

aguijonear
pinchar
punzar
atormentar
fustigar

calmar
tranquilizar

avivar
estimular
incitar
provocar

disuadir
desanimar

águila
aguilucho
rapaz

lince
listo
agudo

aguileño
curvo
ganchudo
torcido

recto
chato

aguilucho
águila

aguinaldo
gratificación
regalo
dádiva

aguja
alfiler
pincho
púa
punzón

manecilla
minutero
brújula

agujerear
perforar
taladrar
atravesar
acribillar

tapar
cerrar

agujero
abertura
orificio
boquete
hueco
hoyo

agujetas
punzadas
aguijonazos

agusanado
putrefacto
podrido
descompuesto

aguzado
afilado
puntiagudo
agudo
punzante

chato
romo

aguzanieves
aguanieves
andarríos
apuranieves

aguzar(se)
adelgazar
afilar
afinar
agudizar

despuntar

aherrojar
encadenar
atar
esclavizar
oprimir
subyugar

soltar
liberar
desatar

aherrumbrarse
herrumbrarse
oxidarse
enmohecerse

ahí
allí
allá
aquí
acá
cerca
próximo
al lado
en ese lugar

ahijado
adoptado

apadrinado
prohijado

ahijar
adoptar
apadrinar
prohijar

abandonar
desamparar

ahínco
empeño
tesón
firmeza
afán
diligencia

desgana
apatía

ahíto
empachado
harto

hambriento

hastiado
aburrido

ahogar(se)
ahorcar
asfixiar
oprimir
apretar
sumergir
zambullir

jadear
resollar
sofocarse

agobiarse
abrumarse

tranquilizarse
desahogarse

amortiguar
apagar

avivar

ahogo
sofoco
asfixia
fatiga
angustia
agobio

alivio
consuelo

necesidad
penuria
escasez

riqueza
abundancia

ahondar
cavar
horadar
penetrar

investigar
profundizar
insistir

ahora
actualmente
hoy
ya
en este momento
hoy en día

luego
después
antes

ahorcado
ajusticiado
colgado
condenado

ahorcar
estrangular
colgar
asfixiar
ajusticiar
ejecutar

ahorrador
ahorrativo

austero
sobrio
tacaño

gastador
derrochador

ahorrar
economizar
atesorar
reservar

gastar
derrochar

eludir
evitar
librarse

afrontar

ahorro
economía
conservación
prevención
reserva

capital
caudal
hucha

ahuecar(se)
esponjar
ensanchar
mullir

apretar
ceñir
apelmazar

engreírse
envanecerse

empequeñecerse
humillarse

irse
largarse

quedarse

ahumar(se)
acecinar

curar
humear

ennegrecer
tiznar

blanquear

ahusado
fusiforme
afilado
aguzado

romo
corto

ahuyentar
asustar
espantar
echar
rechazar

atraer
admitir

airado
furioso
colérico
enfurecido
violento
iracundo
irritado

tranquilo
pacífico

airar(se)
enfurecer
enojar
encolerizar
violentar

tranquilizar
calmar
sosegar

aire
viento
brisa
soplo

aireación

ventilación
corriente

ambiente
atmósfera
espacio
éter

apariencia
aspecto
garbo
plante
porte

tonada
canción
melodía

aireación
oreo
ventilación

enrarecimiento

airear
ventilar
orear
oxigenar
purificar

publicar
divulgar
propagar

airón
penacho
plumero
pompón

airoso
apuesto
garboso
gallardo
elegante

desgarbado
fracasado

aislado
retirado
apartado

solitario
desierto

frecuentado

incomunicado
recluido
encerrado
solo

acompañado

aislamiento
soledad
abandono
retiro
reclusión
encierro
incomunicación

compañía
sociabilidad
integración

impermeabiliza-
ción

aislante
aislador
interceptor

comunicante

aislar(se)
recluir
retirar
separar
apartar
desconectar
incomunicar
confinar
encerrar
excluir

comunicar
vincular
conectar

impermeabilizar

ajado
lacio

marchito
mustio
deslucido
viejo

nuevo
lozano

ajar(se)
marchitar
deteriorar
estropear
maltratar
avejentar
manosear

remozar
rejuvenecer
arreglar

ajedrezado
cuadriculado

ajenjo
absenta

ajeno
extraño
foráneo
impropio

propio

ajete
ajo
ajipuerro

ajetreado
ocupado
atareado
afanado

tranquilo
descansado

ajetrear(se)
trajinar
bregar
trabajar

afanarse
fatigarse

holgar
descansar
relajarse
sosegarse

ajetreo
trajín
movimiento
follón
trabajo

descanso
sosiego
relajo

ají
guindilla
pimiento

ajimez
ventanal
balcón

ajo
ajete
ajipuerro

ajonjolí
alegría
sésamo

ajorca
brazalete
pulsera
arete

ajuar
enseres
pertenencias
ropa
indumentaria

ajustado
preciso
adecuado
justo

ceñido

apretado
estrecho

ajustador
mecánico
montador

ajustar(se)
adaptar
acoplar
encajar
arreglar
compaginar

desajustar
desencajar

ceñir
encorsetar
entallar

pactar
acordar
entenderse
convenir

discrepar

limitarse
someterse
conformarse

ajuste
acoplamiento
adaptación
compaginación

contrato
trato
arreglo
pacto

ajusticiar
ejecutar
matar

ala
aleta
alerón
alón

flanco

banda
lado

alabancioso
jactancioso
petulante
engreído
presumido

modesto
sencillo
tímido

alabanza
elogio
apología
encomio
enaltecimiento
aclamación
ovación
loa
cumplido
felicitación

desaprobación
crítica
censura

alabardero
lancero

alabar(se)
elogiar
ensalzar
halagar
encumbrar
enaltecer
glorificar
loar
agasajar
aplaudir
jalear
felicitar
vitorear

afear
desaprobar
recriminar
criticar

censurar
difamar

vanagloriarse
envanecerse
jactarse
alardear

alabastro
mármol
yeso

álabe
diente
leva
paleta

alabear(se)
combar
curvar
abarquillar
arquear
encorvar

enderezar

alacena
despensa
fresquera
aparador
armario
hornacina

alacrán
escorpión
arraclán

aladar
cabello
mechón

alado
raudo
veloz
rápido

lento
pesado

alamar
cairel
adorno
fleco
ojal
presilla

alambique
alcatara
alquitara
serpentín
destilador

alambrada
valla
cerca
cercado
enrejado

alambrar
cercar
vallar
acotar

alambre
hilo
cable
filamento

alameda
arboleda
paseo
parque
bosque

álamo
chopo
olmo

alancear
picar
rejonear

alarde
jactancia
ostentación

presunción
engreimiento

modestia
sencillez
humildad

alardear
jactarse
vanagloriarse
engreírse
presumir

humillarse
rebajarse

alargamiento
prolongación
estiramiento
dilatación

acortamiento
reducción

tardanza
retraso

adelantamiento

alargar(se)
prolongar
estirar
aumentar
extender

acortar
encoger
reducir

retardar
postergar
aplazar

adelantar

alarido
grito
chillido
clamor

alarma
intranquilidad
inquietud

sobresalto
miedo
susto
temor

señal
aviso

alarmado
inquieto
preocupado
asustado

tranquilo
sereno

alarmante
inquietante
angustioso
preocupante

calmante
tranquilizador

alarmar(se)
inquietar
intranquilizar
preocupar
sobresaltar
asustar
atemorizar

tranquilizar
serenar
sosegar
calmar

alarmista
pesimista
agorero
bulero
embaucador

alazán
potro
caballo
yegua

canela
rojizo
vinoso

alba
amanecer
aurora
alborada
madrugada

ocaso

albacea
testamentario
custodio
representante

albañal
cloaca
colector
sumidero

albañilería
obra
construcción
mampostería

albarán
documento
recibo
comprobante

albarda
aparejo
montura
almohadilla
silla

albaricoque
albérchigo
prisco

albaricoquero
alberchiguero
damasco

albedrío
arbitrio
decisión
voluntad

alberca
estanque
depósito
balsa
aljibe
charca
acequia

albérchigo
albaricoque
prisco

albergar(se)
alojar
amparar
cobijar
hospedar
instalar
aposentar

desalojar
abandonar
mudarse

albergue
hospedaje
posada
aposento
fonda
hostería
pensión
parador
refugio
alojamiento

albino
blanquecino
claro
albo

albo
blanco
albino
claro
níveo

negro
oscuro

albor(es)
alba
alborada
amanecer
aurora

anochecer

albura
blancor
blancura

negrura

infancia
juventud
niñez

vejez

comienzo
inicio

término
fin

alborada
alba

alborear
amanecer
clarear

anochecer
oscurecer

albornoz
batín
chilaba

alborotador
jaranero
bullicioso
agitador
provocador
gamberro

calmado
tranquilo
formal

alborotar(se)
gritar
perturbar

escandalizar
soliviantar
sublevar

encresparse
enfurecerse
encolerizarse

apaciguarse
tranquilizarse
calmarse

alboroto
confusión
desorden
bullicio
jarana
jaleo
follón
algarabía
escándalo
algarada
estruendo
gresca
altercado
disturbio
trifulca

calma
sosiego
tranquilidad
paz

alborozado
contento
alegre
entusiasmado
jubiloso
satisfecho

serio
triste
mustio

alborozo
alegría
entusiasmo
júbilo
gozo
regocijo

albricias
júbilo
alegría
felicitación
enhorabuena

pésame
tristeza

albufera
lago
laguna

álbum
cuaderno
libro
disco

albumen
fécula

albúmina
proteína

albur
azar
destino
fortuna

albura
albor
blancor
blancura

alcabalero
cobrador
recaudador

alcachofa
alcacil
alcaucil

alcahueta
celestina
trotaconventos
encubridora
soplona
chismosa

alcahuete
correveidile
intermediario
mediador
tercero

alcaide
guardián
vigilante
carcelero

alcaldada
abuso
atropello
desafuero
tropelía
arbitrariedad

alcalde
corregidor
magistrado
regidor
juez

alcaldía
ayuntamiento
municipio
consistorio
casa consistorial

álcali
amoniaco
sosa
base
hidróxido

alcaloide
droga
somnífero
calmante
estimulante

alcance(s)
importancia
relevancia
repercusión

magnitud
trascendencia

irrelevancia
insignificancia

radio
efecto

entendimiento
inteligencia
talento

incapacidad
ineptitud

alcancía
hucha
cofre

alcantarilla
cloaca
desagüe
sumidero
colector

alcantarillado
conducción
infraestructura
servicios

alcanzar
lograr
obtener
conseguir
llegar

desistir
abandonar

atrapar
cazar
coger

perder
dejar

adelantar
sobrepasar
aventajar

comprender
entender

alcarria
altiplanicie
altozano

alcayata
escarpia

alcazaba
alcázar

alcázar
alcazaba
castillo
fortaleza
fortificación
castro
fuerte
fortín

alce
anta
ante

alcista
bolsista
especulador
financiero

alcoba
dormitorio
habitación
aposento
cámara

alcohol
antiséptico
desinfectante

bebida
vino
licor

alcohólico
borracho
beodo
alcoholizado

sereno

alcoholismo
dipsomanía
alcoholización

alcoholizado
alcohólico
borracho
embriagado
beodo

alcoholizarse
intoxicarse
emborracharse

alcornoque
carrasca
encina

bruto
torpe
zopenco
zote

inteligente
agudo
listo

alcurnia
ascendencia
linaje
abolengo
origen
casta
estirpe

alcuza
aceitera

aldaba
aldabón
llamador
picaporte

aldabonazo
llamada
aviso
advertencia

aldea
poblado

aldehuela
villorrio
caserío

aldeano
campesino
labrador
labriego
payés
lugareño
paleto

aleación
mezcla
amalgama
combinación
fusión

separación
desintegración

aleatorio
casual
fortuito
aventurado

seguro
cierto

aleccionador
moralizante
edificante

aleccionar
enseñar
instruir
adiestrar
aconsejar
guiar

alechugado
arrugado
arrebujado
acanalado
doblado

liso

aledaño(s)
lindante

colindante
adyacente
cercano
contiguo
inmediato

alrededores
periferia
cercanías

alegación
exposición
justificación
defensa
alegato

alegar
aducir
exponer
razonar
defenderse

callar
omitir
acusarse

alegato
argumento
prueba
defensa

alegoría
símbolo
emblema
imagen

fábula
parábola
comparación
metáfora

alegórico
simbólico
figurativo
metafórico
imaginario

real
concreto

alegrar(se)
animar
divertir
satisfacer
congratularse
entusiasmar
deleitar
disfrutar
gozar
regocijarse

entristecerse
apenarse
deprimirse
disgustarse

alegre
contento
alborozado
jubiloso
festivo
bromista
jaranero

triste
apenado
pesimista

vivo
luminoso

apagado

achispado
amonado

alegría
contento
júbilo
alborozo
entusiasmo
regocijo
diversión

tristeza
pesimismo

alejado
apartado

lejos
retirado

céntrico
cercano

alejar(se)
distanciar
separar
aislar
apartar
irse

acercar
aproximar
arrimar

alelado
aturdido
confundido
desconcertado
pasmado
embobado

despierto
listo

alelarse
abobarse
atontarse
aturdirse
confundirse

espabilarse

aleluya
júbilo
regocijo
alegría
exaltación

alemán
germano
teutón
tudesco

alentador
consolador

confortador
estimulante

desalentador
desmoralizador

alentar
animar
estimular
excitar
reavivar
confortar
consolar

desanimar
desmoralizar
deprimir

alergia
hipersensibilidad
reacción
rechazo

alero
ala
cornisa

alerta
alarma
señal
rebato
aviso

avizor
vigilante
atento

desprevenido

alertar
avisar
prevenir

descuidar

aleta
pala
remo

aletargado
adormilado

amodorrado
soñoliento

despierto

aletargarse
adormecerse
amodorrarse
atontarse

espabilarse

aletear
alear
revolotear
batir

alevosía
deslealtad
traición
infidelidad

alevoso
desleal
ingrato
falso
traidor

alfabetizar
educar
enseñar
instruir

ordenar

alfabeto
abecedario
abecé

alfalfa
mielga

alfanje
sable
espada

alfarería
cerámica
alfar

alfarero
ceramista

alféizar
reborde
rebajamiento

alférez
lugarteniente
subteniente
abanderado
oficial

alfiler
broche
imperdible
aguja

alfiletero
acerico
agujetero
almohadilla

alfombra
moqueta
tapiz
tapete
estera
esterilla
felpudo

alforja(s)
zurrón
talego
macuto
mochila
bolsa
maleta
árguenas

algarabía
bullicio
griterío
enredo
jaleo
follón
confusión
tumulto

alboroto
juerga
jolgorio

tranquilidad
quietud
silencio
paz

algarada
motín
revuelta
desorden
sublevación
asonada

algarroba
alverjón
arveja

algazara
algarabía

álgido
culminante
intenso
grave
crítico

algo
poco
pizca
migaja
pellizco

mucho
abundante

algodón
bala
borra
guata

algoritmo
guarismo
número
cifra

alguacil
aguacil
funcionario
oficial
agente
policía
vigilante
guardia

alguacilillo
alguacil

alguien
alguno

alguno
algún
alguien
cierto
determinado
cualquiera

alhaja
joya
adorno

alharaca
aspaviento
exageración
gesticulación

mesura

alhóndiga
lonja
mercado
feria

aliado
amigo
socio
coligado
confederado
partidario

enemigo
rival

alianza
acuerdo
trato
pacto
concordato

desacuerdo

unión
coalición
confederación
federación
asociación
liga
sociedad

desunión

casamiento
matrimonio
boda
lazo

anillo

aliarse
asociarse
aunarse
coligarse
federarse
ligarse
unirse

desunirse
separarse
enemistarse

alias
sobrenombre
apodo
seudónimo

alicaído
decaído
deprimido
desanimado
desilusionado
triste

alegre
optimista
animado

alicatar
embaldosar
recubrir
revestir

alicates
tenazas
pinzas

aliciente
acicate
estímulo
incentivo
atractivo
móvil

impedimento
freno

alícuota
relativo
proporcional

alienable
enajenable
vendible

alienación
demencia
locura
enajenación

equilibrio
cordura

alienado
desequilibrado
enajenado
demente
loco
orate

equilibrado
sensato
cuerdo

alienar(se)
enajenarse
enloquecer

ceder

vender
enajenar

alienígena
alienígeno

alienígeno
extranjero
foráneo
extraño
forastero
apátrida
alienígena

aliento
vigor
impulso
valor
ánimo
esfuerzo

cobardía
desánimo

espiración
exhalación
inhalación
respiración
vaho
soplo

aligerar(se)
acelerar
apresurar
apurar

retardar
retrasar
demorar

aliviar
suavizar
reducir
mitigar

agravar
recargar
agobiar

alijo
contrabando

defraudación
estraperlo
fraude

alimaña
fiera
animal
bicho

alimentación
nutrición
ingestión
manutención

desnutrición

comida
víveres
comestibles
provisiones
vituallas

alimentar(se)
comer
nutrir
cebar
mantener
sustentar
criar

proveer
suministrar
avituallar

avivar
fomentar
incitar

alimenticio
nutritivo
sustancioso

alimento
comida
comestible
manjar
sustento
vianda
yantar
pitanza

alimón (al)
conjuntamente
a dúo
a la vez

individualmente

alineación
alineamiento
formación
vinculación

desorden

alineamiento
alineación
hilera

alinear
enfilar
ordenar
formar

aliñar
adobar
condimentar
aderezar

adornar
acicalar
arreglar

aliño
aderezo
adobo
condimento

aseo
pulcritud
arreglo

alisar
allanar
aplanar
igualar
planchar
lijar
pulimentar
pulir

arrugar

alistamiento
afiliación
reclutamiento
incorporación

licencia
baja

alistar(se)
afiliar
inscribir
enrolar
reclutar
incorporar

aliteración
repetición

aliviar(se)
calmar
aplacar
mitigar
atenuar
disminuir
paliar
suavizar
aligerar

aumentar
exagerar
endurecer

recuperarse
mejorar
confortarse

apesadumbrarse
desconsolarse
abrumarse

alivio
consuelo
desahogo
descanso
sosiego

agobio
ahogo
angustia

aljibe
cisterna
tanque
depósito
pozo

allá
alli
más lejos

acá
aquí

allanamiento
inspección
registro
reconocimiento

allanar
alisar
aplanar
igualar
nivelar

amontonar
desigualar

irrumpir
entrar
registrar

vencer
superar
facilitar

obstaculizar

allegado
familiar
pariente
cercano
próximo

alejado
extraño

allegar(se)
acercar
juntar
reunir

alejar
esparcir

allende
allí

allí
allá
allende
lejos

aquí

alma
ánima
espíritu
psiquis
voluntad
inteligencia
conciencia
interior
corazón

materia
cuerpo

almacén
depósito
nave
local
comercio
negocio
tienda

almacenar
acumular
amontonar
guardar
acaparar
reunir
reservar

disgregar
repartir

almacenista
tendero
comerciante
intermediario

almadraba
cerco

red

banco
pesca

almadreña
zueco
chanclo
madreña

almanaque
calendario
anuario
agenda
efemérides

almazara
aceitería
molino
prensa

almeja
chirla
concha
valva

almena
resguardo
parapeto
coronamiento

almenar
amurallar
fortificar

almendra
almendruco
alloza
arzolla

almendro
almendral
almendrero

almiar
henil
pajar

almíbar
arrope
dulce
caramelo

almibarado
dulzón
empalagoso
meloso

seco
grosero

dulce
azucarado
acaramelado

amargo
agrio

almidón
fécula

almidonado
tieso
rígido
duro

blando
arrugado

acicalado
estirado

desarreglado
descuidado

almidonar
planchar
endurecer

alminar
minarete
torre
atalaya

almirez
mortero
majador

almizcle
aroma
perfume

almohada
cojín
almohadón

almohadilla
cojín

almohadillado
acolchado
guateado
mullido

almohadón
almohada

almoneda
subasta
puja
compraventa

almorrana
hemorroide

almorta
guija
tito
muela

almorzar
comer

almuerzo
comida
desayuno

alocado
insensato
disparatado
irreflexivo
descuidado
impetuoso
aturdido

cuidadoso
sensato
juicioso

alocución
arenga

discurso
perorata
sermón

alojamiento
hospedaje
albergue
posada
residencia
hostal
hotel
hospedería
domicilio
vivienda
morada
estancia
cobijo

alojar(se)
albergar
hospedar
instalar
morar
residir
vivir
habitar

expulsar
desalojar

introducir
meter
encajar

desencajar

alón
ala

alondra
calandria

alopecia
calvicie

alpargata
sandalia
abarca
zapatilla

alpinismo
montañismo

alpinista
escalador
montañero

alpiste
semilla
grano

alquería
finca
cortijo
hacienda
masía
caserío
rancho
estancia

alquilar
arrendar
transferir
traspasar
ceder

desalquilar
desalojar

alquiler
arrendamiento
arriendo
traspaso
cesión
renta

alquimia
química
crisopeya
hechicería

alquimista
mago
nigromante
ocultista
taumaturgo

alquitrán
betún
brea
pez
resina

alquitranar
calafatear
embetunar
embrear

alrededor(es)
afueras
aledaños
arrabales
cercanías
contornos
extrarradio
proximidades
inmediaciones
periferia

aproximadamente

alta
ingreso
inscripción
entrada
admisión
suscripción

baja
separación
expulsión

cura
restablecimiento
curación

altanería
altivez
engreimiento
arrogancia
envanecimiento
presunción
vanidad
orgullo
soberbia

humildad
modestia

altanero
altivo
engreído
arrogante
presumido
soberbio

humilde
modesto
sencillo

altar
ara
presbiterio
tabernáculo
retablo

altavoz
amplificador
megáfono
bocina

alteración
cambio
modificación
variación
adulteración

permanencia
invariabilidad

intranquilidad
sobresalto
turbación
inquietud
trastorno

alterado
descompuesto
excitado
airado
enfadado

sosegado
tranquilo
sereno

cambiado
desordenado
revuelto

ordenado

alterar(se)
cambiar
variar
modificar
perturbar
transformar
transmutar

permanecer
conservar
mantener

agitar
alarmar
conmover
consternar
desconcertar
encrespar
excitar
inquietar
intranquilizar
airar

serenar
calmar

altercado
controversia
polémica
bronca
discusión
disputa
riña

concordia
calma

alternador
generador

alternancia
cambio
sucesión
variación

alternar(se)
turnar
permutar
relevar

sucederse
cambiar

permanecer
continuar

tratar
relacionarse
convivir

aislar

alternativa
dilema
disyuntiva
opción

alterno
variable
rotatorio
alternativo

continuo

alteza
excelencia
eminencia

príncipe
noble

altibajo(s)
vicisitud
avatares
variación

desigualdad
irregularidad
desnivel

altiplanicie
meseta
páramo

altiplano
meseta
altiplanicie

altisonante
engolado

grandilocuente
rimbombante

natural
sencillo

altitud
altura
elevación
cima

cota
nivel

altivez
desdén
desprecio
engreimiento
arrogancia
orgullo

sencillez
humildad

altivo
arrogante
altanero
despectivo
orgulloso
soberbio

sencillo
humilde

alto
elevado
crecido
espigado

bajo

encumbrado
superior
grande
eminente

inferior

altura
cerro
elevación

parada
detención

altozano
loma
cerro

altruismo
desinterés
desprendimiento
filantropía
generosidad
caridad
abnegación
humanidad

egoísmo
interés

altruista
desprendido
dadivoso
generoso
desinteresado
filántropo

egoísta
interesado

altura
estatura
talla
medida

altitud
elevación
cima
cresta
cúspide
cumbre

depresión

alubia
faba
frijol
fréjol
habichuela
judía

alucinación
deslumbramiento
visión

ilusión
ofuscación
engaño

realidad

alucinado
cegado
confundido
drogado
ofuscado

equilibrado
sereno

alucinante
emocionante
fantástico
deslumbrante

sencillo
natural
corriente

alucinar(se)
delirar
desvariar
embelesar
fascinar
embaucar
seducir
engañar

serenar
aclarar

alucinógeno
estupefaciente
droga

alud
avalancha
desprendimiento
hundimiento

aludir
citar
mencionar
referir
sugerir

omitir

alumbrado
iluminación
luminotecnia
luz
electricidad

alumbramiento
parto
nacimiento

alumbrar(se)
iluminar
encender
aclarar
clarificar

apagar
oscurecer

parir
engendrar
dar a luz

aluminio
alúmina

alumno
escolar
estudiante
colegial
discípulo

alusión
referencia
cita
indicación
insinuación
mención

alusivo
referente
referido

aluvión
desbordamiento
inundación
crecida

enjambre
multitud

alvéolo
alveolo
cavidad
celdilla

alza
elevación
subida
aumento
encarecimiento

bajada
rebaja
abaratamiento

alzacuello
corbatín
sobrecuello

alzada
altura
estatura
talla

alzado
precio
ajuste
tasación

alzamiento
levantamiento
insubordinación
sedición
revolución
motín
rebelión

alzar(se)
elevar
levantar
aupar
subir

bajar
descender

amotinarse
insubordinarse

rebelarse
sublevarse

someterse

construir
edificar
erigir

derribar
derrumbar

ama
dueña
patrona
propietaria

niñera
nodriza
aya

amabilidad
cordialidad
cortesía
agrado
afecto
benevolencia
simpatía

grosería
rudeza
antipatía

amable
afable
agradable
cordial
cortés
tratable
afectuoso
atento
cariñoso
sencillo

grosero
rudo
antipático
desagradable

amado
apreciado
querido

estimado
predilecto
caro
favorito

odiado

amaestrado
domesticado
adiestrado
domado

amaestrar
domar
domesticar
adiestrar
aleccionar
enseñar
instruir

amagar(se)
amenazar
conminar

ocultarse
esconderse

amago
indicio
síntoma
intención

amenaza
conminación
ademán

amainar
aflojar
calmarse
ceder
disminuir
escampar

aumentar
encresparse
incrementarse
empeorar

amalgama
combinación
conjunto

mezcolanza
mezcla
reunión

amamantar
alimentar
criar
nutrir
lactar

amancebamiento
concubinato
cohabitación
convivencia

amancebarse
juntarse
cohabitar
entenderse
liarse
arrejuntarse
arrimarse
enrollarse

amanecer
aclarar
alborear
clarear
esclarecer

anochecer
atardecer

alba
albor
alborada
amanecida
aurora
madrugada
orto

crepúsculo

amanerado
afeminado
amariconado
afectado
remilgado
forzado

rebuscado
teatral

varonil
natural
sencillo

amaneramiento
afectación
afeminamiento
remilgo

naturalidad

amansar
domesticar
domar
apaciguar
aplacar
calmar
sosegar
tranquilizar

embravecer
excitar

amante
entusiasta
apasionado

desapasionado
frío

querido
galán
enamorado

amiga
manceba

amanuense
copista
escribano
escribiente

amañado
manipulado
preparado
falsificado

puro

auténtico

mañoso
hábil

amañar
apañar
acomodar
componer

falsear
falsificar
manipular

amaño
ardid
componenda
apaño
arreglo
tejemaneje
treta

amar
querer
apreciar
estimar
adorar

odiar
abominar
detestar

seducir
cortejar
galantear

amarar
amerizar

amargar(se)
acibarar
acidular
agriar

endulzar
edulcorar

afligir
apenar
atormentar

entristecer
disgustar

consolar
alegrar

amargo
acerbo
acibarado
acre
agrio

dulce

desagradable
doloroso
penoso

alegre
agradable

amargor
acíbar
amargura
acritud
aspereza

dulzor
dulzura

amargura
aflicción
disgusto
pena
sufrimiento
tristeza
desconsuelo

alegría
dicha
placer

amarillear
languidecer
amustiarse

avivarse
brillar

amarillo
gualdo

áureo
dorado
rubio
ocre
pajizo

amarra
atadura
correa
cuerda
liana
maroma
soga

amarradero
embarcadero
dique
malecón

argolla
pilar
poste

amarrar
atar
ligar
enlazar
encadenar
sujetar

desatar
soltar

amartelado
enamorado
acaramelado
prendado

amartelarse
enamorarse
amarse
quererse
encariñarse

aborrecer

amasar
mezclar
aglutinar

amalgamar
manosear

amasijo
amalgama
conglomerado
masa
revoltijo
confusión
lío
mezcolanza

amateur
aficionado

profesional

amazacotado
apelmazado
recargado
abigarrado

ligero
fluido

amazona
caballista

ambages
rodeos
ambigüedades

ámbar
resina
perfume

ambarino
amarillento
pálido

ambición
ansia
anhelo
pretensión
afán
avidez

desinterés
modestia

ambicionar
anhelar
ansiar
codiciar
desear
pretender

despreciar
desdeñar

ambicioso
ansioso
insaciable
intrigante

desdeñoso
desinteresado

ambidextro
maniego
hábil
diestro

ambientar(se)
enmarcar
encuadrar

aclimatarse
adaptarse
acostumbrarse

extrañar

ambiente
ámbito
entorno
medio

ambigüedad
indeterminación
confusión
equívoco

claridad
precisión

ambiguo
confuso
equívoco

incierto
indeterminado

claro
preciso

ámbito
ambiente
medio
entorno

ambos
entrambos
los dos
uno y otro

ambrosía
manjar
delicia
néctar
elixir

ambulante
móvil
itinerante
nómada
vagabundo

fijo
quieto
sedentario

ambulatorio
sanatorio
dispensario

amedrentar(se)
intimidar
acobardar
asustar
achantar

animar
envalentonar

amén
acuerdo
conformidad

fin
término

amenaza
intimidación
advertencia
conminación
aviso
amonestación
maldición

amenazador
inquietante
amenazante
desafiante
peligroso
conminatorio

amenazar
desafiar
retar
intimidar
provocar
advertir
amagar

amenizar
divertir
entretener
distraer
animar

aburrir
fastidiar

ameno
entretenido
divertido
gracioso
agradable
grato
atractivo

aburrido
desagradable
feo

americana
chaqueta
blazer

amerizaje
amaraje
descenso

despegue

amerizar
amarar
descender
posarse

ametralladora
metralleta

ametrallar
disparar
acribillar

amianto
asbesto

amígdala
angina
tonsila

amigo
compañero
camarada
aliado
incondicional
inseparable
partidario

enemigo
adversario

amiguismo
parcialidad
nepotismo
enchufismo

amilanado
amedrentado
intimidado
tímido
cobarde

audaz
valiente

amilanar(se)
amedrentar
acobardar
asustar
atemorizar
intimidar

atrever
alentarse
envalentonarse

aminorar
reducir
acortar
achicar
menguar
disminuir
atenuar
paliar

agrandar
aumentar

amistad
compañerismo
camaradería
simpatía
cariño
aprecio
amor

enemistad
rivalidad
antagonismo

amistoso
afable
amigable
abierto

desagradable
hosco

amnesia
olvido
desmemoria
ausencia

amnistía
indulto

perdón
gracia
absolución

amnistiar
absolver
condonar
indultar
perdonar

inculpar
sentenciar
condenar

amo
dueño
propietario
patrono
señor
jefe

**amodorra-
miento**
adormecimiento
somnolencia
sopor
modorra
sueño

exaltación

amodorrarse
adormecerse
adormilarse
dormirse
aletargarse
trasponerse

despabilarse
despejarse
despertarse

amohinado
disgustado
enfurruñado

amohinar(se)
enfadar
enojar
incomodar

amojonar
definir
delimitar
deslindar
fijar
limitar
mojonar

amolar
enojar
fastidiar
incomodar
molestar

afilar
aguzar

amoldar(se)
acomodar
conformar
someter
transigir
adaptar
ajustar

rebelarse
oponerse

amonestación
admonición
apercibimiento
reprimenda
reproche

aviso
advertencia

amonestar
recriminar
apercibir
increpar
reprender

felicitar
aplaudir

advertir
avisar

amontonar(se)
apilar
acumular
hacinar
apiñar
agrupar
almacenar

esparcir
separar

amor
querer
cariño
ternura
pasión
afición

repugnancia
odio

amoral
inmoral
indecente

amoratado
cárdeno
congestionado
lívido
violáceo
morado

amordazar
silenciar
acallar

amorfo
informe
imperfecto
desproporcionado

amorío
devaneo
flirteo
romance
galanteo
ligue
noviazgo

amoroso
afectuoso
apasionado
tierno
amante

odioso
aborrecible

amortajar
cubrir
envolver
preparar

amortiguación
suavización
mitigación

amortiguador
ballesta
muelle
suspensión

amortiguar
mitigar
moderar
paliar
suavizar
apaciguar
atenuar
aminorar

aumentar
avivar
excitar

amortización
abono
liquidación
pago

deuda

amortizar
liquidar
saldar
pagar

amoscarse
escamarse

mosquearse
enfadarse
enojarse

amotinado
sublevado
insurrecto
alzado
rebelde

amotinamiento
rebelión
motín

amotinar(se)
alzar
concitar
incitar
levantar
revolucionar
sublevar

amparar(se)
proteger
cobijar
ayudar
acoger
socorrer
defender
apadrinar
patrocinar
tutelar

desamparar
desasistir
desatender

amparo
protección
ayuda
apoyo
intercesión
patrocinio

abandono

amperímetro
galvanómetro
voltímetro

ampliación
ensanche
aumento
alargamiento

reducción
disminución

ampliar
incrementar
extender
alargar
aumentar
desarrollar
ensanchar

estrechar
reducir

amplificador
altavoz
megáfono

amplio
grande
holgado
espacioso
extenso
abundante

estrecho
escaso

amplitud
anchura
holgura
extensión
capacidad

escasez
estrechez

ampolla
abolsamiento
vejiga
bolsa

botella
vasija

ampulosidad
exageración
rimbombancia
grandilocuencia

naturalidad
sencillez

ampuloso
pomposo
pretencioso
exagerado
presuntuoso

sencillo
natural

amputación
cercenamiento
mutilación
ablación
corte

amputar
cercenar
mutilar
truncar
cortar
quitar
eliminar

amueblar
equipar
adornar
ornamentar

amuleto
fetiche
talismán
mascota

amurallado
atrincherado
defendido
fortificado
cercado
encerrado

amurallar(se)
acorazar

almenar
atrincherar
cercar
defender
encerrar
fortificar
murar

amustiar(se)
marchitar
agostar
ajar
estropear
languidecer

anacoreta
asceta
eremita
ermitaño

anacrónico
anticuado
inadecuado
improcedente

actual
oportuno

anacronismo
antigualla
absurdo

ánade
pato
ánsar
cisne
ganso
oca

anagrama
transposición

logotipo
emblema

anal
rectal
perineal
fecal

anales
crónicas
memorias
relatos

analfabetismo
ignorancia
incultura

ilustración
sabiduría

analfabeto
iletrado
inculto
ignorante

analgésico
calmante
sedante

análisis
estudio
examen
observación
comparación

síntesis

analítico
metódico
ordenado
razonado

analizar
examinar
estudiar
observar
distinguir

sintetizar

analogía
afinidad
parecido
semejanza
similitud

desemejanza
diferencia
disimilitud

análogo
parecido
semejante
similar
equivalente

distinto

ananás
piña

anaquel
aparador
armario
alacena
repisa

anaranjado
naranja
azafranado

anarquía
acracia
desgobierno
desorden
caos

orden
gobierno

anárquico
confuso
desordenado

disciplinado
metódico

anarquista
ácrata
libertario
agitador

anatema
reprobación
execración

anatematizar
excomulgar

anatomía
fisiología
morfología

anatómico
orgánico
morfológico

anca
cadera
muslo

ancestral
antiguo
hereditario
atávico

ancho
amplio
dilatado
extenso
holgado

estrecho

anchoa
boquerón
anchova

anchura
amplitud
espaciosidad
holgura

delgadez
estrechez

ancianidad
senectud
vejez
longevidad

juventud

anciano
viejo
senil
caduco
decrépito

abuelo
nonagenario
octogenario

joven

ancla
áncora

anclaje
amarre
fondeo

anclar
fijar
fondear
aferrar

áncora
ancla

andadura
andada
caminata
recorrido

andamio
armazón
andamiaje
estructura
plataforma

andanada
fuego
descarga
salva

regañina
reprimenda

andanza
aventura
correría
peripecia

andar
caminar
recorrer

avanzar
transitar

detenerse
pararse

andariego
andarín
paseante
trotamundos

andas
angarillas
parihuelas

andén
muelle
apeadero

andorga
vientre
panza

andrajo
jirón
colgajo
harapo
guiñapo

andrajoso
harapiento
desaliñado

arreglado
aseado

andrógino
bisexual
hermafrodita
ambiguo

androide
autómata
robot

andurrial(es)
lugar
paraje
sitio

anécdota
suceso
acontecimiento
historieta
cuento

anegado
encharcado
pantanoso
empapado

anegar(se)
encharcar
inundar

anejo
anexo
unido
agregado

independiente

anélido
gusano

anemia
desnutrición
debilidad

anémico
desnutrido
inapetente
débil

vigoroso
fuerte

anémona
actinia

anestesia
adormecimiento
inconsciencia
insensibilidad
sueño

anestesiar
narcotizar
adormecer
insensibilizar

anestésico
narcótico
sedante
adormecedor

anexar
anexionar

anexión
adhesión
incorporación
unión

desvinculación

anexionar
añadir
adicionar
agregar
unir

disociar
separar

anexo
adjunto
anejo
agregado

anfetamina
droga
estimulante

anfibio
batracio

anfibología
ambigüedad
equívoco

claridad
precisión

anfiteatro
hemiciclo
coliseo
teatro

anfitrión
invitador
hospedador

ánfora
cántaro
vasija
jarrón

angarillas
andas
parihuelas

ángel
arcángel
querubín
serafín

lucifer
demonio
diablo

angelical
candoroso
ingenuo
cándido
puro

demoniaco
perverso

ángelus
oración

anginas
amigdalitis

anglosajón
inglés
británico
sajón

angosto
estrecho
reducido

ancho

angostura
quebrada
desfiladero
garganta

estrechura
escasez

angular
anguloso
esquinado
sesgado

ángulo
arista
canto
esquina

angustia
intranquilidad
ansiedad
desconsuelo
pesar
aflicción
pena
tristeza

alegría
tranquilidad
alivio
paz

angustiado
acongojado
ansioso
preocupado
triste

calmoso
sosegado

angustiar(se)
acongojar
agobiar
apenar
entristecer

animar
consolar
tranquilizar

angustioso
alarmante
penoso
agobiante

anhelar
ansiar

desear
ambicionar
codiciar

desinteresarse

anhelo
deseo
afán
ansia

desgana
hastío

anidar
alojarse
instalarse

anilina
colorante
tintura

anillo
anilla
argolla
aro
sortija

ánima
alma
espíritu

animación
actividad
bullicio
alegría
vivacidad

abatimiento
aburrimiento
inactividad

animado
concurrido
divertido
resuelto

animador
artista

cómico
presentador

animadversión
enemistad
malquerencia
antipatía
aversión
ojeriza
odio

amistad
simpatía

animal
alimaña
bestia
fiera

ignorante
zote

animalada
bestialidad
salvajada

animar(se)
alentar
estimular
excitar
incitar
decidirse
enardecer

desalentar
desanimar
disuadir

anímico
espiritual
psíquico
interior

corporal
material

ánimo
coraje
arrojo
valentía

energía
resolución

desaliento
desánimo
cobardía

animosidad
malquerencia
animadversión
aversión
manía

amistad
inclinación

animoso
valiente
decidido
resuelto
bravo

cobarde

aniñado
infantil

adulto

aniquilación
aniquilamiento
asolación
destrucción

conservación
vida

aniquilamiento
aniquilación
masacre
destrucción

aniquilar
arrasar
arruinar
asolar
devastar

conservar
construir

anís
anisado
anisete

aniversario
cumpleaños
onomástica
santo

ano
recto
culo

anochecer
atardecer
crepúsculo
oscurecer

amanecer

anodino
insignificante
insípido
banal

esencial
importante

anomalía
anormalidad
irregularidad
rareza

anómalo
anormal
extraño
irregular
raro

normal

anonadamiento
abatimiento
decaimiento
desaliento

anonadar
abatir

abrumar
descorazonar

animar

anonimato
incógnito

anónimo
ignorado
misterioso
secreto

manifiesto
conocido

anorexia
desgana
inapetencia

anormal
anómalo
insólito
raro

normal

defectuoso
monstruoso
deforme

anormalidad
anomalía
excepción
rareza
desviación

anotación
apunte
comentario
llamada
glosa

anotar
apuntar
escribir
registrar

anquilosar(se)
atrofiar

paralizar
impedir

ánsar
ánade
ganso
pato

ansia
afán
codicia
deseo

despreocupación

ansiedad
desasosiego
angustia
desazón
inquietud

tranquilidad

ansiar
desear
querer
anhelar
apetecer

despreocuparse

ansiedad
desasosiego
angustia
ansia
desazón

ansioso
deseoso
anhelante

anta
ante
alce

antagónico
incompatible
opuesto

semejante

antagonismo
discrepancia
disparidad
incompatibilidad

acuerdo

antagonista
adversario
contrario
oponente
rival

compañero
amigo

antaño
antes

hogaño
ahora

ante
anta

antecámara
antesala
recibimiento

anteceder
preceder
preexistir

antecesor
antepasado
ascendiente
predecesor

sucesor
descendiente

antedicho
mencionado
referido

antediluviano
remoto
antiquísimo

antelación
anterioridad

precedencia
prioridad

antena
apéndice
tentáculo

anteojo(s)
catalejo
prismáticos
telescopio
gemelos

antepasado
antecesor
ascendiente
predecesor

sucesor

anteponer
preferir
aventajar

posponer

anteproyecto
plan
borrador

anterior
previo
primero
antecedente

posterior

anterioridad
antelación
precedencia

posterioridad

antes
anteriormente
primeramente

después

antesala
recibidor
vestíbulo

anticipación
adelanto
antelación

demora
retraso

anticipar(se)
adelantar
anteponer
aventajar

retrasar

anticipo
adelanto
préstamo

anticonceptivo
contraceptivo

**anticonstitu-
cional**
ilegal
ilegítimo

constitucional
legal

anticuado
antiguo
viejo
vetusto
obsoleto

moderno
actual

anticuar(se)
envejecer
añejar

rejuvenecer

antídoto
contraveneno
revulsivo

antiestético
feo

repulsivo

hermoso
estético

antifaz
careta
máscara

antífona
versículo

antigualla
anacronismo
reliquia

antigüedad
ancianidad
vejez
vetustez

juventud

pasado
prehistoria

actualidad

antiguo
vetusto
viejo
añejo
arcaico
anticuado

reciente
actual

antihigiénico
sucio
insano

higiénico
limpio

antílope
gacela
gamuza

antimilitarismo
pacifismo

antinatural
contranatural
falso
aberrante

auténtico
natural

antinomia
contraposición
contradicción

coincidencia

antiparras
lentes
gafas

antipatía
animadversión
aversión
enemistad
manía
odio

amor
simpatía

antipático
grosero
odioso
agrio

amable
simpático

antípoda
opuesto
contrario

similar
igual

antítesis
antagonismo
contraposición
oposición

antitético
antagónico

antípoda
contradictorio
contrario

semejante

antitóxico
antídoto
contraveneno

antojadizo
caprichoso
inconstante

firme

antojarse
encapricharse

antojo
capricho
anhelo

antología
selección
florilegio
colección

antónimo
contrario
opuesto

sinónimo

antorcha
hachón
tea

antro
caverna
covacha
cubículo

antropofagia
canibalismo

antropófago
caníbal
sanguinario

antropoide
antropomorfo
simio
primate

anual
anuo

anualidad
emolumentos
haberes
honorarios
sueldo

anuario
agenda
almanaque

anudar
atar
enlazar
ligar
sujetar

desatar

anuencia
conformidad
aprobación
aquiescencia
asentimiento
complacencia

desaprobación

anulación
invalidación
nulidad

confirmación
convalidación

anulado
cancelado
revocado

anular
invalidar
abolir

suprimir
derogar

aprobar
confirmar

anunciación
anuncio
revelación

anunciar
comunicar
avisar
notificar
publicar
proclamar

callar
ocultar

presagiar
adivinar

anuncio
aviso
advertencia
publicidad

presagio
vaticinio

anverso
faz
cara

reverso
cruz

anzuelo
arpón
gancho

aliciente
incentivo
trampa
reclamo

añadidura
adición
agregación
ampliación

añadir
agregar
adicionar
anexionar
aumentar
incrementar
sumar

restar
sustraer

añagaza
cebo
engaño
reclamo

añejo
envejecido
rancio

añicos
trozos
trizas

añil
azulado
índigo

año(s)
añada
temporada
abriles

tiempo
espacio
período

añojo
becerro
borrego

añoranza
nostalgia
melancolía

añorar
recordar
meditar

olvidar

aojamiento
maleficio
hechizo
embrujo

aojar
embrujar
hechizar
encantar

apabullar
abrumar
confundir
aturdir

apacentar
pacer
pastar

apacible
pacífico
placentero
plácido
tranquilo

desapacible
revoltoso

apaciguamiento
moderación
pacificación
reconciliación

enfurecimiento
excitación

apaciguar(se)
pacificar
aplacar
calmar
mitigar
serenar
sosegar
tranquilizar

inquietar
excitar

apadrinamiento
adopción
padrinazgo

enchufe
agarraderas

apadrinar
prohijar
patrocinar
proteger
amparar
avalar

desamparar

apagado
extinto
tenue
débil

apagar(se)
sofocar
ahogar
apaciguar
aplacar
mitigar

avivar
encender

apalabrar
concertar
acordar
convenir
pactar

apalancar
levantar
forzar

apaleamiento
paliza
tunda

apalear
golpear
pegar
aporrear
linchar

apañado
experto
hábil
habilidoso

inepto
torpe

apañar(se)
arreglar
componer
reparar

amañar
robar
timar

arreglárselas
ingeniarse

apaño
arreglo
embrollo
aventura
romance
lío

compostura
reparación
chapuza

robo
hurto

aparador
alacena
estantería
despensa

aparato
instrumento
máquina
utensilio
maquinaria

ostentación
solemnidad
apariencia
boato

aparatoso
dramático
ostentoso
fastuoso
solemne

sobrio
sencillo

aparcamiento
estacionamiento
garaje

aparcar
estacionar
situar
ubicar

aparcero
comunero
asociado

labrador
agricultor

aparear(se)
igualar
equilibrar

emparejar
acoplar

aparecer
manifestarse
mostrarse
presentarse
personarse

desaparecer
ocultarse

aparecido
fantasma
visión
aparición

aparejador
arquitecto
constructor
técnico

aparejar
disponer
preparar
aviar

aparejo
herramienta
instrumental
pertrecho

mástiles
velamen

aparentar
parecer
figurar

fingir
simular
disimular

descubrir

aparente
fingido
postizo
simulado

auténtico
real

patente
evidente

aparición
aparecido
espectro
fantasma

apariencia
forma
aspecto
traza
exterior

apartado
aislado
distante
lejano
retirado

capítulo
sección

apartamento
piso
vivienda

apartar(se)
desechar
rechazar
aislar
alejar
descartar
relegar
marcharse
desviarse
irse

acercarse
unirse

aparte
separadamente
por separado

apasionado
vehemente
ardiente
caluroso
impetuoso
entusiasta
fanático

desapasionado
frío

apasionamiento
ardor
entusiasmo
fanatismo

frialdad
imparcialidad

apasionante
emocionante
excitante
conmovedor

indiferente
aburrido

apasionar(se)
entusiasmar

enardecer
arrebatar

desapasionarse
desinteresarse

apatía
dejadez
desidia
indiferencia
indolencia

interés

apático
indiferente
indolente
dejado

anhelante

apátrida
vagabundo
errante

apeadero
estación
detención
parada

apear(se)
descender
bajar
desmontar

subir
montar

disuadir
persuadir
desaconsejar

apechugar
aguantar
apencar
afrontar
sobrellevar

rebelarse
oponerse
rechazar

apedrear(se)
lapidar
descalabrar

apegarse
encariñarse
simpatizar
aficionarse
adherirse
interesarse

enemistarse
odiarse

apego
cariño
afecto
estima
inclinación
querencia
adhesión

desinterés
odio

apelación
reclamación
recurso
requerimiento
demanda

denegación

consulta
reunión

apelar
recurrir
interponer
demandar
revisar

desistir
abandonar

apelativo
nombre
apellido
sobrenombre
alias

mote
apodo

apellidar(se)
llamar
nombrar
titular
bautizar
motejar
apodar
denominar

apellido
apelativo
patronímico
sobrenombre
alias
apodo

apelmazado
compacto
denso
apretado
amazacotado
apelotonado

suelto
blando

apelmazar(se)
apretar
comprimir
condensar
espesar
endurecer
apelotonar
apiñar
tupir

apelotonar(se)
apiñar
amazacotar
amontonar

esponjar
ahuecar

apenado
triste

desconsolado
apesadumbrado
afligido
melancólico

alegre
contento

apenar(se)
entristecer
apesadumbrar
afligir
abrumar
acongojar

alegrar
animar

apenas
escasamente
insuficientemente
exiguamente
pobremente

completamente
totalmente

apencar
apechugar
apechar
aguantar
sobrellevar
afrontar

apéndice
añadido
aditamento
prolongación
suplemento
anexo

rabo
cola
tentáculo
antena

apercibimiento
amonestación
advertencia

aviso
sugerencia

citación
requerimiento

apercibir(se)
amonestar
advertir
sugerir
exhortar

citar
requerir
emplazar

divisar
discernir
distinguir
ver

apergaminado
acartonado
marchito
momificado
seco

lozano
fresco

apergaminarse
acartonarse
momificarse
arrugarse
secarse

rejuvenecer

aperitivo
refrigerio
piscolabis

vermú
tónico

apero(s)
avíos
útil
herramienta

aperreado
molesto
incómodo
difícil
trabajoso

cómodo
sencillo
fácil

apertura
abertura
comienzo
principio

clausura
cierre

apesadumbrar (se)
entristecer
afligir
apenar
atribular

alegrar
consolar
animar

apestar
heder
atufar
corromper
inficionar
viciar

perfumar

apestoso
hediondo
corrompido
maloliente
pestilente

aromático
fragante

cargante
molesto
fastidioso

apetecer
desear
ambicionar
anhelar
ansiar

desagradar
rechazar

apetecible
deseable
sabroso
gustoso
apetitoso

desagradable
soso

apetito
hambre
apetencia
gula
gusa
ansia
avidez
gazuza

desgana
saciedad
hartura

apetitoso
sabroso
exquisito
agradable
apetecible
gustoso

desagradable
desabrido

apiadarse
compadecerse
condolerse
compungirse

ensañarse
cebarse

ápice
punta
vértice
cumbre
extremo
pico
cúspide

base

insignificancia
pizca
migaja
nimiedad
poco

apilar
agrupar
amontonar
juntar
acumular

esparcir

apiñado
apelmazado
arracimado
tupido

apiñar(se)
agrupar
amontonar
apelotonar
estrechar
juntar
reunir

disgregar
separar
disociar

apiolar
matar
eliminar
sacrificar
exterminar
asesinar

atar
sujetar

encadenar
prender

desatar
soltar

apisonar
allanar
nivelar
comprimir
aplastar
apretar

aplacamiento
alivio
atenuación
mitigación
moderación

irritación
excitación

aplacar(se)
tranquilizar
calmar
amansar
apaciguar
sosegar
serenar
pacificar

excitar
irritar
enfurecer

aplanamiento
abatimiento
decaimiento
desaliento
extenuación

fortalecimiento
ánimo

nivelación
aplastamiento
allanamiento

aplanar(se)
nivelar

allanar
explanar

debilitar
desalentar
desilusionar

animar
vigorizar
alentar

aplastado
achatado
aplanado
romo
comprimido

agudo
saliente

aplastante
concluyente
abrumador

aplastar(se)
comprimir
prensar
apisonar
estrujar
aplanar
hundir
allanar
moler
triturar
deteriorar
despachurrar

levantar
mullir

abatir
turbar
abrumar
avergonzar
humillar
derrotar
vencer

animar
alentar
consolar

aplatanarse
apoltronarse
abandonarse

aplaudir
aclamar
vitorear
elogiar
enaltecer
ovacionar
palmear
palmotear

abuchear
silbar
protestar
patalear

aplauso
aclamación
ovación
felicitación
palma
palmoteo

abucheo
censura
reproche

aplazamiento
retraso
demora
dilación
moratoria
prórroga
tardanza

anticipación
adelanto

aplazar
postergar
prorrogar
demorar
dilatar
posponer
retrasar

adelantar

aplicación
uso
empleo
práctica
servicio
destino
utilización

atención
perseverancia
tesón
laboriosidad
trabajo
constancia

pereza
inconstancia
abulia

aplicado
estudioso
perseverante
trabajador
laborioso
empollón

perezoso
inconstante
vago

aplicar(se)
adaptar
superponer
sobreponer
poner
fijar
pegar
sujetar

separar
despegar

suministrar
administrar
usar
utilizar
emplear

destinar
adjudicar

asignar
dedicar

achacar
imputar
atribuir
culpar

esmerarse
estudiar
trabajar
concentrarse
enfrascarse

vaguear
holgazanear

aplomado
sereno
sensato
mesurado
juicioso
objetivo
prudente
reflexivo

insensato
irreflexivo
inseguro

aplomo
gravedad
serenidad
sensatez
mesura
compostura

inseguridad
vacilación

apocado
tímido
vergonzoso
acobardado
sumiso
retraído
timorato
asustadizo
medroso

corto
pusilánime

atrevido
decidido
valiente

apocalipsis
catástrofe
hecatombe
desastre
cataclismo

paz
tranquilidad

apocalíptico
horrible
horrendo
horripilante
aterrador
espantoso
terrorífico
espeluznante
dantesco

grato
alegre
agradable

apocar(se)
limitar
menguar
mermar
minorar

amedrentarse
amilanarse
deprimirse
abatirse
acobardarse
avergonzarse
retraerse

envalentonarse
crecerse

apócope
elisión
supresión
contracción

apócrifo
falso
supuesto
ilegítimo
erróneo

auténtico
genuino
verdadero

apodar(se)
nombrar
denominar
bautizar
apellidar
motejar

apoderado
representante
encargado
tutor
manager

desautorizado

apoderar(se)
apropiarse
adjudicarse
adueñarse
usurpar
requisar
quitar
arrebatar

entregar
ceder
donar

delegar
comisionar
representar

desapoderar

apodo
mote
alias
sobrenombre
seudónimo

apogeo
auge
culminación
cumbre
cima
cúspide

decadencia
ocaso

apolillado
carcomido
raído
deteriorado

apolillarse
raerse
carcomerse
deteriorarse

apolíneo
apuesto
hermoso
perfecto
guapo
galán
bello

feo
imperfecto
deforme

apología
elogio
alabanza
encomio
loa

crítica
difamación

justificación
defensa
disculpa

acusación

apólogo
fábula
parábola

cuento
ficción

apoltronado
repantigado
gandul
vago
comodón
sedentario
aplatanado
ocioso

dinámico
activo

apoltronarse
vegetar
holgazanear
repantigarse

aporreado
golpeado
apaleado
zurrado

mimado
acariciado

pobre
mísero
achuchado

cómodo

aporrear(se)
golpear
zurrar
pegar
apalear

mimar
acariciar

afanarse
ajetrearse
fatigarse

descansar

aportación
aporte
cuota

tributo
contribución
ayuda

inhibición
insolidaridad

aportar
contribuir
dar
colaborar
cooperar
ayudar

quitar
retirar

añadir
presentar

aposentar(se)
alojar
instalar
establecer
hospedar
albergar

mudarse
desalojar
irse

aposento
habitación
estancia
cuarto
alcoba

hogar
vivienda
domicilio
morada
residencia

apósito
gasa
compresa
venda

aposta
adrede
deliberadamente

a propósito
ex profeso

casualmente
sin querer

apostar(se)
envidar
jugar
desafiar

apostasía
abjuración
repudio
deserción
abandono

fidelidad
ortodoxia
lealtad

apóstata
renegado
desertor
perjuro

fiel
leal

apostatar
abjurar
renegar
repudiar
retractarse

reafirmarse

apostema
absceso
llaga
forúnculo
ántrax

apostillar
explicar
acotar
comentar
glosar
aclarar

callar

apóstol
evangelista
evangelizador
discípulo
misionero
predicador

apostólico
evangélico
misional
sacerdotal

apóstrofe
acusación
insulto
imprecación
increpación
ofensa

alabanza
elogio

apóstrofo

apóstrofo
vírgula
virgulilla

apostura
gallardía
garbo
donaire
elegancia
gentileza

apoteósico
culminante
frenético
delirante
triunfante
entusiasta

deslucido
humilde

apoteosis
delirio
júbilo

arrebato
exaltación
homenaje
glorificación

modestia
humildad

apoyar(se)
defender
ayudar
proteger
animar
avalar
patrocinar
estimular
respaldar

oponerse
desaprobar
abandonar

descansar
descargar
asentar
basar
sostener
reclinar
sujetar

apoyo
base
soporte
sostén
cimiento
pilar
pilastra
basa
pie

ayuda
amparo
defensa
auxilio
protección
aval

oposición
crítica
ataque

apreciable
considerable
estimable
notable
ponderable
respetable

despreciable
minúsculo

apreciación
estimación
calificación
consideración
crédito
estima
aprecio
merecimiento
mérito

descrédito
desprecio

apreciar(se)
querer
estimar
respetar
amar

aborrecer
odiar
despreciar

evaluar
calificar
tasar
valorar

aprecio
afecto
estima
cariño
amor
consideración

descrédito
desestimación

aprehender
apresar
prender

pillar
detener
atrapar
capturar

soltar
liberar

captar
percibir
comprender
entender

apremiante
perentorio
imperioso
urgente
inaplazable
acuciante
insistente

pausado
lento

apremiar(se)
urgir
acuciar
apresurar
compeler
azuzar
atosigar
exigir

tranquilizar
sosegar
calmar

apremio
prisa
apuro
urgencia
premura
precipitación
apresuramiento
atosigamiento
exigencia
presión

tranquilidad
calma
lentitud

aprender(se)
instruirse
estudiar
educarse
cultivarse
cursar

ignorar
olvidar

aprendiz
discípulo
alumno
aspirante
escolar
colegial
estudiante
principiante

experto
maestro
veterano

aprendizaje
estudio
enseñanza
educación
ilustración
instrucción

aprensión
prejuicio
escrúpulo
recelo
reparo
manía
repugnancia

indiferencia
despreocupación

aprensivo
receloso
escrupuloso
timorato
desconfiado
maniático
temeroso
miedoso

apresar
capturar
detener
atrapar
aprisionar
prender
arrestar
cautivar
encarcelar
encerrar

libertar
liberar
soltar

apresurado
activo
veloz
rápido
inquieto
acelerado
ligero

lento
calmoso
pesado
tardo

apresurar(se)
urgir
acelerar
activar
acuciar
atosigar
precipitar

retrasar
postergar
aplazar

apretado
arduo
duro
difícil
arriesgado
peliagudo
complicado

fácil
sencillo

tacaño
avaro

agarrado
cicatero
mezquino

generoso

apretar(se)
oprimir
comprimir
estrujar
apretujar
constreñir
prensar
presionar

aflojar
ensanchar
soltar

azuzar
apremiar
agobiar
angustiar
urgir
instar
hostigar
presionar
obligar
exigir
forzar

sosegar
tranquilizar
serenar
calmar

apretón
estrujón
apretujón
apretamiento
opresión
compresión
aplastamiento
estrujamiento

apretura
apretón
opresión
aglomeración
estrechez

apuro
dificultad

aprieto
apuro
dificultad
compromiso
dilema
problema
brete

alivio
desahogo

aprisa
deprisa
rápidamente
pronto
rápido

lentamente
despacio

aprisco
redil
majada
corral
establo

aprisionar
encarcelar
encerrar
apresar
prender
capturar
recluir
enrejar
detener
esposar

libertar
liberar
soltar

aprobación
consentimiento
aceptación
asentimiento

aquiescencia
beneplácito
conformidad
adhesión

desaprobación
disconformidad
negativa

aprobado
apto
capacitado
idóneo
capaz
aceptado
admitido

suspenso
rechazado
incompetente

aprobar
admitir
aceptar
pasar
autorizar
consentir
asentir
permitir

desautorizar
suspender
reprobar
recusar

apropiación
incautación
confiscación
adquisición
retención
sustracción
usurpación
retención
robo
hurto
despojo

devolución
abandono

apropiado
adecuado
conveniente
oportuno
pertinente
justo
ajustado
propio
adaptado

inapropiado
inadecuado
impropio
inoportuno

apropiar(se)
adueñarse
apoderar
atribuir
incautar
asumir
captar
absorber
capturar
coger
hurtar
requisar
tomar
usurpar
acaparar
escamotear
quitar
robar

dejar
restituir
ceder

aprovechado
laborioso
aplicado
estudioso
trabajador
diligente

interesado
oportunista
ventajista
codicioso
egoísta

aprovechar(se)

utilizar
usar
emplear
dedicar
gozar
disfrutar
servir
lucrarse
apurar
agotar
estrujar
chupar
exprimir

desaprovechar
perder
desperdiciar
malgastar
malograr

aprovisionar

abastecer
suministrar
avituallar
proveer
surtir

desabastecer

aproximación

acercamiento
proximidad
cercanía
unión
contigüidad
vecindad
inmediación

alejamiento
separación

afinidad
parecido
semejanza

exactitud

aproximado

cercano

próximo
contiguo
vecino
lindante
colindante
semejante

cabal
exacto
pintiparado

aproximar

acercar
juntar
arrimar
adosar
apoyar
rozar

alejar
apartar
separar

aptitud

idoneidad
capacidad
habilidad
destreza
competencia
inteligencia
facultad
vocación
disposición
genio

incompetencia
ineptitud
incapacidad

apto

capaz
capacitado
idóneo
competente
eficaz

inepto
incompetente
suspenso

apuesta

envite
puesta
reto
desafío

apuesto

guapo
hermoso
bello
atractivo
galán
donjuán
playboy

feo
desgarbado

arreglado
ataviado
engalanado
adornado

desarreglado
desaseado

apuntador

soplón
anotador
comentarista
glosador

apuntalar

reforzar
asegurar
afianzar
sostener
entibar

debilitar
aflojar

apuntar

anotar
inscribir
registrar
asentar
escribir

alistar
afiliar

tachar
borrar

indicar
insinuar
proponer
sugerir
aludir

precisar

surgir
nacer
aparecer
asomar

desaparecer

dirigir
encañonar

apunte

nota
anotación
acotación
apostilla
inscripción
asiento
observación

boceto
croquis
esbozo
esquema
borrador

apuntillar

rematar
liquidar
eliminar
suprimir

apuñalar

acuchillar
pinchar
rajar
acribillar

apurado
apremiante
angustioso
arduo
dificil
dificultoso
peliagudo

sencillo
fácil

pobre
miserable
hambriento
indigente
necesitado

desahogado
tranquilo

apurar(se)
consumir
acabar
agotar
concluir
terminar

iniciar
empezar

urgir
apremiar
acuciar
acelerar
aligerar
obligar

acongojarse
angustiarse
apenarse
afligirse
abrumarse

alegrarse
consolarse

apuro
angustia
aprieto
problema
dilema

lío
atolladero
contratiempo
conflicto

tranquilidad
despreocupación
bienestar

aquejar
afectar
acongojar
afligir
padecer
sufrir

consolar
aliviar

aquelarre
orgía
bacanal
brujería
nigromancia
magia

paz
tranquilidad
sosiego
orden

aquí
acá
inmediato
junto

allá
ahí

aquiescencia
conformidad
aceptación
consentimiento
beneplácito
tolerancia

negativa

aquietar
calmar

sosegar
tranquilizar
pacificar
apaciguar
serenar
amansar

alborotar
excitar
intranquilizar
soliviantar

aquilatamiento
comprobación
contraste
determinación
apreciación
valoración
análisis
examen
verificación

aquilatar
determinar
analizar
examinar
verificar
tasar
medir
apreciar
valorar

descuidar

ara
altar
tabernáculo
retablo
sagrario

árabe
musulmán
moro
arábigo
mahometano
islamita
sarraceno
agareno

arabesco
adorno
ornato
espiral
voluta

arábigo
árabe

arácnido
araña

arada
aradura
labrantío
labranza
campo
terreno
cultivo

arado
reja
binador
roturador

aragonés
maño
baturro

arancel
impuesto
tributo
tasa
arbitrio
contribución
tributación

arancelario
impositivo
contributivo
tributario

arandela
anilla
aro
disco
argolla

araña
arácnido

lámpara

arañar
rayar
raspar
marcar
señalar
herir

juntar
reunir
acopiar

arañazo
rasguño
rasponazo
raspón
zarpazo

arar
labrar
roturar
surcar
binar
cultivar

arbitraje
juicio
dictamen
decisión
veredicto
fallo
resolución

inhibición
abstención

arbitrar
mediar
intermediar
resolver
fallar
sentenciar
dictaminar
decidir
juzgar

inhibirse
abstenerse

arbitrariedad
ilegalidad
injusticia
abuso
atropello
alcaldada
parcialidad

justicia
imparcialidad
rectitud

capricho
antojo
veleidad
ligereza

firmeza
seriedad

arbitrario
ilegal
injusto
abusivo
autoritario
despótico
insostenible
parcial

justo
legal
imparcial

caprichoso
veleidoso
voluble

firme

arbitrio
potestad
poder
autoridad
albedrío

impuesto
tasa
carga
tributo
contribución
gravamen

árbitro
juez
mediador
intermediario
intercesor

colegiado

árbol
arbusto

eje
cigüeñal

arbolado
arboleda
bosque
selva

arboladura
mástil
velamen
verga

arbolar
enarbolar
alzar
izar
subir

desarbolar

arboleda
alameda
arbolado

arborecer
crecer
desarrollarse

agostarse
secarse

arbóreo
arborescente

arborescente
arbóreo
arboriforme
boscoso
selvático

arbusto
mata
matojo
matorral
seto

arca
cofre
arcón
baúl

arcada
arco
arquería
soportal
pórtico

náusea
vómito
ansia

arcaduz
caño
tubo
tubería

arcaico
antiguo
anticuado
desusado
viejo
vetusto
pasado

actual
moderno
contemporáneo

arcaísmo
antiquismo
antigualla

neologismo

arcángel
ángel
espíritu
bienaventurado

arcano
misterio
enigma
secreto

misterioso
enigmático
esotérico
oculto

conocido
evidente

arcén
borde
margen
orilla
acera

archidiócesis
arquidiócesis
diócesis
jurisdicción

archivador
clasificador
carpeta
archivo
fichero
registro

archivar
registrar
conservar
custodiar
guardar

desarchivar

archivero
bibliotecario

archivo
registro
fichero
carpeta

arcilla
marga

greda
barro
caolín

arcilloso
arenoso
gredoso
terroso

arco
curva
curvatura
arcada
ojiva
bóveda
cúpula

recta

arcón
cofre
baúl
arca

arder
quemar
abrasar
incendiar
inflamar
incinerar
encender
prender
flamear
llamear

apagar

ardid
astucia
treta
truco
engaño
trampa
embuste
mentira
timo
fraude

sinceridad

nobleza
seriedad

ardiente
abrasador
tórrido
ardoroso
caliente
encendido
llameante
incandescente
ígneo
candente

apagado
frío
congelado

fogoso
apasionado
vehemente
enérgico
entusiasta

desapasionado
frío

ardor
fogosidad
vivacidad
pasión
vehemencia
apasionamiento
entusiasmo
acaloramiento
calor
afán
anhelo
ansia
brío

frialdad
tibieza
abulia

ardoroso
ardiente
fogoso
vehemente
apasionado

encendido
entusiasta
impetuoso

apagado
tibio

arduo
difícil
duro
dificultoso
laborioso
trabajoso
penoso

fácil
sencillo

accidentado
escarpado
empinado
bravío
escabroso

llano
despejado

área
superficie
extensión
espacio
zona
sector

arel
cedazo
criba
tamiz
colador
cernedor

arena
tierra
polvo
polvillo
grava
gravilla

anfiteatro
ruedo

redondel
coso
plaza

arenal
duna
arena

arenga
alocución
discurso
proclama

arengar
predicar
perorar
sermonear

silenciar
callar

arenilla
cálculo
piedra
arena
arenisca

arenisca
gravilla
asperón

arenoso
polvoriento
pulverulento
desértico

fértil

arenque
sardina

areola
círculo
anillo
corona
pezón
mamelón
totilla

arete
pendiente
zarcillo
arillo
aro
anillo

argamasa
mortero
cemento
hormigón

argento
plata
solimán

argolla
aro
anilla
collar
grillete
dogal

argot
jerga
jerigonza
germanía

argucia
engaño
artimaña
añagaza
treta
trampa
patraña

argüir
argumentar
exponer
razonar
analizar
demostrar
probar

discutir
debatir
disputar
contender

argumentación
razonamiento
argumento
dialéctica
discurso
juicio
análisis
demostración
conclusión
prueba

argumentar
razonar
argüir
demostrar
discutir
impugnar
discrepar
objetar

argumento
argumentación
razonamiento
juicio
demostración
prueba

tema
asunto
materia
trama
guión
libreto

aria
canción
solo
pieza
canto
melodía
romanza

aridez
sequedad
esterilidad
agostamiento
devastación
desolación

verdor
fertilidad

árido
seco
estéril
yermo
baldío
desértico

fértil
fecundo
exuberante

arisco
hosco
huraño
intratable
insociable
esquivo
adusto

sociable
dócil

arista
esquina
ángulo
borde
línea
filo
canto

aristocracia
nobleza
linaje
alcurnia
abolengo
estirpe
ascendencia

aristócrata
noble
hidalgo
patricio

villano
plebeyo

aristocrático
noble
ilustre

distinguido
señorial
preclaro
grande
notable

aritmética
algoritmia
cálculo
matemáticas

aritmético
algorítmico
matemático
numérico

arlequín
bufón
gracioso
burlón

arma(s)
armamento

escudo
blasón

armada
flota
escuadra
marina
convoy
flotilla
escuadrilla

armador
naviero
fletador

armadura
protección
defensa
blindaje
coraza

armazón
estructura
esqueleto
entramado

armamento
arma
equipo
pertrechos

armario
ropero
guardarropa
aparador
cómoda

armar(se)
pertrechar
equipar
dotar
proteger
blindar
acorazar

desarmar
pacificar
desproteger

montar
componer
articular

desmontar
desarticular

armatoste
trasto
cachivache
artefacto
artilugio
cacharro

armazón
esqueleto
estructura
entramado
armadura
soporte
chasis

armisticio
tregua
pacto
convenio

tratado
acuerdo

guerra
hostilidad

armonía
cadencia
acorde
consonancia
afinación
ritmo
musicalidad

disonancia
estridencia

concordia
avenencia
cordialidad
acuerdo
paz
calma
afecto
cariño
amistad

discordia
enemistad

armónico
armonioso
acorde

avenido
solidario
unido
conforme

discrepante

armonioso
armónico
melodioso
musical
sonoro
cadencioso
afinado
rítmico

discordante

disonante
estridente

armonizar
avenir
conciliar
unir
arreglar
pactar
coordinar

discordar
disonar
enemistar

arnés
guarnición
arreos
aperos
equipo
ajuar

aro
anillo
arete
argolla

aroma
perfume
fragancia
bálsamo
esencia

hedor
pestilencia
fetidez

aromático
aromatizado
fragante
perfumado
oloroso
odorífero

maloliente
fétido
hediondo
pestilente

aromatizar
perfumar
aromar
odorar

arpegio
acorde
cadencia
nota
armonía
melodía

arpía
bruja
fiera
basilisco

arpillera
yute
saco
estopa

arpón
gancho
garfio
pincho
anzuelo

arponear
ensartar
atravesar
picar
herir
alancear
cazar

arquear
alabear
combar
curvar
encorvar
abombar
doblar

enderezar
estirar

medir
calcular
determinar

arqueo
recuento
balance
cómputo
cálculo
registro

capacidad
cabida
tonelaje

arqueológico
antiguo
arcaico
vetusto
prehistórico
primitivo

arquería
arcos
arcada

arquero
ballestero
asaetador

arqueta
arca
arquilla

arquetipo
prototipo
modelo
paradigma
ejemplo
ejemplar

arquitecto
constructor
proyectista
diseñador
edificador
urbanista

arquitectura
construcción
odificación

arrabal
suburbio
barriada
periferia
extrarradio
extramuros

centro
casco urbano

arrabalero
grosero
vulgar
tosco
ordinario
chabacano
soez
basto

educado
exquisito
fino

arracimarse
apiñarse
concentrarse
aglomerarse

dispersarse
disgregarse

arraigado
establecido
radicado
enraizado
acostumbrado
habituado
adaptado

desarraigado
inestable
inadaptado

arraigar
aclimatar
fijar
establecer
adaptar
instalar
radicar

residir
habitar

desarraigar
desaclimatar

arraigo
crédito
solvencia
seriedad
dignidad
garantía
radicación

inseguridad
transitoriedad

arramblar
arramplar
despojar
desvalijar
saquear
birlar

arrancada
salida
partida
aceleración
arranque

arrancar
extirpar
extraer
separar
desarraigar
desraizar

unir
enraizar

salir
partir
irse
acelerar

quedarse
detenerse

arranque
impulso

arrebato
pronto
ímpetu
brío
pujanza
decisión
vehemencia

moderación
calma

comienzo
inicio
iniciación
preámbulo
principio
origen

fin
llegada
parada

acelerador
pulsador

arrapiezo
chaval
chiquillo
rapaz
crío
muchacho

harapo
andrajo

arras
prenda
señal
fianza
garantía
aval

arrasar
destruir
arruinar
asolar
devastar

rehacer

construir
reconstruir

igualar
alisar
nivelar
allanar

desnivelar

arrastrado
aperreado
afanoso
achuchado
pobre
miserable
mísero
penoso
laborioso
fatigoso
trabajoso

fácil
cómodo
sencillo
gozoso

arrastrar(se)
remolcar
tirar
empujar
impeler
acarrear

atraer
seducir
inducir
influir
persuadir

humillarse
rebajarse
envilecerse
someterse

enorgullecerse
dignificarse

arrastre
remolque
transporte

traslado
acarreo
conducción

arrear
azuzar
aguijar
aguijonear
hostigar

parar
detener
disuadir

golpear
pegar
zurrar
tundir
atizar
sacudir
cascar

arrebañar
limpiar
rebañar
lamer

arrebatado
impetuoso
vehemente
fogoso
ardoroso
ardiente
intenso
impulsivo

flemático
prudente
tranquilo
sosegado

extasiado
enajenado
hechizado
arrobado

indiferente

arrebatador
apasionante

cautivador
seductor
encantador
embriagador
maravilloso
asombroso
conmovedor

insulso
soso
aburrido

arrebatar(se)
despojar
quitar
saquear
arramblar
expoliar
conquistar
apoderarse
llevarse

devolver
entregar
dar

extasiar
exaltar
apasionar
conmover
sugestionar
embriagar
arrobar
maravillar
encantar
seducir

repeler
tranquilizarse
calmarse

arrebato
arrebatamiento
ímpetu
vehemencia
pasión
ardor
intensidad
éxtasis
rapto

violencia
arranque
impulso
pronto
súbito

calma
tranquilidad
sosiego
circunspección

arrebol
rojo
encarnado
colorado
carmín

arrebujar
abrigar
arropar
embozar
tapar
envolver
encubrir

destapar
descubrir

arrugar
liar
enredar
revolver

arrechucho
indisposición
desmayo
achaque
ataque
crisis
empeoramiento

mejoría

arreciar
aumentar
crecer
incrementar
acrecentar

disminuir

ceder
amainar

arrecife
escollo
cayo
banco
bajo
bajío

arrecirse
entumecerse
helarse
congelarse
enfriarse

arredrar(se)
atemorizar
asustar
intimidar
acobardar
acoquinar
amedrentar
amilanar

atreverse
crecerse
envalentonarse

arreglar
ordenar
organizar
decidir
resolver
solventar
acomodar
acondicionar
adecuar
regular
normalizar
sistematizar
clasificar
reparar
componer
recomponer
reformar
restaurar
modificar

corregir
enmendar

desarreglar
desordenar
desorganizar
desbaratar
estropear
averiar
romper
inutilizar

embellecer
acicalar
ataviar
engalanar
adornar
atildar

ajar
abandonar
descuidar

arreglo
orden
concierto
avenencia
conciliación
pacto
acuerdo
convenio
componenda
solución

desorden
desconcierto
desavenencia
discordia
ruptura

reparación
acomodo
ajuste
remiendo
reforma
compostura

rotura
avería

embellecimiento
acicalamiento

engalanamiento
adorno
aseo

descuido
abandono

arrejuntarse
amancebarse
liarse
cohabitar

arrellanarse
repantigarse
acomodarse
apoltronarse
sentarse
descansar

incorporarse
erguirse

arremangar
remangar
recoger
levantar
subir
alzar

arremeter
embestir
acometer
agredir
atacar
asaltar
chocar
estrellarse

huir
recular

arremetida
embestida
embate
acometida
agresión
ataque
choque
colisión

arremolinarse
agruparse
juntarse
concentrarse
apiñarse
amontonarse
aglomerarse

separarse
dispersarse
disgregarse

arrendador
propietario
dueño
alquilador
arrendante

arrendatario

arrendamiento
alquiler
arriendo
subarriendo
inquilinato
traspaso

arrendar
alquilar
traspasar
subarrendar
contratar
realquilar

desahuciar
desalojar

arrendatario
inquilino
alquilado
realquilado
aparcero

arreo(s)
adorno
atavío
gala

ornato
aderezo

guarniciones
jaeces
aparejo
apero
equipo

arrepentido
pesaroso
contrito
afligido
apenado
compungido
acongojado
abatido
disgustado

impenitente
contumaz
impertérrito
insensible

arrepentimiento
pesadumbre
contrición
pesar
remordimiento
pena
abatimiento
dolor

contumacia
reincidencia

retractación
abjuración
rectificación

obstinación
ratificación

arrepentirse
deplorar
sentir
compungirse
apesadumbrarse
dolerse

lamentar
llorar

alegrarse
celebrar

desdecirse
retractarse
rectificar

obstinarse
insistir

arrestado
detenido
prisionero
preso
encarcelado
cautivo
recluido
recluso

libre

intrépido
audaz
valiente
osado

cobarde
pusilánime
tímido

arrestar
detener
apresar
capturar
prender
recluir
aprisionar
encarcelar

libertar
liberar
soltar

arresto(s)
detención
apresamiento
captura
prendimiento

reclusión
encierro
encarcelamiento

libertad

coraje
audacia
ímpetu
valor
valentía
bizarría
gallardía
osadía

cobardía
timidez

arriar(se)
bajar
descender

izar

arriba
en la parte alta
en lo alto

abajo

arribada
llegada
arribo
atracada
anclaje

marcha
partida

arribar
llegar
asistir
venir
personarse

partir
irse
salir
alejarse

recalar
fondear

atracar
anclar

levar

arribista
advenedizo
oportunista
aprovechado
ambicioso
trepa

altruista

arriendo
alquiler
arrendamiento
inquilinato
subarriendo
traspaso

arriero
acemilero
mulero

arriesgado
osado
temerario
audaz
atrevido
imprudente
irreflexivo
valiente

prudente
precavido
tímido
pusilánime
cobarde

peligroso
aventurado
expuesto
comprometido
temible

seguro
claro
inocuo

arriesgar
exponer
aventurar
osar
afrontar
decidirse
comprometer

abstenerse
desistir
acobardarse

arrimar(se)
aproximar
acercar
juntar
unir
agregar
apropincuar

separar
alejar

arrinconado
retirado
alejado
apartado
distante
abandonado
olvidado
postergado

cercano
próximo

arrinconar
retirar
retraer
aislar
alejar
confinar
apartar
distanciar
dejar
marginar
exiliar
despreciar
postergar
desechar

menospreciar
olvidar

exhibir
relacionar
tratar

arriscado
abrupto
escarpado
rocoso
accidentado
irregular

liso
regular

atrevido
resuelto
audaz
aventurado
valiente
osado
temerario

cobarde
pusilánime
temeroso

arritmia
irregularidad
infrecuencia

regularidad

arrobado
extasiado
embelesado
encantado
entusiasmado
transportado
hechizado

indiferente
desilusionado

arrobamiento
arrobo
éxtasis
embelesamiento
enajenación
arrebato

entusiasmo
embobamiento
hechizo
embrujo

indiferencia
desilusión

arrobar(se)
extasiar
embelesar
enajenar
arrebatar
entusiasmar
maravillar
seducir
agradar

desinteresar
desilusionar

arrodillar(se)
postrar
inclinar
ahinojar
acuclillar
agachar
humillar

erguirse
levantarse
alzarse

arrogancia
presunción
soberbia
altanería
altivez
desdén
insolencia
engreimiento
envanecimiento
orgullo
petulancia
jactancia

humildad
sencillez

gallardía
garbo

gracia
salero
donaire
donosura
bizarría
soltura

sosería
torpeza

arrogante
presuntuoso
soberbio
altanero
altivo
desdeñoso
insolente
envarado
engreído
vanidoso
orgulloso
imperioso
chulo
chuleta
gallito
tieso
creído
petulante

humilde
sencillo

apuesto
elegante
distinguido
garboso
saleroso
galán
donoso
desenvuelto

desaliñado
birria
cortado
tímido

arrogar(se)
adoptar
prohijar

acoger
proteger

atribuirse
apropiarse
asignarse
asumir

arrojado
valiente
intrépido
temerario
arriesgado
atrevido
audaz
osado
decidido
resuelto

cobarde
prudente
sensato
pusilánime

arrojar
lanzar
tirar
echar
impulsar
impeler
derramar
verter
rociar
salpicar
expulsar
expeler
evacuar
despedir

recoger
contener
aguantar

arrojo
valor
audacia
osadía
valentía
coraje

ardor
brío
agallas

cobardía
prudencia

arrollador
irresistible
pujante
invencible
indomable
inflexible

débil
pusilánime

arrollar
vencer
derrotar
avasallar
dominar
destrozar
aplastar
pisotear

atropellar
golpear
herir

enrollar
envolver
liar

arropar
abrigar
cubrir
tapar
embozar

desarropar
descubrir
desnudar
destapar

arrope
jarabe
almíbar
sirope

arrostramiento
afrontamiento
desafío
firmeza
oposición
rebeldía
reto
riesgo

escaqueo
elusión

arrostrar
resistir
aguantar
sufrir
tolerar
afrontar
enfrentarse
desafiar
retar
plantarse

desistir
ceder
rehuir
rendirse

arroyada
crecida
riada
desbordamiento
inundación
avenida
torrente
aluvión

arroyo
torrente
riachuelo
arroyuelo
regato
torrentera

arroz
grano
cereal

arruga
pliegue

artería

rugosidad
repliegue
surco
estría

tersura

arrugado
rugoso
ajado
marchito
contraido
arrebujado
estrujado
estriado

terso
estirado
planchado

arrugar(se)
rebujar
arrebujar
emburujar
engurruñar
replegar
encoger
chafar

alisar
estirar

desanimarse
acobardarse

envalentonarse
animarse

arruinado
destruido
asolado
demolido
desmantelado
devastado
derruido
destrozado
deshecho
desolado

reconstruido
restaurado

empobrecido

insolvente
pobre
indigente
empeñado
mendigo
pordiosero
menesteroso

rico
pudiente

arruinar(se)
dañar
destruir
estropear
demoler
desmantelar
devastar
derruir
desplomar

construir
levantar
reconstruir
reparar

empobrecerse
quebrar
empeñarse
fracasar

enriquecerse

arrullar
canturrear
tararear
susurrar
musitar
entonar
acunar
adormecer

enamorar
encandilar
cortejar
galantear
requebrar
coquetear
flirtear

arrullo
canturreo
tarareo
cantar
nana

galanteo
requiebro
piropo
carantoña
mimo
arrumaco

arrumaco
carantoña
mimo
caricia
halago
zalamería

arrumbar
arrinconar
apartar
excluir
menospreciar
retirar
dejar
olvidar

sacar
recuperar
desempolvar

enfilar
navegar
dirigirse

arsenal
armería
polvorín

astillero
atarazana

arte
genio
aptitud
disposición
inspiración
destreza

habilidad
maestría
primor
oficio

incapacidad

técnica
disciplina
ciencia
norma
regla

astucia
artimaña
maña
sutileza

artefacto
trasto
armatoste
artilugio
mamotreto
cachivache
cacharro

artejo
nudillo
articulación
juego

arteria
vena
vaso
tubo

calle
vía
avenida
pasaje
travesía
carretera

artería
treta
engaño
astucia
maña
trampa
ardid

truco
artificio

arterial
arterioso
circulatorio
sanguíneo

artero
disimulado
astuto
taimado
tramposo
hábil
sagaz
embaucador

noble
leal

artesa
amasadera
batea
artesón
gamella

artesanía
orfebrería

artesano
artífice
obrero

ártico
boreal
septentrional
norte

antártico
meridional

articulación
estructuración
organización

desarticulación

coyuntura
juntura
junta

juego
artejo

articular
estructurar
organizar
unir
enlazar

desarticular
desunir

pronunciar
modular

callar
mascullar

articulista
periodista
editorialista
reportero
comentarista

artículo
escrito
crónica
ensayo
comentario
noticia
editorial
opúsculo

producto
género
mercadería
mercancía

artífice
artesano
autor
creador
promotor

artificial
artificioso
falso
fingido
ficticio
adulterado
convencional

simulado
ilusorio
quimérico

real
auténtico
natural

artificio
doblez
disimulo
treta
argucia
engaño
truco
artimaña
astucia

naturalidad
autentidad
verdad

ingenio
artefacto
artilugio
aparato

artificioso
disimulado
engañoso
artero
taimado
astuto
ingenioso
sagaz
fingido
ficticio
ilusorio

noble
natural
real
genuino

artillero
artificiero
armero

artilugio
armatoste
artefacto

trasto
aparato

artimaña
astucia
ardid
engaño
treta
truco
trampa

artista
artífice
creador
autor

actor
comediante
protagonista

artístico
bello
hermoso
estético
atrayente
sublime

feo
antiestético
prosaico

arúspice
adivino
vidente
brujo
mago
hechicero

arveja
algarroba
guisante *(amer.)*

arzobispo
metropolitano
prelado
mitrado

as
campeón
triunfador

ganador
vencedor
sobresaliente
descollante

perdedor
último
vencido

asa

mango
empuñadura
agarradero
pomo
manubrio
tirador

asado

horneado
tostado
dorado

crudo

asador

espetón
parrilla
barbacoa

asadura(s)

vísceras
entrañas
bofes
hígados

pachorra
cuajo
calma
lentitud

asalariado

empleado
trabajador
proletario
obrero
jornalero

empresario
patrón
capitalista

asalariar

emplear
contratar
pagar
gratificar
retribuir

asaltante

atracador
salteador
bandido
bandolero
delincuente

defensor
policía

asaltar

atracar
robar
saltear

devolver
regalar

agredir
atacar
abordar
arremeter
irrumpir
invadir
conquistar

defender

asalto

atraco
robo

agresión
ataque
irrupción
acometida
penetración
toma
ocupación
invasión

defensa
respeto
rechazo

asamblea

reunión
conferencia
convención
junta

congreso
parlamento
senado
cortes
cámara

asambleísta

congresista
diputado
senador
parlamentario

asar(se)

tostar
dorar
emparrillar
sobreasar
churruscar

enfriar
congelar

ahogarse
sofocarse
asfixiarse

ascendencia

estirpe
linaje
alcurnia
abolengo
casta
genealogía
antepasados

descendencia
prole

ascendente

empinado
escarpado

elevado
pino

descendente

ascendiente
antepasado

descendiente

ascender

subir
trepar
escalar
elevarse
progresar
mejorar

descender
degradar
rebajar

ascendiente

antepasado
antecesor
ascendente
progenitor

descendiente
prole

influencia
influjo
autoridad
predominio
poder

incapacidad

ascensión

subida
escalamiento
ascenso
escalada
progreso
mejora

descenso
caída
retroceso

ascenso

subida

escalamiento
ascensión

descenso

ascensor
montacargas
elevador

asceta
ermitaño
anacoreta
eremita
cenobita
penitente

ascetismo
ascética
virtud
sobriedad
austeridad
misantropía
misticismo

epicureísmo
vicio
desenfreno

asco
repugnancia
repulsión
asquerosidad
aversión
animadversión
grima
hastío
antipatía
tirria
manía
náusea
arcada
vómito

agrado
gusto
placer
simpatía

ascua
brasa

rescoldo
chispa

aseado
limpio
higiénico
pulcro
acicalado
ataviado
compuesto

sucio
desaseado
abandonado

asear(se)
limpiar
lavar
adecentar
acicalar
ataviar

ensuciar

asechanza
emboscada
encerrona
trampa
insidia
intriga
conspiración
treta
estratagema

verdad
rectitud
claridad

asediar
sitiar
cercar
rodear
bloquear
acorralar

hostigar
acosar
coaccionar

tranquilizar
apaciguar

asedio
sitio
cerco
bloqueo
asalto
ataque

hostigamiento
acoso
coacción

asegurado
consolidado
afianzado
asentado
apoyado
amarrado
protegido
garantizado

asegurar(se)
afirmar
aseverar
confirmar
ratificar
garantizar
avalar

negar

consolidar
afianzar
asentar
apoyar
amarrar
apuntalar
proteger
amparar

debilitar
aflojar

verificar
comprobar

descuidar

asemejar(se)
parecer
asimilar

equiparar
parangonar

diferenciar
distinguir

asenso
asentimiento
conformidad
consenso
aprobación
aquiescencia

disconformidad
negativa

apoyo
crédito
fe
creencia

asentaderas
nalgas
culo
posaderas
trasero
pompis
cachas

asentado
formal
juicioso
serio
reflexivo

informal
irreflexivo

fijo
estable
seguro

mudable
inseguro

asentador
contratista
mayorista
tratante
traficante

minorista

asentar
poner
colocar
instalar
establecer
fijar
radicar

quitar
trasladar

registrar
inscribir
anotar
apuntar

tachar
borrar

aplanar
apisonar
planchar
nivelar

desnivelar
arrugar

pactar
acordar
ajustar
convenir

asentimiento
aprobación
asenso
anuencia
aquiescencia
conformidad
consenso

disconformidad

asentir
admitir
aprobar
consentir
aceptar
avenirse
convenir
acceder

disentir

negar
rechazar

aseo
limpieza
higiene
lavado

servicio
wáter
retrete
baño

asepsia
antisepsia
desinfección
esterilización
limpieza

infección
suciedad

aséptico
esterilizado
desinfectado
antiséptico
desinfectante

séptico
sucio

asequible
factible
accesible
alcanzable
posible

inasequible
inalcanzable
imposible

aserción
aseveración
afirmación
aserto
confirmación

negación

aserradero
serrería
carpintería

aserrar
serrar
cortar
partir
cercenar
talar

aserto
aserción

asesinar
matar
ejecutar
ajusticiar
apuñalar
acribillar
estrangular
acogotar
desnucar
envenenar

asesinato
crimen
homicidio
parricidio
fratricidio
magnicidio

asesino
criminal
homicida
parricida
fratricida
magnicida

asesor
consejero
consultor
guía
orientador

asesoramiento
consejo
consulta

orientación
advertencia
instrucción
informe

asesorar
aconsejar
sugerir
recomendar
aleccionar
orientar
encauzar
informar

asesoría
consultoría
información

asestar
pegar
golpear
sacudir
atizar
aporrear

aseveración
afirmación
aserción
aserto
declaración
manifestación
testimonio
testificación

negación

aseverar
afirmar
asegurar
ratificar
garantizar
avalar

negar

asfaltar
pavimentar
alquitranar
hormigonar

asfalto
pavimento
hormigonado

asfixia
ahogo
sofoco
opresión
asma
agobio

desahogo
respiración

asfixiante
sofocante
irrespirable
enrarecido
agobiante

respirable
fresco

asfixiar
ahogar
sofocar

respirar
oxigenarse

así
justamente
precisamente
mismamente

asidero
asa
mango
agarradero
pomo
manija

pretexto
excusa
justificación

influencias
agarraderas
enchufe
recomendación

asiduidad
frecuencia
constancia
continuidad
hábito
costumbre
perseverancia
persistencia

ausencia
falta

asiduo
habitual
frecuente
constante
continuo
perseverante

infrecuente
discontinuo

asiento
silla
sillón
butaca
taburete
banco
banqueta
sofá
tresillo

registro
inscripción
anotación

asignación
cuota
cantidad
retribución
sueldo
salario
jornal
honorarios
haberes
remuneración
pensión

asignar
dar

retribuir
pagar
estipular
señalar
establecer
determinar

denegar
negar

asignatura
materia
disciplina
tratado
ciencia

asilado
recluido
internado
acogido
albergado
refugiado
hospiciano
expósito

asilar(se)
recluir
internar
acoger
albergar
cobijar

desamparar
abandonar

asilo
albergue
orfanato
orfelinato
hospicio
inclusa

protección
amparo
ayuda
socorro
refugio
cobijo

abandono
rechazo

asimetría
irregularidad
desigualdad
desproporción
disimetría

simetría
equilibrio

asimilable
digerible
reconfortante
vigorizante
aprovechable
nutritivo

indigerible

comprensible
inteligible

incomprensible

asimilar
digerir
absorber
nutrirse
alimentarse

eliminar
excretar

equiparar
igualar
parangonar
comparar
relacionar

desigualar
diferenciar

asimismo
también
igualmente

tampoco

asir(se)
tomar
agarrar
coger
prender

empuñar
atenazar
pillar

soltar
desasir
aflojar

asistencia
ayuda
socorro
auxilio
protección
apoyo
amparo

abandono
desamparo

presencia
asiduidad
concurrencia

inasistencia
incomparecencia

asistenta
criada
sirvienta
doncella
chacha

asistente(s)
ayudante
ordenanza
criado
sirviente

superior
patrón

público
espectadores
concurrencia
concurrentes
auditorio

asistir
ayudar
socorrer
auxiliar

cuidar
colaborar
cooperar
coadyuvar
apoyar

desasistir
abandonar

acudir
presentarse
concurrir

faltar

asma
disnea
sofoco
asfixia
ahogo

asnada
burrada
animalada
tontería
necedad
simpleza

asno
burro
borrico
pollino
jumento
rucio

tonto
necio
imbécil
idiota
estúpido
ceporro
zoquete
zopenco
memo

inteligente
listo

asociación
alianza
confederación

liga
federación
comunidad
sociedad
consorcio
cofradía
hermandad
gremio
mutualidad
sindicato
círculo
club
agrupación

desunión
aislamiento
separación

asociado
afiliado
socio
miembro
copartícipe
cofrade
agremiado
federado
confederado
inscrito
accionista

asociar(se)
afiliar
agremiar
sindicar
federar
confederar
ligar
coligar
inscribir
unir
juntar
reunir

desligar
desunir
separar

asociativo
federativo
participativo

asolar
destruir
arrasar
devastar
saquear
aniquilar
desolar

reconstruir
rehacer

asomar(se)
aparecer
surgir
brotar
aflorar
apuntar
mostrarse
manifestarse

ocultarse
esconderse

asombrado
atónito
estupefacto
pasmado
aturdido
conmovido

impasible
indiferente

asombrar(se)
pasmar
sorprender
admirar
maravillar
fascinar
deslumbrar
conmover
turbar
aturdir
sobrecoger

asombro
pasmo
sorpresa
admiración

fascinación
desconcierto
estupor
turbación
aturdimiento
sobrecogimiento
espanto

indiferencia
apatía

asombroso
sorprendente
admirable
fascinante
milagroso
portentoso
prodigioso
increíble
fenomenal
sensacional
extraordinario
desconcertante
extraño
conmovedor

normal
corriente
vulgar
ordinario

asomo
atisbo
indicio
señal
síntoma
pista
amago

evidencia
prueba
confirmación

asonada
alboroto
algarada
bulla
tumulto
motín

disturbio
desorden
sublevación
alzamiento

aplastamiento
sumisión

asonancia
semejanza
parecido
afinidad
coherencia
similitud
armonía

disonancia
desemejanza

asonantar
rimar

asonante
parecido
semejante
afín
similar
relacionado
equiparable

disonante
desacorde

aspa
cruz
equis

aspaviento
gesto
gesticulación
ademán
exageración
exceso

naturalidad
sobriedad

aspecto
apariencia
presencia

compostura
traza
pinta
porte
vista
semblante
fisonomía

aspereza
rudeza
sequedad
dureza
acritud
hosquedad
brusquedad
tosquedad
severidad
rigor

amabilidad
suavidad
dulzura
cortesía

escabrosidad
fragosidad
rugosidad
desnivel
escarpadura

llanura
uniformidad

asperjar
asperger
rociar
salpicar
hisopear

áspero
rudo
seco
duro
agrio
ácido
arisco
adusto
brusco

tosco
burdo
violento
severo
rígido

amable
dulce
delicado
sociable

escabroso
abrupto
montañoso
fragoso
desigual
desnivelado
escarpado
empinado

llano
liso
uniforme

aspersión
rociadura
salpicadura
ducha
llovizna
riego

aspersor
rociador

áspid
víbora
culebra
serpiente

aspiración
anhelo
deseo
sueño
pretensión
proyecto
apetencia
apetito
afán

ansia
avidez

desilusión
indiferencia

inhalación
absorción
inspiración

espiración

aspirador
aspiradora

aspirante
candidato
pretendiente
solicitante
demandante
postulante

aspirar
anhelar
desear
pretender
ambicionar
proponerse
ansiar
apasionarse
querer

desistir
renunciar

inhalar
inspirar
respirar
suspirar

exhalar
espirar

asquear
repugnar
repeler
desagradar
disgustar
fastidiar

atraer
agradar

asquerosidad
porquería
inmundicia
basura
suciedad

delicia

asqueroso
repugnante
repelente
inmundo
puerco
guarro
sucio
mugriento
cochambroso

agradable
limpio
higiénico

asta
palo
astil
pértiga
vara

pica
lanza
rejón

cuerno
pitón
cornamenta

astado
cornúpeta
bóvido
toro

astenia
debilidad
decaimiento
cansancio
lasitud
flojedad
agotamiento

fortaleza
tono

astilla
esquirla
añico
trozo
pedazo

astillar
fragmentar
partir
romper

astrágalo
taba
chita
tarso

astral
sideral
cósmico
planetario
galáctico
espacial

astringente
acre
áspero
austero

astringir
contraer
apretar
estrechar
astreñir
constreñir
restringir

aflojar
soltar

astro
estrella
lucero
planeta
satélite
asteroide

astrofísica
astronomía
cosmografía

astrología
adivinación
augurio
ocultismo
magia
nigromancia
cábala

astrólogo
adivino
vaticinador
augur

astronauta
cosmonauta

astronáutica
cosmonáutica

astronave
cohete
cosmonave

astronómico
enorme
elevado
excesivo
cuantioso

mínimo
insignificante

astroso
harapiento
andrajoso
zarrapastroso
desaliñado
desaseado
sucio
abandonado
descuidado

aseado
limpio

desgraciado
desafortunado
gafe

astucia
ardid
artimaña
sutileza
arte
maña
treta
picardía
zorrería
marrullería
fullería
engaño
disimulo
sagacidad
habilidad

ingenuidad
nobleza
franqueza

astuto
ladino
listo
avispado
espabilado
sagaz
hábil
vivo
calculador
sutil
pícaro
bribón
zorro

ingenuo
cándido
sencillo

asueto
fiesta
vacaciones
recreo
descanso
esparcimiento
diversión
ocio

trabajo

asumir
aceptar
admitir
responsabilizarse
comprometerse

delegar
rechazar

asunción
aceptación
admisión

elevación
ascensión
exaltación

asunto
materia
tema
cuestión
razón
motivo
fin
trama
tesis
proyecto
trabajo

negocio
operación
transacción
trato

asustadizo
miedoso
espantadizo
pusilánime
temeroso
timorato
huidizo
aprensivo
tímido

atrevido
animoso
valiente

asustar(se)
atemorizar
acobardar

amilanar
acoquinar
amedrentar
preocupar
alarmar
sobresaltar
sobrecoger
aterrar
horrorizar
intimidar

tranquilizar
animar

atabal
timbal
tamboril
tamborcillo
atabalejo

atacar
agredir
asaltar
acometer
embestir
abalanzarse

defenderse
retroceder

impugnar
refutar
contradecir
rebatir
oponerse

desistir
callar

atadero
argolla
anillo
anilla
garfio

atadura
impedimento
traba
obstáculo

facilidad
ventaja

atadijo
paquete
lío
envoltorio

atado
sujeto
amarrado
esposado
ligado
cohibido

suelto
desligado
libre

atadura
sujeción
ligadura
vínculo
ligazón
nudo
lazo
traba
impedimento
obstáculo

desunión
desvinculación

atajar
cortar
interceptar
obstaculizar
obstruir
parar
detener

facilitar

acortar
sesgar
abreviar
simplificar

alargar

atajo
senda
vereda

vericueto
trocha

acortamiento
abreviación
reducción
simplificación

atalaya

torre
torreta
torreón
garita
otero
alcor
promontorio

vigía
centinela
vigilante

atalayar

vigilar
espiar
acechar
observar
escrutar
atisbar
escudriñar

atamiento

apocamiento
cortedad

atañer

afectar
incumbir
importar
interesar
concernir
pertenecer
corresponder
competer

ataque

arremetida
embestida
acometida

irrupción
asalto
ofensiva
agresión
insulto
ofensa
injuria

defensa
paz

patatús
soponcio
indisposición
trastorno

atar

sujetar
anudar
ligar
liar
amarrar
ceñir
enlazar
empalmar
juntar
uncir
ensogar
encadenar
maniatar
inmovilizar
trabar

desatar
desligar
soltar

atarantado

inquieto
bullicioso
travieso
jaranero

reposado
tranquilo

aturdido
distraído
confuso
desconcertado

atarantar(se)

atropellar
precipitar
aturullar
atontar
aturdir
asustar

atardecer

crepúsculo
ocaso
anochecer
anochecida
tarde

amanecer
alba

atareado

ocupado
apurado
agobiado
ajetreado
abrumado
aperreado
afanoso
embebido
enfrascado
absorto

libre
desocupado
holgazán

atarear(se)

ocupar
agobiar
atosigar
ajetrear
abrumar
acalorar
aperrear

vaguear
holgazanear

atarjea

alcantarilla
canalón

canalillo
encañado
cañería
desagüe
colector

atarugamiento

atolondramiento
aturdimiento
desconcierto

atarugar(se)

aturullar
embrollar
confundir
desconcertar
azarar
aturdir
atontar

cerrar
tapar
atrancar
obstruir

desatrancar
desatascar

llenar
colmar
atestar
henchir

atascadero

lodazal
barrizal
ciénaga
cenagal

obstáculo
estorbo
impedimento
embarazo

facilidad

atascamiento

atasco
obstáculo
estorbo

atascar

obstrucción
embotellamiento
atolladero

atascar(se)
obstruir
cerrar
tapar
obturar
taponar
cegar
atrancar
obstaculizar
detener
contener
estancar
retener

abrir
desobstruir
desatascar
desatrancar

atasco
atascamiento
embotellamiento
obstrucción
taponamiento
congestión

ataúd
féretro
sarcófago

ataviado
acicalado
engalanado

desastrado

ataviar(se)
vestir
arreglar
componer
acicalar
atildar
engalanar

descuidarse
abandonarse

atávico
ancestral
heredado
tradicional
patriarcal

actual
espontáneo

atavío
vestido
vestuario
indumentaria
traje
atuendo
ropa
vestimenta

atavismo
herencia
tradición
costumbre

ateísmo
irreligiosidad
impiedad
incredulidad
escepticismo
nihilismo

fe
religiosidad

atemorizar(se)
asustar
amedrentar
acobardar
arredrar
alarmar
amilanar
intimidar
achantar
aterrar

animar
envalentonar

atemperar
moderar
mitigar

suavizar
templar
atenuar
aplacar
aliviar
calmar

endurecer
agravar
empeorar

atenazar
sujetar
agarrar
aferrar
oprimir
apretar

soltar
aflojar

torturar
martirizar
afligir

atención
interés
cuidado
esmero
vigilancia
escucha
reflexión

desinterés
distracción

cortesía
consideración
respeto
amabilidad
delicadeza
deferencia

descortesía
desconsideración

atender
escuchar
oír
observar
mirar
reparar

contemplar
fijarse

distraerse
despistarse

interesarse
encargarse
ocuparse
preocuparse

desatender
descuidar
abandonar

ateneo
asociación
sociedad
agrupación
círculo
club

atenerse
ajustarse
ceñirse
circunscribirse
limitarse
amoldarse

salirse
extralimitarse

atentado
agresión
ataque
asalto
conspiración
conjura
delito
crimen
homicidio

atentamente
amablemente
cortésmente
respetuosamente
cordialmente
afablemente

descortésmente
incorrectamente

atentar
agredir
atacar
infringir
transgredir
vulnerar
romper
burlar
violentar

respetar
cumplir

atento
vigilante
observador
avizor

distraído
despistado

amable
cortés
solícito
galante
servicial
afectuoso
cariñoso
cordial

descortés
maleducado
grosero

atenuación
mitigación
debilitamiento
disminución

aumento
incremento

atenuante
justificación
paliativo
lenitivo
eximente

agravante

atenuar
mitigar
debilitar
disminuir
aminorar
amortiguar
paliar
aliviar

aumentar
agravar

ateo
incrédulo
impío
agnóstico
escéptico
gentil

creyente

aterciopelado
afelpado
velloso
algodonoso
lanoso

áspero
basto

aterido
frío
helado
congelado
arrecido
rígido
tieso
pasmado

tibio
caliente

aterirse
helarse
congelarse
pasmarse
arrecirse

calentarse

aterrador
espantoso
horrendo
horrible
espeluznante
horripilante
tremendo
terrible

agradable
alegre

aterrar
aterrorizar
horrorizar
horripilar
asustar
atemorizar
amedrentar

aterrizaje
descenso
planeo

despegue
ascenso

aterrizar
descender
planear
posarse

tomar tierra

despegar

aterrorizar
aterrar

atesorar
acumular
acaparar
almacenar
ahorrar
economizar

dilapidar
derrochar
despilfarrar

atestado
lleno
abarrotado
repleto
atiborrado
colmado
saturado

de bote en bote
hasta los topes

vacío
desocupado

atestar
llenar
abarrotar
atiborrar
henchir
colmar
rellenar

vaciar
sacar

atestiguar

atestiguar
testificar
testimoniar
declarar
atestar
afirmar
contestar
revelar
confesar

negar
callar
falsear

atezado
moreno
tostado
quemado
bronceado

pálido
blanco

atezar
ennegrecer
oscurecer
tostar
broncear

empalidecer
blanquear

lustrar
pulir
abrillantar
suavizar

atiborrado
atestado
completo
saciado
saturado
harto

atiborrar(se)
abarrotar
llenar
colmar
henchir
saturar
atestar

descargar
vaciar

hartarse
saciarse
hincharse

ático
altillo
buhardilla
desván

atildado
acicalado
impecable
pulcro
aseado
limpio
elegante
esmerado

desaliñado

descuidado
astroso

atildamiento
pulcritud
cuidado
acicalamiento
compostura
elegancia

desaliño
dejadez
abandono

atildar(se)
acicalar
cuidar
asear
componer
atusar
ataviar

descuidarse
abandonarse

atinado
acertado
certero
seguro
correcto

equivocado
desacertado

atinar
acertar
hallar
descubrir
encontrar
lograr
conseguir

errar
fallar

atinente
perteneciente
pertinente
tocante
referente

atípico
irregular
extraño
raro
desusado

típico
habitual

atiplado
aflautado
agudo

grave
bronco

atirantar
estirar
tensar
templar

aflojar
relajar

atisbar
escrutar
observar
mirar
avizorar
vigilar
acechar
espiar

atisbo
sospecha
conjetura
barrunto
vislumbre
indicio

atizador
hurgón
espetón
removedor

atizar
avivar
excitar
estimular

activar
remover
hurgar
reanimar

aplacar
calmar

pegar
golpear
sacudir
vapulear

atlántico
marítimo
oceánico
náutico
naval

atlas
mapamundi
planisferio

atleta
gimnasta
deportista

atlético

atlético
robusto
musculoso
fornido
vigoroso
recio
nervudo
forzudo
hercúleo

enclenque
débil

atletismo
deporte
gimnasia

atmósfera
aire
ambiente
espacio

atmosférico
aéreo
etéreo
meteorológico

atocinado
gordo
grueso
rollizo
obeso
gordinflón

delgado
esbelto

atocinar(se)
aturdirse
ofuscarse

asesinar
matar
liquidar

engordar

adelgazar
enflaquecer

atolladero
obstáculo
dificultad
atasco
escollo
inconveniente

solución
posibilidad

atollarse
atascarse

atolón
arrecife
rompiente

atolondrado
aturdido
alocado
imprudente
irreflexivo

distraído
botarate
tarambana

sensato
prudente
juicioso

atolondra-
miento
aturdimiento
alocamiento
imprudencia
irreflexión

sensatez
prudencia

atolondrar(se)
aturdir
confundir
aturullar
trastornar

atómico
nuclear
molecular
corpuscular
indivisible

atomización
desintegración
destrucción
escisión
pulverización

atomizar
pulverizar
desintegrar
fragmentar
vaporizar
radiactivar

aglomerar

átomo
partícula
corpúsculo
insignificancia

migaja
pizca
brizna

atonía
debilidad
flojedad
lasitud
decaimiento
relajamiento

fuerza
vitalidad
vigor

atónito
asombrado
estupefacto
maravillado
pasmado
sorprendido
boquiabierto
patidifuso
alucinado
fascinado

impasible
sereno

atontado
pasmado
bobo
lerdo
lelo
simple
alelado
necio
tonto

vivo
avispado
despierto

mareado
aturdido
aturullado
confundido

consciente
despierto

atontamiento
embobamiento
aturdimiento
ofuscación
desconcierto
mareo
conmoción
aturullamiento

atontar(se)
aturdir
azorar
aturullar
ofuscar
embobar
desorientar
desconcertar
conmocionarse

despertar
espabilar

atorar
atascar
obstruir
atrancar

desatascar
desatrancar

atormentado
torturado
martirizado
agobiado
abrumado
afligido
apenado
triste
atribulado
contrito

alegre
animoso

atormentar(se)
torturar
martirizar
angustiar
agobiar

abrumar
inquietar
desconsolar
acosar
hostigar
molestar

tranquilizar
consolar
confortar

atornillar
enroscar
aterrajar
ajustar
acoplar
ensamblar

desatornillar

atortolar
aturdir
acobardar
atemorizar

atosigar
hostigar
fustigar
acosar
fastidiar
importunar
incordiar
molestar
acuciar
apremiar
urgir

tranquilizar
serenar

atrabiliario
severo
adusto
desabrido
avinagrado
cascarrabias
irritable
colérico
irascible

simpático
amable

atracadero
muelle
fondeadero
desembarcadero
dique
dársena
amarradero

atracador
asaltante
salteador
bandido
ladrón
delincuente
bandolero
forajido
pistolero

atracar(se)
asaltar
robar
hurtar
desvalijar
saquear
agredir
atacar
secuestrar

anclar
fondear
abarloarse

desatracar
embarcar

atiborrarse
hartarse
saciarse
empacharse
ahitarse

moderarse

atracción
gravitación
gravedad
adherencia

atractivo

seducción
persuasión

repulsión

atraco
asalto
robo
hurto
saqueo
pillaje
despojo

atracón
hartazgo
empacho
atiborramiento
comilona

sobriedad
templanza

atractivo
encanto
atracción
fascinación
seducción
gracia
gancho
interés
aliciente
sugestión
belleza
simpatía

repulsión
desagrado

encantador
fascinante
seductor
cautivador
sugestivo
llamativo
bello
hermoso
guapo
simpático
agradable

repelente

antipático
feo

atraer(se)
encantar
fascinar
seducir
cautivar
hechizar
interesar
agradar
conquistar
captar

repeler
desagradar

gravitar
acercar
aproximar

atragantar(se)
atascar
atrancar
atorar
ahogar
asfixiar

abrir
desatrancar

turbarse
cortarse
desconcertarse
azorarse

quedarse sin habla

atrancar(se)
cerrar
asegurar
reforzar
atascar
obstruir

desatrancar
abrir
desatascar

encerrarse
recluirse

aislarse
resguardarse

atrapar
agarrar
coger
detener
retener
aprisionar
apresar

soltar
liberar

engañar
embaucar
engatusar

atrás
detrás

a la cola
a espaldas
a la zaga
en pos

delante
adelante

antes
anteriormente
ayer

hace tiempo
años ha

después

atrasado
subdesarrollado
inculto
anticuado
tardío
arcaico
caduco
obsoleto
estropeado
descompuesto
podrido

moderno
actual

reciente
fresco

atrasar(se)
diferir
postergar
aplazar
posponer
relegar
retrasar
demorar

adelantar
anticipar
anteponer

atraso
retraso
demora
aplazamiento
alargamiento
dilatación
postergación

adelanto
avance

ignorancia
incultura
analfabetismo

progreso
desarrollo

deuda
débito
morosidad

atravesado
perverso
retorcido
avieso
malintencionado
traicionero
malicioso

transversal
oblicuo
sesgado
cruzado

atravesar(se)
pasar

traspasar
agujerear
perforar
calar
clavar

cruzar
salvar
recorrer
vadear

rodear

interponerse
entremeterse
injerirse

abstenerse

atrayente
atractivo
interesante
sugestivo
fascinante
encantador
maravilloso

repulsivo

atreverse
osar
arriesgarse
aventurarse
decidirse
emprender

acobardarse
amilanarse

atrevido
audaz
osado
valiente
intrépido
temerario
arriesgado
imprudente

cobarde
pusilánime

descarado
descocado

desvergonzado
insolente

atrevimiento
audacia
osadía
valor
arrojo
intrepidez
bizarría
brío

cobardía
temor

desvergüenza
descaro
frescura
descoco

cortesía
respeto

atribución
atributo
facultad
jurisdicción
poder
autoridad
capacidad

atribuir(se)
asignar
aplicar
achacar
imputar
culpar
acusar

conceder
otorgar
dar
prestar

atribulado
triste
compungido
apenado

afligido
desolado

alegre
contento
animado

atribular(se)
apenar
afligir
consternar
angustiar
atormentar

contentar
animar

atributo
característica
cualidad
propiedad
rasgo
marca
condición

símbolo
signo
emblema
distintivo

atrición
arrepentimiento
remordimiento
pesar
pesadumbre
dolor

atril
facistol

atrincherar(se)
fortificar
acorazar
parapetar
proteger
esconder
resguardar

desproteger
descubrir

atrio
pórtico
galería
porche
soportal
claustro

atrocidad
brutalidad
barbaridad
bestialidad
crueldad

piedad
bondad

atrofia
anquilosamiento
debilitamiento
raquitismo
distrofia
agotamiento

hipertrofia
fortalecimiento

atrofiarse
anquilosarse
inmovilizarse
paralizarse
consumirse
debilitarse

desarrollarse
fortalecerse

atronado
atolondrado
alocado
impulsivo
irreflexivo

juicioso
prudente

atronador
estruendoso
ensordecedor
estridente
retumbante
atronante

horrísono
ruidoso

silencioso
mudo
sordo

atronar
ensordecer
retumbar
resonar
aturdir

atropellado
precipitado
apresurado
atolondrado
alocado
desordenado
confuso
irreflexivo
imprudente

pausado
tranquilo
prudente
reflexivo

arrollado
derribado
accidentado

ileso

atropellar(se)
arrollar
derribar
golpear
accidentar

oprimir
avasallar
insultar
ultrajar
vejar

honrar
ensalzar

aturullarse
aturdirse
atascarse

atropello
accidente
choque
golpe

abuso
avasallamiento
injusticia
arbitrariedad
insulto
ultraje
vejación
afrenta

respeto
consideración

atroz
aterrador
espantoso
tremendo
terrible
monstruoso
bárbaro
salvaje
cruel

humano
bondadoso

atuendo
vestimenta
atavío
indumentaria
ropa
vestuario
ajuar

atufar(se)
heder
apestar
sofocar
repugnar
estomagar

perfumar
aromatizar

molestarse
disgustarse

enojarse
irritarse
enfadarse

calmarse

atún
bonito

palurdo
zoquete
cateto
ignorante

aturdido
atontado
indeciso
vacilante
desconcertado
confundido
ofuscado

tranquilo
sereno

mareado

despierto
espabilado

aturdimiento
atontamiento
desconcierto
azoramiento
turbación
confusión
apabullamiento
ofuscación

aturdir(se)
alterar
trastornar
atolondrar
azorar
aturullar
liar
embrollar
ofuscar
turbar

embarazar
marear

serenar
calmar
tranquilizar

aturullar(se)
aturdir
confundir
ofuscar
atocinar

atusar(se)
acicalar
arreglar
adornar
emperifollar

audacia
osadía
atrevimiento
intrepidez
temeridad
arrojo
coraje
arresto
decisión
empuje
denuedo

cobardía
timidez
indecisión

descaro
insolencia
cinismo
jactancia
fanfarronería

audaz
osado
atrevido
intrépido
valiente
resuelto
decidido
impulsivo

enérgico
denodado
imprudente
irreflexivo

cobarde
tímido
indeciso

descarado
desvergonzado
insolente
cínico
presuntuoso

audible
perceptible
escuchable
oíble

inaudible
imperceptible

audición
reunión
espectáculo
concierto
conferencia
función
gala

audiencia
recepción
entrevista
reunión
encuentro

tribunal
juzgado
sala
magistratura

auditorio
público
asistentes
oyentes
concurrentes

auditorio
público
concurrencia

oyentes
espectadores
asistentes
concurrentes

auge
apogeo
esplendor
culminación
cúspide
prosperidad
florecimiento
fama
importancia
relieve

decadencia
ocaso
declive

augur
adivino
vidente
agorero
mago
hechicero
brujo

augurar
adivinar
vaticinar
predecir
presagiar
pronosticar

augurio
agüero
adivinación
vaticinio
presagio
pronóstico
conjetura

augusto
respetable
honorable
venerable
majestuoso

eminente
magnífico

despreciable
miserable

aula
clase
sala
cátedra
paraninfo
hemiciclo

áulico
cortesano
palaciego
palatino

aullar
ulular
bramar
chillar

aullido
aúllo
bramido
chillido

aumentar
incrementar
agrandar
ampliar
desarrollar
intensificar
potenciar
ensanchar
dilatar
sumar
añadir
agregar
amplificar
alargar
extender

reducir
aminorar
disminuir
empequeñecer

aumento
incremento
ampliación
crecimiento
desarrollo
intensificación
ensanchamiento
dilatación
reforzamiento
fortalecimiento
suma
añadido
amplificación
extensión

reducción
resta
disminución

aun
incluso
aunque

aún
todavía

aunar(se)
reunir
juntar
unir
sumar
asociar
federar
coligar

disociar
desligar
disgregar

aunque
aun
mas
pero

no obstante
sin embargo
pese a que

aupar(se)
levantar
subir

empinar
elevar
encumbrar
enaltecer
ensalzar

bajar
menospreciar

aura
brisa
céfiro
airecillo
vientecillo

halo
aureola
fama
reputación
renombre
prestigio

impopularidad

áureo
dorado
aurífero
brillante
resplandeciente
fulgurante

apagado
opaco

aureola
cerco
nimbo
halo
corona
fama
renombre
celebridad

auricular
receptor

aurora
alba
amanecer
amanecida
madrugada

auscultación
exploración
examen
reconocimiento

auscultar
explorar
examinar
observar
reconocer

ausencia
alejamiento
separación
marcha
abandono
desaparición

presencia
permanencia

falta
privación
omisión
carencia

nostalgia
soledad
tristeza

ausentarse
alejarse
partir
marcharse
irse
huir

aparecer
presentarse
quedarse

ausente
ausentado
desaparecido
perdido
huido
escapado

presente
asistente

privado

falto
carente

nostálgico
abstraído
meditabundo

auspiciar
proteger
favorecer
amparar
ayudar
patrocinar

auspicio
agüero
señal
indicio
pronóstico
profecía
predicción
vaticinio

protección
amparo
auxilio
ayuda
asistencia

abandono
desamparo

austeridad
sobriedad
rigidez
parquedad
frugalidad
moderación
templanza
continencia
abstinencia
ascetismo

abundancia
despilfarro
desenfreno

austero
sobrio
parco

frugal
moderado
mesurado
ahorrativo
asceta

desenfrenado
despilfarrador

austral
meridional
antártico
sur

boreal
septentrional
ártico
norte

autarquía
autosuficiencia

dependencia

autenticidad
legitimidad
certeza
seguridad
evidencia
verdad

falsedad
ilegitimidad

auténtico
legítimo
genuino
verdadero
original
real
cierto
puro

falso
ilegítimo
incierto

auto
coche

automóvil
vehículo

documento
acta
escritura
expediente

sentencia
condena
pena

autobús
ómnibus
autocar
colectivo
guagua

autocar
ómnibus
pullman

autoclave
caldera
esterilizador

autocracia
dictadura
tiranía
despotismo
absolutismo
totalitarismo

democracia
libertad

autócrata
dictador
tirano
déspota
absolutista
totalitario

demócrata
libertador

autóctono
aborigen
indígena
natural

originario
nativo

foráneo
extranjero

**autodetermina-
ción**
independencia
autonomía
soberanía

autogobierno
autogestión
autodeterminación

autógrafo
firma
rúbrica
nombre
signatura

autómata
androide
robot

automático
inconsciente
instintivo
instantáneo
maquinal

consciente
deliberado

mecánico
técnico
automotriz

manual

automatismo
hábito
costumbre
instinto
mecanización
inconsciencia

automatizar
mecanizar

industrializar
motorizar

automóvil
coche
auto
vehículo
automotor

automovilista
conductor
chófer
piloto

autonomía
soberanía
independencia
emancipación
autogobierno
autogestión

dependencia
subordinación

autónomo
soberano
independiente
emancipado
separado

dependiente
subordinado

autopista
autovía
carretera
vía
pista

autopsia
disección
necropsia

autor
creador
inventor
descubridor

causante
culpable

escritor
literato

poeta
novelista
dramaturgo

autoridad
poder
poderío
mando
potestad
jurisdicción
jerarquía
superioridad

subordinación
obediencia

influencia
ascendencia
prestigio
crédito

dirigente
jefe
gobernante

autoritario
déspota
dictador
tirano
despótico
opresor
cacique

liberal
democrático

autorización
permiso
licencia
venia
salvoconducto
pase
visado

prohibición

autorizar
permitir
consentir
conceder
acceder

tolerar
facultar
otorgar

desautorizar
denegar

autoservicio
supermercado
hipermercado

autosuficiencia
autarquía

dependencia

suficiencia
orgullo
presunción

modestia
humildad

autosuficiente
autártico
suficiente
presuntuoso
orgulloso

modesto
humilde

autovía
carretera
autopista
pista

auxiliar
socorrer
ayudar
asistir
amparar
acoger
proteger
apoyar
coadyuvar
subsidiar
donar

desamparar
perjudicar

ayudante
subalterno

suplente
sustituto
colaborador

titular

auxilio
ayuda
amparo
apoyo
asistencia
protección
socorro

desamparo
abandono

aval
garantía
crédito
fianza

avalancha
alud
desprendimiento

oleada
multitud

avalar
garantizar
acreditar
apoyar
proteger

avance
adelanto
progreso
ascenso
mejora
desarrollo
evolución

retroceso

flash
tráiler

avanzada
vanguardia
destacamento

patrulla
avanzadilla

retaguardia

avanzado
adelantado
moderno
atrevido
progresista

retrógrado
inmovilista

avanzar
marchar
adelantarse
progresar
aproximarse
acercarse

retroceder

prosperar
evolucionar
progresar
mejorar
ascender

fracasar
empobrecer

avaricia
codicia
ambición
avidez
egoísmo
tacañería
roñosería
usura

generosidad
desinterés

avaricioso
codicioso
ambicioso
avaro
egoísta

generoso
desprendido

avaro
tacaño
agarrado
mezquino
cicatero
usurero
egoísta
interesado
roñoso

desinteresado
desprendido
generoso

avasallar
abusar
atropellar
oprimir
tiranizar
someter
pisotear
ultrajar

liberar
desagraviar

ave
pájaro
alado
volátil
pajarraco
avechucho

avecinarse
aproximarse
acercarse
allegarse
arrimarse

alejarse
distanciarse

avecindarse
establecerse
afincarse
asentarse
radicarse
domiciliarse

empadronarse
residir

irse
marcharse

avejentado
envejecido
aviejado
ajado
marchito
desmejorado
estropeado

rejuvenecido

avenencia
acuerdo
convenio
trato
conformidad
armisticio
tregua
concierto
armonía
aquiescencia

desavenencia
desacuerdo
discrepancia

avenida
vía
paseo
bulevar
calle
ronda

inundación
riada
crecida
torrente
arroyada

avenirse
acordar
convenir
arreglarse

congeniar
comprenderse

enemistarse

conformarse
contentarse
resignarse
amoldarse

disentir
discrepar

aventajado
adelantado
aplicado
estudioso
aprovechado

retrasado
rezagado

alto
crecido
desarrollado

aventajar
adelantar
rebasar
pasar
superar
desbordar

rezagarse

aventar(se)
airear
ventilar
orear

echar
expulsar
arrojar
empujar
impeler
expeler

aventura
lance
suceso
episodio

hazaña
peripecia
incidente
correría

devaneo
amorío
flirt
romance

aventurar(se)
arriesgar
atreverse
decidirse
osar
intentar
emprender
exponer

acobardarse
amilanarse

aventurero
viajero
trotamundos
bohemio
inquieto

oportunista
aprovechado
golfo
vividor

avergonzado
ruborizado
sonrojado
abochornado
desconcertado
confundido
pudoroso
ruboroso

desvergonzado
descarado

humillado
vejado
injuriado
deshonrado
vilipendiado

orgulloso
ufano

avergonzar(se)
humillar
vejar
injuriar
insultar
deshonrar

alabar
enaltecer

ruborizarse
sonrojarse
abochornarse
cortarse

presumir
jactarse

avería
daño
deterioro
desperfecto
percance
accidente
rotura

arreglo
reparación

averiado
estropeado
dañado
deteriorado
roto

arreglado
reparado

averiar(se)
estropear
dañar
deteriorar
romper

arreglar
reparar

averiguar
indagar
investigar
buscar

examinar
escrutar
tantear
inquirir

aversión
antipatía
repugnancia
hostilidad
odio
ojeriza
rencor
inquina
tirria
animadversión

simpatía
afecto

avezado
experimentado
veterano
ducho
diestro
curtido
baqueteado
habituado
experto

inexperto
novato

aviación
aeronáutica
aerostación

aviador
piloto
aeronauta
navegante
tripulante

aviar(se)
urgir
apresurar
avivar

preparar
disponer

apañar
componer
organizar

acicalar
arreglar
atusar

avidez
ansia
afán
anhelo
apetencia
apetito
hambre
sed

desinterés
indiferencia

ávido
ansioso
ambicioso
deseoso
codicioso
hambriento
sediento
insaciable
avaricioso

moderado
desinteresado

avieso
perverso
siniestro
retorcido
malvado
maligno
infame
despreciable

honrado
noble

avinagrado
ácido
agrio

acedo
acidulado

irritable
malhumorado
gruñón
amargado
huraño
arisco

amable
afable

avinagrarse
agriarse
acidularse
estropearse

irritarse
atufarse
cabrearse
encolerizarse

calmarse
dulcificarse

avío(s)
preparación
preparativo
prevención
preliminares

aperos
utensilios
enseres

avión
aeronave
aeroplano

avisado
informado
notificado
advertido
prevenido
amonestado

prudente
astuto
sagaz
despierto

espabilado
listo
avispado

ingenuo
torpe

avisar
anunciar
informar
notificar
advertir
prevenir
apercibir

callar
ocultar
omitir

aviso
indicación
notificación
advertencia
apercibimiento
observación
amonestación
comunicación

circular
cartel
anuncio
octavilla

avispado
astuto
sagaz
despierto
espabilado
listo
lince
perspicaz
agudo
vivaz
vivaracho

necio
ingenuo
torpe

avisparse
espabilarse

despertarse
inquietarse

aquietarse
aturdirse

avispero
emboscada
celada
trampa
intriga
lío
tinglado

avistar
divisar
otear
descubrir
advertir
vislumbrar
atisbar

avituallar
abastecer
suministrar
aprovisionar
proveer
surtir

avivar(se)
excitar
atizar
incitar
enardecer
activar
acalorar
animar

apagar
calmar
detener
frenar

avizorar
otear
observar
atisbar
advertir
vislumbrar

divisar
percibir

axila
sobaco

axioma
aforismo
principio
máxima
sentencia
proverbio

axiomático
evidente
indiscutible
incuestionable
irrebatible
irrefutable
claro
elemental
cierto

falso
discutible
rebatible

ayer
antes
anteriormente
recientemente

hoy
mañana

ayo
maestro
educador
profesor
instructor
pedagogo
tutor

discípulo

ayuda
asistencia
auxilio
socorro

apoyo
protección
favor
subvención
subsidio
óbolo

daño
perjuicio

ayudante

auxiliar
agregado
adjunto
suplente
colaborador
subalterno

jefe
titular

ayudar

auxiliar
asistir
amparar
socorrer
apoyar
proteger
defender
favorecer
colaborar
coadyuvar
contribuir
subvencionar

abandonar
desamparar

ayunar

abstenerse
mortificarse
privarse
contenerse

comer
saciarse
hartarse

ayuno

abstinencia

dieta
penitencia
privación
sacrificio
continencia
renuncia

atracón
hartazgo
desenfreno

ayuntamiento

alcaldía
municipio
corporación
concejo
consistorio
cabildo

coito
cópula
apareamiento

azada

azadón
azadilla
garabato

azadón

azada

azafata

camarera
auxiliar
ayudante

azafranado

amarillo
anaranjado
rojizo

azar

ventura
sino
destino
hado
albur
eventualidad
casualidad

contingencia
chiripa

certeza
seguridad
realidad

azararse

azorarse
aturdirse
ofuscarse
apabullarse
embarazarse
ruborizarse
turbarse
acobardarse
achantarse

serenarse
calmarse
sosegarse

azaroso

arriesgado
aventurado
expuesto
peligroso
comprometido

seguro

aciago
funesto
siniestro
nefasto
fatal

venturoso
feliz

azogarse

temblar
agitarse
inquietarse
sobresaltarse

tranquilizarse
sosegarse

azogue

mercurio

hidrargirio
amalgama

azorado

azarado
turbado
aturdido
desorientado
aturullado

sereno

azorarse

azararse
acobardarse
apocarse
temer

azotado

golpeado
vapuleado
sacudido
zurrado
tundido
castigado

azotaina

zurra
tunda
somanta
paliza
vapuleo
baqueteo

caricia

azotar

vapulear
flagelar
fustigar
baquetear
apalear
tundir
pegar
golpear
zurrar

dar leña

dar para el pelo
zurrar la badana

acariciar
mimar

azote
látigo
flagelo
fusta
vergajo
tralla
zurriago

golpe
manotada
palmada
tortazo

caricia
mimo
agasajo

azotaina

calamidad
plaga
epidemia
desastre

catástrofe
cataclismo
infortunio
desgracia

bendición
fortuna

azotea
terraza
terrado
tejado
solana

azúcar
glucosa
sacarosa
sacarina
edulcorante

azucarado
dulce
almibarado
acaramelado
dulzón
edulcorado

amargo

agrio
ácido

meloso
zalamero
pegajoso
halagador

seco
cortante

azucarar
endulzar
almibarar
acaramelar
dulcificar
edulcorar

amargar
agriar

azufrar
sulfatar
sahumar

azul
añil
azur

índigo
cobalto
garzo
zarco
azulado

azulejo
baldosa
baldosín
mosaico
alicatado
cerámica

azuzar
hostigar
incitar
excitar
espolear
aguijonear
instigar
pinchar
achuchar
estimular

refrenar
contener
calmar

B

baba
saliva
espumarajo
babaza

babear
babosear
ensalivar
espumajear

babel
caos
confusión
desorden

orden
armonía

babero
babador
pechero

babor
izquierda
costado
lado

babosa
limaco
limaza

babosear
babear
espumajear

baca
portaequipajes

bacalao
abadejo
pejepalo
pezpalo

bacanal
orgía
festín
saturnal
desenfreno

bache
hoyo
socavón
agujero
hundimiento
badén

bachiller
diplomado
graduado
estudiante
experto

prudente

bacilo
bacteria
microbio
germen
virus
microorganismo

bacín
orinal
perico
dompedro
dondiego
bacinilla

bacon
panceta

bacteria
microbio
germen
bacilo

bacteriología
virología
microbiología

báculo
cayado
bastón

apoyo

arrimo
consuelo

badajo
espiga

badana
cuero
pellejo
piel

flojo
soso
bobo

badén
zanja
depresión
desnivel
bache

badil
badila
pala
hurgón
hurgonero

bafle
altavoz
parlante

bagaje
pertrechos
arreos
equipaje

acervo
patrimonio

bagatela
chuchería
menudencia
fruslería
frivolidad
futilidad
insignificancia
minucia
nadería
nimiedad

bahía
cala
ensenada
golfo
rada
abra

cabo
punta

bailar
danzar
bailotear

bailarín
bailador
bailaor
danzarín
saltarín
danzante

baile
danza
coreografía
bailoteo

bailotear
bailar

baja
depreciación
disminución

descenso
devaluación
quebranto
pérdida

subida
aumento

víctima
muerto
desaparecido
herido

bajada
descenso
declive
cuesta
pendiente
desnivel
ladera

subida
ascenso

bajamar
reflujo
descenso
retirada

pleamar

bajar(se)
descender
caer
aterrizar
arriar

ascender
subir

depreciar
devaluar
abaratar
rebajar
decrecer

revalorizar
aumentar

apearse
desmontar

descender
descabalgar

montarse
subirse
auparse

agacharse
inclinarse
humillarse

alzarse
levantarse
incorporarse

bajel
barco
buque
nave
navío
nao

bajeza
indignidad
ruindad
mezquindad
vileza
envilecimiento
humillación
degradación

dignidad
nobleza
majestad

bajío
arrecife
bajo
escollo
roca

bajo
pequeño
diminuto
chaparro
chico
retaco

alto
esbelto

humilde

sencillo
plebeyo

noble
distinguido

indigno
despreciable
ruin
mezquino
servil
vil

digno

bala
proyectil
balín
posta

fardo
bulto
paquete

tarambana
balarrasa

balada
poema
cántico
tonada
madrigal

baladí
insustancial
insignificante
intrascendente
nimio
superficial

importante
fundamental
sustancial

baladronada
fanfarronada
bravata
alarde
bravuconada
chulería

cobardía
apocamiento

balance
cómputo
cálculo
recuento
arqueo
comprobación

balancear
columpiar
mecer
bambolear
ondular
oscilar

titubear
dudar
vacilar

balanceo
fluctuación
vaivén
bamboleo
oscilación

balancín
columpio
mecedora
hamaca

contrapeso
travesaño
traviesa

balandro
lancha
balandra
batel

bálano
glande
capullo

balanza
báscula
romana
peso

balar
gamitar
balitar

berrear
gemir

balaustrada
balaustre
barandilla
baranda
pasamano

balaustre
balaustrada

balazo
tiro
disparo
descarga

balbucear
balbucir

balbuceo
chapurreo
farfulla
tartamudeo

balbucir
balbucear
farfullar
chapurrear
tartamudear

vocalizar
articular

balcón
mirador
terraza
galería
corredor

balda
estante
anaquel
entrepaño
repisa

baldado
tullido
impedido

inválido
paralítico

cansado
agotado
destrozado

fresco
descansado

baldaquín
baldaquino
dosel
palio

baldaquino
baldaquín

baldar
tullir
atrofiar
imposibilitar
paralizar

cansar
agotar
moler

balde
cubo
barreño

baldío
yermo
estéril
árido

fértil
fructífero

inmotivado
innecesario
ocioso
vano
inútil

útil
necesario

baldón
injuria
afrenta

ofensa
agravio
oprobio
deshonra

honra

baldonar
injuriar
vilipendiar
afrentar
ofender
agraviar
deshonrar
insultar
ultrajar

alabar
ensalzar
elogiar

baldosa
azulejo
losa
baldosín

baldosín
baldosa
loseta

balido
gamitido
berrido

baliza
boya
señal

balizar
abalizar
marcar
indicar
señalar

ballesta
muelle
amortiguador
suspensión

ballet
danza
baile
coreografía

balneario
baños
termas
caldas

balón
pelota
bola
cuero

balonvolea
voleibol

balsa
estanque
charco
charca
poza
laguna
alberca

almadía
embarcación

balsámico
aromático
fragante
perfumado
suavizante

apestoso
hediondo

bálsamo
alivio
calmante
remedio

esencia
perfume

barniz
resina
goma
gomorresina

medicina
medicamento

baluarte
fortificación
parapeto
bastión

amparo
defensa
protección

bambolearse
tambalearse
balancearse
bambalearse
cabecear
columpiarse
mecerse
oscilar
jarearse
vacilar

bamboleo
oscilación
cabeceo
mecedura
bandeo

quietud
inmovilidad

bambú
caña
bengala
bejuco

banal
insustancial
superficial
trivial
intrascendente
vano

profundo

banalidad
futilidad
nimiedad
frivolidad

interés
importancia
trascendencia

banana
plátano
banano

banasta
banasto
cesto
cesta
canasto
cuévano

banasto
banasta

banca
banco

bancarrota
quiebra
ruina

banco
banca
bolsa

asiento
poyo
banqueta
escaño
grada

banda
cinta
orla
insignia
tira
estola
faja
venda

borde
costado
lado
margen

pandilla
panda
cuadrilla
bandada

manada
camada

orquesta
charanga
conjunto
comparsa

bandada
banda
tropel
muchedumbre

bandazo
tumbo
bamboleo
oscilación

bandearse
desenvolverse
apañarse
arreglárselas
valerse

bandeja
fuente
vasera
batea

bandera
enseña
estandarte
insignia
emblema
banderín
banderola
blasón
divisa
pendón

banderilla
rehilete
puya
dardo

entremés
tapa

banderín
bandera
banderola

bandido
malhechor
bandolero
salteador
ladrón
cuatrero

bando
edicto
orden
proclama

facción
partido
bandería

bandolera
correaje
tahalí
banda

bandolero
bandido

banquero
financiero
capitalista
cambista

banqueta
taburete
asiento
banca

banquete
ágape
convite
guateque
festín
comilona

banquillo
banco
taburete

asiento
escaño
grada

patíbulo
cadalso

bañador
bikini
calzón
tanga

bañar(se)
mojar
remojar
lavar
inundar
sumergir

cromar
galvanizar
recubrir

bañera
baño
tina

baño
inmersión
sumersión
ablución
remojón

bañera
tina

lavabo
servicio
tocador
toilette
aseo

capa
mano
tintura

baptisterio
bautisterio
pila bautismal

baquetazo
caída
trompazo
tortazo
batacazo

baqueteado
avezado
experimentado
habituado
acostumbrado
experto

inexperto
novato

baquetear(se)
incomodar
fastidiar
molestar
castigar

agradar
satisfacer

foguearse
acostumbrarse
avezarse

báquico
vinoso
orgiástico

bar
taberna
cantina
mesón
tasca
café
cervecería
pub

barahúnda
desorden
alboroto
desbarajuste
caos
confusión

orden

baraja
cartas
naipes

barajar
revolver
entremezclar
mezclar

separar

baranda
barandilla
pasamanos
barandal

barandilla
baranda

baratija
chuchería
tontería
bagatela
fruslería

barato
asequible
económico
de poco precio
de poco valor
de ocasión

caro
oneroso
costoso

baraúnda
barahúnda

barba
perilla
barbilla
sotabarba

barbacoa
parrilla
asador

barbado
barbudo

peludo
velludo

barbilampiño
imberbe

barbaridad
crueldad
salvajada
atrocidad
barbarie
brutalidad

humanidad
dulzura

disparate
desatino

barbarie
salvajismo
atrocidad
bestialidad
brutalidad

humanidad
sensibilidad

rusticidad
ignorancia
incultura

barbarismo
extranjerismo

bárbaro
fiero
atroz
inhumano
feroz
salvaje
cruel

humano
bondadoso

alocado
temerario
arriesgado
arrojado

prudente

sensato
juicioso

inculto
ignorante
rudo

educado
refinado

tremendo
enorme
increíble
extraordinario

mímino
insignificante

barbecho
barbechera
rastrojo
eriazo

desierto
yermo
páramo

barbería
peluquería

barbero
peluquero
rapador
fígaro

barbilampiño
imberbe
lampiño
carilampiño

barbado
barbudo

barbilla
mentón
perilla

barbitúrico
narcótico
somnífero
hipnótico

barboquejo
barbiquejo
barbuquejo

barbudo
barbado

barbilampiño
imberbe

barca
embarcación
canoa
lancha
batel
bote

barcaza
lancha
gabarra

barco
buque
embarcación
nave
navío
nao

baremo
cálculo
cómputo
cuenta
escala

bargueño
arcón
arca

barniz
pintura
laca
esmalte

barnizar
embarnizar
esmaltar
lacar
pintar

barquero
batelero
marinero
remero
timonel

barquillo
oblea
galleta
canutillo
cucurucho

barra
palanca
tranca
eje
hierro
lingote
palote

mostrador

barrabasada
travesura
chiquillada
disparate
barbaridad

barraca
barracón
caseta
choza
chabola

barracón
barraca
nave
almacén

barranco
despeñadero
precipicio
quebrada
sima
atolladero
bancal

llanura
planicie

barreduras
basuras
restos
desperdicios

barrena
taladro
berbiquí
broca

barrenar
taladrar
agujerear
atravesar

barrenero
barrenador
barrenista
dinamitero

barreno
cartucho
dinamita
explosivo

taladro
orificio
agujero

barreño
balde
jofaina
vasija
tinaja

barrer
escobar
escobillar
cepillar
limpiar

arrollar
atropellar

barrera
valla
verja
muro
tapia

seto
parapeto

obstáculo
impedimento
estorbo

impulso
ayuda

barriada
barrio

barrica
garrafón
tonel
barril

barricada
barrera
defensa
muro
parapeto

barrido
barredura
limpieza

barriga
panza
tripa
vientre

convexidad
curvatura
saliente

barril
tonel
tina
barrica
cuba
cubeta

barrio
barriada
distrito
arrabal
suburbio
extrarradio

barriobajero
arrabalero
ordinario
soez

barrizal
lodazal
cenagal
fangal
ciénaga

barro
lodo
fango
limo
cieno

cerámica
loza

granito
espinilla

barroco
recargado
abigarrado
pomposo
profuso

sobrio
sencillo

barroquismo
abigarramiento
exageración
exuberancia
profusión

sencillez
sobriedad

barrote
barra
vara
barreta
palo
travesaño

barruntar
sospechar
suponer

intuir
olerse
predecir
presentir
presuponer
vislumbrar

desconocer
ignorar

barrunto
sospecha
presunción
atisbo
conjetura
presentimiento
indicio
señal

bártulos
trastos
cachivaches
enseres
equipaje
bultos

barullo
follón
jaleo
alboroto
algarada

desorden
mezcolanza
revoltijo

orden
colocación

basa
basamento
base
zócalo

cimiento
apoyo

basamento
apoyo
basa

cimiento
pedestal
base

basar(se)
fundamentarse
justificar
probar
demostrar

asentar
descansar
cimentar

basca
arcada
náusea
ansia

báscula
balanza
peso
romana

bascular
oscilar
cimbrearse

base
principio
origen
procedencia

apoyo
basa
cimiento
fundamento
pedestal
pie

básico
esencial
fundamental
elemental
primordial

accesorio
secundario
auxiliar

basílica
catedral
iglesia
templo
santuario

basilisco
colérico
irascible
violento

bastante
suficiente
proporcionado
asaz

insuficiente
escaso

bastar
alcanzar
llegar
convenir

escasear
faltar

bastardear
corromper
adulterar
alterar
enviciar
envilecer

purificar
ennoblecer

bastardo
adulterino
ilegítimo
natural

legítimo
legal

falso
vil
bajo

noble
elevado

basteza
grosería
ordinariez
rusticidad
tosquedad

finura
delicadeza

bastidor
chasis
armazón
esqueleto

bastilla
dobladillo
doblez
pliegue

bastión
fortificación
trinchera
refugio

basto
grosero
chabacano
burdo
patán
zafio

fino
educado

bastón
cayado
báculo
cachava
cayada

apoyo
sostén

bastonazo
garrotazo
estacazo
porrazo

basura
desperdicios
desechos
restos
sobras
mugre
porquería
suciedad

basurero
estercolero
vertedero
muladar

bata
batín
albornoz
guardapolvo

batacazo
trastazo
costalada
morrada
porrazo
golpe
tortazo

batahola
ruido
jarana
jaleo
bulla
bullicio
follón

silencio
calma
sosiego

batalla
lucha
combate
pelea
contienda
lid

paz
tregua

batallar
luchar
pelear

combatir
guerrear

firmar la paz

disputar
discutir
contender
litigar

batallón
escuadrón
compañía
muchedumbre

batata
boniato

batea
bandeja
azafate
dornajo
artesa

batel
bote
chalana
lancha
piragua
barca
falúa

batería
acumulador
pila
depósito

cacharros
cazos
peroles

fila
hilera
conjunto
formación

batiburrillo
mezcla
revoltijo
embrollo

mezcolanza
revoltillo
amasijo
desorden

batida
ojeo
rastreo
caza
persecución
seguimiento

batidor
explorador
guía
observador

batidora
licuadora
mezcladora
túrmix

batín
albornoz
bata
guardapolvo

batir(se)
revolver
remover
mezclar

golpear
percutir
sacudir
tundir

explorar
inspeccionar
ojear
buscar
rastrear

vencer
derrotar
arrollar
ganar

pelear
luchar
contender

batiscafo
submarino
sumergible

batracio
anfibio
anuro
ápodo

baturro
aragonés
maño

rústico
rudo

batuta
bastoncillo
varilla
vara

baúl
arca
arcón
cofre

bautismo
bautizo
ablución
acristianamiento

bautizado
sacramentado
neófito
catecúmeno

adulterado
aguado
falsificado

auténtico
puro

bautizar
cristianar
acristianar
sacramentar

aguar

adulterar
falsificar

apellidar
apodar
denominar
motejar

empapar
mojar

bautizo
bautismo

bayeta
trapo
paño

baza
tanto
partida
mano

bazar
comercio
tienda
establecimiento
mercado

bazofia
comistrajo
guisote

sobras
desechos
asquerosidad
desperdicio

beata
religiosa
piadosa
devota
fervorosa

santa
venerable

santurrona
hipócrita

beatería
hipocresía
afectación
mojigatería

piedad
sinceridad

beatífico
beato
bienaventurado
venerable
santo

beato
bienaventurado
venerable
bendito

piadoso
devoto
religioso

impío
ateo

santurrón
mojigato
meapilas

bebé
niño
baby
nene

bebedero
abrevadero
pila
pilón
fuente

bebedizo
pócima
brebaje
bebistrajo

bebedor
borracho

alcohólico
dipsómano

abstemio
sobrio

beber
tomar
ingerir
pimplar
trincar

bebida
refresco
consumición
agua
caldo
líquido

licor
vino

bebido
embriagado
ebrio
beodo
borracho

sobrio
sereno

beca
ayuda
subvención
subsidio

insignia
banda
distintivo

becado
becario

becar
ayudar
pensionar
proteger

becario
becado

pensionado
subvencionado

becerrada
corrida
novillada
tienta
lidia

becerro
ternero
añojo
novillo

bechamel
besamel

bedel
celador
conserje
ordenanza
portero

befa
burla
mofa
desprecio
escarnio
insulto

desagravio
respeto

beige
ocre
tostado
avellana

bejuco
liana

belcebú
diablo
satanás
demonio

beldad
belleza
hermosura
guapura

lindeza
atractivo

beldar
abeldar
separar
aventar
limpiar

belén
nacimiento

desorden
lío
alboroto

belfo
morrudo
hocicudo

hocico
morro
jeta

belicismo
belicosidad

pacifismo

bélico
belicoso
guerrero
militarista

pacifista
antimilitarista

belicosidad
agresividad
beligerancia
combatividad

pacifismo
pasividad

belicoso
bélico

beligerancia
guerra
conflicto

conflagración
contienda

paz
pacificación

beligerante
contendiente
combatiente

bellaco
perverso
malvado
vil
ruin
traidor

honrado
noble

astuto
pillo
hábil
pícaro
sagaz

bellaquería
bribonada
truhanería
picardía
vileza

belleza
hermosura
preciosidad
lindeza
encanto
atractivo

fealdad

bello
bonito
hermoso
guapo
precioso
lindo
agraciado
elegante

feo

monstruoso
deforme

bencina
gasolina
carburante

bendecir
consagrar
sacralizar
santificar

alabar
ensalzar
elogiar

maldecir
imprecar

bendición
consagración
sacralización

maldición
imprecación

favor
dicha
suerte

infortunio
adversidad
desventura

bendito
bienaventurado
santo
venerable

maldito
condenado

humilde
sencillo
modesto

petulante
insolente

benefactor
bienhechor
protector

filántropo
humanitario

malhechor

beneficencia
caridad
filantropía
ayuda
auxilio
limosna
favor
merced

beneficiar(se)
favorecer
apoyar
ayudar
auxiliar

perjudicar
dañar

aprovecharse
servirse
utilizar
lucrarse
enriquecerse

beneficio
provecho
rentabilidad
fruto
ganancia
rendimiento

pérdida
déficit

favor
ayuda
gracia
merced
don
privilegio

perjuicio
daño

beneficioso
provechoso
útil

favorable
productivo

perjudicial
desfavorable

benéfico
beneficioso
humanitario
caritativo

perjudicial
nocivo

benemérito
loable
elogiable
honorable
merecedor
meritorio

indigno
despreciable

beneplácito
aceptación
aprobación
asentimiento
autorización
consentimiento

desaprobación
negativa

benevolencia
indulgencia
generosidad
magnanimidad
afabilidad
bondad

malevolencia
severidad

benévolo
benevolente
magnánimo
clemente
indulgente

afable
generoso

malévolo
maligno

bengala
luminaria
cohete
luz

benigno
bondadoso
benévolo
amable
humano
indulgente
clemente
magnánimo
generoso

maligno

apacible
dulce
suave
templado

desapacible

benjamín
menor
pequeño

mayor
primogénito

beodo
borracho
bebido
embriagado
ebrio

sobrio
sereno

berberisco
bereber

berbiquí
taladro
broca

fresa
barrena

berenjenal
enredo
barullo
embrollo
atolladero
tumulto

bermejo
bermellón
encarnado
rojo

bermellón
rojo
encarnado
colorado
granate
carmesí

cinabrio

berrear
chillar
gritar
vociferar
rugir

berrendo
manchado
pintado
tordo

berrido
chillido
grito
rugido

berrinche
rabieta
enfado
disgusto
enojo
desilusión

alegría
alegrón

berrueco
peñasco
granito
guijarro

berza
col
repollo
lombarda
brécol

besamanos
reverencia
venia

descortesía
grosería

besamel
besamela
bechamel

besar
besuquear
acariciar
achuchar
mimar

beso
ósculo
carantoña
mimo
caricia

bestia
animal
cuadrúpedo
caballería
acémila

bárbaro
bruto
patán
zafio

delicado
fino
culto

bestial
salvaje
brutal
inhumano
cruel
animal

humano
compasivo

bestialidad
brutalidad
animalada
crueldad
salvajada

besuquear
besar
acariciar

betún
alquitrán
asfalto
brea

crema
pasta

Biblia
Sagrada Escritura
Sagrados Textos

bibliografía
catálogo
lista
relación

biblioteca
archivo

estante
estantería
repisa
anaquel

bibliotecario
archivero
conservador

bicho
sabandija
alimaña

malo
malvado
pérfido

bondadoso

bicicleta
bici
biciclo
velocípedo

bicoca
chollo
ganga
momio

bagatela
pequeñez
fruslería

bidón
barril
lata
cuba

bieldo
bielgo
horca
aventador

bien(es)
riqueza
capital
caudal
fondos
fortuna
posesiones
patrimonio
rentas
dinero
hacienda

perfectamente
correctamente

acertadamente
adecuadamente

mal
incorrectamente

beneficio
provecho
servicio
ayuda
socorro

daño
perjuicio

bienaventurado
beatífico
beato
venerable
santo

réprobo

bueno
ingenuo
inocente
cándido

malicioso
perverso

contento
dichoso
feliz
alegre

desgraciado
infeliz

**bienaventu-
ranza**
beatitud
inmortalidad
santidad

condenación
maldición

dicha
felicidad
paz
prosperidad

bienestar
comodidad
dicha
fortuna
confort
riqueza
abundancia
felicidad
paz

malestar
escasez
desdicha

bienhechor
benefactor
protector

malhechor
rufián

bienvenida
saludo
abrazo
recibimiento
acogida

bífido
dividido
hendido

bifurcación
desvío
ramal
cruce

confluencia
convergencia

bifurcarse
separarse
dividirse
desviarse

bígamo
bínubo
polígamo

bigardo
vago

vicioso
holgazán

alto
largo

bigote
mostacho
bozo

bigotudo
mostachudo
abigotado
enmostachado

imberbe
afeitado

bigudí
rulo
rizador
ondulador

bilis
hiel
humor
secreción

enojo
cólera
inquina
irritación
cabreo

billete
moneda
dinero

boleto
bono
vale

carta
esquela
misiva

billetero
billetera
cartera
monedero
tarjetero

binar
arar
cavar
remover

repetir

biografía
vida
historia
semblanza

biología
embriología
genética

biombo
mampara
bastidor
pantalla
persiana

biquini
bañador

birlar
robar
quitar
hurtar
afanar

birrete
birreta
bonete
gorro

birria
adefesio
mamarracho
facha

birrioso
escuálido
enclenque
birria

corpulento
fuerte

bis
dos
repetición
segundo

bisagra
gozne
pernio
charnela

bisbisear
bisbisar
susurrar
musitar
balbucir

vocear
chillar

bisbiseo
susurro
cuchicheo

bisel
borde
chaflán
corte
filo
ángulo

bisemanal
quincenal

bisexual
hermafrodita
andrógino

bisoñé
peluca
peluquín
postizo

bisoño
inexperto
novato
novel

veterano
experto

bistec
bisté
filete

bisturí
lanceta
escalpelo

bisutería
baratija
fruslería
oropel

bituminoso
abetunado
bituminado
oleoso

bizantino
enredoso
enrevesado
sutil

bizarría
valentía
valor
arresto
bravura

cobardía
timidez

bizarro
bravo
valiente
arrogante
osado
valeroso

cobarde
pusilánime

apuesto
garboso
galán
gallardo

bizco
bisojo

estrábico
trasojado

bizcocho
bollo
galleta
tarta

blanco
albo
níveo
albar
albino

negro
oscuro

diana
centro
punto

objetivo

blancura
albura
albor
blancor

negrura
oscuridad

blandear
ablandar
aflojar
ceder

endurecer
robustecer

blandengue
apacible
bonachón
débil
enclenque

valiente
decidido

blandir
empuñar
enarbolar

agitar
levantar
alzar

blando

tierno
suave
dúctil
flojo
fofo

duro
compacto

apocado
tímido
asustadizo
cobarde

benigno
apacible
suave
templado

desapacible
riguroso

blandura

elasticidad
suavidad
flexibilidad
ductilidad
maleabilidad

dureza
resistencia

afabilidad
benignidad
delicadeza

aspereza
rudeza

blanquear

emblanquecer
blanquecer

enjalbegar
enlucir
encalar
enyesar

blanquecino

blancuzco
albar
albino
cano
níveo
plateado

blasfemar

jurar
maldecir
vituperar
imprecar

orar
elogiar

blasfemia

irreverencia
palabrota
juramento
imprecación
maldición

blasfemo

blasfemador
blasfemante
irreverente
execrador

respetuoso

blasón

escudo
insignia
divisa

renombre
gloria
honor

blasonado

aristocrático
ilustre
noble

plebeyo
villano

blasonar

fanfarronear
jactarse

vanagloriarse
pavonearse
presumir

bledo

insignificancia
minucia
ardite

blenorragia

blenorrea
gonococia
gonorrea

blindaje

coraza
blinda
plancha

blindar

acorazar
proteger
chapar

bloc

cuadernillo
cuaderno
libreta

bloque

sillar
piedra

agrupación
coalición
liga
bando

bloquear

asediar
sitiar
cercar
incomunicar
aislar

inmovilizar
obstruir
obstaculizar
impedir

bloqueo

asedio
sitio
cerco

interrupción
obstrucción
corte

bluff

engaño
desilusión
fanfarronada
bravata
farol

humildad
veracidad

blusa

blusón
túnica
camisola
camisa

boato

ostentación
lujo
pompa
fastuosidad
suntuosidad
fausto

sobriedad
sencillez

bobada

bobería
tontería
necedad
estupidez
memez

agudeza
ingenio

bobina

devanadera
carrete
canilla
rollo

bobo
necio
tonto
memo
idiota
alelado
fatuo
ignorante
lelo
palurdo
zoquete
estúpido

listo
inteligente
avispado
despierto

boca
morro
hocico
jeta
labios
pico

abertura
orificio
agujero

bocadillo
emparedado
sándwich
bocata

bocado
dentellada
mordisco
mordedura
tarascada
mordedura

comida
alimento
trozo
pedazo

freno
embocadura
correa

bocanada
aliento
hálito
exhalación
soplo

bocazas
bocaza
charlatán
parlanchín

discreto
callado

boceto
bosquejo
croquis
esbozo

bochinche
barullo
escándalo
alboroto
vocerío
disturbio

bochorno
sofoco
calor
calina
agobio

frío
fresco

sonrojo
vergüenza
rubor
turbación
desazón

desfachatez
desvergüenza

bochornoso
sofocante
asfixiante
caluroso
ardoroso

vergonzoso

afrentoso
humillante

bocina
claxon

bocio
papo
papera

boda
desposorio
enlace
matrimonio
esponsales
casamiento
nupcias

divorcio
separación

bodega
cava
sótano
cripta

bodegón
taberna
fonda
cantina
tasca

naturaleza
muestra

bodoque
bordado
refuerzo
burujo

memo
necio
lelo
bobo
simple

listo
despierto

bodrio
bazofia

comistrajo
guisote

exquisitez
delicia

chapuza
churro
pegote

maravilla

bofe
pulmón
asadura

bofetada
sopapo
guantada
bofetón
cachete
torta
tortazo

caricia
mimo

boga
moda
actualidad
novedad

bogar
remar
ciar
navegar

anclar
fijar

bohemio
despreocupado
errante
libre
vagabundo

boicot
boicoteo
bloqueo
obstrucción

boicotear
obstaculizar
obstruir
bloquear

boina
gorra
chapela
casquete
gorro

bol
tazón
cuenco
taza
ponchera
vaso

bola
esfera
pelota
balón
esférico
canica

mentira
trola
embuste
engaño

verdad

bolchevique
comunista
marxista

menchevique
capitalista

bolear
arrojar
lanzar
tirar
impeler

bolera
boliche

bolero
chaquetilla

guayabera
blusa

trolero
mentiroso
embustero

sincero

boleta
entrada
invitación
pase
boleto

cheque
pagaré
talón

boletín
circular
gaceta
revista
folleto

boliche
bolita
canica
bolinche

bolera

bólido
aerolito
asteroide
meteorito

automóvil de
carreras

bolillo
varita
palillo
baqueta

bollería
pastelería
confitería
repostería

bollo
pastelillo
bizcocho
torta
rosca

abolladura
aplastamiento
chichón

jaleo
lío
follón

bolo
palo
boliche
palitroque
taco

bobo
necio

bolsa
saco
bolso

bolsillo
faltriquera
saquillo

bolso
bolsa

bomba
explosivo
granada
proyectil
torpedo

bombardear
insistir
hostigar
machacar

bombardeo
cañoneo

instigación
hostigación

bombazo
explosión
zambombazo
detonación

noticia sensa-
cionalista

bombear
sacar
succionar
extraer

alabar
elogiar
encomiar
adular

bombo
tambor
timbal
atabal

elogio
coba
loa
adulación

bombón
chocolatina
confite
dulce

bombona
vasija
botella
cubeta

bombonera
cajita
cofre
cofrecito
confitera

bonachón
buenazo
bondadoso
cándido

ingenuo
amable

inflexible
malvado

bonaerense
porteño

bonancible
sereno
apacible
suave
despejado

tempestuoso
desapacible
desabrido

bonanza
serenidad
tranquilidad
calma

tempestad
tormenta

felicidad
dicha
bienestar

desdicha
desventura

bondad
afabilidad
amabilidad
benevolencia
benignidad
cordialidad

maldad
perversidad

bondadoso
benévolo
bueno
caritativo
misericordioso

amable
generoso

malo
perverso
cruel

bonete
gorro
birreta
birrete

boniato
batata
moniato

bonificación
deducción
descuento
rebaja

recargo
aumento

bonificar
rebajar
descontar
deducir
compensar

recargar
aumentar

bonito
bello
hermoso
guapo
precioso

feo
repelente
horrible

atún

bono
vale
cédula
tarjeta
billete

boom
auge
expansión
prosperidad
esplendor

decadencia

boquear
morir
fenecer
fallecer

nacer

boquerón
anchoa

boquete
abertura
orificio
agujero

boquiabierto
atónito
pasmado
absorto

indiferente

boquilla
abertura
ranura
agujero
raja

pipa
tubo
cánula

borbotón
borbollón
hervor
burbuja

borceguí
bota
botín

borda
baranda
barandilla
borde

cabaña
choza
chabola

bordado
bordadura
encaje
labor

borde
orilla
canto
bordillo
reborde
arista

bordear
circunvalar
orillar
rodear
circundar

atravesar
cruzar

bordillo
borde
encintado

bordón
bastón
cayado

verso
estribillo
repetición

boreal
nórdico
septentrional
ártico

austral
meridional
antártico

borla
borlón
alamar
fleco

borne
contacto
conexión
polo
tornillo

borra
pelusa
vello
guata

residuo
hez
poso

borrachera
embriaguez
melopea
merluza
mona
tajada
cogorza
moña
turca
curda

borracho
ebrio
embriagado
bebido
beodo

sobrio
abstemio

borrador
boceto
croquis
esbozo

goma
paño
trapo

borrar
suprimir
anular
tachar
raspar
quitar

incluir
escribir

borrasca
tormenta
tempestad
temporal
tromba
tifón
torbellino
huracán

calma
anticiclón

borrascoso
tormentoso
tempestuoso
huracanado

calmado
suave

azaroso
arriesgado
complicado

tranquilo
cómodo

borrego
cordero
añojo
ternasco

apocado
necio
memo
tonto

borrico
asno
burro

jumento
rucio

ignorante
rudo
bruto
zoquete

listo
inteligente

terco
obstinado
obcecado

borrón
mancha
tachadura

borrador
bosquejo
esbozo

borroso
turbio
velado
confuso
ininteligible

nítido
visible
claro

boscaje
bosque
fronda
frondosidad

boscoso
espeso
frondoso
selvático

bosque
selva
arboleda
frondosidad
arbolado
monte

bosquejo
boceto
croquis
esbozo
esquema
borrador

bostezar
boquear
suspirar
espirar
inspirar

bota
borceguí
boto
botín

odre
pellejo

botafumeiro
incensario
turíbulo

botánica
fitología
flora

botánico
fitólogo
botanista
fitógrafo

botar
saltar
brincar
rebotar

lanzar
echar
arrojar
despedir

botarate
irreflexivo
insensato

imprudente
informal

sensato
juicioso

bote
tarro
vasija
lata

barca
lancha
canoa

brinco
salto
pirueta
rebote

botella
frasco
casco

botica
farmacia

botijo
botija
vasija
cantarillo
pirulo
piporro

botín
saqueo
pillaje
robo

bota

botiquín
dispensario
casa de socorro

armario
estuche

botón
botonadura

yema
brote

gema
capullo

pulsador
interruptor

botones
recadero
ordenanza

bóveda
cúpula

bovino
vacuno
bóvido

boxeo
pugilato
pugilismo
combate
lucha

boya
baliza
señal

boyante
próspero
feliz
dichoso

pobre
desafortunado

boyar
flotar
sobrenadar
nadar

hundirse
sumergirse

bozal
badal
dogal

bozo
vello

pelusa
pelillo

bracear
nadar
forcejear

bracero
peón
obrero
jornalero

bráctea
hoja
hojilla
hojuela
bracteola

braga(s)
calzón
slip
biquini

bragado
valiente
atrevido
decidido
firme

indeciso
cobarde

bragazas
calzonazos
apocado
débil

bragado
decidido

bragueta
abertura
botonadura

bramante
cuerda
hilo
cordel

bramar
aullar
ulular
berrear
mugir

bramido
rugido
mugido
aullido

brandy
coñac

braña
prado
pradera
pastizal

brasa
ascua
rescoldo
lumbre
carbón

brasero
calentador
estufa
estufilla
calientapiés

bravata
fanfarronada
baladronada
bravuconada
provocación
bravuconería

bravío
feroz
salvaje
fiero

manso
doméstico

bravo
valiente
atrevido

arrojado
audaz
intrépido

cobarde
tímido

bueno
excelente
espléndido
magnífico

malo

fiero
impetuoso
salvaje
colérico

manso
dócil
apacible

bravucón
fanfarrón
jactancioso
camorrista
matón
valentón
pendenciero
perdonavidas

mesurado
cobardón

bravuconada
baladronada
fanfarronada
chulada
bravata

cobardía
pusilanimidad

bravura
valentía
coraje
intrepidez
osadía
audacia

cobardía

timidez

ferocidad
fiereza
bestialidad
crueldad

humanidad
docilidad

brazada
braceada
ademán
aspaviento

brazado
conjunto
montón

brazal
brazalete
cinta
banda
faja

bracil
armadura

brazalete
brazal
esclava
pulsera
aro

brazo
miembro
articulación
extremidad

apoyo
ayuda
protección

brea
alquitrán
betún
pez
resina

brear
maltratar
hostigar
zumbar

brebaje
potingue
pócima
bebistrajo
mejunje

brecha
abertura
boquete
fisura
grieta
raja

brega
trajín
ajetreo
faena
fatiga

tranquilidad
quietud

pendencia
lucha
riña
contienda

paz
avenencia
armonía

bregar
trabajar
afanarse
laborar

vaguear
gandulear

batallar
contender
reñir

pacificar
apaciguar

breña
escabrosidad
fragosidad

zarzal
matorral
maleza

brete
apuro
dificultad
aprieto

prisión
cárcel
calabozo

breve
reducido
corto
conciso
escueto
pasajero
fugaz

extenso
duradero

brevedad
concisión
cortedad
laconismo
fugacidad

extensión

breviario
antifonario
salterio
misal

epítome
compendio

bribón
bellaco
canalla
granuja

bribonada
canallada

bellaquería
granujada

brida
rienda
correa
guía

brigada
cuadrilla
grupo
equipo

brillante
reluciente
centelleante
deslumbrante
refulgente
resplandeciente

apagado
opaco
mate

sobresaliente
magnífico
genial

pésimo
mediocre

brillantez
brillo
notoriedad

mediocridad

brillar
resplandecer
relucir
relumbrar
deslumbrar
reflejar
tornasolar
iluminar

oscurecerse
ensombrecer

sobresalir
destacar
descollar

brillo
resplandor
brillantez
esplendor

opacidad
oscuridad

lustre
pulimento
barniz

fama
gloria
notoriedad
realce

descrédito
desprestigio

brincar
saltar
botar
rebotar

brinco
salto
bote
cabriola

brindar
felicitar
dedicar
desear

brindis
ofrecimiento
dedicatoria
felicitación

brío
energía
fuerza
pujanza
ímpetu
ánimo
empuje

desánimo
desgana

garbo

gracia
salero

desgarbo
sosería

brioso
enérgico
decidido
atrevido
denodado

indeciso
cobarde

brisa
aura
céfiro
viento

británico
inglés
anglosajón

brizna
hebra
fibra

pizca
ápice
miaja

broca
barrena
taladro

brocado
bordado
recamado

brocal
pretil
borde
parapeto

brocha
pincel
cepillo
escobilla

brochazo
brochada
pincelada

broche
hebilla
imperdible
pasador
corchete
alfiler

broma
burla
chanza
chacota
guasa
inocentada
novatada

seriedad

bromear
chancear
guasearse
mofarse
pitorrearse
cachondearse
burlarse

tomar en serio

bromista
burlón
chistoso
cachondo
chungón
guasón

serio
formal

bronca
represión
reprimenda
rapapolvos
regañina

paz
calma

bronceado
tostado
moreno

pálido
blanco

broncearse
tostarse
quemarse

bronco
brusco
áspero
tosco

suave
delicado

disonante
desafinado

agradable

broquel
escudo
pavés

brotar
nacer
germinar
aparecer
manar

desaparecer
morir

brote
retoño
renuevo
yema
capullo
vástago

comienzo
aparición
principio

broza
maleza

hojarasca
matojo

desperdicios
desechos
despojos

bruja
hechicera
adivina
maga

arpía
malvada
pécora

brujería
hechicería
superstición
nigromancia
magia

brujo
hechicero
mago
adivino
embaucador

brújula
aguja magnética
aguja de marear
bitácora

brujulear
vagabundear
zascandilear
merodear

bruma
niebla
neblina
calima

oscuridad
confusión

nitidez
claridad

brumoso
nublado
nebuloso

despejado
claro

borroso
confuso
vago

bruñir
abrillantar
pulir
lustrar

brusco
descortés
violento
áspero

cortés
suave
delicado

imprevisto
repentino
súbito
rápido

previsto
lento

brusquedad
descortesía
rudeza
violencia
grosería

finura
suavidad

brutal
bestial
bárbaro
feroz
inhumano
cruel

humano
delicado

formidable

colosal
enorme

pequeño
insignificante

brutalidad
bestialidad
crueldad
atrocidad
salvajada
barbaridad

humanidad
mansedumbre

bruto
ignorante
inculto
necio

inteligente

tosco
ordinario
grosero
descortés

educado
fino

salvaje
bestia
cruel

delicado
pacífico

bucanero
corsario
pirata
filibustero

búcaro
jarrón
florero
vasija

botijo

buceador
buzo
submarinista
hombre rana

bucear
sumergirse
zambullirse
chapuzarse
bañarse

explorar
investigar
averiguar

buceo
inmersión
zambullida
chapuzón

flotación

exploración
investigación
averiguación

bucle
rizo
tirabuzón
onda

bucólico
pastoril
campestre
idílico

buenaventura
adivinación
pronóstico
vaticinio

bueno
bondadoso
afable
honesto
bonachón
servicial
benévolo
bienhechor
caritativo
amable

malo
perverso
malvado

ingenuo

cándido
simple

malicioso
pícaro

útil
conveniente
oportuno
adecuado

inadecuado
perjudicial
inapropiado

agradable
gustoso
grato
apetecible
sabroso

desagradable

buey
cabestro
boyazo

búfalo
bisonte

bufanda
tapabocas
cubrecuello
pañuelo

bufar
bramar
gruñir

soplar
resoplar

bufé
aparador
mostrador
restaurante

merienda
cóctel

bufete
oficina
despacho

mesa
escritorio

bufido
bramido
gruñido
rugido

resoplido
soplido

bufo
grotesco
cómico
chirigotero
bufonesco

serio

bufón
cómico
payaso
gracioso

bufonada
payasada
farsa
broma

seriedad

buhardilla
boardilla
buharda
desván
sobrado

buhonería
bisutería
chuchería
menudencia

buhonero
mercachifle
quincallero

buitre
aprovechado
interesado
egoísta

bujarrón
sodomita
homosexual
marica

bujía
vela
candela
cirio

bula
privilegio
beneficio
dispensa
licencia

documento
sello
diploma

bulbo
cebolla

abultamiento
hinchazón

bulboso
abultado
hinchado
tuberoso

liso
terso

bulevar
avenida
paseo
ronda

bulla
bullicio
alboroto
escándalo
zapatiesta
jaleo

jarana
cisco
follón

quietud
calma
silencio

bullanga
bulla
bullicio
jaleo
jarana
follón
tumulto

bullicio
bulla

bullicioso
bullanguero
escandaloso
revoltoso
jaranero
juguetón
juerguista

silencioso
calmoso

bullir
agitarse
rebullir
inquietarse

calmarse
aquietarse

hervir
cocer

bulo
trola
mentira
embuste
camelo
engaño

verdad
certeza
veracidad

bulto
hinchazón
inflamación
chichón
tumor
flemón

maleta
paquete
fardo

cuerpo
mole
silueta

búnker
refugio
reducto

buque
barco
nave
navío
embarcación

burbuja
pompa
glóbulo
ampolla

burbujear
gorgotear
borbotar
bullir
hervir
cocer

burdel
prostíbulo
lupanar
casa de lenocinio
casa de citas

burdo
grosero
basto
ordinario

cateto
inculto

chabacano
vulgar

refinado
educado

bureo
entretenimiento
diversión
esparcimiento
jolgorio

aburrimiento

burgo
aldea
pueblo
arrabal

burgués
adinerado
acomodado
rico
aburguesado

proletario
pobre

buril
cincel
gubia
escoplo

burla
broma
mofa
guasa
pitorreo

seriedad
sinceridad
verdad

desprecio
escarnio
desaire

respeto

burladero
barrera

valla
refugio

burlador
seductor
donjuán
casanova

bromista
burlón
chacotero

burlar(se)
eludir
esquivar
evitar
rehuir
rehusar

engañar
falsificar
timar
estafar

mofarse
chotearse
pitorrearse
cachondearse

burlesco
jocoso
festivo
grotesco
sarcástico
ridículo

serio
aburrido

burlete
tira
ribete
fieltro
protección

burlón
bromista
guasón
socarrón
chungón

serio
grave

buró
pupitre
escritorio

burocrático
administrativo
oficinesco

lento
moroso
premioso

rápido
eficaz

burrada
barbaridad
disparate
desatino
dislate
animalada

sensatez
prudencia

burro
asno
borrico
rucio
jumento

torpe

necio
ignorante
inculto

hábil
listo

zafio
tosco
ordinario

fino
refinado

burujo
grumo
borujo
pelotón

busca
búsqueda
rebusca
investigación
indagación
sondeo

buscar
rebuscar
registrar
escudriñar

indagar
investigar
averiguar
rastrear

renunciar

buscavidas
diligente
laborioso
trabajador

ocioso
inactivo

entremetido
fisgón
chismoso

discreto
reservado

buscón
tunante
pillo
ratero
caco

busilis
quid
meollo

clave
intríngulis

busto
tórax
torso

mama
seno
pecho
teta

butaca
sillón
dormilona
mecedora

buten (de)
excelente
estupendo
magnífico
extraordinario

buzo
buceador
submarinista

buzón
receptáculo
casillero
casilla

C

cabal
entero
íntegro
perfecto

incompleto

exacto
justo

aproximado

honrado
recto

informal

cábala
conjetura
suposición

complot
conjura

sortilegio
superstición

cabalgada
galopada

cabalgadura
caballería
montura

cabalgar
montar

descabalgar

galopar
trotar

cabalgata
comparsa
desfile
carnavalada

caballar
ecuestre
equino
hípico

caballeresco
educado
fino
refinado
galante
cortés

descortés
grosero

caballería
cabalgadura
montura
bestia

caballeriza
cuadra
establo
corral

caballerizo
servidor
criado
lacayo
palafrenero

caballero
jinete
caballista
cabalgador

noble
hidalgo
señor

plebeyo
villano

leal
fiel
digno
educado

caballerosidad
hidalguía
nobleza
señorío

caridad
filantropía

altruismo
generosidad

bajeza
ruindad

caballeroso
hidalgo
noble
señor
caballeresco

altruista
bondadoso
caritativo

ruin
desleal

caballista
cabalgador
jinete

caballitos
carrusel
tiovivo

caballo
corcel
rocín
jaco
potro

heroína

cabaña
choza
barraca
chamizo

cabecear
amodorrarse
adormecerse
dormirse
trasponerse

cabeceo
balanceo
oscilación

cabecera
almohada
almohadón
cabezal

encabezamiento
inicio
preliminar

cabecilla
caudillo
jefe
líder
dirigente

subordinado

cabellera
pelambrera
melena

cabello
pelo

cabellera
melena
trenza
flequillo
coleta

caber
coger
entrar
contener

cabestrillo
sostén
vendaje

cabestro
ronzal
brida
cuerda

dogal
bozal
bozo

manso
castrado

cabeza
testa
chola
coco
mollera
testuz

inteligencia
cerebro
cacumen
sesera

individuo
persona
habitante

jefe
superior
director

cabecera
comienzo
inicio
vanguardia

final
retaguardia

cabezada
rienda
jáquima

adormecimiento
cabeceo

cabezal
almohada
cabecera

cabezazo
testarazo
topetada
topetazo
testarada

cabezón
cabezudo
macrocéfalo

testarudo
tozudo
terco
obstinado

condescendiente
flexible

cabezonería
testarudez
tozudez
obstinación
obcecación

condescendencia

cabezota
cabezón
cabezudo

testarudo
terco
tozudo

cabida
aforo
espacio
capacidad
extensión
superficie

cabila
clan
tribu

cabildada
alcaldada
atropello
abuso

cabildo
ayuntamiento
concejo
junta

cabina
cámara
locutorio

carlinga
habitáculo

cabizbajo
melancólico
triste
alicaído

animado

cable
maroma
cabo

cablegrama
mensaje

ayuda
capote

cabo
cuerda
cable
maroma
jarcia

punta
extremo

promontorio

cabotaje
navegación

cabrear(se)
enfadar
irritar

disgustar
enojar

calmar
tranquilizar

brincar
saltar

cabreo
malhumor
irritación
enfado
enojo

alegría

cabrero
cabrerizo
cabritero
pastor

cabrestante
cabestrante
grúa
cabria
aguilón

cabrío
cabruno
caprino

cabriola
salto
voltereta
pirueta

cabrito
chivo

cabrón
macho cabrío

cornudo
consentido

malintencionado
malévolo

pérfido
canalla

malo
perjudicial
inconveniente

cabronada
engaño
faena
guarrada
canallada

caca
excremento
deposición
mierda

cacahuete
cacahué
maní

cacao
escándalo
riña
lío
follón

cacarear
cloquear

exagerar
ponderar
cantar

presumir
jactarse
vanagloriarse

cotillear
propagar
pregonar

cacatúa
papagayo
loro
cotorra

fea
ridícula
adefesio

cacera
reguera
acequia
canal

cacería
caza
montería

cacerola
pote
cazuela
cazo

cacha
mango
empuñadura

anca
nalga
posaderas

cacharro
artefacto
bártulo
cachivache
chisme

cachava
báculo
cayado
bastón

cachaza
tranquilidad
calma
flema
pachorra

brío
nerviosismo

cachazudo
calmoso
lento
parsimonioso

diligente
rápido

cachear
registrar
examinar

cacheo
registro
examen
inspección

cachet
elegancia
personalidad
gusto

tosquedad

cachete
bofetada
torta
tortazo

carrillo
moflete
mejilla

cachimba
pipa

cachiporra
porra
estaca
palo

cachiporrazo
porrazo
estacazo

cachivache
chisme
cacharro
trasto

inútil
ridículo

cacho
pedazo
trozo
porción

cachondearse
burlarse
guasearse
mofarse
reírse

respetar

cachondeo
befa
burla
choteo
guasa
broma

cachondez
excitación
lujuria
libidine

cachondo
libidinoso
lujurioso
sensual

casto

animado
divertido
gracioso

aburrido
tristón

cachorro
cría
hijo
hijuelo

cacicada
abuso
cabildada
alcaldada

cacique
déspota
oligarca
tirano

caciquismo
tiranía

dictadura
despotismo

caco
ratero
ladrón
chorizo
carterista

cacofonía
disonancia
discordancia

eufonía

cacumen
sesera
cabeza
mollera

ingenio
inteligencia
talento

cortedad

cadalso
patíbulo
horca

cadáver
muerto
difunto
fallecido

cadavérico
demudado
descompuesto
desfigurado
demacrado

macabro
sórdido
siniestro

cadena
cadeneta
leontina

serie

sucesión
continuación

desconexión
desunión

condena
prisión
cautiverio
esclavitud

libertad

cadencia
acompasamiento
ritmo
compás
armonía

disonancia

cadencioso
armonioso
melodioso
rítmico
melódico

disonante

cadera
anca
cuadril

cadete
alumno
escolar

experto

caducar
acabar
terminar
finalizar
prescribir

empezar
iniciar

caducidad
prescripción

cumplimiento
extinción

comienzo

fugacidad
precariedad
transitoriedad

eternidad
permanencia

caduco
viejo
chocho
decrépito

juvenil
lozano

gastado
decadente
arruinado

pletórico

efímero
fugaz
pasajero
perecedero

eterno
duradero

caer(se)
hundirse
abatirse
desplomarse
derrumbarse
desmoronarse

alzarse
levantarse

decaer
debilitarse
desmayarse

fortalecerse
crecer

perder
rebajarse

incurrir
incidir

café
moca

recuelo

bar
cafetería
cafetín

cafre
bárbaro
bestia
cruel
salvaje

fino

cagada
excremento
evacuación
deposición
caca

cagalera
diarrea
cagueta
descomposición

miedo
temor
susto

entereza
valentía

cagar(se)
defecar
deponer
evacuar
excretar

acobardarse
achantarse
amedrentarse

envalentonarse

cagarruta
boñiga
excremento

cagatintas
escribiente
chupatintas
oficinista

cagón
miedoso
cobarde
medroso
tímido

valiente
atrevido

caída
declinación
declive
descenso
bajada

ascenso

derrumbamiento
desplome
desprendimiento

construcción

batacazo
culada
costalada

desliz
falta
pecado

ruina
desgracia
ocaso
fracaso

éxito

caído
acobardado
acoquinado
amilanado

animado

débil

flojo
desfallecido

fuerte
firme

rendido
vencido
fracasado

victorioso

caimán
aligátor
yacaré
cocodrilo

astuto
taimado
malicioso

caín
fratricida
desalmado
cruel

cairel
fleco
flequillo
orla

peluca
peluquín
postizo

caja
arca
arcón
cofre
cajón

cepillo
hucha
estuche

féretro
ataúd

pagaduría
tesorería
oficina

cajero
pagador
cobrador
tesorero
administrador

cajetilla
estuche
paquete

cajón
gaveta
naveta
caja

cal
calcio
caliza
cemento
yeso

cala
perforación
taladro

prueba
sonda

ensenada
bahía
caleta
abra

calabazas
desaire
desdén
rechazo

calabozo
celda
prisión
cárcel

calado
encaje

agujereado
horadado
perforado

altura

calafatear
profundiad
fondo

calafatear
obstruir
tapar
cerrar

calambre
contracción
espasmo

calamidad
desgracia
desastre
catástrofe

fortuna
dicha

inhábil
torpe
manazas

mañoso
hábil

calamitoso
desastroso
aciago

beneficioso

desdichado
desgraciado
infeliz

afortunado
dichoso

calaña
calidad
especie
índole
ralea

calar(se)
horadar
atravesar
perforar

hender

rajar
cortar

adivinar
conocer
comprender

empaparse
mojarse
humedecerse

calavera
cráneo

libertino
vicioso
tarambana
vividor

sensato
formal

calaverada
trastada
travesura

calcar
copiar
fotocopiar
reproducir

plagiar
remedar
imitar

calceta
calza
calcetón
media
calcetín

calcificación
osificación
endurecimiento
soldadura

descalcificación

calcificar(se)
mineralizar
osificar
soldar

descalcificar

calcinación
calcinamiento
cremación
incineración

torrefacción

calcinar
incinerar
carbonizar
quemar
tostar

calco
reproducción
copia
imitación
plagio

calcomanía
copia
reproducción
estampa
adhesivo

calculador
interesado
egoísta
ambicioso

generoso
desinteresado

prudente
previsor
precavido

desprevenido
incauto

calculadora
sumadora
computadora

calcular
computar
contar
prever

tasar

valorar
evaluar

creer
deducir
conjeturar

cálculo
cómputo
cuenta

conjetura
suposición

premeditación
previsión

concreción
litiasis
mal de piedra

caldas
baños
termas
balneario

caldear(se)
calentar
templar

enfriar
destemplar

excitar
acalorar
apasionar

aplacar
calmar

caldera
caldero
perol

calentador
fogón

calderilla
perras
cambio
suelto

caldero
caldera
perol

caldo
salsa
moje
aderezo

caldoso
jugoso
acuoso

seco

calé
gitano

calefacción
calor
calentamiento

radiador
estufa
brasero
calientapiés

calendario
almanaque
anuario
agenda

calendas
tiempo
período
época

calentador
radiador
estufa
brasero
calefacción

calentamiento
caldeamiento
caldeo

enfriamiento

excitacion

acaloramiento
enardecimiento

moderación

calentar(se)
caldear
asar
asfixiarse

enfriar

excitarse
enardecerse
exaltarse

golpear
pegar

calentura
fiebre
temperatura

fuego
ardor
enardecimiento
acaloramiento

calenturiento
febril
delirante

calera
barca
chalupa

horno
tobar

calero
calcinero

encalador
enjalbegador

caletre
cacumen
ingenio

torpeza
necedad

calibrar
medir
graduar

comprender
apreciar
entender

calibre
diámetro
anchura
grosor

dimensión
tamaño
extensión

envergadura
importancia
trascendencia

realce
valía

insignificancia
intrascendencia

calidad
cualidad
clase
condición
naturaleza

estofa
ralea
jaez
pelaje

nobleza
título
linaje

cálido
suave
moderado
templado

caluroso
caliente
ardiente

frío
helado

afectivo

afectuoso
cordial
entrañable

caliente
caluroso
ardiente
cálido

frío
helado

fogoso
acalorado
exaltado
excitado

calificación
cualificación
aptitud
capacidad

descalificación
incompetencia

puntuación
nota

calificar
apreciar
autorizar
caracterizar

aplicar
adjetivar
nombrar
nominar
clasificar
puntuar

acreditar
ennoblecer
ilustrar

descalificar
desacreditar

calificativo
adjetivo
epíteto
atributo

título
alias

apodo
mote

caliginoso
brumoso
calinoso
nuboso

caligrafía
escritura
letra

calígrafo
escribano

dactilógrafo
mecanógrafo

grafólogo
ortógrafo
paleógrafo

calina
niebla
calígine
bruma
calima

canícula
bochorno
calor

fresco
frío

calinoso
brumoso
neblinoso

bochornoso
canicular

cáliz
copa
vaso

calizo
arcilloso
calcáreo
calcificado

callada
mutis
silencio

callado
discreto
reservado

hablador

sobrentendido
tácito
omitido

secreto
sigiloso

callar(se)
enmudecer
acallar
silenciar

hablar

ocultar
reservar
tapar

mostrar
manifestar

calle
vía
paseo
avenida
bulevar

callejear
caminar
pasear
corretear
deambular
vagabundear
vagar

callejón
calleja
pasadizo
travesía

callista
pedicuro

callo
callosidad
dureza
ojo de gallo

calma
tranquilidad
paz
quietud
reposo
sosiego

intranquilidad

bonanza
escampada

apatía
flema
lentitud
parsimonia

rapidez

calmante
analgésico
sedante

excitante

calmar(se)
sosegar
adormecer
apaciguar
tranquilizar
serenar

excitar
intranquilizar

abonanzar
aclarar
amainar

calmoso
parsimonioso
flemático
cachazudo

activo
nervioso

calor
fuego
ardor
bochorno
canícula

frío

entusiasmo
pasión
fervor
animación

agasajo
favor

calorífico
ardiente
caliente

frío

calumnia
difamación
imputación
maledicencia
infundio
mentira

verdad
elogio

calumniar
difamar
deshonrar
detractar

afamar
honrar

caluroso
caliente
cálido
tórrido

frío

ardiente
vivo
enardecido

entusiasta

vehemente
fogoso

apagado
desanimado

calva
calvicie
alopecia

claro
despejado

calvario
vía crucis

martirio
penalidades
adversidades

calvicie
alopecia
calva

calvo
pelado
pelón

peludo
melenudo

calza
calce
cuña
alce

media
calcetín
escarpín

calzada
vía
calle
pista
camino

calzado
zapato
zapatilla
escarpín
bota

sandalia
alpargata
pantufla

calzar(se)
afianzar
asegurar
trabar

calzón
pantalón
calzas

calzoncillos

calzoncillos
calzón
slip

calzonazos
bragazas
achantado
pusilánime

cama
lecho
tálamo
camastro
catre
piltra
hamaca

camada
lechigada
cría

cuadrilla
banda
pandilla

camándula
bellaquería
astucia
hipocresía

bondad
sinceridad

cámara
sala

salón
aposento

granero
cilla

neumático

parlamento
asamblea
ayuntamiento

camarada
compañero
amigo

enemigo

colega
cofrade
correligionario

camaradería
amistad
compañerismo
concordia
solidaridad

enemistad
desconfianza

camarero
criado
mozo
sirviente

camarilla
conciliábulo
conventículo

grupo
pandilla
cuadrilla

camarín
camerino
tocador

capilla
oratorio
altar

camarote
cabina
aposento
compartimiento

camastro
catre
yacija
jergón

camastrón
camandulero
hipócrita
taimado

sincero

cambalache
manejo
trapicheo

cambiante
variable
alterable

inestable
mudable
diferente

inmutable

cambiar(se)
canjear
intercambiar

permutar
conmutar

evolucionar
innovar
renovar

trasladarse
marcharse
irse

estacionarse

convertir
transformar
alterar
variar

cambio
permuta
canje

mudanza
muda
variación

invariabilidad
permanencia

fugacidad
versatilidad
mutabilidad

transformación
mutación
modificación

vuelta
suelto
calderilla
monedas

cambista
banquero

camelar
engañar
engatusar
estafar

galantear
piropear
seducir
enamorar

camello
traficante

camelo
galanteo
requiebro
piropo

engaño
embuste
mentira

camerino
camarín

tocador
cuarto

camilla
angarillas
parihuelas
andas

camillero
enfermero
socorrista
sanitario

caminante
andarín
paseante
viajero

sedentario

caminar
andar
pasear
deambular
transitar

descansar

caminata
excursión
marcha
paseo

parada
detención

camino
vía
calzada
senda
vereda

recorrido
itinerario
ruta

medio
manera
método
procedimiento

camión
camioneta
furgón
furgoneta

camisa
camisola
blusa
blusón

funda

camisón
camisa
camisola

camomila
manzanilla
camamila

camorra
pendencia
altercado
bronca
disputa

paz
tranquilidad

camorrero
camorrista

camorrista
camorrero
peleón
pendenciero

tranquilo

campamento
acantonamiento
alojamiento
refugio

campana
gong
esquila

campanario
espadaña

torre
atalaya

campanada
campaneo
campanillazo

sorpresa
escándalo

campaniforme
abocinado
acampanado
abocardado

campanilla
esquila
timbre

úvula

campante
ufano
alegre
contento

descontento

tranquilo
despreocupado

intranquilo
agobiado

campaña
campo
campiña

empresa
plan
tarea

plazo
período

campechanía
franqueza
cordialidad
llaneza

sequedad

campechano
jovial
abierto
alegre

estirado
seco

campeón
vencedor
ganador
as

defensor
paladín
adalid

campeonato
enfrentamiento
competición
torneo

campero
campestre
campesino
rural

urbano

campesino
agricultor
labrador
aldeano

agrario
campestre
rural

urbano

burdo
grosero

refinado

campestre
bucólico
pastoril
campesino

camping
acampada
campamento

campiña
campo
tierra
labrantío
ejido
vega

campo
terreno
campiña
labrantío

finca
propiedad

camposanto
cementerio
necrópolis

camuflar
disimular
ocultar

can
perro
chucho

canecillo
modillón

cana
canicie
encanecimiento

canal
canaleta
canalón
tubería
zanja
acequia

bocana
estrecho

corte
estría

canalizar
encauzar
dirigir
orientar

canalla
ruin
rastrero
miserable

honrado
noble

canallada
vileza
infamia
ruindad

nobleza
dignidad

canalón
canal
cañería
tubería

canelón
pasta

canana
cartuchera
cinturón

canapé
diván
sofá

aperitivo

canasta
canasto
cesto

canastilla
ajuar
equipo

canasta

cancela
verja

cancelación
anulación
supresión

derogación
abolición
rescisión

reestablecimiento

cancelar
anular
abolir
suprimir

promulgar

liquidar
saldar

adeudar

cáncer
tumor
carcinoma

cancerbero
portero
guarda

guardián
vigilante

cancha
campo
pista
polideportivo

canchal
pedregal
pedriza
peñascal

cancillería
chancillería
embajada

canción
cantar
copla
melodía

tabarra
lata
rollo

candado
cerradura
cerrojo

candela
cirio
vela

candelabro
lámpara
candelero

candelero
palmatoria
candelabro
lámpara

candente
incandescente
ígneo
ardiente

apagado
frío

actual
palpitante

anticuado

candidato
aspirante
pretendiente

candidatura
designación
solicitud

candidez
candor
inocencia
ingenuidad

malicia
picardía

cándido
ingenuo
inocente

candoroso
sencillo

malicioso
pícaro

bobo
necio

astuto

candil
candilón
lamparilla
candelabro
quinqué
farol

candileja
candil
farolillo
lámpara

candor
candidez
ingenuidad
inocencia

malicia
doblez

candoroso
cándido
ingenuo
inocente
crédulo

retorcido
malicioso

canesú
blusa
camisola
jubón

cangilón
azud
canalón

caníbal
antropófago

cruel
inhumano
feroz

humano

canibalismo
antropofagia

ferocidad
salvajismo

canica
bola
bolinche

canícula
calor
bochorno
calina

frío

canicular
asfixiante
bochornoso
sofocante

fresco

canijo
flaco
enclenque
encanijado

fuerte

canilla
bobina
carrete

pantorrilla
tobillo

canino
perruno

canje
cambio

permuta
trueque

canjear
permutar
cambiar

cano
canoso
entrecano

canoa
bote
esquife

canon
tasa
renta
tributo
impuesto

precepto
regla

canónico
conforme
regular

irregular
inconforme

canónigo
doctoral
lectoral
deán

canonización
santificación
veneración

condenación

canonizar
santificar
glorificar
nimbar

aprobar
aplaudir

canonjía
  prebenda
  beneficio
  canonicato

  chollo
  bicoca
  momio
  ganga

canoro
  armonioso
  melodioso

  inarmónico

canoso
  cano

cansado
  fatigado
  extenuado
  agotado
  exhausto

  descansado
  fresco

cansancio
  fatiga
  agotamiento
  extenuación

  descanso

  aburrimiento
  hastío

  interés

cansar(se)
  fatigar
  agotar
  extenuar
  baldar

  descansar
  reposar

  molestar
  aburrir

  fastidiar
  incomodar

  entretener
  distraer

cantante
  cantor
  divo
  juglar

cantar
  canción
  canto
  copla

  canturrear
  salmodiar
  tararear
  entonar

  alabar
  celebrar
  elogiar
  loar

  censurar
  criticar

  descubrir
  confesar

cántaro
  cántara
  ánfora
  jarro

cantera
  pedregal
  pedrera
  canchal

cantero
  cincelador
  picapedrero

cántico
  canto
  cantar
  canción

cantidad
  cuantía
  suma
  número

  abundancia
  exceso

  escasez
  carencia

cantilena
  cantinela
  balada
  canción

  tabarra
  matraca

cantimplora
  garrafa
  frasco

cantina
  bar
  taberna
  tasca

cantinela
  cantilena

cantinero
  tabernero
  vinatero

canto
  sonido
  tarareo
  canturreo

  canción
  cantar
  copla

  piedra
  guijarro

  borde
  margen
  orilla
  esquina

cantón
  borde
  esquina
  arista
  ángulo

  demarcación
  jurisdicción
  territorio
  término

cantonal
  comarcal
  regional
  territorial

cantor
  cantador
  cantante

canturrear
  cantar
  tararear

cánula
  tubo
  canuto

canuto
  cánula
  tubo

  porro
  petardo

caña
  cálamo
  cañuela
  anea

cañada
  vaguada
  valle

  camino
  vía

cañamazo
  tela

lienzo
estopa

plan
croquis
bosquejo

cáñamo
estopa
espadilla
lino

cañaveral
cañal
carrizal

cañería
tubería
canal

cañí
calé
gitano

payo

caño
tubo
conducto
canal

chorro

cañón
pieza

desfiladero
garganta

cañonazo
bombazo
chupinazo

estallido
explosión
estampido

cañonear
batir
bombardear
disparar

caolín
arcilla
cerámica

caos
desorden
confusión
desconcierto

orden
organización

caótico
anárquico
embrollado
desordenado
enredado

claro
ordenado

capa
manto
capote
capotillo

baño
mano
lámina

filón
estrato
veta

capacho
capazo
cesto
espuerta

capacidad
cabida
amplitud
aforo

talento
inteligencia
suficiencia
genio

incapacidad
ineptitud

capacitación
aprendizaje
formación
instrucción

ineptitud

capacitado
diestro
experto
preparado

incapacitado
inútil

capacitar(se)
educar
preparar
enseñar

descalificar
incapacitar

facultar
autorizar

capar
castrar
emascular
mutilar

caparazón
concha
cubierta
coraza

capataz
mayoral
caporal
encargado

capaz
apto
experto
competente
entendido

incapaz
inepto

amplio

espacioso
suficiente

reducido

capcioso
artificioso
engañoso
insidioso

claro
verdadero

capea
novillada
tienta

capear
lidiar
torear

sortear
esquivar
eludir

rendirse
desfallecer

capellán
clérigo
sacerdote
eclesiástico

caperuza
capucha
capuchón

funda
protección

capicúa
palíndromo

capilar
pilífero

capilla
ermita
iglesia
oratorio

apirote
caperucho
caperuza
capucha

capota
cubierta

apital
esencial
fundamental
principal

accidental
secundario

ciudad
capitalidad

riqueza
fortuna
patrimonio

apitalismo
liberalismo
librecambismo

socialismo
marxismo

apitalista
accionista
empresario
financiero
banquero

socialista
marxista

apitalizar
acaudalar
acumular
atesorar

apitán
oficial
jefe
caudillo

apitanear
acaudillar

dirigir
mandar

someterse

capitanía
demarcación
jurisdicción

capitel
chapitel
ábaco
remate

capitolio
parlamento
acrópolis

capitulación
entrega
rendición
cesión

resistencia

convenio
pacto
acuerdo

capitular
rendirse
entregarse

resistir

concertar
conciliar

capítulo
división
apartado
sección

junta
cabildo
asamblea

capota
capucha
capuchón

cubierta
toldo

capote
capa
tabardo
gabán

capotear
torear
capear

eludir
evadirse
esquivar

afrontar
enfrentarse

capricho
antojo
deseo
manía

fantasía

atropello
abuso

justicia

caprichoso
antojadizo
veleidoso

arbitrario
injustificado
inmotivado

caprino
cabruno
cabrío

cápsula
envoltura
pastilla

estuche
caja
cabina

captación
atracción
incitación

seducción
persuasión

captar(se)
comprender
entender
percibir

fascinar
atraer
seducir
obtener

repeler

captura
presa
botín

arresto
detención

liberación

capturar
apresar
arrestar
prender
detener

liberar

capucha
caperuza
capuchón

capullo
brote
retoño

glande

caquexia
desnutrición
debilitamiento
agotamiento
adelgazamiento

vigorización
fortalecimiento

caqui
ocre
verdoso
pardo

cara
rostro
semblante
faz
fisonomía

fachada
frente
plano

reverso
cruz

caradura

recato

carabela
nave
corbeta
nao

carabina
escopeta
fusil

carabinero
soldado
aduanero

caracol
caracola
concha

rizo
tirabuzón

caracolear
saltar
cabriolear

caracoleo
cabriola
giro
voltereta

carácter
naturaleza
personalidad
idiosincrasia
talante

firmeza
entereza
voluntad
energía
temperamento

característico
peculiar
típico
propio
particular

general
común

caracterizado
diferenciado
personalizado

caracterizar(se)
calificar
determinar
singularizarse

adocenarse
vulgarizarse

disfrazarse
interpretar
encarnar
personificar
representar

caradura
desvergonzado
sinvergüenza
descarado

carambola
casualidad
azar
suerte

caramelo
golosina
dulce

caramillo
flauta
pífano

carantoña
caricia
halago
zalamería
mimo
adulación

carátula
máscara
careta

portada
funda

caravana
columna
convoy
expedición

remolque
roulotte

carbón
hulla
lignito
turba
antracita

carbonizar(se)
calcinar
incendiar
chamuscar
quemar

apagar
enfriar

carburante
combustible

carca
reaccionario
conservador

progre

carcajada
risa
risotada
alborozo

llanto

carcajearse
reírse

llorar

burlarse
despreciar

carcamal
vejestorio
matusalén
senil

cárcava
barranco
zanja

cárcel
prisión
penal
penitenciaría
presidio
trena
chirona

cautividad
arresto
reclusión

libertad

carcelero
guardia
guardián

carcoma
desazón
inquietud
angustia
comezón

alivio

carcomer
horadar
apolillar

consumir
corroer

carcomido
apolillado
corroído

cardar
peinar
desenredar
ahuecar

cardenal
prelado
purpurado
eminencia

moretón
golpe
hematoma
derrame

cárdeno
amoratado
morado
violáceo

cardinal
esencial
fundamental
primordial
trascendental

accesorio
intrascendental

cardo
abrojo
espino

agrio
arisco

carear
enfrentar
confrontar

comparar
cotejar

carecer
faltar
escasear
necesitar

sobrar

carencia
privación
escasez
penuria
insuficiencia
déficit

abundancia

carente
falto
incompleto
insuficiente
necesitado

saturado
abundante

careo
cotejo
interrogatorio

discrepancia
separación

carestía
subida
encarecimiento
inflación

carencia

careta
máscara
mascarilla
disfraz

carga
fardo
bulto
lastre

floto

capacidad
cargamento

impuesto
gravamen
tributo
imposición

acometida
ataque
embestida

cargado
lleno
repleto
completo

vacío

fuerte
espeso

nublado
nuboso
borrascoso

cargante
insoportable
irritante
molesto
pesado

tolerable
soportable

cargar(se)
embarcar
transportar
acarrear

vaciar

hartar
agobiar
agravar

aligerar
aliviar

acentuar

imputar
atribuir

acometer
arremeter

embestir
atacar

gravar
imponer

catear
suspender

aborrascarse
nublarse

despejar
abrir

cargo
empleo
puesto
oficio
grado

cometido
cuidado
custodia

imputación
acusación

adeudo

cariacontecido
apenado
triste
atribulado
turbado

contento
alegre

cariátide
columna
pilastra

caricatura
parodia
ridiculización
exageración
bufonada

caricaturesco
satírico
irónico
cómico

caricaturizar
parodiar
ridiculizar
exagerar

caricia
halago
cariño
mimo
carantoña
lisonja

caridad
compasión
misericordia
piedad
humanidad
filantropía
generosidad

inhumanidad
egoísmo

limosna
ayuda

caries
picadura
perforación

cariño
afecto
amor
amistad
inclinación
apego
predilección
querencia

desamor
enemistad

cariñoso
afable
amable
tierno
afectuoso
amoroso
cordial

distante

despegado
antipático

carisma
personalidad
atractivo

vulgaridad

gracia
don

caritativo
desinteresado
desprendido
generoso
altruista

inhumano
egoísta

cariz
aspecto
pinta
traza
aire

carlanca
collar
argolla

carmesí
escarlata
grana
rojo

carmín
maquillaje
afeite

colorado

carnal
terrenal
mundano

espiritual

pulposo

libidinoso
sensual
erótico

carnaval
mascarada
comparsa
jolgorio

carnavalada
broma
burla
mascarada

seriedad

carnaza
cebo
carroña

carne
chicha
molla

pulpa

sexo
sensualidad

carné
carnet
documentación

carnero
morueco

carnicería
carnecería
chacinería

masacre
matanza
degollina

carnicero
matarife
chacinero

carnívoro

cruel
sanguinario

carnívoro
carnicero

carnosidad
adiposidad
obesidad
gordura

carnoso
gordo
grueso
adiposo

suculento
sabroso

caro
costoso
oneroso
gravoso
valioso

barato
económico
módico

amado
querido
apreciado

odiado
aborrecido

carpa
toldo
tienda

carpanta
hambre

inapetencia

carpeta
archivador
portafolios

carpetazo
liquidación
suspensión

continuación

carpintería
ebanistería
serrería

carpintero
ebanista

carraca
matraca
bulla

trasto
armatoste

vejestorio
carcamal

carrasca
chaparro
encina

carraspear
toser

carraspera
afonía
ronquera

carrera
corrida
galopada

reposo
quietud

curso
trayecto
camino
recorrido
competición

profesión
licenciatura
ocupación

carreta
carro
carruaje
tartana

carrete
bobina
canilla
rollo

carretera
camino
calzada
pista
vía

carretilla
carretón
volquete

carril
riel
raíl
vía

carrillo
moflete
mejilla
pómulo

carro
carreta
carruaje
coche

carrocería
chasis
armazón

carroña
cadáver
despojo

carroza
carruaje
coche

viejo
anticuado

niñato

carruaje
vehículo
carro
automóvil
coche

carrusel
tiovivo
caballitos

carta
escrito
epístola
misiva
circular

naipe

mapa
plano

minuta
menú

cartapacio
carpeta
cartera

cartel
letrero
rótulo
inscripción
anuncio

renombre
fama
reputación

cartelera
cartel

cartera
billetero
monedero

carpeta
portafolios
maletín

ministerio
desempeño

carterista
ratero
chorizo

cartero
repartidor
mensajero

cartílago
tornilla

cartilla
catón
silabario
abecedario

cartón
cartulina
tarjeta
ficha

cartuchera
canana

cartucho
bala
proyectil

cucurucho
envoltura

cartuja
convento
monasterio

cartujo
fraile
monje
cenobita

cartulina
cartón
tarjeta
ficha

casa
domicilio
hogar
vivienda
mansión
residencia
piso

familia
linaje
raza

empresa
compañía
firma

casaca
chaqueta
guerrera

casación
anulación
invalidación
abolición

casadero
núbil

casado
desposado
consorte
cónyuge

célibe
soltero

casamata
fortín
refugio

casamiento
boda
enlace
matrimonio
nupcias

divorcio
separación

casanova
mujeriego
conquistador
donjuán
ligón

casar(se)
enlazarse
desposarse

divorciarse
separarse

unir
juntar
acoplar

combinar
emparejar

desacoplar
desemparejar

cascabel
campanilla
sonajero
cascabillo

cascada
catarata
salto

cascado
viejo
débil
ajado
cansado
gastado

nuevo
lozano

quebrado
roto

intacto

cascajo
guijo
cascote

cascanueces
cascador
rompenueces

cascar(se)
romper
quebrar
rajar
hender
abrirse

pegar
unir

atizar
pegar

zurrar
golpear

charlar
parlotear
rajar

callar

cáscara
caparazón
cascarón
corteza
vaina

cascarrabias
quisquilloso
irascible
gruñón
aguafiestas

comprensivo
tranquilo

casco
botella
envase

yelmo
morrión

pezuña
pata

cascote
canto
guijo
cascajo
escombro

caseína
leche
cuajo

caserío
aldea
burgo
villorrio

casero
familiar
hogareño

arrendador
dueño
propietario

caseta
garita
stand

casete
caja
cinta
grabadora

casi
aproximadamente
por poco

casilla
cabina
caseta

compartimiento
división
encasillado
escaque

casino
círculo
club
asociación

caso
suceso
ocurrencia
incidente
acontecimiento

tema
asunto

proceso
sumario

casorio
boda
desposorio

caspa
escama

casquete
bonete
solideo

casquillo
abrazadera
anillo

cartucho
vaina

casquivano
alocado
ligero
frívolo
irreflexivo

formal
serio
consciente

casta
raza
alcurnia
estirpe
linaje
clase

castaña
batacazo
trastazo
golpe

borrachera
moña
trompa

rollo
pestiño

castañetear
temblequear
tiritar

castaño
marrón
pardo
rojizo

castañuela
castañeta
palillo

castellano
caballero
señor
noble

casticismo
purismo
tipismo

extranjerismo
barbarismo

castidad
pureza
virginidad
continencia
pudor
decoro

impureza
lujuria
sensualidad

castigador
seductor
conquistador

tímido

castigar
mortificar
afligir
golpear
pegar
azotar

aliviar

reprimir
sancionar
condenar

perdonar
absolver

castigo
corrección
pena

sanción
penitencia
expiación
venganza
represalia
condena

castillo
alcázar
fortaleza
fortín

castizo
típico
natural
popular
tradicional

atípico
extranjero

casto
puro
limpio
honesto
púdico

impúdico
indecente

castrado
capado
eunuco
capón

castrar
capar
emascular
esterilizar
mutilar
extirpar

debilitar
reprimir

vigorizar
fortalecer

castrense
militar

castro
castillo
fuerte

casual
imprevisto
fortuito
accidental
eventual
esporádico

previsto
pensado

casualidad
azar
suerte
contingencia
eventualidad
accidente

previsión
seguridad

casulla
túnica
manto

cataclismo
catástrofe
hecatombe
desgracia

catador
degustador
catavinos
experto

catadura
semblante
aspecto
apariencia
facha

catafalco
túmulo

catalejo
anteojo

catalizador
fermento
levadura
impulsor

catalogar
clasificar
ordenar
registrar

encasillar
encuadrar

catálogo
lista
inventario
índice
clasificación
sumario

cataplasma
apósito
emplasto

catar
probar
degustar
saborear

catarata
cascada
salto

telilla
opacidad

catarro
constipado
resfriado

catarsis
limpieza
purga

corrupción

catastro
censo
padrón
empadronamiento

catástrofe
hecatombe
desastre
desgracia

catastrófico
adverso
calamitoso
desgraciado
desastroso

afortunado
próspero

catear
suspender
cargar

aprobar

catecismo
doctrina

rudimentos
abecé

catecúmeno
aspirante
neófito
educando

cátedra
asignatura
materia
enseñanza

aula
clase
tribuna
magisterio

catedral
seo
basílica
templo

catedrático
profesor
maestro

categoría
clase
calidad
estado
jerarquía
escala
nivel
condición

importancia
consideración

categórico
concluyente
terminante
rotundo
indiscutible

relativo
equívoco

catequesis
adoctrinamiento
enseñanza
cristianización

catequista
catequizador
apóstol
instructor

catequizar
adoctrinar
evangelizar
enseñar
instruir

caterva
multitud
abundancia
infinidad
sinnúmero

catéter
sonda

cateto
paleto

palurdo
ignorante

fino
refinado

catilinaria
crítica
reprimenda
filípica

apología
alabanza

catolicismo
cristianismo
catolicidad

católico
cristiano
creyente

catre
cama
camastro
yacija
litera

cauce
lecho
madre
vaguada

procedimiento
conducto

caucho
goma
látex

caución
fianza
garantía
aval

caudal
cantidad
volumen

carencia

riqueza
bienes

fortuna
dinero

pobreza
escasez
penuria

caudaloso
abundante
copioso
colmado

escaso

caudillo
jefe
guía
conductor
lider

subordinado

causa
principio
origen
fuente
motivo
móvil
razón

empresa
finalidad

pleito
proceso
sumario

causar
ocasionar
provocar
producir
motivar
incitar
redundar
suscitar

impedir

cáustico
abrasivo
corrosivo

mordaz

punzante
satírico

moderado
suave

cautela
precaución
prudencia
reserva

imprudencia

astucia
habilidad

ingenuidad
sinceridad

cauteloso
precavido
prudente

imprudente
descuidado

astuto
avisado
desconfiado

inocente
ingenuo

cauterizar
cicatrizar
restañar
curar

cautivador
seductor
atractivo
conquistador

antipático

cautivar
apresar
prender
encarcelar

dominar
someter

liberar

atraer
seducir

rechazar
repeler

cautiverio
cautividad
esclavitud
encarcelamiento

libertad
liberación

cautivo
esclavo
siervo
prisionero
confinado

libre
absuelto

cauto
cauteloso
previsor
prudente

incauto
desprevenido

hábil
astuto

torpe

cava
cueva
bodega
subterráneo

champán

cavar
excavar
ahondar
perforar
profundizar

caverna
cueva
gruta

cavernícola
troglodita
cavernario

retrógrado
carca

cavernoso
oculto
recóndito

sórdido
siniestro

cavidad
hueco
abertura
agujero
hendidura

cavilar
pensar
reflexionar
meditar
discurrir
rumiar

distraerse
despreocuparse

cayado
báculo
bastón

cayo
arrecife
isleta

caza
cacería
montería
cinegética

persecución
acoso
batida
búsqueda

cazador
montero
batidor
ojeador

cazadora
pelliza
zamarra
guerrera

cazalla
aguardiente

cazar
perseguir
acosar
buscar
ojear

prender
apresar

cazo
cucharón

cazuela
cacerola
olla
puchero

cazurro
malicioso
reservado
retorcido
desconfiado

inocente
incauto

tosco
basto

cebar(se)
engordar
alimentar
sobrealimentar

fomentar

alentar
favorecer

impedir

ensañarse
regodearse

cebo
engorde

incentivo
estímulo
atractivo
señuelo

fulminante
explosivo

cecina
salazón
tasajo

cedazo
tamiz
criba
harnero

ceder
traspasar
transferir
dar
entregar

tomar
recibir
quitar

acceder
consentir
transigir
asentir
claudicar

emperrarse
obstinarse
insistir

disminuir
suavizar
cesar

flojear
amainar

aumentar
recrudecer

cédula
documento
despacho
ficha
tarjeta

céfiro
aura
brisa
aire

cegar(se)
tapar
taponar
cerrar
obstruir
atascar

desatrancar
abrir

obcecarse
empeñarse

desistir

deslumbrar
encandilar

desilusionar
desinteresar

ceguera
invidencia
amaurosis

vista
claridad

ofuscamiento
obstinación
terquedad
obcecación

sensatez

ceja
entrecejo
sobreceja

borde
resalto

cejar
ceder
flaquear
aflojar

avanzar
insistir

celada
yelmo
casco

emboscada
engaño
trampa

celador
cuidador
bedel

celda
calabozo
mazmorra

aposento
camarote
célula

celebración
conmemoración
festividad
aniversario

celebrante
oficiante
cura

celebrar
conmemorar
festejar
alabar

ensalzar
aplaudir

despreciar

oficiar
venerar

célebre

famoso
afamado
insigne
renombrado

desconocido

celebridad

fama
renombre
popularidad
prestigio
notoriedad

anonimato

celeridad

rapidez
velocidad
prontitud
diligencia
prisa

lentitud
dilación

celeste

cósmico
espacial
astronómico

azulado

celestial

celestial

celeste
divino
paradisiaco
arrebatador
delicioso
maravilloso

infernal
terrenal

celestina

alcahueta
encubridora
trotaconventos

célibe

soltero

casado

cellisca

aguacero
tormenta

celo

afán
ahínco
ardor
entusiasmo
esmero

indiferencia
frialdad

libido
excitación
sensualidad

celos

sospecha
recelo
duda
envidia

confianza

celosía

entramado
enrejado
rejilla
persiana

celoso

envidioso
suspicaz
receloso
desconfiado

confiado

solícito
diligente

cuidadoso
esmerado
afanoso

descuidado

célula

unidad
sección
división

celuloide

cine
séptimo arte

cementerio

camposanto
necrópolis

cena

comida
refrigerio

cenador

galería
templete
emparrado

cenagal

fangal
lodazal
barrizal
chapatal
ciénaga

cenar

comer

cencerro

esquila
campanilla
changarra

cenefa

borde
ribete
festón

ceniciento

cenizoso

grisáceo
pardo

cenit

cima
perfección
culminación

decadencia
penuria

ceniza(s)

escoria
pavesa

restos
reliquias

cenizo

gafe
aguafiestas

cenobio

convento
monasterio

cenobita

monje
ermitaño
asceta

censar

empadronar
registrar

censo

registro
lista
estadística
padrón

censor

interventor
inspector
crítico

censura

crítica
desaprobación

reprobación
reproche
condena

elogio
alabanza

examen
inspección

censurable
criticable
reprobable
reprochable

encomiable
laudable

censurar
criticar
juzgar
dictaminar

tachar
corregir
suprimir
reprobar
reprender
reprochar
desaprobar
condenar

aprobar
elogiar
alabar

murmurar
vituperar
satirizar

galardonar
ovacionar

centella
rayo
exhalación
chispa

centellear
brillar
chispear

relucir
relumbrar
resplandecer
fulgurar
irradiar

apagar

centelleo
brillo
resplandor
fulgor

centena
centenar
ciento

centenario
centuria
centenar

vetusto
arcaico
antiguo

céntimo
centavo
centésimo
chavo
ochavo

centinela
vigía
vigilante
guardia
soldado

central
núcleo
centro
sede
matriz

sucursal

centralismo
centralización
concentración

federalismo

centralizar
agrupar
concentrar
monopolizar

descentralizar

centrar(se)
promediar
equidistar

descentrar
desunir
separar

integrarse
acostumbrarse
habituarse

céntrico
central
interior

alejado
periférico

centro
medio
mitad
promedio
eje
corazón
núcleo
meollo

margen
borde
periferia

casino
círculo
club

centuria
siglo

ceñir(se)
rodear
apretar
envolver
ajustar

estrechar
oprimir

aflojar
desceñir
desenvolver

limitarse
atenerse
amoldarse
circunscribirse

ceño
gesto
expresión
enfado

ceñudo
adusto
cejijunto
torvo
hosco

cepa
parra
vid
tronco
raíz

casta
linaje
origen

cepillar
barrer
limpiar

pulir
bruñir

cepillo
brocha
escobilla

alcancía
caja

cepo
trampa
lazo

ratonera
celada

cera
cerumen
cerilla

barniz
pulimento

cerámica
loza
porcelana
arcilla
barro

alfarería

cerca
valla
cercado
empalizada
tapia

próximo

lejos

cercado
cerca
coto
huerto
ejido
recinto

cercanía(s)
proximidad
vecindad

lejanía
distancia

contornos
alrededores
extrarradio
periferia

cercano
contiguo
inmediato

adyacente
aledaño

lejano

próximo
semejante

desemejante
desigual

cercar
circundar
rodear
ceñir
alambrar
tapiar
vallar

abrir

asediar
sitiar
acosar

cercenar
mutilar
cortar
segar
truncar

disminuir
limitar
restringir

alargar
ampliar

cerciorarse
asegurarse
confirmar
indagar
ratificar

dudar
ignorar

cerco
círculo
circunferencia
perímetro

asedio
sitio

cerda
pelo
hebra
fibra

cerdo
puerco
gorrino
marrano
cochino

desaseado
sucio

limpio
aseado

malqueda
despreciable

cereal
grano
mies
semilla

cerebral
intelectual
desapasionado
racional
calculador

emocional
apasionado

cerebro
seso
entendimiento
juicio
inteligencia
talento
razón

ceremonia
ceremonial
rito
solemnidad
boato
pompa

cortesía

reverencia
saludo

ceremonioso
ritual
formal

informal

artificioso
afectado
amanerado

natural
sencillo

cerilla
fósforo
mixto

cerumen

cerner(se)
cribar
colar
tamizar
filtrar
depurar

alzarse
elevarse
remontarse

bajarse
descender

cero
nada
nulidad

ausencia
carencia

cerrado
clausurado
atrancado
vallado
tapiado
hermético

abierto

torpe

incapaz
nublado
cubierto

despejado
claro

silencioso
introvertido

comunicativo
extrovertido

cerradura
cierre
aldaba
candado
cerrojo
pasador

cerrar(se)
atrancar
tapiar
cercar
obturar
sellar
cegar
tapar

abrir
destapar
destaponar

cicatrizar
restañar

clausurar
finalizar
terminar

inaugurar

aislar
enclaustrar

comunicar
relacionar

cerrazón
obstinación
obcecación
empecinamiento

cerril
terco
obstinado
contumaz
basto
tosco
bruto
ignorante

cortés
fino
cultivado

cerro
colina
collado
loma
montículo

cerrojo
pestillo
candado
aldaba

certamen
concurso
oposición

disputa
desafío

exposición
muestra

certero
acertado
atinado
hábil
seguro

certeza
certidumbre
evidencia
seguridad
convicción

duda

certidumbre
certeza
evidencia

incertidumbre

dogma
verdad
axioma
infalibilidad

hipótesis

certificación
testificación
testimonio
evidencia
prueba

certificado
certificación
título
documento
garantía

certificar
aseverar
autentificar
legalizar
legitimar
probar

dar fe
hacer constar

avalar
garantizar

cerumen
cera

cervecería
bar
cafetería
cantina
taberna

cerviz
nuca
cogote
testuz

cesación
cese
suspensión
interrupción
tregua

iniciación
continuación

cesante
expulsado
parado
ocioso

empleado
ocupado

cesar
acabar
finalizar
suspender
interrumpir

empezar

dimitir

ceder
calmar

intensificar

cese
detención
interrupción

continuación

dimisión
expulsión
destitución

cesión
renuncia
transmisión
transferencia
entrega
donación
traspaso

césped
pradera

hierba
verde

cesta
cesto
canasta
banasta
espuerta

cesto
cesta

cetrería
caza
halconería

cetrino
amarillento
verdoso
aceitunado

taciturno
malhumorado
triste

alegre
contento

cetro
báculo
bastón de mando

dominio
mando
gobierno

chabacano
vulgar
soez
grosero
basto
tosco
burdo

elegante
fino
culto

chabola
barraca

choza
chamizo

chacha
niñera
nodriza
sirvienta
criada

cháchara
palique
charla
conversación
palabrería
verborrea

chacina
cecina

chacinería
carnicería
charcutería
salchichería

chacota
burla
mofa
chanza
broma

chafar(se)
aplastar
estrujar
arrugar
estropear

estirar
planchar

abochornar
avergonzar
hundir
confundir

enorgullecer

chafarrinón
mancha
borrón
chafarrinada

chaflán
esquina
ángulo
bisel
corte

chaira
cuchilla
navaja

chal
mantón
pañoleta
echarpe

chalado
sonado
tocado
loco
majareta
chiflado

cuerdo
sensato

apasionado
enamorado

chaladura
locura
chifladura
aturdimiento
manía

cordura
sensatez
juicio

enamoramiento
seducción

chalán
comerciante
tratante

chalana
bote
barca

chalanear
negociar

comerciar
tratar

chalanería
chalaneo
astucia
maña

chalar(se)
enloquecer
trastornar

enamorarse
chiflarse

chalé
chalet
villa
hotel
casa de campo

chaleco
jubón
chaquetilla

chalina
corbata
lazo

chalupa
canoa
lancha
bote

chamaco
niño
chico
muchacho

chamarilear
chalanear
traficar
tratar

chamarilero
comerciante
tratante

chamba
suerte
chiripa
azar
casualidad

chambergo
sombrero

chaquetón
zamarra

chambón
chapucero
torpe

chamizo
choza
chabola
cuchitril
covacha
garito

champán
champaña
cava
espumoso

champiñón
seta
hongo

champú
jabón
gel

chamuscar(se)
quemar
socarrar
carbonizar
asar
ennegrecer

chamusquina
tostadura
quemadura

riña
bronca

chancear(se)
burlarse
guasearse

chancero
bromista
burlón
guasón

chanchullo
enjuague
manejo
confabulación
tejemaneje
enredo

chancillería
tribunal
audiencia

chancleta
chanela
chinela
babucha
sandalia
zapatilla

chanclo
almadreña
zueco

chancro
úlcera

changar(se)
romper
destrozar
estropear

arreglar

chantaje
extorsión
coacción
amenaza
timo

chantajear
amenazar
coaccionar

chantajista
estafador
timador
embaucador
tramposo

chanza
broma
burla
befa
guasa

chao
adiós
abur
agur

chapa
hoja
plancha
placa

chapado
chapeado
laminado

acostumbrado
apegado

chapar
chapear
laminar
forrar
revestir

chaparro
chaparra
encina
mata

rechoncho
bajo
pequeño

esbelto
alto

chaparrón
chubasco

tromba
aguacero

reprimenda
rapapolvos

chapotear
remojar
rociar
salpicar

chapucería
chapuza
remiendo
pegote
imperfección

chapucero
remendón
desmañado
inepto
manazas
torpe

meticuloso
habilidoso
perfeccionista

chapurrear
parlar
parlotear
farfullar

chapuza
chapucería

chapuzar(se)
sumergir
zambullir

chapuzón
zambullida
inmersión
baño

chaqué
chaquet
levita
frac

chaqueta
americana
chaquetón
cazadora

chaquetero
oportunista
aprovechado
traidor
tránsfuga

leal
incondicional

adulador
tiralevitas

chaquetilla
bolero
torera

chaquetón
zamarra
pelliza
chambergo

charanga
banda
orquesta
murga

charca
poza
balsa
remanso
charco

charco
charca

charcutería
salchichería
chacinería

charla
palique

parloteo
cháchara

discreción
silencio

coloquio
conversación
diálogo
debate
mesa redonda

discurso
conferencia

charlar
hablar
conversar
dialogar

callar

charlatán
parlanchín
hablador
cotorra

callado
discreto

embaucador
embustero
farsante
impostor

sincero

charlatanería
palabrería
labia
verbosidad

discreción
silencio

charnela
bisagra
gozne
articulación

charol
barniz
brillo

charrán
pícaro
bribón
granuja

charretera
broche
hombrera
galón

charro
vulgar
ordinario
chabacano
basto

elegante
fino
distinguido

barroco
recargado

sencillo

chascar
crujir
restallar

chascarrillo
anécdota
chiste
dicho

chasco
desengaño
desilusión
decepción
corte

chasis
bastidor
armazón

chasquear
restallar
crujir
chascar

decepcionar

desencantar
desilusionar

chasquido
crujido
restallido

chatarra
morralla

calderilla
suelto

chato
romo
aplastado
achatado

aguzado
prominente
narigudo

vaso
trago
chiquito

chauvinismo
patriotería
xenofobia

chauvinista
patriotero

chaval
muchacho
chico
joven
rapaz

chavea
chaval
muchacho

chaveta
clavo
remache
pasador

cabeza
mollera

chef
cocinero

chepa
corcova
giba
joroba

cheque
talón

chequear
reconocer
explorar
examinar

chequeo
reconocimiento
exploración

chic
distinguido
elegante

vulgar
chabacano

chica
joven
muchacha

vieja

criada
sirvienta
chacha
asistenta

chicarrón
muchachote
mozo
fuerte
vigoroso

chicha
carne
gordura

chicharra
cigarra

cotorra
charlatán

chicharrón
torrezno

chichón
bulto
hinchazón

chichonera
gorro
casco

chicle
goma de mascar
masticable

chico
muchacho
chaval
adolescente
rapaz
joven

adulto
viejo

pequeño
bajo

grande
alto

chiflado
chalado
ido
loco
majareta
sonado
trastornado

cuerdo
sensato

enamorado
colado
prendado

desapasionado

chiflar(se)
chalarse
ofuscarse
trastornarse
enloquecer

enamorarse
colarse
prendarse

silbar
pitar

chilaba
túnica
manto

chile
ají
pimiento

chillar
gritar
vocear
vociferar
protestar
quejarse

chillido
grito
alarido
queja

chillón
gritón
vocinglero
escandaloso

callado

agudo
penetrante

vivo
luminoso
llamativo

apagado

chimenea
hogar

fogón
campana

china
canto
guijarro

porcelana

chinarro
guijarro
pedrusco

chinchar(se)
importunar
incomodar
fastidiar
irritar
molestar
jorobar

chinche
chincheta

molesto
incordiante
cargante
tiquismiquis
pejiguero

agradable
soportable

chincheta
clavillo
chinche
tachuela

chinchorrería
molestia
impertinencia

chisme
mentira

chinchorro
bote
lancha

chinela
chancleta

pantufla
babucha

chingar(se)
molestar
importunar

emborracharse

serenarse

chiquero
pocilga
toril
cochiquera
corral

chiquillada
niñería
travesura
chicada

chiquillería
muchachada
chiquillada

chiquillo
niño
chico
chaval

chiribita
chispa
pavesa

chirigota
broma
burla
chanza

chirimbolo
trasto
bártulo
cachivache
chisme

chirimía
gaita
clarinete

chiringuito
quiosco
taberna

chiripa
casualidad
suerte
azar
fortuna
potra

chirlo
cicatriz
cuchillada
corte
señal

chirona
cárcel
calabozo
trena

chirriar
rechinar
crujir

chirrido
crujido
chillido
estridencia

chisme
murmuración
cotilleo
cuento

cachivache
cacharro
trasto

chismorrear
murmurar
cotillear

chismorreo
habladuría
chisme

discreción

chismoso
enredador
murmurador
cotilla
entrometido

discreto
prudente

chispa
rayo
centella
relámpago
descarga

migaja
miaja
pequeñez

ingenio
agudeza
gracia

borrachera
curda

chispazo
descarga
destello

chispeante
centelleante
relampagueante

ingenioso
ocurrente
agudo

soso
ingenuo

chispear
lloviznar
gotear

brillar
centellear
relucir

chisporrotear
chispear
crepitar

chisquero
encendedor
mechero

chistar
protestar
rechistar

callar

chiste
broma
ocurrencia
gracia
agudeza
ingeniosidad

chistera
sombrero
bombín

chistoso
ingenioso
ocurrente
agudo
gracioso
divertido

soso
aburrido
serio

chito
chita
tanga

chivarse
delatar
acusar

chivatazo
confidencia
denuncia
acusación

chivato
soplón
delator
confidente

chivo
cabrito

chocante
raro
singular
original
sorprendente

normal
medio

chocar
topar
tropezar
colisionar

pelear
reñir
disputar

extrañar
sorprender

chocarrero
chistoso
burlón
guasón

chochear
decaer
envejecer
debilitarse

rejuvenecer

chochez
senectud
senilidad
atontamiento

juventud
discernimiento

chocho
altramuz

caduco
decrépito
senil

enérgico

lozano
joven

chocolate
cacao
bombón
chocolatina

hachís

chocolatina
chocolate
bombón

chófer
conductor
piloto

chollo
ganga
bicoca

chopo
álamo

fusil

choque
colisión
topetazo
encontronazo

combate
pelea
disputa
enfrentamiento

impresión
shock

chorizo
caco
ratero
carterista

chorlito
lelo
aturdido
botarate

chorra
suerte
casualidad

estúpido
tonto

pene

chorrear
gotear
verter
brotar
fluir

chorreo
goteo

bronca
amonestación
reprimenda

alabanza

chorro
caño
surtidor

chotearse
burlarse
pitorrearse
cachondearse

choteo
burla
pitorreo
cachondeo

choto
ternero

cabrito

choza
barraca
cabaña
chamizo

chubasco
chaparrón
aguacero

chubasquero
impermeable
gabardina
anorak

chuchería
fruslería
baratija
minucia

chucho
perro
can

chuchurrido
marchito
lacio

lozano
rozagante

aplanado
desanimado

animado

chufa
bofetada
galleta

chufla
burla
befa
broma

chulada
grosería
incorrección

delicadeza

monada
preciosidad

chulearse
burlarse

jactarse

chulería
fanfarronada

bravata
jactancia

chuleta
costilla

bofetada

chulo
presumido

chulo
altanero
jactancioso
valentón
soberbio

sinvergüenza
granuja

fatuo
presumido
petulante

mantenido
amante
querido

chuminada
tontería
insignificancia

chunga
chufla
broma
guasa
cachondeo

chungo
estropeado
mustio

indispuesto

chunguearse
burlarse
guasearse
cachondearse

chupa
cazadora

mojadura
empapamiento

chupada
mamada
succión
absorción

chupado
flaco
delgado
consumido

gordo

chupar(se)
succionar
mamar
lamer

escupir

servirse
aprovecharse

enflaquecer
debilitarse
adelgazar

chupatintas
oficinista
empleado

chupinazo
disparo
chut

churrasco
asado
carne

churre
grasa
pringue

churretoso
sucio
mugriento
pringoso

churrigueresco
abigarrado
barroco

recargado
pomposo

churro
fritura
buñuelo

chapuza

casualidad
chorra

churruscarse
quemarse

chusco
chistoso
gracioso
ingenioso

aburrido
serio

mendrugo
panecillo

chusma
gentuza
populacho
plebe

élite
jet

chut
tiro
disparo
chupinazo

chutar(se)
disparar

inyectarse
pincharse

cianuro
veneno
tóxico

ciar
retroceder
volver

avanzar

cicatear
restringir
racanear
economizar

dilapidar
despilfarrar

cicatería
ruindad
tacañería
avaricia

generosidad
liberalidad

cicatero
avaro
mezquino
roñoso
agarrado

desprendido
generoso
despilfarrador

cicatriz
herida
costurón
señal

huella
marca

cicatrizar(se)
curar
cerrar

cíclico
periódico
gradual
sucesivo

ciclista
corredor

ciclo
período

tiempo
etapa

serie
fase

ciclón
huracán
tifón
tornado

cíclope
gigante
titán

ciclópeo
hercúleo
colosal
monumental

pequeño

ciclostilo
copiadora
multicopista

ciego
invidente

vidente

cegado
obstruido
taponado

obcecado
empecinado

clarividente
prudente

lleno
harto

cielo
firmamento
bóveda celeste

gloria
paraíso

infierno

ciénaga
lodazal
barrizal

ciencia
sabiduría
saber
erudición

ignorancia
incultura

habilidad
maestría

técnica
disciplina

cieno
fango
lodo
barro

científico
sabio
erudito
investigador

ciento
cien
centena
centenar

cierre
cerradura

clausura
cese

apertura

obstrucción
taponamiento

desatasco

cierto
verdadero
real
auténtico
seguro

incuestionable
inequívoco

falso
incierto

alguno

cierzo
norte
septentrión

cifra
guarismo
número
signo

suma
cantidad

clave

cifrar
compendiar
resumir

valorar

transcribir
traducir

cigarral
finca
granja

cigarrera
pitillera
petaca

cigarro
puro
habano

cigarrillo
pitillo

cigüeña
cigoñino
zancuda

cigüeñal
eje

árbol
transmisión

cilicio
suplicio
mortificación
disciplina

cilindro
rollo
rodillo
tubo

cima
cumbre
cúspide
pico
cresta

culmen
apogeo
culminación

cimarrón
salvaje
agreste
bravío

címbalo
campana
campanilla

cimborrio
cimborio
cúpula
torre

cimbrar(se)
cimbrear

cimbreante
flexible
dúctil

cimbrear(se)
cimbrar
oscilar
vibrar
contonearse

cimentación
cimiento
sustentación
base
firme

cimentar
fundamentar
basar

fundar
instituir

cimero
sobresaliente
culminante

inferior
ínfimo

cimiento
cimentación
firme
soporte

fundamento
principio
causa

cinc
zinc
calamina

cincel
escoplo
cortafrío
buril

cincelar
esculpir
tallar
grabar

cincha
cincho
correa
faja

cine
cinematógrafo
cinema

cinematografía
celuloide
séptimo arte

cinegética
caza
montería

cinemática
mecánica

cinematografiar
filmar
rodar
impresionar

cinematógrafo
cine
proyector

salón
cine

cíngaro
zíngaro
trashumante
gitano

cíngulo
cordón
ceñidor

cínico
descarado
falso
hipócrita
doble

sincero
franco

cinismo
descaro
desfachatez
hipocresía

sinceridad

cinta
banda
tira
faja

película
filme

casete

videocinta

cintura
talle

cinturón
ceñidor
cinto
correa
fajín

cipote
porra
cachiporra

tarugo
cuña

memo
torpe

pene

circense
equilibrista
contorsionista

espectacular
aparatoso

circo
anfiteatro
estadio

pista
carpa

circuito
contorno
círculo
perímetro

itinerario
recorrido

circulación
tráfico
paso
comunicación

movimiento
desplazamiento

circular
curvado
redondo
radial

nota
notificación
mensaje

andar
moverse
deambular
transitar
pasear

detenerse
pararse

difundirse
propagarse

círculo
circunferencia
aro
disco
rueda

casino
club
centro

circundante
periférico
adyacente

circundar
circunvalar
bordear
rodear

circunferencia
círculo
periferia
contorno

circunloquio
rodeo
giro
perífrasis
indirecta

concisión
laconismo

circunscribir
ajustar
limitar
reducir
restringir

ampliar

circunscripción
límite
término
acotación

jurisdicción
demarcación
zona

circunspección
prudencia
cordura
sensatez
cautela
discreción

insensatez
indiscreción

seriedad
formalidad

informalidad

circunspecto
prudente
discreto
reservado
cauteloso
mesurado

indiscreto
imprudente
alocado

circunstancia
accidente
coyuntura
evento

requisito
condición

circunstancial
accidental
casual
ocasional
coyuntural

intencionado
deliberado

circunvalación
rodeo
giro
desvío
variante

cerco

circunvalar
circundar
rodear
cercar

cirio
candela
vela
hacha

jaleo
trifulca
alboroto

cirujano
operador

ciscar(se)
ensuciar

cagarse

cisco
carbonilla

picón
tizo

alboroto
jaleo
bullicio
follón
lío

paz
tranquilidad

cisma
división
ruptura
escisión

unidad

desavenencia
discordia
disensión

concordia

cismático
separatista
protestante

cisterciense
trapense
benedictino

cisterna
aljibe
depósito

cita
citación
convocatoria
notificación
aviso

encuentro
entrevista

alegación
mención
nota
alusión

citación
convocatoria
llamamiento
emplazamiento

citado
mencionado
aludido

llamado
convocado

citar
avisar
notificar
convocar

mencionar
nombrar

cítricos
naranjas
limones
agrios

ciudad
urbe
capital
metrópoli
villa
población

ciudadano
habitante
residente
vecino
súbdito

urbano
cívico

ciudadela
fortaleza
fuerte
fortificación

cívico
ciudadano

urbano
civil

cortés
educado

incívico
bárbaro

civil
ciudadano
cívico

rural

cortés
atento
sociable

incivil
grosero

paisano

militar

civilización
cultura
educación
instrucción

barbarie

progreso
perfección

retraso

civilizado
educado
cortés
sociable

rudo
vandálico

civilizar(se)
ilustrar
instruir
educar

embrutecer

civismo
ciudadanía
civilidad

educación
cortesía

cizaña
discordia
odio
hostilidad

concordia

cizañero
chismoso
pendenciero

clamar
quejarse
lamentarse
gemir

pedir
implorar

clamor
gemido
queja
lamentación

griterío
bulla
vocerío

silencio

clamoroso
vocinglero
gritón

manifiesto
relumbrante

clan
etnia
tribu

facción
banda

clandestino
secreto
oculto
encubierto

patente
público

prohibido
ilegal

claraboya
tragaluz

clarear(se)
amanecer
alborear
despuntar el día

anochecer
oscurecer

escampar
abrirse

nublarse
encapotarse

transparentarse

claridad
luz
luminosidad
resplandor
fulgor

oscuridad
tinieblas

precisión
lucidez

sinceridad
franqueza

clarificar
iluminar
alumbrar

oscurecer

aclarar

purificar
limpiar

enturbiar

resolver
esclarecer

complicar
confundir

clarín
corneta

clarividencia
perspicacia
sagacidad
intuición
lucidez

obcecación
torpeza

clarividente
agudo
sagaz
perspicaz
intuitivo

obcecado
torpe
cerrado

claro
luminoso
brillante
vivo

oscuro
apagado

cristalino
diáfano
transparente

sucio
borroso

espaciado
despejado
ralo

obvio

patente
evidente

perspicaz
agudo
sagaz

torpe

clase
aula
sala

asignatura
disciplina
cátedra

naturaleza
índole
condición

género
especie
familia
orden
tipo

clasicismo
tradición
academicismo

innovación
vanguardia

clásico
grecorromano

antiguo
tradicional

moderno

proporcionado
equilibrado
académico

vanguardista

clasificación
ordenación
distribución

desorden
caos

catálogo

índice
lista

clasificar
ordenar
organizar
catalogar

desordenar
desorganizar

claudicación
sometimiento
sumisión
rendición

resistencia
rebelión

claudicar
transigir
ceder
someterse
desistir
renunciar

resistirse
insistir
rebelarse

claustro
convento
monasterio

patio
atrio
galería

profesorado
dirección

cláusula
disposición
condición
requisito

oración
frase

clausura
retiro

reclusión
aislamiento

terminación
conclusión
cierre

clausurar
cerrar
aislar

finalizar
terminar

inaugurar

clavado
sujeto
incrustado

puntual
exacto

cabal
pintiparado

clavar(se)
hincar
incrustar
fijar
sujetar

desclavar
soltar

engañar
estafar

clave
combinación
cifra

solución
quid

clavija
sujeción
seguro

clavo
punta

tachuela
escarpia

callo
dureza

claxon
bocina
pito

clemencia
benignidad
indulgencia
compasión
misericordia
piedad

inclemencia
crueldad
rigor

clemente
bondadoso
benigno
indulgente
compasivo

cruel
intransigente
riguroso

clerical
sacerdotal
religioso

clérigo
religioso
eclesiástico
sacerdote
cura
fraile

clero
sacerdocio
clerecía

laicado

cliente
parroquiano
asiduo

consumidor
usuario

clima
atmósfera
temperatura
tiempo

ambiente
situación

clínica
hospital
sanatorio

clisé
cliché
copia
negativo

cloaca
sumidero
alcantarilla
vertedero

clorofila
colorante
pigmento
tinte

cloroformo
anestésico
sedante
narcótico

clown
payaso

club
círculo
asociación
casino

coacción
conminación
intimidación
presión
chantaje

coaccionar
obligar
forzar
amenazar
imponer

tolerar
permitir

coactivo
apremiante
conminatorio

coadjutor
ayudante
auxiliar

coadyuvar
ayudar
auxiliar
colaborar
cooperar

desasistir

coagular(se)
solidificar
cuajar
condensar

licuar
fluir

coágulo
cuajarón
grumo
trombo

coalición
alianza
liga
confederación

coaligarse
confederarse
unirse

coartada
disculpa

excusa
subterfugio

coartar
cohibir
coaccionar
limitar
restringir

permitir
estimular

coautor
colaborador
cómplice

coba
lisonja
adulación

cobarde
miedoso
tímido
apocado
encogido
amilanado
gallina

valiente
decidido

cobardía
miedo
temor
timidez
apocamiento

valor
arrojo

cobaya
cobayo
conejillo de Indias

cobertizo
techado
marquesina
porche
soportal

cobertor
colcha
edredón
manta

cobertura
protección
garantía

cobijar(se)
guarecer
hospedar
refugiar
albergar
alojar

desamparar

cobijo
albergue
refugio

amparo
protección

abandono
desamparo

cobrador
recaudador
cajero
tesorero

pagador

cobrar(se)
recoger
recaudar
embolsar
ingresar

pagar
abonar

vengarse
resarcirse

cobrizo
marrón
castaño
rojizo

cobro
cobranza
recaudación
percepción

pago
reembolso

cocaína
coca
narcótico

cocainómano
toxicómano

cocción
cocimiento
ebullición
hervor

cocear
patear

rechazar
resistirse

cocer(se)
hervir
cocinar
guisar

tramarse
prepararse

cochambre
basura
porquería
suciedad

limpieza
aseo

cochambroso
sucio
asqueroso
inmundo

limpio
aseado

coche
vehículo
automóvil

vagón

cochera
garaje

cochero
conductor

cochinada
porquería
guarrería

cochinillo
lechón

cochino
cerdo
puerco
marrano

sucio
desaseado
maloliente

limpio
pulcro

cochiquera
pocilga
porqueriza
cuchitril

cochura
cocción

cocido
hervido
cocinado

crudo

puchero
olla

cociente
relación
resultado

cocina
fogón
hogar

gastronomía
culinaria

cocinar
guisar
condimentar

tramar

cocinero
chef

coco
cocotero

cabeza
chola

duende
espantajo

cocotero
coco
palma
copra

cóctel
combinado
bebida

recepción
lunch

codazo
golpe
empujón

codear(se)
empujar
golpear

relacionarse
tratarse

códice
manuscrito

codicia
ambición
avaricia
usura

desinterés
desprendimiento
generosidad

codiciar
ambicionar
ansiar
envidiar

renunciar

codicioso
ávido
avaricioso
mezquino
miserable

desprendido

codificación
recopilación
catalogación
compilación

codificar
compilar
recopilar

cifrar

descodificar

código
códice
regla
norma
ley

codo
codillo
articulación

esquina
ángulo

coeficiente
factor
multiplicador

coercer
coartar
cohibir
restringir

permitir
liberar

coercitivo
coactivo
represivo
restrictivo

liberador

coetáneo
contemporáneo
actual

coexistencia
convivencia
cohabitación

coexistir
convivir
cohabitar

cofia
tocado

cofrade
asociado
seguidor

cofradía
congregación
hermandad
gremio

cofre
arcón
baúl

coger
asir
agarrar

sujetar
tomar

soltar
dejar

caber
entrar

recoger
recolectar
cosechar

atrapar
pillar
sorprender

embestir
cornear

descubrir
captar

cogida
cornada
embestida

cogido
asido
agarrado
sujeto

pillado
sorprendido

cognoscible
conocible
comprensible

incomprensible

cogollo
núcleo
interior

retoño
yema

cogorza
borrachera

cogotazo
porrazo
golpe

cogote
cerviz
nuca

cohabitación
coexistencia
convivencia

amancebamiento
contubernio

cohabitar
convivir
coexistir

amancebarse
juntarse

cohecho
soborno
coacción
corrupción

coherencia
conexión
relación
unión

analogía
afinidad

cohesión
congruencia

incongruencia
caos

coherente
congruente
racional
lógico

incongruente

cohesión
adhesión
enlace
unión

coherencia
congruencia

incoherencia
incongruencia

cohete
petardo
chupinazo

proyectil

astronave
nave espacial

cohibido
apocado
tímido
cortado

desenvuelto

cohibir(se)
refrenar
reprimir
coartar
limitar

soltarse
desmelenarse

cohonestar
encubrir
simular
disfrazar

cohorte
legión
multitud
serie
número

coincidencia
simultaneidad
concomitancia
sincronía

coincidir
convenir
concordar
congeniar

casar
encajar

concurrir
encontrarse

coito
ayuntamiento
cópula
acto sexual

cojear
renquear

adolecer
fallar

cojín
almohadilla
cabezal

cojo
lisiado
tullido

deforme
defectuoso

cola
rabo
apéndice
extremo

goma
pegamento
adhesivo

colaboración
cooperación
ayuda
contribución

colaborador
ayudante
auxiliar
adjunto

colaborar
cooperar
contribuir
ayudar

colación
aperitivo
refrigerio

cotejo
comparación

colada
coladura

lavado
limpieza

colador
filtro
tamiz
cedazo

coladura
desacierto
indiscreción
error
equivocación

acierto
discreción

colapso
desmayo
síncope

poralización
destrucción

reacción
reanimación

colar(se)
filtrar
tamizar
limpiar

infiltrarse
entrar

errar
confundirse

colateral
adyacente
marginal

directo

colcha
cobertor
edredón
sobrecama

colchón
jergón
colchoneta

colección
recopilación
compilación
conjunto

serie
muestrario
repertorio

coleccionar
recopilar
compilar
reunir

dispersar
separar

colecta
cuestación
recaudación

colectividad
conjunto
generalidad
comunidad
sociedad

individualidad

colectivo
común
general

particular

grupo
gremio
asociación

colector
alcantarilla
desagüe

colega
compañero
camarada

adversario

colegiado
afiliado
inscrito

árbitro

colegial
escolar
estudiante
alumno

colegiarse
afiliarse
inscribirse

colegiata
catedral
templo
iglesia

colegio
escuela
academia
instituto

corporación
sociedad

colegir(se)
inferir
deducir
seguirse

cólera
irritación
furia
rabia
enojo
ira

paciencia
tranquilidad
calma

colérico
irritado
airado
furioso
cabreado

manso

tranquilo
calmado

coleta
trenza
cola de caballo

coletilla
muletilla
añadido
posdata

colgado
pendiente
suspenso

enganchado
dependiente

colgadura
cortina
cortinaje

colgajo
andrajo
harapo
girón

racimo
ristra

colgante
pendiente
joya

colgar(se)
pender
suspender
enganchar

descolgar

ahorcar

imputar
achacar
atribuir

depender
engancharse
drogarse

coligarse
aliarse
asociarse
federarse

desunirse
desligarse

colina
altozano
loma
otero
cerro
collado

colindante
limítrofe
lindante
contiguo

distante

colindar
lindar
limitar
confinar

distar

coliseo
circo
anfiteatro

colisión
choque
encontronazo
topetazo

combate
conflicto
enfrentamiento
lucha

colisionar
chocar
tropezar

colitis
diarrea

estreñimiento

collado
colina
loma
montículo
promontorio

collar
gargantilla
joya

cadena
collera

colmado
abarrotado
atestado
saturado
pletórico

vacío

almacén
tienda

colmar
abarrotar
saturar
henchir

vaciar

colmena
colmenar
panal

colmillo
canino

colmo
sobra
exceso
saturación

colocación
situación
posición
disposición

desorden

ocupación

empleo
trabajo

paro

colocar(se)
poner
situar
ubicar
instalar
disponer
acomodar

desarreglar
descolocar

emplear
ocupar

despedir

colofón
conclusión
remate
epílogo
broche de oro

comienzo
prólogo

colonia
dominio
posesión
fideicomiso

esencia
perfume

colonial
comestible
ultramarino

dependiente
dominado

colonialismo
imperialismo
expansionismo

emancipación
independencia

colonizador
descubridor
adelantado

imperialista
conquistador

colonizar
conquistar
invadir
someter

independizar

repoblar

desarrollar
civilizar

colono
colonizador
emigrante

hacendado
terrateniente

aparcero
rentero

coloquio
debate
conversación
entrevista
mesa redonda

color
colorido
tonalidad
gama

aspecto
semblante

ideología
tendencia

animación
interés

colorado
rojo

encarnado
bermellón

ruborizado
sofocado
avergonzado

lívido
pálido

colorante
pigmento
tinte

decolorante

colorear
teñir
pintar

decolorar

colorido
coloración
tonalidad
tinte
matiz

decoloración
difuminación

animación
vivacidad

tristeza
desanimación

colosal
monumental
formidable
fenomenal
grandioso
gigantesco

coloso
hércules
gigante
titán

columbrar
divisar
percibir

deducir
intuir

columna
pilar
pilastra
poste

fila
línea
hilera

columpiar(se)
mecer
balancear
acunar

equivocarse
errar
desbarrar
meter la pata

columpio
mecedora
balancín

coma
pausa
virgulilla

colapso
sopor
inconsciencia

comadre
comadrona

alcahueta
celestina

vecina
confidente

comadrear
chismorrear
cotillear

comadrona
matrona
partera

comandancia
jurisdicción
división

comarca
territorio
región
distrito
zona

comba
saltador
cuerda

curvatura
arqueamiento

enderezamiento

combado
curvo
combo
abombado

combar(se)
arquear
curvar
abarquillar
torcer

enderezar

combate
lucha
pelea
enfrentamiento
batalla
refriega
lid

paz
concordia

combatiente
luchador
soldado
beligerante

combatir
luchar
batallar

pelear
contender

rendirse
claudicar

impugnar
oponerse
rechazar

admitir
apoyar

combativo
agresivo
pendenciero

pacífico

emprendedor
trabajador

combinación
mezcla
composición

acoplamiento
conexión

plan
maquinación
conspiración

enaguas

combinado
mezclado
compuesto

cóctel

combinar
componer
acoplar
compaginar
conjuntar
casar

descomponer
desintegrar

combustible
inflamable

incombustible

carburante
hidrocarburo

combustión
ignición
inflamación

fuego
llama
hoguera

comedia
teatro
drama
farsa
pantomima

fingimiento
estratagema
engaño

comediante
actor
artista
cómico

farsante
hipócrita

sincero

comedido
moderado
mesurado
prudente
sensato

imprudente
indiscreto

comedimiento
moderación
mesura
prudencia
discreción

atrevimiento
indiscreción

comediógrafo
dramaturgo
autor
escritor

comedor
refectorio
merendero
cenador

fonda
mesón
restaurante
cantina
casa de comidas

comentar
explicar
aclarar
interpretar
esclarecer

callar
silenciar

comentario
aclaración
glosa
explicación
interpretación
ilustración

comentarista
comentador
locutor
cronista
disertador

comenzar
empezar
iniciar

acabar
terminar

inaugurar
emprender
estrenar

clausurar
extinguir

aparecer
surgir

comer
tragar
engullir
ingerir
alimentarse
nutrirse

ayunar
abstenerse

desayunar
almorzar
merendar
cenar

roer
corroer
desazonar
concomer

comercializar
comerciar
mercantilizar
distribuir

comerciante
vendedor
negociante
mayorista
proveedor
tendero

comercio
negocio
transacción
compraventa
intercambio
permuta

tienda
establecimiento
bazar
almacén

comunicación
tráfico

comestible(s)
alimento
comida

víveres
provisión

nutritivo
alimenticio

incomible
indigesto

cometa
astro

volantín
pájara

cometer
perpetrar
consumar
ejecutar

cometido
deber
quehacer

encargo
misión
tarea

comezón
picor
desazón
hormiguillo

anhelo
ansia
desasosiego

sosiego
tranquilidad

cómic
historieta
tebeo

cómico
divertido
jocoso
gracioso

ocurrente
chistoso

serio
aburrido

actor
comediante
artista

comida
alimento
sustento
manutención
vianda
pan

refrigerio
colación
ágape
almuerzo
banquete
festín

comidilla
murmuración
chismorreo
cotilleo
habladuría

comienzo
iniciación
origen
principio
inauguración

fin
clausura
conclusión

comilón
tragaldabas
tragón
tripero
glotón

frugal

comilona
banquete
festín

comino
minucia
pequeñez
insignificancia
menudencia

comisaría
cuartelillo
jefatura
policía

comisario
policía
agente

comisión
corretaje
prima
porcentaje

delegación
comité
junta

misión
cometido
encargo

comisionar
delegar
encargar
facultar
autorizar

comisionista
representante
intermediario
corredor
agente

comisura
ángulo
unión
juntura

comité
junta
comisión
delegación

comitiva
cortejo
séquito
comparsa
escolta

como
tal
a modo
a manera

cómoda
comodín
tocador

comodidad
confort
bienestar
desahogo
regalo

incomodidad
penuria

cómodo
confortable
agradable
acomodado
manejable
adecuado
placentero

incómodo
molesto

comodón
vago

diligente
trabajador

compacto
denso
macizo
tupido
apretado
impenetrable
firme
resistente

poroso

quebradizo
fofo

compadecerse
apiadarse
condolerse
conmoverse

regodearse

compadre
padrino
compañero
camarada

compaginación
armonización
acoplamiento
ajuste
concordancia

compaginar
compatibilizar

acoplar
ajustar
casar
concordar

descompaginar

compañerismo
camaradería
amistad
fraternización
solidaridad

insolidaridad

compañero
camarada
colega
socio

marido
cónyuge
esposo

compañía
sociedad
empresa

asociación
congregación

séquito
cortejo
comitiva
acompañamiento

soledad

comparación
equiparación
cotejo
confrontación
parangón
semejanza

comparar
equiparar
parangonar
compulsar
contrastar

comparecencia
presentación
presencia
asistencia

incomparecencia
ausencia

comparecer
presentarse
acudir
aparecer

ausentarse
faltar

comparsa
comitiva
séquito
acompañamiento

compartimento
compartimiento
división
anaquel
casilla
departamento

compartir
repartir
distribuir

colaborar
participar

compás
ritmo
cadencia
medida

brújula

compasado
moderado
mesurado
ordenado

inmoderado
desordenado

medido
acompasado
ajustado

desacompasado
desajustado

compasión
piedad
lástima
misericordia
clemencia
conmiseración
condolencia

crueldad
insensibilidad

compasivo
caritativo
humanitario
misericordioso
bondadoso
indulgente

cruel
inhumano

compatibilidad
coexistencia
afinidad

compaginación
conciliación

incompatibilidad

compatible
coincidente
compaginable
armonizable

incompatible

compatriota
conciudadano
paisano

compeler
obligar
impulsar
apremiar
incitar
exigir

compendiar
abreviar
extractar
resumir
sintetizar

ampliar

compendio
resumen
extracto
esquema
sinopsis
recopilación
síntesis

ampliación

compenetrarse
entenderse
identificarse
comprenderse
congeniar

discrepar
diferir

compensación
indemnización
contrapartida
recompensa
reparación

equilibrio
nivelación
equivalencia

descompensación
desequilibrio

compensar
indemnizar
resarcir
pagar
reparar
recompensar

nivelar
equilibrar
igualar
contrarrestar

desequilibrar
desigualar

competencia
rivalidad
lucha
disputa
pugna
enfrentamiento

incumbencia
jurisdicción
poder
autoridad

aptitud
idoneidad
pericia
destreza

ineptitud

competente
capacitado
cualificado
entendido
experto

diestro
capaz

incompetente
inexperto

competer
concernir
corresponder
incumbir
atañer

competición
concurso
prueba
certamen
contienda
campeonato

competidor
contendiente
contrincante
rival
adversario

competir
rivalizar
disputar
luchar
contender
concursar

compilar
recopilar
reunir
agrupar

compinche
camarada
cómplice
ayudante

complacencia
satisfacción
alegría
agrado
placer

desagrado
disgusto

complacer(se)
satisfacer
contentar
agradar

desagradar
molestar

gozar
alegrarse
deleitarse

entristecerse
apenarse

complaciente
benévolo
condescendiente
amable
generoso
bondadoso

descortés

complejidad
dificultad
complicación
embrollo
lío

simplicidad

complejo
complicado
difícil
enredado
enrevesado

claro
sencillo

manía
obsesión
perturbación

complementar
completar
agregar
añadir
perfeccionar

restar
reducir

complementario
suplementario
adicional
accesorio

fundamental
principal

complemento
suplemento
apéndice
añadido
remate

completar
terminar
perfeccionar
concluir
rematar

comenzar

completo
lleno
atiborrado
saturado

vacío

entero
íntegro
total

incompleto

complexión
constitución
estructura
naturaleza

complicación
confusión
embrollo
complejidad
dificultad

simplificación

empeoramiento
agravamiento

mejoría

complicado
complejo
difícil
enrevesado
embarazoso

claro
sencillo

complicar
liar
embrollar
enrevesar

simplificar
facilitar

implicar
involucrar

cómplice
colaborador
copartícipe

complicidad
connivencia
cooperación
participación

complot
confabulación
conjura
maquinación
trama
intriga

componenda
chanchullo
apaño
amaño
tejemaneje

componente
integrante
constituyente
elemento

componer(se)
reparar
armar

restaurar
crear
arreglar

descomponer

organizar
formar
integrar

acicalarse
arreglarse
aviarse

**comporta-
miento**
conducta
proceder
actuación

comportar(se)
entrañar
conllevar
encerrar
implicar

excluir

portarse
proceder
obrar

composición
constitución
estructura
disposición

desintegración
descomposición

poema
escrito
poesía
redacción

partitura
sinfonía
música

compositor
músico
autor

compostura
modestia
decoro
mesura
discreción
moderación

descompostura
descomedimiento

reparación
arreglo
reconstrucción

descomposición
desarreglo

aseo
adorno
aliño

desaseo
abandono

compra
adquisición
transacción
obtención

venta

comprar
adquirir
comerciar
traficar
negociar

vender

sobornar
corromper
untar

comprender
entender
discernir
concebir
captar
enterarse

ignorar

abarcar
contener

englobar
encerrar

excluir

comprensible
inteligible
accesible
fácil
claro
patente
manifiesto

incomprensible
ininteligible
inaccesible

comprensión
entendimiento
aprehensión
percepción
discernimiento

tolerancia
transigencia
condescendencia

cerrazón

comprensivo
benevolente
tolerante
indulgente
condescendiente

intolerante

compresión
presión
opresión

compresor
prensa
rodillo
torno

comprimido
apretado

aplastado
prensado

suelto

gragea
pastilla
tableta
píldora

comprimir(se)
prensar
aplastar
estrechar
estrujar
exprimir
oprimir

aflojar

contenerse
refrenarse
reprimirse
controlarse

desahogarse
descontrolarse
explotar

comprobación
verificación
constatación
control
examen

comprobante
justificante
recibo
resguardo

comprobar
confirmar
verificar
constatar
cerciorarse
revisar
repasar

comprome-
ter(se)
complicar
involucrar

implicar
culpar

librar
exculpar

aventurarse
exponerse
responsabilizarse

desentenderse

comprometido
comprometedor
difícil
aventurado
peligroso

fácil

compromisario
representante
interventor
comisionado

compromiso
obligación
deber
convenio
acuerdo
pacto

dificultad
apuro
peligro

compuerta
portón
portillo
presa

compuesto
mezcla
composición
mezcolanza
combinación

complejo
combinado
variado

simple

aseado
acicalado

limpio
arreglado
ataviado

desaseado

compulsar
comparar
confrontar
cotejar

compunción
tristeza
pesar
pena
arrepentimiento
contrición
remordimiento

alegría
satisfacción

compungido
apenado
atribulado
pesaroso
apesadumbrado
triste
arrepentido
afligido

alegre

compungirse
apenarse
afligirse
atribularse
arrepentirse
lamentarse
entristecerse

alegrarse
animarse

computadora
ordenador
calculadora
procesador

computar
calcular
contar

medir
evaluar
valorar

cómputo
cálculo
comprobación
tanteo
evaluación

común
usual
habitual
frecuente
corriente
ordinario
vulgar
general

extraordinario
inusual

comunal
público
colectivo
municipal
comarcal

privado

comunicación
comunicado
mensaje
nota
despacho
escrito
circular
aviso

trato
relación
intercambio

incomunicación
aislamiento

comunicaciones
correos
teléfonos
telégrafos

transportes
carreteras

comunicado
aviso
mensaje
notificación

comunicar(se)
informar
notificar
anunciar
avisar
revelar

callar
ocultar

conversar
relacionarse
tratarse
parlamentar

incomunicarse
aislarse

comunicativo
sociable
abierto
expresivo
tratable
extravertido

reservado
huraño
introvertido

comunidad
sociedad
asociación
colectividad

convento
monasterio

comunión
eucaristía

lazo
unión

conexión
vinculación

desunión

comunismo
marxismo

capitalismo

comunista
marxista

capitalista

conato
tentativa
intento
intentona

consumación

concatenación
encadenamiento
enlace
trabazón
vinculación

desconexión

concavidad
cavidad
hueco
oquedad
hoyo
hendidura

cóncavo
hundido
hueco
hendido
socavado
excavado

convexo

concebir
imaginar
entender

percibir
intuir

engendrar
procrear

conceder
adjudicar
otorgar
asignar
entregar

denegar

admitir
asentir

rechazar

concejal
edil
regidor

concentración
densidad
condensación

manifestación
aglomeración
muchedumbre

disolución
dispersión

concentrado
condensado
solidificado

diluido

abstraído
ensimismado
absorto

distraído

concentrar(se)
condensar
espesar
solidificar

diluir

reflexionar

abstraerse
ensimismarse

distraerse

reunirse
aglomerarse
agruparse

dispersarse
disolverse

concepción
fecundación
procreación
embarazo

conceptivo
fecundo

estéril

concepto
idea
juicio
pensamiento

opinión
reputación
fama
consideración

conceptuar
calificar
juzgar
estimar
enjuiciar
apreciar
valorar

concerniente
relativo
tocante
correspondiente
perteneciente

concernir
atañer
pertenecer
referirse

corresponder
competer
afectar

concertar
acordar
pactar
convenir

concertista
solista
músico
ejecutante

concesión
permiso
privilegio
licencia
adjudicación
asignación
contrata

denegación

concesionario
comisionista
intermediario
agente
delegado

concha
caparazón
coraza
cubierta

conchabar(se)
confabular
conspirar
maquinar
tramar

conciencia
moralidad
reparo
recato
ética

consciencia
conocimiento

reflexión
percepción

inconsciencia

concienzudo
esmerado
cuidadoso
meticuloso
laborioso
afanoso

negligente
chapucero

concierto
acuerdo
pacto
convenio

discrepancia

recital
audición
interpretación

conciliábulo
intriga
conspiración
complot
maquinación

conciliación
avenencia
acuerdo
conformidad
convenio
concordia

desavenencia

conciliar
pacificar
arreglar
armonizar
concordar
coordinar

acomodar
unir

enemistar
enfrentar

ecuménico
sinodal

concilio
sínodo
congreso
reunión

concisión
brevedad
laconismo
sobriedad

prolijidad

conciso
breve
escueto
lacónico
sucinto

prolijo
extenso

concitar
incitar
instigar
hostigar
provocar

conciliar
pacificar
amansar

conciudadano
compatriota
paisano
vecino

forastero

cónclave
conclave
asamblea
congreso
reunión

concluir
terminar
acabar
finalizar
ultimar
agotar
clausurar

inaugurar
comenzar
iniciar

deducir
colegir
derivar

conclusión
terminación
término
final
desenlace

comienzo
inicio

consecuencia
resolución
deducción

concluyente
indiscutible
definitivo
rotundo
categórico
tajante

discutible

concomerse
reconcomerse
angustiarse
preocuparse

concomitancia
relación
coexistencia
simultaneidad
compatibilidad
concordancia

incompatibilidad

condena

concomitante
relacionado
vinculado
compatible
simultáneo
coincidente

incompatible
antagónico

concordancia
concomitancia
correlación
afinidad
coincidencia
armonía

discordancia
discrepancia

concordante
concomitante
correlativo
coincidente
armónico

discrepante
discordante

concordar
concertar
coincidir
convenir

divergir

concordia
consenso
armonía
paz
amistad
compañerismo
camaradería
avenencia
cordialidad

discordia
desacuordo

concreción
precisión
puntualización

depósito
sedimento
acumulación

concretar
precisar
puntualizar
aclarar
definir
resumir

generalizar
divagar

concreto
preciso
determinado
específico
real
exacto

inconcreto
impreciso

concubina
querida
amante
manceba

concubinato
amancebamiento
barraganería
lío
contubernio

conculcar
vulnerar
infringir
quebrantar
transgredir
contravenir

cumplir
respetar

concupiscencia
lujuria
incontinencia

libidinosidad
sensualidad
voluptuosidad
lascivia

continencia

concurrencia
afluencia
muchedumbre
tropel
gentío
masa
multitud
audiencia
asistentes

coincidencia
convergencia
confluencia

divergencia

concurrido
animado
frecuentado
lleno
abarrotado

vacío

concurrir
asistir
confluir
acudir
converger
agolparse
presentarse
juntarse

ausentarse

participar
concursar
competir

concursante
opositor
competidor
aspirante
participante

concursar
opositar
competir
concurrir
participar

concurso
oposición
prueba
examen
certamen

concurrencia
afluencia
asistencia

conde
noble
aristócrata

condecoración
distinción
galardón
premio
recompensa

condecorar
distinguir
homenajear
honrar
laurear

denigrar

condena
sanción
correctivo
castigo
multa
pena

absolución

censura
reprobación
desaprobación
repulsa

elogio

condenación
maldición
condena
castigo
infierno

salvación

condenado
reo
procesado
culpado
penado

absuelto

maldito
endemoniado
réprobo

binaventurado

condenar
castigar
sancionar
multar
penalizar

absolver

censurar
criticar
desaprobar
deplorar

aprobar
elogiar

cerrar
tabicar
tapar

abrir

condensación
concentración
solidificación
aglomeración

compendio
resumen

condensar
concentrar

densificar
espesar

evaporar

compendiar
resumir
sintetizar

ampliar

condescen-dencia
complacencia
indulgencia
beneplácito
tolerancia
transigencia

intolerancia
intransigencia

condescender
transigir
tolerar
consentir

obstinarse

condescen-diente
transigente
complaciente
permisivo
tolerante

intransigente

condición
requisito
cláusula
circunstancia

estado
situación
posición

carácter
índole
temperamento
naturaleza

condicionado
limitado
restringido
estipulado

condicional
eventual
temporal
condicionado
supeditado

firme
definitivo

condicionar
supeditar
subordinar
limitar
restringir

condimentar
adobar
aliñar
sazonar
aderezar
guisar

condimento
aderezo
adobo
aliño
especia

condiscípulo
compañero
camarada

condolencia
compasión
duelo
pésame

congratulación

condolerse
apiadarse
compadecerse
conmoverse

alegrarse
congratularse

condominio
copropiedad
consorcio
coparticipación

condón
preservativo
profiláctico

condonar
indultar
perdonar
conmutar
eximir

castigar
condenar

conducción
transporte
acarreo
traslado

cañerías
tuberías
alcantarillado

dirección
gobierno
pilotaje

conducir(se)
llevar
transportar
guiar
encauzar

orientar
dirigir
administrar
gobernar
pilotar
acaudillar

comportarse
actuar
obrar

conducta
comportamiento

proceder
actuación

conducto
tubería
cañería
cauce
red
vía
medio
mediación

conductor
chófer
automovilista
cochero
piloto

guía
director
dirigente

conectar
enlazar
ensamblar
enchufar
acoplar
unir

desconectar
desenchufar

conejera
madriguera
guarida
cueva

conexión
enlace
unión
nexo
engarce
enchufe
ensamble

desconexión

conexionar
enlazar
unir

conectar
coordinar

desconectar
disvincular

conexo
ligado
unido
relacionado
conectado

inconexo
separado

confabulación
complot
maquinación
conspiración
conjura
intriga

confabularse
conspirar
intrigar
tramar
conjurar

confección
elaboración
fabricación
manufactura

hechura
vestimenta
indumentaria

confeccionar
fabricar
elaborar
manufacturar

coser
cortar

confederación
alianza
unión
federación

liga
coalición

independencia
desunión

confederado
aliado
coligado
unido
federado
asociado

autónomo

confederar(se)
coaligar
federar
agrupar
asociar
unir

independizar
desunir

conferencia
discurso
disertación
plática

conferenciante
disertador
orador
ponente

conferir
adjudicar
otorgar
asignar
conceder
dotar
transferir

desposeer
quitar

confesar(se)
declarar
revelar
manifestar

testificar
contar
reconocer

callar
silenciar

confesión
declaración
confidencia
testificación

ocultación

confesor
sacerdote
clérigo
cura

confiado
cándido
sencillo
ingenuo
incauto

desconfiado

creído
seguro
optimista

inseguro

confianza
seguridad
esperanza
fe
determinación
certidumbre
ánimo
aliento

desconfianza
inseguridad
indecisión

amistad
familiaridad
franqueza
naturalidad

tirantez

confiar(se)
encomendar
encargar

fiarse
creer
esperar

desconfiar
dudar

confidencia
secreto
revelación
información
chivatazo
delación

confidencial
reservado
secreto
íntimo
privado

público

confidente
compañero
amigo
asesor
consejero

delator
soplón
chivato

configuración
forma
figura
conformación
estructura
composición

configurar
conformar
disponer
constituir
estructurar

deformar
desfigurar

confín
frontera
límite
divisoria
linde
término
horizonte

confinamiento
destierro
confinación
extrañamiento
reclusión
aislamiento

libertad

confinar
desterrar
recluir
aislar
internar

liberar

lindar
limitar

distar

confirmación
ratificación
verificación
corroboración
certificación
aseveración

rectificación
anulación

confirmar
corroborar
ratificar
convalidar
reafirmar
afianzar

rectificar
desmentir

confiscación
decomiso
incautación
expropiación
requisa
embargo

restitución

confiscar
decomisar
requisar
expropiar
embargar

devolver
restituir

confite
dulce
caramelo
golosina

confitería
pastelería
bombonería
repostería
bollería

confitura
mermelada
arrope

conflagración
guerra
contienda
conflicto
enfrentamiento
hostilidades

paz
armisticio

conflicto
combate
disputa
lucha
enfrentamiento

concordia

paz
acuerdo

apuro
aprieto
dificultad
problema

confluencia
convergencia
unión
coincidencia

dispersión

confluir
converger
afluir
desembocar
reunirse

conformar(se)
formar
constituir

adaptar
acomodar
armonizar
adecuar

deformar

resignarse
amoldarse
transigir
doblegarse

rebelarse

conforme
acorde
ajustado
acomodado

disconforme

complacido
satisfecho

instisfecho
descontento

conformidad
armonía
aprobación
acuerdo
consenso
avenencia
aceptación

disconformidad

paciencia
resignación
sumisión

rebeldía

conformista
tolerante
comprensivo
resignado

rebelde
inconformista

confort
bienestar
comodidad
desahogo

incomodidad
malestar

confortable
acogedor
cómodo
agradable

incómodo
desagradable

confortar
estimular
tonificar
fortalecer
reanimar
vigorizar
aliviar
consolar

debilitar
desanimar

confraternidad
amistad
fraternidad
hermandad
compañerismo

confraternizar
fraternizar
hermanarse
simpatizar
congeniar

odiar

confrontación
comparación
cotejo
verificación
comprobación

confrontar
comparar
cotejar
verificar
comprobar
enfrentar

confundir(se)
desorientar
desconcertar
despistar
equivocar
aturdir

orientar

revolver
embarullar
enredar
embrollar
desordenar

ordenar

turbarse
anonadarse
abrumarse
avergonzarse
agobiarse

enorgullecerse

confusión
confusionismo
desorden
desconcierto
caos
guirigay
lío

orden

turbación
perplejidad
aturdimiento

equivocación
error

acierto

confuso
embarullado
desordenado
enredado
lioso

ordenado

oscuro
borroso
vago
difuso

claro
nítido

turbado
desorientado
perplejo
asombrado
aturdido

imperturbable

congelación
congelamiento
enfriamiento
hibernación
entumecimiento

descongelación

congelar(se)
helar
enfriar

entumecer
refrigerar

descongelar
deshelar

parar
detener
frenar

activar
impulsar

congeniar
simpatizar
entenderse
coincidir

enfrentarse
chocar

congénito
connatural
innato
hereditario

adquirido

congestión
atasco
embotellamiento

fluidez

sofocación
ataque

congestionarse
inflamarse
hincharse
abotargarse
enrojecerse

atascarse
embotellarse

fluir

conglomerado
aglomerado
aglutinado

cemento

amalgama
masa

conglomerar
aglomerar
agrupar
reunir
juntar

desunir
disgregar

congoja
angustia
aflicción
agobio
tribulación
amargura
tormento

satisfacción
alegría

congraciarse
avenirse
confraternizar

enemistarse

congratulación
felicitación
enhorabuena
parabién

congratular(se)
felicitar
alabar
aplaudir
aprobar
elogiar

compadecer
condoler

congregación
hermandad
cofradía
orden
compañía

agrupación

asociación
reunión

congregar(se)
juntar
reunir
atraer
agrupar

dispersar
disgregar

congresista
asambleísta
participante
delegado

diputado
parlamentario
senador

congreso
asamblea
simposio
convención

parlamento
cámara
cortes

congruencia
coherencia
cohesión
lógica

incongruencia

congruente
coherente
racional
sensato
lógico
acorde

incongruente

cónico
coniforme
conoidal
puntiagudo

conífera
pino
abeto
ciprés

conjetura
suposición
hipótesis
presunción
figuración
cábala

conjeturar
suponer
imaginar
augurar
creer
presentir
deducir
intuir
entrever

conjugación
combinación
coordinación
armonización

conjugar
coordinar
combinar
armonizar
conciliar
compaginar
enlazar
articular

desunir
diversificar

conjunción
unión
armonización
reunión
unificación
enlace

disyunción

conjuntar
unir
agrupar

coordinar
armonizar
unificar

disociar

conjunto
suma
total
grupo
reunión
cúmulo

vestido
atuendo
indumentaria

conjura
conjuración
conspiración
complot
confabulación
maquinación

lealtad
fidelidad

conjurar
conspirar
confabularse
conchabarse
intrigar

exorcizar
expulsar
echar

evitar
sortear
impedir

atraer

rogar
implorar
invocar

conjuro
exorcismo
hechizo
encantamiento

conllevar
implicar
suponer

soportar
sobrellevar
aguantar

rebelarse

conmemoración
celebración
festividad
evocación
recuerdo

conmemorar
celebrar
evocar
recordar
festejar

conmemorativo
evocador
memorable

conmensurable
evaluable
medible
computable

conminar
amenazar
intimidar
requerir
apercibir

conminatorio
amenazador
coactivo
intimidante

tolerante

conmiseración
compasión
lástima
misericordia

piedad
clemencia

indiferencia
crueldad

conmoción
turbación
susto
trastorno

serenidad
tranquilidad

tumulto
revuelta
disturbio

pacificación

terremoto
seísmo
temblor

conmover
emocionar
impresionar
perturbar
enternecer

serenar
apaciguar

conmutación
permuta
cambio
sustitución

indulto
amnistía
condonación

condena
castigo

conmutador
cortacorriente
interruptor

conmutar
permutar

sustituir
cambiar

indultar
absolver
condonar

condenar
castigar

connatural
innato
congénito
natural

adquirido

connivencia
complicidad
confabulación

connotación
parentesco
relación
vínculo

implicación
matiz
significado

denotación

connubio
matrimonio
boda
casamiento

conocedor
experto
perito
avezado
versado
documentado

desinformado

conocer(se)
saber
comprender
entender

enterarse
percatarse

desconocer
ignorar

tratarse
alternar

conocido
famoso
célebre
renombrado
afamado
prestigioso

corriente
habitual
rutinario

amigo
compañero

conocimiento(s)
entendimiento
inteligencia
discernimiento
razón

ciencia
erudición
cultura
estudios

ignorancia

conquista
ocupación
invasión
sometimiento
toma

conquistador
explorador
invasor
colonizador

vencido
invadido

seductor
tenorio
galán

conquistar
invadir
dominar
apoderarse
ocupar
someter

seducir
enamorar
persuadir

consabido
conocido
usual

insólito
desacostumbrado

citado
aludido
mencionado

desconocido
ignorado

consagración
bendición
ofrecimiento
dedicación

fama
renombre

consagrar(se)
bendecir
santificar
coronar
glorificar

entregarse
dedicarse

consanguíneo
familiar
pariente
allegado

consanguinidad
parentesco
afinidad

consciencia
conciencia
conocimiento
discernimiento

inconsciencia

consciente
lúcido
despierto

inconsciente

sensato
responsable
formal
juicioso

irresponsable
descuidado

consecución
obtención
logro
adquisición

pérdida

consecuencia
resultado
fruto
derivación
conclusión

causa
antecedente

consecuente
coherente
congruente
sensato

incoherente
inconsecuente

subsiguiente
próximo
subsecuente

antecedente

consecutivo
inmediato

siguiente
sucesivo

anterior

conseguir
alcanzar
lograr
obtener
adquirir
agenciar
ganar

perder

consejero
asesor
maestro
tutor
mentor

director
ministro
consiliario

consejo
recomendación
sugerencia
advertencia
asesoramiento
parecer

junta
comité

consenso
asentimiento
beneplácito
aquiescencia
anuencia

disconformidad
discrepancia

consentido
autorizado
permitido

prohibido

mimado

caprichoso
malcriado

consentimiento
permiso
licencia
autorización
beneplácito

desautorización

consentir
permitir
tolerar
conceder
admitir
asentir

impedir
prohibir

malcriar
mimar
viciar

conserje
bedel
ordenanza
ujier
portero

conserjería
portería
mayordomía

conserva
salazón
encurtido

conservación
protección
defensa
custodia
mantenimiento

conservadu-
rismo
tradicionalismo
continuismo

progresismo

conservar
guardar
mantener
contener
custodiar
cuidar

perder

salar
ahumar
curar

considerable
importante
notable
cuantioso
abundante
enorme

insignificante
pequeño

**considera-
ción(es)**
atención
deferencia
aprecio
estima
miramiento

desconsideración

reputación
prestigio
distinción

argumentos
razones
reflexiones
observaciones

considerando
razón
motivo
causa

considerar
examinar
reflexionar

meditar
reparar
sopesar
valorar

ignorar
olvidar

respetar
estimar

menospreciar
despreciar

consigna
contraseña
santo y seña
orden
lema

depósito
almacén

consignación
envío
depósito
expedición

asignación
partida

consignar
establecer
estipular
depositar

expedir
enviar
remitir

consiguiente
consecuente
consecutivo
relacionado

antecedente

consistencia
resistencia

solidez
firmeza

fragilidad

duración
estabilidad

inestabilidad

consistente
denso
duro
firme
resistente
compacto

blando
débil

estable
permanente

inestable

consistir
estribar
radicar
basarse
fundamentarse

consistorio
ayuntamiento
concejo
municipio

consola
aparador
repisa
tocador

consolación
consuelo
alivio
confortación

consolar(se)
confortar
calmar
tranquilizar

desanimar
angustiar

consolidación
afianzamiento
fortalecimiento
robustecimiento

debilitamiento

consolidar
fortalecer
afianzar
asegurar
robustecer

debilitar

consomé
caldo
sopa

consonancia
afinidad
relación
proporción

disconformidad

armonía
ritmo
sonoridad

disonancia
discordancia

consonante
adecuado
coherente
afín

disconforme

afinado
acorde
rítmico

disonante

consorcio
asociación
sociedad
empresa

consorte
cónyuge
esposo

conspicuo
famoso
ilustre
insigne

desconocido

conspiración
complot
confabulación
connivencia
intriga

conspirar
confabularse
tramar
intrigar

constancia
perseverancia
tesón
tenacidad
empeño

prueba
justificación
testimonio

constante
tenaz
perseverante
persistente

esporádico
inconstante

constar
figurar
reflejarse
aparecer

consistir
componerse

constatación
comprobación
confirmación

constatar
comprobar
verificar
confirmar

consternación
aflicción
pesar
abatimiento

alegría
ánimo

consternar(se)
disgustar
abatir
abrumar
afligir
entristecer

animar
alegrar

constipado
catarro
resfriado

constiparse
acatarrarse
resfriarse

constitución
complexión
naturaleza
estructura

precepto
ley
ordenamiento

constitucional
legal
legítimo

inconstitucional

constituir
fundar
establecer

instituir
formar

disolver
descomponer

constitutivo
adicional
integrante
componente

constituyente
legislativo
constitucional

constreñimiento
apremio
coerción
exigencia

constreñir(se)
forzar
apremiar
imponer
obligar

librar
exonerar

oprimir
apretar

liberar
soltar

constricción
estrechamiento
contracción

constrictivo
obligatorio
imperativo
coercitivo

voluntario
opcional

construcción
edificación
levantamiento

constructivo
positivo
edificante
provechoso

negativo

construir
edificar
erigir
levantar

destruir
derribar

consustancial
inherente
propio
intrínseco

accidental

consuelo
alivio
descanso
confortación

dolor
desconsuelo

consuetudinario
frecuente
habitual
ordinario

infrecuente
inusual

cónsul
diplomático
delegado
representante

consulado
cancillería
delegación

consulta
consejo

asesoramiento
opinión

consultorio

consultar
informarse
asesorarse
preguntar

consultorio
clínica
dispensario
ambulatorio

despacho
asesoría
bufete

consumación
terminación
agotamiento
extinción

inicio

consumado
acabado
terminado

magistral
perfecto

mediocre

consumar(se)
terminar
acabar
completar
finalizar

comenzar
iniciar

consumición
agotamiento
consunción

cuenta
importe
gasto

consumido
flaco
extenuado
demacrado

vigoroso
robusto

consumidor
usuario
cliente

consumir(se)
gastar

agotar
acabar
extinguir

desazonarse
impacientarse
desesperarse

consumo
gasto
compra
consumición

consunción
agotamiento
enflaquecimiento
extenuación

fortalecimiento

contabilidad
tesorería
caja

contable
contador
administrador

contacto
toque
roce
fricción

comunicación
trato
relación

contado
raro
escaso
poco
exiguo

abundante

contaduría
administración
caja

contagiar(se)
contaminar
infectar
transmitir

inmunizar
desinfectar

pervertir
malear
corromper

contagio
contaminación
transmisión
infección

desinfección

contagioso
infeccioso
infecto
pestilente

aséptico
incontaminable

contaminación
polución
contagio

infección
inoculación

purificación

contaminar
contagiar
infectar

purificar

pervertir

corromper
viciar

contar
computar
enumerar

relatar
narrar

contemplación
observación
mirada
apreciación
examen

meditación
recogimiento

contemplar
mirar
observar
ver
considerar
examinar

meditar
reflexionar

contemplativo
observador
curioso

iluminado
místico

contemporáneo
actual
coetáneo
moderno

**contempori-
zación**
transigencia
avenencia
acomodación

contemporizar
acomodarse

amoldarse
avenirse

obstinarse
empeñarse

contención
retención
detención
suspensión
moderación

contencioso
contradictor
discutible
litigioso

indiscutible

contender
luchar
batallar
debatir
discutir
competir

avenirse
entenderse
pactar

contendiente
adversario
antagonista
beligerante
combatiente

contener(se)
abarcar
incluir
englobar

reprimir
dominar
aguantar
comedirse

desenfrenarse

contenido
capacidad

cabida
volumen

incluido
comprendido

fondo
asunto
tema

contentar(se)
satisfacer
complacer
agradar

reconciliarse
conformarse

contento
complacido
encantado
gozoso
satisfecho
alegre

triste
insatisfecho

dicha
alegría
gozo

tristeza
pena

contertulio
compañero
tertuliano
amigo

extraño

contestación
respuesta
réplica

inconformismo
rebeldía
controversia

contestar
responder
replicar

preguntar
interrogar

contradecir
impugnar
rebatir

admitir

contestatario
inconformista
crítico
rebelde

sumiso
conformista

contexto
entorno
ambiente
relación
trama

contextura
configuración
disposición
estructura
trama

contienda
lucha
pelea
disensión
guerra
pugna
rivalidad

paz
concordia
acuerdo

contigüidad
vecindad
proximidad
cercanía

lejanía

contiguo
inmediato
adyacente
vecino
fronterizo
limítrofe
colindante

lejano

continencia
moderación
templanza
castidad
abstinencia

incontinencia
lujuria

contingencia
eventualidad
azar
casualidad
circunstancia

seguridad

contingente
eventual
probable
circunstancial
accidental

cierto
seguro

cantidad
aportación

continuación
continuidad
prolongación
reanudación
repetición

interrupción

continuador
seguidor
discípulo
sucesor

antecesor

continuar
seguir
proseguir
permanecer
prolongar
prorrogar

interrumpir
cesar

continuidad
persistencia
prolongación
continuación

interrupción
discontinuidad

continuo
constante
incesante
ininterrumpido
prolongado

discontinuo

contonearse
balancearse
pavonearse

contoneo
balanceo
pavoneo

contornear
perfilar

contorno
perfil
silueta

proximidades
cercanías
inmediaciones
alrededores

contorsión
contracción

convulsión
retorcimiento

mueca
ademán

contorsionarse
contraerse
retorcerse

contorsionista
cómico
circense
saltimbanqui

contra
oposición
resistencia

adversidad
dificultad

contraatacar
rechazar
reaccionar
responder

retroceder

contraataque
contraofensiva
contragolpe
contestación

defensa

contrabandista
defraudador
contraventor
traficante

contrabando
alijo

fraude
tráfico

contracción
convulsión
crispación

espasmo
retracción

expansión
distensión

sinéresis
sinalefa
metaplasmo

contractual
convenido
estipulado
pactado

contradecir(se)
rebatir
refutar
impugnar
replicar

ratificar

retractarse
desdecirse

contradicción
incoherencia
discordancia
contrasentido

impugnación
discusión
réplica

contradictorio
incoherente
paradójico
ilógico

concorde

contraer(se)
contagiarse
enfermar

achicar
empequeñecer
encoger

contrafuerte
refuerzo

pilar
apoyo
arbotante

contragolpe
contraataque
contraofensiva

contrahecho
deforme
giboso
jorobado
malhecho

contraindicación
prohibición
rechazo
supresión

contramaestre
capataz
encargado
jefe

contraofensiva
contraataque
contragolpe

contraorden
contraaviso
retractación
revocación

ratificación

contrapartida
compensación
equilibrio
rectificación

confirmación

contrapeso
compensación
igualación
nivelación
equilibrio

balanza
peso

contraponer
oponer
enfrentar
comparar

armonizar
adecuar

contraposición
oposición
rivalidad
enfrentamiento

igualdad
armonía

contraproducente
adverso
contrario
perjudicial

positivo
favorable

contrapuesto
antagónico
opuesto

contrapunto
acompañamiento
diafonía

monodia

contraste
contrapeso

contrariar(se)
contradecir
disgustar
enfadar
incomodar

agradar

contrariedad
decepción
disgusto
percance
trastorno
contratiempo

contrario
opuesto
contradictorio
antagónico

igual

adversario
contendiente
rival

amigo

dañino
nocivo
perjudicial

beneficioso

contrarrestar
paliar
neutralizar
oponerse
compensar

contrasentido
absurdo
contradicción
disparate
incongruencia

contraseña
consigna
santo y seña
lema

contrastar
comparar
constatar
verificar

diferir
disentir
desentonar
resaltar

coincidir

contraste
disparidad

desigualdad
diferencia

análisis
comprobación
confrontación

contrata
contrato
ajuste
acuerdo

contratar
convenir
acordar
estipular

emplear
asalariar

despedir

contratiempo
dificultad
accidente
adversidad
contrariedad
revés

suerte
fortuna

contratista
empresario
constructor

contratado
asalariado

contrato
convenio
acuerdo
ajuste
compromiso
pacto

desacuerdo

contravención
desobediencia

incumplimiento
vulneración

contraveneno
antitóxico
revulsivo
antídoto

contravenir
transgredir
desobedecer
incumplir
infringir

cumplir
respetar

contrayente
novio
consorte
desposado

contribución
impuesto
arancel
arbitrio
canon
tasa
tributo
gravamen

contribuir
cooperar
colaborar
ayudar
asistir
auxiliar
aportar

cotizar
tributar
pagar

contribuyente
tributario
impositor

contrición
remordimiento
arrepentimiento

pesar
dolor

contrincante
rival
competidor
adversario
opositor

aliado

contristar(se)
afligir
apenar
entristecer

alegrar

contrito
arrepentido
afligido
compungido

impenitente

control
inspección
comprobación
registro

descuido
abandono

dominio
autoridad
gobierno

descontrol

controlar
vigilar
inspeccionar
verificar
revisar

gobernar
dirigir

obedecer

controversia
discusión

debate
polémica

controvertir
discutir
disputar
contender

contubernio
conspiración
confabulación
complot

cohabitación
amancebamiento

contumacia
obstinación
terquedad
cabezonería

docilidad

contumaz
tenaz
terco
obstinado
porfiado

contundencia
firmeza
dureza
energía

debilidad

contundente
decisivo
terminante
irrebatible
categórico

discutible

conturbado
confuso
perturbado
inquieto

contusión
magulladura
magullamiento

hematoma
golpe
moratón

contusionar
golpear
magullar
lastimar

contuso
lesionado

indemne

convalecencia
restablecimiento
recuperación
mejoría

recaída

convalecer
mejorar
recuperarse
reponerse

empeorar

convaleciente
enfermo
paciente

sano

convalidación
revalidación
ratificación
corroboración
confirmación

convalidar
revalidar
confirmar
conmutar

convencer(se)
persuadir
probar
demostrar
captar

disuadir

convencido
persuadido
atraído

convencimiento
certeza
convicción
persuasión
seguridad

duda
incertidumbre
inseguridad

convención
simposio
congreso
reunión

convencional
usual
normal
habitual
acostumbrado

extraordinario

convenciona-lismo
afectación
falsedad
apariencia
artificio
formulismo
protocolo

conveniencia
utilidad
interés
comodidad
oportunidad
ventaja

inconveniencia
perjuicio
daño

conveniente
eficaz
adecuado

apropiado
beneficioso
útil
idóneo
ventajoso
oportuno

inconveniente
perjudicial

convenio
acuerdo
pacto
tratado
contrato
compromiso

desacuerdo
disensión

convenir
acordar
contratar

discrepar
disentir

corresponder
pertenecer

admitir
reconocer

convento
monasterio
abadía
cartuja

conventual
monacal
monástico
claustral

convergencia
concurrencia
confluencia
reunión
coincidencia

converger
convergir
confluir

juntarse
coincidir
dirigirse
tender

divergir
separarse

conversación
charla
diálogo
coloquio

entrevista
interviú

conversar
hablar
charlar
dialogar
parlamentar

conversión
transformación
mutación
metamorfosis

inmovilidad

converso
neófito
catecúmeno
confeso
cristianizado

apóstata
renegado

convertible
cambiable
mutable
transformable
modificable

fijo

convertir(se)
cambiar

transformar

bautizarse
cristianizarse

renegar
apostatar

convexidad
curvatura
bombeo

abolladura
concavidad

convicción
convencimiento
persuasión
certeza
seguridad
certidumbre

duda
inseguridad

creencia
ideología

convicto
condenado
reo
culpable

inocente

convidar
invitar
obsequiar
agasajar

incitar
inducir

convincente
persuasivo
contundente
concluyente

dudoso
discutible

convite
banquete
ágape

colación
fiesta

convivencia
coexistencia
cohabitación
acuerdo
tolerancia

convivir
coexistir
compartir
cohabitar

convocar
citar
emplazar
llamar
reunir
congregar

convocatoria
citación
llamamiento
aviso

dispersión
separación

convoy
escolta
séquito
protección

caravana
expedición

convulsión
espasmo
estremecimiento
epilepsia

relajamiento
distensión

revuelta
tumulto
disturbio

temblor
terremoto

convulsionarse
estremecerse
contraerse
conmocionarse

convulsivo
tembloroso
perturbador
espasmódico

convulso
excitado
alterado
agitado

tranquilo

conyugal
matrimonial
nupcial
marital

cónyuge
consorte
esposo
marido
mujer

soltero
célibe

cooperación
colaboración
contribución
asistencia
ayuda

cooperar
contribuir
colaborar
participar
auxiliar
ayudar

cooperativa
asociación
economato
mutualidad

coordenada
línea
eje
plano

coordinación
organización
combinación
armonización

coordinar
combinar
armonizar
organizar
compaginar
ordenar

desorganizar
desordenar

copa
vaso
cáliz
copón

premio
trofeo
galardón

punta
extremo
cresta

copar
cercar
envolver
rodear

acaparar
acumular

compartir

copartícipe
copropietario
cómplice

copete
tupé

flequillo
penacho

alcurnia
linaje

copia
reproducción
duplicado
transcripción
calco

original

imitación
plagio
falsificación

abundancia
profusión
multitud

copiar
reproducir
transcribir
calcar

plagiar
remedar
imitar

copioso
cuantioso
abundante
numeroso

escaso

copista
escribano
escribiente
amanuense

copla
estrofa
poesía
verso

canción
cantar

coplero
juglar
cantante
rapsoda
coplista

copo
mechón

grumo

copón
cáliz
copa

copropiedad
condominio
coparticipación

copropietario
condueño
consocio
copartícipe

cópula
apareamiento
ayuntamiento
cohabitación
coito

enlace
unión
atadura

copular
aparearse
cubrir
cohabitar

coqueta
frívola
presumida
vanidosa
provocadora

puritana

coquetear
galantear
cortejar

flirtear
seducir
conquistar

coquetería
coqueteo
galanteo
frivolidad
seducción
flirteo

coquetón
gracioso
atractivo
agradable
bonito

feo
desagradable

coraje
valentía
decisión
arrojo
ánimo
intrepidez
ímpetu

cobardía

furia
irritación
rabia

sosiego

coral
coro
orfeón
escolanía

banco
arrecife
atolón

coraza
armadura
arnés
peto

blindaje

protección
defensa

corazón
entrañas
entretelas

amor
sentimiento
cariño

centro
núcleo
interior
meollo

corazonada
intuición
presentimiento
presagio
sospecha

impulso
ímpetu
arranque

corbata
lazo
corbatín
pajarita
chalina

corcel
caballo
potro
palafrén

corchete
broche
imperdible
prendedor

corcho
alcornoque
corteza

tapón
cierre
espiche

corcova
joroba
chepa
giba

corcovo
brinco
respingo
corveta

cordel
cuerda
bramante
guita

cordero
borrego
recental

lechazo

manso
dócil

rebelde

cordial
afable
cariñoso
amable
simpático

huraño
hosco

cordialidad
afabilidad
amabilidad
bondad
humanidad
afectuosidad
simpatía

hosquedad
antipatía

cordillera
sierra
cadena
macizo

cordón
trencilla
cuerda
cinta

cordura
prudencia
sensatez
juicio
formalidad
tacto

locura
insensatez

corear
acompañar
cantar

asentir
aprobar

corifeo
jefe
guía
líder
portavoz

corista
comparsa
figurante
cantante

cornada
puntazo
cogida

cornamenta
astas
cuernos
defensas
pitones

córnea
esclerótica
membrana

cornear
empitonar
acornar

herir
coger

orneja
chova
cuervo
grajo

órneo
coriáceo
duro
endurecido
resistente

esponjoso
blando

ornisa
coronamiento
remate
cornisamento

ornudo
astado

consentido
cabrón

ornúpeta
astado
cornudo

oro
coral
orfeón
escolanía
conjunto

orolario
consecuencia
conclusión

orona
diadema
tiara
guirnalda
nimbo

halo
aureola

premio
galardón
recompensa

coronación
investidura
proclamación

coronamiento
remate

coronamiento
terminación
conclusión
culminación
fin
término

comienzo

coronar
investir
entronizar
proclamar

terminar
acabar
culminar
alcanzar

comenzar

coronilla
tonsura
corona

corpiño
almilla
chaquetilla

corporación
agrupación
entidad
organismo
asociación

colegio
ayuntamiento
cámara

corporal
orgánico
físico
corpóreo
somático

psíquico
mental

corporativo
colegiado
colectivo
gremial

particular

corpóreo
corporal
material
físico

incorpóreo

corpulencia
gordura
obesidad
robustez
fortaleza

delgadez
debilidad

corpulento
voluminoso
robusto
fornido
vigoroso

enjuto
endeble

corpúsculo
molécula
partícula
microbio
brizna

corral
aprisco
chiquero

establo
gallinero
toril
redil

correa
cinturón
bandolera
ceñidor

correaje
bandolera
arnés

corrección
retoque
modificación
rectificación
enmienda

ratificación

reprimenda
censura
reprensión

educación
cortesía
urbanidad

descortesía

correccional
penitenciaría
prisión
cárcel

reformatorio

correctivo
castigo
pena
escarmiento

correccional
disciplinario

correcto
exacto
adecuado

apropiado
acertado

incorrecto
imperfecto

cortés
educado
comedido
cumplido
discreto

descortés

corrector
censor
verificador
supervisor

corredera
ranura
riel
carril
raíl

corredor
galería
pórtico
porche

túnel
pasaje
subterráneo

atleta
ciclista
motorista
piloto

viajante
agente

corregidor
magistrado
regidor
alcalde

corregir
enmendar
subsanar

reformar
rehacer

ratificar

amonestar
reprender
censurar

alabar

correlación
analogía
paralelismo
reciprocidad

desconexión

correlativo
sucesivo
ordenado
seguido
consecutivo

correligionario
compañero
camarada
colega

correo(s)
correspondencia
carta

cartero
mensajero
emisario

estafeta
administración

correoso
elástico
flexible
fibroso

rígido

correr(se)
trotar

galopar

apresurarse
aligerar

tardar
retrasarse

deslizarse
fluir

transcurrir
pasar

propagarse
divulgarse

silenciar

recorrer
viajar

avergonzarse
turbarse

correría
expedición
incursión
invasión

excursión
viaje

corresponden-cia
correo
carta
postal

correlación
equivalencia
proporción

reciprocidad
comunicación
intercambio

desproporción

correspon-der(se)
incumbir
afectar

atañer
concernir

recompensar
agradecer

concordar
casar
encajar

contrastar
diferir

quererse
entenderse

correspondient
conveniente
adecuado
idóneo
oportuno
pertinente

inconveniente
inadecuado

corresponsal
periodista
reportero
cronista

corretaje
comisión
correduría
porcentaje

corretear
callejear
deambular

correveidile
chismorrero
chismoso
cotilla

corrida
novillada
lidia
becerrada

carrera

orrido
pasado
largo
colmado

avergonzado
confundido
cortado

orriente
habitual
frecuente

ordinario
vulgar
mediocre

extraordinario

río
torrente

tiro
aire

electricidad
energía

orrimiento
deslizamiento
desprendimiento

orro
grupo
reunión
camarilla

cerco
rueda
círculo

orroboración
ratificación
confirmación

desmentido

orroborar
ratificar
confirmar
reafirmar

desmentir

corroer(se)
carcomer
roer
consumir

concomerse
afligirse

alegrarse

corromper(se)
pudrirse
estropearse
descomponerse
apestar

conservarse

pervertir
enviciar
depravar

ennoblecer
purificar

sobornar

corrompido
putrefacto
podrido
estropeado
descompuesto

pervertido
depravado
vicioso

honesto
honrado

corrosión
deterioro
erosión
desgaste

corrosivo
cáustico
mordiente
ácido

sarcástico

irónico
incisivo

constructivo

corrupción
descomposición
putrefacción
podredumbre

depravación
perversión
deshonestidad

honradez
integridad

soborno
cohecho

corruptela
corrupción
depravación

honestidad

corrupto
enviciado
comprado

insobornable
íntegro

corruptor
depravado
seductor

corsario
bucanero
filibustero
pirata

corsé
ajustador
ceñidor
faja

corso
piratería
saqueo
batida

cortacircuitos
fusible
plomos

cortado
tímido
vergonzoso
cohibido
indeciso

atrevido
decidido

cortafrío
escoplo
cincel
cortahierro
buril

cortafuego
vereda
zanja
franja

cortante
acerado
afilado
aguzado

romo

brusco
incisivo
tajante

flexible

cortapisa
traba
dificultad
obstáculo

facilidad

cortar(se)
seccionar
sajar
cercenar
amputar

partir
talar

pegar
unir

detener
interrumpir
parar

turbarse
azorarse
abochornarse

crecerse

cuajarse
agriarse

corte
tajo
incisión
herida
amputación
cisura

filo
hoja
lámina
arista

acompañamiento
comitiva
séquito
cortejo

reparo
sonrojo
vergüenza
apuro

desvergüenza
descaro

cortedad
timidez
vergüenza

atrevimiento
decisión

brevedad

concisión
pequeñez

largueza
abundancia

cortejar
galantear
rondar
pretender

cortejo
acompañamiento
séquito
comitiva

galanteo
agasajo

cortes
cámara
congreso
parlamento

cortés
afable
educado
comedido
correcto
atento
delicado

descortés
maleducado

cortesano
palaciego
palatino
noble
aristócrata

cortesía
educación
amabilidad
cordialidad
elegancia
finura

descortesía

cumplido
galantería

gentileza
reverencia

desatención
desconsideración

corteza
cáscara
piel
cápsula
caparazón
vaina

exterioridad
apariencia

interior
entrañas

cortijo
rancho
caserío
casa de labor
finca

cortina
visillo
cortinaje
colgadura
estor

corto
pequeño
reducido
diminuto
bajo

alto
largo

breve
fugaz
pasajero

largo
duradero

escaso
insuficiente
exiguo

apocado
tímido

pusilánime
limitado

avispado
inteligente

cortocircuito
avería
contacto
fusión

cosa
ente
cuerpo
elemento
objeto

coscorrón
golpe
cabezazo
testarazo

revés
adversidad

cosecha
recolección
recogida

siembra

cosechar
recolectar
recoger

sembrar

obtener
ganar

cosechero
agricultor
segador
recolector

coser
zurcir
hilvanar
sobrehilar
remendar

osido
zurcido
hilvanado
remendado

costura
pespunte
remiendo

osmético
afeite
maquillaje
crema

ósmico
galáctico
universal
espacial

osmografía
astrofísica
astronomía

osmonave
astronave
nave espacial
cohete

osmopolita
internacional
universal

provinciano

osmos
universo
mundo
firmamento

oso
ruedo
plaza de toros
arena

calle mayor
paseo
avenida

osquillas
cosquilleo

hormigueo
hormiguillo

costa
litoral
playa
orilla
ribera

costado
lado
flanco
banda
lateral
ala

costal
saco
saca
fardo
talego

costalada
costalazo
caída
batacazo

costalero
peón
mozo
cargador

costar
valer
importar
ascender

causar
ocasionar
originar

costas
gastos
coste
importe

coste
precio
importe

costo
gasto

costear
sufragar
subvencionar
financiar
pagar

bordear
circunvalar
rodear

costero
costeño
ribereño
litoral

costilla(s)
chuleta

esposa
media naranja

espaldas

costo
coste

hachís

costoso
caro
oneroso
gravoso
abusivo

barato

laborioso
dificultoso
fatigoso

fácil

costra
pústula
postilla
escara

corteza
cubierta
recubrimiento

costumbre
hábito
práctica
uso
tradición
rutina

costumbrista
folclórico
regionalista
tradicional

costura
cosido
labor
zurcido
pespunte
dobladillo
cadeneta

costurera
modista
sastra
zurcidora

costurero
canastilla
estuche
cestillo

cota
altura
elevación
altitud
cima

cotarro
tertulia
reunión
corro
corrillo

asunto
actividad
negocio

cotejar
comparar

compulsar
confrontar

coterráneo
paisano
compatriota

cotidiano
diario
ordinario
frecuente
habitual

infrecuente
inhabitual

cotilla
chismoso
murmurador
correveidile

curioso
fisgón

cotillear
chismorrear
murmurar

fisgar
curiosear

cotización
valor
evaluación
valoración
precio

cotizado
valioso
importante
deseable
preciado

insignificante

cotizar
abonar
contribuir
pagar

evaluar

valorar
estimar

coto
acotado
vedado
reserva

cotorra
cacatúa
papagayo
loro

charlatán
parlanchín
hablador

callado
silencioso

coyunda
correa
soga
cuerda

matrimonio
enlace
desposorio

sumisión
servidumbre

emancipación

coyuntura
articulación
juntura

circunstancia
oportunidad
ocasión

coz
patada
golpe
sacudida

crac
bancarrota
hundimiento
ruina comercial
quiebra

cráneo
cabeza
calavera
sesera

crápula
depravado
vicioso
libertino

virtuoso

depravación
libertinaje
vicio

honestidad

craso
grueso
gordo
obeso

flaco
delgado

grande
enorme
abultado

insignificante

cráter
boca
abertura
cima

creación
universo
cosmos
mundo

ingenio
obra
invención

creador
autor
inventor
fundador
progenitor

crear
inventar
engendrar
procrear
imaginar
concebir

fundar
establecer
instituir

destruir
eliminar

crecer(se)
agrandarse
aumentar
desarrollarse

disminuir

envalentonarse
atreverse
decidirse

arredrarse

progresar
prosperar

decrecer

crecida
inundación
riada
avenida

crecido
desarrollado
alto
espigado

bajo

abundante
copioso

escaso

creciente
progresivo
gradual
ascendente

decreciente

crecimiento
desarrollo
incremento
progresión

disminución

credencial
título
acreditación

crédito
préstamo
anticipo
financiación

prestigio
reputación
fama

desprestigio
insolvencia

confianza
credibilidad

descrédito

credo
creencia
fe
doctrina
ideales
principios

crédulo
ingenuo
cándido
incauto

precavido
desconfiado

creencia
convencimiento
convicción
certidumbre

descreimiento

religión
credo

fe
ideales

creer(se)
admitir
aceptar

pensar
estimar
suponer

profesar
seguir

afirmar
sostener
mantener

negar
dudar

creído
altivo
presumido
petulante

modesto
humilde

crema
nata

cosmético
afeite
pomada

cremallera
engranaje
cierre
dentado

crematístico
pecuniario
monetario
económico

crematorio
incinerador
horno
quemador

cremoso
mantecoso
espeso

claro

crepitar
crujir
chascar

crepúsculo
atardecer
anochecer
ocaso

amanecer
aurora

decrepitud
declinación

esplendor

crespo
rizado
ensortijado
ondulado

lacio
liso

cresta
penacho
copete

cima
cumbre

cretino
necio
estúpido
imbécil

listo

creyente
fiel
religioso
piadoso

ateo
incrédulo

cría
criatura
vástago

camada
lechigada

crianza
cultivo

criada
sirvienta
asistenta
doncella
chacha
niñera
nodriza

criadero
vivero
semillero
plantel
invernadero

criado
sirviente
mozo
camarero
asistente

crianza
lactancia
cría

educación
instrucción

criar
amamantar
alimentar
nutrir
lactar

procrear
parir

educar
instruir
formar

cultivar

producir
originar

criatura
ser
hombre
individuo

niño
crío
chiquillo

criba
cernedor
tamiz
cedazo
harnero

selección
elección

cribar
cerner
tamizar
colar

seleccionar
escoger

crimen
asesinato
homicidio

fechoría
injusticia
atropello
maldad

respeto
lealtad

criminal
asesino
homicida
facineroso
forajido
perverso

crin
cerdas
melena
pelo

crío
criatura
bebé

chico
chiquillo
nene

criollo
americano
colonial
indiano

cripta
subterráneo
sótano

catacumba
mausoleo

crisis
dificultad
peligro
aprieto
apuro

depresión
recesión

expansión

mutación
vicisitud
desequilibrio

crispamiento
convulsión
conmoción

relajación

crispación
irritación
nerviosismo

crispar
convulsionar
violentar
estremecer

irritar
enojar

cristal
vidrio
luna
espejo

cristalera
vidriera
ventanal
escaparate
vitrina

cristalino
claro
transparente
limpio

turbio

cristalizar
solidificar
endurecerse

plasmarse
concretarse

cristianar
acristianar
bautizar

cristiandad
iglesia
creyentes
fieles
cristianismo

cristiano
católico
bautizado
creyente
devoto

hereje
ateo

criterio
principio
norma
regla

discernimiento

cordura
sensatez

insensatez

opinión
parecer

crítica
análisis
juicio
opinión

murmuración
censura
reproche

alabanza
elogio

criticar
analizar
juzgar
examinar

censurar
murmurar
reprochar

elogiar
alabar

crítico
comentarista
articulista

acusador
censor
fiscal

decisivo
clave
crucial

croar
cantar

cromático
coloreado
irisado

cromo
estampa

grabado
lámina

crónica
reportaje
narración
comentario
relato

crónico
arraigado
habitual
repetido

esporádico

grave
incurable

cronista
comentarista
historiador
analista
articulista

cronología
calendario
anuario
historia

cronológico
sucesivo
cíclico
progresivo

cronometrar
medir
computar

cronométrico
exacto
correcto
preciso

inexacto

croquis
boceto
bosquejo

diseño
esbozo
esquema

cruce
confluencia
intersección
bifurcación
nudo
empalme

crucero
excursión
viaje
travesía

buque
navío
barco

crucial
decisivo
trascendental
clave
esencial

intrascendente
indiferente

crucificar
molestar
mortificar
fastidiar
afligir
acribillar

agradar

crucifijo
cruz

crudeza
aspereza
desabrimiento
dureza
brusquedad
inclemencia

blandura
clemencia

crudo
inmaduro
verde

maduro

riguroso
frío
severo

suave

realista
descarnado

cruel
brutal
inhumano
atroz
despiadado
bárbaro
feroz
sádico
sanguinario

compasivo
humano

crueldad
brutalidad
atrocidad
ferocidad
sadismo

bondad
humanidad

cruento
sangriento
encarnizado
brutal
feroz

incruento

crujir
rechinar
chirriar
crepitar

cruz
aspa
cruceta
crucifijo

condecoración
galardón

suplicio
tortura
carga
aflicción

alivio
consuelo

cruzada
campaña
lucha
empresa

cruzado
guerrero
luchador
caballero
soldado

cruzar(se)
atravesar
traspasar
pasar

entrelazar
entrecruzar

encontrarse
interponerse

cuaderno
libreta
bloc
agenda

cuadra
establo
caballeriza
cobertizo

cuadrado
cuadrilátero
cuadro

cuadrante

marco
casilla

cuadriforme
cuadrangular

cuadrante

parte
sección

indicador
cuadro
esfera

almohadón
cojín

cuadrar(se)

ajustar
adecuar
encajar

agradar
convenir

plantarse
ponerse firme

cuadrilátero

tetrágono
cuadrado

ring
plataforma

cuadrilla

brigada
grupo
pandilla

cuadro

pintura
lienzo
tela

cuadrado
cuadrilátero

acto
escena
episodio

cuadrúpedo

animal
cabalgadura
caballería

cuajada

requesón
yogur

cuajar(se)

coagular
condensar
solidificar

licuar

llenarse
abarrotarse

cuajarón

coágulo
grumo

cuajo

fermento
extracto

cachaza
pachorra
flema

energía
rapidez

cualidad

aptitud
propiedad
facultad
carácter
condición
atributo
capacidad

cualificado

competente
preparado
especializado
experto

incompetente

cualquiera

cualquier
uno
alguno
fulano
mengano

cuantía

cantidad
importe
valor
suma
total

cuantioso

abundante
numeroso
copioso
prolífico
innumerable
pródigo

escaso
exiguo

cuarentena

aislamiento
incomunicación
confinamiento
encierro
clausura

cuarentón

cuadragenario
maduro
solterón

cuartear(se)

dividir
partir
romper

agrietarse
rajarse
abrirse
resquebrajarse

cuartel

acantonamiento

acuartelamiento
campamento

cuartelazo

subversión
cuartelada
alzamiento
rebelión
sublevación
insurrección

cuarterón

mestizo
mixto

puertecilla
postigo
ventana

cuarto(s)

habitación
sala
estancia
alcoba
dormitorio
aposento

dinero
metálico
billetes
fondos

cuarzo

sílice
cristal

cuatrero

bandido
ladrón

cuba

tonel
barril
tina
barrica
cubeta

borracho
ebrio

ubeta
cubo
balde
barril

bandeja
fuente
escudilla

ubicar
medir
arquear
computar

ubierta
funda
envoltura
tapa
recubrimiento
revestimiento
tejado

ubierto
tenedor
cuchillo
cuchara

menú
minuta
comida

tapado
envuelto
oculto

descubierto
destapado

ubil
guarida
madriguera
escondrijo

ubo
balde
barreño

hexaedro
dado

cubrir(se)
ocultar
esconder
tapar
techar
envolver
recubrir

descubrir
destapar

encapotarse
nublarse
oscurecerse

despejarse

vestirse
abrigarse
arroparse

cucaña
poste
mástil
madero

cuchara
cucharón
cucharilla
cacillo

cuchichear
chismorrear
susurrar
murmurar

vocear

cuchilla
guillotina
hoja
navaja

cuchillada
tajo
puñalada
herida
corte
navajazo

cuchillo
navaja
faca
puñal
estilete
bisturí
daga

cuchitril
cuartucho
cubículo
covacha
tugurio

cuchufleta
broma
chirigota
burla
chanza

cuco
astuto
avispado
pícaro
pillo

ingenuo
cándido

mono
bonito
gracioso
coqueto

feo

cucurucho
capirote
caperuza
capucha

cuello
pescuezo
garganta
cogote

alzacuello
tirilla

cuenca
órbita

cavidad
concavidad

valle
cauce
depresión

cuenta
cálculo
cómputo
balance

importe
montante
factura
suma

abalorio
cuentecilla
bolita

**cuentakiló-
metros**
velocímetro
taxímetro

cuentista
chismoso
cotilla
liante
alcahuete

novelista
narrador

cuento
fábula
narración
relato

chisme
bulo
mentira
embuste

cuerda
soga
cordel
maroma

cabo
correa

muelle
espiral

cuerdo
sensato
juicioso
prudente
formal

loco
chiflado

cuerno
asta
pitón
cornamenta

corneta
cornetilla

cuero
pellejo
piel
badana

odre
bota

cuerpo
sustancia
elemento
cosa
masa
materia

alma
espíritu

talle
complexión

colectivo
colectividad
corporación

cuesta
pendiente
ladera

rampa
bajada
subida

llanura
meseta

cuestación
colecta
recaudación
postulación

cuestión
asunto
problema
tema
argumento

pregunta
interrogación

contestación
respuesta

discusión
disputa
polémica

cuestionar
discutir
debatir
polemizar
disputar

cuestionario
temario
programa
interrogatorio
sondeo

cueva
caverna
gruta
guarida
madriguera

sótano
bodega
subterráneo

cuidado
atención
vigilancia
custodia
celo
esmero

descuido
abandono
negligencia

miedo
temor
preocupación
inquietud

trabajo
tarea
encargo

cuidador
vigilante
guardián
custodio
tutor

cuidadoso
solícito
diligente
meticuloso
pulcro

descuidado
negligente

cuidar(se)
atender
conservar
defender
asistir
guardar
proteger
curar
vigilar

desatender
abandonar

cuitado
desdichado
afligido

infeliz
angustiado

afortunado

culata
mango
asidero

protección
tapa

anca
grupa
trasero

culebra
serpiente
ofidio
víbora

culebrear
serpentear
zigzaguear
reptar

culebrón
telenovela
novelón
folletín

culera
remiendo
parche
pieza

culinaria
gastronomía
arte culinario
cocina

culminación
remate
cúspide
coronamiento
cenit
consumación

culminante
prominente
elevado

dominante
sobresaliente
preponderante

culminar
acabar
rematar
coronar
consumar

empezar
comenzar

culo
trasero
pompis
posaderas
nalgas

fondo

culpa
delito
falta
pecado
infracción
desliz
incumplimiento

culpable
responsable
reo
condenado
inculpado
penado
convicto

inocente

culpar(se)
acusar
achacar
inculpar
denunciar
recriminar
tachar
condenar

exculpar
excusar

culterano
ampuloso
pedante
afectado
pomposo

sencillo
sobrio

cultivador
labrador
agricultor
labriego
horticultor

cultivar(se)
arar
labrar
sembrar
repoblar
plantar

cuidar
atender
conservar

perder

instruirse
educarse
ilustarse

embrutecerse

cultivo
labor
laboreo
labranza

sembrado
plantío
plantación

culto
educado
instruido
erudito
ilustrado

inculto
ignorante

veneración

adoración
devoción

liturgia
ritual
ceremonia

cultura
erudición
sabiduría
educación
instrucción

incultura
ignorancia

civilización
mundo

cultural
instructivo
educativo
formativo
pedagógico

culturizarse
cultivarse
ilustrarse
instruirse

embrutecerse

cumbre
pico
cresta
cima
cúspide

valle
llanura

apogeo
culmen
culminación

cumpleaños
aniversario
conmemoración
fiesta
celebración

cumplido
completo
lleno

incompleto

amplio
abundante
copioso

escaso
corto

cortés
atento
correcto
educado
gentil

descortés
desatento
grosero

galantería
agasajo
adulación

cumplidor
aplicado
diligente
responsable
trabajador
serio
honrado

negligente
informal

cumplimentar
felicitar
saludar
agasajar

desdeñar
menospreciar

tramitar
ejecutar
realizar

cumplimiento
ejecución

realización
desempeño

consumación
conclusión
finalización

comienzo
inicio

cumplido
halago
ceremonia
lisonja

cumplir(se)
realizar
ejecutar
consumar
formalizar

incumplir
aplazar

concluir
finalizar
caducar

iniciar
empezar

cúmulo
montón
multitud
aglomeración
arsenal
muchedumbre

escasez
insignificancia

cuna
camita
moisés
cesto

estirpe
linaje
familia
origen

cundir
extenderse
propagarse
divulgarse
difundirse

cuneta
zanja
reguero
acequia

cuña
calce
calza
tarugo
taco
zapata

cuñado
hermano político

cuño
troquel
matriz
sello
plancha
molde

marca
señal
impronta

cuota
cupo
porción
asignación
contribución

cupletista
tonadillera
cupletera

cupo
cuota
asignación
contribución
participación

cupón
bono
vale
papeleta
recibo
boleto

cúpula
bóveda
domo
cimborrio

cura
sacerdote
eclesiástico
clérigo
presbítero

seglar
laico
secular

curación
terapia

curación
cura
restablecimiento
terapéutica

curado
adobado
curtido
seco
ahumado

crudo
fresco

recuperado
restablecido
sano

curalotodo
panacea
remedio
pócima

curandero
medicastro
matasanos

hechicero
brujo

curar(se)
tratar
medicinar
desinfectar

recuperarse
sanar
mejorar

enfermar
agravarse

secar
salar
adobar
ahumar

curativo
medicinal
reconstituyente
saludable
reanimador

perjudicial
dañino

curda
borrachera
embriaguez
merluza
tajada
mona
cogorza
tranca
moña
melopea

curia
congregación
nunciatura
tribunal

curiosear
fisgar
fisgonear
husmear
indagar
cotillear

curiosidad
fisgoneo
merodeo
curioseo
indagación

indiferencia
desinterés
discreción

rareza
singularidad
originalidad

curioso
fisgón
indiscreto
entrometido
cotilla

discreto
mesurado

pulcro
aseado
limpio
arreglado

sucio
desaseado

raro
extraño
llamativo
peculiar

corriente
vulgar

currar
trabajar

bregar
trajinar

holgazanear

pegar
zurrar

currículum vitae
antecedentes
datos biográficos
hoja de servicios
historial

cursado
versado
avezado
ducho
experto
perito

inexperto
novato

cursar
estudiar
preparar
aprender

tramitar
gestionar
expedir

detener
interrumpir

cursi
remilgado
amanerado
afectado
presuntuoso
pretencioso

sencillo
campechano

curso
desarrollo
trayectoria
dirección

rumbo
destino
itinerario

detención
paro

cauce
flujo

divulgación
difusión
circulación

transcurso
lapso
duración

año académico

curtido
avezado
baqueteado
ducho
ejercitado

inexperto
novato

bronceado
tostado
moreno

blanco
pálido

cuero
piel
badana

curtir(se)
adobar
curar
aderezar

acostumbrarse
adaptarse
foguearse
avezarse
baquetearse
endurecerse

broncearse
tostarse

curva
comba
arco
elipse
órbita
parábola
curvatura

recta

curvar
encorvar
abarquillar
arquear
combar
ondular
torcer
abombar

enderezar
desencorvar

curvo
curvado
encorvado
sinuoso
abarquillado
arqueado
combado
ondulado
cóncavo

recto
derecho
rectilíneo

cúspide
cima
cumbre
cresta
vértice
culmen

base
fondo

custodia
vigilancia
cuidado
guardia

protección
amparo

abandono
desamparo

ostensorio
sagrario

custodiar
proteger
vigilar
cuidar
defender

velar
salvaguardar

abandonar
descuidar
desatender

cutáneo
epidérmico
externo
superficial

interior
profundo

cutis
piel
dermis
epidermis

cutre
mísero
pobretón
mugriento
cochambroso

lujoso

suntuoso
ostentoso

avaro
mezquino
miserable
roñoso
ruin

desprendido
generoso
rumboso

D

dádiva
obsequio
regalo
donativo
óbolo
limosna

dadivoso
desprendido
desinteresado
generoso
caritativo

roñoso
tacaño

dado
cubo
hexaedro
poliedro

regalado
donado
cedido

daga
machete
puñal
cuchillo
navaja

daltonismo
acromatismo
acromatopsia

dama
señora
mujer
ama
dueña

damajuana
garrafa
garrafón
bombona

damisela
doncella
señorita
joven
muchacha

anciana
vieja

damnificado
dañado
perjudicado
lastimado
deteriorado

ileso
indemne

damnificar
dañar
perjudicar
deteriorar
lesionar

indemnizar

dandi
elegante
presumido
coqueto
figurín

dantesco
espantoso
terrible
espeluznante
aterrador
pavoroso
catastrófico

danza
baile
bailoteo
ballet

enredo
intriga
lío
embrollo

danzar
bailar
bailotear
zapatear

zascandilear
enredar
entremeterse

danzarín
bailarín
danzante
saltarín
zapateador

zascandil
enredador
chisgarabís

dañar
perjudicar
deteriorar
lastimar
lesionar
damnificar
herir
averiar

arreglar

dañino
malo
nocivo

pernicioso
funesto
maligno

beneficioso
benéfico

daño
deterioro
perjuicio
damnificación
detrimento
trastorno
avería
percance

bien
beneficio

golpe
herida
lesión

dar(se)
donar
regalar
conceder
otorgar
ceder
proporcionar
aportar
proveer
conferir
legar

recibir
quitar

pegar
abofetear
golpear

atinar
acertar
adivinar
encontrar

fallar
errar

entregarse

dedicarse
consagrarse

apartarse
abstenerse

dardo
venablo
saeta
arpón
flecha
sagita

sátira
indirecta
ironía

dársena
fondeadero
amarradero
muelle
puerto

datar
fechar
apuntar
anotar

remontarse
originarse
proceder
venir

dato
noticia
referencia
antecedente
circunstancia

número
cifra
cantidad

deambular
vagar
callejear
pasear
caminar

instalarse

debacle
desastre
catástrofe
calamidad
hecatombe

debajo
bajo
abajo
infra
sub

encima
sobre

debate
controversia
polémica
discusión

mesa redonda

debatir
disputar
contender
discutir
litigar
controvertir

combatir
batallar
luchar
pelear

debe
deuda
cargo
débito
pasivo

haber

deber(se)
obligación
responsabilidad
cometido
trabajo

incumbencia
misión

derecho

adeudar

obligarse
comprometerse
corresponder

debido
necesario
exigido
requerido
preciso

oportuno
conveniente
adecuado

adeudado
debitado

débil
frágil
flojo
endeble
delicado
blandengue

fuerte
resistente

cobarde
tímido
pusilánime
timorato

enérgico
viril

debilidad
flojedad
fragilidad
decaimiento
flaqueza
desnutrición

fortaleza
vigor
robustez

cariño

amor
pasión

debilitar(se)
desgastar
atenuar
cansar
agotar
aflojar
amainar

fortalecer
robustecer
reforzar

débito
deuda
pasivo
debe
déficit

debut
estreno
presentación
inauguración
apertura

década
decenio
período
lapso
plazo

decadencia
decaimiento
declive
ocaso
descenso
deterioro
degeneración

auge
esplendor
apogeo

decadente
decaído
caduco

decrépito
degenerado

poderoso
fuerte

decaer
decrecer
debilitarse
flaquear
disminuir

aumentar
fortalecer

decano
deán
presidente
rector
director

decantar(se)
trasegar
verter
derramar

inclinarse
decidirse

decapitar
degollar
descabezar
guillotinar

decencia
honestidad
pudor
moralidad
ética
vergüenza

deshonestidad
desvergüenza

decoro
honor
honorabilidad
dignidad

deshonor
indignidad

aseo

compostura
limpieza

suciedad

decenio
década

decente
honesto
honrado
ético
moral

inmoral
indecente

aseado
limpio
curioso

decepción
desengaño
desencanto
desilusión
frustración
chasco

decepcionar
defraudar
desilusionar
desalentar
descorazonar

confiar
ilusionar

decidido
resuelto
audaz
emprendedor
atrevido
lanzado
valiente

medroso
timorato

concluyente
docisivo

terminante
rotundo

indeciso

decidir(se)
resolver
determinar
sentenciar
decretar
dictaminar
fallar

dudar
titubear
vacilar

atreverse
osar
lanzarse
arriesgarse

arredrarse
temer

decimal
fracción
quebrado
parte

entero

décimo
billete
participación

decir(se)
hablar
manifestar
declarar
mencionar
nombrar
enunciar
enumerar
contar
parlar

callar
silenciar

opinar
asegurar

sostener
afirmar
aseverar

negar

decisión
determinación
resolución

indecisión
duda

fallo
sentencia
dictamen

firmeza
entereza

audacia
osadía
valentía
valor

cobardía
timidez

decisivo
definitivo
concluyente
resolutivo
determinante
categórico

provisional

esencial
fundamental
básico

accidental
secundario

declamación
recitación
entonación
oratoria

grandilocuencia
ampulosidad

sobriedad

declamar
recitar
entonar
representar

declaración
enunciación
confesión
revelación
testimonio
manifiesto

omisión
ocultación

declarado
manifiesto
notorio
evidente
obvio
patente

dudoso
incierto

declarar(se)
manifestar
decir
exponer
revelar
confesar

callar
ocultar

testificar
atestiguar
testimoniar

resolver
determinar
decidir

declinación
decadencia
ocaso

ángulo
desviación

declinar
bajar
caer
descender
decrecer
debilitarse

ascender
reforzarse

rehusar
rechazar
recusar
repudiar

aceptar

declive
cuesta
bajada
desnivel
vertiente
inclinación
talud

ascensión
llanura

decadencia
agonía
debilitamiento
ocaso

ascenso
auge

decolorar(se)
descolorar
desteñir
despintar

colorar

palidecer
marchitar
deslucir

decomisar
confiscar
comisar
aprehender
incautar

decoración
escenografía
decorado

ornamentación
ornato
adorno
embellecimiento

decorado
decoración
ornamentación
tramoya

decorar
adornar
ornamentar
ornar
embellecer
engalanar

afear

decorativo
ornamental
estético
vistoso
atractivo

decoro
honor
respeto
honra

circunspección
gravedad

honestidad
recato
pudor

impudicia

decrecer
disminuir
menguar
aminorar
decaer

aumentar

decrecimiento
disminución
reducción
mengua
rebaja

crecimiento
aumento

decrépito
caduco
decadente
achacoso
ajado
senil

sano
fuerte

decrepitud
ancianidad
vejez
vetustez
senilidad

juventud

decretar
ordenar
mandar
promulgar

decidir
determinar
resolver

decreto
resolución
determinación
decisión

dictamen
manifiesto
bando
precepto

decúbito
yacente
tendido
tumbado

vertical

dedal
dedil

dedicación
entrega
entusiasmo
consagración

desgana

ofrecimiento
homenaje
dedicatoria

ocupación
trabajo
empleo

paro

dedicar(se)
ofrecer
ofrendar
destinar
brindar

rechazar
negar

aplicarse
entregarse
ocuparse

inhibirse

dedicatoria
dedicación
ofrecimiento
ofrenda

dedo(s)
meñique
anular
corazón
pulgar
índice

deducción
rebaja
descuento

disminución
resta

conclusión

consecuencia
secuela

deducir(se)
descontar
rebajar
disminuir
restar

colegir
inferir
derivar
resultar
concluir

deductivo
racional
razonado
fundado
lógico

ilógico

defecar
evacuar
expeler

defección
deserción
infidelidad
traición
abandono

lealtad
adhesión

defecto
imperfección
deficiencia
carencia
falta
fallo
tara

perfección

defectuoso
deficiente
imperfecto

incompleto
malogrado

perfecto
bueno

defender(se)
amparar
proteger
resguardar

atacar
desamparar

disculpar
exculpar
excusar

acusar
culpar

apoyar
auxiliar
sostener

defensa
amparo
protección
socorro
ayuda
auxilio

ataque
desamparo

alegato
discurso
polémica

fortificación
muro
trinchera
parapeto
muralla

defensor
valedor
intercesor
protector
garante

ofensor
acusador

deferencia
atención
consideración
amabilidad
gentileza
cortesía

desconsideración
descortesía

deficiencia
imperfección
insuficiencia
defecto

perfección

deficiente
defectuoso
escaso
insuficiente

perfecto
suficiente

déficit
descubierto
débito
deuda

superávit

definición
explicación
descripción
aclaración
tesis

dictamen
decisión
determinación

definido
declarado
explicado
descrito

delimitado
determinado
claro

evidente
obvio

ambiguo
impreciso

definir(se)
determinar
precisar
aclarar
concretar
especificar
explicar

confundir
indeterminar

definitivo
decisivo
concluyente
terminante
rotundo

relativo
provisional

deflagrar
arder
incendiarse

deformación
alteración
deformidad
anomalía
imperfección

proporción
belleza

disimulo
falseamiento
mentira

deformar(se)
desfigurar
alabear
combar

tergiversar
falsear
manipular

deforme
desfigurado
irregular
torcido
contrahecho

deformidad
desproporción
deformación
alteración
anomalía

defraudador
estafador
falsificador

defraudar
estafar
timar
robar
hurtar

restituir
devolver

decepcionar
desilusionar
frustrar

ilusionar

defunción
fallecimiento
muerte
óbito

degeneración
decadencia
degradación
declive
corrupción
depravación

regeneración

degenerar
corromper
viciar
pervertir
prostituir

regenerar

deglutir
ingerir
digerir
tragar
comer

degollar
decapitar
guillotinar

destruir
arruinar
arrasar
eliminar

degollina
matanza
mortandad
carnicería
escabechina

degradación
envilecimiento
degeneración
humillación
bajeza

dignificación
ennoblecimiento

destitución
deposición
postergación

ascenso
ensalzamiento

degradante
deshonroso
humillante
ignominioso

ennoblecedor

degradar(se)
humillar
envilecer
deshonrar

honrar
ensalzar

destituir

postergar
relegar

ascender
galardonar

degustar
probar
saborear
paladear
catar

dehesa
coto
campo
pasto
pastizal
prado

deidad
divinidad
dios
ídolo

deificar
divinizar
sacralizar
santificar

alabar
ensalzar
exaltar

humillar

dejación
abandono
renuncia
cesión
desinterés

reivindicación

dejadez
negligencia
pereza
desgana
desinterés

apatía
desidia

esmero
cuidado
laboriosidad

desaliño
suciedad

limpieza

descuido
abandono
desamparo

dejar(se)
abandonar
desamparar
repudiar

amparar

soltar
aflojar

marchar
irse
retirarse
largarse

permanecer
quedarse

dar
ceder

arrebatar
apropiarse

permitir
admitir
tolerar
consentir

legar
transmitir
testar

producir
rentar
proporcionar

descuidarse
desentenderse
apoltronarse

deje
dejo
acento
tonillo

delantal
mandil

delante
adelante
antes

detrás

enfrente

delantera
frente
fachada
cara
faz

trasera
reverso

adelanto
anticipación
ventaja

vanguardia

retaguardia

delatar
acusar
denunciar
inculpar
chivarse

encubrir

descubrir
revelar
evidenciar

ocultar

delator
denunciante
acusador
acusica

chivato
soplón

encubridor

delectación
deleite
placer
satisfacción
gusto

asco
repulsión

delegación
representación
embajada
encargo
mandato
misión

agencia
sucursal
filial

delegado
encargado
apoderado
representante

delegar
encargar
encomendar
confiar
facultar

deleitar(se)
agradar
encantar
fascinar
seducir

repugnar
aburrir

recrearse
complacerse

deleite
placer
agrado

encanto
goce

aburrimiento
repugnancia

deleznable
escurridizo
resbaladizo

disgregable
desmenuzable
quebradizo

firme
consistente

miserable
despreciable
aborrecible

estimable

delfín
sucesor
heredero
continuador

delgado
flaco
enjuto
escuchimizado
esquelético

gordo
obeso

delicado
fino
esbelto

deliberación
reflexión
examen
análisis
razonamiento

debate
discusión
polémica

decisión

determinación
resolución

deliberar
meditar
reflexionar
analizar
debatir

resolver
decidir
fallar

delicadeza
elegancia
exquisitez
refinamiento
distinción

grosería
vulgaridad

ternura
suavidad
cortesía

desconsideración
descortesía

delicado
fino
suave
tierno
sensible

descortés
desatento

flaco
delgado
enfermizo

grueso
robusto

quebradizo
frágil
débil

consistente

sabroso
gustoso

apetitoso
exquisito

suspicaz
susceptible
quisquilloso

difícil

fácil

delicia
deleite
goce
gozo
placer
gusto

desagrado
disgusto

delicioso
ameno
agradable
deleitable
placentero

desagradable
fastidioso

gustoso
sabroso
delicado
rico

delictivo
punible
criminal
reprensible

delimitación
limitación
acotación
deslinde

delimitar
limitar
acotar
cercar
vallar

definir
encuadrar

delincuencia
delito
infracción
criminalidad

delincuente
malhechor
criminal
ladrón
bandido

delineante
diseñador
dibujante

delinear
diseñar
dibujar
abocetar
esbozar

delinquir
atentar
infringir
transgredir

delirante
alucinante
apasionado
disparatado
enloquecedor

delirar
desvariar
desbarrar
alucinar

razonar

soñar
fantasear
ilusionar

delirio
desvarío
desatino
alucinación
enajenación

cordura

ilusión

fantasía
emoción

delito
falta
infracción
transgresión
fechoría
desmán

observancia
respeto

demacrado
pálido
desmejorado
enfermizo
lívido

robusto
saludable

demacrarse
adelgazar
enflaquecer
desmejorar

mejorar
sanar

demagogia
electoralismo
populismo

demanda
petición
ruego
reclamación

consulta
pregunta
cuestión

encargo

demandante
litigante
querellante
recurrente
reclamante

demandar
solicitar
requerir
suplicar
rogar

conceder
rechazar

denunciar
acusar
delatar

preguntar
interrogar
cuestionar

demarcación
delimitación
circunscripción
distrito
jurisdicción
territorio

demarcar
circunscribir
delimitar
separar
definir

ampliar
ensanchar

demasía
exceso
colmo
superávit

carencia
déficit

atrevimiento
osadía
descortesía
descaro
desfachatez

cortesía
decoro

demasiado
excesivo

desmesurado
exorbitante

insuficiente
escaso

demencia
locura
vesania
enajenación

cordura
juicio

demente
loco
enajenado
chiflado
vesánico
chalado
pirado
ido

cuerdo
sensato

demérito
desmerecimiento
desprestigio
desdoro

antipatía
incorrección

democracia
liberalismo
libertad
pluralismo
tolerancia

autocracia
dictadura

demócrata
democrático
liberal

reaccionario

demografía
población
habitantes

demoledor
destructor
aniquilador
asolador

demoler
destruir
derribar
derruir

construir
edificar

demolición
derribo
destrucción
aniquilación

construcción

demoniaco
diabólico
maligno

angelical

demonio
diablo
satanás
satán
luzbel
belcebú

ángel

demora
retraso
atraso
dilación

adelanto

demorar(se)
atrasar
aplazar
retrasar
diferir
retardar

adelantar
anticipar

demostración
muestra
prueba
evidencia
comprobación

explicación
definición

ostentación
exhibición
exposición

demostrar
declarar
revelar
exponer
exhibir

probar
razonar
justificar

demostrativo
probatorio
apodíctico
categórico

demudado
pálido
cadavérico
descompuesto

sonrojado

demudar(se)
mudar
variar
cambiar

aturdirse
impresionarse
palidecer

serenar
tranquilizar

denegación
negación
negativa

prohibición
repulsa

aprobación
permiso

denegar
negar
prohibir
impugnar
rechazar

aprobar
otorgar

denigración
difamación
descrédito
desprestigio

alabanza
honra

injuria
agravio
ultraje

denigrante
injurioso
ignominioso
humillante
vilipendioso

denigrar
calumniar
desacreditar
deshonrar
difamar

alabar
enaltecer

injuriar
insultar
ofender
ultrajar

denodado
audaz
resuelto

osado
valiente

cobarde
pusilánime

denominación
nombre
título
designación
calificación

denominar
nombrar
designar
llamar
bautizar

denostador
injuriador
ofensor
ultrajador

ennoblecedor

denostar
ofender
calumniar
injuriar
insultar
ultrajar

alabar
honrar
ensalzar

denotar
expresar
indicar
mostrar
manifestar
revelar

densidad
consistencia
concentración
condensación

fluidez

denso
concentrado
apelmazado
espeso
plúmbeo
pesado

fluido
ligero

confuso
incomprensible

dentadura
dentición
dientes

dental
odontológico
estomatológico
bucal

dentellada
dentada
mordedura
mordisco

dentera
grima

envidia
ansia

dentista
estomatólogo
odontólogo

dentro
adentro

fuera

denuedo
brío
audacia
valentía
arrojo
atrevimiento
osadía

desánimo
cobardía

denuesto
agravio
afrenta
ofensa
ultraje
injuria
insulto

alabanza
desagravio

denuncia
acusación
chivatazo
soplo

multa
requerimiento

denunciar
acusar
delatar
chivarse
soplar

encubrir
ocultar

querellarse
encausar

anunciar
declarar
manifestar

deparar
suministrar
proporcionar
conceder

departamento
sección
división
apartado
compartimento

sucursal
filial
agencia

cantón

distrito
provincia

apartamento
dependencia
habitación

departir
conversar
charlar
dialogar

depauperado
demacrado
debilitado
enflaquecido

robusto

depauperar(se)
empobrecer
arruinar

debilitar
extenuar
agotar

fortalecer
robustecer

dependencia
subordinación
sujeción
supeditación
sumisión

delegación
filial
agencia
sucursal

habitación
pieza

depender
necesitar
obedecer
someterse
subordinarse

dependiente
subordinado
subalterno
auxiliar
adjunto

independiente
superior

empleado
vendedor
tendero

depilar
rasurar
afeitar

deplorable
lamentable
nefasto
funesto

alegre

deplorar
lamentar
sentir
añorar

celebrar
alegrarse

deponer
apartar
destituir
degradar
cesar

testificar
atestiguar
declarar

deportación
destierro
exilio
expatriación
extrañamiento

acogida

deportar
desterrar
exiliar
expatriar
extraditar

acoger

deporte
ejercicio
gimnasia

juego
recreo

deportista
atleta
jugador

deportividad
corrección
limpieza
nobleza

deposición
destitución
degradación
suspensión

declaración
testimonio
atestado

evacuación
defecación
excremento

depositar(se)
poner
guardar
confiar
entregar

sedimentar
posar

depositario
consignatario
tesorero
cajero

depósito
almacén
arsenal
recipiente

acopio
almacenamiento
acumulación

entrega
custodia
consignación

depravación
corrupción
corruptela
degeneración
envilecimiento

moralidad
integridad

depravar(se)
pervertir
degenerar
corromper
envilecer

moralizar
regenerar

deprecación
petición
imprecación
ruego
súplica

deprecar
invocar
implorar
rogar
suplicar

depreciación
devaluación
abaratamiento
disminución

apreciación
subida

depreciar(se)
devaluar
abaratar
rebajar
disminuir

encarecer
subir

depredador
predador
carnicero
carnívoro

depredar
saquear
despojar
robar

depresión
declive
profundidad
barranco
abismo
sima

elevación
cima

abatimiento
decaimiento
desánimo
melancolía
tristeza

euforia
alegría

depresivo
deprimente
depresor
melancólico

deprimir(se)
hundir
abollar
chafar

desalentar
desanimar

entristecer
abatir

alentar
alegrar

deprisa
rápidamente
velozmente
apresuradamente

despacio

depuesto
destituido
relevado
sustituido

depuración
purificación
limpieza
purga

depurar(se)
limpiar
purificar
filtrar
refinar

eliminar
destituir
cesar

derecho
recto
rectilíneo
rígido
erguido
vertical

torcido
tumbado

justicia
legalidad
jurisprudencia
abogacía

injusticia
sinrazón

haz

cara
anverso

reverso
cruz

deriva
desvío
desorientación
alejamiento

derivación
consecuencia
deducción
resultado
desenlace

bifurcación
ramal
ramificación

derivar(se)
proceder
provenir
dimanar

deducirse
seguirse
resultar

desviarse
bifurcarse

derogación
abolición
anulación
abrogación
supresión

establecimiento

disminución
deterioro

derogar
abolir
anular
cancelar
rescindir

instituir
establecer

derrama
distribución
repartimiento
prorrateo

contribución
tributo

derramamiento
derrame
rebosamiento

derramar(se)
verter
esparcir
diseminar

contener
recoger

publicar
divulgar
extender

derrapar
patinar
resbalar

derredor
alrededor
contorno
circuito

derrengado
agotado
exhausto
deslomado

fresco
lozano

derrengar(se)
agotar
cansar
fatigar

torcer
inclinar

derretir(se)
licuar
fundir
desleír
disolver

solidificar

enamorarse
emocionarse
enternecerse

derribar(se)
derruir
demoler
destruir

construir
levantar

deponer
destituir

derribo
demolición
destrucción
ruina

derrocamiento
destitución
destronamiento
deposición

reposición
readmisión

derrocar
deponer
destituir
destronar

demoler
derribar
derruir
destruir

derrochar
dilapidar
malgastar
despilfarrar

ahorrar

derroche
despilfarro
dilapidación
dispendio

ahorro

derrota
vencimiento
sometimiento
fracaso

victoria
triunfo

derrotado
vencido
víctima
prisionero

vencedor

agotado
exhausto
molido

descansado

derrotar
vencer
batir
abatir

derrotero
rumbo
ruta
dirección

derrotismo
abatimiento
desánimo
pesimismo

triunfalismo

derruir
derribar
destruir
demoler

construir
levantar

derrumbar(se)
derribar
derruir
desplomar
demoler

levantar
reconstruir

desencantarse
desanimarse
amilanarse

animarse

desaborido
insípido
insulso
desabrido

sabroso

indiferente
inexpresivo
displicente

desabrido
insípido
insulso
desaborido

áspero
arisco
displicente
huraño
antipático

sociable
amable
cortés

desabrigar
desarropar
desvestir
destapar

arropar
abrigar

desamparar
desguarnecer
desproteger

proteger
tutelar

desabrimiento
insipidez

displicencia
adustez
descortesía
grosería

disgusto
desagrado
amargura

desabrochar(se)
desabotonar
aflojar
soltar

abrochar

desacatar
desobeceder
insubordinarse
incumplir

acatar
respetar

desacato
desobediencia
insumisión
rebeldía
descortesía

acato
cortesía

desacertar
errar
equivocarse
fallar

acertar

desacierto
desatino
torpeza
dislate
equivocación
error

acierto

desaconsejar
disuadir
persuadir
convencer

desacoplar
desencajar
desajustar
desempotrar
despiezar

acoplar
unir

desacorde
discordante
disonante
desafinado

acorde
afinado

disconforme
discrepante
contradictorio

conforme

**desacostum-
brado**
inusual
inhabitual
extraño
insólito
raro

acostumbrado
usual

desacreditar
desprestigiar
difamar
denigrar
deshonrar
calumniar

acreditar
enaltecer

desactivar(se)
inutilizar

anular
neutralizar

desacuerdo
discordia
disconformidad
disensión
desavenencia

acuerdo
concordia

desafiar
retar
provocar
enfrentarse

competir
contender
disputar
rivalizar

desafinar
desentonar
desacordar
discordar

afinar
entonar

desafío
reto
duelo
provocación
contienda

desaforado
desenfrenado
frenético
iracundo
colérico

razonable
sensato

desmedido
desmesurado
gigantesco

mesurado
pequeño

desafortunado
desdichado
desgraciado
infortunado

feliz

infausto
nefasto
triste

inoportuno
desacertado

oportuno
acertado

desafuero
desmán
abuso
atropello
transgresión
tropelía
injusticia

justicia

desagradable
fastidioso
molesto
incómodo
repugnante
asqueroso

agradable
atractivo

desagradar
disgustar
fastidiar
ofender
molestar

agradar
gustar

desagrado
disgusto
descontento
fastidio

enfado
enojo

agrado
simpatía

desagraviar(se)
resarcir
compensar
indemnizar
reparar

agraviar
afrentar

desagravio
reparación
compensación
expiación
recompensa

agravio
ofensa

desagregar
desvincular
desunir
disgregar
dispersar

unir
asociar

desaguar
desembocar
verter
afluir

vaciar
extraer
achicar

orinar

desagüe
desagüadero
alcantarilla
cloaca
sumidero

desaguisado
agravio
atropello
injusticia
abuso
desatino
dislate
destrozo

desahogado
espacioso
amplio
holgado
cómodo

reducido
incómodo

descarado
descocado
desvergonzado
atrevido

tímido
formal

próspero
rico
acomodado

pobre
apurado

desahogo
alivio
consuelo
bienestar
tranquilidad

apuro

descaro
desfachatez
atrevimiento
desvergüenza

recato
prudencia

amplitud
anchura
holgura

estrechez
angostura

desahuciar
desesperanzar
desesperar
desilusionar

consolar
ilusionar

despedir
desalojar
expulsar

acoger
recibir

desahucio
abandono
desamparo
condena

consuelo
esperanza

desalojamiento
despido
expulsión

admisión

desairar
desestimar
despreciar
menospreciar
desdeñar

apreciar
respetar

desaire
desaliño
desgarbo

descortesía
desdén
desprecio
menosprecio

detalle

desajustar(se)
desarticular
desacoplar

desencajar
separar

ajustar
acoplar

desajuste
desarreglo
desarticulación
discordancia
incoherencia

desalentar(se)
desanimar
desmoralizar
descorazonar
amedrentar
atemorizar

desaliento
abatimiento
desánimo
desinterés
hundimiento
tristeza

aliento
ánimo

desaliñado
desaseado
descuidado
astroso
adán

aseado
limpio

desaliño
desidia
descuido
abandono
desaseo

aseo
pulcritud

desalmado
despiadado
sanguinario

cruel
inhumano

compasivo
bondadoso

desalojar
desocupar
marcharse
irse

ocupar

expulsar
echar

desalojo
desahucio
despido

abandono
marcha

desambientado
inadaptado
descentrado
marginado

adaptado

desamor
desafecto
aversión
odio
animadversión

cariño

desamortizar
expropiar
liberar

desamparado
desvalido
indefenso
huérfano

solitario
inhabitado
desierto

desamparar
abandonar
desatender
desasistir

atender
cuidar

desamparo
abandono
soledad
orfandad
indigencia

desandar
retroceder
volver
recular

desangelado
patoso
soso

desangrar(se)
sangrar

vaciar
agotar
arruinar

desanimar(se)
desalentar
descorazonar
desmoralizar
deshincharse
desinteresarse

animar
estimular

disuadir
convencer

desánimo
desaliento
abatimiento
depresión
desconsuelo
desfallecimiento

ánimo

empeño
brío

desapacible
ingrato
molesto
incómodo
áspero

apacible
grato

destemplado
gélido
frío
riguroso

cálido
templado

desaparecer
esconderse
ocultarse

ausentarse
irse
largarse
marcharse

comparecer

desaparición
ocultación
huida
ausencia
defunción
fulminación

aparición
emersión

desapasionado
imparcial
ecuánime
objetivo

parcial
injusto

frío
indiferente

ardiente
excitado

desapego
desentendimiento
desinterés
indiferencia

interés
cordialidad

desapercibido
desprevenido
despistado
inadvertido

precavido
advertido

desaprensivo
irresponsable
ventajista
inmoral
sinvergüenza
caradura

responsable
honrado

desaprobación
condena
crítica
rechazo
reproche

desautorización
disconformidad

aprobación

desaprobar
censurar
criticar
reprobar
reprochar
rechazar

alabar
aplaudir

denegar
desautorizar

aprobar
autorizar

esaprovechar
desperdiciar
malgastar
derrochar

aprovechar

esarbolar
desmantelar
desarmar
desbaratar

esarmado
indefenso
inerme
despojado

esarmar
despojar
privar
desposeer

desmontar
despiezar
descomponer

templar
aplacar
pacificar

esarme
desarmamiento
pacificación

esarraigar(se)
arrancar
descepar
extraer

enraizar
plantar

desterrar
deportar
exiliar

repatriar

suprimir
extirpar
exterminar

desarrapado
desharrapado

desarreglar(se)
trastornar
descomponer
desordenar
desorganizar

arreglar
ordenar

desarreglo
desorden
irregularidad
desorganización
confusión

indisposición
enfermedad
trastorno

desarrollado
crecido
espigado
adulto

raquítico
enano

próspero
avanzado
boyante

retrasado
decadente

desarrollar(se)
extender
desenvolver
desliar
desplegar

enrollar
envolver

acrecentar
aumentar
incrementar

disminuir
reducir

progresar

evolucionar
prosperar

empeorar

florecer
germinar
madurar

explicar
exponer

desarrollo
crecimiento
aumento
incremento

disminución
reducción

progreso
avance
mejora

retroceso
empeoramiento

explicación
exposición

desarropar(se)
destapar
desvestir
desabrigar

arropar
tapar

desarrugar
estirar
alisar
planchar

arrugar

desarticular
dislocar
descoyuntar
torcer

desajustar
desacoplar

desencajar
desmontar

acoplar
unir

frustrar
fracasar
desbaratar

organizar
orquestar

desaseado
sucio
descuidado

desasirse
desprenderse
soltarse
desvincularse

desasistir
abandonar
desamparar
olvidar
relegar

ayudar
asistir

desasosiego
intranquilidad
nerviosismo
inquietud
desazón
malestar

sosiego
tranquilidad

desastrado
desaliñado
andrajoso
harapiento
sucio

atildado
aseado

catastrófico
calamitoso

desastre
calamidad
cataclismo
catástrofe
caos
ruina

ventura
felicidad

desastroso
desastrado

desgraciado
adverso
calamitoso

afortunado
feliz

desatado
suelto
libre

desquiciado
desenfrenado
lanzado

comedido
moderado

desatar(se)
soltar
desanudar
desamarrar
desencadenar

atar
anudar

ocasionar
originar
provocar

desatascar(se)
destapar
destaponar
desatrancar

atascar
obstruir

desatención
descortesía
grosería
desaire

cortesía
miramiento

descuido
desinterés
negligencia

atención

desatender
descuidar
abandonar
desestimar
menospreciar

atender
cuidar

desatento
descortés
desconsiderado
grosero

cortés
atento

distraído
desinteresado

desatinado
disparatado
descabellado
desacertado
absurdo

equivocado
errado
erróneo

desatino
desacierto
disparate
despropósito
barbaridad

acierto

desatornillar
destornillar
desenroscar

atornillar

desatracar
zarpar
partir
desamarrar

atracar
arrivar

desatrancar
desatascar
desobstruir
desatrampar

desautorizar
desacreditar
desaprobar
degradar

autorizar
facultar

desavenencia
discrepancia
desacuerdo
enfrentamiento
desunión

avenencia
concordia

desayunar
almorzar
alimentarse

ayunar

desayuno
almuerzo

desazón
inquietud
zozobra
desasosiego
intranquilidad

sosiego
calma

desazonar(se)
inquietar
intranquilizar
irritar
angustiar

sosegar
confortar

desbancar
arruinar
arramblar
ganar

suplantar
reemplazar
sustituir

desbandada
dispersión
escapada
deserción
fuga

desbandarse
dispersarse
fugarse
escapar
huir

acudir

desbarajuste
desorden
lío
confusión
barullo

orden

desbaratar(se)
desordenar
desorganizar
deshacer

componer
arreglar

derrochar
despilfarrar
malgastar

ahorrar

esbarrar
disparatar
desvariar
errar

meter la pata

acertar

esbastar
limar
lijar
pulir
alisar

esbloquear
liberar
soltar
facilitar
permitir

bloquear

esbloqueo
liberalización
apertura

impedimento

esbocado
encabritado
enloquecido
trastornado

desvergonzado
descarado
enguaraz

esbocarse
encabritarse
desmandarse

desmadrarse
desenfrenarse
desmelenarse

comedirse
cortarse

esbordamiento
riada
crecida

inundación
anegación

desbordante
exuberante
profuso
copioso
abundante
pletórico

escaso
falto

desbordar(se)
rebosar
inundar
anegar

desmandarse
desenfrenarse
desbocarse

comedirse

desbrozar
limpiar
despejar
descombrar

descabalado
incompleto
desparejado
mutilado
suelto

completo

descabalar
desemparejar
mutilar
desarticular
desarmar

completar

descabalgar
desmontar
bajar
apearse

cabalgar
montar

descabellado
insensato
disparatado
absurdo
desacertado
irracional

sensato
razonable

descabello
puntilla
remate

descabezar
decapitar
mochar
desmochar

descalabrar(se)
lastimar
lesionar
herir
golpear

descalabro
descalabramiento
herida

adversidad
contratiempo
infortunio
revés
desastre

descalcificar(se)
decalcificar
debilitar

calcificar
endurecer

descalificación
desautorización
incapacitación

insulto
ofensa

descalificar
desacreditar

desautorizar
incapacitar

autorizar
capacitar

anular
excluir
invalidar

admitir

descalzar(se)
despojar
desprender
descubrir

descalzo
desnudo
despojado
miserable
pobre

calzado

descaminado
desviado
extraviado
desorientado

equivocado
errado
desacertado

acertado

descamisado
desharrapado
andrajoso
harapiento

descampado
despejado
descubierto
abierto

nublado
cerrado

planicie
llanura
páramo

descansado
sosegado
tranquilo
reposado

fatigado
inquieto

descansar
reposar
sosegarse
recostarse
acostarse

trabajar
cansarse

vacar
holgar
parar

apoyar
asentar
basar

descansillo
rellano

descanso
rellano
descansillo

reposo
respiro
pausa
parada

trabajo
actividad

entreacto
intermedio

descarado
atrevido
deslenguado
desvergonzado
insolente
sinvergüenza

comedido
respetuoso

descararse
propasarse
descocarse
desmadrarse

descarga
disparo
tiro
cañonazo

aligeramiento
alivio
liberación

desembarco
fondeo

sacudida
chispazo

descargadero
atracadero
muelle
fondeadero
andén

descargar
desembarcar
descender
bajar

disparar
ametrallar

liberar
aliviar
mitigar

cargar
gravar

golpear
atizar
propinar

desembocar
afluir

descargo
excusa
disculpa

alegato
evasiva

acusación
cargo

descarnado
delgado
seco
enjuto

realista
cruel

descaro
desfachatez
desvergüenza
insolencia
atrevimiento
osadía

moderación
recato

descarriar(se)
descaminar
desorientar
pervertir
viciar

encauzar
encaminar

**descarrila-
miento**
choque
siniestro
accidente

descarrío
desorientación
relajación

vicio
perdición

descartar(se)
desechar
eliminar

prescindir
excluir

abstenerse
excusarse
rehuir

descasar(se)
divorciar
repudiar
separar

descascarillar
desconchar
mondar
pelar

descastado
despegado
desagradecido
ingrato

descendencia
casta
estirpe
sucesión
prole

ascendencia
antecesor

descender
bajar
apearse
descolgarse

subir
ascender

proceder
derivarse
provenir
originarse

rebajar
humillar

descendiente
hijo
nieto

sucesor
heredero

ascendiente

escenso
bajada
descendimiento

subida

decadencia
declive
ocaso
decaimiento

escentrado
desnivelado
desequilibrado
desviado

agitado
excitado
alterado
desconcertado

en las nubes

centrado
concentrado

escentralizar
descentrar
dispersar
esparcir

reunir

escentrar
desplazar
desviar
ladear

centrar

escerrajar
forzar
violentar
romper

escifrar
transcribir

traducir
interpretar

cifrar
codificar

averiguar
adivinar
desentrañar

desclavar
extraer
arrancar

clavar

descocado
impúdico
descarado
atrevido
insolente

recatado
comedido

descoco
descaro
procacidad

recato

descolgar(se)
descender
arriar
bajar
apear
soltar

descollante
destacado
distinguido
sobresaliente

insignificante

descollar
destacar
sobresalir

resaltar
distinguirse

descolocar
revolver
embarullar
desordenar

colocar
ordenar

descolorido
pálido
desvaído
lívido
demacrado

descombrar
limpiar
desbrozar
despejar

descomedido
excesivo
exagerado
desmedido
desmesurado

desatento
descortés
grosero

descompasado
descomedido
exagerado
anormal
irregular

descompensarse
desequilibrarse

equilibrarse

descomponer(se)
desordenar
desbaratar
desarreglar

averiar
romper

ordenar
reparar

separar
aislar
desmontar
dividir

unir
reunir

pudrirse
corromperse

irritarse
violentarse
encolerizarse

desazonarse
indisponerse
enfermar

descomposición
corrupción
putrefacción
alteración

disgregación
desacoplamiento
desmonte
desguace

diarrea
cagalera

descompuesto
estropeado
averiado
dañado
roto

podrido
putrefacto
corrompido

excitado
alterado
violento

indispuesto
diarreico

descomunal
enorme
desmesurado
gigantesco

enano
mínimo

excepcional
fabuloso
extraordinario

desconcertante
sorprendente
asombroso
inaudito

desconcertar(se)
desordenar
desorganizar
descomponer
trastocar

orientar
organizar

sorprender
desorientar
turbar
perturbar
trastornar

tranquilizar

desconchar(se)
descascarillar
cuartear
romperse
saltarse

desconcierto
confusión
desorden
turbación
desbarajuste

desconectar
desunir
separar
desenchufar

conectar
enlazar

desconexión
interrupción
desunión
aislamiento

conexión
unión

desconfiado
suspicaz
receloso
escamado
escéptico
incrédulo

confiado
crédulo

desconfianza
cautela
precaución
suspicacia
recelo
escepticismo

confianza
seguridad

desconfiar
recelar
sospechar
escamarse
mosquearse

confiar

descongelar
deshelar

congelar

liberar
desbloquear

descongestionar
desahogar
desconcentrar
aliviar

congestionar
atascar

desconocedor
ignorante
inculto
inexperto
principiante

conocedor
experto

desconocer
ignorar
desentenderse

conocer
saber

desconocido
extraño
forastero
ignorado
escondido

cambiado
alterado

desconoci-
miento
ignorancia
inconsciencia
incomprensión

erudición
instrucción

desconside-
ración
descortesía
desaire
desatención

respeto
deferencia

desconsiderado
descortés
irrespetuoso
insultante
gamberro

cortés
educado

desconsolado
afligido
angustiado
apenado
triste

contento
alegre

desconsolar(se
entristecer
afligir
apenar
abrumar

consolar
animar

desconsuelo
aflicción
angustia
pesar
pena
abatimiento

alegría
entusiasmo

descontar
restar
deducir
quitar

sumar

descontento
disgustado
afligido
malhumorado
contrariado

desagrado
disgusto
enfado
enojo
contrariedad

agrado
animación

descontrol
desorden
desorganización
barullo
lío

descontrolarse
desmandarse
desbocarse
propasarse

controlarse
comedirse

descorazonador
desmoralizador
desconcertante
consternador

**descorazo-
nar(se)**
desmoralizar
decepcionar
desalentar
desanimar
deprimir

animar

descorchador
sacacorchos

descorchar
destaponar
destapar
abrir

descornarse
afanarse
preocuparse
cavilar

descorrer
correr
retirar
desenrollar
descubrir

descortés
incorrecto

ordinario
grosero

cortés
educado

descortesía
desconsideración
grosería
ordinariez
vulgaridad

cortesía
urbanidad

descortezar
descascarillar
pelar
mondar

descoser(se)
deshilvanar
soltar
desatar
desunir

descoyuntar(se)
dislocar
desencajar
desarticular
luxar

descrédito
desprestigio
deshonor
desdoro
descalificación
menoscabo

prestigio
crédito

descreído
agnóstico
ateo
irreligioso

creyente
religioso

describir
explicar
reseñar
detallar
pormenorizar

delinear
dibujar
pintar

descripción
reseña
explicación
detalle
inventario

descriptivo
gráfico
representativo

**descuajarin-
gar(se)**
desarticular
desvencijar
desencuadernar

descuartizar
despedazar
cortar
partir
dividir
seccionar

descubierto
destapado
abierto
despejado

cubierto
tapado

claro
evidente

sorprendido
desenmascarado
cogido
pillado

déficit

deuda
pérdida

descubridor
explorador
conquistador
colonizador

inventor
investigador
creador

descubrimiento
hallazgo
invención
invento

reconocimiento
exploración
conquista

descubrir
revelar
manifestar
mostrar
exhibir

ocultar
callar

inventar
crear

destapar
desnudar
desvestir

sorprender
atrapar
coger
pillar

explorar
conquistar
colonizar

descuento
deducción
rebaja
abono

descuidado
abandonado
desaliñado
sucio
desaseado

descuidar(se)
desatender
marginar
postergar

atender
cuidar

distraerse
dormirse
olvidarse

abandonarse
desaliñarse

descuido
omisión
olvido
despiste

atención
cuidado

desidia
dejadez
abulia

desliz
falta
tropiezo

abandono
desaliño
desaseo

aseo
limpieza

desdecir(se)
desmerecer
desmejorar
deslucir

retractarse
negar

arrepentirse
enmendar

afirmarse
ratificar

desdén
desprecio
desaire
menosprecio

aprecio
estimación

desdeñable
despreciable
fútil
insignificante
exiguo

apreciable
digno

desdeñar
despreciar
desestimar
rechazar

apreciar
estimar

humillar
ofender
menospreciar

ensalzar
halagar

desdeñoso
altanero
arrogante
altivo

desdibujado
impreciso
difuminado
confuso
borroso

nítido
claro

desdibujarse
difuminarse
desvanecerse
diluirse

desdicha
desgracia
infortunio
calamidad
desventura

fortuna

desdichado
desgraciado
desafortunado
fracasado
infeliz

dichoso
afortunado

lamentable
fatal
trágico

desdoblar(se)
extender
desenrollar
desplegar
desenvolver

doblar
plegar

duplicarse
dividirse
fraccionarse

desdoro
descrédito
deshonor
deshonra
desprestigio

crédito
honor

desear
apetecer
querer

anhelar
ansiar
codiciar

aborrecer
odiar

desecar
secar
deshidratar
drenar
resecar

humedecer
hidratar

desechar
excluir
rechazar
descartar
despreciar

apreciar
recoger

desecho
residuo
desperdicio
sobra
escoria
basura

desembalar
abrir
desatar
desempaquetar

embalar

desembarazado
libre
expedito
suelto

desenvuelto
descarado
atrevido

desembarazar(se)
despejar

franquear
allanar

embarazar
obstruir

zafarse
evitar
soslayar

desembarazo
desenvoltura
desparpajo
espontaneidad

timidez

desembarcadero
puerto
muelle
atracadero

desembarcar
descargar
bajar
salir

embarcar

desembarco
descarga
salida
desembarque

invasión
incursión
asalto
ataque

desembargar
desempeñar
deshipotecar

embargar
hipotecar

desembocadura
estuario
delta
ría

desembocar
desaguar
afluir
verter

desembolsar
pagar
sufragar
costear
abonar

embolsar
cobrar

desembolso
gasto
pago
abono
coste

cobro
cargo

desembragar
desconectar
separar
cambiar

desembrollar
desenredar
aclarar
desentrañar
esclarecer

embrollar
complicar

desembuchar
confesar
declarar
cantar

desemejante
diferente
dispar
distinto

semejante
similar

desempaquetar
desembalar
desempacar
desenvolver
desatar

empaquetar
envolver

desemparejar(se)
desigualar
desempatar
deshacer

hermanar
igualar

desempatar
desigualar
desnivelar

desempeñar
desentrampar
rescatar
recuperar

ejercer
realizar
dedicarse

desempeño
desembargo
rescate
recuperación

empeño
embargo

ocupación
cargo
ejercicio
función

desempleado
desocupado
parado

desempleo
desocupación
paro

desempolvar(se)
limpiar
cepillar

ensuciar
empolvar

rescatar
recordar

olvidar
arrinconar

desencadenamiento
comienzo
arranque
brote

desencadenar(se)
desatar
desunir
desligar
soltar

estallar
iniciar
originarse

desencajado
descompuesto
demudado
pálido

desencajar(se)
desajustar
dislocar
descolocar

demudarse
aturdirse
palidecer

serenarse
calmarse

desencallar
desembarrancar

desencantar(se)
decepcionar
desilusionar
frustrar

embelesar
fascinar

desencanto
desilusión
desengaño
decepción
chasco

desenchufar
desconectar

enchufar

desencuadernar(se)
desbaratar
descuajaringar
deshacer

desenfado
descaro
desenvoltura
desparpajo
osadía

timidez
recato

desenfocar
desvirtuar
deformar
desfigurar

desenfreno
depravación
inmoralidad
desorden
libertinaje
lujuria

continencia
comedimiento

desenfundar
desenvainar

sacar
extraer

desenganchar(se)
desprender
separar
soltar
desconectar

deshabituarse

desengañado
desilusionado
decepcionado
dolido
contrariado

esperanzado
ilusionado

desengañar(se)
decepcionar
defraudar
desilusionar
frustrar

ilusionar

desengaño
decepción
desilusión
desencanto
frustración

ilusión
esperanza

desengarzar
desprender

engarzar

desengrasar
limpiar
lavar
enjuagar

engrasar

desenlace
fin
final
conclusión
resultado

inicio
comienzo

desenlazar(se)
desatar
desenredar
desligar
soltar

acabar
concluir

desenmarañar
aclarar
desembrollar
desenredar
esclarecer

embrollar
enredar

desenmascarar(se)
descubrir
destapar
revelar
mostrar

enmascarar
ocultar

desenredar(se)
desenmarañar
desenlazar
desligar
soltar

ordenar
arreglar

desenrollar
desplegar
extender
desdoblar

envolver
enrollar

desenroscar
desatornillar
aflojar

enroscar

desentenderse
abandonar
despreocuparse
desinteresarse
desatender
olvidar

atender
interesarse

desenterrar
exhumar
extraer
descubrir

enterrar
inhumar

desentonar
desafinar
disonar
discordar

discrepar
chocar
diferenciarse

desentrañar(se)
aclarar
descifrar
esclarecer
averiguar

desentumecer(se)
desentorpecer
desadormecer
desentumir

entumecerse

desenvainar
desenfundar

extraer
sacar

envainar
enfundar

desenvoltura
soltura
garbo
destreza

desparpajo
naturalidad
atrevimiento

timidez
pudor

desenvolver(se)
desempaquetar
extender

envolver
empaquetar

manejarse
valerse
apañárselas

desenvuelto
desenfadado
descarado
desvergonzado

comedido
recatado

seguro
confiado
resuelto

tímido
torpe

deseo
aspiración
ansia
afán
anhelo

pretensión
empeño

inapetencia
displicencia

intención
objetivo
proyecto

deseoso
anhelante
ansioso
ávido
codicioso

desinteresado
indiferente

desequilibrado
desnivelado
desigual
inestable

equilibrado
nivelado

trastornado
perturbado
loco
demente

equilibrado
cuerdo

**desequili-
brar(se)**
desigualar
desnivelar
descompensar

equilibrar
nivelar

perturbarse
enajenarse
enloquecer

sosegarse

desequilibrio
inestabilidad

inseguridad
oscilación

equilibrio
estabilidad

locura
demencia
trastorno
enajenación

cordura

deserción
traición
huida
abandono
desaparición

lealtad
fidelidad

desertar
abandonar
huir
abjurar
escapar

desértico
árido
yermo
estéril
despoblado
deshabitado

frondoso
populoso

desertor
traidor
desleal
prófugo
tránsfuga

leal
fiel

desesperación
angustia
desesperanza

exasperación
pesimismo

esperanza
optimismo

desesperado
agobiado
atormentado
desmoralizado

sosegado

desesperante
exasperante
irritante
insoportable
inaguantable

soportable
tolerable

desesperanza
desesperación

desesperar(se)
impacientar
exasperar
irritar

apaciguar
serenar

afligirse
apenarse
desilusionarse

desestimar
denegar
rechazar
negar

aprobar

desdeñar
despreciar
menospreciar

estimar

desfachatez
cinismo
descaro

desvergüenza
frescura

decoro
prudencia

desfalcar
defraudar
malversar
estafar
robar

desfalco
estafa
robo
malversación
fraude

desfallecer
flaquear
flojear
fatigarse

resistir
animarse

desfallecimiento
desvanecimiento
agotamiento
desmayo
mareo

restablecimiento
robustecimiento

desfasado
atrasado
obsoleto

desfavorable
adverso
perjudicial
contraproducente

favorable
beneficioso

desfigurar(se)
deformar
falsear

tergiversar
disfrazar

afear
dañar
herir

demudarse
turbarse
inmutarse

desfiladero
quebrada
puerto
garganta
angostura

desfilar
marchar
caminar
exhibirse

desfile
parada
revista
cabalgata
comitiva

desflorar
deshonrar
desvirgar

estropear
ajar
marchitar

desfogar(se)
desahogar
desbordar
solazarse

contener
reprimir

desfondar(se)
romper
destrozar
desbaratar

agotarse

cansarse
fatigarse

estimular
fortalecer

desgajar(se)
desgarrar
despedazar
destrozar

desgana
inapetencia
anorexia

apetito
gana

hastío
tedio
apatía
desinterés

afán
interés

desganado
inapetente
apático

apetente
glotón

desgañitarse
gritar
vociferar
vocear
chillar

desgarbado
desgalichado
larguirucho

garboso
apuesto

desgarrar(se)
rasgar
destrozar
romper
despedazar

coser
zurcir

desgarro
desgarrón
rotura

descaro
desfachatez
desvergüenza

recato
mesura

desgarrón
enganchón
jirón
rasgón

desgastado
gastado
raído
usado

nuevo
impecable

desgastar(se)
gastar
consumir
estropear

debilitarse
marchitarse

desgaste
uso
deterioro
roce
erosión

desglosar
separar
segregar

desgobierno
desorden
desorganización
caos
desconcierto
anarquía

desgracia
adversidad
infortunio
calamidad
desdicha

fortuna
suerte

accidente
percance
contratiempo

desgraciado
desdichado
infortunado
desvalido
infeliz

feliz
afortunado

aciago
lamentable
catastrófico
trágico

próspero
benéfico

desgraciar(se)
malograr
lastimar
lisiar
mutilar

desgranar(se)
desmenuzar
desperdigar
disgregar
desglosar

desgravación
rebaja
reducción
deducción

recargo
gravamen

desgravar
rebajar

deducir
aminorar

gravar

desgreñado
despeinado
desmelenado
desastrado

desguace
desmontaje
despiece
demolición

cementerio de
automóviles

**desguarne-
cer(se)**
despojar
desposeer
desarmar

proteger
amparar

desguazar
desmontar
desarmar
despiezar

armar
montar

deshabitado
despoblado
desierto
desolado

deshabitar
despoblar
abandonar

poblar

deshabituar(se)
desacostumbrar
eliminar

erradicar
desenganchar

habituar

deshacer(se)
romper
destrozar
destruir
descomponer
desbaratar

organizar
componer

derrotar
vencer

derretir
disolver
desleír
fundir

esforzarse
desvivirse
ansiar

desharrapado
desastrado
harapiento
andrajoso

atildado
cuidadoso

deshecho
despedazado
destrozado
roto
desvencijado

unido
rehecho

derretido
desleído
licuado

deshelar
descongelar
derretir

licuar
fundir

helar
congelar

desheredar
desamparar
desatender
excluir
privar

deshidratación
desecación
evaporación
deshumedeci-
miento

hidratación
humedecimiento

deshidratar(se)
desecar
evaporar
resecar

hidratar
humedecer

deshielo
descongelación
fusión
licuación

solidificación

deshilar
desflecar
deshilachar
destejer
deshilvanar

hilar
tejer

deshilvanado
incoherente
incongruente
confuso
inconexo

deshinchar(se)
desinflar
desinflamar

hinchar
henchir

acobardarse
desanimarse

deshojar
arrancar
exfoliar
despojar

deshonestidad
indecencia
impudor
inmoralidad
desvergüenza

honestidad
recato

deshonesto
inmoral
impúdico
desvergonzado
indecoroso
libertino
lujurioso

honesto
honrado

deshonor
deshonra

deshonra
deshonor
afrenta
ignominia
ultraje
vilipendio
vergüenza

honra
honor

deshonrar(se)
desprestigiar
difamar

desacreditar
agraviar
ultrajar
calumniar

honrar
respetar

desvirgar
desflorar
violar

deshonroso
ignominioso
vergonzoso
denigrante
infamante

honroso
digno

desidia
abandono
negligencia
desgana
desinterés
holgazanería
pereza

diligencia
laboriosidad

desidioso
abandonado
apático
descuidado
indolente

activo
inquieto

desierto
páramo
erial
baldío
yermo

deshabitado
despoblado

habitado
poblado

designar(se)
destinar
denominar
nombrar
titular
significar

destituir
expulsar

designio
intención
propósito
proyecto
finalidad
meta

desigual
distinto
diferente
diverso
dispar

igual
similar

variable
voluble
caprichoso

escarpado
quebrado
accidentado

uniforme

desigualar(se)
diferenciar
desemejar
distinguir
diferir

igualar

desigualdad
diferencia
disparidad
desemejanza
divergencia

igualdad
semejanza

rugosidad
aspereza

desilusión
decepción
desengaño
desencanto
chasco

ilusión

desilusionar(se)
decepcionar
defraudar
chasquear

ilusionar
esperanzar

desinfección
limpieza
asepsia
esterilización

desinfectante
aséptico
antiséptico
esterilizante
bactericida

desinfectar
limpiar
purificar
deterger
fumigar

infectar
contaminar

desinflar(se)
deshinchar
vaciar
evacuar

inflar
hinchar

desanimarse
abatirse

desintegración
descomposición
disgregación

desunión
división

agregación
integración

desintegrar(se)
descomponer
disgregar
disociar

integrar
componer

desaparecer
evaporarse
esfumarse

desinterés
indiferencia
abulia
apatía
dejadez

interés
apego

desprendimiento
generosidad
desapego
altruismo

cicatería
egoísmo

desinteresado
desprendido
generoso
altruista
caritativo

egoísta
interesado

desinteresar(se)
desentenderse
desistir
inhibirse
abstenerse
ignorar

interesarse
preocuparse

desistimiento
abandono
renuncia
desinterés

desistir
abandonar
renunciar
cejar
ceder

insistir
perseverar

desleal
infiel
ingrato
traidor

leal
fiel

deslealtad
indignidad
infidelidad
falsedad
traición
vileza

lealtad
fidelidad

desleír
disolver
diluir
licuar

deslenguado
insolente
malhablado
procaz
descarado

comedido
discreto

desligar(se)
soltar
desatar
liberar

desvincular
desunir

eximir
exonerar

deslindar
delimitar
demarcar
marcar
señalar

aclarar
esclarecer
puntualizar
detallar

embrollar
enmarañar

deslinde
límite
demarcación
delimitación

desliz
resbalón
tropezón
escurrimiento

equivocación
error
descuido
lapsus

acierto
cuidado

deslizamiento
escurrimiento
resbalamiento
resbalón

fuga
huida
evasión

deslizar(se)
resbalar

patinar
escurrirse

escabullirse
escaparse
huir

deslomar
derrengar
rendir
fatigar

deslucido
deslustrado
ajado
raído
usado

lucido
nuevo

frustrado
fracasado
desgraciado

deslucir(se)
ajar
deslustrar
estropear
gastar
sobar

lucir
abrillantar

desacreditar
desprestigiar

deslumbrador
brillante
radiante
refulgente
relumbrante
deslumbrante

apagado
opaco

fastuoso
ostentoso
lujoso

deslumbramiento
ceguedad
obnubilación

fascinación
embobamiento
asombro

deslumbrar(se)
cegar
relumbrar
brillar
refulgir

fascinar
impresionar
asombrar

deslustrar(se)
deslucir
empañar

desmadejado
decaído
desanimado
apagado

reanimado
fuerte

desmadejamiento
agotamiento
decaimiento
desgana

desmán
desorden
exceso
tropelía
desafuero

orden
moderación

desgracia
infortunio

desmandarse
desobedecer
rebelarse
descarriarse

desmantelar
deshabitar
abandonar
desarmar
destruir

desmañado
inútil
inepto
torpe

desmayado
desfallecido
desganado
desanimado

entonado
animado

desmayar(se)
flaquear
desfallecer
descorazonarse

marearse
desvanecerse

desmayo
mareo
desvanecimiento
vahído
soponcio

desaliento
desinterés

ánimo
tesón

desmedido
desmesurado

desmedirse
excederse
propasarse
desmandarse

desmedrado
enfermizo
delgado
desmejorado

robusto
fuerte

desmedrar(se)
desmejorar
deteriorar
debilitar

medrar
fortalecerse

desmejorar(se)
deslucir
ajar
enfermar
empeorar
debilitarse

desmelenar(se)
despeinar
desgreñar
enmarañar

desmandarse
descomedirse
desmedirse

refrenarse

desmembrar
separar
desunir
dividir
segmentar
desarticular

desmemoriado
olvidadizo
despistado
distraído

desmentido
objetado
rebatido

refutado
contradicho

confirmado
corroborado

refutación
impugnación
contradicción

afirmación
ratificación

desmentir(se)
contradecir
desdecir
denegar
refutar

confirmar
corroborar

desmenuzar
triturar
desmigajar
pulverizar
dividir

unir
juntar

examinar
analizar
detallar

desmerecer
desvalorizar
rebajar
decaer
depreciar

desmerecimiento
demérito
depreciación
desprestigio

desmesurado
desproporcionado

desmedido
exagerado

mesurado
comedido

insolente
descortés
descarado

desmesurar(se)
descomedirse
excederse

desmochar
cortar
podar
cercenar

desmontable
desarmable
desacoplable
portátil

desmontar(se)
desarmar
desunir
separar
desajustar

armar
montar

descabalgar
apearse
bajarse

montar
subir

allanar
explanar
nivelar

desmonte
allanamiento
nivelación

desmoralización
desánimo

pesimismo
desilusión

ánimo
entusiasmo

corrupción
perversión

desmoralizador
desalentador
descorazonador
desesperanzador

desmoralizar(se)
pervertir
corromper

desalentar
desanimar
desesperanzar

animar
alentar

**desmorona-
miento**
desprendimiento
derrumbamiento
hundimiento

desmoronar(se)
destruir
demoler
derribar

abatirse
fracasar
decaer

desnatar
descremar
desgrasar

desnaturalizado
inhumano
cruel
desalmado

humano
compasivo

falsificado
alterado

**desnaturali-
zar(se)**
alterar
cambiar
falsear

desnivel
declive
pendiente
rampa
cuesta

desnivelar
desigualar
desequilibrar
inclinar

desnucar(se)
descalabrar
descoyuntar

desnudar(se)
desvestir
desabrigar
desarropar

despojar
desposeer

desnudo
desvestido
desabrigado

pobre
despojado
necesitado

claro
notorio
manifiesto

desnutrición
depauperación
debilidad
anemia

desnutrido
depauperado
desfallecido
anémico

desobedecer
infringir
vulnerar
quebrantar
incumplir
insubordinarse

obedecer
acatar

desobediencia
indisciplina
insubordinación
transgresión
rebeldía

obediencia
acatamiento

desobediente
insubordinado
indisciplinado
rebelde

obediente
sumiso

desocupación
inactividad
ocio
indolencia

actividad
trajín

desempleo
paro

desocupado
vacío
vacante
libre

inactivo
ocioso
parado
desempleado

desocupar(se)
desalojar

evacuar
vaciar

ocupar
llenar

desoír
desatender
desobedecer
rechazar

oír
atender

desolación
aflicción
angustia
desamparo

alegría
gozo

devastación
ruina

desolado
desierto
solitario
devastado

afligido
apenado

alegre
feliz

desolar(se)
destruir
devastar
asolar

afligir
atribular
entristecer
apenar
desconsolar

alegrar
contentar

desollar
despellejar
descarnar

desorbitar
exagerar
abultar
inflar

desorden
desbarajuste
desconcierto
desorganización
anarquía

orden
armonía

bullicio
barullo
alboroto
follón
tumulto

calma
tranquilidad

desordenado
desorganizado
confuso
caótico

ordenado
organizado

desordenar(se)
desorganizar
desarreglar
embrollar
enredar
descomponer
revolver

ordenar
organizar

desorganización
desorden

desorganizar
desordenar

desorientación
confusión

despiste
aturdimiento

orientación

desorientado
confuso
despistado
confundido
aturdido

orientado
encaminado

desorientar(se)
desconcertar
despistar
extraviarse
perderse

orientar
encaminar

ofuscarse
aturdirse

despabilado
espabilado
desvelado
despierto

dormido
adormilado

vivo
astuto
avispado

torpe
atontado

despabilar(se)
espabilar
avivar
aguzar
incitar

despertarse
despejarse

dormirse
adormilarse

despachar(se)
acabar
concluir
resolver

enviar
expedir
remitir
remesar

vender
expender
detallar

echar
apartar
expulsar

matar
asesinar

despacho
oficina
estudio
bufete
negociado

tienda
comercio
establecimiento

comunicado
noticia
carta

despachurrar(se)
despanzurrar
aplastar
estrujar
apretar

despacio
pausadamente
lentamente

rápidamente

despampanante
sorprendente
extraordinario
fenomenal

corriente
insignificante

**despanzu-
rrar(se)**
despachurrar

desparejo
dispar
diferente
distinto

igual
semejante

desparpajo
desenvoltura
descaro
soltura
destreza

desparramar(se)
dispersar
desperdigar
diseminar
esparcir

dilapidar
derrochar
malgastar

despatarrarse
espatarrarse
estirarse
extenderse

despavorido
horrorizado
aterrorizado
amedrentado

despecho
resentimiento
animadversión
rencor
odio
envidia

afecto
simpatía

despechugarse
desabrocharse
escotarse
descubrir

despectivo
desdeñoso
despreciativo

despedazar
descuartizar
desmembrar
mutilar

despedida
adiós
partida
marcha
separación

recibimiento
acogida

despedir(se)
ausentarse
marcharse
irse

expulsar
destituir
licenciar

retener
readmitir

despegado
desencolado
desengomado
desprendido

unido
pegado

arisco
huraño
antipático

cariñoso
agradable

despegar(se)
desencolar
desprender
desunir

pegar
unir

remontarse

elevarse
volar

aterrizar

despego
distanciamiento
desvinculación
desinterés

apego

despeinado
desgreñado
desmelenado
greñudo

despeinar(se)
desgreñar
desmelenar

peinar

despejado
claro
sereno
raso
limpio

encapotado
nublado

espacioso
desahogado
amplio

inteligente
despierto
listo

despejar(se)
limpiar
desobstruir
desocupar

atascar
obstruir

aclararse
serenarse

encapotarse
nublarse

despellejar(se)
desollar
descarnar
escoriar

criticar
murmurar
vituperar

alabar
elogiar

despojar
desvalijar

despenalizar
legitimar
legalizar

despensa
alacena
fresquera
nevera

provisión
víveres
alimentos

despeñadero
abismo
precipicio
barranco

despeñar(se)
arrojar
lanzar
tirar

despepitar(se)
gritar
vociferar
desgañitarse

anhelar
ansiar
pirrarse

desperdiciar(se)
estropear
despilfarrar

malgastar
desaprovechar

aprovechar

desperdicio
residuo
resto
sobrante
desecho
despojo

desperdigar(se)
diseminar
dispersar
desparramar
disgregar

concentrar

desperezarse
despertarse
bostezar
estirarse

desperfecto
deterioro
daño
avería

arreglo
reparación

despertar(se)
desadormecerse
despabilarse

dormirse
adormecerse

recordar
evocar
acordarse

avivar
animar
estimular

despiadado
cruel
inhumano

bárbaro
sanguinario

compasivo
bondadoso

despido
destitución
cese
relevo
expulsión

despierto
despabilado
espabilado

dormido
adormilado

hábil
listo
avispado
vivo

tonto
torpe

despilfarrar
derrochar
dilapidar
malgastar

ahorrar
economizar

despilfarro
derroche
dilapidación
dispendio

ahorro
economía

despintar(se)
borrar
raspar

colorear
pintar

desfigurar
alterar
cambiar

despistado
distraído
desorientado
aturdido

despistar(se)
confundir
desorientar
equivocar

orientar

distraerse
aturdirse
extraviarse

despiste
distracción
descuido
desorientación
equivocación

desplante
descaro
atrevimiento

desplazamiento
alejamiento
descentramiento
arrinconamiento

desplazar(se)
apartar
arrinconar
relegar

transitar
trasladarse
dirigirse

desplegar(se)
tender
extender
desenrollar
abrir

plegar
cerrar

ejercitar
practicar

despliegue
marcha
maniobra
desarrollo

actividad
ejercicio

desplomarse
caerse
desmoronarse
hundirse
derrumbarse

inclinarse
desviarse
torcerse

desplome
caída
desmoronamiento
hundimiento

desplumar
despellejar
desollar

estafar
robar

despoblado
deshabitado
abandonado
solitario

descampado
desierto
yermo

despoblar
abandonar
deshabitar
marcharse

poblar
habitar

despojar(se)
quitar
robar

hurtar
desplumar

restituir
devolver

renunciar
prescindir
desprenderse

despojo(s)
botín
saqueo
robo
pillaje

residuos
desechos
desperdicios

desportillar
desconchar
descascarillar
astillar

desposado
casado
cónyuge

desposar(se)
casar
esposar
prometerse

contraer
  matrimonio
contraer nupcias

desposeer(se)
despojar
usurpar
expoliar

renunciar
desprenderse

desposorio
boda
nupcias
casamiento
esponsales

déspota
dictador
tirano
autócrata

despotismo
tiranía
dictadura
autocracia
autoritarismo
totalitarismo
absolutismo

democracia
liberalismo

despotricar
criticar
insultar
ofender
maldecir

despreciable
ruin
vil
abyecto
infame
detestable
repugnante
aborrecible

admirable
respetable

insignificante
ridículo
desdeñable

despreciar(se)
desestimar
desdeñar
menospreciar
subestimar

dejar de lado

apreciar
estimar
respetar

despreciativo
despectivo
altivo
arrogante

desprecio
desconsideración
indiferencia
desdén
menosprecio
subestimación

aprecio
estima

desprender(se)
desunir
desatar
soltar
separar
desenganchar

unir
juntar

despojarse
renunciar
privarse

retener

inferir
deducirse
significar

desprendido
suelto
desunido
arrancado
desgajado

unido
atado

desinteresado
altruista
generoso

roñoso
tacaño

desprendi-
    miento
alud
avalancha

separación
desunión
desgajamiento

generosidad
altruismo
filantropía

avaricia
tacañería

despreocu-
    pación
tranquilidad
calma
serenidad
flema
desinterés

interés
preocupación

despreocupado
tranquilo
confiado
descuidado
indiferente

inquieto

despreocuparse
desatender
descuidar
desentenderse
olvidarse

preocuparse
interesarse

despresti-
    giar(se)
desacreditar
deshonrar
difamar

prestigiar
alabar

desprestigio
deshonra
difamación
descrédito

prestigio
honra

desprevenido
descuidado
despreocupado
despistado
distraído

prevenido
precavido

desproporción
desigualdad
deformidad
asimetría

proporción
igualdad

despropósito
disparate
inconveniencia
incoherencia

acierto

desprovisto
carente
falto
despojado

provisto
dotado

después
luego
en seguida
posteriormente

antes

despuntar
enromar

achatar
mellar

afinar
aguzar

brotar
florecer
germinar

amanecer
clarear

oscurecer
anochecer

descollar
destacar
resaltar
sobresalir

desquiciado
perturbado
trastornado
desequilibrado

cuerdo
sereno

desquiciar(se)
desvencijar
desgoznar
desarticular

ajustar
encajar

turbar
perturbar
trastornar

desquitar(se)
reintegrar
indemnizar
compensar

resarcirse
vengarse

desquite
revancha
venganza
represalia

perdón

desriñonar(se)
derrengar
extenuar
fatigar

destacado
descollante
relevante
ilustre
conocido
notorio

corriente
desconocido

adelantado
avanzado

destacamento
avanzada
avanzadilla
vanguardia

destacar(se)
descollar
predominar
sobresalir
distinguirse

recalcar
acentuar
marcar

destapar(se)
abrir
destaponar
descorchar

tapar

descubrir
exhibir
desnudar

cubrir

destaponar
descorchar
destapar
abrir

destartalado
desvencijado
estropeado

destello
resplandor
brillo
chispazo

atisbo
indicio
asomo

destemplado
frío
inclemente
desapacible

templado

inarmónico
desafinado
desentonado

destemplanza
frío
inclemencia

bonanza

descortesía
rudeza
desconsideración

consideración

alteración
desequilibrio
indisposición

destemplar(se)
alterarse
descomponerse
perturbarse
indisponerse
enfermar

irritarse
enfurecerse
desquiciarse

templarse
comedirse

desteñir(se)
decolorar
blanquear
aclarar

teñir
colorar

desternillarse
reírse
partirse
mondarse

desterrado
deportado
exiliado

desterrar
deportar
expulsar
extrañar

repatriar

destetar
desmamar
despechar

destiempo (a)
inoportuno
intempestivo

oportuno

destierro
deportación
expulsión
ostracismo

repatriación

destilación
alambicamiento
evaporación
volatilización

destilar
alambicar
volatilizar
evaporar

destinar
señalar
distribuir
designar
asignar
proponer

destinatario
receptor
aceptante

remitente

destino
dirección
señas
domicilio

empleo
ocupación
cargo

azar
sino
hado
suerte
fortuna

destitución
cesantía
despido
degradación
expulsión

nombramiento

destituir
deponer
cesar
degradar
despedir
expulsar

nombrar
rehabilitar

destornillar
desatornillar
desenroscar

atornillar

destreza
habilidad
maestría
pericia
desenvoltura
maña

torpeza
impericia

destripar
despanzurrar
despachurrar
reventar

destronar
deponer
derrocar

entronizar

suplantar
reemplazar

destrozar(se)
despedazar
romper
fracturar
quebrar
destruir

arreglar
componer

vencer
derrotar
aniquilar

destrozo
rotura
estropicio
estrago
destrucción

reparación

destrucción
devastación
ruina
aniquilamiento
demolición

reconstrucción

destructor
demoledor
devastador
asolador
aniquilador

torpedero
cazatorpedero

destruir
demoler
deshacer
devastar
desbaratar
derribar
desmoronar
arruinar
destrozar
desmantelar

construir

desunión
separación
división
dispersión
ruptura

unión
unificación

desacuerdo
desavenencia
disconformidad

acuerdo

desunir
separar
dividir
distanciar
disociar
divorciar
disgregar

unir
reunir

enemistar
enfrentar
indisponer

avenir
amigar

desusado
raro
infrecuente
inhabitual

actual
usual

anticuado
viejo
obsoleto

nuevo
moderno

desuso
deshabituación
olvido
abandono

uso
utilización

desvaído
descolorido
pálido
borroso

desvalido
abandonado
desamparado
indefenso
indigente
pobre
menesteroso

protegido
amparado

desvalijar
despojar
atracar
robar
hurtar
saquear

desvalimiento
abandono
desamparo
indefensión

protección
amparo

desvalorización
devaluación
depreciación
inflación

revalorización

desvalorizar(se)
desvalorar
devaluar
depreciar

revalorizar

desván
buhardilla
trastero
sobrado
altillo

desvanecer(se)
desmayarse
desfallecer
marearse

evaporarse
desaparecer
esfumarse

aparecer

atenuar
palidecer
difuminar

desvanecido
desmayado
mareado
inconsciente

desvaído
pálido
tenue

desvaneci-
miento
desmayo
desfallecimiento
mareo

desvariar
desbarrar

disparatar
fantasear

desvarío
delirio
quimera
fantasía
ensueño

desvelar(se)
descubrir
exponer
revelar
mostrar

ocultar

despertar
despabilarse

dormirse

esmerarse
esforzarse
afanarse

despreocuparse

desvelo
insomnio
vigilia
vela
.
sueño
somnolencia

solicitud
celo
esmero
interés
cuidado

despreocupación
desinterés

desvencijar(se)
estropear
romper
descomponer

arreglar

desventaja
obstáculo
inconveniente
hándicap
perjuicio

ventaja
beneficio

desventajoso
perjudicial
nocivo

desventura
desgracia
adversidad
desdicha

ventura
fortuna

desventurado
desdichado
desgraciado
infeliz

desvergonzado
descarado
atrevido
insolente
caradura

apocado
timorato

desvergüenza
descaro
insolencia
desfachatez
atrevimiento

comedimiento
mesura

desvestir(se)
desnudar
destapar
despojar

desviación
desvío

alejamiento
derivación

luxación
distensión

virada
curva
bifurcación

desviar(se)
alejar
separar
torcer
virar

acercar

disuadir
convencer
persuadir

depravar
corromper
viciar

desorientarse
perderse
extraviarse

encaminarse
orientarse

desvinculación
alejamiento
apartamiento
separación

unión

desvincular(se)
desligar
separar
alejar
liberar

vincular
someter

desvío
bifurcación
desviación

derivación
variante

indiferencia
esquivez
despego

apego
afecto

desvirgar
desflorar
deshonrar
violar

desvirtuar(se)
adulterar
falsificar
deformar

desvivirse
ansiar
anhelar
esforzarse

desentenderse
desinteresarse

detallar
precisar
pormenorizar
especificar
puntualizar

resumir
extractar

detalle
especificación
aclaración
pormenor

fragmento
elemento

conjunto
generalidad

delicadeza
gesto

detallista
comerciante
minorista

minucioso
escrupuloso
cuidadoso

detectar
descubrir
localizar

detective
agente
policía

detención
alto
parada
interrupción
estacionamiento

continuación
movimiento

apresamiento
arresto
encarcelamiento

detener(se)
suspender
parar
paralizar
frenar
interrumpir
obstaculizar
estacionar
aparcar

apresurar
continuar

apresar
encarcelar
arrestar

liberar

detenido
estancado

atascado
paralizado

impulsado
lanzado

preso
recluso
arrestado

detenimiento
detención
demora
paralización

esmero
cuidado
minuciosidad

detentar
retener
usurpar
apropiarse

detergente
limpiador
blanqueador
jabón

deteriorado
estropeado
averiado
dañado
desfigurado
usado
gastado

nuevo
intacto

deteriorar(se)
estropear
menoscabar
ajar
gastar
averiar
deformar

reparar
mejorar

deterioro

desperfecto
daño
menoscabo
desgaste
avería

arreglo
mejora

determinación

precisión
especificación
delimitación
evaluación

indeterminación

decisión
valor
intrepidez

indecisión
cobardía

determinar

acordar
decidir
decretar
disponer
ordenar

delimitar
deslindar
encuadrar
precisar

detestable

abominable
odioso
despreciable
repelente

adorable
estupendo

detestar

abominar
aborrecer

odiar
despreciar

amar
querer

detonación

estallido
estampido
explosión
disparo
tiro

detonador

espoleta
fulminante

detonante

atronador
ensordecedor

silencioso

causa
motivo

detonar

explotar
estallar
tronar

detracción

crítica
murmuración
difamación

alabanza

resta
sustracción

suma
añadidura

detractor

crítico
vituperador
opositor

alabador
partidiario

detraer

restar
sustraer

sumar
añadir

detrás

atrás
tras
posterior

delante

detrimento

menoscabo
merma
disminución
daño

beneficio
ventaja

detrito

detritus
desechos
desperdicios

deuda

déficit
débito
pasivo

activo
superávit

compromiso
obligación

deudo

allegado
familiar
pariente

deudor

entrampado
deficitario

acreedor

devaluar

rebajar
depreciar
desvalorizar

revalorizar

devanar

enrollar
ovillar

devaneo

delirio
desatino
disparate

amorío
flirteo
galanteo

distracción
pasatiempo

devastación

desastre
ruina
destrucción
estrago

devastar

arruinar
asolar
destrozar
destruir

reconstruir

devengar

adquirir
retribuir
percibir

devenir

acontecer
ocurrir
suceder

evolución
cambio
modificación

devoción
fervor
piedad
veneración

apego
afición
inclinación

devocionario
misal
breviario

devolución
reembolso
reincorporación
reintegro
reposición

retención

devolver
reembolsar
reintegrar
restituir

embolsar
retener

echar
vomitar
arrojar

devorar
comer
engullir
zampar
tragar

ayunar

arruinar
destruir
despedazar

componer
rehacer

devoto
fervoroso

piadoso
pío

ateo
irreligioso

adicto
aficionado
seguidor
partidario

opositor
enemigo

deyección
defecación
evacuación

día
jornada
fecha
data

alba
amanecer
crepúsculo

noche
oscuridad

diabetes
glucosuria

diablo
demonio
satanás

ángel

sagaz
astuto

tonto

diablillo
trasto

diablura
chiquillada
travesura
trastada

diabólico
satánico
maligno
perverso

angelical
bondadoso

diácono
sacerdote
eclesiástico
clérigo

diadema
aureola
corona
cinta

diafanidad
claridad
luminosidad
transparencia

opacidad
oscuridad

diáfano
transparente
translúcido
luminoso
nítido

opaco
turbio

diagnosis
análisis
diagnóstico
examen

diagnosticar
calificar
definir
determinar
especificar
enjuiciar

diagnóstico
diagnosis
dictamen

diagonal
atravesado
oblicuo
sesgado

paralelo

diagrama
gráfico
croquis

dialectal
comarcal
regional
provincial

dialéctica
argumentación
razonamiento
lógica

dialéctico
lógico
razonable
polemista

dialecto
idioma
jerga
argot

dialogar
hablar
platicar
conversar
charlar

diálogo
coloquio
conversación
charla
plática

monólogo

diamante
brillante
gema

diana
blanco
centro
objetivo

diapasón
monocordio
tono

diapositiva
filmina
transparencia

diario
cotidiano
usual
habitual
fijo

inusual
raro

periódico
boletín
gaceta

dietario
listín
memorias

diarrea
descomposición
colitis
cólico

estreñimiento

diáspora
éxodo
dispersión
marcha

concentración

diástole
dilatación
abertura

sístole

diatriba
invectiva
sátira
ataque

panegírico

dibujante
ilustrador
proyectista
retratista

dibujar
pintar
delinear
esbozar
perfilar
retratar
bosquejar

dibujo
bosquejo
boceto
ilustración
pintura
retrato

diccionario
enciclopedia
glosario
léxico
vocabulario

dicha
felicidad
placer
alegría
ventura
fortuna
suerte

disgusto
infelicidad

dicharachero
bromista
chistoso
gracioso

ingenioso
parlanchín

callado
soso

dicho
chascarrillo
chiste
ingeniosidad

proverbio
refrán
sentencia
máxima
adagio

citado
mencionado
referido

dichoso
encantado
satisfecho
contento
feliz

triste
desgraciado

dicotomía
dualidad
partición
división

dictador
autócrata
déspota
tirano
absolutista

demócrata

dictadura
absolutismo
autarquía
autocracia
fascismo
totalitarismo

democracia

dictamen
informe
sentencia
resolución
veredicto
fallo

dictar
leer
decir
pronunciar
promulgar
decretar

inspirar
sugerir

dictatorial
despótico
totalitario
tiránico
absolutista

democrático
liberal

didáctico
pedagógico
educativo
instructivo

embrutecedor

diente
incisivo
colmillo
molar
premolar

resalte
álabe
muesca

diestro
ducho
ejercitado
avezado
experto
perito

versado
entendido

inexperto

matador
torero
lidiador

derecho

zurdo

dieta

honorarios
plus
retribución
estipendio

ayuno
régimen
tratamiento

dietario

agenda
diario
memorándum

diezmar

castigar
dañar
perjudicar

beneficiar

difamación

calumnia
injuria
vilipendio
insulto
denigración

apología
elogio

difamar

calumniar
denigrar
injuriar
desprestigiar
vilipendiar

alabar
elogiar

diferencia

desemejanza
desigualdad
disimilitud

semejanza
igualdad

desavenencia
disentimiento
disparidad

acuerdo
avenencia

resto
sobrante
residuo

diferenciar(se)

distinguir
discriminar
desigualar

igualar

diferir
sobresalir
despuntar
singularizarse

parecerse
asemejarse

diferente

desemejante
desigual
dispar
distinto

igual
idéntico

diferir

aplazar
demorar
dilatar
posponer
retrasar

adelantar

distinguirse
diferenciarse

difícil

dificultoso
arduo
complicado
embrollado
enrevesado

fácil
sencillo

laborioso
penoso
fatigoso
trabajoso
agotador

cómodo

dificultad

obstáculo
inconveniente
problema
aprieto
atolladero
brete
contrariedad

facilidad

dificultar

complicar
embrollar
enmarañar
enredar
embarazar
entorpecer
estorbar
obstaculizar

facilitar
simplificar

difuminar(se)

diluir
desvanecer
difumar
desdibujar

precisar
perfilar

difundir(se)

publicar
divulgar
editar
emitir
esparcir
extender
generalizar
propagar
retransmitir

ocultar

difunto

fallecido
finado
muerto
cadáver

vivo

difusión

expansión
divulgación
transmisión
irradiación
propagación

difuso

ancho
dilatado
extenso

prolijo
borroso
difuminado

nítido

digerir

asimilar
nutrir
deglutir

indigestarse

asumir
comprender

rechazar

digestión
asimilación
nutrición
deglución

indigestión

digestivo
estomacal
eupéptico
gástrico

indigesto

dignarse
acceder
consentir
condescender

negarse

dignatario
mandatario
delegado
funcionario

dignidad
honra
honorabilidad
pundonor
estimación
orgullo

deshonra

decencia
decoro
seriedad
gravedad

indignidad

nobleza
grandeza
excelencia

vileza

dignificar(se)
enaltecer
honrar
ennoblecer

engrandecer
ensalzar

rebajar
humillar

digno
acreedor
merecedor
meritorio

indigno

honrado
decente
honorable
noble

vil
indecente

apropiado
conveniente
proporcionado

*desproporcio-
nado*

dilación
demora
moratoria
retraso
tardanza

anticipación

dilapidar
despilfarrar
malgastar
derrochar

ahorrar
economizar

dilatación
expansión
alargamiento
ampliación

encogimiento
contracción

dilatar(se)
ampliar
agrandar
alargar
aumentar
extender
prolongar

encoger
achicar

aplazar
atrasar
demorar
diferir
retrasar

adelantar
anticipar

dilección
predilección
preferencia
cariño
amor

animadversión
inquina

dilecto
predilecto
favorito
preferido
querido

odiado

dilema
alternativa
disyuntiva
problema
duda

diligencia
rapidez
presteza
celeridad

pereza
negligencia

atención

esmero
interés

descuido
desinterés

procedimiento
solicitud
actuación

diligenciar
tramitar
gestionar
resolver

diligente
rápido
activo
presto
resuelto
solícito

torpe
lento

dilucidar
esclarecer
aclarar
clarificar
resolver
solucionar

oscurecer
liar

diluir(se)
disolver
desleír
licuar
emulsionar

espesar
concentrar

diluviar
llover
descargar
chaparrear

diluvio
chaparrón
tempestad
aguacero
tormenta

dimanar
proceder
provenir
emanar

dimensión
tamaño
volumen
magnitud
extensión
grosor

diminuto
mínimo
minúsculo
pequeño

gigante
enorme

dimisión
abdicación
renuncia
retirada
abandono

dimitir
abdicar
renunciar
despedirse
irse

dinámico
activo
emprendedor
resolutivo

inactivo
perezoso

dinamismo
agilidad
eficacia

movilidad
rapidez

abulia
lentitud

dinamita
explosivo
pólvora

dinamitar
estallar
explosionar
explotar

dinamo
generador
transformador

dinastía
estirpe
linaje
casta
saga

realeza
monarquía
reinado

dinástico
hereditario
monárquico
real
sucesorio

dineral
fortuna
riqueza
capital

dinero
cuartos
moneda
plata
efectivo

patrimonio
riqueza

pobreza

diócesis
obispado
arzobispado
sede
archidiócesis

Dios
Altísimo
Providencia
Creador
Salvador
Señor
Todopoderoso

diploma
título
credencial
acta
documento
nombramiento

diplomacia
habilidad
táctica
tacto
cortesía
malabarismo
mano izquierda

diplomático
hábil
astuto
sutil

torpe
zafio

emisario
representante
embajador

dipsómano
alcohólico
ebrio
bebedor
borracho

diputado
representante

delegado
comisionado

dique
escollera
espigón
muelle
malecón
presa

dirección
mando
jefatura
directiva
gerencia

rumbo
itinerario
trayectoria
camino
ruta

domicilio
señas
residencia

directiva
dirección
junta
mando
gerencia

directriz
regla
precepto
norma

directo
recto
derecho

torcido

espontáneo
sincero
llano
evidente

indirecto

director
administrador
directivo
jefe
patrono
presidente
patrón

subordinado

dirigente
líder
cabecilla
directivo
jefe

subalterno

dirigible
aeróstato
globo
zepelín

dirigir(se)
acaudillar
presidir
encabezar
regir
liderar
gobernar
administrar
mandar

canalizar
educar
orientar
encarrilar
encauzar
enfocar

despistar
desorientar

enviar
destinar
llevar
trasladar

ir
marchar
encaminarse

dirimir
resolver
solucionar
zanjar

enconar
enredar

anular
disolver

discernimiento
clarividencia
lucidez
raciocinio
perspicacia

confusión

discernir
comprender
entender
juzgar
distinguir

confundir

disciplina
asignatura
especialidad
materia

docilidad
obediencia
orden
rigor

anarquía

cilicio
azote
látigo
flagelo

disciplinar(se)
organizar
ordenar
someter

desorganizar
desordenar

azotar

flagelar
mortificar

discípulo
alumno
educando
escolar
estudiante
aprendiz

prosélito
seguidor
adepto

adversario
opuesto

disco
círculo
rueda
rodaja
tejo

semáforo
señal

díscolo
desobediente
levantisco
indisciplinado
rebelde

dócil
disciplinado
obediente

disconforme
discordante
distinto
discrepante

acorde
concordante

contrario
adversario
enemigo

seguidor
amigo

disconformidad
desigualdad
diferencia
divergencia

igualdad
concordancia

desavenencia
desunión
discordia
disensión

acuerdo
avenencia

discontinuidad
intermitencia
intervalo
desajuste
incoherencia

continuidad
ilación

discordante
distinto
incompatible
contrario
disonante
inarmónico

acorde
similar

discordia
desacuerdo
desavenencia
discrepancia

acuerdo
avenencia

divergencia
desunión
escisión
separación
ruptura

unión
convergencia

discreción
prudencia
tacto
mesura
moderación

reserva
sagacidad
secreto
sensatez

indiscreción
insensatez

discrepancia
disconformidad
desacuerdo
divergencia

entendimiento
acuerdo

antagonismo
desunión
discordia
disidencia

adhesión
avenencia

discrepar
oponerse
discordar
disentir
divergir

coincidir
convenir

discreto
juicioso
moderado
prudente
reservado
sensato

indiscreto
insensato

discriminación
marginación
diferencia

exclusión
preferencia

igualdad

discriminar
marginar
diferenciar
excluir
distinguir

igualar
incluir

disculpa
excusa
justificación
pretexto
descargo
perdón

acusación
inculpación

disculpar(se)
justificar
exculpar
eximir
perdonar
dispensar

condenar
acusar

discurrir
pensar
razonar
reflexionar
deducir
inferir

fluir
marchar
correr
caminar
andar
ir

pararse
detenerse

discurso
alocución
disertación
plática
conferencia
mitin
sermón

discusión
controversia
debate
polémica
dialéctica

consenso

lucha
altercado
pelea
pendencia
disputa

discutir
argüir
estudiar
examinar
razonar
deliberar

contradecir
refutar
rebatir
impugnar

aceptar
acatar

disputar
pelear
litigar
regañar

reconciliarse

disecar
embalsamar
momificar
conservar

seccionar
cortar

abrir
dividir

unir
coser

diseminar(se)
desparramar
desperdigar
esparcir
dispersar
extender

recoger
agrupar

disensión
disenso
divergencia
desacuerdo
disconformidad

acuerdo
concordia

riña
disputa
altercado
contienda

disentir
discordar
discrepar

convenir
concordar

diseñar
proyectar
trazar
esbozar
esquematizar

diseño
boceto
bosquejo
croquis
esbozo

disertación
discurso

lección
conferencia

disertar
discursear
comentar
explicar

disfraz
antifaz
careta
máscara
carátula

artificio
disimulo

disfrazar(se)
caracterizar
desfigurar
enmascarar

camuflar
disimular
falsear
fingir

exhibir
mostrar

disfrutar
gozar
divertirse
regocijarse
deleitarse

aburrirse
sufrir

tener
poseer
utilizar

carecer

disgregación
desintegración
división
descomposición
separación
desunión

unión

disgregar(se)
separar
esparcir
desunir
desintegrar
desmembrar
desparramar
dividir

juntar
congregar

disgustar(se)
molestar
irritar
enojar
fastidiar
apenar
desazonar
contrariar

agradar
alegrar

disgusto
enfado
enojo
aflicción
amargura
pesadumbre
contrariedad

alegría
placer

disidencia
cisma
desacuerdo
desavenencia
discrepancia
división

disidente
discrepante
opositor
detractor

adepto
partidario

disimular
esconder
camuflar
enmascarar
disfrazar
encubrir
ocultar

descubrir
resaltar

simular
aparentar
fingir

sincerarse

disimulo
encubrimiento
fingimiento
ocultación
tapujo
doblez
subterfugio

sinceridad
rigor

disipar(se)
esfumar
desvanecer
evaporar
clarificar

gastar
derrochar
despilfarrar
dilapidar
malgastar

ahorrar
escatimar

dislate
disparate
desatino
despropósito
barbaridad
locura
imprudencia

acierto

dislocación
luxación
desencajamiento
desviación
diastrofia
distorsión

dislocar(se)
luxar
desarticular
descomponer
distorsionar
descoyuntar
torcer

encajar
articular

disminuido
mermado
reducido
encogido

ampliado
agrandado

inválido
incapacitado
deficiente

disminuir
abreviar
mermar
menguar
rebajar
reducir
acortar
empequeñecer
aminorar
bajar
depreciar

aumentar
añadir
acrecentar

disnea
fatiga
asfixia
asma

disociar(se)
descomponer
desintegrar
desmembrar
desunir
disgregar
separar

disolución
coloide
emulsión
infusión
solución

alejamiento
desunión
separación
ruptura

desenfreno
libertinaje
relajación

austeridad

disolvente
solvente
fundente
disolutivo

disolver(se)
desleír
diluir
emulsionar

concentrar
coagular

separar
alejar
desbaratar
deshacer
desunir

congregar

disonancia
discordancia
desarmonia

desacorde

asonancia
armonía

discrepancia
desavenencia
desacuerdo

amistad
acuerdo

disonante
desacorde
inarmónico
discorde
desafinado

acorde
armónico

disconforme
discrepante
rebelde

conforme

dispar
diferente
desemejante
desigual
distinto

similar
parecido

disparar(se)
tirar
tirotear
ametrallar

chutar
arrojar
lanzar

desbocarse
desmandarse
desahogarse
irritarse

calmarse
contenerse

disparatado
absurdo
desatinado
descabellado
ilógico
insensato
extravagante

razonable
normal

disparate
absurdo
desatino
temeridad
despropósito
dislate
extravagancia
insensatez
necedad
burrada

sensatez

disparidad
antagonismo
diferencia
disimilitud
contraste

igualdad
semejanza

disparo
descarga
detonación
estallido
estampido

dispendio
desembolso
gasto
derroche
despilfarro

ahorro
economía

dispensa
exención
exculpación

condonación
indulgencia

obligación
condena

dispensar(se)
absolver
excusar
eximir
exonerar
perdonar

condenar
obligar

dar
conceder
otorgar
deparar

negar
denegar

dispensario
clínica
enfermería
hospital

dispersar(se)
desperdigar
diseminar
desparramar
esparcir
extender

agrupar
concentrar

desvanecer
disipar

confirmar

dispersión
diseminación
difusión
diáspora
desbandada
descongestión

agrupación
concentración

displicente

descortés
apático
desabrido
desagradable
seco
hosco

amable
simpático
complaciente

disponer(se)

arreglar
organizar
acondicionar
colocar
habilitar
instalar
preparar

desordenar
descolocar

mandar
establecer
ordenar
apercibir
preceptuar

disponibilidad

recursos
reservas
posibles

vacante
excedencia

disposición

colocación
orden
distribución

descolocación
desorden

mandato
ley
precepto
resolución

aptitud
capacidad

capacitación
inclinación
soltura

incapacidad
ineptitud

dispositivo

artilugio
aparato
instrumento
mecanismo
artefacto

dispuesto

preparado
listo
organizado
habilitado

hábil
idóneo
inclinado

incapaz
inepto

disputa

controversia
desavenencia
discordia
discrepancia
lucha
altercado
contienda
pelea

acuerdo
concordia
paz

disputar(se)

debatir
polemizar
cuestionar
discrepar
discutir

acordar
avenirse

contender
combatir

litigar
luchar
competir

distancia

alejamiento
desamor
frialdad

acercamiento
cordialidad

desemejanza
desigualdad
diferencia
discrepancia

semejanza

recorrido
trayecto
camino
trecho

distanciar(se)

alejar
apartar
separar

acercar
juntar

enemistar
enfriar
indisponer

congraciar
intimar

distante

alejado
apartado
remoto

cercano
próximo

displicente
hostil

cariñoso
cordial

distar

separar
alejar

acercar
aproximar

diferir
diferenciarse

parecerse
coincidir

distender(se)

destensar
relajar

tensar
crispar

distinción

diferencia
diferenciación
separación
marginación

igualdad
indiscriminación

dignidad
honor
condecoración

elegancia
estilo
educación

tosquedad
vulgaridad

distinguido

ilustre
eminente
famoso
honorable
notable
respetable

vulgar
plebeyo

refinado
selecto

ordinario
vulgar

diverso

distinguir(se)
diferenciar
discernir

igualar

ver
notar
reconocer
identificar
percibir

confundir

analizar
clarificar

oscurecer
mezclar

descollar
sobresalir
resaltar
anteponer
galardonar
honrar

deshonrar
deslucir

distintivo
diferenciador
singular

general
impersonal

personalidad
peculiaridad
idiosincrasia

emblema
insignia
marca
señal

distinto
diferente
desigual
desemejante

igual
idéntico

distorsión
alteración
deformación
falseamiento

ajuste
fidelidad

dislocación
torcedura
distensión

distorsionar(se)
desfigurar
deformar
cambiar

distraer(se)
amenizar
divertir
entretener

aburrir

despistar
descuidar
olvidar

atender
concentrarse

distribución
reparto
repartición
adjudicación
partición

distribuir(se)
repartir
asignar
dividir
prorratear

monopolizar

ordenar
colocar

desorganizar

distrito
circunscripción

comarca
demarcación

disturbio
perturbación
altercado
desorden
motín

orden

disuadir
desaconsejar
desanimar
desalentar

animar
incitar

disuasión
desánimo
desmoralización

persuasión

disuelto
licuado
desleído
derretido

disyuntiva
alternativa
dilema

ditirambo
elogio
encomio
lisonja

crítica

divagar
vagar
errar

pararse
detenerse

desviarse
dispersarse
desorientarse

precisar
concretar

diván
sofá
canapé

divergencia
diferencia
desigualdad
disparidad

igualdad

desacuerdo
discrepancia

coincidencia
concordia

divergente
desviado
separado

discordante
discrepante

coincidente
convergente

diversidad
variedad
disparidad
pluralidad

homogeneidad

diversificar
variar
diferenciar

diversión
distracción
entretenimiento
esparcimiento
recreo
solaz

aburrimiento

diverso
variado
distinto
dispar

homogéneo
igual

divertido
gracioso
ocurrente
jovial
ameno
placentero

triste
aburrido

divertir(se)
alegrar
agradar
amenizar
complacer

aburrir
empalagar

esparcirse
regocijarse
gozar

sufrir
padecer

dividendo
ganancia
rédito
beneficio

dividir(se)
trocear
fraccionar
partir
quebrar

unir
reunir

distribuir
repartir

concentrar

alejar
enemistar
indisponer

conciliar

divieso
forúnculo
grano

divinidad
deidad
dios

belleza
preciosidad

divinizar
endiosar
mitificar
exaltar
glorificar

humillar

divino
celeste
celestial
beatífico
glorioso

secular

maravilloso
soberbio
extraordinario

horrible
horroroso

divisa
distintivo
emblema
símbolo
lema

divisar(se)
percibir
otear
atisbar
vislumbrar
ver

división
segmentación

fragmentación
partición

unión
multiplicación

fracción
porción
parte

desavenencia
discordia
enemistad

amistad
concordia

divisor
submúltiplo
denominador
divisorio

divorciarse
separarse
descasarse

casarse
vincularse

divorcio
separación
ruptura
disolución

boda
nupcias

divulgación
difusión
propaganda
generalización
información

secreto
reserva

divulgar
publicar
propagar
propalar
anunciar

difundir
pregonar

silenciar
ocultar

doblar(se)
duplicar
binar

curvar
combar
encorvar
arquear

enderezar

plegar
cerrar
recoger

desdoblar
desplegar

girar
virar

doblegarse
avergonzarse

rebelarse

doble
duplo
duplicado
repetido
copia

mitad
medio

disimulado
astuto
falso

sincero
franco

doblegar(se)
torcer
doblar

enderezar
estirar

ceder
someterse

resignarse
acatar

rebelarse
resistirse

Ioblez
pliegue
repulgo
dobladillo

falsedad
fingimiento
simulación

sinceridad
franqueza

Ioce
docena
duodécimo
doceavo

Iocente
didáctico
pedagógico
instructivo

profesor
educador

Iócil
sumiso
obediente
afable
disciplinado

rebelde
díscolo

Iocto
culto
erudito
instruido
sabio

inculto
iletrado

doctor
médico

catedrático
profesor

doctrina
ciencia
erudición
saber
sabiduría
creencia
religión

documentación
carné
expediente
informe
identificación

documental
evidente
fehaciente
cierto

reportaje
crónica

documentar(se)
registrar
probar
certificar
acreditar

desautorizar

informar
instruir

ignorar
desconocer

documento
diploma
título
escrito
pasaporte
carné

dogma
fe
religión

doctrina
evangelio

dogmático
doctrinal
incuestionable
indiscutible
indubitable

discutible

incognoscible
misterioso

claro
evidente

dolencia
padecimiento
enfermedad
achaque

salud

doler(se)
lastimar
sentir
sufrir
padecer

calmar
aliviar

afligirse
apiadarse
compadecerse
condolerse
lamentarse

alegrarse
felicitarse

doliente
achacoso
convaleciente
enfermo
delicado

sano
fuerte

apenado

afligido
desconsolado

alegre
contento

dolo
engaño
simulación
estafa

dolor
desconsuelo
pesar
aflicción
daño
pena

gozo
placer

doloroso
lacerante
penoso
triste
desolador

alegre
gozoso

domar
amaestrar
amansar
domesticar

embravecer

someter
dominar

moderar
educar

domeñar
dominar
domar
someter

domesticar
amansar
domar
dominar

doméstico
criado
servidor
sirviente

manso
dócil
sumiso

bravío
fiero

casero
hogañero
familiar

domiciliarse
empadronarse
avecindarse
afincarse
establecerse

domicilio
dirección
señas
residencia
vivienda

dominación
dominio
sometimiento
poder
autoridad
dictadura
opresión

rebeldía

dominante
autoritario
despótico
dictatorial

tolerante
sumiso

principal
esencial
fundamental

accidental
secundario

dominar(se)
someter
domar
rendir
vencer
oprimir

libertar
emancipar

controlar
sofocar
reprimir
frenar

avivar

destacar
resaltar
sobresalir
predominar

dómine
ayo
preceptor
maestro

pedante

domingo
fiesta
descanso
vacación

dominio
abuso
coacción
dominación
sometimiento
opresión

libertad
emancipación

pertenencia
posesión
propiedad

don
donación
ofrenda

presente
regalo

capacidad
cualidad
facultad
aptitud

torpeza

donación
donativo
ofrenda
presente
dádiva
don
regalo

donaire
garbo
gracia
donosura
gracejo

sosería
torpeza

agudeza
ironía
ocurrencia

donar
regalar
conceder
obsequiar
ceder

quitar
despojar

donativo
limosna
dádiva
óbolo
ofrenda

doncella
camarera
criada

chica
moza

virgen
pura
intacta

donde
en donde
adonde

donjuán
burlador
conquistador
mujeriego
tenorio

donoso
garboso
airoso
elegante
marchoso

ocurrente
irónico
gracioso

soso

dorado
amarillo
áureo
tostado
bañado

glorioso
venturoso
feliz

dorar(se)
broncear
tostar
freír
sofreír

disimular
encubrir
paliar

acusar
criticar

dormilón
marmota
gandul
perezoso

dormir(se)
dormitar
reposar
adormecerse
descansar
yacer

despertar
desvelarse

descuidarse
abandonarse

dormitorio
alcoba
aposento
estancia

dorsal
espaldar
lumbar
posterior

dorso
envés
espalda
lomo
reverso

anverso
haz
cara

dosificar
distribuir
regular
graduar

dosis
porción
dosificación
cantidad

dotación
equipo

plantilla
servicio

dotar
proporcionar
abastecer
conceder
adjudicar
proveer

quitar
retirar

dote
concesión
donación
asignación
obsequio

cualidad
prenda
virtud
aptitud

dragar
limpiar
excavar

drama
teatro
tragedia

desdicha
desventura
calamidad

dicha
ventura

dramático
trágico
terrible
horroroso
sobrecogedor

dramatizar
exagerar
impresionar
emocionar

drástico
tajante
radical
enérgico
rotundo

débil
suave

drenaje
desagüe
avenamiento

encharcamiento
inundación

drenar
desecar
avenar
secar

encharcar
inundar

driblar
regatear
esquivar
eludir

droga
narcótico
estupefaciente
alucinógeno
somnífero

medicamento
fármaco

drogadicto
drogado
toxicómano
drogata
yonqui

drogarse
doparse
pincharse
inyectarse

dualidad
dualismo
duplicidad
repetición

dubitativo
indeciso
confuso
titubeante
vacilante

decidido
seguro

ducha
aspersión
baño
riego

duchar(se)
bañar
lavar
mojar
remojar

ducho
avezado
diestro
experto
hábil

novato
torpe

dúctil
maleable
condescendiente
adaptable
moldeable

duro
inflexible

duda
incertidumbre
titubeo
vacilación

seguridad
decisión

sospecha
recelo
suspicacia

confianza

dudar
vacilar
titubear

decidirse

recelar
desconfiar
sospechar
temer

confiar

dudoso
dubitativo
incierto
inseguro
problemático

seguro
decidido

duelo
combate
reto
lucha
desafío

desconsuelo
dolor
pesar
aflicción

alegría
gozo

entierro
exequias
velatorio

duende
gnomo
espectro
espíritu
fantasma

dueño
amo
propietario
patrono
señor
patrón

sirviente
subordinado

dulce
golosina
caramelo
confitura

dulzón
azucarado
acaramelado

amargo
agrio
salado

agradable
delicioso
exquisito
suave

desagradable
áspero

pacífico
dócil
afable
bondadoso

irascible

dulcificar
azucarar
endulzar
edulcorar

amargar
agriar

apaciguar
calmar
mitigar
moderar
suavizar

irritar
avivar

dulzaina
gaita
chirimía

dulzura
afabilidad
bondad
mansedumbre

suavidad
ternura

rigor
maldad

duna
algaida
arenal
montículo

dúo
dueto
pareja
par

duplicado
facsímil
reproducción
copia
réplica

original
modelo

duplicar
repetir
copiar
reproducir
transcribir

duración
durabilidad
permanencia
curso
persistencia
tiempo
transcurso

duradero
durable
perdurable
indefinido
perenne
persistente
sólido
firme

efímero
perecedero
corto

durar
perdurar

persistir
prolongarse
vivir

acabarse
terminarse

dureza
callo
aspereza
rugosidad

consistencia
resistencia
solidez
firmeza

blandura
fragilidad

rigor
severidad
intolerancia
disciplina

ternura
suavidaz
delicadeza

duro
compacto
consistente
férreo
pétreo
sólido

blando
frágil

agotador
penoso
doloroso

cómodo

cruel
despiadado
intolerante
severo

tolerante
humano

perseverante
tenaz
porfiado

E

ebanista
carpintero
mueblista

ebrio
borracho
bebido
beodo

sobrio
abstemio

ebullición
cocción
burbujeo
efervescencia
hervor

eccehomo
torturado
herido
maltratado

cuidado
mimado

echar(se)
arrojar
expulsar
ahuyentar
deponer
despedir

desterrar
exiliar
lanzar
tirar
repudiar
rechazar

atraer
recibir
repatriar

tumbarse
acostarse
yacer
tenderse

levantarse
erguirse

eclesiástico
sacerdote
clérigo
cura
abad
canónigo
capellán
coadjutor
fraile
monje
párroco

laico
civil
secular

eclipsar(se)
ocultar
oscurecer
tapar
interceptar

aclarar
iluminar

aventajar
superar
vencer

ausentarse
retirarse
evadirse

eclipse
ocultación
oscurecimiento

desaparición
evasión
huida

eco
resonancia
repetición
difusión
propagación

economato
cooperativa

mutualidad
tienda

economía
ahorro
hacienda
bienes

miseria
escasez
estrechez

abundancia
despilfarro

económico
ahorrador
frugal
avaro
mezquino
tacaño

gastador
derrochador

barato
asequible
rebajado
módico

caro
costoso

economizar
ahorrar
guardar
administrar
reservar
escatimar

malgastar
dilapidar
derrochar

ecuánime
imparcial
objetivo
equitativo
neutral

subjetivo
parcial

ecuanimidad
imparcialidad
equidad
equilibrio
justicia

ecuestre
hípico
equino
caballar

ecuménico
universal
general
mundial

eczema
erupción
sarpullido

edad
duración
años
vida
existencia
longevidad

época
era
tiempo

período
lapso

edén
paraíso
cielo

edición
publicación
impresión
tirada

edicto
decreto
bando
ley
mandato
orden

edificante
ejemplar
modélico
instructivo

edificar
construir
levantar
fabricar
obrar

demoler
hundir

edificio
inmueble
casa
obra
bloque
edificación
fábrica

edil
magistrado
regidor
concejal

editar
publicar
imprimir

difundir
reproducir

editor
impresor
librero

edredón
colcha
cobertor
sobrecama

educación
enseñanza
instrucción
formación
cultura

incultura
ignorancia

finura
cortesía
civismo

descortesía
grosería

educado
correcto
cortés
atento
fino
instruido

ignorante
inculto

educador
instructor
maestro
pedagogo
profesor
preceptor

discípulo
alumno

educando
alumno
escolar

discípulo
estudiante
aprendiz

maestro
profesor

educar
formar
instruir
ilustrar
adoctrinar
enseñar
orientar
adiestrar

malcriar
pervertir
viciar

edulcorar
endulzar
dulcificar
suavizar

amargar
endurecer

efebo
adolescente
joven
doncel
mancebo

anciano

efectismo
sensacionalismo
sofisticación
artificiosidad
espectacularidad

realidad
sencillez

efectivo
objetivo
positivo

verdadero
práctico

falso

dinero
metálico

efecto(s)
consecuencia
producto
fruto
resultado

origen
causa

sensación
impresión
emoción
sentimiento

pagaré
talón
cheque
letra

enseres
mercadería
útiles
artículos
pertenencias

efectuar
ejecutar
hacer
practicar
actuar
consumar
cumplir
realizar

deshacer
anular

efeméride(s)
acontecimiento
celebración
fecha
hecho
suceso
evento

efervescencia
ardor
ebullición
entusiasmo
hervor
pasión
acaloramiento

frialdad
tranquilidad

efervescente
agitado
ardoroso
acalorado

sosegado
tranquilo

borboteante
burbujeante

eficacia
efectividad
eficiencia
energía
fuerza
vigor

ineficacia
inutilidad

eficaz
activo
eficiente
capaz
enérgico
fuerte

inactivo
ineficaz

efigie
estatua
imagen
figura
grabado
pintura
retrato

efímero
breve
fugaz
momentáneo
pasajero
perecedero

duradero
perdurable

efluvio
emanación
exhalación
aroma
olor

efusión
afabilidad
afecto
cordialidad
ternura
cariño
apasionamiento

frialdad
indiferencia

derramamiento
esparcimiento

efusivo
afable
cordial
tierno
afectuoso
cariñoso

áspero
duro

égloga
bucólica
pastoral

egoísmo
ambición
egocentrismo
codicia

abnegación

altruismo
solidaridad

egoísta
acaparador
codicioso
interesado
egocentrista

abnegado
altruista

egolatría
egocentrismo
egoísmo
narcisismo
vanidad

egregio
famoso
ilustre
célebre
insigne
notable
eminente

ignorado
vulgar

eje
barra
árbol
cigüeñal

fundamento
núcleo
base

ejecución
realización
actuación
cumplimiento

ajusticiamiento
muerte
inmolación
exterminio

ejecutar
hacer
realizar

efectuar
cumplir

incumplir

ajusticiar
exterminar
liquidar
matar

condonar
perdonar
indultar

ejecutivo
directivo
dirigente
director

subalterno

diligente
expeditivo
rápido

lento
dilatorio

ejemplar
ejemplo
modélico
modelo
paradigma

corruptor
pervertidor

reproducción
libro
copia

ejemplarizar
aleccionar
ejemplificar
aconsejar
edificar

corromper

ejemplo
modelo
prototipo

dechado
paradigma
patrón

anécdota
cita
caso

ejercer
actuar
ejercitar
practicar
desempeñar

ejercicio
gimnasia
entrenamiento
deporte
caminata
carrera
marcha
paseo

quietud
reposo

actuación
práctica
uso
utilización

examen
deberes
prueba

ejercitar
adiestrar
educar
entrenar
formar

profesar
desempeñar
ejercer

ejército
hueste
milicia
tropa

elaboración
confección
fabricación
producción
realización

elaborar
confeccionar
fabricar
producir
transformar

elasticidad
flexibilidad
adaptabilidad
maleabilidad

consistencia
dureza
firmeza

elástico
acomodaticio
adaptable
flexible
maleable

duro
inflexible
rígido

elección
alternativa
dilema
opción
selección

comicios
votación
sufragio
referéndum

elector
votante
compromisario
electorado

electricidad
energía

fluido
fuerza

eléctrico
electrógeno
galvánico
electrizante

electrificar
electrizar

electrizar
electrificar

animar
entusiasmar
exaltar

aquietar
tranquilizar

electrólisis
descomposición
disgregación
galvanoplastia

elegancia
finura
gentileza
distinción
gracia
estilo

cursilería
ordinariez

elegante
distinguido
fino
refinado
atractivo

ordinario
vulgar

elegiaco
lastimero
triste
melancólico

festivo
alegre

elegir
seleccionar
preferir
optar
escoger
apartar
nombrar
proclamar
votar

repudiar
rechazar

elemental
básico
fundamental
primordial
esencial

secundario

corriente
fácil
sencillo
simple

complicado
difícil

elemento
pieza
componente
ingrediente
molécula
cuerpo

elenco
catálogo
lista
repertorio

elevación
ascenso
ascensión
subida
mejora

bajada
hundimiento

alteza

grandeza
nobleza

bajeza
mezquindad
pequeñez

altitud
prominencia
monte
montículo

depresión
hondonada

elevar(se)
subir
izar
aupar
alzar
levantar

bajar

aumentar
encumbrar
potenciar
promocionar
promover

disminuir
abaratar
reducir
aminorar

ascender
progresar
prosperar

hundir
degradar

construir
edificar
erigir

derribar

crecerse
engreírse
ensoberbecerse
vanagloriarse
enaltecerse

humillarse

eliminación
exclusión
expulsión
rescisión
supresión

admisión
inclusión

eliminar
descartar
excluir
suprimir

admitir
incluir

ajusticiar
ejecutar
liquidar
matar

elipse
curvatura
órbita
parábola
óvalo

elíptico
oval
ovalado
parabólico
sinusoidal

élite
selección
superioridad
crema

elixir
panacea
remedio
pócima

elocuencia
facundia
fluidez
oratoria
soltura

labia
retórica

inexpresividad

elocuente
expresivo
convincente
seductor
retórico

sobrio
seco

elogiar
alabar
loar
ponderar
encomiar
ensalzar
enaltecer

censurar
criticar
vituperar

elogio
apología
enaltecimiento
loa
ponderación
panegírico
alabanza

censura
crítica
vituperio

elucubrar
cavilar
lucubrar

eludir
evitar
rehuir
soslayar
esquivar
escaquearse

aceptar
afrontar

emanación
difusión
efluvio

consecuencia
resultado
derivación

emanar
emitir
irradiar
exhalar
despedir

absorber
contener
retener

provenir
proceder
engendrarse

emancipación
independización
liberación
autonomía
soberanía
autarquía

dependencia
esclavitud

emancipar
independizar
libertar
desvincular

esclavizar
sojuzgar
tiranizar

embadurnar
untar
pringar
pintarrajear
manchar

embajada
misión
representación

delegación
consulado

mensaje
encargo
gestión
servicio

embajador
emisario
enviado
legado
nuncio
plenipotenciario

embalaje
empaquetado
caja
paquete
fardo

embalar
empaquetar
envolver
liar

desembalar
desempaquetar

embaldosar
alicatar
pavimentar
solar

embalsamar
momificar
disecar

aromatizar
perfumar

embalsar
represar
estancar
empantanar
rebalsar

fluir
correr

embalse
estanque
pantano
dique
presa
represa

embarazada
preñada
encinta
grávida
gestante

embarazar(se)
preñar
fecundar
concebir
engendrar

abortar

obstaculizar
entorpecer
dificultar
estorbar

facilitar
ayudar
fluir

cohibirse
aturdirse
turbarse

liberarse
atreverse

embarazo
gestación
preñez
gravidez

aborto

impedimento
obstáculo
inconveniente
molestia

ayuda
apoyo

turbación

apocamiento
timidez

atrevimiento
desparpajo

embarazoso
confuso
molesto
incómodo
penoso

embarcación
navío
nave
barco
nao
bajel

embarcadero
dársena
dique
muelle
desembarcadero

embarcar(se)
navegar
fletar
estibar

aventurar
empeñarse
emprender

embargar
confiscar
requisar
decomisar
incautar

devolver
restituir

fascinar
embelesar

desilusionar
defraudar

embargo
confiscación
incautación
decomiso
requisa

desbloqueo

embarque
embarco
envío
fletamento

desembarco

aventura
empresa

embarrancar
atascarse
atollarse
encallar

desembarrancar

embarrar
enlodazar
embadurnar
pringar
enfangar

embarullar
complicar
embrollar
enredar

aclarar
ordenar

embaucador
embustero
farsante
impostor
charlatán

veraz
sincero

embaucar
engatusar
camelar

engañar
estafar
timar

advertir

embeber(se)
empapar
absorber
humedecerse
impregnarse

secar

instruirse
capacitarse

embelesarse
imbuirse
enfrascarse

despistarse
distraerse

embebido
absorto
enfrascado
ensimismado

despistado
distraído

embelesar
cautivar
fascinar
encantar
hechizar
seducir

desencantar
desinteresar
despreocupar

embeleso
admiración
arrebato
fascinación
éxtasis
embelesamiento

desencanto
decepción

embellecer
adornar
acicalar
decorar
ornar
arreglar

afear
desaliñar

**embelleci-
miento**
ornato
adorno
decoración
acicalamiento

afeamiento
desaliño

embestida
acometida
agresión
arremetida
ataque

embestir
atacar
acometer
arremeter
abalanzarse

contenerse
recular

emblema
blasón
divisa
insignia
símbolo
lema
bandera

embobado
atontado
maravillado
fascinado

despabilado
despierto

embobar
atontar
asombrar
pasmar
deslumbrar

embocadura
entrada
boca
boquilla

embolia
trombo
coágulo
obstrucción

émbolo
pistón
compresor
cilindro

embolsar(se)
ensacar
embalar
empacar

cobrar
recaudar
recolectar

emborrachar(se)
embriagar
achispar
amonarse
alcoholizarse

emborronar
garrapatear
garabatear
borronear

emboscada
celada
trampa
encerrona
artimaña
lazo
cepo

embotar(se)
mellar
despuntar
despuntar

afilar
aguzar

ofuscarse
acorcharse
anquilosarse

despejarse
estimularse

embotella-
miento
atasco
aglomeración
taponamiento

embotellar
envasar
enfrascar

atascar
obstruir
congestionar

desatascar
descongestionar

embozar
cubrir
enmascarar
encubrir

descubrir
desenmascarar

embozo
disfraz
máscara
rebozo
doblez
tapujo

embrague
acoplamiento
unión

conexión
cambio

desembrague

embravecer(se)
enfadar
irritar
enfurecer
encolerizar

apaciguar
calmar

embriagado
beodo
borracho
bebido

sobrio
sereno

seducido
fascinado
encantado

desencantado
desinteresado

embriagar(se)
emborrachar
achispar
alcoholizar

agradar
entusiasmar
exaltar
extasiar

desilusionar

embriaguez
borrachera
cogorza
curda
melopea
mona
tajada

arrebato
enajenamiento
exaltación
éxtasis

embrión
feto
germen
huevo
engendro
cigoto

comienzo
inicio
origen
principio

final

embrionario
incipiente
rudimentario
elemental
primario

embrollado
complicado
confuso
enrevesado
liado
revuelto

claro
sencillo

embrollar
desordenar
embarullar
enmarañar
confundir

aclarar
simplificar

embrollo
lío
confusión
desorden
enredo

embuste
mentira
trola

verdad

embromar
burlar
bromear
cachondearse

embrujamiento
hechizo
conjuro
encantamiento
maleficio
fascinación

desencanto
realidad

embrujar
hechizar
encantar
conjurar
endemoniar

desencantar
desembrujar

fascinar
cautivar
embelesar

repeler
rechazar

embrutecer(se)
atontar
entontecer
idiotizar
atolondrar
insensibilizar

educar
formar

embuchar
tragar
engullir
zampar

desembuchar
devolver

embutir

introducir
empotrar

sacar

embuste

infundio
mentira
trola
bola
engaño
trápala
bulo

verdad

embustero

farsante
trolero
mentiroso
embaucador
bolero
fullero

sincero

embutido

fiambre
embuchado

encajado
incrustado
metido

sacado
suelto

embutir

meter
empotrar
encajar
incrustar

sacar
vaciar

embocar
engullir

emergencia

accidente

suceso
evento

necesidad
urgencia
premura
aprieto

lentitud
parsimonia

emerger

sobresalir
aparecer
brotar
asomar
nacer
surgir

hundirse
sumergirse

emigración

éxodo
migración
tránsito
desplazamiento
destierro
extrañamiento

asentamiento
permanencia

emigrante

inmigrante
exiliado
expatriado
colonizador

repatriado

emigrar

migrar
expatriarse
ausentarse
transmigrar

inmigrar
repatriarse
regresar

eminencia

celebridad
excelencia
dignidad
superioridad
grandeza

vulgaridad
medianía

altura
cerro
colina
resalte
saliente

vaguada
depresión

eminente

ilustre
insigne
notable
célebre
distinguido

insignificante
mediocre

alto
elevado
prominente

bajo
hondo

emisario

mensajero
enviado
representante
embajador

emisión

radiodifusión
retransmisión
transmisión
difusión

irradiación
emanación
lanzamiento
proyección

emisora

difusora
emisor
transmisor
estación

emitir

radiar
televisar
publicar
retransmitir
acuñar

despedir
expulsar
exhalar
lanzar
manifestar
anunciar

recibir
absorber

emoción

conmoción
desasosiego
enternecimiento
turbación
inquietud

insensibilidad
pasividad
tranquilidad

emocionante

impresionante
conmovedor
apasionante

emocionar

impresionar
conmover
enternecer
afectar
estremecer
excitar
turbar

apaciguar
sosegar
tranquilizar

emolumento
salario
sueldo
jornal
remuneración
haberes
paga

empacar
empaquetar
liar
envolver
enfardar

desempacar

empachar(se)
hartar
indigestar
empalagar

molestar
fastidiar
cohibir

empacho
indigestión
hartazgo
empalago

estorbo
pega
fastidio

empadronar
censar
encabezar
inscribir
asentar
registrar

empalagar
indigestar
empachar
repugnar

molestar
fastidiar
cansar

divertir
interesar

empalagoso
dulzón
azucarado
acaramelado
indigesto

amargo

zalamero
cargante
molesto
pesado

despegado
esquivo

empalizada
valla
seto
barrera
estacada
cercado

empalmar
entrelazar
ensamblar
juntar
unir
enlazar

desconectar
desunir

seguir
continuar
suceder
relevar

empalme
ensamblaje
unión
conexión
encaje

separación

continuación
sucesión
relevo

empanada
empanadilla
pastel

confusión
enredo
lío

concierto

empantanar
inundar
estancar
embalsar

desecar
secar

detener
atascar
parar

empañar
deslustrar
ensuciar
manchar
enturbiar

empapar
calar
mojar
bautizar
inundar

secar

absorber

escupir

embeber
chupar
impregnar

rechazar

empapelar
envolver
forrar
cubrir

procesar
encausar
enjuiciar

empaque
aspecto
figura
presencia
porte

empaquetar
embalar
enfardar
envolver
liar

desatar
desenvolver

emparedado
bocadillo
medianoche
sándwich

preso
recluso

emparejar
juntar
asociar
casar
igualar
nivelar
unir

separar
desunir

emparentado
relacionado
vinculado
entroncado
asociado

independiente
separado

emparrado
cenador
parral
pérgola

empastar
rellenar
arreglar

embutir
reparar

vaciar
quitar
sacar

empatar
igualar
nivelar
equilibrar
contrarrestar

desempatar
desigualar

empate
igualdad
equilibrio
compensación
nivelación

desempate
desequilibrio
diferencia

empecinado
tozudo
terco
testarudo

transigente
comprensivo

empecinarse
obcecarse
obstinarse
empeñarse
insistir

condescender
razonar

empedernido
implacable
inflexible
insensible
recalcitrante

empedrado
calzada
embaldosado
entarimado
pavimento
solado
suelo

empedrar
adoquinar
pavimentar

empellón
empujón
envite
impulso

empeñado
obcecado
obstinado
empecinado

moderado
tranquilo

endeudado
entrampado
arruinado

solvente
desahogado

empeñar(se)
pignorar
hipotecar
prestar

librar
ceder

endeudarse
entramparse
arruinarse

enriquecerse

empecinarse
obcecarse
obstinarse

ceder
transigir

empeño
ansia
anhelo
tesón
tenacidad
perseverancia
porfía

dejadez
abandono
desinterés

pignoración
deuda
fianza

desempeño

empeorar
decaer
recaer
desmejorar
agravar
degenerar

mejorar
recuperar
restablecer

empequeñecer
encoger
menguar
mermar
achicar
disminuir
reducir

agrandar
aumentar

humillar
infravalorar
desdeñar

engrandecer
magnificar

emperifollar
acicalar
adornar

embellecer
engalanar

afear
desaliñar

emperrarse
empeñarse
obcecarse
obstinarse

ceder
desistir

empezar
iniciar
comenzar
emprender
surgir

acabar
finalizar

empinado
pendiente
ascendente
elevado
alto

bajo
llano

orgulloso
soberbio
altivo
presumido

modesto
humilde

empinar
enderezar
erguir
alzar
levantar

tumbar
recostar
bajar

beber
emborracharse
embriagarse

empingorotado
engreído
presuntuoso
soberbio

modesto
sencillo

empíreo
celestial
divino

averno

empírico
experimental
práctico
efectivo
real
probado

teórico

empirismo
materialismo
positivismo
experiencia
pragmatismo

teórica

emplasto
parche
cataplasma
pegote
ungüento

ajuste
componenda
chapuza

emplazamiento
situación
colocación
instalación
ubicación

citación
convocatoria
llamamiento
requerimiento

emplazar
colocar
situar
ubicar
instalar

convocar
llamar
citar
requerir

empleado
dependiente
subalterno
trabajador
asalariado

usado
gastado
utilizado

nuevo

emplear
usar
utilizar
gastar
aplicar
valerse
servirse

colocar
situar
acomodar

desemplear

empleo
cargo
colocación
puesto
plaza

destino
uso
función
utilidad

jerarquía
grado
categoría

empobrecer(se)
arruinar
depauperar
debilitar
agotar
disminuir

enriquecer
mejorar

empollar
criar
incubar

estudiar
aprender
memorizar

empollón
estudioso
aplicado
trabajador

emponzoñar
envenenar
infectar
intoxicar
contagiar

pervertir
envilecer

emporio
riqueza
mercado
centro

empotrar
incrustar
introducir
encajar
clavar

emprendedor
activo
audaz
decidido
resuelto

apocado
pusilánime

emprender
empezar
iniciar
acometer
intentar
abordar
promover

acabar
terminar

empresa
sociedad
compañía
firma
industria

obra
operación
iniciativa
proyecto
acción
plan

empresario
dueño
amo
patrón
jefe

empleado
subordinado

empréstito
préstamo
hipoteca

empujar
impulsar
impeler
arrojar
lanzar

animar
incitar
estimular

desanimar
disuadir

empuje
brío
coraje
decisión
empeño
tesón
vitalidad
energía
fuerza

empujón
empellón
choque
impulso
atropello

avance
adelanto
progreso

retroceso

empuñadura
asa
puño
tirador
mango
pomo

empuñar
asir
coger
apretar
sujetar
sostener

soltar
desasir

emular
imitar
copiar

competir
porfiar
rivalizar

emulsión
coloide
disolución

solución
mezcla

enagua(s)
combinación
refajo
saya

enajenación
venta
transmisión
pignoración

compra

alienación
locura
demencia
delirio

cordura
sensatez

embelesamiento
éxtasis
encantamiento

lucidez
clarividencia

enajenado
asombrado
estupefacto
absorto
atónito

traspasado
vendido
cedido
transferido

comprado
adquirido

loco
demente
trastornado

cuerdo

enajenar(se)
vender
traspasar

transferir
ceder
hipotecar

comprar
adquirir

enloquecer
trastornarse
delirar

razonar

embelesarse
ensimismarse
extasiarse

enaltecer
engrandecer
exaltar
alabar
elogiar
ensalzar

humillar
criticar

enamoradizo
apasionado
vehemente
ardiente
mujeriego

enamorado
seducido
prendado
chalado
pretendiente
amado

indiferente
desinteresado

enamorar(se)
conquistar
seducir
cortejar
camelar

pretender
querer

embelesar

encantar
fascinar

desencantar
desinteresar

prendarse
encariñarse
encapricharse
apasionarse

desenamorarse

enano
pequeño
canijo
retaco
bajo
diminuto
microscópico

gigante
enorme
alto

enarbolar
levantar
izar
alzar
blandir
empuñar

enardecer(se)
animar
avivar
entusiasmar
estimular
exaltar
excitar
encender
conmover

calmar
desanimar
serenar

enardecimiento
entusiasmo
pasión
emoción

delirio
acaloramiento
excitación

calma
tranquilidad
sosiego

encabezamiento
inicio
comienzo
introducción
preámbulo
principio
prólogo

colofón
final

encabezar
acaudillar
dirigir
capitanear
liderar
abanderar
conducir

iniciar
comenzar
introducir
titular

finalizar
acabar

encabritarse
empinarse
levantarse

cabrearse
encolerizarse

calmarse
tranquilizarse

encadenado
atado
amarrado
esclavizado
preso

sometido
oprimido

libre
desatado

encadenar
concatenar
ligar
engarzar
relacionar
vincular
enlazar

soltar
desvincular

sojuzgar
esclavizar
subyugar
apresar
detener
aprisionar

libertar

encajar(se)
empotrar
acoplar
ensamblar
casar
ajustar
incrustar
embutir
introducir

desencajar
desarmar
desajustar

aguantar
soportar

trabarse
atrancarse
obstruir

encaje
acoplamiento
ajuste
enganche

unión
empalme

puntilla
bordado
calado
blonda
labor

encajonar
encerrar
estrechar
meter
introducir

libertar
soltar

encalar
enjalbegar
enlucir
blanquear
pintar
revocar

encallar(se)
embarrancar
varar
atascarse
inmovilizarse
empantanarse

desencallar
desbloquearse

encallecerse
endurecerse
insensibilizarse
habituarse
acostumbrarse

suavizarse
ablandarse

encamar(se)
acostar
tender
yacer
reposar

levantar

encaminar(se)
orientar
dirigir
adiestrar
educar
encarrilar
encauzar
enderezar

descarriar
desviar

irse
trasladarse
marchar
desplazarse

encanallar(se)
envilecer
degradar
pervertir

regenerar
ennoblecer

encandilar(se)
fascinar
maravillar
emocionar
encantar
ilusionar
entusiasmar
seducir

desencantar
tranquilizar

encanecer
blanquear
canear
envejecer
avejentar

rejuvenecer

encantado
hechizado
embrujado

fascinado
embelesado

desencantado
desinteresado

contento
dichoso
gozoso
satisfecho
alegre
feliz

descontento
desilusionado

encantador

mago
brujo
hechicero
alquimista
hipnotizador

cautivador
fascinante
magnífico
simpático
agradable

desagradable
antipático

encantamiento

fascinación
hechizo
seducción
sortilegio
embeleso
éxtasis

repulsión
fealdad

encantar

gustar
atraer
fascinar
seducir
complacer
maravillar

asquear

desagradar
repugnar

hipnotizar
hechizar
embrujar

encanto

hechizo
magia
embrujo

maravilla
hermosura
belleza
atractivo

desagrado
desencanto

encañonar

apuntar
dirigir
encaminar

encapotarse

nublarse
oscurecerse
cubrirse
cerrarse

abrir
despejar
aclarar

encapricharse

antojarse
obstinarse
insistir
porfiar

cejar
desistir

enamorarse
encariñarse
prendarse

aborrecer
odiar

encapuchado

encubierto
enmascarado
disfrazado

destapado
descubierto

disciplinante
penitente
nazareno

encaramar(se)

levantar
alzar
subir
encumbrar
sobresalir
destacar

bajar
descolgar
humillar

encarar(se)

afrontar
enfrentar
desafiar
resistir

eludir
sortear

encarcela-
miento

prisión
reclusión
aprehensión
aprisionamiento

excarcelación
libertad

encarcelar

recluir
apresar
detener
encerrar

excarcelar
libertar

encarecer

subir
aumentar
incrementar
gravar
revalorizar

abaratar
rebajar

ensalzar
alabar
elogiar

denigrar
menospreciar

encarecimiento

aumento
subida
carestía
especulación

depreciación
abaratamiento
baja

elogio
ponderación
alabanza

desdén
menosprecio

encargado

delegado
agente
gestor
gerente

encargar(se)

encomendar
confiar
mandar
requerir

ocuparse
responsabilizarse
comprometerse

encargo
recado
misión
cometido
favor
compromiso

encariñarse
prendarse
encapricharse
enamorarse
apasionarse

desentenderse

encarnación
personificación
representación
símbolo
imagen

encarnado
colorado
rojo

encarnar
representar
simbolizar
personificar
reproducir

encarnizado
duro
cruel
implacable
reñido
sangriento

incruento
débil
suave

encarnizarse
cebarse
ensañarse
enconarse
recrudecerse

ceder

encarrilar
guiar
encauzar
orientar
dirigir
encaminar

desviar
descarriar

encartar
requerir
convocar
emplazar

procesar
encausar
juzgar

encarte
hoja
folleto

encasillar
etiquetar
circunscribir
restringir
clasificar
catalogar
encuadrar

encasquetar(se)
endilgar
endosar
colocar

encajar

encasquillarse
obstruirse
atrancarse
atascarse
atorarse

encausado
acusado
procesado
inculpado
encartado

absuelto

encausar
acusar
procesar
enjuiciar
inculpar

absolver

encauzar
guiar
encaminar
orientar
enfocar
canalizar
enderezar
dirigir

desorientar
descarriar

encelarse
enamorarse
apasionarse

encenagarse
enlodarse
ensuciarse
enfangarse

enviciarse
pervertirse

encendedor
mechero
chisquero
pedernal

encender(se)
arder
incendiar
prender
avivar
inflamar
abrasar
calentar

apagar
extinguir

ruborizarse

avergonzarse
enrojecer

entusiasmar
excitar

enfriar
calmar

encendido
ardiente
ardoroso
inflamado

apagado

chillón
subido

encerado
pizarra
tablero

encerar
lustrar
pulir
lucir

encerrar(se)
encarcelar
apresar
aprehender
enrejar
enchironar

excarcelar
libertar

englobar
contener
incluir
comprender
entrañar

soltar
sacar

incomunicarse
aislarse
recogerse
apartarse
atrancarse
retirarse

encerrona
celada
emboscada
encierro
engaño
trampa

encestar
embanastar
meter
introducir
acertar

encharcar
inundar
anegar
empantanar
regar

agostar
secar

enchironar
encerrar
arrestar
encarcelar

liberar
soltar

enchufado
recomendado
protegido
privilegiado

enchufar
conectar
acoplar
conexionar
unir

desacoplar
desenchufar

recomendar
emplear

enchufe
clavija
conectador

acoplamiento
empalme
unión

recomendación
prebenda
empleo
favoritismo
amiguismo

encíclica
circular
comunicado
mensaje
pastoral

enciclopedia
diccionario
manual
léxico
vocabulario
compendio

enciclopédico
general
universal
total

encierro
reclusión
recogimiento
retiro

calabozo
prisión
celda

encima
arriba
sobre

debajo

además

encinta
embarazada

encintado
bordillo

canto
reborde

encizañar
enemistar
indisponer
disgustar
malquistar

pacificar
conciliar

enclaustrar(se)
encerrar
recluir
aislar

enclavado
emplazado
localizado
situado
ubicado

enclave
colonia
comarca
territorio
región

enclenque
escuchimizado
raquítico
enfermizo
enteco
débil
flojo

sano
fuerte
robusto

encofrado
armazón
molde
revestimiento
tablazón

encofrar
revestir
moldear

recubrir
armar

encoger(se)
disminuir
contraer
achicar
acortar
acurrucar
reducir

aumentar
ensanchar
estirar

acurrucarse
agacharse

acobardarse
arredrarse
asustarse
intimidarse

envalentonarse
animarse
crecerse

encogido
disminuido
menguado
achicado
agachado
arrugado

estirado
liso
acrecentado

tímido
apocado
cobarde
asustado

atrevido
osado

encolar
pegar
fijar
adherir

engomar
soldar

despegar
separar

encolerizar(se)
enojar
irritar
enfurecer
enfadar
fastidiar

aplacar
tranquilizar

encomendar(se)
delegar
comisionar
confiar
encargar
pretender
recomendar

entregarse
abandonarse
darse

encomiable
elogiable
loable
plausible

censurable
criticable

encomiar
elogiar
ensalzar
alabar
aplaudir

denostar
censurar
criticar

encomiástico
laudatorio
elogioso
halagador

injurioso
ofensivo

encomienda
encargo
recomendación
orden
recado
mandato
comisión

distinción
galardón
dignidad

encomio
lisonja
elogio
apología
ensalzamiento
alabanza

crítica
censura

enconar(se)
exacerbar
recrudecer
avivar
exasperar
incrementar
intensificar

sosegar
tranquilizar
atenuar

infectar
inflamar
hinchar

sanar
curar

encono
ensañamiento
furia
rabia
rencor
odio
resentimiento

amor
ternura

encontrado
contrario
desigual
distinto
enfrentado
opuesto

similar
acorde

hallado
descubierto

perdido

encontrar(se)
descubrir
localizar
hallar
aparecer
converger

perder

disentir
rivalizar
discrepar
enemistarse

ubicarse
estar

encontronazo
choque
colisión
tropiezo

encopetado
noble
señorial
ilustre
preclaro

orgulloso
presuntuoso
engreído
presumido

humilde
sencillo

encorajinar(se)
enrabietar

encolerizar
enfurecer

calmar
agradar

encorsetar
ceñir
ajustar
comprimir

aflojar
soltar

encorvar(se)
curvar
combar
doblar
arquear
torcer
flexionar

enderezar

encrespado
enfurecido
indignado
encolerizado

apacible
sereno

rizado
ensortijado

liso
lacio

encrespar(se)
agitar
alborotar
irritar
enfurecer

calmar
apaciguar

enmarañar
ensortijar
retorcer
rizar

alisar

encrucijada
cruce
bifurcación
intersección
confluencia

trampa
emboscada
dilema
disyuntiva

encuadernación
forro
empastamiento

encuadernar
forrar
encartonar
enlomar
empastar

encuadrar
enmarcar
recuadrar
catalogar
delimitar
incluir
insertar

encubierto
tapado
oculto
secreto
clandestino
simulado
solapado

descubierto
evidente
legal

encubridor
cómplice
protector
colaborador
tapadera

delator

encubrir
esconder
ocultar
tapar
callar
disfrazar
disimular
enmascarar

descubrir
revelar
delatar
denunciar

encuentro
entrevista
reunión

separación
divergencia

combate
batalla
enfrentamiento
partido
competición

acuerdo
armonía

choque
encontronazo
colisión

encuesta
sondeo
investigación
indagación

encuestar
sondear
averiguar
preguntar

encumbrar(se)
elevar
ascender
alabar
alzar
aupar
eloqiar

endiosar
exaltar
mejorar
progresar
realzar

rebajar
relegar

encurtir
conservar
preparar

endeble
débil
delicado
frágil
delgado
flojo

sólido
fuerte

endémico
habitual
permanente

ocasional

endemoniado
endiablado
poseído
poseso
diabólico

angelical
bueno

enderezar(se)
erguir
alzar
levantar

agachar

rectificar
corregir
arreglar

estropear

encaminar
encarrilar

encauzar
orientar
rehabilitar

desorientar
descarriar

endeudarse
empeñarse
entramparse
obligarse

endiablado
endemoniado

endilgar
endosar
largar
encasquetar

endiosamiento
engreimiento
soberbia
envanecimiento
orgullo

modestia
sencillez

endiosar(se)
idolatrar
mitificar
encumbrar

engreírse
ensoberbecerse
crecerse

humillarse

endocrino
hormonal
secretorio
glandular

endomingarse
adornarse
acicalarse
emperifollarse

endosar
endilgar
encargar
encomendar

transferir
traspasar

endulzar
azucarar
dulcificar
acaramelar

amargar
agriar

apaciguar
mitigar
suavizar

irritar
enfurecer

endurecer(se)
fortalecer
robustecer
vigorizar

deshumanizarse
insensibilizarse

ablandarse
enternecerse

solidificarse
cuajarse
fraguar

endurecimiento
dureza
fortaleza
resistencia
robustez
tenacidad

blandura
flexibilidad

solidificación
petrificación
cristalización

enemigo
adversario
contrario
rival
contrincante
oponente

amigo
afín

enemistad
rivalidad
hostilidad
desavenencia
pugna
animadversión
odio

amistad
afecto

enemistar(se)
desunir
distanciar
dividir
encizañar
enfrentar
indisponer

conciliar
pacificar

enfadarse
pelearse
discrepar

avenirse
reconciliarse

energético
nutritivo
vigorizante
vitamínico
tonificante

debilitador
enervante

energía
fuerza
vigor

potencia
firmeza
pujanza
reciedumbre
resistencia
vida
dinamismo
vivacidad
coraje
ímpetu
brío
intensidad
valor
empuje

flaqueza
debilidad

calor
combustible
carburante
electricidad

enérgico
decidido
resuelto
firme
emprendedor
dinámico
vigoroso
fuerte
autoritario

débil
indeciso

energúmeno
bestia
bruto
fiera

furioso
iracundo
violento
exaltado
frenético

tranquilo
pacífico

enervarse
agotarse
debilitarse
cansarse

fortalecerse

exaltarse
enfadarse
enfurecerse

tranquilizarse

enfadar(se)
disgustar
enojar
enfurecer
encolerizar
exasperar
irritar
exacerbar
contrariar
molestar
incomodar

contentar
aplacar

enemistarse
enfrentarse
pelearse
indisponerse

reconciliarse
avenirse

enfado
enojo
fastidio
disgusto
cabreo
indignación
irritación
molestia

enfangar
encenagar
embarrar
enlodar
enviciar
envilecer

nfasis
intensidad
vigor
energía
vehemencia
empaque

afectación
redundancia
ampulosidad
pedantería

naturalidad
sencillez

nfático
ampuloso
solemne
pomposo
pedante

nfatizar
acentuar
destacar
resaltar
subrayar

atenuar
mitigar

nfermar
indisponerse
contraer
infectarse
contagiarse
debilitarse
desmejorar
postrarse
encamarse

curar
sanar
restablecerse

nfermedad
afección
dolencia
indisposición
padecimiento
trastorno

mal
dolor
malestar
sufrimiento
achaque

enfermería
botiquín
sala de curas
consultorio

enfermero
sanitario
practicante

enfermizo
achacoso
enclenque
delicado
débil
pachucho

enfermo
paciente
indispuesto
aquejado
contagiado
malo
grave
afectado
dañado
desmejorado

sano
curado
recuperado

enfervorizar(se)
entusiasmar
enardecer
inflamar
exaltar
excitar
apasionar
emocionar
incitar
acalorar

enfriar
desalentar

enfilar
alinear
ordenar
colocar
disponer
apuntar

encaminarse
marchar
dirigirse

enflaquecer
adelgazar
demacrarse
encanijarse
desmejorar

quedarse en los
huesos

engordar

decaer
debilitarse
extenuarse

fortalecerse

enfocar(se)
encauzar
dirigir
orientar
encaminar

estudiar
analizar
examinar

encuadrar
iluminar
fotografiar

desenfocar
descentrar

enfoque
planteamiento
orientación
rumbo
sentido

encuadre

perspectiva
óptica

desenfoque

enfoscar
revocar
tapar

enfrascarse
abstraerse
embeberse
concentrarse
dedicarse
entregarse

desentenderse
desinteresarse

enfrentamiento
hostilidad
lucha
oposición
enemistad
rivalidad
competición
desafío

avenencia
acuerdo

enfrentar(se)
confrontar
encarar
contraponer
desunir
oponer

reconciliar
unir

enemistarse
contender
combatir
desafiar
rivalizar

avenirse
concordar

afrontar

apechugar
responsabilizarse

plantar cara
hacer frente

enfrente
delante
opuesto
al otro lado

detrás
posterior

en contra
adverso

favorable

enfriamiento
refrigeración
congelación
descenso de
    temperatura

calentamiento

catarro
constipado
resfriado

alejamiento
frialdad
distanciamiento

cordialidad
amistad

enfriar(se)
congelar
refrigerar
helar
refrescar

calentar

acatarrarse
resfriarse
constiparse

entibiarse
distanciarse
calmarse

acalorarse

enfundar
forrar
cubrir
revestir
envolver

enfurecer(se)
provocar
irritar
desafiar
incitar
molestar

encolerizarse
exasperarse
enervarse
enojarse
crisparse

sosegarse
serenarse

enfurruñarse
enfadarse
disgustarse
incomodarse
molestarse

alegrarse
calmarse

engalanar
adornar
acicalar
ataviar
adecentar
asear

afear
desarreglar

engallarse
ensoberbecerse
envalentonarse
engreírse
pavonearse

acobardarse

enganchado
asido
prendido

adicto
drogadicto
toxicómano

enganchar(se)
unir
sujetar
juntar
uncir
atar
enlazar
trabar
engarzar

captar
reclutar
enrolar

seducir
embaucar

colgarse
drogarse
hacerse adicto

engañabobos
charlatán
embaucador
farsante
estafador

engañar(se)
mentir
timar
estafar
burlar
equivocar
confundir
falsificar
defraudar
desorientar
despistar
engatusar
liar

embaucar
traicionar

sincerarse
aclarar
advertir

equivocarse
errar
fallar

acertar
percatarse

engaño
mentira
embuste
falsedad
farsa
burla
estafa
trampa
treta
ardid
artimaña
timo
truco

verdad
sinceridad

engañoso
falso
inventado
falaz
fraudulento
ilusorio
irreal
capcioso
artificioso

veraz
auténtico

engarce
engaste
encaje
eslabonamiento
incrustación

unión
trabazón

separación
desunión

engarzar
engastar
encastrar
encadenar
unir
trabar

engaste
engarce
montura
encaje

engatusar
seducir
embaucar

engendrar
fecundar
procrear
concebir
criar
crear
producir
originar
ocasionar
causar

abortar
frustrar

engendro
horror
monstruo
deformidad
aberración
barbaridad

englobar
incluir
contener
comprender

engolado
ampuloso
pomposo
pedante
solemne
pretencioso

humilde
sencillo

engolfarse
enviciarse
envilecerse

enmendarse

engolosinar(se)
engatusar
seducir
atraer

encapricharse
aficionarse

engomar
encolar
pegar

despegar
desencolar

engordar
cebar
criar

robustecer
atocinarse
hincharse
abotagarse

adelgazar
enflaquecer

aumentar
progresar
enriquecerse

disminuir
empobrecer

engorro
inconveniente
incordio

fastidio
molestia
estorbo

facilidad
comodidad

engorroso
molesto
pesado
enojoso

fácil
sencillo

engranaje
acoplamiento
encaje

engranar
encajar
ajustar
ensamblar
acoplar

engrandecer
acrecentar
agrandar
aumentar
progresar
prosperar

disminuir
empequeñecer

enaltecer
encumbrar
elogiar

humillar
degradar

**engrandeci-
miento**
acrecentamiento
ampliación
expansión
desarrollo

decrecimiento
disminución

enaltecimiento

exaltación
encumbramiento

degradación
envilecimiento

engrasar
lubricar
lubrificar
suavizar

pringar
manchar
embadurnar

engreído
soberbio
envanecido
petulante
orgulloso
presumido
presuntuoso

humilde
modesto
sencillo

engreimiento
arrogancia
jactancia
presunción
fanfarronería
chulería
soberbia
vanidad

humildad
modestia

engreírse
envanecerse
ensoberbecerse
vanagloriarse
jactarse
presumir
fanfarronear

humillarse
rebajarse

engrescar(se)
incitar
encizañar
malmeter

engrosar
aumentar
engruesar
engordar

disminuir
reducir

engrudo
goma
pasta
cola
pegamento

engullir
ingerir
tragar
zampar
devorar
atiborrarse

enharinar
recubrir
rebozar

enhebrar
ensartar
pasar
meter
introducir

enhiesto
erecto
erguido
levantado
izado
alzado

encogido
doblado

enhorabuena
felicitación
parabién

congratulación
agasajo

enhoramala
pésame
desaprobación
disgusto

enigma
misterio
interrogante
incógnita
secreto

acertijo
adivinanza
jeroglífico

enigmático
incomprensible
inexplicable
misterioso
indescifrable
ininteligible
recóndito

claro
patente

enjabonar
jabonar
lavar
fregar
limpiar

adular
halagar

dar coba
hacer la pelota

enjaezar
guarnecer
engalanar
adornar

enjalbegar
encalar
enlucir
blanquear

enjambre
multitud
muchedumbre
abundancia
cantidad
tropel

enjaular
encerrar
encarcelar
recluir

meter en la trena

enjoyar
adornar
engalanar
embellecer

enjuagar
aclarar
limpiar
lavar

enjuague
lavado
ablución
aclarado

amaño
chanchullo
apaño
componenda

enjugar
secar
limpiar

cancelar
liquidar
saldar

enjuiciamiento
encausamiento
proceso
incoación

enjuiciar
valorar
evaluar

analizar
examinar

encausar
incoar
procesar

enjundia
sustancia
esencia
meollo
fondo
contenido

accesorio
complemento

fuerza
vigor
arrestos
brío
coraje

debilidad
endeblez

enjundioso
principal
importante
sustancioso

enjuto
delgado
flaco
enteco
seco
chupado

gordo
rollizo

enlace
boda
casamiento
matrimonio
vínculo

divorcio
separación

acoplamiento
unión
nexo

engarce
trabazón
empalme

contacto
intermediario
correo

nlatar
envasar

nlazar(se)
unir
juntar
acoplar
empalmar
emparentar
casar
vincular
relacionar

separar
desconectar

atar
trabar
sujetar
encadenar

nlodar
enfangar
encenagar
embarrar

limpiar
lavar

calumniar
deshonrar
envilecer

honrar
acreditar

nloquecedor
tremendo
espantoso
perturbador

relajante
confortador

arrebatador
cautivador

fascinante
apasionante

tranquilizador
calmante

enloquecer
enajenarse
perturbarse
trastornarse

perder el juicio
perder el seso
perder la razón
volverse loco

encantar
seducir
fascinar

enloquecido
loco
demente
chiflado
trastornado

cuerdo
sensato

entusiasmado
emocionado

enlosar
embaldosar
solar
pavimentar

enlucir
enyesar
encalar
blanquear

abrillantar
limpiar
pulir

enlutar(se)
vestir de luto
afligir
entristecer
apenar

enmadrado
mimado
consentido

enmarañar(se)
embrollar
enredar
desordenar
dificultar

desenmarañar

enmarcar
encuadrar
poner marco

enmascarar(se)
disfrazar
simular
encubrir
embozar
cubrir

manifestar
descubrir

enmendar(se)
rectificar
reformar
corregir
subsanar
reparar

confirmar
corroborar
reincidir

enmienda
corrección
rectificación
reparación
arreglo

enmohecerse
oxidarse
herrumbrarse
estropearse

enmudecer
callar
silenciar

ennegrecer(se)
oscurecer
sombrear
ahumar

aclarar

nublarse
encapotarse
cubrirse

despejarse

ennoblecer
dignificar
enaltecer
ensalzar
honrar

deshonrar
degradar

enojar(se)
enfadar
encolerizar
enfurecer
indignar
irritar

poner fuera de
  sus casillas
sacar de quicio

agradar
contentarse

enojo
enfado
enfurecimiento
disgusto
ira
cólera

agrado
complacencia

enojoso
desagradable
fastidioso
molesto
engorroso

ameno
grato

enorgullecerse
honrarse
complacerse
alegrarse
vanagloriarse
ensoberbecerse
presumir

avergonzarse

enorme
grande
grandioso
desmedido
inmenso
descomunal
desmesurado
gigantesco
excesivo
colosal
extraordinario

insignificante
normal
proporcionado

enormidad
grandiosidad
inmensidad
exuberancia

pequeñez
escasez

despropósito
desatino
disparate

sensatez
comedimiento

enquistarse
infectarse
inflamarse
hincharse

incrustarse
encajarse
obstruirse

enraizar
arraigar
aclimatar
implantar
agarrar

enramada
ramaje
espesura
maleza

chamizo
cobertizo

enranciarse
envejecer
añejarse
estropearse

enrarecido
viciado
irrespirable
sofocante

dilatado
disperso
escaso
ralo

enrasar
igualar
nivelar

enredadera
trepadora
hiedra
yedra

enredador
liante
embaucador
intrigante
chismoso
cotilla
embustero

formal
serio

inquieto

revoltoso
travieso

tranquilo
pacífico

enredar(se)
embarullar
embrollar
liar
enmarañar
enzarzar
tergiversar
trastornar
intrigar
maquinar

desenredar
ordenar

enredo
confusión
embrollo
maraña
lío
complicación
desorden

estafa
mentira
maquinación
intriga

enrejado
cercado
verja
reja
celosía

enrejar
cercar
vallar
cerrar

encarcelar
apresar

enrevesado
complicado
confuso

difícil
arduo
intrincado
embrollado

claro
simple

enriquecer(se)
prosperar
lucrarse
progresar
ascender
atesorar
ahorrar

empobrecer
arruinarse
empeorar

desarrollar
perfeccionar
incrementar

debilitar
degradar

enriquecimiento
riqueza
ganancia
lucro
beneficio
progreso
prosperidad

empobrecimiento
pérdida
subdesarrollo

enriscado
abrupto
escabroso
rocoso

llano

enristrar
acometer
lancear

ensartar
atravesar

nrojecer
ruborizarse
avergonzarse
encenderse

nrolar(se)
alistar
incorporar
inscribir
reclutar

nrollar(se)
envolver
liar
enroscar
enfundar

extender
estirar
desplegar

enredar
embaucar
entusiasmar

tener relaciones
amancebarse

nronquecer
desgañitarse
vociferar
chillar
quedarse afónico

nroscar(se)
atornillar
girar
retorcer
envolver

nsacar
embolsar
enfardar
empaquetar

nsalada
hortaliza
lechuga
escarola

mezcolanza

confusión
enredo

ensaladera
fuente
bandeja

ensalmo
conjuro
hechizo
brujería

ensalzar
elogiar
ponderar
encomiar
aclamar
loar

rebajar
desdeñar

ensambladura
ensamblaje
acoplamiento

desajuste

ensamblar
acoplar
encajar

desunir
desencajar

ensanchar(se)
dilatar
agrandar
ampliar
aumentar

estrechar
reducir

engreírse
ensoberbecerse

humillarse

ensanche
ampliación

prolongación
agrandamiento

ensangrentar
masacrar
matar

ensañamiento
crueldad
encarnizamiento
saña

clemencia
piedad

ensañarse
cebarse
encarnizarse

ensartar
engarzar
enristrar
enhebrar

ensayar
preparar
experimentar
probar

improvisar

ensayo
prueba
examen
experimento
entrenamiento

escrito
estudio
tesis

en seguida
inmediatamente
rápidamente
al momento
a continuación

ensenada
cala
caleta

rada
abra

enseña
bandera
insignia
divisa

enseñanza
adiestramiento
docencia
instrucción
educación

pedagogía
cátedra
magisterio

saber
cultura

enseñar
instruir
adiestrar
educar

indicar
mostrar
revelar
descubrir

ocultar
esconder

enseres
efectos
pertenencias
utensilios
útiles

**ensimisma-
miento**
concentración
embelesamiento
recogimiento

ensimismarse
abstraerse
embelesarse

enajenarse
extasiarse

distraerse
expansionarse

ensoberbecerse
engreírse
endiosarse
envanecerse
presumir

humillarse
rebajarse

embravecerse
alborotarse
excitarse
enfurecerse

calmarse
aplacarse

**ensombre-
cer(se)**
nublar
oscurecer
ennegrecer

aclararse
despejarse

afligirse
entristecerse

alegrarse
contentarse

ensordecedor
atronador
estrepitoso
estruendoso
ruidoso

silencioso
apagado

ensordecer
atronar
aturdir
resonar
retumbar

ensortijar(se)
rizar
ondular

alisar

enjoyarse

ensuciar(se)
manchar
untar
tiznar
pringar

limpiar
lavar
asear

deshonrar
mancillar
empañar

defecar
cagar

ensueño
ensoñación
ilusión

realidad

entablado
entarimado
estrado
tarima

entablar
entarimar
enmaderar
entablillar

comenzar
iniciar
emprender

entablillar
inmovilizar
escayolar
vendar

entalladura
cincelado

escotadura
tallado

entallar
tallar
esculpir
grabar
cincelar

ente
ser
entidad
sujeto
persona
individuo

enteco
enclenque
canijo
esmirriado
flaco
raquítico

fuerte
vigoroso
sano

entelequia
ficción
ilusión
quimera

entender(se)
comprender
discernir
descifrar
intuir

ignorar
desconocer

compenetrarse
simpatizar
amancebarse
liarse

discrepar
disentir

entendido
experto
adiestrado

avezado
diestro

ignorante
inexperto

entendimiento
comprensión
juicio
razón
discernimiento
intelecto
inteligencia

desacuerdo
desavenencia

entente
acuerdo
entendimiento
pacto

enfrentamiento
desacuerdo

enterar(se)
manifestar
anunciar
informar
comunicar

saber
conocer
informarse
percibir
descubrir

entereza
firmeza
fortaleza
energía
integridad

debilidad
desaliento
pusilanimidad

enternecer(se)
emocionar
conmover

sentir
apenarse

endurecerse

entero
completo
intacto
incorrupto
pleno
acabado

incompleto
inexacto

íntegro
honrado
honesto
ecuánime

corrompido
inconstante

enterrador
sepulturero
sepultador

enterramiento
entierro
inhumación
sepelio

sepultura
tumba
sarcófago
sepulcro

enterrar(se)
inhumar
sepultar

exhumar
desenterrar

tapar
ocultar
esconder

olvidar
relegar
arrinconar

recuperar

entibar
apuntalar
asegurar
reforzar
afirmar

entidad
ente
ser
individuo
sujeto

esencia
sustancia
naturaleza

organismo
empresa
firma
compañía

entierro
enterramiento
inhumación
exequias
sepelio

entintar
teñir
manchar
ensuciar

entonación
afinación
acento
inflexión

desentono
desafinación

deje
sonsonete
tonillo

entonar(se)
afinar
cantar
modular

recuperarse
animarse

fortalecerse
tonificarse

cansarse
desanimarse
debilitarse

entonces
en aquel tiempo
en aquella época
en aquel momento
en esos días

ahora
después

entontecer(se)
atontar
abobar
embobar

espabilar

entorchado
fleco
galón
orla
ribete

entornar
entreabrir
entrecerrar

entorno
ambiente
ámbito
contexto

entorpecer
estorbar
dificultar
impedir
complicar
fastidiar

acelerar
favorecer

atrofiar

atontar
abrumar

espabilar

entorpecimiento
torpeza
parálisis
aturdimiento

agilidad
destreza

dificultad
traba
obstáculo
estorbo

facilidad

entrada
puerta
portal
vestíbulo
umbral
acceso

salida

recibimiento
acogida
aceptación
ingreso

despedida
rechazo

introducción
inicio
comienzo

epílogo
colofón

billete
boleto
papeleta

recaudación
ingresos
taquilla

entrante
entremés

entramado
maderamen
entablado
armazón

trama
red

entrampar(se)
endeudarse
empeñarse
hipotecarse

engañar
timar

entrante
rebajo
cavidad
hendidura

saliente

entraña(s)
vísceras
tripas

interior
corazón
alma

carácter
temperamento

entrañable
próximo
apreciado
querido

indiferente
frío

entrañar
implicar
suponer
significar

entrar
penetrar
pasar

acceder
ingresar

salir

acometer
arremeter
embestir
atacar

retroceder
recular

afiliarse
asociarse

entre
en medio de
a través de
dentro
de por medio

entreacto
intermedio
interludio
descanso

entrecejo
ceño

entredicho
prohibición
veto
censura

duda
sospecha
recelo

entredós
encaje
bordado
puntilla

entrega
adjudicación
concesión
cesión
donación

dedicación

ofrenda
consagración

sometimiento
rendición
capitulación

entregar(se)
dar
donar
otorgar
adjudicar
proporcionar

quitar
recibir

traicionar
delatar

someterse
rendirse

resistir
aguantar

aplicarse
afanarse
sacrificarse
dedicarse

desinteresarse

entrelazar
entrecruzar
entretejer

entremés
aperitivo
tapa

sainete
paso

entremeter(se)
mezclar
intercalar
entremezclar

entrometerse
inmiscuirse
interferir

entremetido
indiscreto
entrometido

entremezclar
mezclar
confundir

entrenador
preparador
instructor
monitor

entrenamiento
ejercicio
preparación
adiestramiento

entrenar(se)
ensayar
preparar
ejercitar
adiestrar

descuidarse
desentrenarse

entresacar
elegir
escoger
seleccionar

entremeter
intercalar

entresijo(s)
tripas
entrañas

misterio
secreto
complicación

claridad

entretanto
mientras
mientras tanto
ínterin

entretejer
entrelazar
tramar
urdir

entretela(s)
forro
refuerzo

entresijos
entrañas
corazón

entretener(se)
distraer
divertir
agradar
amenizar

aburrir
cansar

retardarse
retrasarse
demorarse

adelantarse

entretenimiento
distracción
diversión
pasatiempo
esparcimiento

aburrimiento

conservación
cuidado
servicio

entrever
vislumbrar
divisar
distinguir

prever
adivinar
conjeturar

entrevista
interviú
diálogo

entrevistar(se)
interviuvar
interrogar

conversar
dialogar
departir

entristecer
apenar
angustiar
afligir
desconsolar

alegrar
contentar

entrometer
entremeter

entroncar
emparentar
relacionar
vincular

desvincular
separar

entronizar
coronar
instaurar
implantar

exaltar
ensalzar

entronque
parentesco
consanguinidad

entuerto
agravio
injuria
ofensa

desagravio
honra

equivocación
error
yerro

entumecimiento
adormecimiento
parálisis
inmovilidad
embotamiento

vigor
agilidad

enturbiamiento
oscurecimiento
opacidad
oscuridad

claridad
transparencia

enturbiar
ensuciar
empañar
oscurecer

clarificar
aclarar

revolver
agitar

entusiasmar
apasionar
conmover
emocionar
deslumbrar

desapasionar
desagradar

entusiasmo
admiración
pasión
apasionamiento
emoción
arrebato

desinterés
apatía
frialdad

entusiasta
admirador
devoto

fanático
fan

entusiasmado
apasionado

enumeración
relación
lista

enumerar
contar
numerar
mencionar
catalogar
inventariar

enunciación
enunciado
explicación
declaración

enunciar
expresar
declarar
manifestar

envainar
enfundar
meter
introducir

envalentonarse
engallarse
crecerse
fanfarronear
fardar

acobardarse
achantarse

envanecerse
engreírse
ensoberbecerse
enorgullecerse
vanagloriarse

humillarse
rebajarse

envanecimiento
engreimiento
soberbia
fanfarronería

sencillez
humildad

envarado
entumecido
rígido

seco
altivo
estirado

campechano
sencillo

envasar
embotellar
enlatar
conservar

envase
envasado

recipiente
embalaje
estuche

envejecer
avejentar
aviejar
encanecer

rejuvenecer

envejecido
anticuado
avejentado
senil
anciano
viejo
longevo

nuevo
joven

envenenado
emponzoñado
infectado

intoxicado
contaminado
contagiado

puro

injurioso
malintencionado
mordaz

envenenar(se)
emponzoñar
intoxicar
inficionar
contaminar
infectar

desintoxicar
purificar

amargarse
resentirse

envergadura
amplitud
extensión
dilatación

importancia
relevancia
realce

envés
dorso
reverso
detrás

cara
anverso

enviar
mandar
destinar
dirigir
remitir
facturar
emitir

recibir
retener

enviciar(se)
viciar
pervertir
malear
corromper

aficionarse
acostumbrarse
engancharse
engolfarse

descarriarse
perderse
pervertirse

purificarse
regenerarse

envidia
celos
pelusa
rencor

indiferencia
conformidad

envidiar
ambicionar
anhelar
ansiar
codiciar

envilecer(se)
deshonrar
humillar
degradar
desacreditar
deteriorar

ennoblecer
enaltecer

degenerarse
maliciarse
viciarse

regenerarse

envilecimiento
degeneración
degradación

corrupción
deshonra
vileza

enaltecimiento
honra

envío
remesa
partida
expedición

envite
apuesta
jugada
envido
reto
desafío

empujón
impulso
golpe

envoltorio
paquete
bulto
lío

envoltura
cubierta
recubrimiento
revestimiento
funda
forro

envolver
cubrir
enrollar
liar

desenvolver
desempaquetar

rodear
cercar
circundar
circunscribir
encerrar

comprometer

implicar
involucrar

cautivar
hechizar
seducir
fascinar

enyesar
enjalbegar
blanquear
enlucir

escayolar
inmovilizar
entablillar

enzarzar(se)
azuzar
achuchar
encizañar
liar
pinchar
incitar

sosegar
calmar
apaciguar

reñir
pelearse
enfrentarse

epatar
asombrar
maravillar
pasmar

épica
epopeya
narración
narrativa
relato
romance

epicentro
centro
núcleo
foco

épico
heroico
grandioso
glorioso

epicúreo
hedonista
sensual
voluptuoso
sibarita

asceta
austero

epidemia
peste
plaga

oleada
avalancha

epidémico
contagioso
infeccioso

epidérmico
cutáneo
exterior
superficial

profundo
hondo

epidermis
cutis
piel
epitelio

epígrafe
encabezamiento
cabecera
inscripción
rótulo

introducción
prolegómeno
sumario
esquema

cita
sentencia

epilepsia
convulsión
espasmo

epílogo
conclusión
colofón
final
fin

prólogo
principio

síntesis
resumen

episcopado
obispado

episodio
suceso
incidente
acontecimiento

parte
sección
división

epístola
carta
mensaje
misiva

epitafio
inscripción
leyenda

epíteto
apelativo
calificativo
adjetivo

epítome
compendio
resumen
esquema

época
período
era

etapa
edad

epopeya
gesta
hazaña
heroicidad
odisea

leyenda
épica
narración

equidad
igualdad
ecuanimidad
imparcialidad
objetividad

parcialidad
injusticia

equilibrar
compensar
igualar
estabilizar
nivelar

desnivelar
descompensar

equilibrio
estabilización
igualdad
armonía

ecuanimidad
sensatez
moderación

desequilibrio
inestabilidad

equilibrista
trapecista
malabarista
acróbata

equino
caballar

hípico
ecuestre

equipaje
bagaje
equipo
maletas
bultos

equipar
abastecer
proveer
dotar
aprovisionar

desabastecer
desguarnecer

equiparación
comparación
cotejo
equivalencia

equiparar
comparar
confrontar
asemejar
homologar
igualar

diferenciar

equipo
conjunto
agrupación
grupo

equipaje
ajuar

dotación
equipamiento

equitación
hípica
monta
doma

equitativo
imparcial

ecuánime
justo

parcial
injusto

equivalencia
igualdad
paridad
semejanza
equiparación

desigualdad

equivalente
igual
semejante
similar

distinto
diferente

equivaler
corresponder
identificarse

equivocación
error
yerro
desacierto
fallo
falta
errata

acierto
exactitud

equivocar(se)
errar
fallar
contradecirse

acertar
atinar

engañar
falsear
deformar
mentir

equívoco
ambiguo

confuso
dudoso

inequívoco
preciso

ambigüedad
anfibología
tergiversación

precisión
exactitud
claridad

era
época
etapa
período
edad

campo
terreno
prado

erario
fisco
hacienda
tesoro público

erección
elevación
levantamiento
alzamiento

demolición
destrucción
derrumbamiento

empinamiento
enderezamiento
rigidez

flacidez
relajación

erecto
erguido
elevado
levantado
tieso

agachado
flácido

eremita
ermitaño
anacoreta
asceta
santón
solitario

erguir(se)
alzar
empinar
enderezar
levantar

bajar
inclinar

engreírse
envanecerse

humillarse
empequeñecerse

erial
descampado
páramo
yermo

vergel
sembrado

erigir
alzar
levantar
construir

destruir

erizado
rígido
tieso
hirsuto
derecho

agachado
lacio

punzante
espinoso
áspero

fácil
sencillo

erizar(se)
levantarse
enderezarse
atiesarse

bajarse
alisarse

encresparse
irritarse
alarmarse

sosegarse
relajarse

ermita
capilla
iglesia
oratorio

ermitaño
anacoreta
cenobita
eremita

erosión
desgaste
depresión
corrosión

erosionar
desgastar
deteriorar
estropear

reparar
cuidar

erótico
amatorio
voluptuoso
sensual

erotismo
amor
pasión
concupiscencia
voluptuosidad

frialdad
castidad

erradicación
eliminación
supresión
desaparición

arraigo
permanencia

erradicar
arrancar
extirpar
eliminar
suprimir

arraigar
permanecer

errante
errático
vagabundo

sedentario

errar
deambular
vagar

asentarse
establecerse

equivocarse
engañarse
desbarrar

acertar
atinar

errata
equivocación
incorrección
error

erróneo
equivocado
errado
desacertado

verdadero
cierto

error
equivocación

errata
fallo

acierto
precisión

eructo
regüeldo
flatulencia

erudición
conocimientos
saber
ciencia
cultura
sabiduría

desconocimiento
ignorancia
incultura

erudito
sabio
docto
culto
ilustrado

inculto
ignorante
iletrado

erupción
inflamación
irritación
sarpullido

explosión
estallido

esbelto
fino
delgado
estilizado
elegante
bello
apuesto

rechoncho
desgarbado

esbirro
alguacil
policía
verdugo

sicario
secuaz

enemigo
contrario

esbozar
bosquejar
diseñar
perfilar

plantear
proponer
sugerir
insinuar

esbozo
apunte
boceto
croquis
esquema
borrador

idea
proyecto
plan

escabechar
avinagrar
adobar
aliñar

matar
aniquilar
asesinar

escabeche
conserva
aderezo
adobo

escabechina
destrozo
estrago
degollina

escabrosidad
aspereza
sinuosidad
escarpadura

morbo
truculencia

obscenidad
indecencia

escabroso
abrupto
intrincado
áspero
accidentado
montuoso
quebrado

llano
liso

truculento
morboso

grosero
obsceno
indecente

escabullirse
ocultarse
desaparecer
escaparse
perderse
esfumarse

permanecer
quedarse

escacharrar(se)
romper
destrozar
deteriorar

arreglar
reparar
recomponer

escala
escalera

escalerilla
brandal

gama
medida
gradación
grado

puerto
detención
parada

escalada
ascensión
ascenso
subida

descenso
bajada

progresión
avance
aumento

escalafón
escala
categoría
jerarquía
rango

escalar
ascender
subir
trepar

bajar
descender

prosperar
progresar

empeorar

franquear
entrar
expugnar

escaldar(se)
escalfar
hervir
cocer

escarmentar
escocer

escalera
escalinata
grada
gradería

escalofriante
estremecedor
alarmante
espantoso
horrible

tranquilizador
relajante

escalofrío
temblor
estremecimiento
tiritera

escalón
peldaño
grada
paso
estribo

grado
etapa
nivel

rango
puesto

escalonado
gradual
paulatino

escalonar(se)
graduar
regular
intercalar
distribuir
ordenar

agolpar
desordenar

escalpelo
escarpelo
bisturí

escama
lámina
película
piel
caspa

desconfianza
temor
recelo

escamar(se)
descamar
raspar
limpiar

desconfiar
recelar
mosquearse

confiar
fiarse

escamotear
timar
robar
birlar

disimular
ocultar
esconder

escamoteo
timo
trampa
robo

truco
malabarismo
prestidigitación
ocultación

escampado
claro
raso
despejado

cubierto
nublado

escampar
aclarar

despejar
abrir

encapotarse
llover

escandalizar(se)
alborotar
vocear
gritar

callar
apaciguarse

asombrar
provocar
ofender
incomodar

escándalo
alboroto
vocerío
disputa
gresca

silencio
tranquilidad

descaro
desvergüenza
provocación

moralidad

escandaloso
ruidoso
alborotador
inquieto

silencioso
tranquilo

provocador
desvergonzado
licencioso

edificante
moralizador

explosivo
exagerado
desmedido

escaño
banco
asiento
escabel

escapada
evasión
huida
fuga

escapar(se)
huir
evadirse
fugarse
escabullirse

escaparate
mostrador
vitrina
vidriera

exhibición
exposición
muestra

escapatoria
evasiva
excusa
disculpa

escapada

escape
evasión
huida
fuga

escaque
casilla
cuadro
división

escarabajear
agitarse
moverse
bullir

emborronar
garabatear

escaramuza
refriega
reyerta
altercado
pendencia

escarapela
insignia
distintivo
emblema

escarbar
remover
revolver
cavar
hurgar

indagar
averiguar
investigar
sondear

escarceo
divagación
rodeo
ambigüedad

agitación
oleaje
cabriola
pirueta

devaneo
galanteo
flirteo

escarcha
rocío
helada
hielo

escarchar
helar
congelar
rociar

confitar
azucarar

escardar
desherbar
escardillar

escariar
agujerear
horadar
taladrar

escarificar
cortar
sajar

roturar
labrar

escarlata
carmesí
rojo
encarnado

escarmentar
sancionar
corregir
castigar
reprender

perdonar
premiar

desengañarse
aprender

escarmiento
correctivo
sanción
castigo

premio
recompensa

desengaño
desilusión
frustración

escarnecer
humillar
ofender
ultrajar

vejar
zaheri

ensalzar
honrar

escarnio
afrenta
agravio
burla
mofa
humillación

alabanza
halago
elogio

escarpa
escarpe
escarpadura
acantilado

escarpado
abrupto
quebrado
escabroso
accidentado

llano
uniforme

escarpadura
escarpa
escarpe
cuesta
declive
escabrosidad

escarpelo
escalpelo
raspador

escarpia
alcayata

escarzar
arrancar
limpiar
sustraer

arquear
doblar

escasear
faltar
carecer
disminuir
reducir
limitar

abundar
rebosar

escasez
carencia
exigüidad
insuficiencia
pobreza
penuria

abundancia
riqueza
largueza

escaso
exiguo
insuficiente
pobre

abundante
copioso

escatimar
cicatear
disminuir
reducir
limitar
restringir

derrochar
prodigar

escatológico
de ultratumba
del más allá
de la otra vida

terrenal

fecal
soez
indecente

escayola
estuco
yeso

escayolar
entablillar
enyesar
inmovilizar

estucar
enlucir

escena
escenario

acto
cuadro
secuencia

teatro
drama

hecho
acontecimiento
suceso

panorama
ambiente
paisaje

escenario
escena
tablas
proscenio
plató

marco
ambiente
medio
contexto

escenificar
representar
teatralizar

escepticismo
incredulidad
indiferencia
apatía

credulidad
confianza

escéptico
descreído
indiferente
dudoso

confiado
creyente

escindir(se)
separar
dividir
cortar

escisión
corte
división
separación

cisma
desconexión
desunión
desvinculación
ruptura

acuerdo
alianza
coalición

esclarecedor
aclaratorio
explicativo

oscuro
confuso

esclarecer
aclarar
clarificar
explicar

oscurecer
tergiversar

clarear
alborear

atardecer
anochecer

ennoblecer
honrar
ensalzar

denigrar
desprestigiar

esclarecido
ilustre
insigne
notable
preclaro

mediocre
miserable

esclavina
capelina
capellina

esclavitud
sumisión
servidumbre
sometimiento
opresión
tiranía

libertad
liberación

esclavizar
oprimir
someter
subyugar
dominar

liberar
emancipar

esclavo
cautivo
prisionero
siervo

libre

entregado
fascinado
seducido

esclerosis
endurecimiento
dureza
atrofia

esclerótica
córnea

esclusa
compartimiento
división
separación
canal

escoba
cepillo
escobón
escobilla

escobilla
cepillo
brocha
pincel

escocedura
rozadura
excoriación

escocer(se)
doler
picar
irritarse

resentirse
reconcomerse
desazonarse
enfadarse

escoger
elegir
seleccionar
preferir
separar
entresacar

escogido
seleccionado
selecto
elegido

escolanía
coro
orfeón

escolar
estudiante

colegial
alumno

escolaridad
estudios
enseñanza
curso
asignatura

escollera
dique
muelle
rompeolas
malecón

escollo
arrecife
banco
bajío

dificultad
obstáculo
inconveniente
problema
riesgo

escolta
custodia
protección
vigilancia

cortejo
cohorte
séquito
comitiva

convoy

guardaespaldas
gorila

escoltar
proteger
custodiar
vigilar
cuidar

escombro
cascote
desecho

desperdicio
derribo

esconder(se)
ocultar
disimular
tapar
encubrir

enseñar
mostrar

desaparecer
esfumarse
guarecerse

escondido
oculto
tapado
disimulado
encubierto
guardado

escondite
escondrijo
guarida
madriguera
refugio

escopeta
fusil
rifle
carabina

escoplo
cincel
buril
formón

escora
inclinación
caída
desviación
ángulo

escorar
inclinarse
ladearse

torcerse
desviarse

enderezarse

escoria
desecho
basura
desperdicio
residuo

vil
despreciable
ruin

escoriar
excoriar

escorpión
alacrán

escotadura
abertura
escote
hendedura

escotar(se)
cortar
abrir
ensanchar
ampliar

prorratear
repartir
contribuir

escote
descote
abertura
cuello

prorrateo
derrama
prorrata

escotilla
portillo
lumbrera
trampa

escozor
picor
quemazón
irritación

resentimiento
rencor
resquemor
disgusto

escribano
escribiente
amanuense

escribir(se)
transcribir
manuscribir
copiar
anotar

redactar
novelar
cartearse

escrito
documento
nota
apunte
carta
misiva
texto
artículo
acta
copia
manuscrito

escritor
autor
literato
novelista
narrador
poeta
dramaturgo
ensayista
prosista

escritorio
mesa
pupitre

bufete

buró
despacho

escritura
redacción
expresión
transcripción
caligrafía

documento
escrito
copia
contrato

escriturar
legalizar
formalizar
constar

escrúpulo
reparo
miramiento
aprensión
asco

conciencia
reconcomio
prejuicio

escrupulosidad
esmero
precisión
minuciosidad

desidia
negligencia

escrupuloso
aprensivo
melindroso
quisquilloso

preciso
minucioso
puntual
exacto

descuidado
abandonado
chapucero

escrutar
comprobar
computar
verificar
averiguar

escrutinio
cómputo
recuento
comprobación

escuadra
cartabón
ángulo
regla

grupo
cuadrilla
pelotón

armada
flota
marina
escuadrilla

escuadrón
batallón
batería

escuálido
delgado
flaco
demacrado
esquelético
seco

obeso
robusto

escualo
tiburón

escuchar
atender
oír
percibir

escuchimizado
raquítico

esmirriado
escuálido

robusto
fuerte

escudar(se)
defender
amparar
proteger

excusarse
parapetarse

escudero
paje
sirviente
criado

escudilla
tazón
cazo
plato
vasija

escudo
adarga
broquel
rodela

amparo
defensa

divisa
blasón

escudriñar
indagar
investigar
inquirir

escuela
colegio
instituto
liceo

doctrina
estilo
sistema
método

experiencia

tablas
habilidad

escueto
sucinto
conciso
breve

prolijo

esculpir
cincelar
grabar
modelar
tallar

escultor
artista
cincelador
tallista

escultura
estatua
figura
talla
imagen

escultural
escultórico

bello
hermoso
proporcionado

escupir
expectorar
esputar

confesar
declarar

escupitajo
esputo
salivazo
gargajo

escurreplatos
fregadero

escurridizo
resbaloso
resbaladizo

ágil
veloz
hábil

escurrir(se)
secar
exprimir

gotear
chorrear
destilar

deslizarse
resbalarse

esencia
naturaleza
sustancia
existencia
fondo
meollo

accidente
accesorio

fragancia
perfume

esencial
fundamental
sustancial
básico
principal

accidental
secundario

intrínseco
inherente

esfera
globo

cielo
firmamento

clase
nivel
categoría

esférico
redondo
esferoidal

bola
pelota

esforzado
animoso
atrevido
valiente

cobarde
apocado

esforzarse
luchar
pugnar
trabajar
fatigarse
desvivirse

desistir
flaquear

esfuerzo
afán
ahínco
ardor
brío

desánimo
desinterés

esfumar(se)
apagar
difuminar
borrar

difuminarse
desvanecerse
diluirse
disiparse

esgrimir
manejar
empuñar
blandir

emplear
utilizar
servirse

esguince
luxación
torcedura
dislocación

eslabón
anilla
argolla
grillete
cadena

enlace
etapa
capítulo

eslora
largo
longitud

esmaltar
barnizar
vidriar
bañar

esmalte
barniz
laca

esmeralda
corindón
berilo
gema

esmerarse
esforzarse
preocuparse

descuidar
abandonarse

esmerilar
pulimentar
abrillantar
pulir

esmero
cuidado
atención

dedicación
desvelo

descuido
desinterés

esmirriado
flaco
enclenque

fuerte
robusto

esnobismo
snobismo
afectación
cursilería

esotérico
oculto
escondido
secreto

patente

espabilado
avispado
inteligente
despierto

lento

espabilar(se)
despertar
espolear
despabilar

avisparse
apañarse
valerse

aletargarse

espachurrar
despachurrar
aplastar

espacial
celeste
cósmico

sideral
galáctico

terrenal

espaciar
apartar
separar
dilatar

juntar
amontonar

espacio
cielo
firmamento
universo

capacidad
volumen
dimensión
extensión

anchura
amplitud
holgura

espacioso
ancho
dilatado
extenso

reducido
estrecho

espada
estoque
acero

torero
matador
diestro

espadachín
espadero
esgrimidor

bravucón
fanfarrón
valentón

espadaña
torre
campanario

anea
enea
gladio

espalda
lomo
espaldar

posterior
trasera

cara
delantera

espaldarazo
reconocimiento
confirmación
respaldo

espaldilla
omóplato
paletilla

espantada
escapada
estampida
fuga

espantadizo
asustadizo
cobarde

valiente
atrevido

espantajo
fantoche
mamarracho

pelele
espantapájaros

espantapájaros
pelele
monigote
espantajo

espantar
asustar
aterrar
aterrorizar

tranquilizar
calmar

ahuyentar
expulsar
echar

atraer

espanto
horror
terror
pavor
pánico

tranquilidad

espantoso
horrible
monstruoso
terrible
aterrador

impresionante
dantesco

español
hispano
hispánico

esparcimiento
diversión
entretenimiento
pasatiempo

aburrimiento

dispersión
diseminación

unión

esparcir
derramar

diseminar
extender

acumular
juntar

divulgar
publicar

ocultar
silenciar

alegrar
entretener

aburrir

espasmo
contracción
convulsión
ataque

espátula
paleta
cucharilla

especia
condimento
adobo

especial
singular
único
particular
específico

general
común

especialidad
singularidad
característica
particularidad

materia
especialización

especialista
experto
versado
entendido

lego
profano

especialización
distinción
especialidad
preparación

especializarse
dedicarse
prepararse

especie
clase
orden
familia
tipo
variedad

producto
mercancía

especificar
determinar
establecer
precisar

específico
determinado
distinto
especial

genérico
común

medicamento
fármaco

espécimen
modelo
ejemplar
prototipo

espectacular
aparatoso
dramático
fastuoso
sensacional

sencillo

espectáculo
exhibición

representación
función

visión
cuadro

espectador
asistente
concurrente

concurrencia
público
audiencia

espectral
fantasmal
misterioso

claro
palpable

espectro
fantasma
espíritu
visión

gama
dispersión

especulación
negocio
lucro
ganancia
abuso
usura

reflexión
meditación
conjetura

especular
negociar
encarecer
lucrarse

pensar
reflexionar

especulativo
teórico

quimérico
hipotético

práctico
experimental

reflexivo
contemplativo

espejismo
ilusión
apariencia

reflejo
refracción
reverberación

espejo
luna
cristal

dechado
ejemplo
modelo

espejuelo(s)
selenita
yeso

señuelo
cebo
trampa

anteojos
lentes

espeluznante
alucinante
sobrecogedor
escalofriante

espeluznar
asustar
aterrar
horrorizar

espera
expectativa
dilación

demora
retraso

paciencia
aguante

impaciencia

esperanza
confianza
creencia
promesa
ilusión
optimismo

desesperanza
desconfianza

esperanzado
confiado
ilusionado
optimista

desesperanzado
desmoralizado

esperanzar
ilusionar

esperar
aguardar
permanecer
perseverar

marcharse
abandonar

confiar
desear
suponer

desesperar
desconfiar

esperma
semen
líquido seminal

cera
cerumen

espermatozoide
espermatozoo

célula masculina
gameto

esperpento
adefesio
espantajo

disparate
desatino

espesar
condensar
concentrar
solidificar

diluir
aclarar

espeso
denso
condensado
compacto
pastoso

fluido
diluido

tupido
frondoso

claro
ralo

espesor
anchura
grosor

espesura
boscosidad
frondosidad
follaje

espetar
incrustar
encajar

endilgar
encasquetar
decir

espía
confidente

soplón
delator

espiar
observar
investigar
acechar
vigilar

espiga
panícula
panoja

clavija
clavo

espigado
alto
estilizado
esbelto

rechoncho
retaco

espigar
rebuscar
recoger

crecer
desarrollarse

espigón
dique
malecón
escollera

espina
aguijón
pincho
raspa
púa
astilla

espinazo
raquis

pesar
pena
sufrimiento

espinazo
espina dorsal
columna vertebral
vértebras
espalda

espinilla
tibia
canilla

grano
barrillo

espino
zarza
cardo

espinoso
punzante
puntiagudo

arduo
complicado
difícil
laborioso

fácil
sencillo

espionaje
investigación
indagación
pesquisa
vigilancia

espiración
exhalación
expulsión
soplo

inspiración

espiral
hélice
vuelta
rosca
tornillo
bucle

espirar
exhalar

expulsar
soplar

inspirar

espiritismo
ocultismo
parapsicología

espiritista
médium
ocultista
visionario

espíritu
alma
sustancia
esencia

inteligencia
pensamiento

valor
entereza
decisión

espectro
visión
fantasma

espiritual
anímico
incorpóreo
inmaterial
mental

físico
material

inteligente
sensible

espiritualidad
religiosidad
misticismo
idealismo

materialismo

espiritualizar
idealizar
sublimar

espita
válvula
canuto

esplendidez
generosidad
desprendimiento

mezquindad
tacañería

espléndido
desprendido
generoso
altruista

tacaño
mezquino

magnífico
estupendo

modesto
humilde

esplendor
brillo
resplandor
fulgor

celebridad
fama

espolear
avivar
estimular
incitar
aguijonear

retener
desanimar

espolón
punta
uña
garra
púa

contrafuerte
prominencia

espolvorear
esparcir
rociar

esponjarse
ahuecarse
hincharse

engreírse
ensoberbecerse

humillarse

esponsales
casamiento
desposorio

espontaneidad
naturalidad
sencillez
sinceridad

artificiosidad
precaución

espontáneo
natural
franco
desenvuelto

reservado
forzado

esporádico
eventual
ocasional
fortuito

constante
regular

esposa
cónyuge
consorte
mujer

esposar
apresar
encadenar

desatar
liberar

esposas
grilletes
cadenas
ataduras

esposo
cónyuge
marido
hombre

espuela
aguijón
espolín

acicate
estímulo

espuerta
cesto
esportilla
sera

espuma
efervescencia
hervor

baba
esputo

espumadera
cucharón
paleta

espumajear
borbotear
burbujear
hervir

espumarajo
baba
saliva
escupitajo

espumoso
espumante
burbujeante

espurio
bastardo
ilegítimo

legítimo

adulterado
fraudulento

puro
auténtico

esputar
escupir

esputo
expectoración
flema
escupitajo

esqueje
vástago
injerto
acodo

esquela
carta
misiva
mensaje

esquelético
flaco
escuálido
enjuto
famélico

fuerte
rollizo

esqueleto
osamenta
armazón
chasis
estructura

bosquejo
croquis

esquema
compendio
esbozo

sinopsis
cuadro

esquemático
resumido
sinóptico

detallado
exhaustivo

esquematizar
compendiar
resumir

esquila
cencerro
campanilla

esquileo
corte
trasquiladura

esquilar
cortar
trasquilar
pelar

esquilmar
empobrecer
arruinar
exprimir

aumentar
enriquecer

esquina
ángulo
borde
chaflán
arista

esquinado
ladeado
achaflanado

huraño
malintencionado
malpensado

accesible
tratable

esquinar
escuadrar
colocar

indisponer
cizañar

esquinazo
plantón
desaire
desprecio

esquirla
astilla
fragmento

esquirol
rompehuelgas

huelguista

esquivar
eludir
rehuir
evitar
sortear

afrontar

esquivez
rechazo
desdén
despego

aprecio
simpatía

esquivo
huraño
arisco
hosco
insociable

sociable
afable

estabilidad
equilibrio
firmeza
permanencia

continuidad
perdurabilidad

inestabilidad
provisionalidad

estabilizar(se)
afianzar
consolidar
establecer

estable
permanente
duradero
fijo
invariable
constante

establecer(se)
fundar
constituir
instaurar
implantar
disponer

afincarse
instalarse
avecindarse

establecimiento
instauración
creación
fundación

comercio
tienda
empresa

establo
cuadra
caballeriza

estaca
palo
tranca
garrote

estacada
cerca
vallado

estacazo
garrotazo
trancazo
golpe
porrazo

estación
época
temporada
período
etapa

parada
apeadero
terminal

**estaciona-
miento**
detención
parada
inmovilización

movimiento
movilización

aparcamiento
parking

estacionar(se)
colocar
ubicar
situar

detenerse
estabilizarse

aparcar

estacionario
estabilizado
estable
fijo

estadía
estancia
permanencia

estadio
coliseo
circuito

recinto
instalación

fase
ciclo
etapa

estadista
político
gobernante

estadística
censo
catastro
padrón

estadístico
catastral
censual
demográfico

estado
nación
país
territorio

gobierno
administración

disposición
actitud
aspecto
naturaleza

memoria
inventario
resumen

temperamento
talante
carácter

estafa
fraude
engaño
timo
robo

estafador
timador

defraudador
ladrón

estafar
timar
robar
engañar

desilusionar
decepcionar

estafermo
pasmarote
adefesio
espantajo

estafeta
oficina
despacho

correo
mensajero

estallar
reventar
explotar

resonar
retumbar

estallido
detonación
explosión

estamento
estado
categoría
clase

estampa
figura
grabado
imagen
lámina

estampar
imprimir
grabar
reproducir

estampido
estallido
explosión
detonación

estampilla
sello
marca
matasellos

estampillar
marcar
sellar

estancamiento
paralización
inmovilización

estancar(se)
atascar
detener
inmovilizar
obstruir

estancia
alcoba
aposento
habitación

permanencia
alojamiento

finca
hacienda

estanco
expendeduría
quiosco
tienda

aislado
incomunicado
cerrado

comunicado

estándar
tipo
modelo
patrón

corriente

común
normal

peculiar
especial

estandarizar
homogeneizar
normalizar

diversificar

estandarte
enseña
bandera
divisa
pendón

estanque
laguna
embalse
presa
pantano

estante
anaquel
repisa
entrepaño
balda

estantería
estante
armario

estañar
soldar
restañar

estar
hallarse
permanecer
encontrarse
habitar
residir
ser
existir

faltar
irse

estatal
nacional
gubernativo
oficial
público

privado

estático
fijo
inmóvil

pasmado
atónito

estatua
efigie
escultura
imagen
talla

estatuario
escultural
perfecto
bello

estatuir
establecer
decretar
legislar

derogar
invalidar

estatura
talla
altura

estatuto
reglamento
ordenanza
disposición
ley

este
oriente
levante
orto
naciente

estela
rastro
señal
huella

lápida
mojón
monumento
pedestal

estentóreo
fuerte
retumbante

suave
silencioso

estepa
yermo
páramo

estepario
desértico
estéril

fértil

estera
alfombra
felpudo

estercolar
abonar
fertilizar

estercolero
muladar
basurero

estereotipado
invariable
repetido

estéril
improductivo
yermo
árido

fértil
fecundo

estirado

esterilidad
impotencia
infecundidad
aridez

fecundidad
fertilidad

esterilización
desinfección
asepsia

castración
emasculación

esterilizar
castrar
emascular

desinfectar
higienizar

estertor
agonía
opresión

estética
armonía
belleza

estético
decorativo
hermoso
bello

antiestético
feo

estiaje
disminución
retirada

estiba
carga
embarque
distribución

estibar
colocar
distribuir
cargar

estiércol
excremento
basura
abono
mantillo

estigma
señal
marca
huella

baldón
afrenta

estigmatizar
marcar
señalar

mancillar
infamar

estilar(se)
acostumbrar

usarse
utilizarse

estilete
punzón
puñal
púa

estilista
purista
elegante

estilizado
esbelto
elegante

estilizar
caracterizar

simplificar
esquematizar

estilo
estilete
punzón

manera
forma

personalidad
expresión
giro

elegancia
distinción
gusto

estilográfica
pluma

estima
estimación

estimable
valorable
evaluable

incalculable

importante
valioso

despreciable

estimación
aprecio
consideración
estima

evaluación
peritaje

estimar
valorar
evaluar
tasar

desestimar

creer
considerar

querer
amar

aborrecer
odiar

estimulante
alentador

sugerente
excitante

decepcionante
desalentador

estimular
alentar
animar
espolear
impulsar

coartar
desanimar

estímulo
ánimo
impulso
acicate

desánimo
freno

estío
verano

estipendio
remuneración
retribución
salario

estipulación
cláusula
apartado
condición

contrato
convenio

desacuerdo

estipular
acordar
convenir
pactar

rechazar
revocar

estirado
alto

alargado
tensado

encogido

engreído
orgulloso

sencillo

estirar(se)
alargar
extender
tensar

comprimir
reducir

engreírse
envanecerse

desperezarse
desentumecerse

estirón
tirón
impulso

crecimiento
desarrollo

estirpe
linaje
alcurnia
ascendencia

estival
veraniego

estocada
punzada
herida

estofa
ralea
calaña
casta
clase

tela
tejido

estofar
guisar
cocinar

estoicismo
serenidad
imperturbabilidad
indiferencia

inconformidad
desesperación

estoico
impasible
resignado
paciente

estola
banda
tira
faja

estomacal
digestivo
gástrico

estomagar
hastiar
fastidiar

estómago
epigastrio
abdomen
vientre

estopa
cáñamo
carrasca
hilaza

estoque
espada

estoquear
matar
pinchar
herir

estorbar
obstaculizar
entorpecer
interrumpir
obstruir
molestar

facilitar
permitir

estorbo
obstáculo
impedimento
dificultad

ayuda

estrábico
bizco
bisojo

estrada
camino
carretera

estrado
entarimado
tarima

estrafalario
estrambótico
extravagante

estragamiento
empacho
hartura

estragar
estropear
dañar

estrago
destrozo
devastación
ruina

estrambótico
estrafalario
excéntrico

estrangular
asfixiar
ahogar

estraperlo
especulación
fraude
mercado negro

estratagema
engaño
ardid
argucia

estratega
diestro
hábil

militar
táctico

estrategia
táctica
habilidad
pericia

estratégico
importante
fundamental
valioso

secundario

estrato
capa
franja
veta
sedimento

estrechar(se)
ceñir
rodear
abrazar
comprimir
contraer
reducir

ensanchar
agrandar

estrechez
estrechamiento
constricción

anchura
holgura

escasez
penuria
apuro

riqueza
comodidad

estrecho
ajustado
apretado
ceñido

ancho

mezquino
tacaño

puritano
rígido

paso
desfiladero
canal

estregar
restregar
fregar

estrella
astro
asteroide
lucero
cometa

suerte
destino

estrellar(se)
estampar
romper
reventar

chocar
colisionar

fallar
fracasar

estremecedor
sobrecogedor
escalofriante
espeluznante

estremecer(se)
agitar
vibrar
temblar

asustarse
turbarse
emocionarse
conmoverse
sobresaltarse

**estremeci-
miento**
escalofrío
sobresalto
temblor
agitación

estrenar
inaugurar
abrir
debutar

estreno
apertura
debut
inauguración

estreñimiento
astricción
retención

diarrea
descomposición

estreñir
astringir

laxar

estrépito
estruendo

ruido
bullicio

silencio

ostentación
pompa

sencillez

estrés
tensión
ansiedad
fatiga
agotamiento

relax

estresar
angustiar
agobiar

relajar
descansar

estría
ranura
surco
hendidura

estriar
rayar
acanalar
tallar

estribación
derivación
ramificación
ramal

estribar
radicar
basarse
consistir
gravitar

estribillo
muletilla
reiteración
cantilena

estribo
contrafuerte
soporte
escalón

apoyo
fundamento

estricto
preciso
exacto
inflexible
riguroso

amplio
permisivo

estridencia
ruido
estrépito
disonancia

suavidad
armonía

estridente
chillón
retumbante
estruendoso

armonioso

estrofa
fragmento
verso

estropajo
bayeta

desecho
guiñapo

estropajoso
basto
seco

suave

gangoso
tartamudo

astroso
desaseado

estropear(se)
deteriorar
inutilizar
dañar
averiar

arreglar
componer

afear
envejecer

embellecer
rejuvenecer

enranciarse
pudrirse

lesionar
lisiar
lastimar

estropicio
desastre
destrozo
rotura

estructura
organización
disposición
configuración

esqueleto
armazón

estructurar
organizar
ordenar
constituir
disponer

desorganizar

estruendo
estallido
estrépito

alboroto
tumulto

estruendoso
estrepitoso

ruidoso
escandaloso

estrujar
comprimir
apretar
aplastar
estrechar

lastimar
maltratar

agotar
explotar

estuario
desembocadura
delta
fiordo
ría

estucar
encalar
enyesar

estuco
yeso
escayola
enyesado
enlucido

estuche
cajita
joyero
polvera
arqueta

estudiado
artificioso
afectado

natural
espontáneo

estudiante
alumno
escolar
colegial
discípulo

estudiantina
rondalla
tuna

estudiar
aprender
cursar
memorizar
educarse
instruirse

analizar
investigar
examinar

estudio
aprendizaje
instrucción
enseñanza

investigación
examen

tratado
ensayo

bufete
despacho

estudioso
aplicado
empollón

vago
holgazán

investigador
erudito

estufa
brasero
hornillo
calentador

estulticia
necedad
estupidez

sagacidad
inteligencia

estupefacción
estupor
asombro
desconcierto

estupefaciente
droga
narcótico
alucinógeno
anestésico

estupefacto
atónito
sorprendido

impertérrito
impasible

estupendo
excelente
admirable
maravilloso

malo
pésimo

estupidez
necedad
simpleza

agudeza
sagacidad

estúpido
bobo
memo
tonto

listo
espabilado

estupor
estupefacción

sopor
letargo

estupro
abuso
violación

etapa
fase
período
ciclo

trayecto
tramo

éter
cielo
firmamento

etéreo
sutil
volátil
impalpable

eternidad
inmortalidad
perpetuidad
perpetuación

transitoriedad

eternizar(se)
inmortalizar
perpetuar

dilatar
alargarse
demorarse

acortar
abreviar

eterno
perpetuo
imperecedero
inmortal

efímero
perecedero

ética
conducta
moral

ético
justo
honesto

deshonesto

etimología
origen
procedencia
raíz

etiología
causa
razón
origen

etiqueta
protocolo
ritual
ceremonia

marca
rótulo

etnia
raza
tribu
clan

étnico
racial
etnográfico

eucaristía
consagración
comunión
sagrada forma

eufemismo
perífrasis
circunloquio
ambigüedad
disimulo

euforia
alegría
entusiasmo
vehemencia
ímpetu

eufórico
animoso
contento

exultante
vehemente

alicaído
triste

euritmia
armonía
equilibrio

eutrapelia
broma
jocosidad
ocurrencia

moderación
mesura

evacuación
salida
retirada
desocupación

deposición
defecación
deyección

evacuar
desocupar
vaciar

expeler
defecar
deponer

evadir(se)
eludir
rehuir
evitar

escaparse
huir
fugarse
escabullirse

evaluación
valoración
tasación
peritaje

evaluar
tasar
valorar
justipreciar

evangelio
Nuevo Testa-
   mento
doctrina de Cristo

verdad
dogma
axioma
certeza

evangelizar
predicar
catequizar

evaporación
volatilización
gasificación
ebullición

desaparición
disipación

evaporar(se)
volatilizar
vaporizar
gasificar

esfumarse
fugarse
desaparecer

evasión
fuga
huida
deserción
desaparición

evasiva
excusa
disculpa
pretexto

evasivo
huidizo
esquivo

evento
suceso
acontecimiento

eventual
fortuito
accidental
ocasional
interino
provisional

permanente
fijo

eventualidad
contingencia
casualidad
posibilidad

evidencia
certeza
certidumbre
seguridad

duda
incertidumbre

evidenciar
demostrar
probar
patentizar

mostrar
revelar

evidente
cierto
claro
indiscutible
irrebatible
obvio

dudoso
discutible

evitar
eludir
rehuir

soslayar
esquivar

afrontar

impedir
perturbar
obstaculizar

evocación
mención
recuerdo
memoria

olvido

evocador
sugestivo
sugerente

evocar
recordar
rememorar
despertar

sugerir
insinuar

evolución
transformación
desarrollo
crecimiento
progreso

evolucionar
transformar
desarrollar
progresar

maniobrar
moverse

evolutivo
progresivo
gradual
sucesivo

exabrupto
brusquedad

incorrección
grosería

corrección
delicadeza

exacción
carga
impuesto
tributo

exacerbar(se)
irritar
excitar
encolerizar

tranquilizar

exactitud
precisión
puntualidad
fidelidad

imprecisión
descuido

exacto
preciso
puntual
justo
cabal

impreciso
inexacto
descuidado

exageración
desproporción
extremismo

exagerado
excesivo
desmesurado
desorbitado
extremado

exagerar
abultar
extremar
desorbitar

hinchar
inflar
agigantar

atenuar
empequeñecer

exaltación
acaloramiento
entusiasmo
enardecimiento

encumbramiento
elogio
alabanza

censura
humillación

exaltado
apasionado
entusiasta
fanático

moderado
ecuánime

exaltar(se)
ensalzar
aclamar
alabar

excitarse
enardecerse
enfurecerse

serenarse
calmarse

examen
prueba
ejercicio
concurso

investigación
exploración
análisis
reconocimiento

examinar(se)
investigar
reconocer

inspeccionar
analizar
estudiar

concursar
opositar
concurrir

exangüe
exhausto
exánime
desangrado
muerto

exánime
extenuado
exhausto
exangüe

fuerte

exantema
erupción
sarpullido

exasperación
exacerbación
desesperación
irritación

calma
tranquilidad

exasperar
exacerbar
enfurecer
encolerizar

calmar
sosegar

excarcelar
libertar
liberar
indultar
amnistiar

encarcelar

excavación
perforación
extracción

zanja
hoyo
pozo
foso
mina

excavar
cavar
ahondar
perforar

excedencia
disponibilidad
apartamiento

excedente
sobrante
residuo

exceder(se)
sobrar
rebasar

extralimitarse
propasarse

contenerse
reprimirse

excelencia
eminencia
grandiosidad
magnificencia

excelente
superior
extraordinario
magnífico

ínfimo
pésimo

excelsitud
excelencia
magnitud
grandeza

insignificancia

excelso
eminente
sublime
excelente

excentricidad
extravagancia
rareza
manía

excéntrico
extravagante
ridículo
estrafalario

normal
corriente

descentrado
desplazado

excepción
exclusión
irregularidad

excepcional
insólito
inusual
raro

usual
frecuente

extraordinario
admirable

excepto
salvo
aparte
exceptuado

exceptuar
excluir
descartar

excesivo
exagerado
desmesurado
exorbitante

abundante
demasiado

escaso
insuficiente

exceso
superabundancia
superávit
sobrante

falta
déficit
escasez

exageración
abuso

excitable
inquieto
impulsivo

apacible
tranquilo

excitación
agitación
nerviosismo
intranquilidad

excitado
agitado
alterado
impaciente

aplacado
tranquilo

excitante
apasionante
estimulante

apacible
relajante

excitar
apasionar
entusiasmar
estimular
incitar
animar

instigar
inquietar

calmar
aplacar

exclamación
grito
interjección

exclamar
clamar
gritar
imprecar
lamentarse

excluir(se)
descartar
rechazar
separar
discriminar
despreciar
exceptuar
suprimir

admitir
incluir

exclusión
eliminación
descarte
rechazo

admisión
inclusión

exclusiva
concesión
privilegio
franquicia
monopolio
patente

exclusivismo
personalismo
partidismo
favoritismo

exclusivo
único
característico
propio
peculiar

excomulgar
anatematizar
condenar

excomunión
anatema
repudio
reprobación

excoriación
rozadura
escocedura
irritación

excoriar
arañar
irritar
escocer

excrecencia
verruga
carnosidad

excremento
deposición
deyección
heces
estiércol
detrito
residuos

excretar
evacuar
expeler

exculpación
defensa
disculpa
excusa

acusación
cargo

exculpar
absolver
defender
disculpar
justificar

acusar
imputar

excursión
paseo
gira
caminata
viaje

incursión
invasión

excusa
pretexto
disculpa
justificación
evasiva

excusable
disculpable
justificable

excusado
reservado
aseo
retrete
urinario

excusar(se)
disculpar
dispensar
justificar

acusar
culpar

eludir
rehuir
evitar
rechazar

execrable
abominable

aborrecible
detestable

execración
aborrecimiento
reprobación

imprecación
vituperio

execrar
condenar
maldecir
abominar

admirar
elogiar

jurar
imprecar

exégesis
explicación
comentario
glosa

exégeta
comentarista
glosador

exención
dispensa
exculpación
privilegio

exento
libre
liberado
dispensado

obligado

exequias
funerales
honras fúnebres

exfoliar
descamar
deshojar
caer

xhalación
emanación
vaho
olor

centella
rayo
meteorito

xhalar
emanar
desprender
emitir

absorber

xhaustivo
completo
íntegro

parcial
incompleto

xhausto
extenuado
cansado
fatigado
consumido

fuerte
vigoroso

xhibición
presentación
manifestación

exposición
muestra
certamen

xhibir
exponer
mostrar
enseñar

ocultar
esconder

xhortación
amonestación
ruego
invitación

exhortar
rogar
suplicar
amonestar
reprender
animar
incitar

exhumar
desenterrar
descubrir

inhumar
enterrar

recordar
rememorar

exigencia
petición
demanda
reclamación
requerimiento

exigente
riguroso
rígido
minucioso

flexible
tolerante

exigir
pedir
reclamar
reivindicar

ceder
conceder

exigüidad
escasez
penuria
carencia

abundancia

exiguo
insuficiente

escaso
corto

abundante
grande

exiliado
desterrado
expatriado
refugiado

repatriado

exiliar(se)
desterrar
deportar
expulsar
extrañar

acoger
albergar

emigrar
marcharse

repatriarse

exilio
destierro
extrañamiento
expatriación
deportación

repatriación

eximente
atenuante
paliativo
favorable

agravante

eximio
ilustre
notable
eminente
insigne

eximir
dispensar
exonerar

perdonar
indultar

obligar
responsabilizar

existencia(s)
vida
subsistencia
realidad

muerte
inexistencia

mercaderías
surtido
género

existente
real
verdadero
auténtico
actual
contemporáneo

irreal
inexistente

existir
ser
vivir
coexistir
hallarse

morir
faltar

éxito
victoria
triunfo
gloria
fama

fracaso
revés

éxodo
emigración
huida

peregrinación
expatriación

regreso
retorno

exoneración
dispensa
exención

destitución
degradación

exonerar
eximir
dispensar

destituir
expulsar
relevar

exorbitante
exagerado
excesivo
extremado

moderado
comedido

exorcismo
conjuro

exorcizar
conjurar
desendemoniar
deshechizar

exordio
introducción
preámbulo
proemio

conclusión
epílogo

exotérico
asequible
común
habitual

normal
corriente

esotérico
impenetrable

exótico
forastero
foráneo

autóctono
nacional

extravagante
raro
insólito
singular

expandir
dilatar
extender
ensanchar

reducir
encoger

expansión
ensanchamiento
agrandamiento
dilatación
desarrollo

contracción
reducción

diversión
distracción
recreo

aburrimiento
tedio

desahogo
confesión
revelación

incomunicación
retraimiento

expansionarse
desahogarse

sincerarse
explayarse

contraerse
retraerse

distraerse
divertirse
recrearse

aburrirse
hastiarse

expansivo
efusivo
expresivo
comunicativo
sociable

callado
huraño

expatriar(se)
exiliar
emigrar

repatriar

expectación
interés
curiosidad
expectativa
esperanza

expectante
atento
vigilante
interesado

expectativa
posibilidad
perspectiva
probabilidad

expectoración
esputo
flema
escupidura

expectorar
escupir

expedición
excursión
viaje
gira

envío
remesa
giro
facturación

expedidor
remitente
librador

expedientar
castigar
sancionar
censurar

expediente
sumario
documento
certificación

recurso
pretexto
medio

expedir
remitir
facturar
remesar
despachar

tramitar
cursar
instruir

expeditivo
diligente
decidido
resuelto
enérgico

lento
torpe

expedito
desocupado

libre
despejado

obstruido

xpeler
expulsar
despedir

absorber
aspirar

xpendeduría
estanco
quiosco
tienda

xpender
despachar
vender

xpensas
costas
gastos

xperiencia
práctica
hábito
pericia
veteranía
maestría
destreza

inexperiencia
impericia

prueba
ensayo
experimento
estudio

xperimentado
experto
versado
avezado
diestro
entendido

novato
inexperto
principiante

experimental
práctico
empírico
efectivo

teórico

experimentar
ensayar
probar
examinar
comprobar

notar
sentir
percibir
padecer
sufrir
percatarse

experimento
experimentación
intento
prueba
ensayo

experto
diestro
entendido
técnico
avezado
competente

inexperto
novato

expiación
purgación
purificación
sacrificio
pena
castigo

expiar
purgar
reparar
penar
redimir
resarcir

expiración
muerte
fallecimiento
conclusión
terminación

nacimiento
inicio

expirar
morir
fallecer

nacer
vivir

finalizar
terminar
concluir

iniciar
empezar

explanación
nivelación
allanamiento
desmonte

explanada
llanura
planicie
explanación

explanar
allanar
nivelar
igualar
aplanar

explayar(se)
ensanchar
ampliar
extender

confiarse
sincerarse
desahogarse

divertirse
recrearse

aburrirse
hastiarse

explicable
comprensible
razonable
lógico

ilógico
inexplicable

explicación
aclaración
descripción
comentario
exposición
razonamiento
declaración

confusión
equívoco

explicar(se)
aclarar
demostrar
desembrollar
esclarecer
comentar
describir
enseñar
justificar

confundir
equivocar

expresar
manifestar
decir
narrar

explícito
claro
manifiesto
expreso
evidente

implícito
oscuro

exploración
reconocimiento
rastreo
investigación

examen
auscultación

explorador

viajero
excursionista
aventurero
descubridor
investigador

explorar

inspeccionar
investigar
sondear
analizar
reconocer
estudiar
examinar

explosión

estampido
estallido
detonación
estruendo

vehemencia
impulso
exaltación

explosivo

fulminante
detonante
dinamita
pólvora
barreno
petardo
cartucho

sensacional
asombroso
impresionante
insólito

vulgar
convencional

explotación

aprovechamiento

beneficio
utilización

empresa
industria
fabricación
plantación

abuso
estafa
fraude

explotador

estafador
chantajista
usurero

explotar

estafar
abusar

emplear
aprovechar
utilizar

explosionar
estallar

expoliación

robo
estafa
fraude

expoliar

despojar
robar
estafar

expolio

expoliación
expropiación

exponente

guarismo
cifra
número
potencia

ejemplo
modelo
muestra

exponer(se)

explicar
manifestar
referir
declarar
describir

callar
ocultar

arriesgar
aventurar
comprometer

acobardarse
defenderse

exhibir
representar
exteriorizar

exportar

enviar
expedir

importar

exposición

muestra
exhibición
certamen

explicación
manifestación
planteamiento

expósito

inclusero
hospiciano

expositor

feriante
comerciante

escaparate
vitrina
mostrador

expresar

manifestar
declarar

reflejar
hablar
opinar

callar
silenciar

expresión

declaración
manifestación
exteriorización
especificación

enunciado
voz
vocablo
locución

gesto
mueca
ademán

expresividad

vehemencia
efusividad
pasión
elocuencia

frialdad
moderación

expresivo

vehemente
vivo
efusivo
afectivo
elocuente
comunicativo

inexpresivo
retraído
soso

expreso

explícito
manifiesto

implícito
sobrentendido

intencionado
deliberado

exprimir
estrujar
comprimir
prensar

expropiación
embargo
confiscación
desposeimiento

restitución
devolución

expropiar
desposeer
despojar
incautar
confiscar

devolver
restituir

expuesto
peligroso
arriesgado
comprometido

prudente
seguro

revelado
mostrado

oculto

expugnable
asequible
desprotegido

expugnar
conquistar
asaltar
tomar

expulsar
echar
arrojar
despedir
expeler

admitir
reintegrar

expulsión
despido
deportación
exilio
desahucio

admisión
rehabilitación

expurgar
limpiar
depurar
corregir
enmendar

exquisitez
elegancia
distinción
refinamiento
cortesía
delicadeza

ordinariez

exquisito
delicioso
sabroso
apetitoso

atento
cortés
refinado
elegante

vulgar
ordinario

extasiado
embelesado
hechizado
absorto

impasible
indiferente

extasiarse
embelesarse
fascinarse
maravillarse

éxtasis
arrobamiento
fascinación
encantamiento
asombro
pasmo

extemporáneo
intempestivo
inoportuno
inapropiado

oportuno
adecuado

extender(se)
esparcir
dispersar
expandir

juntar
agrupar

dilatar
alargar
estirar
desplegar
ensanchar

reducir
encoger

propagar
divulgar
difundir

ocultar
reservar

explayarse
desahogarse

extendido
dilatado
desarrollado
amplio

concentrado
reducido

frecuente

habitual
generalizado

tendido
tumbado
echado

extensible
ampliable
desenrollable
desplegable

reducible

extensión
prolongación
propagación
expansión

encogimiento
reducción

superficie
amplitud
longitud

extenso
amplio
vasto
espacioso

reducido

extenuación
agotamiento
consunción
decaimiento
postración
cansancio

vitalidad
vigor

extenuar(se)
fatigar
agotar
debilitar
consumir

fortalecer
vigorizar

exterior
externo
visible
superficial

interno
oculto

fachada
apariencia
aspecto

exterioridad
exterior
apariencia
porte

interioridad

exteriorizar
descubrir
manifestar
mostrar
exponer

callar
ocultar

exterminar
asolar
extinguir
aniquilar
erradicar

crear
salvar

exterminio
aniquilación
destrucción
genocidio
masacre

externo
exterior
superficial
visible

interno
interior

extinción
desaparición
muerte
cese

comienzo
surgimiento

extinguir(se)
apagar
sofocar
agotar
exterminar

encender
originar

morir
caducar
expirar
prescribir

nacer
empezar

extinto
difunto
finado

extirpar
arrancar
desarraigar
erradicar
eliminar
cortar
amputar
cercenar

implantar
fomentar

extorsión
expolio
usurpación
saqueo
despojo

trastorno
menoscabo
daño

extorsionar
expoliar
confiscar
despojar

devolver
compensar

perjudicar
molestar
perturbar

extra
estupendo
extraordinario
magnífico

plus
complemento
gratificación

figurante
comparsa

extracción
arrancamiento
desarraigo

ascendencia
origen
procedencia

extractar
abreviar
compendiar
sintetizar

ampliar

extracto
compendio
síntesis

extradición
entrega
envío

extraditar
deportar

extraer
sacar

arrancar
exprimir

meter
introducir

extralimitación
abuso
exceso
atropello

extralimitarse
abusar
excederse
propasarse

comedirse
reprimirse

extramuros
afueras
alrededores
extrarradio

extranjero
foráneo
forastero
exótico
extraño

nativo
nacional

extrañamiento
deportación
expulsión
confinamiento

extrañar(se)
desterrar
expatriar

acoger
asilar

asombrarse
admirarse
sorprenderse

extrañeza
asombro
admiración
sorpresa

extraño
raro
insólito
excepcional

normal
habitual

ajeno
exótico

extraordinario
excepcional
sensacional
impresionante
raro
insólito
inhabitual

normal
corriente

extrarradio
alrededores
afueras
periferia

centro

extraterrestre
cósmico
planetario
espacial

terrestre

marciano
alienígena

terrícola

extravagancia
rareza
incongruencia
ridiculez
excentricidad
bufonada

extravagante
estrafalario
excéntrico
estrambótico

grotesco
pintoresco

corriente
normal

extravertido
sociable
comunicativo
tratable

introvertido
retraído

extraviado
pervertido
corrompido
depravado

honrado
honesto

perdido
traspapelado
desorientado

extraviar(se)
perder
traspapelar

encontrar
hallar

perderse
desorientarse
desviarse

orientarse
encaminarse

pervertirse
descarriarse
depravarse

extravío
pérdida
desorientación
despiste
confusión

descarrío
desliz

extremar
exagerar

recargar
desorbitar

mesurar
moderar

extremaunción
viático
santos óleos
unción

extremidad
miembro
brazo
pierna
apéndice

extremo
remate
punta

extremista
fanático
radical
revolucionario
agitador

centrista
tolerante

extremo
punta
extremidad
límite
orilla
borde

excesivo
supremo
exagerado

moderado
mesurado

extrínseco
accesorio
exterior
externo
superficial

intrínseco
esencial

exuberancia
abundancia
prodigalidad
riqueza
opulencia

escasez
parquedad

exuberante
abundante
ubérrimo
pletórico
fecundo
frondoso
fértil

escaso
estéril

exudar
segregar
destilar
rezumar
sudar

exultante
alborozado
eufórico
alegre
jubiloso

mohíno
triste

exultar
regocijarse
gozar
alborozarse
exaltarse

abatirse
deprimirse

eyaculación
polución
eyección

eyacular
segregar
expulsar
expeler

F

faba
alubia
judía
judión

haba

fábrica
factoría
industria
taller
empresa

construcción
obra
bloque

fabricante
industrial
empresario
productor

fabricar
confeccionar
elaborar
producir
transformar

fábula
cuento
leyenda

alegoría
parábola

chisme
bulo
patraña

verdad
certeza

fabuloso
mítico
legendario
quimérico
fantástico
irreal
imaginado

verdadero
histórico

extraordinario
maravilloso
estupendo
magnífico

mediocre
deficiente

facción(es)
bando
partido

grupo
camarilla

rasgos
rostro
fisonomía

faccioso
agitador
amotinado
rebelde
revolucionario

dócil
sumiso

faceta
dimensión
vertiente
aspecto
matiz

lado
cara
canto

facha
apariencia
aspecto
presencia
pinta

mamarracho

adefesio
espantajo

belleza
hermosura

fascista
derechista
carca

progre
rojo

fachada
delantera
portada
frente

fachendoso
jactancioso
fantoche
vanidoso
petulante
engreído

humilde
modesto

fácil
sencillo
elemental
corriente
simple

asequible
comprensible

difícil
complicado

facilidad
comprensibilidad
sencillez
simplicidad

dificultad
complicación

habilidad
capacidad
desenvoltura
fluidez

facilitar
posibilitar
permitir
simplificar
favorecer

dificultar

suministrar
proveer
surtir

quitar

facineroso
malhechor
bandido
forajido
malvado
rufián

honrado
bueno

facsímil
duplicado
imitación
copia
reproducción

factible
posible

realizable
viable

imposible
irrealizable

factor
causa
circunstancia
elemento
componente

multiplicador
coeficiente
multiplicando

apoderado
delegado
encargado

factoría
fábrica
industria
taller

factura
nota
cargo
extracto
importe

facturar
registrar
anotar
asentar
apuntar

enviar
remitir
expedir
remesar

facultad
capacidad
aptitud
talento
habilidad

autorización

permiso
licencia

universidad
cátedra

facultativo
potestativo
voluntario
opcional

obligatorio
preceptivo

médico
doctor
cirujano

facundia
desenvoltura
desparpajo
labia
verborrea

faena
tarea
ocupación
trabajo

ocio
descanso

trastada
jugada
jugarreta
canallada
mala pasada

faja
ceñidor
corsé
ajustador
venda

tira
cinta
banda

fajo
montón
puñado
manojo

falacia
engaño
fraude
trampa

verdad
autenticidad

falange
legión
tropa
batallón
ejército

falaz
embustero
mentiroso
embaucador
hipócrita
cínico

sincero
franco

falda
saya
minifalda
enaguas
combinación

ladera
vertiente
pendiente

faldero
mujeriego
donjuán
seductor

falla
falta
defecto
tara
deficiencia

grieta
abertura
raja

hoguera

fogata
pira

allar
errar
marrar
frustrarse
fracasar

acertar
atinar

sentenciar
dictaminar
resolver

allecer
morir
fenecer
perecer
expirar

nacer
vivir

allecido
finado
cadáver
difunto

allecimiento
defunción
muerte
expiración

nacimiento
vida

allido
errado
frustrado
malogrado

acertado
logrado

allo
sentencia
veredicto
resolución

error

equivocación
desacierto

éxito
acierto

falsear
falsificar
adulterar
deformar
desfigurar
desvirtuar
tergiversar

falsedad
engaño
mentira
embuste
calumnia
infundio

autenticidad
veracidad

falsificación
adulteración
engaño
fraude
imitación

falsificado
desnaturalizado
adulterado
amañado

original
auténtico

falsificar
falsear
adulterar

falso
adulterado
fingido
simulado

inexacto
incorrecto

auténtico
real

hipócrita
fariseo
mentiroso
embustero

sincero

falta
carencia
privación
penuria
déficit

abundancia

tara
anomalía
defecto
fallo
incorrección

pecado
delito
desliz
infracción

faltar
escasear
carecer
necesitar

abundar
sobrar

incumplir
infringir
quebrantar

acatar
cumplir

no asistir
eludir
desaparecer

asistir
concurrir

ofender

insultar
agraviar

faltón
informal
incumplidor
frívolo
inconstante

cumplidor
formal

insultón
irrespetuoso
grosero

respetuoso
atento

fama
popularidad
renombre
prestigio
reputación
éxito

impopularidad
fracaso

famélico
esquelético
esmirriado
escuálido
flaco

gordo
robusto

familia
parentela
familiares
descendientes
ascendientes

familiar
consanguíneo
emparentado
pariente
ascendiente
descendiente

usual

acostumbrado
habitual

raro
extraño

hogareño
casero
doméstico

mundano

familiaridad
confianza
intimidad
sencillez
trato

desconfianza
recelo

familiarizarse
habituarse
acostumbrarse
amoldarse
adaptarse
relacionarse

inadaptarse
desconfiar

famoso
afamado
célebre
popular
ilustre
insigne
reputado

ignorado
humilde

fan
hincha
seguidor
admirador
fanático

fanático
apasionado
idólatra

intolerante
intransigente
hincha
extremista

equilibrado
ponderado

fanatismo
apasionamiento
exacerbación
fogosidad
intolerancia
intransigencia

tolerancia
ecuanimidad

fandango
baile
danza

bullicio
jaleo
jarana
parranda
jolgorio

calma
silencio

fanfarria
fanfarronada

charanga
comparsa
conjunto
orquestina

fanfarrón
presuntuoso
jactancioso
fantasma
bravucón
petulante

humilde
tímido

fanfarronada
fantochada
baladronada

chulería
bravuconería
petulancia

humildad
sencillez

fanfarronear
jactarse
alardear
chulearse
envalentonarse
vanagloriarse

acobardarse
humillarse

fango
lodo
barro
limo
cieno

fangoso
cenagoso
lodoso
barroso
pantanoso

fantasear
soñar
imaginar
inventar
idealizar

fantasía
ficción
imaginación
ensueño
entelequia
ilusión
utopía

realidad
realismo

fantasioso
fatuo
iluso

soñador
presuntuoso

realista
sencillo

fantasma
espectro
espíritu
duende
visión

fantasioso
fantasmón
fanfarrón

fantasmagórico
alucinante
aterrador
espectral
sobrecogedor

real
material

fantasmón
fantasma
fantoche
mamarracho
esperpento

humilde
sencillo

fantástico
irreal
imaginario
ficticio
ilusorio
fabuloso

real
material

estupendo
maravilloso
magnífico
espléndido

pésimo
vulgar

fantoche
marioneta
títere
muñeco

fatuo
creído
fanfarrón
presuntuoso
farolero

faquir
santón
penitente
asceta

farándula
farsa
títeres
cómicos
actores

farandulero
charlatán
comediante
cómico
payaso

faraón
monarca
rey
soberano

fardar
presumir
fanfarronear
alardear
jactarse

fardo
bulto
embalaje
envoltorio
paquete

fardón
presumido
farolero

presuntuoso
fantasma
fantoche

farfullar
tartamudear
tartajear
balbucear
balbucir

farfullero
chapucero
embrollador
embustero
trapacero

faringe
garganta
tragadero

fariseísmo
hipocresía
fingimiento
simulación
doblez

franqueza
sinceridad

fariseo
hipócrita
falso
farisaico
simulador

sincero
auténtico

farmacia
botica
laboratorio
apoteca

fármaco
medicamento
medicina
preparado
poción

faro
atalaya
torre
señal

farol
lámpara
foco
luz

farol
faro

lance
jugada
argucia
engaño

farolear
fanfarronear
jactarse
vanagloriarse
pavonearse

farolero
jactancioso
fanfarrón
fachendoso
fardón

farra
juerga
parranda
jarana
jolgorio

farragoso
desordenado
confuso
ininteligible
tedioso

claro
fluido

farruco
desafiante
insolente
flamenco

valentón
chulo

farsa
comedia
drama
farándula
mojiganga
pantomima
sainete

engaño
mentira
patraña

verdad
sinceridad

farsante
embaucador
impostor
embustero
mentiroso
tramposo

honrado
honesto

fascículo
cuadernillo
folleto
entrega

fascinación
encantamiento
atracción
alucinación
sugestión
seducción

desilusión
desengaño

fascinante
alucinante
atrayente
encantador
seductor

repelente
desagradable

fascinar
atraer
encantar
seducir
maravillar
alucinar
sugestionar
embrujar

desencantar
repeler

fascismo
autoritarismo
dictadura
totalitarismo

democracia

fase
período
ciclo
etapa

apariencia
aspecto
faceta

fastidiar(se)
molestar
importunar
jorobar
agobiar
incordiar
marear
incomodar

deleitar
entretener

romper
estropear
escacharrar

arreglar
componer

aguantarse
jorobarse
chincharse

soportar
sufrir

divertirse
alegrarse

fastidio
incordio
lata
molestia
incomodidad
rollo
pesadez

deleite
placer

fastidioso
aburrido
tedioso
enojoso
latoso
engorroso
incómodo

ameno
divertido

fasto(s)
fausto
lujo

anales
hechos
relatos
sucesos

fastuoso
ostentoso
lujoso
majestuoso
espectacular
vistoso
espléndido

modesto
sencillo

fatal
nefasto
fatídico

funesto
aciago
desgraciado

beneficioso
feliz

irremediable
ineludible
inevitable

evitable
eludible

fatalidad
desdicha
desgracia
desventura
infortunio

felicidad
dicha

sino
hado
destino

fatalismo
pesimismo
derrotismo
desilusión

optimismo

fatídico
fatal
funesto
nefasto
aciago

esperanzador
halagüeño

fatiga
cansancio
agobio
agotamiento
debilidad

descanso
relax

penalidad

dificultad
adversidad

fatigar
cansar
agotar
rendir
extenuar
sofocar
aplanar
atosigar

reconfortar
fortalecer

fatigoso
agotador
agobiante
sofocante
penoso
arduo
difícil

fácil
cómodo

fatuo
vanidoso
presuntuoso
fachendoso
petulante
necio

humilde
sencillo

fausto
pompa
boato
lujo
fastuosidad
magnificencia

sencillez
austeridad

feliz
venturoso
dichoso

desgraciado
fatídico

favor
ayuda
socorro
atención
protección
auxilio

favorable
conveniente
propicio
beneficioso
benigno

desfavorable
adverso

favorecer
ayudar
beneficiar
amparar
auxiliar
proteger

desamparar
perjudicar

favoritismo
preferencia
predilección
injusticia
parcialidad

objetividad
equidad

favorito
predilecto
elegido
mimado
preferido

faz
cara
rostro
semblante
aspecto

anverso

haz
derecho

envés
reverso

fe
creencia
convicción
credulidad
convencimiento
dogma
credo

incredulidad
duda

fealdad
deformidad
monstruosidad
desaliño

belleza
hermosura

febril
calenturiento
enfermo
sofocado

agitado
desasosegado
excitado
vehemente
fogoso

tranquilo
reposado

fecha
data
momento
tiempo
encabezamiento

fechar
datar
registrar
encabezar

fechoría
trastada
travesura
canallada
desmán
traición

fécula
harina
pasta
almidón

fecundación
fertilización
incubación
inseminación
polinización

fecundar
fertilizar
fecundizar
engendrar
cubrir

fecundizar
inseminar
fertilizar
fecundar

esterilizar

fecundo
fértil
abundante
productivo
prolífico

estéril
improductivo

federación
agrupación
asociación
confederación
coalición

federal
federalista

federativo
asociativo

separatista

federar
aliar
asociar
coligar
confederar
unir

separar
desunir

fehaciente
irrefutable
evidente
cierto
indiscutible
obvio

dudoso
incierto

felicidad
dicha
bienestar
ventura
contento
alegría
satisfacción

desgracia
infelicidad

felicitación
enhorabuena
parabién
cumplido
bienvenida

pésame
condolencia

felicitar
congratular
cumplimentar
agasajar

alabar
elogiar

reprobar
vituperar

feligrés
fiel
piadoso
parroquiano
congregante

feliz
dichoso
contento
satisfecho
alegre
ufano

desgraciado
infeliz

felonía
traición
canallada
perfidia
infamia
alevosía

lealtad
fidelidad

felpudo
afelpado
velludo
aterciopelado

alfombrilla
esterilla
limpiabarros

femenino
mujeril
femenil
afeminado
blando
débil

masculino
viril

feminidad
femineidad
suavidad
delicadeza
ternura

masculinidad
virilidad

feminismo
sufragismo
emancipación
liberación

machismo

fenecer
fallecer
morir
perecer

nacer
vivir

fenomenal
magnífico
fantástico
admirable
maravilloso
estupendo

corriente
normal

fenómeno
prodigio
rareza
milagro
portento

monstruo
engendro
aberración

fenomenal

feo
antiestético

deforme
repugnante

bonito
bello

inmoral
indecente
sucio

honesto
decente

desaire
menosprecio
desprecio
desdén

cortesía
atención

feraz
fecundo
fértil
productivo

estéril
yermo

féretro
ataúd
caja
sarcófago

feria
fiesta
verbena
romería
atracciones

mercado
muestra
certamen
exposición

fermentación
transformación
descomposición
efervescencia

fermentar
descomponerse
transformarse
agriarse
corromperse

fermento
levadura
catalizador
enzima

ferocidad
crueldad
brutalidad
atrocidad
bestialidad
salvajismo

humanidad
piedad

feroz
bárbaro
cruel
salvaje
fiero
inhumano
sanguinario

inofensivo
humano

férreo
duro
fuerte
resistente
consistente
inflexible

blando
débil

ferrocarril
tren
suburbano
línea férrea

fértil
fecundo
fructífero

productivo
prolífico

estéril
infecundo

fertilizante
abono
estiércol
nitrato
superfosfato

fertilizar
fecundar
fecundizar
abonar
estercolar

ferviente
fervoroso
apasionado
ardiente
impetuoso
vehemente

indiferente
frío

fervor
devoción
piedad
recogimiento

tibieza

pasión
entusiasmo
fogosidad
vehemencia

indiferencia
frialdad

festejar
agasajar
conmemorar
homenajear

rondar
galantear
cortejar

festejo
celebración
fiesta
diversión

festín
banquete
convite
festejo
comilona
orgía

festival
certamen
concurso
muestra
espectáculo

festividad
celebración
conmemoración
fiesta

festivo
inhábil
no laborable
no lectivo

laborable
lectivo

jocoso
chistoso
cómico
alegre
gracioso

serio
triste

festón
cenefa
ribete
orla
adorno

fetén
bueno
estupendo

fabuloso
fantástico

malo
espantoso

fetiche
amuleto
talismán
mascota
tótem

fetichismo
idolatría
superstición
paganismo

fétido
apestoso
hediondo
pestilente
nauseabundo

feto
embrión
engendro
aborto

feudal
señorial
solariego
medieval
tiránico

feudo
heredad
dominio
señorío
propiedad

fiable
fiel
honesto
honrado
leal

dudoso
desleal

fiador
avalista
garante

fiambre
conserva
embutido
embuchado

fianza
garantía
depósito
aval
hipoteca

fiar(se)
prestar
ceder
dejar

avalar
garantizar
responder

confiarse
entregarse

desconfiar
recelar

fibra
hebra
filamento
hilo
nailon

empuje
nervio
energía
vigor

indecisión
timidez

fibroso
correoso
coriáceo
escleroso
nervudo

ficción
fábula
fantasía
imaginación
invención

realidad
verdad

fingimiento
hipocresía
disimulo

ficha
cédula
papeleta
cartulina

chapa
placa
moneda

fichar
registrar
inscribir
anotar

calar
desconfiar
recelar

fichero
archivador
archivo
clasificador

ficticio
fingido
imaginario
fantástico
irreal

verdadero
real

fidedigno
fiable
veraz

fehaciente
auténtico

dudoso
falso

fidelidad
lealtad
nobleza
franqueza
honestidad

deslealtad
infidelidad

fideo
tallarín
macarrón
pasta

larguirucho
flaco
delgado

fiebre
calentura
hipertermia
décimas

hipotermia

fiel
honesto
honrado
sincero
leal

infiel
desleal

exacto
verídico
cierto

inexacto
falso

devoto
adepto
feligrés

fielmente
textualmente

exactamente
al pie de la letra

fiera
alimaña
bestia
animal

energúmeno
bruto
salvaje
bárbaro

fiero
feroz
inhumano
cruel
salvaje
brutal
violento
bárbaro

humano
amable
manso

fiesta(s)
vacación
festividad
festivo

guateque
celebración
convite
juerga
festejo

carantoñas
mimos
caricias

figura
silueta
tipo
forma
complexión
aspecto
símbolo
emblema

personalidad

eminencia
personaje

figuración
fantasía
imaginación
suposición

realidad

figurado
metafórico
retórico
imaginario
supuesto

figurar(se)
representar
encarnar
simbolizar

aparentar
fingir
simular

hallarse
estar
encontrarse
asistir

ausentarse

imaginarse
suponerse
sospechar

figurín
patrón
modelo
diseño

dandi
lechuguino
petimetre
pisaverde

adán
desastrado

figurón
fatuo
presumido
engreído

presuntuoso
fantoche

sencillo
campechano

fijar(se)
afianzar
adherir
sujetar
clavar

soltar
desclavar

determinar
precisar
señalar
especificar

percatarse
observar
advertir
reparar

fijo
seguro
estable
sujeto
consolidado
invariable
permanente
firme

eventual
inestable
variable

fila
hilera
cola
ristra
sarta
cadena
recua

tirria
manía
antipatía

simpatía

filamento
hebra
fibra
hilo
sedal
cabo

filantropía
altruismo
caridad
generosidad
humanitarismo
amor

misantropía
egoísmo

filántropo
altruista
benefactor
caritativo
humanitario
generoso

misántropo
egoísta

filarmónico
melómano
musicólogo
musicómano

filete
bistec
solomillo
entrecot

cenefa
franja
ribete
orla

filiación
identificación
datos personales
ficha

filial
sucursal

agencia
delegación

consanguíneo
familiar

filibustero
pirata
bucanero
corsario
forajido

filigrana
adorno
exquisitez
floritura
virguería

chapuza
tosquedad

filípica
invectiva
catilinaria
represión
reprimenda

elogio
alabanza

filmadora
tomavistas
cámara
videocámara

filmar
rodar
cinematografiar
impresionar

filme
cinta
film
película

filo
corte
arista
borde

filología
lingüística
lexicología
gramática
lengua

filólogo
gramático
lingüista
lexicólogo

filón
veta
vena
yacimiento

chollo
ganga
negocio
breva

filosofar
razonar
reflexionar
especular
pensar

filosofía
doctrina
ideología
teoría

resignación
conformismo
paciencia

inconformismo
rebeldía

filosófico
metafísico
lógico
ontológico
ideológico

filósofo
sabio
intelectual
pensador

filtración
exudación
infiltración
transpiración
gotera

filtrar(se)
colar
purificar
cerner
tamizar

rezumar
infiltrarse
exudar
transpirar

difundirse
publicarse
propalarse

filtro
colador
tamiz
manga

pantalla
cristal

fin
término
final
terminación
conclusión
desenlace

principio
comienzo

intención
propósito
finalidad
objetivo

finado
difunto
muerto
cadáver

final
fin
término
conclusión
desenlace
colofón
terminación

comienzo
inicio

finalidad
intención
propósito
fin
objetivo

finalizar
terminar
acabar
concluir
rematar
consumar
caducar
prescribir

empezar
comenzar

financiar
subvencionar
sufragar
invertir
respaldar

financiero
banquero
especulador
capitalista
inversionista

finanzas
negocios
economía
dinero
inversiones

finca
terreno

solar
parcela

casa
edificio
granja
masía

fingido
ficticio
simulado
artificial
aparente

auténtico
verdadero

fingimiento
simulación
artificio
engaño
ficción

fingir
aparentar
simular
encubrir
disfrazar

evidenciar
revelar

finiquitar
acabar
liquidar
saldar
rematar
terminar

comenzar
iniciar

finiquito
liquidación

fino
delgado

estrecho
afilado

grueso
ancho

refinado
elegante
distinguido

basto
vulgar

cortés
atento
educado
correcto

grosero
ordinario

finolis
cursi
presumido
pedante
ridículo

finura
delgadez
estrechez
angostura

hermosura
elegancia
exquisitez
clase

ordinariez

cortesía
corrección
amabilidad

descortesía
tosquedad

firma
autógrafo
signatura
rúbrica

empresa
sociedad
compañía

firmamento
cielo
cosmos
bóveda celeste

firmar
rubricar
refrendar
aprobar
visar

firme
seguro
estable
fijo
consistente
resistente

frágil
inconsistente

inmutable
inalterable
inamovible
imperturbable

variable
voluble

firmeza
solidez
estabilidad
consistencia
robustez

fragilidad

entereza
decisión
tenacidad
seguridad

indecisión
volubilidad

fiscal
monetario
crematístico
hacendístico

acusador
inculpador

jurisconsulto
juez

fiscalizar
inspeccionar
investigar
intervenir
inquirir

fisco
erario
tesoro público
hacienda

fisgar
curiosear
fisgonear
husmear
cotillear

fisgón
curioso
preguntón
cotilla

fisgoneo
entrometimiento
cotillería
indiscreción

discreción

física
ciencia
mecánica
acústica
termodinámica
electricidad
radiactividad
óptica

físico
corporal
somático
material
tangible

cuerpo
apariencia
fisonomía

presencia
porte

fisiología
anatomía
medicina
biología
ciencia

fisiológico
orgánico
vital
funcional
somático

psicológico
psíquico

fisonomía
cara
semblante
expresión

aspecto
imagen
apariencia

fisonomista
observador
reconocedor
memorista

fístula
úlcera
llaga
absceso

fisura
grieta
raja
rendija

flacidez
flojedad
laxitud
flojera
relajamiento

vigor
reciedumbre

flácido
lacio
laxo
flojo
blando

duro

flaco
delgado
enjuto
escuálido
esquelético
famélico

gordo
obeso

flagelación
fustigamiento
azotamiento
vapuleo

flagelar
azotar
disciplinar
fustigar
pegar

flagelo
látigo
zurriago
vergajo
disciplina

catástrofe
calamidad
desgracia

flagrante
claro
evidente
obvio
manifiesto

flamante
nuevo
reciente
moderno
actual

flameante
brillante
centelleante
resplandeciente
rutilante

flamear
arder
llamear

ondear
ondular
flotar

flamenco
fanfarrón
farruco
gallito
desafiante

cante hondo

flan
crema
postre
dulce

flanco
costado
lado
ala

flaquear
ceder
aflojar
desalentarse
desanimarse

resistir
animarse

flaqueza
fragilidad
blandura
apatía
desaliento

entereza
carácter

flauta
flautín
caramillo
zampoña
pífano

flecha
saeta
dardo
venablo
sagita

flechazo
herida
golpe
impacto

enamoramiento
amor
seducción
arrebato

fleco
cordón
adorno
flequillo
trencilla

fleje
zuncho
chapa
tira
abrazadera

muelle
resorte
ballesta

flema
expectoración
gargajo
esputo

serenidad
entereza
frialdad
pachorra
cachaza

presteza
celeridad

flemático
cachazudo
lento
parsimonioso
frío
impasible

fogoso
activo

flemón
párulis
tumor
inflamación
forúnculo

flequillo
tupé
copete
mechón

fletar
contratar
cargar
equipar
embarcar

flete
porte
importe
coste

carga
mercancía
envío
remesa

flexibilidad
ductilidad
elasticidad
maleabilidad
cimbreo

dureza
consistencia

tolerancia
contemporización
acomodación

intransigencia

flexibilizar
suavizar
templar
acomodar

endurecer

flexible
dúctil
elástico
maleable
cimbreante

duro
tieso

tolerante
dócil
acomodaticio
comprensivo

intolerante
inflexible

flexión
arqueamiento
combadura
alabeo

flexionar
arquear
cimbrear
combar
curvar

flirtear
coquetear
tontear
galantear
ligar

flojear
aflojar
amainar
remitir
debilitarse

fortalecerse
endurecerse

flojedad
decaimiento
debilidad
laxitud

fortaleza
energía

pereza
indolencia
vagancia
negligencia

flojo
flácido
laxo
blando
lacio

fuerte
apretado

negligente
desanimado
indolente
decaído

activo
diligente

flor
capullo
pimpollo
brote
yema

piropo
requiebro
galantería

flora
plantas
vegetación
botánica

florecer
brotar
abrirse
echar

prosperar

progresar
medrar

floreciente
boyante
brillante
esplendoroso
próspero

decaído
ruinoso

florecimiento
brote
florescencia
floración

prosperidad
progreso
desarrollo
auge

decadencia
retroceso

florero
búcaro
jarrón
maceta
tiesto

floresta
fronda
arboleda
alameda
bosque

páramo
desierto

floricultor
jardinero
florista
hortelano

floricultura
jardinería

florido
selecto

escogido
seleccionado

vulgar
corriente

ameno
divertido
elocuente

florilegio
antología
repertorio
selección
compendio

florista
floricultor
violetera
ramilletera

flota
armada
escuadra
flotilla
escuadrilla

flotador
salvavidas
boya
corcho

flotante
insumergible
emergente
flotador

fluctuante
inestable
oscilante
movible

estable
fijo

flotar
nadar
emerger
sobrenadar

hundirse

flamear

ondear
ondular

fluctuación
oscilación
variación
alteración

titubeo
indecisión
duda

fluctuante
oscilante
titubeante
variable
inestable

ondulante
ondeante
cimbreante

fluctuar
oscilar
variar
cambiar
alternar

vacilar
titubear
dudar

fluidez
elocuencia
labia
verbosidad
facundia

fluido
gas
vapor
líquido

seguido
claro
espontáneo
natural

farragoso
entrecortado

fluir
manar
emanar
circular
correr
discurrir

estancarse
detenerse

flujo
secreción
supuración
excreción

corriente
movimiento
circulación

fluorescente
luminoso
brillante
fosforescente

fluvial
acuático

fobia
asco
aversión
repugnancia
manía

atracción
simpatía

foco
lámpara
reflector
faro
luz

núcleo
centro
meollo

fofo
esponjoso
hueco

poroso
acorchado

compacto
duro

fogata
hoguera
pira
lumbre
falla

fogón
hogar
cocina
horno
estufa

fogonazo
llamarada
chispazo
explosión

fogoso
ardiente
vehemente
apasionado
impulsivo
pasional

calmado
flemático

fogueado
experto
avezado
acostumbrado
curtido

inexperto
novato

foguear(se)
adiestrar
avezar
baquetear
entrenar

folclore
costumbres
tradición

jolgorio
jaleo
juerga
jarana

folclórico
típico
tradicional
popular

foliar
paginar
numerar
marcar

folio
hoja
lámina
página

follaje
frondosidad
espesura
fronda
verdor

follar
copular

fastidiar
molestar

folletín
melodrama
serial
dramón
culebrón

folletinesco
novelesco
fantástico
romántico

folleto
cuadernillo
fascículo

panfleto
catálogo

follón
lío
jaleo
alboroto
embrollo
zapatiesta

orden
tranquilidad

follonero
alborotador
camorrista
pendenciero

fomentar
promover
impulsar
avivar
animar

obstaculizar
entorpecer

fomento
promoción
impulso
estímulo
empuje

cataplasma
emplasto

fonda
albergue
posada
hostal
pensión

fondeadero
puerto
ancladero
ensenada

fondear
anclar
amarrar

atracar
arribar

fondo(s)
base
asiento
apoyo
culo

núcleo
esencia
meollo

bienes
capital
dinero

fonema
sílaba
articulación
sonido

fonética
fonemática
fonología
ortofonía

fonético
fonológico
vocal
oral

forajido
facineroso
bandolero
gángster
salteador

forastero
foráneo
extranjero
exótico

autóctono

forcejear
bregar
bracear
disputar
debatirse

forcejeo
brega
lucha
disputa

forense
doctor
médico
jurídico

forestal
selvático
boscoso
agreste

forja
fragua
herrería
ferrería
yunque

forjador
herrero

forjar
fraguar
fundir
metalizar

imaginar
maquinar
idear
proyectar

forma
configuración
apariencia
formato
diseño
estructura

modo
manera
estilo
procedimiento

formación
creación

constitución
configuración

cultura
estudios
adiestramiento

ignorancia
incultura

alineación
fila
columna

formal
cumplidor
sensato
serio
responsable

informal
irresponsable

explícito
determinado
expreso

formalidad
seriedad
sensatez
responsabilidad

irresponsabilidad
informalidad

requisito
trámite
requerimiento

formalizar
concretar
precisar
legalizar

formar
configurar
modelar
moldear

crear
constituir

organizar
fundar

destruir
desorganizar

educar
instruir
enseñar

embrutecer
entontecer

formativo
didáctico
educativo
pedagógico
instructivo

formato
forma
tamaño
configuración

formidable
extraordinario
magnífico
estupendo
maravilloso
fantástico

gigantesco
enorme
inmenso

fórmula
enunciado
ley
formulación

receta
prescripción

norma
pauta
regla
modelo

formular
enunciar
manifestar

exponer
proponer

recetar
prescribir

formulario
manual
prontuario
recetario

formulismo
formalismo
burocratismo
papeleo
tramitación

fornicación
amancebamiento
concubinato
barraganería
adulterio

fornicar
amancebarse
liarse
abarraganarse

fornido
corpulento
forzudo
recio
macizo

enclenque
flojo

foro
circo
plaza
escenario

tribunal
curia
juzgado

debate
coloquio
mesa redonda

forofo
hincha
partidario
admirador
fan

forraje
hierba
heno
pasto

forrar(se)
revestir
recubrir
tapizar
empapelar

hincharse
inflarse
enriquecerse

forro
funda
sobrecubierta
cubierta
entretela

fortalecer
reanimar
tonificar
confortar
reconfortar

debilitar

fortificar
reforzar
amurallar

desproteger

fortaleza
vigor
energía
fuerza
vitalidad

debilidad
abatimiento

fortificación
alcázar

castillo
torreón
fuerte
muralla

fortificación
trinchera
torre
foso
muro
valla
empalizada

fortificar
amurallar
guarnecer
parapetar
blindar
atrincherar

fortalecer
reconfortar
alentar

fortuito
casual
accidental
imprevisto

deliberado

fortuna
suerte
destino
sino
hado
azar
ventura

hacienda
caudal
patrimonio

forúnculo
divieso
furúnculo
grano
bubón

forzado
falso
fingido
artificial

auténtico

obligado
impuesto
ineludible

voluntario
opcional

penado
recluso
presidiario

forzar
obligar
apremiar
coaccionar

tolerar
permitir

violar
violentar

forzoso
obligatorio
ineludible
necesario
preciso

opcional
voluntario

forzudo
musculoso
fuerte

fosa
tumba
sepultura

hueco
cavidad

fosco
oscuro

tenebroso
lóbrego

despejado

fosforescencia
fluorescencia
luminosidad

fosforescente
luminoso
fluorescente

fosforescer
brillar
irradiar

fósforo
cerilla
bengala
mixto

fósil
vestigio
resto
residuo
reliquia

fosilizarse
mineralizarse
petrificarse

anquilosarse
anticuarse

desarrollarse
progresar

foso
excavación
trinchera
hoyo
zanja

foto
fotografía
retrato

fotocopia
copia
reproducción

fotocopiar
copiar
reproducir

fotogénico
favorecido
agraciado

fotograbar
grabar
imprimir

fotografía
foto
instantánea
retrato
imagen

fotografiar
retratar
captar
reproducir

fotográfico
fiel
exacto
idéntico

fotógrafo
retratista
camarógrafo
operador

fotómetro
exposímetro
fluxómetro

fracasado
frustrado
fallido
malogrado

fracasar
frustrarse
malograrse
fallar

triunfar
lograr

fracaso
revés
decepción
frustración
descalabro

éxito
triunfo

fracción
parte
trozo
fragmento
porción

quebrado
división
decimal
cociente

fraccionamiento
división
partición
segmentación
fragmentación

unión
integración

fraccionar
partir
dividir
fragmentar

unir
integrar

fraccionario
decimal
quebrado
cociente

fractura
rotura
fragmentación

fracturar
partir
romper
quebrar

fragancia
aroma
perfume
olor

hedor
pestilencia

fragante
aromático
oloroso
perfumado

pestilente

fragata
corbeta
buque

frágil
endeble
quebradizo
débil
delicado

resistente
duro

fragilidad
debilidad
endeblez
delicadeza

consistencia
dureza

fragmentación
fraccionamiento
rotura
división

fragmentar
dividir
fraccionar
partir
trocear

unir
fusionar

fragmentario
incompleto
parcial
insuficiente

total
completo

fragmento
trozo
pedazo
fracción

todo
conjunto

fragor
estrépito
estruendo
ruido

silencio

fragosidad
escabrosidad
aspereza

fragoso
abrupto
escabroso
accidentado

fragua
forja

fraguar
idear
tramar
planear

fraile
monje
religioso

francachela
juerga
jarana
jolgorio

francmasonería
masonería

franco
sincero
llano
sencillo
noble

retorcido
hipócrita

libre
despejado
expedito

francotirador
guerrillero
maquis

franela
tela
tejido
lana
algodón

franja
faja
banda
tira
borde
ribete

franqueable
accesible
vadeable

inaccesible
infranqueable

franquear(se)
despejar
librar
desatrancar

obstruir
obturar

traspasar

cruzar
vadear

sellar
timbrar
precintar

sincerarse
desahogarse
confiarse

franqueo
sello
tasa

franqueza
sinceridad
sencillez
naturalidad
espontaneidad

retorcimiento
doblez

franquicia
licencia
exención
dispensa

frasco
tarro
bote
envase

frase
oración
locución
expresión
proposición

fraseología
palabrería
verborrea
parrafada

fraternal
fraterno
cariñoso
afectuoso

fraternidad
confraternidad
hermandad
amistad
camaradería

enemistad
hostilidad

fraternizar
confraternizar
intimar
congeniar
hermanar

fraterno
fraternal

fraude
engaño
timo
estafa
defraudación

fraudulento
tramposo
mentiroso
falaz

legal

frecuencia
repetición
asiduidad
continuidad

frecuentado
concurrido
animado
visitado

frecuentar
concurrir
asistir
visitar

conocer
codearse
tratarse

recuente
usual
corriente
habitual
común
ordinario

infrecuente
inusual

regadero
pila
lavadero

regado
lavado
limpieza

enredo
follón
lío
embrollo

egar
lavar
restregar
frotar
limpiar
enjabonar

molestar
fastidiar

reír
sofreír
dorar
rehogar
saltear

molestar
fastidiar
incomodar

enar
detener
parar
retardar
entorpecer
obstaculizar

sosegar
sujetar

acelerar
avivar

frenesí
arrebato
delirio
exaltación
furia
pasión
excitación

tranquilidad
calma

frenético
exaltado
enajenado
agitado
furioso
colérico

plácido
tranquilo

frenillo
membrana
telilla
ligamento

freno
bocado
rienda
brida
ronzal

traba
impedimento
obstáculo
contención
estorbo

frente
cara
faz
rostro

cogote
nuca

frontis
anverso

fachada
frontispicio

trasera
espalda

vanguardia
avanzadilla

retaguardia

fresa
fresón
fragaria
fraga

fresar
agujerear
barrenar
perforar
taladrar

frescales
caradura
descarado
fresco

fresco
frío
frescor
relente

templado
caluroso

reciente
flamante
nuevo

pasado
ajado

descarado
frescales

comedido
prudente

frescor
frescura
fresco

frescura
atrevimiento
descaro
desfachatez

frialdad
frescor

frialdad
indiferencia
desafecto
desinterés
desamor

cariño
pasión

fricción(es)
friega
frotamiento
frote
masaje

caricia
suavidad

desavenencias
discrepancias

friccionar
frotar
restregar
fregar
sobar

frigidez
frialdad
frío

impotencia

frígido
frío

indiferente
desapasionado

apasionado
ardiente

frigorífico
nevera
congelador

frío
frescura
frialdad
frigidez

calor
bochorno

fresco
gélido
helado

cálido
tropical

impasible
indiferente
flemático

entusiasta
ardiente

friolero
aterido
pasmado

frisar
acercarse
rozar
aproximarse

retorcer
afelpar

friso
rodapié
zócalo
franja

frito
fritada
fritura

cocinado
dorado

crudo

desesperado
breado

sosegado
tranquilo

frivolidad
ligereza
trivialidad
volubilidad

gravedad
seriedad

frívolo
superficial
ligero
inconstante
voluble

formal
sensato

fronda
boscaje
frondosidad
espesura

frondoso
espeso
boscoso
exuberante

claro
desértico

frontal
anterior
delantero

posterior
trasero

frontera
límite
confín
divisoria
borde

fronterizo
limítrofe
colindante
contiguo

alejado
distante

frontis
fachada
frontispicio
portada

frontispicio
frontis

rostro
cara

frontón
cancha
trinquete

remate
frontis

frotamiento
fricción
frote
masaje
friega

frotar
restregar
fregar
friccionar
lijar
rascar

fructífero
productivo
fértil
fecundo
lucrativo

infructuoso
improductivo

fructificación
madurez
maduración

fructificar
madurar
granar

rendir

aprovechar
producir

fracasar
desaprovechar

frugal
comedido
moderado
sobrio

opíparo
tragón

frugalidad
moderación
sobriedad

gula
voracidad

fruición
goce
placer
deleite

frunce
pliegue
arruga
rizo

fruncir
plegar
plisar
rizar

estirar
alisar

fruslería
bagatela
menudencia
insignificancia
futilidad
minucia

frustración
desengaño
revés

fracaso
desilusión

logro
acierto

ustrar
impedir
evitar
dificultar
abortar

lograr
triunfar

uta
fruto

uto
fruta

producto
beneficio
utilidad

car
rico
opulento

ego
umbre
lama
hoguera
combustión

entusiasmo
pasión
vehemencia

hielo
frialdad

elle
soplillo
aventador
soplador

pliegue
arruga

fuente
manantial
fontanal
hontanar
venero

surtidor
chorro
caño

origen
principio
motivo
causa

bandeja
ensaladera

fuero
privilegio
exención
franquicia

jurisdicción
ley

fuerte
fornido
robusto
recio
musculoso

débil
flojo

animoso
valiente
enérgico

pusilánime
apocado

firme
sólido
resistente
duro

quebradizo
frágil

fuerza
vigor
energía

resistencia
potencia
ánimo
fortaleza
solidez
firmeza
corpulencia

debilidad
blandura

impulso
forcejeo
presión

ejército
destacamento
patrulla

fluido
electricidad

fuga
huida
evasión
escapada

escape
filtración
emanación

fugacidad
brevedad
caducidad
transitoriedad

perdurabilidad

fugarse
evadirse
escaparse
huir

fugaz
efímero
breve
perecedero

prolongado
duradero

fugitivo
prófugo
escapado
evadido

fulano
mengano
zutano
perengano
citano
tipo
sujeto
individuo

fulgor
resplandor
brillo
centelleo
luminosidad

oscuridad
opacidad

fulgurante
brillante
fúlgido
luminoso

opaco
sombrío

fulgurar
brillar
resplandecer

fullería
astucia
treta
trampa

sinceridad
honradez

fullero
pícaro
estafador
tramposo

fulminante
explosivo
detonante

repentino
súbito

fulminar
matar
aniquilar
eliminar

estallar
detonar

fumar(se)
chupar
humear
espirar

malgastar
consumir
dilapidar

eludir
escaquearse

fumigar
desinfectar
desinsectar
sanear

funámbulo
volatinero
equilibrista
trapecista
acróbata

función
espectáculo
ceremonia
fiesta

cargo
ocupación
destino
empleo

funcional
práctico

eficaz
cómodo

funcionamiento
marcha
articulación
movimiento

funcionar
actuar
trabajar
andar

pararse
fallar

funcionario
burócrata
administrativo

funda
cubierta
envoltura
forro

fundación
creación
instauración
constitución

clausura
abolición

institución
patronato
corporación

fundador
creador
iniciador
patrocinador

fundamental
básico
esencial
primordial
importante

accesorio
secundario

fundamentar
basar
apoyar
fundar
argumentar

fundamento(s)
cimiento
soporte
base

razón
pretexto
prueba

nociones
rudimentos

fundar
crear
establecer
constituir
instituir
erigir

destruir
abolir
anular

fundición
fusión
licuación
licuefacción

condensación
solidificación

herrería
siderurgia

fundir(se)
derretir
desleír
licuar

solidificar
condensar

moldear

vaciar
templar

fusionar
unir

desunir
separar

fúnebre
lúgubre
funerario
luctuoso

alegre
gozoso

funeral
sufragio
exequias
velatorio

funesto
desgraciado
aciago
fatídico
infausto
nefasto

dichoso
feliz

funicular
teleférico

furcia
prostituta
ramera

furgón
vagón
furgoneta
camioneta

furia
cólera
ira
furor

rabia
impetuosidad

serenidad
mansedumbre

ribundo
colérico
iracundo
frenético

rioso
enfurecido
enajenado
excitado
colérico
impetuoso

calmado
manso

ror
furia

rtivo
oculto
cauteloso
sigiloso
disimulado

manifiesto
claro

sible
cortacircuitos
interruptor
cortacorriente

fusil
rifle
mosquetón
carabina
escopeta
máuser
naranjera
tercerola

fusilamiento
ejecución
ajusticiamiento

plagio
imitación

fusilar
ajusticiar
ejecutar
ametrallar
disparar

plagiar
imitar
remedar

fusión
fundición
derretimiento
licuefacción
disolución

unificación
unión
vinculación
anexión

fusionar
fundir
unir
vincular
asociar
anexionar

separar
desunir

fusta
látigo
correa

fuste
asta
vara
palo
poste

entidad
importancia
influencia
prestigio

fustigar
azotar
flagelar
vapulear

censurar
criticar

alabar
elogiar

fútbol
balompié

futesa
fruslería
insignificancia
nadería

fútil
insignificante
baladí

esencial
importante

futilidad
insignificancia
trivialidad
frivolidad
minucia
bagatela

importancia
trascendencia

futuro
venidero
ulterior
posterior

pasado
pretérito

mañana
porvenir
posteridad

novio
prometido

G

gabacho
francés
galo
franco

gabán
abrigo
capote
gabardina

gabardina
trinchera
impermeable

gabarra
pontón
barcaza
lancha

gabela
impuesto
tributo
arbitrio
gravamen

gabinete
recibidor
estancia
sala

gobierno
ministerio

gaceta
diario
periódico

gacetilla
noticia
artículo
suelto

gacetillero
articulista
periodista
reportero
cronista

gachas
farinetas
papilla
puches

gacho
agachado
inclinado
doblado

levantado
erecto

gafa(s)
anteojos

lentes
quevedos

grapa
gancho
enganche

gafe
cenizo
maléfico
aguafiestas

gaita
chirimía
dulzaina
cornamusa
flauta

engorro
incordio
fastidio

gaje(s)
gratificación
propina
sobresueldo

molestias
perjuicios
percances

gajo
parte
división

rama
racimo

gala(s)
celebración
fiesta
velada
función

gracia
ostentación
gallardía

atuendo
joyas
alhajas
adornos

galán
airoso
gallardo
apuesto

feo
grotesco

galanteador
novio
pretendiente

actor
estrella

galante
cortés
educado

amable
atento

descortés
grosero

galantear
cortejar
coquetear
requebrar
piropear

galanteo
coqueteo
flirteo
piropo

galantería
cortesía
gentileza

descortesía
desaire
grosería

piropo
requiebro
alabanza

galanura
elegancia
porte
gallardía

vulgaridad
ordinariez

galápago
quelonio
tortuga

galardón
premio
condecoración
trofeo
medalla

galardonar
premiar
honrar

laurear
condecorar

galaxia
constelación
Vía Láctea
nebulosa

galbana
desgana
pereza
holgazanería

laboriosidad
diligencia

galeno
médico

galeón
nave
galera
bajel

galeote
forzado
penado
preso

galera
embarcación
nave

penal
presidio
cárcel

galería
corredor
pasillo
claustro
túnel

exposición
museo
pinacoteca

galerna
tormenta
huracán

galga
pedrusco
guijarro

madero
palo

gálibo
calibre
plantilla
modelo

gálico
galo
francés
franco

galimatías
enredo
algarabía
caos

gallardete
banderola
insignia

gallardía
bizarría
gentileza
donaire
garbo
gracia
prestancia

pusilanimidad
cobardía
timidez

gallardo
bravo
bizarro
garboso
apuesto
gentil
valiente

tímido
apocado
torpe

gallear
presumir
fanfarronear

galleta
bizcocho
barquillo
pasta
oblea

tortazo
cachete
bofetada

gallina
pita
gallinácea
polla

cobardica
timorato
miedoso

osado
valiente

gallinero
corral
criadero
gallera

paraíso
galería
anfiteatro
general

gallito
fanfarrón
matón
bravucón

gallo
pollo
galliforme

desentono
destemple

presumido
bravucón
fanfarrón

galo
francés
franco

galón
cinta
trencilla
distintivo
insignia

galopante
fulminante
brusco
drástico

lento
pausado

galopar
correr
trotar
cabalgar

galope
galopada
carrera
trote

galopín
desharrapado
zarrapastroso
sucio

bribón
pícaro
pillo

galvanizar
bañar
cubrir
recubrir
platear
cromar
dorar

excitar
estimular
avivar

galvanómetro
amperímetro
voltímetro

galvanoplastia
recubrimiento
electrólisis

gama
gradación
progresión
escala
matiz
tonalidad
serie

gamberrada
abuso
animalada
atropello

gamberrismo
vandalismo
salvajismo

civismo

gamberro
maleducado
sinvergüenza
alborotador
vándalo

educado
cívico

gamella
artesa
pila

gamuza
bayeta
trapo
paño

gana
deseo
apetencia

ganadería
ganado
manada
rebaño
vacada

ganadero
granjero
estanciero
ranchero

ganado
rebaño
manada
hato

ganador
campeón
triunfador
vencedor

fracasado
perdedor

ganancia
beneficio
rendimiento
lucro
provecho

pérdida
déficit

ganapán
porteador
peón
mozo
jornalero

gañán
palurdo

educado
fino

ganar
cobrar
ingresar
percibir

devengar
obtener

gastar
despilfarrar

vencer
triunfar
superar
adelantar

perder
fracasar

gancho
garfio
garabato
uña
laña

encanto
atractivo
gracia

ganchudo
arqueado
curvado
curvo

lineal
recto

gandul
holgazán
haragán
perezoso
vago

laborioso
trabajador

gandulear
haraganear
holgazanear
vaguear

trabajar
trajinar

gandulería
holganza
haraganería

ganga
chollo
bicoca
saldo

ganglio
bulto
nudo
nódulo

gangoso
nasal
confuso
ininteligible

gangrena
necrosis
putrefacción

gangrenarse
necrosarse
corromperse

gángster
bandido
malhechor

gansada
estupidez
necedad

broma
payasada

ganso
ánade
ánsar
oca
pato
cisne

gandul
holgazán

chistoso
bromista

necio
mentecato
patoso

diligente
hábil

ganzúa
gancho
garfio
alambre

gañán
labriego
peón
bracero
destripaterrones
patán
paleto

gañir
aullar
graznar
bramar
gruñir
mugir

garabatear
garrapatear
emborronar

garabato
pintarrajo
borrón
chafarrinón

gancho
garfio

garaje
aparcamiento
cochera
estacionamiento
parking

garambaina(s)
perifollo
abalorio

pamplinas
tonterías

garantía
aval
fianza
señal

seguro
hipoteca

inseguridad
desconfianza

garantizar
avalar
respaldar
asegurar
certificar
proteger

desamparar
desproteger

garañón
semental

garapiñar
almibarar
acaramelar

garbear
pasear
moverse

presumir
fanfarronear

robar
trampear

garbo
salero
gallardía
donaire
gracia
empaque

desgarbo
desaliño

garboso
airoso
gallardo
donoso
bizarro

garfio
gancho
arpón

gargajo
esputo
flema

garganta
gaznate
gañote
cuello
faringe
laringe

angostura
desfiladero
cañón

gárgara
enjuague
gargarismo
gorgoteo

gárgola
caño
conducto
canalón

garita
caseta
cabina
refugio

excusado
retrete
letrina

garito
antro
tugurio
cubil

garlito
red
nasa
encañizada

treta
asechanza
celada

garlopa
cepillo

galera
repasadera

garra
mano
zarpa
uña

garfio
gancho
anzuelo

brío
empuje
fuerza

garrafa
bombona
damajuana
garrafón
redoma

garrafal
descomunal
enorme
disparatado

mínimo
insignificante

garrapata
parásito
ácaro

garrido
apuesto
gallardo
esbelto

garrocha
pica
puya
vara

garrotazo
bastonazo
trancazo
estacazo

garrote
garrota
estaca
tranca
cayado
bastón

garrotillo
difteria
crup

garrucha
polea
motón
roldana

garrulería
charlatanería
locuacidad

gárrulo
parlanchín
charlatán
locuaz

callado
reservado

garza
zancuda
garzón
garzota

garzón
garza
bujarrón

gas
fluido
vapor
efluvio
éter
vaho
emanación

gasa
tul
cendal

seda
muselina
lino

apósito
compresa
venda

gaseosa
refresco
seltz
soda
sifón

gaseoso
gaseiforme
espiritoso
espumoso

gasificar
volatilizar
vaporizar
evaporar
destilar
sublimar

licuar
solidificar
condensar

gasoducto
gaseoducto
tubería
conducción
canal

gasolina
carburante
bencina
nafta
combustible

gasolinera
estación de
servicio
surtidor

gastado
deslucido

usado
deteriorado

nuevo
flamante

acabado
agotado
extenuado
envejecido

gastador
derrochador
dilapidador
manirroto
disipador

ahorrador

gastar
comprar
consumir
emplear
derrochar

ahorrar
economizar
escatimar

desgastar
deteriorar
deslucir

vestir
usar
utilizar

gasto
desembolso
compra
consumición

ingreso
cobro
ahorro

gástrico
estomacal
digestivo

gastritis
gastralgia

gastronomía
cocina
culinaria
restauración

gastrónomo
gourmet

gatada
treta
astucia

gatillo
detonador
percusor
percutor
martillo

gato
micho
minino
micifuz

elevador
palanca
cric

sagaz
astuto
pícaro

gatuno
astuto
felino

gatuperio
chanchullo
embrollo
enjuague

gaudeamus
banquete
fiesta
regocijo

gaveta
cajoncillo
compartimiento

gavia
zanja
surco

gavilán
esparaván
esparvel

garfio
hierro

gavilla
haz
manojo
brazada

pandilla
cuadrilla
panda

gaviota
gavina
gavia

gaya
lista
raya
banda
tira

gayola
cárcel
prisión

gazapera
madriguera
conejera

pendencia
riña
pelea

gazapo
conejo
lebrato

errata
error
desliz
lapsus

gazmoñería
beatería
fariseísmo
hipocresía

gazmoño
mojigato
puritano
hipócrita

gaznápiro
memo
lelo
bobo

despabilado
vivo

gaznate
garguero
gañote
garganta

gazuza
hambre
apetito
gusa
carpanta

gedeonada
perogrullada
simpleza
necedad

géiser
volcán
surtidor
fuente termal
manantial

gelatina
jalea
mucílago

gelatinoso
viscoso
adherente
pegajoso

duro
trabado

gélido
helado
frío
glacial

caliente

gema
joya
piedra preciosa
alhaja

yema
brote
renuevo

gemebundo
plañidero
llorón
lastimero
quejica

gemelo(s)
mellizo
mielgo

igual
idéntico

prismáticos
anteojos

botones
broches

gemido
quejido
sollozo
suspiro

risa

gemir
sollozar
gimotear
plañir

reírse
alegrarse

gendarme
policía
guardia

genealogía
linaje
estirpe
alcurnia
ascendencia

generación
concepción
procreación
fecundación

generador
alternador
turbina
dinamo

creador
procreador
padre

general
universal
genérico
frecuente
normal
usual

particular
singular

militar
jefe
caudillo

generalidad
colectividad
mayoría
universalidad

generalización
divulgación
propagación
vulgarización

concreción
delimitación

generalizar
universalizar
pluralizar
diversificar
publicar

limitar
restringir

generar
producir
originar
difundir
engendrar
propagar

anular
acabar

genérico
común
general
colectivo

específico
particular

género
especie
variedad
clase
tipo

mercancía
mercadería
artículo

índole
condición
naturaleza

generosidad
altruismo
desinterés
desprendimiento
liberalidad
prodigalidad

cicatería
tacañería

generoso
altruista
desinteresado
desprendido

tacaño
egoísta

fértil
fecundo

estéril
pobre

genésico
carnal
erótico
sensual

espiritual
inmaterial

génesis
origen
principio
germen

fin

genial
magnífico
espléndido
formidable

mediocre
vulgar

gracioso
ocurrente

aburrido
pesado

genialidad
ocurrencia
originalidad
agudeza

mediocridad
vulgaridad

genio
carácter

índole
temperamento

ingenio
talento

genital(es)
genésico

sexo
órganos sexuales

genocidio
exterminio
holocausto

gente
muchedumbre
multitud
gentío

familia
parentela

gentil
amable
cortés
educado

grosero
maleducado

gallardo
apuesto
elegante

desgarbado

pagano
hereje

creyente

gentileza
cortesía
educación
amabilidad

descortesía
grosería

garbo
gracia
gallardía

desgarbo

gentilicio
originario
oriundo
nacional

gentilidad
paganismo
idolatría

gentío
multitud
muchedumbre
aglomeración
tumulto

gentuza
chusma
vulgo
populacho

genuflexión
arrodillamiento
reverencia
postración

genuino
puro
natural
auténtico

postizo
falso

geodesia
topografía
planimetría
agrimensura

geografía
cosmografía
geodesia
geogonía
hidrografía
orografía
topografía

geología
petrografía
mineralogía

orogenia
geodinámica

geométrico
exacto
matemático
simétrico

gerencia
administración
dirección
gestión

gerente
administrador
director
regente

geriatría
gerontología

gerifalte
halcón

líder
dirigente
cabecilla

germanía
jerga
argot
dialecto
jerigonza

hermandad
gremio

germánico
alemán
germano
ario

germen
embrión
semilla
simiente

principio
origen

comienzo
causa

germinación
formación
gestación

germinar
brotar
nacer
surgir
florecer
gestarse

gerontología
geriatría

gesta
proeza
hazaña
heroicidad

gestación
embarazo
preñez

formación
desarrollo
elaboración

gestar(se)
generar
germinar

prepararse
iniciarse
incubarse

gesticulación
gesto
mímica
mueca

gesticular
accionar
aspaventar

gestión
trámite
diligencia

misión
cometido

dirección
gobierno
administración

gestionar
tramitar
diligenciar
dirigir
administrar

gesto
ademán
mueca
aspaviento

semblante
expresión
aspecto

gestor
administrador
apoderado
delegado
gerente

gestual
mímico

giba
joroba
chepa
corcova

gibar
fastidiar
molestar
jorobar

agradar

giboso
jorobado
chepudo
corcovado
contrahecho

erguido
derecho

gigante
titán
coloso
cíclope
goliat

enano
pigmeo

gigantesco
enorme
colosal
descomunal
desmesurado
excesivo
imponente

diminuto
enano

gigantismo
acromegalia

enanismo

gilí
bobo
memo
lelo

gimnasia
ejercicio
atletismo
deporte
entrenamiento
acrobacia

gimnasta
atleta
deportista
acróbata

gimnástico
deportivo
atlético
ágil
acrobático

gimotear
lloriquear

sollozar
gemir

gimoteo
lloriqueo
gemido
lamento
quejido

ginecología
obstetricia
tocología
ginecopatía

gira
excursión
paseo
viaje
expedición

girar
rotar
voltear
rodar
virar
volver

girasol
mirabel
mirasol
tornasol

giratorio
rotatorio
circulante

giro
rotación
vuelta
desvío
cambio
rodeo

dirección
cariz
orientación
sentido

letra
libranza

libramiento
remesa

modismo
locución

gitanear
engañar
estafar

gitanería
adulación
zalamería

trampa
estafa

gitano
calé
cíngaro
cañí

payo

glacial
gélido
helado
frío

cálido
caliente

indiferente
apático
serio

cordial
afectuoso

glaciar
nevero
helero
ventisquero

gladiador
luchador
atleta
púgil

glamour
encanto
atractivo

glande
bálano

glándula
folículo
órgano

global
completo
total
general
universal

parcial
partido

globo
bola
balón
esfera

aeróstato
dirigible
aeronave

mundo
tierra
orbe

globoso
esférico
globular

glóbulo
bolita
esferita

leucocito
eritrocito

gloria
cielo
paraíso
bienaventuranza

infierno
condenación

fama
reputación

celebridad
notoriedad
popularidad
prestigio

vulgaridad
fracaso

gusto
placer
deleite

sufrimiento
padecimiento

gloriar(se)
glorificar
alabar
ensalzar

deshonrar
mancillar

vanagloriarse
jactarse
presumir

despreciarse
humillarse

glorieta
plazoleta
explanada

glorificación
alabanza
enaltecimiento
aclamación

humillación
ofensa

glorificar
alabar
ensalzar
enaltecer
loar
celebrar

despreciar
humillar

glorioso
memorable
ilustre
eminente
insigne

mediocre
vulgar

divino
bienaventurado
beato
santo
venerable

infernal
condenado

glosa
comentario
explicación
reseña
nota

glosar
aclarar
interpretar
comentar

glosario
vocabulario
catálogo
diccionario

glotón
comilón
tragón
voraz

inapetente

glotonería
gula
voracidad
hambronería
tragonería
ansia

templanza
inapetencia
desgana

glucosa
azúcar
carbohidrato

gnomo
duende
elfo

gobernable
obediente
dócil
manejable
disciplinado

indócil
indisciplinado

gobernador
administrador
gobernante
regidor
director
autoridad

gobernado
súbdito

gobernar
mandar
dirigir
regir
administrar
conducir
regentar

obedecer
acatar

gobierno
gobernación
dirección
administración
regencia
gerencia
autoridad

goce
deleite
placer

gusto
satisfacción

sufrimiento
dolor

posesión
usufructo
utilización

godo
visigodo
ostrogodo
germánico

rico
poderoso
noble

gol
tanto
punto

gola
garganta
gaznate

gorguera
golilla

golear
apabullar
derrotar

golfear
vaguear
callejear

golfería
picaresca
truhanería

golfo
pillo
sinvergüenza
granuja

holgazán

vagabundo
vividor

trabajador

bahía
cala
rada
ensenada

goliardo
libertino
vagabundo

gollería
exceso
demasía

necesidad

exquisitez
delicadeza

gollete
garganta
cuello
boca

golondrino
vagabundo
trotamundos

forúnculo
absceso
grano

golosina
dulce
caramelo
chuchería

exquisitez
delicadeza

goloso
dulcero
glotón

deseable
apetecible

golpe
choque
impacto
topetazo
porrazo

cachete
patada
codazo

caricia

desgracia
contrariedad
revés
adversidad

fortuna

gracia
ocurrencia
chiste

impresión
sorpresa

cardenal
moradura
contusión

llamada
toque

golpear
pegar
atizar
zurrar
sacudir

acariciar

chocar
encontrarse
topar

goma
caucho
resina

cola
adhesivo
pegamento

borrador

gomoso
lechuguino
petimetre

góndola
embarcación
barca

gonfalón
confalón
bandera
estandarte

gongorismo
culteranismo
ampulosidad
amaneramiento

sencillez

gonorrea
blenorragia
blenorrea
gonococia
purgaciones

gordinflón
rechoncho
tripudo
obeso

gordo
grueso
rollizo
obeso
rechoncho
corpulento
orondo

flaco
delgado

voluminoso
abultado
hinchado

pequeño
diminuto

destacado

importante
sonado

intrascendente
insignificante

sebo
manteca
grasa

magro

gordura
obesidad
adiposidad
carnosidad
corpulencia

delgadez

manteca
sebo
grasa

gorgorito
gorjeo
trino
canto

gorgoteo
borboteo
burbujeo

gorguera
gola
golilla
adorno

gorila
mono
simio
antropoide

guardaespaldas
matón

gorjear
trinar
gorgoritear

gorjeo
trino

gorrino
gorgorito
canturreo

gorrino
cerdo
marrano
cochino
puerco

desaseado
sucio

gorrión
pardal

gorro
birrete
boina
gorra
sombrero

capucha
capuchón

gorrón
aprovechado
chupón
gorrista

gorronear
sablear
abusar
aprovecharse

gota
pizca
chispa
menudencia

gotear
destilar
escurrir
rezumar

espaciar
escasear

lloviznar
chispear

goteo
destilación
filtración
instilación

chorreo
salida

gotera
filtración
mancha
grieta
goteo

achaques

gozar
poseer
usar

carecer

deleitarse
regocijarse
divertirse
recrearse
disfrutar

sufrir
padecer
aburrirse

copular
fornicar

gozne
charnela
pernio
bisagra

gozo
goce
deleite
satisfacción
fruición
placer
voluptuosidad
alegría
contento
felicidad

gusto
complacencia

dolor
pena
pesar

gozoso
dichoso
feliz
afortunado
complacido
encantado
satisfecho
contento

disgustado
triste

grabación
impresión
reproducción

disco
cinta

grabado
lámina
estampa
ilustración
dibujo

aguafuerte
litografía
huecograbado
fotograbado
xilografía

grabar
esculpir
labrar
tallar

imprimir
registrar
litografiar

gracejo
gracia

donaire
simpatía

sosería
insulsez

gracia
agudeza
chispa
humor
gracejo
chiste
ocurrencia

belleza
elegancia
garbo
donaire
simpatía

antipatía

maña
habilidad
desenvoltura

torpeza

perdón
indulto
amnistía
clemencia
misericordia

condena
inflexibilidad

grácil
ligero
tenue
sutil
delicado

gracioso
divertido
jocoso
chistoso

aburrido
soso

agradable

agraciado
atractivo

desgarbado

gratuito
gratis

grada
escalón
peldaño
escalera

graderío
anfiteatro
tribuna

gradación
graduación
progresión
escala
serie

tonalidad
matiz

escalafón
jerarquía

gradería
escalera
escalinata
tribuna

grado
escalón
nivel

categoría
jerarquía

extremo
límite
punto

fracción
porción

graduable
ajustable
regulable

graduación
cargo
jerarquía

medición
proporción

graduado
titulado
diplomado
investido

gradual
escalonado
paulatino
progresivo

repentino

graduar
diplomar
doctorar
licenciar

regular
ajustar
acoplar

grafía
escritura
representación
letra

gráfico
claro
descriptivo
manifiesto

boceto
croquis
esquema

grafito
carboncillo
plumbagina

gragea
píldora
pastilla
comprimido

grajo
cuervo

gramática
lingüística
lengua

gramófono
fonógrafo
gramola

grana
granazón
florecimiento

semilla

granate
carmesí

granada
ciñuela
milgrana

obús
proyectil

granado
escogido
seleccionado

experto
experimentado

maduro
espigado
desarrollado

inmaduro

granar
crecer
florecer
madurar

granate
grana
carmesí

granazón
florecimiento

fructificación
sazón

grande
monumental
considerable
mayúsculo
extraordinario
colosal
enorme

pequeño
insignificante

vasto
espacioso
extenso
amplio

estrecho
bajo

magnate
noble
prócer

grandeza
magnitud
extensión
dimensión
vastedad
amplitud

pequeñez
minucia

gloria
poder
dignidad

nobleza
magnanimidad
generosidad
magnificencia

mezquindad
insignificancia

grandilocuencia
altisonancia
ampulosidad

grandilocuente

pomposidad
énfasis

sencillez

grandilocuente
altilocuente
rimbombante
altisonante

sencillo

grandiosidad
grandeza

graneado
moteado
picado

incesante
ininterrumpido

granero
silo
panera
almacén
depósito

granítico
diamantino
duro
pétreo

blando
débil

granito
roca
piedra

granizar
llover
apedrear

granizo
granizada
pedrea
pedrisco
piedra

granja
finca
estancia
quinta
rancho
alquería
cortijo
hacienda

lechería
huevería

granjearse
alcanzar
conseguir
obtener
atraer
ganarse

perder

granjería
beneficio
ganancia

granjero
ranchero
cortijero

grano
semilla
fruto

forúnculo
golondrino
pústula
orzuelo
espinilla

granuja
bribón
pillo
tunante
pícaro

granujada
pillería
trastada
faena

granuloso
granoso
áspero
arrugado

liso

granza(s)
cascajo
mortero

restos
residuos
pajas
desechos

grapa
gafa
laña
enganche

grapar
engrapar
coser

grasa
sebo
tocino
gordura
manteca

suciedad
mugre
pringue

lubricante
lubrificante

obesidad

graso
grasiento
grasoso
seboso
craso
untuoso
sebáceo
pringoso
sucio

gratificación
paga
recompensa
retribución
sobresueldo
extra
plus
premio
incentivo
aguinaldo
propina

gratificar
retribuir
remunerar
premiar
recompensar

agradar
complacer

gratinar
dorar
hornear

gratis
gratuitamente
de balde
de gorra

gratitud
agradecimiento
reconocimiento

grato
placentero
agradable
amable
deseable

desagradable
desapacible

gratuito
gratis
ventajoso
regalado

caro
costoso
oneroso

infundado

injustificado
arbitrario

fundado
justificado

grava
cascajo
rocalla
guijo

gravamen
arbitrio
tasa
impuesto
tributo

exención

gravar
imponer
hipotecar
consignar

cargar
gravitar

grave
difícil
peligroso
arduo
comprometido

fácil

importante
trascendental

secundario
baladí

formal
sensato
serio

frívolo

moribundo
enfermo

pesado
oneroso

ligero

gravedad
dificultad
peligro
compromiso

facilidad

formalidad
seriedad
solemnidad

frivolidad

trascendencia
importancia

agravación
enfermedad

mejoría

pesantez
gravitación

levedad
ligereza

grávida
preñada
embarazada

gravidez
preñez
gestación
embarazo

grávido
pesado
cargado
repleto

gravitación
atracción
gravedad
fuerza

gravitar
cargar
caer
descansar
apoyarse
fundamentarse
sustentarse

gravoso
caro
costoso

barato

insufrible
fastidioso
molesto

soportable

graznar
crascitar
gaznar
crocitar

greca
cenefa
ribete
faja
orla
adorno

greda
arcilla

gregario
adocenado
dócil
aborregado

componente
integrante

greguería
algarabía
alboroto

glosa
comentario
definición

gremial
corporativo
agrupado
laboral
sindical

gremio
corporación
agrupación

asociación
comunidad
hermandad
cofradía
sindicato

greña
melena
pelambrera

enredo
embrollo
lío

riña
disputa

gres
arcilla
greda
marga

gresca
disputa
pelea
riña

alboroto
confusión

grey
rebaño
manada

hermandad
congregación

grieta
rendija
resquicio
abertura
hueco

grifo
llave
espita

grillarse
guillarse
chiflarse
enloquecer

grilletes
cepo
esposas
cadenas

grima
aversión
repugnancia
desazón

gringo
forastero
extranjero

gripe
trancazo
resfriado
catarro

gris
grisáceo
plomizo
sombrío

radiante
soleado

corriente
mediocre
apagado
anodino

brillante
sobresaliente

grisáceo
gris
plomizo
ceniciento

gritar
vociferar
desgañitarse
chillar
vocear

susurrar
murmurar

abroncar
abuchear

aplaudir

griterío
bulla
ruido
alboroto
escándalo

silencio
tranquilidad

grito
aullido
alarido
bramido
chillido
rugido
clamor

silencio
susurro

lamento
quejido

grosería
bastedad
zafiedad

elegancia

desatención
descortesía
descaro

grosero
vulgar
basto
soez
rudo
burdo
tosco
procaz

fino
delicado

maleducado
descortés
descarado
insolente

educado
culto

grosor
espesor
cuerpo
volumen
corpulencia
grueso

gordura
obesidad
adiposidad

delgadez

grotesco
ridículo
extravagante
caricaturesco

serio

grúa
cabria
cabrestante
trucha

brazo
torno
molinete

grueso
gordo
voluminoso
corpulento
rollizo
obeso
craso

flaco
delgado

grosor
cuerpo
espesor

grumete
marinero
bisoño
inexperto

grumo
cuajarón
coágulo

dureza
mazacote

gruñido
bufido
berrido
gemido
quejido

regaño
reprimenda
reproche

gruñir
murmurar
refunfuñar
protestar

elogiar
alabar

roncar
bufar
bramar

chirriar
rechinar
crujir

gruñón
protestón
cascarrabias

grupa
anca
lomo

grupo
asociación
conjunto
agrupación
corporación
corro
peña
clan
camarilla

comunidad
colectividad
banda
cuadrilla
bandada

individuo

especie
orden
clase
género
familia

gruta
cueva
caverna
fosa
sima
galería
mina

guacamayo
papagayo

guadaña
hoz
segur
dalle

gualdrapa
manta
funda
cobertura

harapo
andrajo
jirón

guano
abono
estiércol

guantazo
manotazo
bofetón
bofetada
tortazo

caricia

guante
manopla
guantelete
manguito
mitón

guapeza
belleza
hermosura

fealdad

arrogancia
gallardía
valor
ánimo

timidez
indecisión

ostentación
presunción

guapo
bello
hermoso
apuesto
elegante
atractivo

feo

valeroso
valiente
bizarro
fanfarrón

apocado
indeciso

galán
donjuán
tenorio

guarda
guardia
tutela

guardián
vigilante
protector
cuidador
escolta

guardaespaldas
escolta
protector

guardameta
portero
meta
cancerbero
arquero

guardapolvo
bata
batín
funda

guardar(se)
defender
cuidar
custodiar
vigilar
velar
conservar

abandonar
descuidar

tener
atesorar
ahorrar
economizar
recaudar
almacenar

dar
entregar

archivar
recoger

sacar

acatar
cumplir
obedecer

desobedecer
faltar

defenderse
protegerse

guardarropa
ropero
armario

guardarropía
vestuario
vestidos
guardarropa

guardia
agente
guarda
policía
gendarme
centinela
escolta

defensa
cuidado
vigilancia
protección

descuido
abandono

patrulla
pelotón
destacamento

guardián
vigilante
guarda
celador
centinela

guarecer(se)
defender
proteger
acoger
albergar

desamparar

refugiarse
cobijarse
resguardarse

exponerse

guarida
madriguera
cueva
nido

amparo
asilo

guarismo
cifra
número
símbolo

guarnecer
revestir
adornar
embellecer

afear

equipar
proveer
abastecer
dotar
aprovisionar

desposeer

reforzar
defender
armar

debilitar

aparejar
ensillar
enjaezar

guarnición(es)
adorno
aderezo
ornato

tropa
guardia

arreos
arneses
aparejos
jaeces

guarrada
guarrería
marranada

limpieza

faena
jugarreta
trastada

guarro
cerdo
cochino
puerco

sucio
desaseado
mugriento

limpio

guasa
broma
burla
pitorreo
chanza

guasearse
burlarse
mofarse

guasón
bromista
burlón
socarrón
irónico

serio

guata
algodón
relleno
borra

guateque
baile
fiesta

gubernamental
gubernativo
oficial
estatal

guedeja
melena
mechón
cabellera

guerra
contienda
conflagración

conflicto
combate
enfrentamiento
refriega

paz
concordia

pleito
disputa
desavenencia
querella

avenencia
conciliación

guerrear
combatir
contender
batallar
pelear
luchar

pacificar
conciliar

guerrera
sahariana
casaca
tabardo
chaquetón
zamarra
cazadora

guerrero
marcial
belicoso
batallador

pacífico

soldado
combatiente
guerrillero

enredador
alborotador

guerrilla
partida
facción
banda

guerrillero
francotirador
combatiente
faccioso
partisano

guía
conductor
director
piloto
monitor
lazarillo
explorador
cicerone
intérprete

maestro
consejero
preceptor
mentor
tutor

faro
norte
pauta
rumbo
derrotero

dirección
consejo
orientación

manual
vademécum
agenda
prontuario
breviario

itinerario
plano
callejero

guiar
llevar
dirigir
encaminar
orientar
indicar
encauzar

regir

gobernar
educar

conducir
pilotar

guijarro
canto
pedrusco
china
chinarro

guijo
grava
gravilla

guillotina
cadalso

guillotinar
decapitar
ajusticiar

guinda
cereza
capulina

colofón
culmen
broche

guindar
izar
levantar

robar
hurtar
sustraer

guindilla
pimiento
chile
ají

guardia
policía

guiñapo
harapo
andrajo

débil

raquítico
enfermizo

fuerte

abatido
fracasado

animoso

guiñar
bizcar
parpadear

avisar
advertir

guiño
visaje
parpadeo
seña
aviso
advertencia

guión
estandarte
pendón
insignia

sinopsis
argumento
libreto

raya
signo

guirigay
galimatías
jerga

escándalo
jaleo

guirnalda
corona
aureola
diadema

guisa
modo
forma
manera

guisar
cocinar

aderezar
condimentar

tramar
maquinar

guiso
guisado
estofado

guisote
bazofia
bodrio
comistrajo

guita
cordel
cuerda

pasta
parné
dinero

guitarra
vihuela
requinto

gula
glotonería
voracidad

frugalidad

gulusmear
golosinear
lechucear

gusano
lombriz
oruga
larva
tenia
helminto

miserable
infame

gustar
probar
paladear
saborear
degustar
catar

agradar

complacer
deleitar

desagradar

desear
apetecer
ambicionar

repeler
rechazar

gusto
sabor
regusto
paladar

insulsez
insipidez

placer
satisfaccón
gozo

disgusto

capricho
antojo

finura
elegancia
distinción
estilo

chabacanería
ordinariez

gustoso
sabroso
apetitoso
suculento

insípido
insulso

complacido
grato
encantado

desagradable
ingrato

gutural
bronco
áspero
rudo

H

haba
habichuela
judía
faba

habano
puro
cigarro
veguero

haber(es)
tener
poseer

ocurrir
acaecer
suceder

capital
caudal
hacienda
renta

emolumentos
honorarios
retribución
salario

habichuela
judía
alubia

hábil
inteligente
competente
habilidoso
diestro
experto
capacitado

inexperto
incompetencia

astuto
ladino
sagaz

ingenuo
torpe

laborable
disponible
utilizable

habilidad
capacidad
competencia
destreza
pericia

incompetencia
incapacidad

sagacidad
astucia
tacto

torpeza
ingenuidad

habilitar
capacitar
preparar
disponer

inhabilitar
incapacitar

comisionar
encargar
facultar
delegar

habitable
apto
acondicionado
cómodo

inhóspito

habitación
cuarto
estancia
aposento
dormitorio
alcoba

casa
vivienda
domicilio
alojamiento

habitante
poblador

residente
ciudadano
vecino

aborigen
natural
indígena
nativo

habitar
poblar
residir
vivir
morar
alojarse
afincarse
aposentarse

despoblar
abandonar

hábitat
medio
ambiente
entorno

hábito
costumbre
rutina
práctica

habilidad

experiencia
pericia

traje
vestido
túnica

habitual
usual
corriente
acostumbrado

insólito

asiduo
frecuente
perseverante

inconstante

habituar(se)
acostumbrar
enseñar
familiarizar
amoldar

habla
idioma
lenguaje
lengua
dialecto
jerga

hablador
parlanchín
charlatán
locuaz
indiscreto

callado

habladuría
chisme
cotilleo
murmuración
calumnia
injuria

discreción
prudencia

verborrea

cháchara
locuacidad

hablar
conversar
dialogar
departir
charlar
platicar

callar

decir
proferir
enunciar
recitar
declamar
opinar
comentar

silenciar
omitir

murmurar
musitar
susurrar
cuchichear

habón
roncha
inflamación

hacendado
terrateniente
latifundista

rico
potentado

pobre

hacendoso
laborioso
trabajador
diligente

hacer(se)
producir
formar
crear
originar

elaborar
componer
realizar
trabajar
construir
obrar
proceder
ejecutar

habituarse
acostumbrarse

hacha
segur
hachote
machado

hachón
cirio
vela

hachazo
tajo
corte
golpe

hachero
candelero
candelabro
cirial

hachís
marihuana
chocolate

hachón
antorcha
hacha
cirio
velón

hacia
cerca de
alrededor de
en torno a

en dirección a
con destino a

hacienda
finca
heredad
latifundio

capital
caudal
bienes
dinero

erario
fisco
tesoro
economía

hacinamiento
amontonamiento
acumulación
aglomeración

hacinar
amontonar
acumular
apilar

espaciar
separar

hada
hechicera
maga

hado
destino
suerte
sino

halagador
adulador
lisonjero

halagar(se)
lisonjear
alabar
agasajar
mimar
adular

desdeñar

halago
obsequio
mimo
lisonja
agasajo
coba
adulación

desprecio
insulto
indiferencia

agrado
gusto
complacencia

halagüeño
halagador
lisonjero

favorable
prometedor

desalentador

halconería
cetrería

hálito
vaho
soplo
aliento

hall
vestíbulo
recibidor

hallar(se)
encontrar
descubrir
inventar
acertar
idear
imaginar

estar
contarse

hallazgo
descubrimiento

encuentro
acierto

pérdida

halo
aureola
nimbo
corona

fulgor
resplandor

hamaca
yacija
tumbona
dormilona

hambre
apetito
gana
avidez
gula
glotonería
gazuza
gusa

desgana
frugalidad

anhelo
deseo

hambriento
famélico
necesitado
ansioso
insaciable
glotón
tripero

harto
ahíto

hampa
chusma
canalla
golfería
picaresca

hampón
delincuente
maleante
matón

hándicap
desventaja
dificultad
obstáculo

hangar
cobertizo
barracón

haragán
vago
perezoso
gandul
holgazán

diligente
trabajador

haraganear
holgazanear
gandulear
vaguear

trabajar
trajinar

harapiento
andrajoso
astroso
adán

aseado
atildado

harapo
andrajo
guiñapo
jirón
remiendo

harén
serrallo
gineceo

harina
molienda
cernido
almidón
fécula
gluten
mandioca

harnero
criba
cedazo
tamiz

hartar(se)
saciar
ahitar
llenar
saturar
atiborrar
atracar
cebar

malcomer

incomodar
hastiar
fastidiar
molestar
incordiar
enfadar

agradar
divertir

hartazgo
atracón
empacho
saciedad

harto
saciado
ahíto
saturado
satisfecho

hambriento
necesitado

hastiado
aburrido
cansado

hasta
inclusive
incluso
comprendido

excluido

hastiar(se)
cansar
hartar
aburrir

hastío
aburrimiento
cansancio
desgana
fastidio
tedio

agrado
interés

hatajo
hato
rebaño

conjunto
caterva
horda
tropel
tropa

hato
bulto
fardo
lío

ajuar
ropa
equipo

ganado
manada

hatajo
panda
banda

haz
fajo
gavilla

manojo
brazada

cara
faz
anverso

envés

hazaña
proeza
gesta
epopeya
heroicidad
heroísmo

cobardía

hazmerreír
adefesio
bufón
mamarracho
payaso
esperpento

hebilla
broche
pasador
prendedor

hebra
hilo
hila
filamento

brizna

hebreo
israelita
judío

hecatombe
sacrificio
inmolación
holocausto

matanza
mortandad

desastre

catástrofe
tragedia

prosperidad
fortuna

hechicera
maga
sibila
sacerdotisa

hechicería
brujería
magia

hechizo
conjuro
encantamiento
adivinación
maleficio

hechicero
brujo
adivino
mago
nigromante
vidente

embaucador
seductor
cautivador

repelente
repulsivo

hechizar
embrujar
encantar
aojar

cautivar
embelesar
seducir
fascinar

repeler
repugnar

hechizo
hechicería
encantamiento

encanto
atractivo

seducción
fascinación

hecho
formado
acabado
perfecto
maduro
adulto

novato
bisoño

acción
obra
acto
suceso
lance
hazaña
proeza
evento
peripecia
trance
situación

conforme
aceptado

hechura
creación
obra
producto

composición
forma
factura
disposición
constitución
imagen
figura

heder
apestar
atufar

perfumar
aromatizar

molestar
fastidiar

hediondez

hedor
fetidez
pestilencia

fragancia
aroma

hediondo

fétido
maloliente
pestilente

aromático
perfumado

sucio
repugnante
obsceno

molesto
enojoso

agradable

hedonismo

sibaritismo
sensualidad
voluptuosidad
materialismo

espiritualidad
mortificación

hegemonía

supremacía
superioridad
preeminencia

dependencia
decadencia

hégira

huida

época
era

helada

congelación
frío

helado

gélido
glacial
congelado
aterido
frío

caliente

granizado
sorbete
horchata

atónito
estupefacto
pasmado
sorprendido

helar(se)

enfriar
congelar
refrigerar

calentarse
diluirse

amoratarse
gangrenarse

pasmarse
aturdirse
acobardarse

acalorarse

helecho

polipodio
fronda

helero

glaciar
nevero
ventisquero

hélice

propulsor
aspas
aletas

espiral
curva
voluta

hematoma

cardenal
moretón
contusión
equimosis

hembra

mujer
fémina

hemiciclo

semicírculo
anfiteatro

hemisferio

semiesfera
mitad

hemoglobina

hemocianina
colorante
pigmento

hemorragia

hemoptisis
flujo
menstruación

hemostasis

hemorroide

almorrana

hemostático

cicatrizante
cauterizante

henchir

llenar
colmar
rellenar
atestar
hinchar
inflar
apretar

vaciar
expulsar

hender

abrir
surcar
agrietar
rajar
resquebrajar
romper
fracturar
cortar
atravesar
acuchillar
perforar

hendidura

hendedura
abertura
grieta
ranura
cavidad
incisión

heno

forraje
pienso
hierba

heráldica

blasón

heraldo

emisario
enviado
mensajero

herbolario

herboristería
herbario

hercúleo

fuerte
robusto
vigoroso

enclenque
debilucho

heredad

hacienda

heredar
suceder
recibir

parecerse
asemejarse

heredero
sucesor
beneficiario
legatario

descendiente
continuador

antecesor
precursor

hereditario
sucesorio

hereje
heresiarca
heterodoxo
apóstata
renegado

ortodoxo

blasfemo
iconoclasta

herejía
heterodoxia
sacrilegio
apostasía
cisma

ortodoxia

herencia
sucesión
legado
patrimonio
transmisión
mayorazgo

tradición
atavismo

herida
corte

arañazo
llaga

ofensa
agravio

pena
abatimiento
pesar

herido
lesionado
lastimado
accidentado

ileso
indemne

herir
lesionar
lacerar
mutilar
tullir

curar

agraviar
afrentar
ofender

chocar
batir

tañer

hermafrodita
andrógino
bisexual

hermana
monja
sor

hermanar(se)
fraternizar
armonizar
amigarse
avenirse
compenetrarse

desunir
enemistar

igualar
uniformar

hermandad
consanguinidad
fraternidad
confraternidad

amistad
simpatía
concordia
solidaridad

desavenencia
enemistad

cofradía
congregación
corporación

hermano
pariente
allegado
deudo

extraño

camarada
compañero

lego
fraile
fray

hermético
cerrado
clausurado

inaccesible
secreto
inescrutable

evidente

introvertido
reservado

abierto

hermetismo
inaccesibilidad
impermeabilidad

silencio
introversión

reserva
circunspección

claridad

hermosear
embellecer
acicalar
adornar

afear

hermoso
bello
bonito
agraciado

feo

grande
espléndido
lozano

raquítico

magnífico
estupendo

apacible
despejado
soleado
radiante

hermosura
belleza
encanto
gracia
atractivo

fealdad

bella
beldad
guapa

herniarse
quebrarse
lesionarse

cansarse
esforzarse

héroe
valiente
campeón

adalid
paladín

cobarde

semidiós
superhombre
titán

protagonista
actor

heroicidad
epopeya
gesta
hazaña
proeza
heroísmo

cobardía
pusilanimidad

heroico
valiente
intrépido
épico

memorable
grande
trascendente

heroísmo
valentía
coraje
heroicidad

cobardía
timidez

herpe
herpes
erupción
micosis

herradura
casquillo
herraje

herraje
hierros
bisagras
herraduras

herramienta
útil
utensilio
instrumento
aparato

herrería
fundición
fragua
forja
taller

herrumbre
orín
moho
óxido
pátina
roña

herrumbroso
mohoso
enmohecido
oxidado
roñoso

hervidero
ebullición
hervor

multitud
muchedumbre

hervir
borbotear
burbujear
cocer
escalfar
escaldar

agitarse
encresparse

hervor
ebullición
efervescencia
cocción

ardor
entusiasmo
fogocidad

heteróclito
irregular
dispar
extraño

heterodoxia
herejía

ortodoxia

disensión
divergencia

heterodoxo
hereje

disidente
disconforme

heterogeneidad
multiplicidad
diversidad
variedad
pluralidad

uniformidad
homogeneidad

heterogéneo
diverso
dispar
mezclado

homogéneo
igual

hez
desperdicio
poso
sedimento

escoria
chusma
canalla

hibernación
letargo

congelación

hibridación
cruce
mezcla

pureza
depuración

híbrido
bastardo
cruzado
heterogéneo
mestizo

puro

hidalgo
caballero
prócer
ilustre
distinguido

plebeyo

caballeroso
magnánimo
generoso

ruin
mezquino

hidalguía
magnanimidad
altruismo
caballerosidad
generosidad

ruindad
egoísmo

hidrofobia
rabia

hidromiel
aguamiel
hidromel

hiedra
bejuco
trepadora
cazuz
yedra

hiel(es)
bilis
atrabilis
humor
secreción

amargura
rencor
resentimiento

disgustos
penas

hielo
nieve
escarcha
carámbano
granizo

indiferencia
displicencia

calor

hierático
hermético
solemne

religioso
sagrado

hierba
césped
verde
yerba
paja
pasto
forraje

hierro(s)
fierro
barra
plancha
chapa

acero

hoja
espada

marca
estigma

grillos

grilletes
cadenas

higa
dije
amuleto

bledo
comino

hígado
víscera
asadura

valor
coraje
arrojo

desánimo
cobardía

higiene
aseo
limpieza
profilaxis

suciedad
insalubridad

higiénico
profiláctico
desinfectado
limpio
pulcro

infeccioso
sucio

higo
albacora
breva

higuera
chumbera

hijo
sucesor
vástago
retoño
descendiente

natural

oriundo
originario

hila(s)
hilacha
hebra

vendaje
apósito
gasa

hilacha
fleco
hebra
hilo

hilar
ovillar
envolver
enroscar

destejer

pensar
discurrir

hilarante
divertido
gracioso

triste
serio

hilaridad
alegría
risa

hilera
fila
hilada
serie
formación
columna
retahíla
ristra
desfile
recua
sarta

hilo
filamento
hebra
fibra
hilaza
brizna

alambre
cable
desarrollo
curso
continuidad
cadena
secuencia

hilván
puntada
costura
pespunte

hilo
hebra
fibra

hilvanar
coser
embastar
pespuntear

proyectar
bosquejar
esbozar

himen
virgo
membrana
telilla

himeneo
boda
casamiento

himno
canto
canción
cántico
poema
marcha

hincar
hendir
atravesar
clavar

fijar
asentar
enterrar

hincha
manía
animadversión
antipatía
ojeriza
tirria

simpatía
afecto

seguidor
entusiasta
forofo
fan

hinchado
abultado
inflado
ensanchado

vano
fatuo
pretencioso
vanidoso
petulante

grandilocuente
enfático
ampuloso

sencillo
natural

hinchar(se)
inflar
henchir
aumentar
ensanchar

hartarse
atiborrarse

presumir
envanecerse

avergonzarse

hinchazón
inflamación
chichón
bulto
turgencia

vanidad
presunción
engreimiento

sencillez
llaneza

hipar
jadear
sofocarse
fatigarse

lloriquear
gimotear

ansiar
anhelar
codiciar

hipérbole
exageración
ponderación
grandilocuencia
altisonancia

moderación
sobriedad

hiperbólico
exagerado
aumentado
ponderado

atenuado
suavizado

hipermercado
supermercado
autoservicio

hipertrofia
desarrollo
exceso
incremento

hipotrofia
reducción

hípica
equitación

hípico
caballar
ecuestre
equino

hipnosis
hipnotismo
sueño
sugestión

hipnotismo
sueño
inconsciencia
insensibilidad
trance

magnetismo
fascinación
sugestión
hechizo

hipnotizar
sugestionar
magnetizar
dominar

hechizar
cautivar
fascinar

hipo
hipido
sollozo

hipocondría
melancolía
depresión
manía
pesimismo

alegría
optimismo

hipocondriaco
aprensivo
maniático

melancólico
pesimista

alegre

hipocresía
falsedad
fingimiento
doblez
fariseísmo
disimulo
farsa

zalamería
lisonja
pamema

sinceridad
claridad

hipócrita
falso
farsante
farisaico
comediante
puritano

sincero
claro

hipódromo
estadio
cancha
pista

hipoteca
garantía
fianza
gravamen
carga

hipotecar
gravar
cargar
garantizar
obligarse
comprometerse

hipótesis
suposición
conjetura

posibilidad
presunción

hipotético
supuesto
teórico
posible

incierto
dudoso

cierto
real

hiriente
doloroso
despectivo
vejatorio

lisonjero
agradable

hirsuto
enmarañado
erizado
desmelenado

liso
lacio

adusto
huraño
grosero

hirviente
burbujeante
efervescente
agitado

apagado
frío

hisopo
aspersorio
hisopillo

histeria
histerismo

histérico
excitado

nervioso
trastornado

sosegado
flemático

histerismo
histeria
nerviosismo
excitación

relajación
sosiego

historia
crónica
anales
relato
narración
leyenda
memorias
cronología
biografía
autobiografía
semblanza
hagiografía
suceso
incidente
testimonio
efemérides
necrología
obituario

chisme
habladuría
bulo

historiado
complicado
abigarrado
recargado
barroco

sencillo
simple

historiador
cronista
escritor
narrador

historial
currículum
antecedentes

historiar
narrar
relatar

histórico
comprobado
cierto
fidedigno

fabuloso
legendario

trascendental
crucial

historieta
cómic
tebeo
viñeta

cuento
chiste
anécdota
fábula

histrión
cómico
comediante
actor
payaso
bufón
juglar
mimo
saltimbanqui
volatinero

hito
señal
mojón

objetivo
centro
blanco
diana

hobby
afición
pasatiempo

hocico
morro
jeta
cara
boca

hogar
casa
domicilio
lar
vivienda

horno
fogón
cocina

hogareño
casero
familiar
doméstico

hogaza
pan

hoguera
fogata
pira
fuego
llama

hoja
hojuela
pétalo
bráctea
fronda

plancha
lámina

folio
cuartilla
página
plana

filo
espada
cuchilla
puñal

hojalata
chapa
lata
placa
lámina
hoja

hojarasca
broza
maleza

trivialidad
fruslería
bagatela

enjundia

hojear
repasar
trashojar
examinar
leer

holgado
espacioso
amplio
dilatado
desahogado

estrecho
reducido

pudiente
rico
acomodado

pobre

desocupado
ocioso
inactivo

holganza
descanso
ociosidad
pereza
ocio
entretenimiento

dinamismo
trabajo

holgar(se)
descansar
reposar
vaguear

trabajar

distraerse
divertirse

holgazán
vago
gandul
perezoso

trabajador
activo

holgazanear
vaguear
gandulear

trabajar

holgazanería
vagancia
galbana
pereza
ociosidad

laboriosidad
diligencia

holgorio
jolgorio

holgura
espaciosidad
amplitud
anchura

estrechez
angostura

hollar
pisar
pisotear

profanar
humillar
agraviar

respetar
honrar

hollejo
pellejo
piel
vaina

hollín
tizne
suciedad
humo

holocausto
sacrificio
inmolación
ofrenda

hombre
criatura
individuo
ser
ente
humano
semejante
prójimo
sujeto
varón
masculino
macho
persona

hombrear
fanfarronear
presumir
jactarse

rivalizar
competir

hombrera
charretera
cordón
alamar

cinta
tirilla

hombría
valentía
masculinidad
virilidad

homenaje
ofrenda
consideración
respeto
honra
honores
recompensa
premio

vasallaje
juramento
sumisión

homenajear
agasajar
honrar
festejar
celebrar

homicida
criminal
asesino
reo
condenado

inocente

homicidio
muerte
asesinato
crimen

homilía
plática
sermón

homogeneidad
uniformidad
igualdad
semejanza

heterogeneidad
variedad

homogéneo
uniforme
semejante
similar

heterogéneo
dispar

homologación
equiparación
comprobación
registro
verificación

homologar
equiparar
verificar
aprobar
constatar
confirmar

homólogo
equivalente
análogo
parecido
semejante

diferente
distinto

homónimo
tocayo

heterónimo

homosexual
pederasta
sodomita

heterosexual

homosexua-
lidad
sodomía
pederastia
lesbianismo

heterosexualidad

hondo
profundo
hundido
abismal
recóndito
escondido

superficial

intenso

extremado
fuerte

hondonada
hondón
depresión
valle
cuenca

eminencia
llano

hondura
hondonada
profundidad

altura

honestidad
honradez
integridad
rectitud
dignidad
bondad

castidad
pudor
recato
honra
virtud
modestia

deshonestidad

honesto
honrado
íntegro
recto
justo
cabal

púdico
pudoroso
casto
recatado

deshonesto

hongo
seta

níscalo
champiñón

bombín
sombrero

honor
dignidad
honra
pundonor
orgullo
respeto
decoro
castidad
decencia

deshonor
indignidad

fama
renombre
reputación
celebridad

honorabilidad
honradez
nobleza

descrédito

honorable
venerable
respetable

miserable
despreciable

honorario(s)
honorífico
honroso

simbólico
imaginario
teórico

emolumentos
remuneración
minuta

honorífico
honorario
honroso

honra
reputación
prestigio
renombre
fama
dignidad
reconocimiento

pudor
decoro
honestidad

honradez
honestidad
integridad
rectitud
sinceridad
decencia

deslealtad
corrupción

honrado
honesto
decente
íntegro
leal
recto
justo
cabal
cumplidor
incorruptible

corrompido

respetado
distinguido
apreciado

despreciado
desdeñado

honrar(se)
respetar
apreciar
ensalzar
condecorar
distinguir
galardonar

degradar

honrilla
pundonor
orgullo
amor propio
autoestima

honroso
honorífico
respetable
honorable

miserable
despreciable

decoroso
pundonoroso

vergonzoso
innoble
indigno

hora
instante
momento
tiempo
ocasión
oportunidad

horadar
perforar
agujerear
taladrar
penetrar

horario
cuadro
indicador
programa
agenda

horca
patíbulo
cadalso
dogal

horquilla
horqueta
horcón

horda
tribu

clan
soldadesca
turba
chusma

nobleza
selección

horizontal
apaisado
tendido
tumbado
yacente
alargado
decúbito
plano

vertical

horizonte
confín
límite
lejanía
distancia
espacio

horma
plantilla
molde
modelo

hormiga
hormigüela
himenóptero

dinámico
trabajador
diligente

hormigón
cemento
mortero
mezcla
argamasa
cascajo

hormiguear
cosquillear
picar

reconcomer
molestar

abundar
bullir
moverse

hormigueo
picor
picazón
prurito
cosquilleo

hormiguero
agujero
refugio

hervidero
gentío
muchedumbre
aglomeración
masa
enjambre

hormona
secreción
adrenalina
insulina
testosterona
estriol
foliculina
tiroxina
cortisona
aldosterona

hornacina
hueco
nicho
cavidad

hornada
promoción
serie
grupo

hornear
tostar
dorar
asar

brasear
calentar

hornillo
infiernillo
hornilla
cocinilla
brasero
calentador

horno
cocina
hogar
fogón
estufa
crematorio
asador

tahona

horóscopo
pronóstico
vaticinio
augurio
predicción
oráculo

horquilla
horqueta
horca
bieldo
tridente
rastrillo

horrendo
horrible

hórreo
silo
granero
depósito
troj

horrible
aterrador
horrendo
horripilante
horroroso

espantoso
espeluznante
pavoroso

repulsivo
repugnante
feo
deforme
monstruoso
repelente

bonito
agradable

horripilar(se)
aterrar
horrorizar
aterrorizar
espantar
espeluznar
repeler
repugnar

tranquilizarse
animarse
envalentonarse

horrísono
atronador
ensordecedor
retumbante

silencioso

horro
libre
liberto
manumiso

exento
dispensado

falto
carente

horror
pavor
terror
miedo
temor

espanto
pánico

tranquilidad

atrocidad
monstruosidad
brutalidad
crueldad

barbaridad
enormidad
mucho

nada
apenas

repulsión
aversión
repugnancia
fobia
manía

horrorizar
horripilar
aterrar

horroroso
horrible

hortaliza
verdura
legumbre
hierba

hortelano
horticultor
labrador
labriego

hortera
ordinario
chabacano
vulgar

horticultor
hortelano

hosco
arisco
ceñudo

antipático
huraño
serio
adusto

afable
abierto

hospedaje
albergue
alojamiento
acogida
hotel
hostería
hostal
pensión
parador

hospedar(se)
acoger
albergar
alojar
aposentar
cobijar
recibir
amparar
refugiarse

hospiciano
inclusero
expósito
huérfano

hospicio
inclusa
orfanato
orfelinato
asilo

hospital
clínica
sanatorio
policlínica

hospitalario
acogedor
generoso
sociable

hospitalidad
acogida
amparo
cobijo
recibimiento
alojamiento
asilo

hospitalizar(se)
ingresar
internar
acogerse

hosquedad
antipatía
malhumor
desabrimiento
aspereza

amabilidad

hostería
albergue
hospedería
posada
parador
mesón
hostal
hotel

hostia
oblea
pan ázimo
Sagrada Forma
Eucaristía

bofetón
golpe

hostigador
fustigador
instigador

hostigamiento
acoso
persecución
acorralamiento

hostigar
fustigar
azotar
vapulear

acosar
asediar
perseguir
fastidiar
hostilizar
sitiar

hostil
desfavorable
rival
adversario
enemigo

hostilidad(es)
enemistad
rivalidad
animadversión
antipatía
animosidad
aversión
discordia
enfrentamiento

acuerdo
conformidad
simpatía

contienda
conflagración
lucha
combate

tregua
paz

hostilizar
hostigar
acometer
atacar
sitiar
agredir
molestar
acosar

pacificar

hotel
parador
hostal
hostería
albergue
posada
fonda
pensión

hoy
actualmente
ahora
hogaño

ayer
mañana

hoyo
hueco
agujero
bache
socavón
foso
barranco
canal
cauce
mina
pozo

hoz
guadaña
falce
segur
rozón
doladera
hocino

desfiladero
garganta
paso

hozar
escarbar
hocicar
husmear

hucha
alcancía
cepillo

ahorros
economías

hueco
vacío
cavidad
concavidad
oquedad
vano
agujero
hornacina
abertura
puerta
ventana
orificio

deprimido
hundido
horadado
perforado
agujereado
cóncavo

espacio
intermedio
intervalo

presumido
vano
presuntuoso
engreído
afectado
fatuo

holgado
esponjoso
poroso
dilatado

estrecho
ajustado
compacto

huelga
paro
inactividad
cese
reivindicación

trabajo
actividad

huella
señal
marca

pisada
pista
rastro
estela
rodada
cicatriz

recuerdo
memoria
evocación
indicio
resto
vestigio

olvido

huérfano
abandonado
desamparado
inclusero

necesitado
falto
carente
desprovisto

huero
vano
vacío
hueco

afectado
insustancial
superficial
fútil
anodino

sustancial
profundo

huerta
huerto
vergel
vega

hueso
taba
armazón
sostén

fruto
semilla

pepita
grano
cuesco
pipa
güito

incómodo
difícil
penoso
severo
riguroso

huésped
invitado
convidado
pupilo
interno
pensionista
hospedado

anfitrión

hueste(s)
tropa
ejército
banda
partida
facción

seguidores
partidarios
simpatizantes

huesudo
esquelético
flaco
seco
enjuto
consumido
delgado
demacrado

robusto
rollizo

huevo
óvulo
embrión
zigoto
germen
célula

huida
fuga
evasión
escapada
abandono
éxodo
partida
desbandada
dispersión

derrota
retirada

victoria

huidizo
escurridizo
esquivo
evasivo
asustadizo
medroso

fugaz
breve
efímero

perenne
eterno

huido
fugitivo
evadido
desertor
prófugo

huir
escapar
abandonar
escabullirse
desertar
volar
fugarse
largarse
marcharse
evadirse
irse
pirarse

permanecer
quedarse
volver

hule
linóleo
goma
caucho

hulla
carbón
coque
almendrilla

humanidad(es)
mundo
pueblo
gente
seres
hombres
humanos
pobladores

naturaleza
cualidad
esencia
condición

humanitarismo
caridad
misericordia
compasión
bondad
filantropía
altruismo

deshumanización
crueldad

corpulencia
gordura
obesidad

letras
literatura
historia
filosofía

humanitario
humano
solidario
benefactor
caritativo

altruista
compasivo

inhumano
cruel
egoísta

humanizarse
dulcificarse
ablandarse
compadecerse
apiadarse
transigir

endurecerse
deshumanizarse

humano
humanitario
compasivo
benévolo
indulgente

hombre
persona
ser
sujeto

humareda
humo
fumarada
humarada
humazo
nube
vapor
vaho

claridad
limpieza

humeante
vaporoso
humoso
ardiente

apagado

humear
ahumar
fumar

atufar
exhalar

humedad

vaho
relente
rocío
vapor
niebla
lluvia
impregnación

sequedad

humedecer

humectar
mojar
bañar
regar
remojar
rociar

secar

húmedo

chorreante
mojado
rociado
acuoso
calado
bañado
regado
húmedo

seco

humildad

modestia
docilidad
moderación
timidez
sencillez
sumisión
obediencia

soberbia
rebeldía

pobreza
indigencia
desamparo

humilde

modesto
respetuoso
tímido
sencillo
sumiso
dócil

soberbio
altivo

pobre
plebeyo
proletario

humillación

deshonra
ofensa
desprecio
degradación
vejación
burla
bochorno

honra
exaltación

humillante

degradante
denigrante
bochornoso
vergonzoso
indigno

digno
noble

humillar(se)

ofender
avergonzar
denigrar
deshonrar
despreciar
someter
menospreciar
insultar

alzar
levantar

inclinarse
postrarse

empequenecerse
apocarse
arrastrarse

humo(s)

humareda
humazo
fumarada
vaho
niebla
vapor
emanación

diafanidad
claridad

vanidad
arrogancia
altanería
jactancia
orgullo
engreimiento
ínfulas

humildad

humor

gracia
agudeza
ingenio
gracejo
ocurrencia
chiste
salero
chispa

seriedad

carácter
genio
talante
temperamento

líquido
linfa
secreción
excreción
sudor

humorismo

humor
gracia

ingenio
jocosidad

humorista

cómico

humorístico

cómico
divertido
gracioso
ingenioso
agudo
jocoso
chistoso

serio
dramático

hundimiento

derrumbamiento
desmoronamiento
desplome
caída
inmersión
naufragio

ocaso
ruina
decadencia

reacción

hundir(se)

desmoronar
enterrar
derrumbar
abatir
derribar

levantar
edificar

deprimirse
abatirse
debilitarse
desmoralizarse

animarse

huracán

ciclón
tifón
tornado

vendaval
torbellino
tempestad
borrasca

huracanado
fuerte
violento
arrollador
intenso

tormentoso
borrascoso
ventoso

suave
calmo

huraño
antipático
arisco
esquivo
hosco

sociable
tratable

hurgar(se)
escarbar
revolver
remover
menear
fisgonear
indagar

inquietar
roer
desazonar
escocer

hurón
turón
mustélido

huraño
hosco
seco
antipático

comunicativo
abierto

huronear
husmear
fisgonear
fisgar

hurtar(se)
sustraer
limpiar
quitar
sisar
afanar
robar

quitarse
rehuir
esquivar
retirarse

mostrarse

hurto
sustracción
sisa

rapiña
timo
robo

botín

husmear
oler
olisquear
olfatear
percibir
barruntar

curiosear
fisgar
fisgonear
entrometerse
escarbar

huso
devanadera
argadillo
cabrestante

I

ibérico
hispano
español
ibero

iberoamericano
hispanoamericano
latinoamericano

iceberg
témpano
banco
hielo
bloque

icono
efigie
imagen
figura

iconoclasta
heterodoxo
informal
inconformista
revolucionario

tradicionalista

ida
marcha
partida

traslado
viaje

vuelta

idea(s)
representación
imagen
sensación
pensamiento
concepto
noción
reflexión
designio
arquetipo
modelo

bosquejo
esbozo
boceto
diseño

sospecha
opinión

convicción

fondo
asunto
materia
tema

ingenio

aptitud
maña

creencias
ideales
ideario
ideología

ideal
conceptual
mental
imaginario
irreal
utópico
magnífico
maravilloso
genial

real
normal

prototipo
modelo
ejemplar

aspiración
objetivo
meta
ilusión

creencias
ideario
ideas
principios

idealismo
utopía
quijotismo
altruismo
generosidad
filantropía

materialismo
realismo

idealista
soñador
utópico
iluso
altruista
filántropo
desinteresado

realista
materialista

idear
imaginar
concebir
proyectar
planear
inventar

ídem
igual
igualmente
el mismo
lo mismo

idéntico
igual
exacto
parejo
equivalente
homogéneo
gemelo

diferente
distinto

identidad
afinidad
igualdad
equivalencia
coincidencia
exactitud

personalidad
filiación
identificación

identificación
filiación
identidad

compenetración
afinidad
concordancia
armonización
entendimiento

identificar(se)
reconocer
fichar
determinar
detallar
reseñar
registrar

igualar
unificar
solidarizarse
simpatizar
compenetrarse
nivelar
equiparar
equilibrar

oponer
disentir

ideología
ideario
doctrina
ideas

idílico
bucólico
poético
amoroso
pastoril

ameno
placentero
grato
ideal
paradisiaco

prosaico
vulgar

idilio
amorío
romance
noviazgo
flirteo
galanteo

idioma
lengua
lenguaje
habla

idiosincrasia
personalidad
particularidad
singularidad
peculiaridad

generalidad
universalidad

idiota
imbécil
tonto
bobo
memo
estúpido
simple
cretino

inculto

ignorante
cateto

idiotez
imbecilidad
tontería
estupidez
memez

ignorancia
incultura

ido
lelo
atontado
distraído

chiflado
chalado
pirado

cuerdo

idolatría
paganismo
fetichismo
totemismo

adoración
veneración
amor

ídolo
fetiche
tótem
amuleto
estatuilla

modelo
amado
favorito

idóneo
apto
adecuado
ideal
conveniente
apropiado

inepto
inapropiado

iglesia
congregación
clero
jerarquía
rebaño
cristianismo
catolicismo

templo
catedral
basílica
capilla
parroquia

ígneo
ardiente
incandescente
candente
rojo

eruptivo

ignición
combustión
incendio
quema

encendido
arranque

ignífugo
incombustible

ignominia
descrédito
deshonra
afrenta
infamia
canallada

ignominioso
deshonroso
denigrante
indigno
despreciable

digno

ignorado
anónimo
desconocido

oculto
ignoto

famoso
conocido

ignorancia
desconocimiento
incultura
analfabetismo

sabiduría

ignorante
desconocedor
desinformado
analfabeto
inculto
profano

enterado
erudito

ignorar
desconocer
olvidar

desatender
desdeñar
desoír

igual
idéntico
equivalente
idem
literal
exacto
mellizo

distinto

llano
uniforme
liso
plano

igualar(se)
uniformar
nivelar
empatar
equilibrar

allanar

aplanar
explanar

ajustar
contratar
pactar

parecerse
emparejarse

igualdad
simetría
coincidencia
conformidad
paridad
homogeneidad

equidad
justicia
ecuanimidad

ilación
conexión
interrelación
deducción

ilegal
ilegítimo
ilícito
prohibido

legal
legítimo

ilegalizar
ilegitimar
penalizar
prohibir

legalizar

ilegible
incomprensible
indescifrable
ininteligible

inteligible

ilegitimar
ilegalizar

llegítimo
ilegal

natural
bastardo
adulterino

falso
falsificado
adulterado

ileso
indemne
incólume
intacto

herido
damnificado

iletrado
inculto
analfabeto
ignorante

ilícito
ilegal

ilimitado
incalculable
infinito
inmenso
indeterminado

limitado
finito

ilógico
incoherente
inconsecuente
absurdo
descabellado
inverosímil

lógico

iluminación
alumbrado
claridad
luz

inspiración

iluminar
alumbrar
aclarar

esclarecer
ilustrar
enseñar

ilusión
anhelo
esperanza
deseo
ánimo

desesperanza

visión
espejismo
ensueño
delirio
fantasía
utopía

ilusionado
optimista
esperanzado
contento

desilusionado
decepcionado

ilusionar(se)
esperanzar
animar
alentar

decepcionar

alegrar
entusiasmar
encantar

entristecer

ilusionista
mago
prestidigitador
malabarista

iluso
cándido

ingenuo
inocente

soñador
utópico
fantasioso

ilusorio
irreal
aparente
ficticio

verdadero
real

ilustración
instrucción
educación
formación
cultura

ignorancia
incultura

lámina
dibujo
fotografía
grabado

enciclopedismo

ilustrado
instruido
culto

enciclopedista

ilustrar(se)
instruir
educar
formar
enseñar

aclarar
explicar
esclarecer

ilustre
insigne
egregio
eminente

prestigioso
célebre

desconocido
vulgar

imagen
idea
pensamiento
concepto

figura
efigie
copia
modelo

lámina
grabado
dibujo
fotografía

metáfora
tropo
alegoría

imaginación
ingenio
creatividad
fantasía
intuición
iniciativa

prosaísmo

figuración
invención
ilusión
ficción
utopía
ensueño
entelequia

realidad

idea
sensación
pensamiento
elucubración

imaginar(se)
fantasear

soñar
figurarse

suponer
sospechar
presentir
recelar

comprobar

idear
concebir
planear
proyectar

imaginario
ficticio
irreal
fantástico
ilusorio
ideal

real
auténtico

imaginativo
creativo
intuitivo
ingenioso

prosaico

soñador
iluso
ingenuo
idealista

realista

imán
calamita
magnetita
electroimán

atractivo
seducción
hechizo

imantar
magnetizar

imbécil
idiota

retrasado
deficiente

estúpido
memo
majadero
cretino
necio

inteligente
listo

imberbe
barbilampiño
lampiño

barbudo

bisoño
pipiolo
inexperto
novato

imborrable
indeleble
inolvidable
permanente
maravilloso

efímero
pasajero

imbricar
superponer
solapar
recubrir

imbuir
inculcar
infundir
persuadir

contagiar

imitación
falsificación
plagio
copia
reproducción

parodia

remedo
caricatura

imitador
parodiador
mimo
ventrilocuo

falsificador
falseador

imitar
copiar
plagiar
falsificar

crear

parodiar
representar
simular

impaciencia
intranquilidad
alarma
ansiedad
preocupación
nerviosismo
desasosiego
desazón

tranquilidad
sosiego

impacientar(se)
intranquilizar
inquietar
alarmar
angustiar
excitar

sosegar

impaciente
inquieto
intranquilo
vehemente
apasionado
fogoso

impetuoso
nervioso

tranquilo
sosegado

impacto
choque
encontronazo
colisión

emoción
conmoción
impresión

impalpable
incorpóreo
inmaterial
intangible
etéreo

palpable
material

imperceptible
invisible
tenue
sutil

visible
evidente

impar
non

par

único
excepcional
singular

imparcial
justo
objetivo
equitativo
ecuánime

parcial
subjetivo

independiente
neutral

partidista

imparcialidad
ecuanimidad
equidad
objetividad
neutralidad

parcialidad
partidismo

impartir
dar
distribuir
repartir

impasible
imperturbable
impávido
impertérrito
insensible
sereno
frío
calmoso

sensible
expresivo

impasse
estancamiento
atascamiento
atolladero

punto muerto

solución

impávido
impasible
intrépido
valeroso
denodado

asustado
miedoso

impecable
correcto
intachable
limpio
pulcro

sucio
defectuoso

impedido
incapacitado
imposibilitado
inválido
lisiado
tullido

sano

impedimento
obstáculo
inconveniente
estorbo
dificultad
escollo
óbice
traba
contrariedad

facilidad

impedir
imposibilitar
evitar
dificultar
entorpecer
frenar
contener
reprimir
vetar
vedar

facilitar

impeler
impulsar
propulsar
empujar
lanzar

frenar
sujetar

estimular
incitar
excitar

impenetrable
duro
fuerte

macizo
denso

indescifrable
incomprensible
hermético
misterioso
reservado

comprensible
asequible

impenitente
incorregible
contumaz
recalcitrante
obstinado
terco

corregible

impensable
inimaginable
absurdo
inconcebible
inviable

factible

impensado
imprevisible
inesperado
casual

deliberado
previsto

impepinable
indiscutible
inevitable
cierto

incierto

imperar
reinar
dominar
mandar
gobernar

imperativo
categórico
autoritario
imperioso
conminatorio
preceptivo
obligatorio

imposición
exigencia
obligación

imperceptible
inapreciable
inaudible
intangible
minúsculo

imperdible
alfiler
broche
pasador

imperdonable
intolerable
inaceptable
injustificable
bochornoso

disculpable

imperecedero
inmortal
eterno
perenne
perpetuo
constante

mortal
caduco

imperfección
defecto
deficiencia
incorrección
maca
error
deformidad

perfección
acierto

imperfecto
defectuoso
deficiente
incompleto
incorrecto
inexacto
anómalo

perfecto
correcto

imperial
real
regio
soberano
majestuoso

imperialismo
dominación
dominio
colonialismo

impericia
inexperiencia
incapacidad
incompetencia
torpeza

destreza

imperio
superpotencia
emporio

mando
autoridad
poder
potestad
dominación
señorío
vasallaje

obediencia
sumisión

orgullo
altivez
soberbia

imperioso
autoritario
despótico
dominante
tiránico

indispensable
inevitable
imprescindible
vital
necesario

secundario
innecesario

impermeable
impenetrable
estanco
insobornable

chubasquero
gabardina
trinchera

impersonal
impreciso
vago
desangelado
vulgar

impertinencia
grosería
inconveniencia
indiscreción
imprudencia
exabrupto

impertinente
descarado
insolente
grosero
atrevido
indiscreto
imprudente

prudente
oportuno

imperturbable
impertérrito

impasible
impávido

alterable
excitable

ímpetu
furia
violencia
rapidez

calma

esfuerzo
energía
empeño
brío
vehemencia
fogosidad
vigor

desaliento

impetuoso
violento
vertiginoso
enérgico
furioso

suave

impulsivo
apasionado
fogoso
ardiente
efusivo
vehemente

reflexivo
reposado

impío
irreligioso
agnóstico
ateo

pío
devoto

implacable
inclemente
riguroso

severo
firme
duro
cruel
déspota
tirano

flexible
blando

implantación
establecimiento
creación
instauración
asentamiento

abolición
eliminación

introducción
inserción
colocación

implantar(se)
establecer
crear
fundar
instaurar

abolir
eliminar

colocar
insertar
incrustar

implicación
participación
connivencia
complicidad

implicado
cómplice
partícipe
colaborador

implicar(se)
comprometer
inculpar

enredar
liar

conllevar
suponer
comprender
significar
acarrear

implícito
sobreentendido
tácito
contenido

explícito
expreso

implorante
suplicante
quejoso
lloroso

imponderable(s)
excelente
inconmensurable
inmejorable
insuperable

azares
contingencias
eventualidades

imponente
impresionante
formidable
estupendo
grandioso
enorme

depositante
inversor

imponer(se)
implantar
obligar
aplicar
sancionar

anular

asustar

intimidar
impresionar

gravar
cargar

ingresar
depositar
consignar

reintegrar
sacar

aventajar
superar
dominar
prevalecer

impopular
antipático
desagradable
odioso
molesto

popular
querido

importación
entrada
tráfico
compra

exportación

importancia
consideración
trascendencia
relieve
calidad
peso
categoría
prestigio
dignidad

insignificancia
trivialidad

presunción
orgullo
soberbia
vanidad

importante
considerable
significativo
notable
primordial
valioso
solemne
preponderante
grande

secundario
nimio

poderoso
influyente
famoso
destacado

desconocido

importar
atañer
interesar
concernir
afectar
incumbir

merecer la pena

molestar
incomodar
fastidiar

valer
ascender

introducir
comprar

exportar

importe
coste
precio
cuantía
valor

importunar
incomodar
fastidiar
incordiar

jorobar
molestar

agradar
complacer

importuno
inoportuno
intempestivo
inconveniente

oportuno
conveniente

molesto
fastidioso
cargante
pesado

agradable

imposibilidad
inviabilidad
impotencia
incapacidad

imposibilitado
impedido
incapacitado
paralítico
tullido
lisiado

imposibilitar
impedir
incapacitar
inhabilitar
inmovilizar

imposible
inviable
irrealizable
impracticable
inalcanzable
utópico
inasequible

posible
factible
realizable

insufrible

insoportable
inaguantable

imposición
implantación
orden
exigencia

tributo
impuesto
gravamen

impositivo
tributario
arancelario

impostor
embaucador
farsante
calumniador
difamador
mentiroso
estafador

impotencia
imposibilidad
incapacidad
ineptitud
insuficiencia
agotamiento

capacidad
potencia

impotente
inútil
inepto
incapaz
imposibilitado
incapacitado
agotado

impracticable
imposible

intransitable
inaccesible
tortuoso
escabroso

imprecación
blasfemia
maldición
conjuro
juramento

bendición

imprecar
maldecir
blasfemar
anatematizar

imprecisión
ambigüedad
generalidad
vaguedad
inexactitud

rigor
claridad

impreciso
ambiguo
confuso
vago
inconcreto
inexacto

concreto

impregnar(se)
infiltrar
empapar
embeber
mojar
humedecer

secar
impermeabilizar

adquirir
asimilar
procurarse
imbuirse

imprenta
taller

imprescindible
indispensable
necesario

esencial
vital

impresión
estampación
edición
tirada

señal
marca
rastro

sensación
impacto
intuición
corazonada

impresionante
emocionante
sensacional
imponente
alucinante
extraordinario

vulgar
indiferente

impresionar(se)
emocionar
conmover
excitar
asombrar
sorprender
sobrecoger

calmar

registrar
reproducir

grabar
imprimir
marcar

borrar

impreso
libro
folleto

modelo
formulario

imprevisible
inesperado
imprevisto
fortuito
repentino

previsible
esperado

imprevisto
imprevisible
súbito
brusco

esperado
sospechado

imprimir
estampar
grabar
editar
publicar

inculcar
fijar
retener
conferir

improbable
difícil
incierto
dudoso
inseguro

probable
seguro

ímprobo
agotador
fatigoso
costoso
pesado
ingrato

fácil
ligero

malvado
deshonroso
deshonesto

improcedente
extemporáneo
inoportuno
desacertado
inapropiado

apropiado
procedente

improductivo
estéril
baldío
infecundo
infructuoso

productivo
fecundo

impronta
huella
señal
marca

grabado

improperio(s)
insulto
injuria
afrenta
grosería

quejas
versículos

impropio
improcedente
inadecuado
inadmisible
inconveniente
incongruente

propio
adecuado

improrrogable
inaplazable
indemorable
perentorio

prorrogable

improvisado
espontáneo
natural
sencillo
intuitivo

pensado
estudiado

improvisar
repentizar
componer
crear
inventar

preparar
pensar
planear

imprudencia
precipitación
indiscreción
temeridad
irresponsabilidad
descuido
disparate

precaución
sensatez
cautela

imprudente
precipitado
insensato
temerario
irresponsable
atrevido
arriesgado

precavido
reflexivo
sensato

impúber
niño
chico
infante

impúdico
deshonesto
indecente

desvergonzado
obsceno
concupiscente
indecoroso

púdico
recatado

impuesto
obligado
exigido
forzoso

voluntario
elegido

experto
versado
ducho
preparado

tributo
contribución
gravamen
canon
tasa

impugnación
refutación
rebatimiento
rechazo
negación

confirmación
refrendo

impugnar
refutar
rebatir
contestar
oponer
rechazar
contradecir

confirmar
refrendar

impulsar
impeler
propulsar

empujar
arrojar

fomentar
promover
potenciar
activar

frustrar
disuadir

impulsivo
impetuoso
vehemente
exaltado
violento
apasionado

impulso
empuje
empujón
propulsión

estímulo
aliento
acicate
promoción

ímpetu
vehemencia
pasión

impune
indemne
libre
exento
inmune

castigado
sancionado

impunidad
exención
liberación

castigo

impureza
adulteración

corrupción
suciedad

limpieza
transparencia

residuo
sedimento

impudicia
indecencia

impuro
mezclado
adulterado
corrompido
sucio
contaminado

limpio
depurado

impúdico

imputar
acusar
achacar
atribuir
culpar
inculpar

exculpar
disculpar

inabordable
inaccesible
intratable

inacabable
interminable
inagotable
infinito
eterno
ilimitado

breve
efímero

inaccesible
inalcanzable

inasequible
inabordable

intransitable
abrupto
escabroso

impenetrable
ininteligible
incomprensible

inaceptable
inadmisible

inactividad
inacción
inmovilidad
paro
pasividad
reposo

actividad
movimiento
trabajo

inactivo
inmóvil
parado
ocioso
vago
indolente
desocupado

activo
trabajador

inadaptación
inconformismo
inadecuación
marginación

adaptación
integración

inadaptado
descentrado
marginado
desambientado

centrado
ambientado

inadecuado
impropio
inapropiado
improcedente
contraindicado
contraproducente

adecuado
apropiado

inadmisible
inaceptable
intolerable
rechazable
improcedente

inadvertencia
descuido
distracción
despiste
olvido

previsión
atención

inadvertido
desapercibido
descuidado
desprevenido

advertido
avisado

inagotable
inacabable
interminable
inextinguible
eterno

pasajero

inaguantable
insoportable
intolerable
cargante
molesto
pesado

agradable

inalcanzable
inaccesible
imposible

inalterable
invariable
inmutable
inamovible
permanente
fijo
constante

sereno
impasible
impávido
flemático

inquieto
emocionable

inalterado
fijo
estable
invariable
intacto

alterado
cambiado

inamovible
firme
inapelable
inflexible
fijo

movible

inane
insustancial
vano
inútil

inanición
debilidad
desfallecimiento
extenuación

inanimado
inerte

exánime
muerto

vivo

inapelable
firme
inamovible
obligatorio

recurrible

claro
indiscutible
patente

inevitable
irremediable

inapetencia
desgana
anorexia

apetencia
apetito

inapetente
alicaído
desganado
anoréxico

apetente
hambriento

inaplazable
improrrogable
apremiante
urgente
perentorio

inapreciable
insignificante
mínimo
diminuto
exiguo

inestimable
precioso
valioso

inapropiado
impropio
inadecuado

inarmónico
discordante
disonante
desafinado

inasequible
inalcanzable
caro
inaccesible

asequible
barato

inaudible
imperceptible

audible

inaudito
insólito
asombroso
increíble
sorprendente
inconcebible

normal

atroz
horrible
reprobable

inauguración
apertura
estreno
inicio
comienzo

clausura

inaugurar
estrenar
abrir
iniciar
comenzar

clausurar

incalculable
incontable
innumerable
numeroso

abundante
inmenso

incalificable
inaudito
censurable
reprobable
inconcebible
indigno

loable

incandescente
candente
encendido
ígneo

apagado

incansable
infatigable
persistente
obstinado
diligente
voluntarioso

apático
inconstante

incapacidad
ineptitud
invalidez
inutilidad

capacidad
facultad

incompetencia
torpeza
impericia

habilidad
eficiencia

incapacitado
impedido
imposibilitado
inhabilitado
inepto

incapacitar
impedir
imposibilitar

inhabilitar
desautorizar
prohibir

incapaz
incapacitado

negado
inútil

incautación
usurpación
embargo
decomiso
confiscación

incautar(se)
embargar
confiscar
requisar
decomisar

apropiarse
expoliar
usurpar

incauto
insensato
imprudente
ingenuo
inocente
cándido

precavido
astuto

incendiar(se)
encender
quemar
arder
abrasar

incendio
fuego
quema

catástrofe
desastre

arrebato
fuego
pasión

incensario
botafumeiro
turíbulo
turífero

incentivar
motivar
estimular
premiar
gratificar

incentivo
aliciente
acicate
estímulo
prima

incertidumbre
inseguridad
duda
recelo
sospecha

certeza

incesante
persistente
continuo
constante
sucesivo
repetido

discontinuo
ocasional

incidente
hecho
suceso
caso
acontecimiento
percance

enfrentamiento

riña
pelea

incidir
incurrir
caer
chocar
tropezar

insistir
recaer
remachar

cortar
sajar

incienso
gomorresina
resina
goma

halago
lisonja
coba
elogio
adulación

incierto
falso
inseguro
dudoso
impreciso
borroso
vago

incineración
cremación
calcinación
combustión
quema

incinerar(se)
calcinar
quemar
consumir

incipiente
embrionario
principiante

naciente
rudimentario

desarrollado

incisión
corte
hendidura
raja
tajo

cesura

incisivo
afilado
puntiagudo
punzante

romo
obtuso

cáustico
burlón
irónico

inciso
digresión
acotación
observación
paréntesis
intervalo

incitación
inducción
persuasión
reto
provocación
instigación
seducción

incitar
inducir
instigar
azuzar
empujar
acuciar
provocar
excitar
tentar

disuadir
aplacar

incivil
maleducado
grosero
incorrecto
descortés
gamberro

civilizado
educado

inclemencia(s)
severidad
dureza
inflexibilidad
crueldad
ensañamiento

clemencia
suavidad

rigores
frío
crudeza

inclinación
ladeo
torcimiento
declive
cuesta
pendiente
rampa

verticalidad

vocación
propensión
predilección
gusto
preferencia
simpatía
proclividad

saludo
reverencia
ademán

inclinado
torcido
ladeado
escorado

propenso
tendente

proclive
aficionado
partidario

inclinar(se)
ladear
torcer
doblar
encorvar
escorar
echarse
agacharse

enderezar

influir
contribuir
proteger
predisponer
favorecer

saludar
reverenciar

erguirse

ínclito
preclaro
insigne
célebre
famoso
ilustre

desconocido

incluir(se)
insertar
meter
introducir
incorporar

comprender
contener
implicar
englobar
abarcar

excluir
desglosar

inclusa
hospicio
orfanato
orfelinato

inclusero
hospiciano
expósito
huérfano

inclusión
introducción
incorporación
inserción

inclusive
incluso
hasta
implícitamente

incoar
abrir
iniciar
entablar
encausar
pleitear

incógnita
interrogante
enigma
rompecabezas
problema

solución

incógnito
anónimo
anonimato

desconocido
secreto
enigmático

incoherencia
incongruencia
contradicción
absurdo

incoherente
incongruente
contradictorio
absurdo
ilógico
disparatado
inconexo

incoloro
descolorido
desteñido
desvaído
deslucido
apagado

incólume
indemne
ileso
intacto
íntegro
completo

dañado
lesionado

incombustible
ignífugo
refractario
indestructible

incomodar(se)
fastidiar
irritar
jorobar
molestar
enojar
contrariar
enfadar

incomodidad
fastidio
engorro
estorbo
molestia
disgusto
inconveniente

comodidad
conveniencia

incómodo
fastidioso
irritante
engorroso
molesto
enojoso
desagradable
embarazoso
cargante
pesado

cómodo
agradable

incomparable
inigualable
insuperable
inmejorable
único
óptimo
excelente

incompatible
discrepante
antagónico
contradictorio
opuesto
disconforme
irreconciliable
contrario

compatible
conforme

incompetencia
incapacidad
ineptitud
ignorancia
torpeza
ineficacia
nulidad

competencia
eficacia

incompetente
incapaz
inepto
negado

ignorante
torpe
inútil

competente
eficaz

incompleto
inacabado
inconcluso
parcial
imperfecto
fragmentario

completo
perfecto

incomprensible
ininteligible
inexplicable
inconcebible
sorprendente
misterioso
enigmático
ilegible

comprensible
claro

incomprensión
enigma
misterio
confusión
ininteligibilidad

comprensión
claridad

egoísmo
negligencia
indiferencia
ruindad

atención
interés

incomunicación
aislamiento
soledad
separación
retiro

retraimiento
confinamiento
clausura
encierro

comunicación
relación

incomunicar(se)
aislar
apartar
separar
confinar
enclaustrar
encerrar

relacionar

inconcebible
incomprensible
extraordinario
increíble
inaudito
sorprendente
impresionante
tremendo

inconcluso
inacabado
incompleto

inconcreto
impreciso

concreto

incondicional
absoluto
total
ilimitado
completo

relativo
limitado

adicto
leal
prosélito
adepto

seguidor
fanático

enemigo

inconexo
aislado
incomunicado
desunido
desvinculado
deslavazado

relacionado

inconfesable
vergonzoso
inmoral
deshonroso
bochornoso

inconformismo
contestación
rebeldía

conformismo
resignación

inconfundible
característico
peculiar
típico
exclusivo
singular

incongruencia
incoherencia

congruencia

incongruente
inconexo
incoherente

congruente
lógico

inconmovible
impasible
imperturbable
impertérrito

flexible

sólido
seguro

firme
inalterable
inmutable

variable

inconsciencia
desconocimiento
ignorancia
imprudencia
insensatez

desmayo
desfallecimiento
síncope
mareo

consciencia

inconsciente
automático
reflejo
instintivo

consciente

desmayado
desvanecido

irreflexivo
insensato
imprudente
alocado

inconsecuente
incoherente
ilógico
incongruente

coherente

inconsistencia
fragilidad
endeblez
inestabilidad

resistencia

inconsistente
frágil
maleable

quebradizo
endeble

consistente
duro

infundado
fútil
absurdo

inconsolable
triste
afligido
desesperado
abrumado
abatido
angustiado

calmado

inconstancia
inseguridad
veleidad
variabilidad
vaivén
inestabilidad
volubilidad

constancia

inconstante
inseguro
caprichoso
informal
variable
inestable
voluble
inconsecuente

consecuente

inconstitucional
anticonstitucional

constitucional

incontable
incalculable
infinito
abundante

incontenible
irresistible
irreprimible
desenfrenado
arrollador

incontinencia
descontrol
desenfreno
intemperancia
vicio

moderación

incontrolado
descontrolado
suelto
libre

desbocado
desenfrenado

controlado

inconveniencia
molestia
fastidio
carga
dificultad
descortesía
grosería

inconveniente
molesto
inoportuno
incómodo
perjudicial
fastidioso

contrariedad
trastorno
problema
pega

incordiar
fastidiar
molestar
importunar
incomodar
jorobar

agradar

incordio
fastidio
molestia
incomodo
lata

delicia
gusto

incorporación
integración
ingreso
alta
afiliación
inscripción
alistamiento

separación
disgregación

incorporar(se)
integrar
ingresar
adherirse
afiliarse
inscribir
alistar

separar
disgregar

incorpóreo
incorporal
inmaterial
intangible
espiritual
abstracto

corpóreo
material

incorrección
error
falta
inexactitud
fallo
errata

inconveniencia

groseria
descortesia

conveniencia

incorrecto
erróneo
errado
inexacto
equivocado

correcto
acertado

maleducado
desatento

incorregible
empedernido
recalcitrante
testarudo
obstinado
terco

incorruptible
íntegro
insobornable
honrado
honesto

sobornable

incorrupto
honesto
íntegro
insobornable

corrupto

incrédulo
desconfiado
receloso
suspicaz
escéptico

ateo
agnóstico

creyente

increíble
inverosímil
inconcebible

incrementar(se)
aumentar
acrecentar
ampliar
acentuar
intensificar
añadir
agregar

disminuir
acortar

incremento
aumento
ampliación
crecimiento
auge
desarrollo
amplificación
dilatación

disminución

increpar
amonestar
reprender
reñir
regañar

incruento
benigno
suave
pacífico

cruento
sangriento

incrustar(se)
taracear
damasquinar
embutir
engastar

introducirse
meterse
empotrarse

grabar
fijar

incubar(se)
empollar
enclocar

gestarse
fraguarse
generar

incuestionable
incontestable

discutible
cuestionable

inculcar
imbuir
infundir
persuadir
aleccionar

inculpar
imputar

exculpar

inculto
ignorante

cultivado
leído

tosco
basto
burdo
rudo

yermo
incultivable
baldío

incultura
ignorancia

cultura

incumbencia
competencia
jurisdicción
atribución
cargo

indemnizar

incumbir
competer
corresponder
atañer
concernir

incumplimiento
falta
infracción
desobediencia
inobservancia
engaño
olvido

obediencia
respeto

incumplir
faltar
infringir
desobedecer
contravenir
quebrantar
eludir

respetar
cumplir

incurable
desahuciado
insanable
desesperado
terminal

curable

irremediable
incorregible

incurrir
incidir
cometer

merecer
ganar
caer

incursión
correría
exploración

expedición
batida

indagación
investigación
pesquisa
búsqueda
examen
rastreo
inspección

indagar
investigar
pesquisar
buscar
rastrear
inspeccionar

indebido
ilegal
injusto
incorrecto

lícito

indecencia
inmoralidad
deshonestidad
desvergüenza
obscenidad
grosería

moralidad

canallada
guarrada
jugada

delicadeza

indecente
indecoroso
impúdico
obsceno
procaz
grosero

repugnante
asqueroso
humillante

vil
canalla

decente
honesto

indecisión
irresolución
vacilación
duda
titubeo
dilema

decisión
resolución

indeciso
vacilante
dudoso
inseguro
indeterminado
irresoluto
dubitativo

decidido
resuelto

indeclinable
ineludible
insoslayable
obligatorio
necesario

indecoroso
indecente

decoroso
pudoroso

indefectible
indeclinable

infalible
seguro
cierto
evidente

incierto

indefendible
injustificable
insostenible

inaceptable
inadmisible

indefensión
desamparo
desvalimiento
desprotección
orfandad
debilidad

defensa
protección

indefenso
desamparado
desvalido
desprotegido
desarmado
inerme

defendido
protegido

indefinidamente
eternamente
incesantemente
perennemente
continuamente

indefinido
impreciso

ilimitado

indemne
ileso
incólume

dañado
perjudicado

indemnización
compensación
reparación
resarcimiento
recompensa
prestación

indemnizar
compensar
reparar

resarcir
recompensar
subsidiar

independencia
individualización
autosuficiencia

emancipación
libertad
autogobierno

entereza
personalidad
carácter

independiente
individualista
liberado
emancipado
libre
autónomo

dependiente
dominado

independizar(se)
emancipar
liberar
separar
desligar

someter

indescifrable
incomprensible

claro

indescriptible
inenarrable
indecible

increíble

indeseable
despreciable
maleante
truhán
golfo
gamberro

peligroso

arriesgado
expuesto

indestructible
inalterable
irrompible
invulnerable
inmune

indeterminado
impreciso
vago
confuso

indeciso

indiano
ricachón
adinerado
millonario

indicación
aviso
directriz
advertencia
consejo
pauta
sugerencia

rastro
indicio
señal
pista

guía
indicativo
indicador

indicado
adecuado
oportuno
aconsejado
conveniente

inadecuado

indicador
señal
poste
hito
guía

cartel
disco
panel
anuncio
nota
inscripción

indicar
señalar
advertir
guiar
apuntar
orientar
sugerir
encaminar

indicativo
indicador
indicación
exponente
muestra

índice
catálogo
clasificación
registro
lista
inventario

indicio
señal
vestigio
huella
rastro

síntoma
atisbo
asomo

indiferencia
impasibilidad
neutralidad
desinterés
apatía

preferencia
pasión

desprecio
displicencia

desafecto
desamor
desdén

afecto

indiferente
indolente
insensible
impasible
desinteresado
apático
displicente
frío

sensible

indígena
aborigen
oriundo
autóctono

extranjero
forastero

indigencia
penuria
pobreza
miseria
necesidad

riqueza
opulencia

indigestión
empacho
hartura
saciedad
atiborramiento

indigesto
empalagoso
pesado
repugnante

digestivo

indignación
ira
enfado

irritación
cabreo
enojo

contento

indignar
enfadar
irritar
cabrear
molestar
encolerizar

alegrar

indignidad
ignominia
vileza
abyección
bajeza
deshonor
ruindad
infamia

dignidad
honor

indigno
vil
despreciable
ruin
malo
abyecto
infame

digno
honrado

indio
indígena
salvaje
nativo
primitivo

hindú
indo
indostánico

indirecta
puntada
alusión
insinuación

sugerencia
pulla

indirecto
colateral
oblicuo
sinuoso
tortuoso

directo
recto

indisciplina
desobediencia
insubordinación
insumisión
rebeldía

orden
disciplina

indisciplinado
desobediente
insubordinado
insumiso
insurrecto
rebelde

disciplinado
sumiso

indiscreción
imprudencia
inconveniencia
impertinencia
coladura
patinazo

prudencia
tacto

indiscreto
imprudente
inconveniente
impertinente
inoportuno
entrometido
curioso
cotilla

reservado
discreto

indiscutible
evidente
incuestionable
innegable
irrefutable
obvio

dudoso
discutible

indisoluble
perdurable
insoluble
estable
fijo
perenne
firme

fugaz
débil

indispensable
esencial
imprescindible
inexcusable
necesario
obligatorio

secundario
auxiliar

indisponer(se)
enemistar
malquistar
desunir
dividir
encizañar

conciliar
aunar

enfermar
padecer
accidentarse
descomponerse

sanar
curarse

indisposición
afección
trastorno

dolencia
achaque
desazón

salud

enemistad
hostilidad
enfrentamiento
desavenencia

reconciliación
amistad

indispuesto
achacoso
enfermo
pachucho

sano

molesto
contrariado
disgustado

indistinto
imperceptible
indiferenciado
confuso
indefinido
indistinguible

distinto
diferente

individual
particular
propio
personal
peculiar
privado

general
común

individualista
egoísta
independiente
anárquico
autónomo
libre

solidario
sometido

individualizar
concretar
especificar
particularizar
singularizar

generalizar
diversificar

individuo
ente
persona
ser
sujeto
hombre

indivisible
inseparable
indiviso
único
unitario

fraccionado
partido

indócil
rebelde
indómito
desobediente
indisciplinado
insumiso

obediente
sumiso

indocto
analfabeto
ignorante
inculto

culto
cultivado

indocumentado
desconocido
incógnito
anónimo

documentado

ignorante

inculto
inepto

conocedor
experimentado

índole
naturaleza
temperamento
carácter
idiosincrasia
condición
cualidad

indolente
vago
desidioso
abúlico
negligente
apático
perezoso

laborioso
activo

indoloro
imperceptible
leve
suave

doloroso
agudo

indomable
indómito

indómito
indócil
indomesticable
salvaje
cerril
fiero
montaraz

dócil

inducción
estímulo
influjo
incitación
instigación

inducir
incitar
impulsar
instigar
excitar
exhortar

apartar
disuadir

indudable
evidente
indiscutible
cierto
incuestionable
innegable
obvio
seguro

dudoso
cuestionable

indulgencia
benignidad
compasión
misericordia
perdón
clemencia

incomprensión
intolerancia

indulgente
benévolo
benigno
compasivo
misericordioso

severo
cruel

indultar
perdonar
amnistiar
absolver
condonar
eximir

condenar
inculpar

indulto
perdón
amnistía
gracia
absolución
condonación

castigo
condena

indumentaria
vestimenta
vestuario
ropa
ajuar
atuendo

industria
manufactura
empresa
explotación
fábrica

habilidad
destreza
maña
maestría

torpeza
ineptitud

industrial
fabricante
empresario

fabril
manufacturero
técnico
productivo

industrializar
fabricar
mecanizar
elaborar
manufacturar
transformar

industrioso
trabajador
habilidoso

hábil
ingenioso
mañoso

vago
inepto

inédito
nuevo
original
desconocido
ignorado

conocido
viejo

inefable
impronunciable
inenarrable
maravilloso
genial
divino

vulgar
nefasto

ineficaz
inútil
estéril
improductivo
incapaz
inepto

eficaz
capaz

ineludible
obligatorio
inevitable
inexcusable
necesario

excusable
eludible

inenarrable
indescriptible
inefable
impresionante
admirable

inepto
incompetente
inexperto
inútil
incapaz
torpe

apto

inequívoco
cierto
evidente
incuestionable
indiscutible
indudable
innegable
obvio

incierto

inercia
pasividad
pereza
apatía
desidia
desgana

impulso
empuje

inerte
indiferente
inactivo
indolente
desidioso
negligente

activo

inesperado
súbito
repentino
fortuito
casual

previsto
sospechado

inestabilidad
inseguridad
inconsistencia

oscilación
desequilibrio

estabilidad
consistencia

inestable
inconstante
voluble
inseguro
movedizo
veleidoso

estable
constante
firme

inestimable
incalculable
precioso
inapreciable
valioso
magnífico

imperfecto
desdeñable

inevitable
forzoso
inapelable
ineludible
inexcusable

eludible
evitable

inexacto
impreciso
aproximado
incorrecto
falso

cierto
justo

inexcusable
imperdonable
inadmisible

indisculpable
injustificable

disculpable

urgente
apremiante

eludible

inexistencia
ficción
entelequia
irrealidad

existencia

inexistente
irreal
imaginario
ilusorio
ficticio
hipotético

real
efectivo

inexorable
implacable
inflexible
intransigente
cruel
despiadado

blando
flexible

inevitable
ineludible
irremediable

inexperiencia
impericia
bisoñez

inexperto
novato
principiante
aprendiz
bisoño

experto
veterano

inexplicable
inconcebible
enigmático
indescifrable
misterioso

evidente
claro

inexplorado
desconocido
ignoto
inhabitado
solitario
remoto

habitado
concurrido

inexpresivo
flemático
reservado
seco
adusto

abierto
comunicativo

inexpugnable
inconquistable
inquebrantable
invencible
fuerte

accesible

inextinguible
inacabable
interminable
eterno
infinito

extinguible

infalible
inequívoco
cierto
seguro
verdadero

falible
equívoco

infamante
ofensivo
calumnioso
injurioso
denigrante

ennoblecedor

infamar
deshonrar
desacreditar
desprestigiar
denigrar
ofender
difamar

alabar
honrar

infame
innoble
indigno
bajo
depravado
perverso
miserable

noble
honrado

infamia
iniquidad
afrenta
deshonor
abyección
ignominia
ofensa

nobleza
honor

infancia
niñez
puericia

vejez

infante
crío
pequeño

párvulo
niño

anciano
viejo

príncipe
alteza
noble
aristócrata

militar
soldado

infantil
pueril
aniñado
candoroso

senil

infantilismo
inocencia
candidez
ingenuidad
puerilidad

madurez

infarto
embolia

infatigable
incansable
tenaz
perseverante

cansino

infausto
desdichado
infeliz
desgraciado
nefasto
aciago

infección
contagio
contaminación
epidemia
inoculación

infeccioso
contagioso
infectado
infecto

sano
fresco

infectar(se)
contagiar
contaminar
envenenar
inficionar

desinfectar
purificar

infecto
envenenado
contagiado
contaminado

asqueroso
nauseabundo
apestoso
fétido
pestilente
putrefacto

limpio
higiénico

infecundo
estéril
improductivo
infructuoso

infeliz
desventurado
infortunado
desdichado
desgraciado

afortunado

candoroso
ingenuo
apocado

avispado
sagaz

inflamar

inferior
peor
malo
imperfecto
menor

mejor
perfecto

subordinado
subalterno
criado
servidor

superior

inferir
deducir
colegir
concluir
derivar
razonar
especular

infligir
provocar
producir
ocasionar

infernal
maléfico
dañino
diabólico
nocivo
perjudicial

infestar
invadir
plagar
colmar
llenar

inficionar
infectar
intoxicar
envenenar
contaminar

purificar
desinfectar

infidelidad
traición
alevosía
deslealtad
villanía
engaño

fidelidad
lealtad

adulterio
amancebamiento
lío

infiel
traidor
perjuro
felón
desleal

fiel
leal

apóstata
hereje
pagano
ateo

creyente
religioso

adúltero
amancebado
liado

infierno
averno
orco
abismo
tinieblas

cielo
paraíso

martirio
sufrimiento

infiltración
filtración
impregnación
exudación
transpiración

introducción
invasión

expulsión

infiltrar(se)
empapar
impregnar
embeber
transpirar

colarse
meterse
introducirse

ínfimo
insignificante
minúsculo
irrisorio
mínimo

pésimo
malo
peor

excelente
magnífico

infinidad
cúmulo
inmensidad
muchedumbre
multitud
sinnúmero

infinito
eterno
ilimitado
inagotable
incalculable
indefinido

limitado
finito

inflación
encarecimiento
aumento
subida
alza

deflación

inflamable
combustible
incendiable

incombustible

irritable
enfadadizo
excitable
vehemente

flemático
tranquilo

inflamación
congestión
hinchazón
tumefacción
tumor
absceso

inflamado
ardiente
encendido
llameante

hinchado
infectado
abultado

apasionado
irritado
excitado
enfadado

impertérrito

inflamar(se)
incendiar
encender
prender
quemar

apagar

acalorar
apasionar
enardecer
encorajinar

calmar
tranquilizar

congestionarse

hincharse
infectarse

desinflamarse

inflar
abultar
henchir
engordar
insuflar
hinchar
rellenar
abombar

desinflar
reducir

inflexible
firme
duro
severo
rígido

blando
flexible

infligir
aplicar
causar
imponer
originar

influencia
crédito
poder
autoridad
peso
prestigio

descrédito
desprestigio

influir
influenciar
actuar
apoyar
ayudar
respaldar

influyente
acreditado
poderoso
prestigioso
reputado
destacado

información
aviso
reportaje
testimonio
comunicación

informal
alocado
tarambana
negligente
irresponsable
malqueda
incumplidor

serio
cumplidor

informar
advertir
anunciar
avisar
comunicar
instruir
revelar
notificar
prevenir
publicar

callar
desinformar

informativo
esclarecedor
ilustrativo
revelador

noticiario

informe
crónica
documentación
mensaje

testimonio
dossier
noticia

vago
impreciso
irregular
deforme

perfecto
conforme

infortunio
desventura
adversidad
desdicha
desgracia
calamidad

fortuna
dicha

infracción
falta
delito
desafuero
incumplimiento
quebrantamiento
transgresión
atropello

observancia
cumplimiento

infractor
delincuente
transgresor
culpable
malhechor
vulnerador

leal
cumplidor

infranqueable
inaccesible
inabordable
intransitable
insuperable
invencible

infravalorar
subestimar
minusvalorar
minimizar

sobrestimar

infrecuente
raro
insólito
extraño
excepcional
extraordinario

normal
corriente

infringir
contravenir
quebrantar
incumplir
transgredir
vulnerar

cumplir
acatar

infructuoso
estéril
improductivo
ineficaz
infecundo

fructífero

ínfulas
soberbia
presunción
humos
vanidad
orgullo

infundado
injustificado
arbitrario
absurdo

justificado

infundio
calumnia
embuste
mentira
patraña

verdad

infundir
inspirar
insuflar
comunicar
inculcar

infusión
tisana
pócima
brebaje
bebedizo
cocimiento

ingeniar
idear
inventar
imaginar
concebir
crear

ingenio
genio
inteligencia
talento
capacidad
cacumen
lucidez

torpeza

gracia
chispa
agudeza
gracejo

sosería
insipidez

aparato
máquina
artefacto
artilugio

ingenioso
gracioso
agudo
ocurrente
salado
inteligente
listo

torpe

ingente
colosal
enorme
inmenso
grandioso

insignificante
ínfimo

ingenuo
inocente
candoroso
cándido
franco
llano

retorcido
malicioso

ingerir
tomar
engullir
tragar
comer

inglés
anglosajón
británico

ingrato
desleal
egoísta
desagradecido
infiel

leal
fiel

ingrávido
liviano
etéreo

leve
ligero
tenue

pesado
grave

ingrediente
componente
integrante
sustancia
remedio

ingresar
incorporar
internar
afiliar
meter

salir
abandonar

percibir
embolsar
ganar
obtener

pagar

ingreso
alta
entrada
afiliación
admisión

baja
salida

ganancia
devengo
retribución

inhábil
no hábil
festivo

inepto
incompetente
inexperto
novato

experto
idóneo

inhabilitar
invalidar
incapacitar
inutilizar

habilitar
capacitar

inhabitable
desmantelado
desolado
ruinoso
destartalado

agradable
habitable

inhalar
aspirar
inspirar
absorber

inherente
inseparable
relacionado
constitutivo
consustancial
innato
propio

accidental

inhibir(se)
cohibir
refrenar
coartar
cortar

estimular
actuar

inhóspito
duro
frío
áspero
cruel
desapacible

acogedor
agradable

inhumano
desalmado
cruel
brutal
despiadado

humano
comprensivo

inhumar
enterrar
sepultar

iniciación
aprendizaje
comienzo
inicio
ingreso

fin
terminación

iniciador
creador
fundador
introductor
promotor

seguidor
epígono

inicial
inaugural
naciente
básico
preliminar

final

iniciar
empezar
inaugurar
estrenar
comenzar
emprender
abrir

cancelar
terminar

iniciativa
decisión
dinamismo
imaginación
idea
proyecto

inicio
comienzo
iniciación
principio
estreno
preludio
arranque

final
decadencia

inicuo
perverso
malvado
pérfido
vil

bueno

inimitable
único
personal
peculiar
excepcional
singular

ininteligible
incomprensible
indescifrable
enrevesado
difícil

comprensible

ininterrumpido
incesante
constante
continuo

iniquidad
ignominia
perversidad

maldad
vileza
infamia
injusticia

bondad
equidad

injerencia
entrometimiento
mangoneo
intromisión
fisgoneo

discreción

injerirse
entrometerse
inmiscuirse

injertar
esquejar
prender
introducir
implantar

injuria
ofensa
ultraje
insulto
afrenta
agravio
infamia
vejación
oprobio

alabanza

injuriar
ofender
vilipendiar
ultrajar
insultar
vituperar
vejar
difamar

alabar
favorecer

injurioso
ultrajante
ofensivo
maleducado
irrespetuoso
vejatorio

encomiástico

injusticia
favoritismo
inmoralidad
atropello
abuso
tropelía

legalidad
legitimidad

injusto
irrazonable
ilícito
parcial
arbitrario
improcedente
indebido

imparcial

inmaculado
impecable
intachable
limpio
puro

impuro

inmaduro
prematuro
precoz
tierno
verde

sazonado
maduro

inmaterial
intangible
incorpóreo
abstracto

espiritual
ideal
invisible
sobrenatural

concreto

nmediaciones

cercanías
alrededores
afueras
extrarradio
periferia

nmediato

cercano
contiguo
próximo
vecino
seguido

alejado
separado

inminente
urgente

nmejorable

perfecto
espléndido
magnífico
insuperable
óptimo

ínfimo
pésimo

memorial

prehistórico
antiquísimo
arcaico
remoto

nuevo
moderno

menso

enorme
descomunal
incalculable

grandioso
colosal
exorbitante
gigantesco

pequeño
limitado

inmerecido

arbitrario
injusto
ilegal
absurdo

merecido
justo

inmersión

buceo
chapuzón
sumersión
zambullida

emersión

inmerso

sumergido
hundido
abismado
metido
sumido

inmigración

migración
éxodo
desplazamiento
arribo
llegada

emigración
salida

inmigrar

arribar
llegar
establecerse
afluir
migrar

emigrar
irse

inminencia

apremio
perentoriedad
proximidad
cercanía

tardanza
lejanía

inminente

apremiante
cercano
inmediato
próximo

remoto
lejano

inmiscuirse

entremeterse
interceder
interponerse
meterse
intervenir

desentenderse
desinteresarse

inmoderado

exagerado
desenfrenado
desmedido

moderado
comedido

inmodesto

altanero
arrogante
pedante
engreído
jactancioso
presumido

modesto
humilde

inmolación

sacrificio
ofrenda

holocausto
expiación

perdón

inmolar

sacrificar
ofrecer
ofrendar
expiar

perdonar
condonar

inmoral

deshonesto
indecente
amoral
ilícito
obsceno
lujurioso

moral
honesto

inmoralidad

indignidad
iniquidad
injusticia
corrupción

ética
integridad

indecencia
depravación
deshonestidad
obscenidad

moralidad
decencia

inmortal

eterno
sempiterno
imperecedero
perpetuo

mortal
perecedero

inmóvil
inerte
quieto
estático
fijo
firme

móvil
variable

inmovilizar
paralizar
parar
detener
bloquear
aquietar
escayolar
esposar
estacionar

mover
activar
soltar

inmueble
bloque
edificio
finca

inmundicia
suciedad
porquería
basura
cochambre

deshonestidad
impudicia
desvergüenza
obscenidad

inmundo
impuro
nauseabundo
repugnante
asqueroso
guarro

limpio
puro

inmune
dispensado
exento
inmunizado
invulnerable
protegido

débil
vulnerable

inmunidad
dispensa
inviolabilidad
privilegio
protección

indefensión

inmunizar
prevenir
proteger
vacunar

infectar
debilitar

inmutable
invariable
inalterable
estático
imperturbable
inconmovible
persistente

mudable

inmutarse
alterarse
conmoverse
turbarse
emocionarse

contenerse
serenarse

innato
congénito
connatural
natural
propio

adquirido
contraído

innecesario
inútil
superfluo
prolijo
sobrante

útil
necesario

innegable
evidente
incuestionable
indiscutible
manifiesto
obvio

dudoso

innoble
mezquino
indigno
abyecto
ruin
vil

noble
leal

innovación
novedad
originalidad
cambio
invención

conservadurismo

innovar
renovar
mejorar
inventar
perfeccionar
reformar

conservar

innumerable
infinito
ilimitado
incalculable

incontable
numeroso

escaso

inobservancia
incumplimiento
contravención
desobediencia
vulneración

cumplimiento
obediencia

inocencia
candor
ingenuidad
sencillez
honradez

maldad
picardía

pureza
virginidad
castidad

lujuria

inocentada
broma
burla
novatada

inocente
cándido
candoroso
ingenuo
inofensivo
sencillo

astuto
malicioso

casto
limpio
puro

impuro
lujurioso

exculpado
absuelto

culpable
reo

inocular
contagiar
contaminar
transmitir

inocuo
innocuo
inocente
inofensivo

nocivo

inodoro
sanitario
evacuatorio
wáter
taza

inofensivo
inocente
inocuo
pacífico

nocivo

inolvidable
imborrable
indeleble
imperecedero
inmortal

olvidado

inoperante
ineficaz
inútil
inactivo

activo

inoportuno
intempestivo
extemporáneo
inadecuado
inapropiado
inconveniente

conveniente
oportuno

inorgánico
inanimado
material

inquebrantable
inalterable
inexpugnable
irrompible
firme

quebradizo

inquietante
alarmante
conmovedor
escalofriante

tranquilizador

inquietar
intranquilizar
turbar
agitar
alarmar
atormentar
sobresaltar
desazonar
preocupar

tranquilizar
serenar

inquieto
intranquilo
alarmado
bullicioso
nervioso
turbado

tranquilo
pacífico

inquietud
desasosiego
intranquilidad
turbación
zozobra
desazón
preocupación

tranquilidad
sosiego

inquilino
arrendatario
ocupante
vecino

inquina
aversión
animadversión
rencor
tirria
manía
ojeriza
odio

amor
cariño

inquirir
averiguar
indagar
investigar
preguntar
sondar

inquisición
indagación
pesquisa
examen
investigación

inquisidor
fiscal
juez
inquisitivo

insaciable
ansioso
ávido
glotón
voraz
ambicioso

satisfecho
harto

insalubre
insano
nocivo

perjudicial
infecto

saludable
higiénico

insano
insalubre

insatisfecho
descontento
disgustado
resentido
contrariado

satisfecho
ilusionado

inscribir
grabar
tallar
cincelar

anotar
afiliar
registrar
matricular

borrar

inscripción
alistamiento
alta
filiación
matriculación

baja

nota
cartel
anotación
letrero
leyenda

inscrito
abonado
colegiado
incorporado
alistado
afiliado

insecticida
veneno
tóxico

inseguridad
incertidumbre
vacilación
inestabilidad
indecisión
titubeo

firmeza
certeza

inseguro
inestable
indeciso
vacilante
dudoso

firme
decidido

inseminar
fecundar
fertilizar
fecundizar

insensatez
imprudencia
disparate
ligereza
parida
locura

sensatez

insensato
alocado
necio
imprudente
irreflexivo

sensato
juicioso

insensibilidad
impasibilidad
abulia
apatía

indolencia
letargo
parálisis

emoción
sentimiento

**insensibili-
zar(se)**
endurecer
embotar
adormecer
acorchar
atontar

sentir
conmoverse

insensible
inconsciente
desinteresado
despreocupado
impasible
frío

sensible
consciente

inapreciable
inperceptible

perceptible
notorio

inseparable
inherente
fiel
unido
vinculado
asociado

separable
desleal

insertar
incluir
intercalar
encajar
meter

excluir
sacar

inservible
estropeado
deteriorado
inútil
roto

útil
aprovechable

insidia
engaño
asechanza
trampa
emboscada
maquinación
conspiración

insigne
famoso
ilustre
célebre
egregio
preclaro
notable
prestigioso
distinguido

desconocido
humilde

insignia
divisa
emblema
bandera
distintivo
enseña
estandarte
escudo

insignificancia
nimiedad
menudencia
chuchería
futilidad
nadería
bagatela

insignificante
baladí
despreciable

fútil
exiguo
insustancial
ridículo
inapreciable

importante
grande

insinuación
sugerencia
indirecta
alusión
indicación

insinuar(se)
sugerir
apuntar
aludir
decir
mencionar
indicar

seducir
cortejar
flirtear

insípido
soso
insulso
desaborido
desabrido
insustancial

sabroso

insistencia
persistencia
reiteración
obstinación
empecinamiento
terquedad

insistente
pertinaz
obstinado
terco
testarudo
recalcitrante

claudicante

insistir
reiterar
repetir
machacar
porfiar

desistir

insobornable
honesto
incorruptible
íntegro

corrupto
deshonesto

insociable
huraño
intratable
esquivo
arisco
introvertido

tratable
amable

insolación
tabardillo
acaloramiento

insolente
desvergonzado
atrevido
deslenguado
petulante
descarado
descocado

comedido
humilde

insólito
extraño
inusual
inusitado
extraordinario
raro

corriente
normal

insoluble
indescifrable
incomprensible
irresoluble

descifrable
explicable

indisoluble
inseparable

soluble

insolvente
arruinado
pobre
indigente

crediticio

insomnio
desvelo
vigilia
vela
preocupación

sueño
tranquilidad

insoportable
intolerable
inaguantable
enojoso
irritante
molesto
pesado

agradable

insoslayable
ineludible
inevitable

insospechado
inesperado
sorprendente
increíble
raro

esperado
previsto

insostenible
inadmisible
indefendible
absurdo
incoherente

irrefutable

inspección
fiscalización
investigación
control
censura
examen
auditoría

inspeccionar
vigilar
fiscalizar
comprobar
examinar
investigar
verificar
auditar

inspector
vigilante
revisor
interventor
controlador
fiscal
auditor

inspiración
estro
iluminación
musa
numen
vena
excitación

aspiración
inhalación
respiración

espiración

inspirado
acertado
clarividente

iluminado
infuso

torpe
negado

inspirar(se)
aspirar
inhalar
respirar

espirar

imbuir
inculcar
infiltrar
infundir
sugerir

instalación
montaje
construcción
establecimiento
instauración

puesta en marcha

instalar
alojar
asentar
acampar
albergar
aparcar
aposentar
colocar
poner

instancia
solicitud
súplica
escrito
petición

instantáneo
breve
fugaz
repentino
súbito
rápido

largo
perpetuo

instante
segundo
periquete
santiamén

eternidad

instar
urgir
pedir
apremiar
exhortar
rogar
insistir

instaurar
instituir
renovar
reponer
restablecer
restaurar

suprimir
derrocar

instigación
incitación
inducción
insinuación
apremio

disuasión
desaliento

instigar
incitar
inducir
persuadir
alentar
azuzar
estimular
provocar
fustigar
pinchar

disuadir
desanimar

instintivo
inconsciente
reflejo

automático
maquinal

voluntario
pensado

instinto
intuición
olfato
reflejo
corazonada
propensión
inclinación

reflexión
cavilación

institución
fundación
sociedad
organismo
asociación

instituir
fundar
instaurar
crear
erigir
constituir

suprimir
abolir

instituto
centro
liceo
colegio
institución

institutriz
educadora
maestra
aya
tutora

instrucción
adiestramiento
capacitación

magisterio
catequesis

cultura
educación
enseñanza
erudición

incultura

instrucciones
normas
órdenes
reglas
orientaciones
directrices

instructivo
pedagógico
educativo
formativo
ilustrativo

instructor
educador
maestro
monitor
profesor
tutor

instruido
culto
erudito
docto
sabio

inculto
ignorante

instruir
enseñar
formar
educar

encausar
enjuiciar
informar

desinformar

instrumento
herramienta
útil
utensilio
aparato
artefacto
máquina

instrumentista
músico
ejecutante
tañedor

insubordinación
desobediencia
rebeldía
desacato
levantamiento
rebelión
sublevación
motín

sumisión
acatamiento

insubordinado
indisciplinado
desobediente
rebelde

dócil
obediente

insubordinar(se)
indisciplinar
amotinar
insurreccionar
soliviantar
rebelar

humillarse
rendirse

insuficiencia
falta
escasez
carencia

deficiencia
penuria

suficiencia
abundancia

insuficiente
escaso
deficiente
falto
exiguo

abundante

insuflar
soplar
inflar
hinchar

desinflar

infundir
inspirar
inculcar

insufrible
insoportable
inaguantable
intolerable

ligero
agradable

insular
isleño

insulso
insípido
soso
desaborido
desabrido

sabroso

insustancial
anodino
simple

interesante

insultante
ofensivo
injurioso

humillante
vejatorio
insolente

encomiástico

insultar
ultrajar
denostar
ofender
injuriar
zaherir
difamar

alabar
elogiar

insulto
agravio
injuria
ofensa
afrenta
oprobio
vituperio
escarnio

alabanza
elogio

insumisión
insubordinación

insumiso
insubordinado

insuperable
insalvable
invencible
excelente
inmejorable
óptimo

mejorable
fácil

insurrección
insubordinación
rebelión
levantamiento

motín
revolución

sumisión
obediencia

insurrecto
insurgente
rebelde
amotinado
sedicioso

sumiso
obediente

insustancial
soso
insípido
anodino
insulso
trivial
vulgar

sustancial
sabroso

insustituible
irreemplazable
indispensable
imprescindible
esencial
vital

secundario
reemplazable

intachable
irreprochable
honesto
honorable
honrado
íntegro

censurable
desvergonzado

intacto
íntegro
ileso
entero

incólume
cabal

incompleto
dañado

intangible
intocable
incorpóreo
inmaterial
espiritual
etéreo

palpable

integración
fusión
incorporación
mezcla
combinación

desintegración
separación

integral
global
total
cabal
completo
pleno

incompleto
parcial

integrante
componente
ingrediente
elemento
parte

parcial
complementario
suplementario

total
principal

integrar
componer
constituir
incorporar

afiliar
añadir

desintegrar
separar

integridad
honradez
probidad
rectitud
lealtad

corrupción

virginidad
castidad
pureza

deshonestidad

totalidad
plenitud

parcialidad

íntegro
completo
intacto
global
entero

incompleto
inacabado

honesto
honrado
incorruptible
insobornable

inmoral
corrupto

intelectual
erudito
docto
culto
sabio

inculto
ignorante

inteligencia
intelecto
mente

pensamiento
imaginación
razón

inteligente
listo
espabilado
despierto
vivo
astuto
ingenioso
avispado

tonto
ignorante

inteligible
comprensible
claro
asequible
descifrable
legible

ininteligible
ilegible

intemperante
incontinente
desenfrenado
libertino

moderado
comedido

intransigente
intolerante

intemperie
destemplanza

exterior
fuera
al aire libre

intempestivo
inoportuno
extemporáneo
improcedente

oportuno
indicado

intención
deseo
pretensión
mira
propósito
objetivo
meta

intencionado
premeditado
deliberado
voluntario
adrede

impremeditado

intendencia
administración
dirección
gobierno
gestión

intendente
administrador
gerente
gestor
mayordomo

intensidad
potencia
entusiasmo
apasionamiento
energía
fuerza
vigor

apagamiento
suavidad

intensificar
incrementar
aumentar
acrecentar
reforzar
fortalecer

rebajar
atenuar

intenso
fuerte
potente
vehemente
penetrante
profundo
apasionado

apagado
débil

intentar
pretender
procurar
aspirar
probar
tantear

desistir
renunciar

intento
tentativa
tanteo
prueba
ensayo

plan
intención
propósito

intercalación
inserción
interpolación
incrustación

intercalar
insertar
entremezclar
entreverar
interpolar

entresacar
separar

intercambiar
canjear
permutar
cambiar
trocar

intercambio
trueque
canje
permuta
cambio

interceder
abogar
terciar
mediar
respaldar
recomendar
intermediar

interceptar
interrumpir
obstaculizar
entorpecer
estorbar

intercesión
mediación
arbitraje
intervención
entrometimiento
injerencia

intercesor
mediador
intermediario
agente
reconciliador
defensor

interés
afecto
tendencia
inclinación
apego
predilección

desinterés
apatía

ganancia
rédito
rendimiento

renta
provecho

atractivo
aliciente
fascinación
encanto
seducción

interesado
codicioso
egoísta
ambicioso
avaro

altruista
desprendido

atraído
fascinado
encantado

desinteresado

interesante
atrayente
sugestivo
atractivo
encantador

anodino
insulso

interesar(se)
atraer
agradar
apasionar
cautivar

aburrir
empalagar

importar
concernir
atañer
incumbir

desinteresar

preocuparse
desvelarse
afanarse

despreocuparse

interfecto
cadáver
difunto
muerto

vivo

interferencia
interrupción
cruce
corte

interferir(se)
interceptar
obstaculizar
entorpecer
cruzarse

facilitar

interino
provisional
eventual
suplente
sustituto

fijo
numerario

interior
interno
profundo
intrínseco
íntimo

externo
superficial

mente
pensamiento
ánimo

interioridad
conciencia
intimidad
alma

interjección
exclamación

intermediar
mediar
terciar
arbitrar

intermediario
mediador
árbitro
negociador
agente

intermedio
entreacto
espera
interludio
intervalo

interminable
eterno
inacabable
inagotable
infinito

intermitente
discontinuo
alterno
entrecortado

continuo

internacional
cosmopolita
mundial
universal

nacional
local

internado
ingresado

pupilaje
pensión
colegio

internar(se)
recluir
encerrar
encarcelar

hospitalizar
ingresar

liberar

introducirse
meterse
penetrar

salir

interno
intrínseco
interior
íntimo

externo
exterior

pensionista
becario
colegial

interpelar
interrogar
preguntar
requerir
solicitar
demandar

contestar
responder

interplanetario
cósmico
astral
interastral
intersideral

terrenal

interpolar
interponer

interponer(se)
intercalar
interpolar
insertar

entremezclar
mezclar

entresacar
extraer

cruzarse
interferirse
atravesarse
entrometerse
inmiscuirse

alejarse
desentenderse

interpretar
explicar
analizar
aclarar
descifrar

confundir
oscurecer

representar
actuar
declamar

intérprete
traductor
guía
comentarista

músico
solista
cantante

interregno
paréntesis
lapso
intervalo
intermedio

interrelación
correspondencia

interrogante
pregunta
interpelación
duda
incógnita

interrogar
preguntar
inquirir
interpelar

interrogatorio
examen
investigación
interpelación
cuestionario

interrumpir
detener
suspender
parar
interceptar
frenar

continuar
seguir

interrupción
detención
parada
intervalo
paréntesis
tregua
corte

continuación

interruptor
clavija
llave
pulsador

intersección
confluencia
bifurcación
cruce

intersticio
grieta
resquicio
hendidura
rendija
fisura

intervalo
alto
descanso
interludio
intermedio
pausa
tregua

intervención
participación
actuación
intromisión
mediación

intervenir
entrometerse
participar
mediar
injerirse

inhibirse
desentenderse

interventor
censor
fiscal
supervisor

interviú
conversación
entrevista

intestino(s)
interno
interior

externo
exterior

entrañas
tripas
vísceras

intimar
congeniar
simpatizar
entenderse

enemistarse

advertir
conminar

exigir
requerir
reclamar

obedecer
aceptar

intimidación
desafío
amenaza
reto
bravata

coraje
ánimo

intimidad
amistad
familia
hogar
casa

intimidar
atemorizar
coaccionar
asustar
amedrentar
acobardar

envalentonar

íntimo
interno
personal
recóndito
profundo
interior

externo
superficial

entrañable
familiar
amigo
fraternal

hostil
enemigo

intolerable
inaguantable
incoportable

inadmisible
abusivo

tolerable
llevadero

intolerancia
intransigencia
fanatismo
terquedad
obcecación

transigencia
tolerancia

intoxicación
envenenamiento
inficionamiento
perversión

desintoxicación

intoxicar
contaminar
envenenar
corromper
viciar

desintoxicar
desinfectar

intranquilizar
inquietar
preocupar
alarmar
angustiar
desazonar
impacientar

tranquilizar
calmar

intranquilo
angustiado
azorado
inquieto
nervioso

tranquilo
sereno

intransferible
inalienable
intransmisible
personal

intransigencia
intolerancia
empecinamiento
fanatismo
terquedad

tolerancia
comprensión

intransigente
intolerante
fanático
testarudo
terco
obcecado

tolerante
condescendiente

intransitable
tortuoso
escabroso
intrincado

intrascendente
trivial
nimio
insignificante

trascendental
sustancial

intratable
insociable
huraño
descortés
áspero
brusco
esquivo

agradable
abierto

intrepidez
valor
osadía

coraje
arrojo
atrevimiento
denuedo

cobardía

intrépido
valeroso
osado
valiente
atrevido
insensato

prudente
cobarde

intriga
enredo
embrollo
lío
treta
ardid
complot

expectación
misterio
suspense
enigma

intrigante
conspirador
maniobrero
insidioso
urdidor

misterioso
enigmático
curioso

intrigar
maquinar
conspirar
tramar
urdir
enredar

intrincado
enmarañado
enrevesado

difícil
escabroso
liado

claro
sencillo

intríngulis

intriga
tejemaneje

dificultad
incógnita
busilis

intrínseco

interno
propio
característico
esencial
peculiar
básico

extrínseco
accidental

introducción

preámbulo
prólogo
introito
principio
comienzo

epílogo
final

introducir(se)

meter
empotrar
clavar
incrustar
encajar
sumergir
inyectar

sacar
extraer

filtrarse
entrometerse
inmiscuirse

intromisión

entrometimiento
injerencia
intrusión
impertinencia

discreción

introvertido

retraído
tímido
adusto
hosco
huraño
insociable

extrovertido
sociable

intruso

entrometido
fisgón
indiscreto

discreto

extraño
forastero
foráneo
advenedizo

intuición

instinto
visión
olfato
perspicacia
presentimiento

reflexión
examen

intuir

adivinar
sospechar
presentir
entrever
vislumbrar

tener una
corazonada

intuitivo

instintivo
inconsciente
irreflexivo

inundación

aluvión
crecida
desbordamiento
riada

sequía

avalancha
muchedumbre
multitud
abundancia

escasez
falta

inundar

anegar
empantanar
desbordarse

secar
desecar

llenar
atestar
colmar
atiborrar

vaciar
faltar

inusitado

desacostumbrado
extraño
insólito
inusual
raro

normal
habitual

inusual

inusitado

inútil

inservible
inepto
incompetente
ineficaz
incapaz

útil

inválido
imposibilitado
lisiado
paralítico
impedido

inutilizar

invalidar
averiar
estropear
romper

arreglar

tullir
mutilar
lisiar

invadir

asaltar
irrumpir
ocupar
conquistar
tomar
saquear

defender
retroceder

invalidar

inutilizar

invalidez

incapacidad
anquilosamiento
atrofia
parálisis
minusvalía

inválido

lisiado
tullido

lesionado
incapacitado
impedido

sano
fuerte

invariable
inalterable
inmutable
estable
eterno
fijo
constante

mudable
fluctuante

invasión
ocupación
asalto
irrupción
asedio
penetración

retirada
abandono

invasor
conquistador
asaltante
usurpador

invencible
indomable
invicto
invulnerable
campeón

vencido
derrotado

invención
creación
descubrimiento
invento

plagio
imitación

engaño
mentira

mito
utopía

inventar
imaginar
idear
concebir
descubrir
proyectar
crear

copiar
plagiar

fingir
engañar
mentir
urdir

inventariar
catalogar
relacionar
enumerar

inventario
registro
balance
lista
relación

inventiva
imaginación
creatividad
inspiración

invento
invención

inventor
autor
creador
descubridor

invernadero
invernáculo

invernal
hibernal
frío

helado
crudo

estival
cálido

inverosímil
increíble
absurdo
anormal
ilógico

normal
corriente

inversión
transposición
alteración
cambio
hipérbaton

especulación
negocio
compra
adquisición

inversionista
capitalista
financiero
inversor
negociante

inverso
invertido
alterado
contrario

recto

inversor
inversionista

invertir
alterar
trastocar
cambiar
tergiversar

ordenar

emplear
destinar

asignar
colocar

investidura
nombramiento
proclamación
otorgamiento
solemnidad

investigación
exploración
indagación
averiguación
búsqueda
encuesta

investigador
científico
descubridor
sabio
inventor

investigar
buscar
explorar
escrutar
indagar
inquirir
preguntar
sondear

inveterado
arraigado
antiguo
viejo
ancestral

nuevo

inviable
imposible

viable

invicto
invencible
invulnerable
vencedor
indestructible

vencido

invidente
ciego

invierno
frío

verano
estío

inviolable
seguro
protegido
inmune

vulnerable
inseguro

invisible
imperceptible
misterioso
etéreo
escondido
incorpóreo

manifiesto
palpable

invitación
obsequio
banquete
convite

entrada
pase
localidad

sugerencia
ruego
exhortación
insinuación

invitado
convidado
comensal
contertulio

anfitrión

invitar
convidar
agasajar

convocar
reunir

incitar
inducir
exhortar
rogar
demandar

invocación
ruego
solicitud
súplica
oración
preces

invocar
aducir
alegar
recurrir

implorar
rogar
suplicar
evocar

maldecir

involución
regresión

progreso

involucrar
implicar
comprometer
complicar
enredar

involuntario
instintivo
irreflexivo
maquinal
automático

voluntario
estudiado

invulnerable
ileso
inmune

invencible
invicto

vulnerable
débil

inyección
transfusión
vacunación

ampolla
medicamento

inyectar
pinchar
inocular
administrar

transmitir
infundir
animar

ir(se)
dirigirse
encaminarse
partir
acudir
andar
ausentarse
salir
marcharse
largarse

venir
acercarse

ira
rabia
enojo
cólera
furia

paciencia
serenidad

iracundo
airado
colérico
furioso

indignado
rabioso

pacífico
tranquilo

irascible
iracundo

iris
arco
espectro

irisar
tornasolar
jaspear
colorear
brillar
resplandecer

enturbiar
velar

ironía
sarcasmo
burla
mordacidad
guasa
sorna
retintín

seriedad
franqueza

irónico
mordaz
sarcástico
satírico
burlón
cáustico
socarrón

serio
grave

irracional
absurdo
descabellado

disparatado
ilógico

lógico
razonable

animal
fiera
salvaje

racional
persona

irradiación
difusión
emisión
emanación
radiación

concentración
absorción

irradiar
emitir
radiar
difundir
esparcir

concentrar
converger

irreal
ficticio
imaginario
ilusorio
inexistente
utópico

real
auténtico

irrealidad
apariencia
ficción
fantasía
alucinación

realidad
existencia

irrealizable
imposible
impracticable

posible

irrebatible
indiscutible
indisputable
irrefutable

refutable
incierto

irrecuperable
inservible
arruinado
abandonado
incurable

servible
útil

irreemplazable
insustituible
necesario
ineludible

sustituible
reemplazable

irreflexión
ofuscación
aturdimiento
intrepidez
ligereza

precaución

irreflexivo
irracional
inconsciente
alocado
imprudente

reflexivo
prudente

irrefutable
irrebatible

irregular
desigual
discontinuo
variable
anormal
extraño

regular

irregularidad
desigualdad
anomalía
anormalidad
desproporción

regularidad
normalidad

irrelevancia
intrascendencia

irreligioso
agnóstico
ateo
impío
pagano

devoto
creyente

irremediable
irreparable

irreparable
irremediable
perdido
incurable

irreprimible
irrefrenable
incontenible

reprimible

irreprochable
correcto
impecable
intachable
íntegro

irresistible
insoportable
inaguantable
irreprimible

atractivo
atrayente
encantador

invencible
arrollador
invicto

domeñable

irresolución
indecisión
duda
titubeo

resolución
decisión

irresoluto
indeciso
vacilante
titubeante
inseguro

resuelto

irrespetuoso
desconsiderado
insolente
descortés
grosero

respetuoso
considerado

irrespirable
asfixiante
sofocante
viciado

irresponsable
irreflexivo
insensato
imprudente

loco
inconsciente

responsable
sensato

irreverencia
blasfemia
desdén
grosería
menosprecio

cortesía
religiosidad

irreverente
irrespetuoso
blasfemo
impío
descarado

irrevocable
inapelable
definitivo
inexorable

variable
mudable

irrigación
aspersión
riego

enema
ayuda
lavativa

irrigar
bañar
regar
mojar
inundar

secar

irrisorio
grotesco
cómico

chusco
ridículo

serio

ínfimo
insignificante
minúsculo

importante
valioso

irritable
iracundo
enojadizo
gruñón
colérico
irascible

paciente
pacífico

irritación
ira
enojo
enfado
rabia
cólera

tranquilidad
serenidad

picor
picazón
escozor
sarpullido
escocedura

irritante
inflamatorio
infeccioso
vesicante

calmante

enojoso
exasperante
desesperante
insoportable

tranquilizante

irritar
enojar
enfurecer
cabrear
enconar
excitar
crispar
indignar
molestar
jorobar

tranquilizar
aplacar

picar
escocer
desazonar

irrompible
indestructible
fuerte
inquebrantable
inalterable

rompible
alterable

irrumpir
penetrar
introducirse
invadir
entrar

salir
desaparecer

irrupción
acometida
incursión
penetración

salida
resistencia

isla
atolón
ínsula
islote
isleta

islam
islamismo
mahometismo
arabismo

islámico
islamita
mahometano
musulmán

isleño
insular
insulano

israelita
israelí
hebreo
sefardita
judío

itinerario
trayecto
camino
ruta
circuito

izar
alzar
elevar
levantar
enarbolar

arriar

izquierda
siniestra
zurda

derecha

izquierdista
progresista
rojo
radical
revolucionario

izquierdo
zurdo
siniestro

derecho

J

jabalí
cerdo salvaje
puerco salvaje

jabalina
venablo
lanza
pica
garrocha

jabato
valiente
osado
atrevido

jabón
detergente
gel
champú

halago
adulación
coba

jaca
yegua
caballo
corcel
potro

jácara
copla
romance

cantar
tonada

parranda
juerga

jacarandoso
garboso
airoso
alegre
gracioso
chistoso
marchoso

aburrido
parado
soso

jacobino
exaltado
revolucionario
violento
radical

pacífico

jactancia
alarde
fanfarronería
vanagloria
arrogancia
chulería

orgullo
petulancia

humildad
modestia

jactancioso
arrogante
farolero
petulante
chulo
fanfarrón
presumido

humilde
modesto

jactarse
alardear
vanagloriarse
fanfarronear
presumir
pavonearse
engreírse

avergonzarse
humillarse

jaculatoria
oración
plegaria
invocación

jadear
resollar
bufar
resoplar
sofocarse

sosegarse
descansar

jadeo
resuello
ahogo
fatiga
sofoco
resoplido

jaez
ralea
especie
condición
índole
calaña
clase

jalar
jamar
engullir
zampar
atracarse

jalbegar
encalar

enjalbegar
blanquear

jalea
gelatina
confitura
conserva

jalear
alentar
animar
aplaudir
exhortar

abuchear

jaleo
alboroto
bullicio
jolgorio
jarana
lío
bulla
barullo
fiesta

silencio
calma

jalón
hito
período
etapa
mojón
señal

jalonar
señalar
delimitar
marcar
señalizar

jamar
comer
devorar
engullir
zampar
deglutir
jalar

ayunar

jamás
nunca

siempre

jamelgo
penco
jaco
caballo
matalón

jamón
pernil
muslo
pierna

jamona
mujerona
rolliza
ajamonada
gruesa

delgada
esbelta

japonés
nipón

jaque
amenaza
peligro
aviso
alerta
lance

jaqueca
cefalea
cefalalgia
dolor de cabeza

jarabe
sirope

medicina
medicamento
poción

jarana
farra
alboroto

bulla
cachondeo
fiesta
follón
juerga
parranda

aburrimiento

jaranero
follonero
juerguista
marchoso
parrandero
cachondo

silencioso
tranquilo

jarcia
arboladura
cordaje
aparejo

jardín
parque
parterre
vergel
huerto
rosaleda

jardinería
floricultura
horticultura

jardinero
floricultor

jareta
doblez
pliegue
dobladillo
jaretón

jarra
vasija
recipiente
jarro
jarrón

jarro
jarra
aguamanil
búcaro
florero
recipiente

jarrón
búcaro
florero
jarro

jaspeado
veteado
irisado
espolvoreado
salpicado

jauja
abundancia
riqueza
edén
paraíso
ganga
momio

escasez
estrechez

jaula
pajarera
caja
canariera

calabozo
cárcel
prisión
trena
chirona

jauría
traílla
manada

jayán
hombretón
bigardo
gigante
hombrón

jefatura
autoridad
mando
dirección
gobierno
regencia
presidencia

subordinación

jefe
jerarca
dirigente
patrón
superior
director
presidente

subordinado
súbdito

jerarca
jefe
jerifalte
dignatario
mandatario

subordinado

jerarquía
grado
escalafón
cargo
clasificación
orden
rango
categoría

jeremías
lagrimoso
llorica
quejica
quejumbroso

jerga
argot
germanía
jerigonza

jergón
colchoneta
camastro
somier

jerigonza
jerga

jeringa
jeringuilla
cánula

jeringar
jorobar
importunar
molestar
fastidiar
cabrear
irritar

agradar

jeroglífico
acertijo
pasatiempo
adivinanza
rompecabezas

pictograma
signo
escritura
grafía
representación

jersey
suéter
chaleco
pullover

Jesucristo
Jesús
Cristo
Nazareno
Redentor
Mesías

jeta
morro
hocico

labios
belfos

caradura
sinvergüenza
atrevido

desfachatez
atrevimiento
descaro
frescura

jibia
jibión
sepia

jilguero
colorín
cardelina
sietecolores
pintacilgo
pintadillo

jineta
gineta

galón
trencilla
charretera
insignia

jinete
caballero
caballista
jockey
amazona
montador

jirón
desgarrón
rasgón
siete

andrajo
harapo
pingajo

job
paciente
manso

estoico
resignado

jocosidad
comicidad
agudeza
gracia
gracejo
chiste
ocurrencia

seriedad
gravedad

jocoso
cómico
bromista
saleroso
agudo
chistoso
divertido
gracioso

serio
aburrido

joder
fornicar
copular
follar

jeringar
jorobar
fastidiar
descomponer
deshacer

jofaina
palangana
aguamanil
lavamanos

jolgorio
juerga
jarana
farra
cachondeo
fiesta
parranda

jornada
día
excursión
marcha
trayecto
viaje
etapa

jornal
salario
sueldo
paga
retribución

jornalero
obrero
operario
asalariado
peón

joroba
corcova
giba
chepa

molestia
fastidio
pesadez
lata
gaita
rollo

jorobado
corcovado
giboso
cheposo

jorobar(se)
jeringar
incomodar
incordiar
fastidiar
irritar
molestar

agradar
distraer

aguantarse

joven
adolescente
chavea
zagal
mancebo
mozo
muchacho

viejo

novato
imberbe
inexperto
bisoño
verde

anticuado

jovial
animado
ameno
bullicioso
humorístico
alegre
chistoso
divertido
gracioso

aburrido
triste

jovialidad
vivacidad
animación
entusiasmo
marcha
optimismo

amargura
tristeza

joya
alhaja
sortija
gema
tesoro

joyería
platería
orfebrería

joyero
cofrecillo
estuche
guardajoyas

orfebre
platero
diamantista

juanete
callo
abultamiento
deformidad
hueso

jubilación
retiro

actividad

pensión
subsidio
renta

jubilar
eximir
apartar
licenciar
retirar
separar
excluir

trabajar
continuar

jubileo
celebración
conmemoración
aniversario
festividad

gracia
indulgencia
dispensa

gentío
multitud
muchedumbre
hormiguero

júbilo
alborozo
regocijo
entusiasmo
algazara
exultación
gozo
placer

tristeza
pena

jubiloso
alegre
gozoso
radiante
jovial
festivo

triste
aburrido

judaísmo
hebraísmo
semitismo
sionismo

judas
desleal
infiel
falso
traidor
hipócrita

leal
sincero

judería
aljama
gueto
suburbio

judía
faba
fríjol
fréjol
habichuela
alubia

judicial
jurídico
procesal
contencioso
sumarial

judío
semita
sionista
hebreo
israelita
sefardita

juego
diversión
entretenimiento
esparcimiento
recreo
placer
solaz
distracción
deporte
pasatiempo

aburrimiento
tedio

articulación
movilidad
maniobra
engranaje
mecanismo
bisagra
gozne
coyuntura

equipo
surtido
serie
conjunto
colección
muestrario
repertorio

juerga
jarana
parranda
divorción

farra
jolgorio

juerguista
jaranero
parrandero
calavera
tarambana

juez
árbitro
magistrado
togado
mediador
enjuiciador

acusado
reo

jugada
envite
lance
mano
pasada

faena
trastada
jugarreta

jugador
atleta
deportista
participante

tahúr
ludópata

jugar
retozar
recrearse
juguetear
divertirse
esparcirse

aburrirse

apostar
arriesgar
envidar

competir
retar

jugarreta
jugada
pasada
trastada
faena
treta

juglar
coplero
bardo
poeta
rapsoda
trovador

jugo
zumo
extracto
esencia
néctar

meollo
miga
quid
enjundia

intrascendencia
insignificancia

beneficio
utilidad
provecho
ventaja

desventaja

jugoso
sabroso
delicioso
suculento

insípido
desabrido

provechoso
útil
beneficioso

improductivo
perjudicial

juguete
muñeco
cachivache
trasto
cacharro

juguetón
retozón
travieso
revoltoso
inquieto
trasto
enredador

juicio
cordura
discernimiento
prudencia
sensatez
madurez

insensatez
imprudencia

dictamen
veredicto
sentencia
resolución

pleito
litigio
querella

juicioso
prudente
reflexivo
sensato

insensato

jumento
asno
borrico
pollino

jungla
selva
bosque
floresta
arboleda

junta
agrupación
asamblea
reunión
asociación
corporación
comité

articulación
juntura
unión

juntar(se)
unir
empalmar
acoplar
anexar
soldar
enlazar
añadir
agregar
anudar
ligar
pegar
aglutinar
mezclar
aglomerar
amontonar

separar
desunir
alejar
dispersar

abarraganarse
amancebarse
liarse

junto
unido
contiguo
adyacente
anejo
anexo
yuxtapuesto
pegado
vecino
acoplado

separado

juntura
articulación
empalme
acoplamiento
junta
ensambladura

separación
desconexión

jura
juramento

jurado
tribunal
comité
junta
comisión

juramentar(se)
jurar
prometer
asegurar

conjurarse
conspirar
planear
confabularse

juramento
compromiso
promesa
voto
ofrenda

prevaricación

blasfemia
palabrota
taco
imprecación
insulto
grosería

jurar
juramentar
testimoniar
prometer

asegurar
garantizar

negar
omitir

blasfemar
imprecar
renegar
maldecir

jurídico
judicial
forense
procesal
sumarial

jurisconsulto
letrado
jurista
abogado
leguleyo

jurisdicción
competencia
autoridad
mando
poder

demarcación
término
territorio

jurisprudencia
derecho
ley
justicia

jurista
jurisconsulto

justa
certamen
competición
torneo
lucha

justicia
ecuanimidad
equidad

honradez
imparcialidad
neutralidad
rectitud
honestidad
objetividad

injusticia
arbitrariedad

fallo
sentencia
dictamen
resolución
veredicto

justificación
excusa
exculpación
coartada
argumento
defensa

acusación
cargo

justificado
justo
debido
acordado
aceptado

justificante
comprobante
recibo
resguardo

justificar
demostrar
acreditar
documentar
evidenciar
explicar
testimoniar

disculpar
defender
respaldar
proteger

excusar

inculpar
acusar

justipreciar
evaluar
tasar
valorar

justiprecio
tasación
valoración
evaluación
cálculo

justo
imparcial

equitativo
honrado
neutral
ecuánime
objetivo

injusto
subjetivo
parcial

exacto
preciso
cabal
ajustado
calibrado

inexacto
desigual

juvenil
joven
tierno
lozano
vivaz
jovial

viejo
senil

juventud
adolescencia
pubertad
mocedad
nubilidad

vejez
ancianidad

juzgado
tribunal
magistratura
judicatura
audiencia

juzgar
conceptuar
considerar
opinar
estimar
valorar

fallar
sentenciar
dictaminar
enjuiciar
arbitrar
resolver

K

káiser
césar
emperador
soberano
kan
señor
caudillo
adalid

kaki
caqui
pardo
ocre
verdoso

kan
káiser

kilo
kilogramo

kilogramo
kilo

kilométrico
quilométrico
interminable
largo
inacabable

kimono
batín
bata
camisón

kindergarten
guardería
parvulario
jardín de infancia

kiosco
quiosco
garita

puesto
templete
tenderete
cabina

knock-out
k. o.

k. o.
knock-out
inconsciente
noqueado
out
pasmado

L

lábaro
estandarte
bandera
pendón
enseña

crismón

laberíntico
intrincado
complicado
difícil
enredado

fácil
claro

laberinto
enredo
embrollo
lío
barullo
caos
confusión

orden
claridad

labia
verbosidad
elocuencia
verborrea

facundia
desparpajo

mutismo
laconismo

labio
belfo
jeta
hocico
morro

borde
canto
reborde
orilla

labor
costura
encaje
bordado
artesanía

cultivo
laboreo
labranza

faena
quehacer
trabajo
tarea

pasividad
ocio

laborable
hábil
lectivo
no festivo

festivo

laboral
gremial
sindical
profesional

laborar
trabajar
ocuparse
gestionar
laborear
labrar

holgar
vaguear

laboreo
labranza
cultivo
labor

laboriosidad
trabajo
diligencia
afán
celo

esfuerzo
dedicación

holgazanería
pasividad

laborioso
trabajador
aplicado
diligente
hacendoso

vago
holgazán

difícil
dificultoso
arduo
complicado
embrollado

fácil

labrado
bordado
tallado
cincelado
repujado

cultivado
arado
plantado
sembrado

inculto
yermo

labrador
campesino
agricultor
labriego
horticultor
aldeano

labranza
cultivo
laboreo
labor
agricultura

labrar(se)
arar
roturar
cavar
sembrar

grabar
esculpir
tallar
cincelar

forjarse
prepararse
formarse

laca
barniz
esmalte
gomorresina

lacayo
criado
doméstico
sirviente
paje

amo
señor

lacerante
hiriente
punzante
doloroso
penoso
mordaz

superficial

lacerar
lastimar
golpear
dañar
herir
injuriar

lacería
pobreza
indigencia
necesidad
miseria

riqueza

lacero
vaquero
gaucho
jinete
llanero

lacio
flácido
marchito
débil
mustio

tieso
hirsuto

lacónico
conciso
escueto
parco
breve
cortante
seco

locuaz
facundo

laconismo
brevedad
concisión
síntesis

verbosidad
verborrea

lacra
señal
marca
cicatriz

defecto
deficiencia
vicio

virtud
ventaja

lacrar
sellar
precintar

dañar
perjudicar

sanear
beneficiar

lacrimógeno
lacrimoso
irritante

calmante
suavizante

lacrimoso
lastimero
implorante
lloroso
compungido

alegre
contento

lactante
infante
bebé

lactar
amamantar
criar

destetar

lácteo
láctico
lechoso

ladeado
inclinado
oblicuo

ladear(se)
inclinar
sesgar
torcer

enderezar
nivelar

ladera
declive
pendiente
ribazo
talud

llanura
cumbre

ladino
taimado
pillo
bellaco
astuto
pícaro

inocente
incauto
ingenuo

lado
borde
canto
flanco
costado

lugar
paraje
sitio

ladrar
aullar

gritar

ladrillo
rasilla
baldosa
briqueta

ladrón
caco
carterista
ratero
cleptómano
chorizo

usurero
estafador

honrado
íntegro
recto

lagar
almazara
bodega
cava

lagarto
lagartija
reptil
saurio

taimado
pícaro
artero
astuto

lago
albufera
estanque
laguna
marisma

lagotería
carantoña
halago
zalamería

lágrima
secreción
excreción
humor

lloro
sollozo
lamento

lagrimear
llorar
lloriquear
gimotear
sollozar

reír
alegrarse

lagrimoso
lacrimoso

laguna
lago

carencia
falta
olvido
omisión

perfección

laico
secular
seglar
lego
civil
secularizado

religioso

laja
lasca
losa
lastra

lama
fango
légamo
lodo

lamentable
triste
deplorable
desagradable
lastimoso
penoso

alegre
contento

lamentar(se)
deplorar
quejarse
afligirse
arrepentirse
implorar
llorar

alegrarse
celebrar

lamento
gemido
lamentación
queja
llanto
lloro

júbilo
alegría

lamer
relamer
lengüetear
chupar

rozar
acariciar
tocar

lámina
estampa
ilustración
grabado
dibujo

placa
plancha
hoja
tabla
rodaja

laminadora
prensadora
prensa
rodillo

laminar
comprimir
aplastar
aplanar

lámpara
quinqué
fanal
reflector
araña
farola
aplique
flexo
bombilla

mancha
lamparón

lamparilla
mariposa
candil
candelilla

lamparón
lámpara
mancha
suciedad

lampiño
imberbe
barbilampiño
impúber

peludo
barbudo

lana
borra
vellón
pelo

lanar
ovino
ovejuno
merino

lance
acontecimiento
episodio
evento
suceso

contienda

querella
riña

paz
reconciliación

lancear
alancear
rejonear

lancero
alabardero
ulano
alanceador

lanceta
bisturí
escalpelo
cuchilla

lancha
bote
chalupa
barca
embarcación

landa
llanura
páramo
meseta

languidecer
desanimarse
debilitarse
desalentarse
descorazonarse

animarse
robustecerse

languidez
desánimo
abatimiento
desaliento
debilidad
agotamiento

vigor
energía

lánguido
abatido
desalentado
desanimado
descorazonado
flojo
débil

eufórico
fuerte

lanza
pica
venablo
alabarda

lanzada
puyazo
lanzazo
rejonazo

lanzado
atrevido
audaz
decidido
osado

cortado
parado

lanzamiento
dispersión
divulgación
emanación

tiro
tirada

lanzar(se)
arrojar
emitir
tirar
disparar
expulsar

retener
recoger
sujetar

propalar
difundir

editar
divulgar

lapicero
lápiz
grafito
portaminas
carboncillo

lápida
losa
estela
tumba
mármol

lapidar
apedrear
linchar
descalabrar

lapidario
escueto
sucinto
breve
conciso

pormenorizado
detallado

joyero
tallista
grabador

lápiz
lapicero

lapso
intervalo
período
transcurso
espacio

lapsus
lapso
olvido
omisión
error

acierto
exactitud

lar
hogar
casa

lardo
grasa
sebo
gordo

largar(se)
aflojar
soltar
librar

parlotear
cascar
hablar

callar

irse
marcharse
ahuyentarse
ausentarse
desaparecer
emigrar

permanecer
quedarse

largo
extenso
amplio
dilatado

corto
pequeño

duradero
lento
interminable

breve

generoso
espléndido
desprendido
liberal

escaso
agarrado

larguero
barrote
travesaño
palo

largueza
generosidad
esplendidez
dadivosidad

tacañería
roñosería

laringe
glotis
epiglotis
nuez

larva
oruga
gusano

larvado
oculto
escondido
disfrazado

lasca
esquirla
trozo
fragmento

lascivia
lujuria
erotismo
impudicia
obscenidad

castidad
pureza

lascivo
lujurioso
impúdico
obsceno
sensual

honesto
casto
puro

lasitud
cansancio
abatimiento
flojedad
languidez

viveza
vigor

lástima
pena
compasión
conmiseración
misericordia
piedad

alegría
gusto

lastimar(se)
lesionar
magullar
contusionar
dañar

curar
sanar

mortificar
disgustar
incomodar

agradar
complacer

lastimoso
triste
dolorido
lastimero

placentero
consolador

lastra
laja
losa
lancha

lastre
estorbo
inconveniente

traba
rémora
obstáculo

ventaja

peso
contrapeso
carga

ingravidez

lata
hojalata
chapa
bote

latazo
fastidio
pesadez
rollo

delicia
diversión

latente
escondido
velado
disfrazado
oculto
implícito

patente
expreso

lateral
contiguo
fronterizo
limítrofe
adyacente
vecino

central

látex
resina
caucho
goma
leche

latido
palpitación

pulsación
pulso

latifundio
feudo
heredad
hacienda
propiedad

minifundio

latigazo
trallazo
vergajazo
zurriagazo

látigo
azote
fusta
tralla
flagelo
disciplina

latir
palpitar
pulsar

latitud
anchura
extensión

longitud

lato
ancho
extenso
amplio
vasto
grande

reducido
breve

latoso
molesto
pesado
plomo

agradable
entretenido

latrocinio
robo
hurto
timo
fraude

laúd
vihuela
guitarra
bandurria

laudable
elogiable
loable
meritorio

censurable

laudatorio
apologético
elogioso
encomiástico

reprobatorio

laudo
decisión
fallo
sentencia
veredicto

laureado
condecorado
premiado
galardonado

denigrado
despreciado

laurear
condecorar
honrar
distinguir
galardonar
premiar

despreciar

laurel
lauro
premio

corona
recompensa

castigo
humillación

laureola
aureola
halo
corona

lava
magma
escoria

lavabo
lavatorio
aguamanil
pila

retrete
servicio
aseo

lavadero
fregadero
baño
pilón
pila

lavamanos
aguamanil
palangana
jofaina

lavanda
espliego

lavar(se)
limpiar
asear
bañar
aclarar
fregar

ensuciar
manchar

lavativa
irrigación

enema
pera

laxante
purgante
relajante
laxativo
purga

astringente

laxar
aflojar
purgar
exonerar

estreñir
tensar

laxitud
relajamiento
distensión
abandono

actividad
energía

laxo
distendido
flojo
flácido
desmadejado

rígido
tenso

inmoral
amoral
relajado

moral
riguroso

laya
naturaleza
ralea
talante
calaña
condición

lazada
lazo
atadura
nudo

lazar
coger
sujetar
enlazar
apresar
cazar

lazareto
leprosería
malatería

lazarillo
guía
ayudante

lazo
nudo
lazada
atadura

trampa
emboscada
celada
ardid

afinidad
vinculación
vínculo

separación
desvinculación

leal
noble
fiel
legal
honrado
amigo
adepto

desleal
detractor

lealtad
fidelidad
nobleza

franqueza
amistad

deslealtad
traición

lección
clase
disertación
conferencia
asignatura
materia

escarmiento
aviso
advertencia

lechada
encalado
argamasa
cal
yeso

lechal
lechón
lactante
lechazo

leche
lactosa
calostro
cuajada

lechigada
camada
cría
descendencia

pandilla
cuadrilla

lecho
cama
tálamo

cauce
madre

lechón
cochinillo
lechal

lechoso
lácteo

blanco
blanquecino

lechuguino
figurin
petimetre
presumido
dandi

gañán

lectivo
escolar
hábil
laboral

festivo

lectura
lección
explicación

leer
estudiar
descifrar
interpretar

percibir
acertar
observar

legado
comisionado
embajador
representante

encomienda
herencia
dote

legajo
documentación
expediente
dossier

legal
legítimo

licito
permitido

ilegal

legalidad
legitimidad
licitud
derecho
justicia

ilegalidad
injusticia

legalización
aprobación
confirmación
refrendo

desautorización
prohibición

legalizar
legitimar
refrendar
atestiguar
autorizar

prohibir
derogar
anular

legaña
lagaña
pitaña

legar
ceder
donar
dejar
encomendar

heredar
recibir

legatario
heredero
beneficiario
usufructuario

legendario
fabuloso
mítico
quimérico

legible
claro
comprensible
descifrable

ilegible

legión
masa
muchedumbre
tropel

legislación
código
fuero
ley
reglamento
estatuto

legislador
parlamentario
diputado
senador
congresista

legislar
legalizar
disponer
establecer
firmar

legislativo
constitucional
constituyente
parlamentario

legislador
asamblea
parlamento

legislatura
sesión
reunión
asamblea

legitimar
legalizar

legitimidad
legalidad

legítimo
auténtico
cierto
genuino
legal

ilegítimo
artificial

lego
seglar
laico
secular

religioso
clérigo

ignorante
profano
inculto
analfabeto

enterado
ducho

leguleyo
abogaducho
abogado
picapleitos

legumbre
hortaliza
verdura
vegetal

leído
erudito
instruido
culto
docto

ignorante
inculto

lejanía
distancia
horizonte

cercanía
proximidad

antigüedad
pasado

presente

lejano
alejado
distante
remoto

cercano
próximo

antiguo
pasado
futuro

presente
actual

lejos
allá
allí
acullá

cerca

lelo
bobo
simple
necio

cuerdo
despierto

lema
emblema
enunciado
consigna
eslogan

lene
leve
ligero

suave
agradable

desapacible
irritante

lengua
sinhueso

lenguaje
dialecto
idioma
habla

franja
tierra
unión

lenguaje
lengua
idioma
habla
jerga

lenguaraz
deslenguado
insolente
malhablado
descarado

bienhablado
comedido

lengüetada
lametón
lengüetazo

lenidad
benevolencia
blandura
suavidad
dulzura

dureza

lenificar
ablandar
aliviar
calmar

intensificar
irritar

lenitivo
alivio
calmante
emoliente

excitante

lenocinio
prostitución
proxenetismo
alcahuetería

honestidad

lente(s)
gafas
quevedos
antiparras
anteojos
gemelos

lentejuela
laminilla
abalorio

lenticular
cóncavo
convexo
combado

lentitud
tardanza
morosidad
dilación

rapidez
nervio

lento
pausado
sosegado
tranquilo
cachazudo
calmoso

repentino
rápido

leña
madera

tronco
leño
palos
tarugo

tunda
paliza
zurra

leño
madera
tronco
rama
tarugo

león
bizarro
valiente
audaz

pusilánime
pacato

leonado
bermejo
castaño
pardo

leonera
antro
covacha
cuartucho

leonino
injusto
abusivo
exagerado

justo
imparcial

lepra
malatía
lacería
albarazo

leprosería
malatería
lazareto

lerdo
torpe
lento
memo
necio
tonto

avispado

lesbiana
homosexual
lesbia
tortillera

heterosexual

lesión
herida
magulladura
contusión
dislocación

mal
ofensa
agravio
ultraje

beneficio

lesionar(se)
herir
lisiar
magullar
lastimar
lacerar

restablecerse

perjudicar
desgraciar
menoscabar
deteriorar
dañar

beneficiar
favorecer

lesivo
dañino
ofensivo

perjudicial
nocivo

favorable
positivo

letal
mortal
mortífero
venenoso

vivificador

letanía
discurso
invocación
ristra

letargo
hibernación
aturdimiento
desmayo
insensibilidad

actividad
desvelo

letra
carácter
signo
grafema

verso
romance
letrilla

giro
pagaré

letrado
culto
erudito
leído

analfabeto

jurisconsulto
abogado
jurista

letrero
cartel
rótulo

anuncio
pancarta

letrilla
copla
romance

letrina
servicio
retrete
wáter

leva
recluta
alistamiento

licencia
licenciamiento

álabe
palanca

levadura
fermento
diastasa
catalizador

levantamiento
alzamiento
sublevación
rebelión
asonada

pacificación

aumento
progreso

levantar(se)
alzar
elevar
subir
izar

bajar
descender

construir
erigir

edificar
fabricar

demoler
tirar

perdonar
condonar
absolver
indultar

castigar
condenar

animar
reanimar
alentar
alegrar

apenar
afligir

alborotarse
amotinarse
soliviantarse

calmarse
apaciguarse

levante
este
oriente

poniente
oeste

levantisco
alborotador
subversivo
díscolo
indócil

sumiso

levar
zarpar
partir

atracar

elevar
izar
levantar

leve
ingrávido
lene
ligero
liviano
sutil

pesado
profundo

exiguo
mínimo
pequeño
imperceptible

grande
mayúsculo

leviatán
monstruo

demonio
diablo

levita
levitón
casaca

léxico
diccionario
lexicón
vocabulario

ley
legislación

anarquía
caos
desorden

principios
postulado
afecto
amor

odio
manía

condición
clase

índole
ralea

peso
medida
proporción
porcentaje

leyenda
divisa
lema
letrero

fábula
mito
tradición

lezna
alesna
subilla
punzón

lía
cuerda
soga

liana
bejuco
enredadera
hiedra

liar(se)
atar
enrollar
envolver

desenvolver
desliar

embarullar
desconcertar
desarreglar
complicar

amancebarse
abarraganarse
arrejuntarse

separarse

libar
sorber
succionar

chupar
beber

libelo
panfleto
folleto
pasquín

calumnia
difamación

liberación
libertad
independencia
exención
emancipación

esclavitud
prisión

liberal
socialdemócrata
demócrata
abierto
tolerante

intolerante

desprendido
espléndido
altruista

tacaño
miserable

liberalismo
comprensión
progresismo
tolerancia

conservadurismo
totalitarismo

liberalizar
dispensar
eximir
descargar
perdonar

recargar

liberar
librar
libertar
soltar
salvar
rescatar

capturar
detener

libertad
voluntad
albedrío

predestinación

independencia
autonomía
liberación

esclavitud
prisión

franqueza
familiaridad
sinceridad

facilidad
soltura

torpeza
rigidez

licencia
dispensa
exención

recato

ibertador
salvador
redentor
defensor

dictador
opresor

ibertario
eximente
anárquico
ácrata

ibertinaje
inmoralidad

desenfreno
vicio

virtud
moralidad

libertino
licencioso
sensual
impúdico
obsceno

virtuoso
casto
honesto

libídine
lascivia
lujuria
sensualidad

libidinoso
impúdico
lúbrico
obsceno

inocente
puro

libranza
libramiento
pagaré
cheque

abono
cobro

librar(se)
liberar

libre
independiente
autónomo
emancipado

sujeto
sumiso

librado
libertado

rescatado
redimido

preso
cautivo

desocupado
vacante

ocupado

liberado
descocado
libertino

casto
puro
inocente

desenvuelto
atrevido

librería
biblioteca
editorial

estantería
anaquel
repisa

librero
editor
impresor

libreta
bloc
cuaderno

libretista
autor
comediógrafo
guionista

libro
ejemplar
tomo
volumen

licencia
autorización

permiso
venia

prohibición
veto

patente
cédula
salvoconducto

abuso
deshonestidad
inmoralidad

honestidad
moralidad

licenciado
graduado
titulado

licenciar(se)
autorizar
facultar
otorgar

denegar
desautorizar

despedir
despachar
librar

alistar
reclutar

graduarse
titularse
terminar

licenciatura
carrera
estudios

licencioso
libertino
lujurioso
sensual
lascivo

púdico
honesto

liceo
colegio
escuela
instituto

asociación
sociedad
ateneo

lícito
legal
legítimo
permitido

ilícito
ilegal

licor
bebida
brebaje

licuar
disolver
fundir
derretir

solidificar
coagular

lid
batalla
combate
pelea
contienda

discusión
disputa
altercado

líder
caudillo
adalid
paladín
jefe

liderar
acaudillar
dirigir
capitanear
guiar

lidia
corrida
novillada
becerrada

lidiar
batallar
combatir
luchar

debatir
discutir
disputar

torear
capotear
muletear
banderillear

lienzo
paño
tela

pared
muro
fachada

cuadro
pintura

liga
cinta
lazo

muérdago
ajonje

mezcla
unión
aleación

alianza
federación
coalición

ligadura
atadura
ligamento
nudo

sujeción
trabazón
unión

ligamento
cordón
tendón

ligar(se)
atar
amarrar
unir
sujetar

desatar
desunir

alear
mezclar

aliarse
confederarse
asociarse

seducir
cortejar

ligazón
enlace
trabazón

ligereza
presteza
prontitud
rapidez

lentitud
tardanza

levedad
delgadez
menudencia

inconstancia
irreflexión

ligero
rápido
veloz
ágil

lento

tenue
leve
grácil

insustancial

fútil
insignificante

minucioso

voluble
versátil
mudable

lignito
carbón

lijar
pulir
alisar
pulimentar

lila
morado
violáceo

tonto
fatuo

liliputiense
enano
pigmeo

limaduras
virutas
raeduras
ralladuras

limar
lijar
alisar
raspar
pulir

corregir
enmendar
retocar
mejorar

limbo
aureola
corona
halo
orla

limitación
restricción
acotación
cortapisa
traba

autorización
permiso

demarcación
distrito
término
límite

limitar(se)
acotar
localizar
amojonar

lindar
confinar

restringir
circunscribir
condicionar

permitir
facilitar

ajustarse
ceñirse
atenerse

límite
término
confín
frontera
linde

meta
final
fin
tope
techo

principio
origen

limítrofe
adyacente
colindante
confinante

contiguo
fronterizo

lejano
distante

limo
fango
légamo
lodo
barro
cieno

limosna
dádiva
socorro
caridad
donativo

limpiabotas
limpiador
lustrador

limpiar(se)
asear
adecentar
acicalar
lavar
fregar
barrer

manchar
ensuciar
desasear

expurgar
purgar
purificar
suprimir
eliminar

robar
hurtar
quitar
estafar

limpieza
aseo
higiene
saneamiento

desinfección
lavado

suciedad
inmundicia

pureza
castidad
virginidad
inocencia

impureza

integridad
honradez
pundonor

exactitud
precisión
destreza

limpio
aseado
atildado
pulcro
higiénico
lavado

sucio
desaseado

puro
casto
virginal
inmaculado

honrado
honesto
desinteresado

despejado
libre
expedito

linaje
estirpe
alcurnia
abolengo

clase
categoría
género
índole

lince
astuto
sagaz
perspicaz

torpe
zote

linchamiento
ajusticiamiento
ejecución
lapidación

linchar
ajusticiar
matar
liquidar
vengarse

lindar
limitar
rayar

distanciar
alejar

linde
límite
confín
término
divisoria

lindero
lindante
limítrofe

lindo
bonito
bello
hermoso
precioso

feo
basto

línea
raya
recta

rasgo

lineal

vírgula
tilde

renglón
ristra
hilera
fila

itinerario
camino
dirección
trayecto

tendencia
orientación

lineal
rectilíneo
recto
derecho
directo

linfa
humor
acuosidad
secreción

linfático
glanglionar
nodular

lingote
barra
trozo
tocho

lingüística
filología
gramática

linimento
bálsamo
medicamento
ungüento

lino
lienzo
tela
tejido

linotipista
tipógrafo
impresor

linterna
fanal
farol
candil
lámpara

lío
envoltorio
fardo
bulto

barullo
caos
confusión
desorden

orden
armonía

amorío
aventura
apaño

lioso
confuso
complicado
enredado
difícil

liante
enredador
embrollador

lipotimia
desmayo
desvanecimiento

liquidación
saldo
rebaja
ganga

anulación
supresión
eliminación
erradicación

balance
arqueo

liquidar
saldar
rebajar
abaratar

encarecer
subir

pagar
finiquitar

exterminar
destruir
anular
eliminar

diluir
licuar
derretir
fundir

solidificar

liquidez
fluidez
solvencia

líquido
fluido
humor
agua

sólido

neto
deducido
saldo

bruto

lírica
poesía
poética
oda

lírico
poético
elegíaco
idílico

lirio
lis

lirismo
poesía
inspiración
belleza

prosaísmo

lisiado
impedido
inválido
mutilado

lisiar(se)
lesionar
mutilar
tullir
baldar

liso
terso
llano
recto
igual

áspero
arrugado
desigual

lisonja
adulación
alabanza
halago
elogio

desaire
crítica

lisonjear
alabar
elogiar
halagar

desairar
denostar

lisonjero
adulador
halagador
elogioso

grato

agradable
satisfactorio

lista
tira
faja
franja
banda

catálogo
nómina
relación

listado
rayado
veteado

lista
relación

listeza
inteligencia
ingenio

agilidad
ligereza

listo
dispuesto
preparado
apercibido

diligente
activo
dinámico
ligero
vivo
pronto

inteligente
perspicaz
agudo

tonto
torpe

listón
moldura
filete

cinta

faja
franja

lisura
tersura
igualdad
uniformidad

aspereza
desigualdad

sencillez
sinceridad
llaneza
dulzura

litera
hamaca
cama
catre

angarillas
parihuelas

literal
fiel
textual
exacto

libre

literario
culto
retórico
poético
intelectual

vulgar
familiar

pedante
rebuscado
afectado

humilde
sencillo

literato
escritor
autor
dramaturgo

literatura
letras
humanidades
humanismo

litigante
querellante
demandante
pleiteante

litigar
pleitear
demandar
denunciar

reñir
disputar

avenirse

litigio
pleito
querella
juicio

avenencia
acuerdo

riña
contienda
polémica

litografía
impresión
grabado

litoral
costa
playa
ribera

liturgia
culto
rito
ceremonia

litúrgico
ritual
solemne

liviandad
ligereza
frivolidad

seriedad
honestidad

liviano
ligero
leve
tenue

pesado
firme

libertino
lujurioso
inmoral

frívolo
superficial

serio
constante

lívido
pálido
demacrado

sonrojado

liza
plaza
campo

combate
pelea

llaga
herida
úlcera

llama
llamarada
flama
fogonazo

luz
claridad
fulgor

ardor
pasión

llamada
llamamiento
señal
voz

cita
convocatoria
emplazamiento

llamador
aldaba
aldabón
picaporte
timbre

llamamiento
llamada
apelación
convocatoria

llamar(se)
vocear
gritar
chillar

callar
silenciar

golpear
picar
tocar

nombrar
nominar
denominar

convocar
citar
emplazar

llamarada
resplandor
fogonazo
fulgor

rubor
pasión
arrebato

llamativo
atractivo
vistoso

discreto
sencillo

llana
plana
trulla
badilejo

llaneza
sencillez
naturalidad
campechanía
franqueza

ampulosidad
presunción

llano
plano
liso
raso

rugoso

sencillo
natural
abierto
franco

ampuloso
pedante

llanura
llanada

llanto
lloro
gimoteo
sollozo
lloriqueo

risa
júbilo
alegría

llanura
planicie
llano

explanada
llanada

llave
llavín
ganzúa
picaporte

grifo
espita
válvula

pinzas
tenazas

presa
zancadilla
traspié

llegada
arribada
venida
aparición

partida
marcha

llegar(se)
arribar
aparecer
venir
entrar
presentarse

marchar
partir
salir

durar
alcanzar
extenderse
alargarse

ganar
lograr
conseguir
obtener

calar
impresionar
conmover

encaminarse

dirigirse
acercarse

llenar(se)
ocupar
colmar
saturar
atiborrar
atestar

vaciar
sacar

ocupar
emplear
invertir

gustar
satisfacer
complacer

cansarse
hartarse
empacharse

lleno
ocupado
colmado
saturado
atestado
rebosante

vacío

harto
ahíto
saciado

ávido
hambriento

satisfecho
complacido
realizado

insatisfecho

cansado
enfadado

llevadero
soportable
tolerable
admisible

llevar(se)
transportar
portar
trasladar
conducir
guiar
dirigir

traer

arrebatar
robar
hurtar
apropiarse
apoderarse

usar
utilizar
vestir

llorar
lloriquear
plañir
sollozar
gemir

reír

lamentar
sentir
condolerse

alegrarse
contentarse

rezumar
fluir
destilar

lloro
llanto
gemido
gimoteo

risa

llorón
plañidero
quejica
sollozante

llover
diluviar
jarrear
lloviznar
chispear

escampar
aclarar

acudir
venir

llovizna
calabobos
sirimiri

lluvia
aguacero
chaparrón
chubasco
precipitación
borrasca
tormenta

abundancia
copia
profusión

lluvioso
pluvioso
nublado
encapotado

despejado
claro

loa
alabanza
elogio

diatriba
menosprecio

loable
encomiable
laudable
plausible

censurable

loar
alabar
encomiar
elogiar

denostar
maldecir

lobanillo
tumor
quiste

lobezno
lobato
lobito

lóbrego
sórdido
sombrío
lúgubre

claro
alegre

lóbulo
prominencia
escotadura
cisura

local
sitio
lugar
espacio
recinto

municipal
provincial
regional
comarcal

nacional
universal

particular
específico

general
común

localidad
entrada

asiento
billete

población
aldea
pueblo
sitio

localismo
regionalismo
provincianismo
modismo
dialectalismo

localización
emplazamiento
situación
ubicación

delimitación
circunscripción
impedimento

localizar
situar
ubicar
colocar

limitar
delimitar
circunscribir

hallar
encontrar

loción
fricción
enjuague
colonia

loco
demente
perturbado
desequilibrado

cuerdo
sensato

imprudente
irreflexivo
alocado

locomoción
traslación
transporte
traslado

locomotora
máquina
tren

locuacidad
palabrería
charlatanería
verborrea

discreción
gravedad

locuaz
charlatán
hablador
parlanchín

callado
discreto

locución
expresión
frase
dicho
giro

locura
demencia
enajenación
alienación

cordura
lucidez

imprudencia
insensatez
disparate

prudencia
sensatez

locutor
presentador
comentarista
animador

locutorio
cabina
garita
confesionario

lodazal
cenagal
barrizal
ciénaga

lodo
fango
barro
cieno
légamo
limo

logia
asamblea
conciliábulo
reunión
junta

lógico
racional
dialéctico
deductivo

razonable

ilógico
absurdo

logística
estrategia
organización

movimiento
provisión
transporte

lograr
conseguir
obtener
alcanzar
conquistar

perder
fracasar

logro
consecución
resultado
éxito

loma
altozano
montículo
cerro

lombriz
gusano
verme

lomo
espalda
espinazo

lona
lienzo
tela

loncha
lonja
rodaja
rebanada

longevidad
supervivencia
persistencia
vitalidad

juventud

longitud
largo
largura
distancia

latitud

lonja
loncha
rodaja
tajada

atrio
galería
mercado

lontananza
lejanía
distancia
alejamiento

cercanía

loor
loa
alabanza
elogio

loro
papagayo

losa
lápida
estela

tumba
sepulcro

lote
parte
ración
porción

conjunto
juego

lotería
sorteo
rifa

loza
cerámica
porcelana

lozanía
verdor
frescura
frondosidad

sequedad

lozano
verde
fresco
frondoso
exuberante

marchito
lacio

lubricante
lubrificante
aceite
grasa

lubricar
lubrificar
engrasar

lúbrico
lascivo
lujurioso
libidinoso

casto

lubrificar
lubricar

lucerna
claraboya
lumbrera

lucero
astro
estrella
satélite

lucha
pelea
combate
contienda
batalla
guerra

paz
concordia
avenencia

luchador
guerrero
batallador
cambatiente

pacifista
conciliador

tenaz
perseverante
enérgico

pusilánime

luchar
batallar
guerrear
pelear
combatir

pacificar
conciliar

perseverar
trabajar
afanarse

lucidez
clarividencia
sagacidad
discernimiento
sensatez

ofuscación
simplicidad

lucido
lustroso
robusto
hermoso

feo
flaco

lúcido
inteligente
brillante
sagaz

torpe

luciérnaga
candela
noctiluca

lucifer
satanás
demonio
diablo

lucimiento
demostración
exhibición

éxito

logro
triunfo

lucir(se)
brillar
relucir
iluminar

apagarse

destacar
sobresalir
distinguirse

presumir
exhibir
jactarse

lucrarse
aprovecharse
beneficiarse
enriquecerse

desperdiciar
perder

lucrativo
beneficioso
rentable

ruinoso

lucro
beneficio
provecho
ganancia

pérdida

luctuoso
deplorable
lamentable
funesto
triste

lucubrar
elucubrar
reflexionar

velar
estudiar

luego
después
posteriormente
pronto

por consiguiente
por tanto

luengo
largo
prolongado
dilatado

corto

lugar
sitio
emplazamiento
zona
área
sector

momento
ocasión
tiempo

puesto
empleo
cargo

lugareño
pueblerino
aldeano
campesino
rústico

lugarteniente
comisionado
delegado

director
jefe

lúgubre
fúnebre
funesto
aciago
luctuoso

alegre

lujo
ostentación
riqueza
boato
opulencia

sencillez
pobreza

lujoso
suntuoso
fastuoso
opulento
pomposo

pobre
sencillo

lujuria
lascivia
concupiscencia
voluptuosidad

castidad
recato

lujurioso
lascivo
voluptuoso
impúdico
obsceno

casto
recatado

lumbre
llama
fuego

resplandor
destello
fulgor

lumbrera
claraboya
tragaluz

tronera
ventana

eminencia
genio
sabio

luminaria
iluminaria
luz
iluminación

luminosidad
luz
claridad
diafanidad

luminoso
brillante
radiante
refulgente

oscuro
apagado

luna
satélite
astro
planeta

espejo
cristalera

lunar
peca
mancha

defecto
falta
tacha

lunático
maniático
chalado
chiflado

cuerdo
reflexivo

lunch
refrigerio
piscolabis
colación
cóctel

lupa
lente
cristal

lupanar
mancebía
burdel
prostíbulo

lustrar
abrillantar
bruñir
pulir

empañar
deslucir

lustre
brillo
pulimento
tersura

prestigio
renombre
fama

lustro
quinquenio

lustroso
brillante
refulgente
resplandeciente

mate
apagado

rollizo

lozano
saludable

demarcado
enclenque

luto
duelo
pena
aflicción

alegría
fiesta

luxación
dislocación
descoyuntamiento
torcedura

luz
claridad
luminiscencia
luminosidad
iluminación
fulgor

oscuridad
tinieblas
sombra

candela
fuego
llama
candil
vela
bujía
bombilla

luzbel
diablo
demonio
lucifer
satanás

M

macabro
fúnebre
lúgubre
tétrico
siniestro

alegre
grato

macaco
simio
mono

insignificante

macadán
pavimento
firme
asfalto

macanudo
extraordinario
excelente
estupendo

despreciable

macarra
chulo
proxeneta

camorrista
gamberro

macarrón
pasta

tubo

macarrónico
impuro
defectuoso
incorrecto

grotesco
tosco

macedonia
mezcla
mezcolanza
miscelánea

macerar
ablandar
machacar

endurecer

maltratar
mortificar

maceta
tiesto
jardinera
florero

macillo

machacar
aplastar
pulverizar
triturar
moler

insistir
porfiar

ceder

machacón
porfiado
pesado
cargante

machada
hazaña
hombrada

necedad
estupidez

machete
cuchillo
navaja

macho
varón
hombre

hembra

mulo

acémila
semental

viril
varonil
masculino

afeminado

machón
pilar
pilastra

machote
fuerte
robusto
valiente

macilento
descolorido
desvaído
demacrado

robusto
vigoroso

macizo
compacto
sólido
firme

hueco
débil

sierra

cordillera
montaña

mácula
mancha
tacha

engaño
embuste
mentira

macuto
mochila
zurrón
costal

madeja
ovillo
bobina
rollo

madera
palo
viga
leño
tronco

madero
tronco
tarugo
tabla
tablón
viga
leño

madre
mamá

religiosa
hermana
sor

lecho
cauce
acequia

origen
causa

poso
sedimento

madriguera
guarida
cueva
cubil

madrina
comadre
protectora

madroño
borla
pompón

madrugada
amanecer
alba
alborada

madrugar
mañanear
amanecer

trasnochar

adelantarse
anticiparse
prever

retrasarse

madurar
sazonar
granar
fructificar

verdear

reflexionar
meditar
pensar

curtirse
avezarse

madurez
sazón
maduración

prudencia
sensatez
juicio

insensatez

maduro
adulto
desarrollado

verde

sensato
juicioso

inmaduro
insensato

maestra
profesora
educadora
instructora

experta
avezada

maestría
habilidad
pericia
destreza

impericia
torpeza

maestro
profesor
educador
instructor

alumno
discípulo

avezado
experto
hábil

inexperto

compositor
músico
artista

mafia
camorra
hampa

magdalena
desconsolada
penitente

bizcocho

magia
brujería
hechicería
nigromancia

prestidigitación
ilusionismo

encanto
seducción

mágico
fantástico
asombroso
maravilloso

brujo
hechicero

magisterio
enseñanza
instrucción
educación

sencillez
naturalidad

magistrado
juez
togado

magistral
ejemplar
genial
perfecto

imperfecto

magistratura
judicatura
juzgado

magma
lava
escoria

magnanimidad
generosidad
altruismo

ruindad

magnánimo
noble
generoso
altruista

ruin
miserable

magnate
potentado
poderoso
rico

magnético
imantado
inducido

atractivo
seductor

magnetismo
imantación
inducción

atracción
hechizo
fascinación

magnetizar
imantar
inducir

atraer
fascinar

magneto
generador
transformador

magnetófono
magnetofón
grabadora

magnicidio
regicidio
asesinato

magnificar
alabar
ensalzar

humillar

agrandar
aumentar

magnificencia
ostentación
suntuosidad
pompa

modestia

esplendidez
generosidad

tacañería

magnífico
espléndido
majestuoso
fastuoso

mísero
pobre

magnitud
dimensión
medida
tamaño

importancia
trascendencia

insignificancia

magno
grande
extenso
colosal

mínimo

excelso
magnífico
egregio

inferior

mago
brujo
hechicero

prestidigitador
ilusionista

magrear
manosear
palpar
sobar

magro
delgado
flaco

gordo

magulladura
magullamiento
contusión
hematoma

magullar
contusionar
señalar
marcar

mahometano
musulmán
islámico

mahometismo
islamismo

maíz
borona
mijo
panizo

majada
redil
aprisco
corral

majadería
sandez
bobería
estupidez

sensatez

majadero
estúpido
idiota
imbécil
bobo
mentecato
necio

listo

majar
machacar
triturar

molestar
importunar

majestad
esplendor
grandeza
realeza

humildad

majestuoso
augusto
señorial
solemne

modesto
sencillo

majo
simpático
agradable
guapo

chulo
chulapo

mono
coqueto
cuco

mal
daño
perjuicio
pérdida

beneficio

enfermedad
dolor
dolencia

salud

maldad
injusticia
vileza

bondad

incorrectamente

indebidamente
deficientemente

malabarismo
ilusionismo
prestidigitación

diplomacia
astucia

incompetencia

malabarista
ilusionista
equilibrista
funambulista

malandrín
malvado
bellaco
granuja

honrado

malaventura
adversidad
desgracia
infortunio

malcomer
ayunar
abstenerse
mortificarse

saciarse
hartarse

malcriado
consentido
mimado
grosero

educado
cortés

malcriar
maleducar
mimar
consentir

educar

maldad
mal
malicia
perversidad

bondad
nobleza

maldecir
blasfemar
despotricar
ofender
criticar

alabar
ensalzar

maldición
imprecación
blasfemia
juramento

alabanza

maldito
condenado
réprobo
malvado

bendito

maleabilidad
elasticidad
ductilidad
flexibilidad

dureza

docilidad
obediencia

rebeldía

maleable
dúctil
elástico
flexible

rígido
duro

dócil

obediente

rebelde
indócil

maleante
bandido
delincuente
malhechor

honrado

malear(se)
pervertir
corromper
estropear

enmendar

malecón
escollera
espigón
dique

maledicencia
murmuración
infundio

maleficio
embrujo
hechizo

maléfico
maligno
pernicioso
dañino

beneficioso

malestar
desazón
inquietud
desasosiego

bienestar

maleta
valija
maletín
equipaje

maletero
cargador
mozo

malevolencia
enemistad
rencor
odio

malévolo
malintencionado
malicioso
rencoroso

bondadoso

maleza
espesura
fronda
matorral

malformación
deformidad
deformación

malgastar
dilapidar
derrochar

administrar

malhechor
delincuente
maleante
ladrón

malherido
grave
moribundo

ileso

malhumor
enfado
enojo
ira

afabilidad

malhumorado
arisco
adusto
iracundo
disgustado

contento

malicia
maldad
malignidad
perversidad

bondad

astucia
sagacidad
sutileza

inocencia

picardía
disimulo
desconfianza

confianza

maliciar(se)
sospechar
recelar
desconfiar

confiar

malear
enviciar

malicioso
astuto
ladino

ingenuo
cándido

taimado
desconfiado

malvado
malintencionado

bondadoso

malignidad
maldad

malicia
perversidad

benignidad
bondad

maligno
malo
perverso
dañino

bueno

malla
red
tejido

armadura
cota

malmeter
indisponer
malquistar

conciliar

malmirado
desacreditado
desprestigiado

considerado

descortés
grosero
maleducado

educado
cortés

malo
malvado
maligno
pérfido
perverso

bueno
bondadoso

nocivo
dañino

peligroso
perjudicial

beneficioso
afortunado

enfermo
indispuesto

sano

estropeado
defectuoso
inservible

nuevo

travieso
revoltoso
enredador

dócil

penoso
laborioso
trabajoso

fácil

malograr(se)
fracasar
frustrar
estropear

lograr

maloliente
fétido
hediondo
pestilente

aromático

malparado
maltrecho
malogrado
estropeado

indemne
logrado

malparar
frustrar

deteriorar
estropear

cuidar
agasajar

malquerencia
aversión
hostilidad
inquina

afecto
simpatía

malquistar(se)
enemistar
indisponer
malmeter

discrepar
reñir
pelearse

conciliarse
avenirse

malsano
insalubre
insano
nocivo

malsonante
ofensivo
grosero

cacofónico

eufórico

maltratado
maltrecho
vejado

mimado

maltratar
deteriorar
estropear
ajar

mimar

ofender

injuriar
vejar

alabar
agasajar

maltrecho
estropeado
malparado

ileso

malva
violeta
violáceo
morado

malvado
pérfido
perverso
ruin
vil

bueno
bondadoso

malvender
depreciar
malbaratar
saldar

valorizar

malversación
desfalco
estafa
fraude

malversar
defraudar
desfalcar
engañar

reponer

mama
teta
ubre
seno
pecho

mamá
madre

mamar(se)
chupar
succionar
sorber

embriagarse
emborracharse

mamarrachada
estupidez
necedad
ridiculez

mamarracho
extravagante
ridículo
grotesco

elegante
distinguido

informal
voluble

mamón
lechón
lactante

desgraciado
borde
capullo

mamotreto
libraco
legajo

artefacto
armatoste
trasto

mampara
pantalla
biombo
bastidor

mampostería
construcción

albañilería
cantería

maná
manjar
alimento

manada
hato
rebaño

cuadrilla
caterva
muchedumbre

manantial
fuente
fontana
hontanar

fundamento
origen
principio

manar
brotar
fluir

abundar
sobrar

manazas
torpe
desmañado
chapucero

mancebía
prostíbulo
burdel
lupanar

mancebo
muchacho
adolescente
joven

dependiente
empleado
ayudante

mancera
esteva

mancha
borrón
lámpara
lamparón

desdoro
deshonra
baldón

manchado
sucio
pringado
mugriento

limpio
lavado

pintado
teñido

manchar(se)
ensuciar
embadurnar

limpiar
lavar

mancillar
ultrajar
deshonrar

mancilla
afrenta
ultraje
desdoro

mancillar
afrentar
vilipendiar
deshonrar

honrar
exaltar

manco
mutilado
lisiado

tullido
inválido

torpe
defectuoso
incompleto
imperfecto

perfecto
completo

**mancomu-
nar(se)**
asociar
unir
reunir

desunir

mancomunidad
agrupación
asociación
corporación

mandamás
mandón
gerifalte
patrón

mandamiento
mandato
orden
precepto
ley

mandar
ordenar
preceptuar
decretar
disponer

obedecer
acatar

gobernar
capitanear
dirigir
conducir

enviar
despachar

remitir
facturar

recibir

mandato
mandamiento
orden
disposición

poder
mando

mandíbula
maxilar
quijada

mandil
delantal
guardapolvo

mando
autoridad
superioridad
poder
potestad
caudillaje

mandoble
tajo
cuchillada
corte

golpe
bofetada

espadón
sable

mandolina
bandolina

mandón
mandamás
jefe
cabecilla

manecilla
aguja
saeta

manejable
manipulable
cómodo

pesado
incómodo

dócil
obediente
sumiso

rebelde
insumiso

manejar
utilizar
usar
coger

conducir
guiar
regir

manejo
empleo
uso

ardid
apaño

conducción
dirección

manera(s)
modo
método
forma

modales
ademanes

manga
bocamanga

tifón
tromba

mangante
caco
ladrón
chorizo

gorrón

sablista
pedigüeño

mangar
hurtar
robar

mango
asidero
agarradero
empuñadura

mangonear
mandar
disponer
manipular

mangoneo
intromisión
intrusión

manguera
manga
tubo

manguito
funda
protección

tubo
cilindro

manía
rareza
extravagancia
excentricidad

sensatez
cordura

antipatía
aversión
rabia

afecto

afición
apego

delirio
furor
furia

maniaco
lunático
obseso
enajenado

sensato
cuerdo

maniatar
atar
sujetar
inmovilizar

desatar
liberar

maniático
maniaco

manicomio
sanatorio
psiquiátrico

manido
manoseado
sobado
trivial

actual
original

manifestación
declaración
exhibición
exposición
muestra

ocultación

reunión
concentración

manifestar(se)
expresar
exponer
declarar

ocultar
callar

protestar
mostrarse

manifiesto
claro
indudable
evidente
notorio

oculto
encubierto

declaración
proclama

manija
empuñadura
mango
manubrio

manilargo
despilfarrador
derrochador
manirroto

avaro
tacaño

mangante
ratero
caco

manilla
pulsera
brazalete

aguja
manecilla

maniobra
operación
ejercicio
práctica

empleo
uso
manejo

artimaña
ardid
intriga
maquinación
treta

maniobrar
evolucionar
marchar
desfilar

manipular
manejar
utilizar

maquinar
intrigar
tramar
urdir

manipulación
utilización
manejo
uso
empleo

adulteración
falsificación

manipular
manejar
utilizar
emplear

abandonar
dejar

mangonear
dirigir
entremeterse

permitir
someterse

adulterar
falsificar
viciar

maniquí
figura
muñeco

modelo

manirroto
despilfarrador
derrochador

tacaño
mezquino

manivela
manubrio
manillar
empuñadura

manjar
alimento
comestible
vianda

mano
garra
zarpa
palma

lado
costado
flanco

baño
capa
pintura

pericia
habilidad
facilidad
destreza

turno
jugada
tirada

poder
mando
influencia
influjo

ayuda
auxilio
asistencia

tunda
somanta
castigo

manojo
racimo
ramillete
ramo

manosear
sobar

toquetear
deslucir
deslustrar
magrear

manoseo
sobo
toqueteo
magreo

manotazo
bofetada
guantazo
tortazo
cachete

mansedumbre
docilidad
sumisión
sometimiento
humildad

intemperancia
ira

mansión
residencia
vivienda
palacio

manso
dócil
sosegado
sumiso
tranquilo

inquieto
airado

domado
domesticado
amansado

salvaje

manta
cobertor
edredón

mantear
vapulear

levantar
sacudir

manteca
grasa
sebo
saín

mantecoso
grasiento
seboso
craso

obeso
gordo

mantel
tapete
lienzo
paño

mantelería
mantel
cubremantel

mantener(se)
alimentar
nutrir
sustentar
sostener

ayunar

amparar
apoyar
ayudar
proteger

desasistir

conservar
custodiar

perseverar
resistir
aguantar

cejar
renunciar

mantenimiento
sostenimiento

conservación
sustento

abandono
desinterés

mantequilla
manteca
margarina

mantilla
toca
velo
manto

mantillo
humus
abono
estiércol

manto
túnica
manteo
toga

yacimiento
estrato
veta

mantón
chal
manto

manual
artesano
artístico
casero

manejable
portátil

compendio
sumario

manubrio
empuñadura
mango

manufactura
producto

obra
fabricación

fábrica
industria
taller

manufacturar
fabricar
elaborar
confeccionar

manuscrito
hológrafo
original

impreso

manutención
alimentación
sustento

conservación
sostenimiento

manzana
poma

bloque
cuadra
isla

manzanilla
camomila

maña
habilidad
agilidad
destreza

torpeza
inhabilidad

treta
truco
ardid

hábito
costumbre
vicio

mañana
futuro
porvenir

mañoso
hábil
habilidoso
diestro

torpe
inhábil

mapa
plano
carta
atlas

maqueta
modelo
prototipo
proyecto

maquiavélico
taimado
astuto
falaz

noble
sincero

maquillaje
afeite
cosmético

maquillar(se)
acicalar
pintar
arreglar

máquina
aparato
mecanismo
herramienta
motor

maquinación
complot
conspiración

confabulación
conjura

maquinal
mecánico
instintivo
involuntario

deliberado
consciente

maquinar
tramar
urdir
conspirar

maquinaria
máquina
mecanismo

maquinista
mecánico
conductor

mar
océano
piélago

abundancia
cantidad

maraña
broza
hojarasca
maleza
espesura

enredo
engaño
intriga
embuste

confusión
lío
barullo

marasmo
inmovilidad
paralización

apatía
atonía

actividad
vigor

maravilla
portento
prodigio
milagro

maravillado
estupefacto
extasiado
encandilado
impresionado

decepcionado
desilusionado

maravillar(se)
admirar
asombrar
pasmar
fascinar

decepcionar
desilusionar

maravilloso
excelente
fantástico
portentoso
prodigioso

natural
ordinario

marca
signo
señal
lema
distintivo

cuño
timbre
rúbrica
firma

récord
prueba
resultado

marcado
destacado
acentuado

dudoso
inadvertido

herido
magullado

impresionado
afectado
traumatizado

marcador
señalador
grabador
registrador

contador
tanteador

marcar(se)
señalar
señalizar
sellar

caracterizarse
distinguirse
destacar

recalcar
destacar
perfilar

impresionar
conmocionar
afectar

puntuar
apuntarse
anotar

marcha
paso
movimiento
desplazamiento
expedición

inmovilidad
permanencia

partida

salida
despedida

vuelta
regreso

trayectoria
tendencia
curso
rumbo

himno
toque

marchante
comerciante
traficante
negociante

marchar(se)
caminar
andar
avanzar

detenerse
pararse

salir
partir
zarpar
ausentarse
largarse

volver
regresar

funcionar
accionar
actuar

marchitar(se)
agostarse
secarse

florecer
verdear

decaer
envejecer
palidecer

vigorizarse
rejuvenecer

marchito
agostado
ajado
mustio

florido
lozano

marchoso
animado
gracioso

serio
aburrido

marcial
militar
bélico

intrépido
osado
atrevido

marcialidad
gallardía
bizarría
arrojo

marco
cerco
recuadro
cuadro

ambiente
atmósfera
entorno

marea
pleamar
bajamar
flujo

mareado
aturdido
desfallecido
desmayado

marear(se)
cansar
fastidiar

aturdir

baquetear
navegar

desmayarse
desvanecerse
desplomarse

reponerse
recuperarse

marejada
oleaje

agitación
excitación
exaltación

maremágnum
desorden
confusión

abundancia
profusión
cantidad

maremoto
seísmo

mareo
desmayo
desfallecimiento

fastidio
agobio

marfil
eburno
colmillo

margarina
mantequilla

margen
orilla
borde
canto
arista

espacio

blanco
lado

ganancia
beneficio
rendimiento

diferencia
aproximación
tolerancia

marginal
lateral
secundario

central
principal

marginar
postergar
relegar
apartar

admitir
apreciar

marica
homosexual
afeminado

maridaje
unión
conformidad
concordancia

desunión
discrepancia

maridar
unir
enlazar
acoplar
casar

marido
consorte
cónyuge
esposo

marihuana
mariguana
hierba

marimandona
autoritaria
dominante
mandona
mangoneadora

dócil
obediente

marimorena
camorra

marina
armada
flota
escuadra

litoral
costa
ribera

marinero
marino

marino
navegante
marinero
tripulante

marítimo
náutico
naval

marioneta
títere
fantoche

mariposa
alevilla
insecto
polilla

lamparilla
candelilla

marica
afeminado

mariposear
revolotear
pulular

cambiar
variar
mudar

mariquita
marica
afeminado

cochinilla

marisma
pantano
ciénaga
marjal

marital
conyugal
matrimonial

marítimo
marino
náutico

maritornes
asistenta
criada
sirvienta

marimacho

marmita
cacerola
olla

mármol
alabastro
jaspe
serpentina

marmóreo
alabastrino
marmoleño

marmota
dormilón
lirón

soñoliento
poltrón

maroma
soga
cuerda
cabo

marqués
noble
aristócrata

marquesina
baldaquín
cubierta
cobertizo

marquetería
ebanistería
taracea
incrustación

marranada
guarrería
suciedad
porquería

limpieza
pulcritud

desaire
desprecio
feo

atención
delicadeza

marrano
cerdo
puerco
cochino

desaseado
sucio

limpio
aseado

marrar
errar

fallar
equivocarse

acertar
atinar

marro
regate
quiebro
ladeo

marrón
castaño
pardo

marroquí
magrebí
árabe
moro

marrullería
treta
ardid
artimaña

marrullero
tramposo
artero
taimado

martillar
martillear
remachar
clavar

martillazo
golpe
percusión

martillo
mazo
maza
mallo

martinete
batán
pilón
mazo

martingala
marrullería
argucia
treta

mártir
sacrificado
torturado
supliciado

martirio
suplicio
tortura
tormento

dolor
pena
angustia

martirizador
torturador
atormentador
verdugo

martirizar(se)
atormentar
torturar
sacrificar

afligir
angustiar
atribular

marxismo
comunismo

marxista
socialista
comunista

capitalista

mas
pero
aunque

más
aumento
acrecentamiento

menos

masa
mezcla
pasta
argamasa

volumen
conjunto
reunión

masacrar
matar
asesinar
exterminar

masacre
exterminio
aniquilamiento
inmolación

masaje
fricción
frotación

masar
amasar
frotar

mascar
masticar
triturar

máscara
antifaz
careta
disfraz

disimulo
ocultación
embozo

franqueza
sinceridad

cabezudo
gigantón

mascarada
carnaval
mojiganga
comparsa

engaño
farsa

mascarilla
máscara
antifaz
careta

mascarón
figura
adorno

mascota
amuleto
fetiche
talismán

masculinidad
virilidad
hombría

feminidad

masculino
varonil
viril

mascullar
farfullar
murmurar
cuchichear

masía
finca
masada

masilla
engrudo
pasta
masa

masivo
grande
colectivo
intensivo

masón
francmasón

masonería
francmasonería

masoquismo
perversión
sadismo

mastelero
mástil
arboladura

masticación
trituración
mascadura

masticar
mascar
triturar
desmenuzar

mástil
asta
palo
mastelero

mastodonte
mamut

voluminoso
gigantesco
colosal

diminuto

mastuerzo
majadero
necio
estúpido

masturbación
onanismo

mata
arbusto
matojo
matorral

matadero
desolladero
degolladero

matador
criminal

asesino
homicida

torero
diestro
espada

matadura
herida
llaga
úlcera

matanza
degollina
carnicería
escabechina

matar(se)
asesinar
ajusticiar
ejecutar

acabar
terminar
suprimir

calmar
satisfacer
saciar

angustiarse
afanarse
desazonarse

matarife
carnicero
matachín

matasanos
curandero
mediquillo
medicucho

matasellos
estampilla

matasiete
bravucón
matón
perdonavidas

mate
opaco
deslucido
pálido

brillante

matemáticas
aritmética
cálculo

matemático
exacto
cabal
preciso

aproximado

materia
sustancia
elemento
ingrediente

asunto
razón
causa

asignatura
disciplina

material
palpable
tangible
corpóreo

inmaterial
espiritual

ingrediente
componente

práctico
pragmático

soñador
idealista

materialista

instrumental
instrumento
herramienta

materialidad
apariencia
aspecto
forma

inmaterialidad

materialismo
pragmatismo
realismo

idealismo
utopía

materialista
empírico
pragmático
práctico

idealista
altruista

materializar(se)
realizar
concretar

maternal
materno
afectuoso
cariñoso

maternidad
concepción
gravidez

materno
maternal

matiz
tono
viso
tonalidad
grado

matizar
suavizar
difuminar

destacar
realzar

matojo
mata
arbusto

matón
pendenciero
bravucón

matorral
boscosidad
maleza

matraca
carraca

tabarra
insistencia
machaconería

matrícula
registro
inscripción
documento

matriculación
registro
lista

matricular
inscribir
registrar
alistar

matrimonial
conyugal
marital
nupcial

matrimonio
boda
casamiento
desposorio

soltería

cónyuges
consortes
esposos

matriz
útero
seno

molde
cuño
troquel

matrona
comadrona
comadre
partera

matutino
matinal
temprano

nocturno
vespertino

maula
holgazán
remolón

maullar
mayar
miar

mausoleo
panteón
cripta

maxilar
quijada
mandíbula

máxima
sentencia
axioma
proverbio

máxime
primeramente
principalmente

máximo
supremo
sumo

enorme
colosal

mínimo
inferior

extremo
límite

mayestático
majestuoso
solemne

sencillo
sobrio

mayonesa
mahonesa

mayor
superior
grande

menor
inferior

anciano
veterano
viejo

jefe
decano
cabeza

mayoral
capataz
encargado

conductor
cochero

mayorazgo
primogenitura

primogénito
heredero

mayordomo
maestresala
intendente
encargado

mayores
antepasados
ascendientes
progenitores

descendiente

mayoría
generalidad
totalidad
pluralidad

minoría

superioridad
representación
quórum

mayorista
comerciante
almacenista

mayúscula
versal
capital

mayúsculo
grande
considerable
enorme

minúsculo

maza
mazo
maceta

mazacote
masa
pasta
bazofia

pesadez
chapucería

mazazo
martillazo
golpe

impresión
impacto

mazmorra
celda
calabozo
cárcel

mazo
maza
martillo

manojo
fajo
gavilla

mazorca
panoja
panocha

meada
micción
orina
pis

meandro
recodo
curva

meapilas
santurrón
beato

mear
orinar
evacuar

mecánica
funcionamiento
marcha
movimiento

mecanismo
aparato
artefacto

física
cinemática
dinámica

mecánico
maquinal

instintivo
involuntario

premeditado

dinámico
móvil

operario
maquinista
técnico

mecanismo
dispositivo
máquina
aparato

mecanizar
automatizar
motorizar

mecanografía
estenotipia

mecanógrafo
secretario
oficinista
taquimecanógrafo

mecedora
silla
balancín
hamaca

mecenas
patrocinador
protector

mecenazgo
patrocinio
protección

mecer
balancear
oscilar
acunar

mecha
pabilo

filamento
torcida

mechón
pelo

mechero
encendedor
chisquero

mechón
bucle
mecha
rizo

medalla
medallón
placa

condecoración
distinción
galardón

médano
duna
arenal

media
calcetín
panty

mediación
intercesión
arbitraje
conciliación

mediado
incompleto
inconcluso

completo
total

mediador
intermediario
intercesor
árbitro

medianero
vecino

adyacente
confinante

medianía
mediocridad
vulgaridad
trivialidad

eminencia

mediano
regular
intermedio
mediocre

importante

medianoche
bollo

mediar
moderar
conciliar
arbitrar

inhibirse

mediato
anexo
cercano
próximo

alejado

medible
mesurable
ponderable

medicación
tratamiento
terapéutica

medicamento
medicina
fármaco
antídoto
remedio

medicastro
medicucho
matasanos

medicina
medicamento
específico
fármaco

medicinal
curativo
terapéutico
medicamentoso

medicinar(se)
tratar
recetar
curar

medición
medida
evaluación
cálculo

médico
galeno
doctor
facultativo
terapeuta

medida
medición
dimensión
extensión
tamaño

decisión
disposición
orden
norma
mandato

moderación
mesura
cordura

inmoderación

medidor
contador
comprobador

medio(s)
mitad
centro

periferia

método
manera
modo
forma

ámbito
ambiente
entorno
hábitat

mediano
mediocre

bienes
fortuna
recursos
ingresos

mediocre
mediano
vulgar

mediocridad
vulgaridad
mezquindad
medianía

magnífico
excelente

mediodía
sur

medir(se)
calcular
calibrar
evaluar
valorar
contar

competir
enfrentarse

meditabundo
absorto

abstraído
pensativo

meditación
abstracción
atención
reflexión
examen

meditar
pensar
recapacitar
reflexionar
cavilar

mediterráneo
meriodional
latino

costero
marítimo

médium
espiritista
ocultista

medrar
prosperar
progresar
mejorar

disminuir
empeorar

medroso
miedoso
apocado
cobarde
pusilánime

atrevido
osado

medula
tuétano
caña
meollo

medular
esencial

fundamental
principal

medusa
aguamala
aguamar

mefistofélico
diabólico
demoniaco

angelical

megáfono
altavoz
amplificador

megalomanía
ansia
delirio
fantasía

megalómano
fantasioso
vanidoso
maniático

mejilla
cara
carrillo
moflete
pómulo

mejor
superior
preferible
deseable
sobresaliente

peor
inferior

mejora
mejoramiento
progreso
aumento
prosperidad
mejoría

deterioro
empeoramiento

mejorar(se)
aumentar
acrecentar
renovar
regenerar
modernizar

empeorar
perder

progresar
prosperar
ascender
medrar

despejar
aclarar
abonanzar

recuperarse
aliviarse
restablecerse
curarse

mejoría
alivio
curación
restablecimiento
convalecencia

empeoramiento
retroceso

mejunje
pócima
potingue
brebaje

melancolía
tristeza
aflicción
pena
nostalgia
añoranza

alegría
ilusión

melancólico
triste
afligido

nostálgico
apesadumbrado

ilusionado
optimista

melaza
azúcar
miel

melena
cabellera
cabello
pelo

melenudo
peludo
desmelenado

rapado
calvo

melifluo
dulzón
melindroso
meloso

duro
sencillo

melindre
remilgo
ñoñez
amaneramiento

sencillez
sobriedad

melindroso
ñoño
cursi
mimoso

natural
sencillo

mella
melladura
hendidura

desperfecto
deterioro

mellado
dentado
desgastado
romo

entero
completo

mellar
dentar
gastar
desgastar

mellizo
gemelo
mielgo

idéntico
parecido
semejante

melocotón
albérchigo
durazno

melodía
musicalidad
armonía
acorde

discordancia

melódico
melodioso
armónico
acorde
musical

inarmónico
desacorde

dulce
agradable
grato

melodrama
drama
tragedia
tragicomedia

melodramático
trágico
dramático

melón
badea

torpe
necio
ceporro

melopea
borrachera
curda
embriaguez

meloso
dulzón
melifluo
empalagoso

membrana
tegumento
epitelio
mucosa

membrete
encabezamiento
título
rótulo

membrudo
robusto
fornido
musculoso

débil
escuchimizado

memento
memorándum
vademécum

memez
tontería
bobada
sandez

agudeza
agilidad

memo
estúpido
tonto
simple

memorable
célebre
afamado
famoso

insignificante

memorándum
vademécum
agenda
libreta

comunicación
nota

memoria
recuerdo
evocación
retentiva

olvido
amnesia

gloria
fama
popularidad

estudio
resumen
escrito

memorial
instancia
solicitud
demanda

memorizar
recordar
retener
empollar

olvidar

menaje
ajuar

equipaje
enseres

material
utillaje

mención
cita
referencia
evocación
alusión

omisión
olvido

mencionado
citado
aludido
indicado

omitido
olvidado

mencionar(se)
referir
aludir
citar

omitir
olvidar

mendicante
indigente
mendigo
pordiosero

mendicidad
mendicación
indigencia

opulencia

mendigar
limosnear
pordiosear
pedir

mendigo
mendicante
pobre
pordiosero

rico

mendrugo
corrusco
cuscurro

zote
tarugo
torpe
ceporro

listo
despierto

menear(se)
agitar
mover
remover

regir
gestionar
gobernar

meneo
sacudida
agitación
zarandeo

somanta
zurra
paliza

menester
carencia
falta
necesidad

abundancia
cantidad

ocupación
empleo
cargo

menesteroso
indigente
pobre

menestral
artesano
obrero
operario

mengano
fulano
zutano
perengano

mengua
disminución
rebaja
merma

aumento

escasez
falta

abundancia

afrenta
deshonra
deshonor

menguado
mezquino
miserable
pusilánime

menguante
decreciente
declinante
decadente

ascendente
creciente

descenso
disminución

menguar
disminuir
mermar
decrecer
encoger

aumentar
crecer

menopausia
climaterio

menor
pequeño

chico
mínimo

mayor
superior

niño
párvulo
benjamín

menos
excepto
salvo

escasez
carencia

menoscabar
reducir
disminuir
acortar

aumentar
agrandar

desacreditar
desprestigiar
deshonrar

menoscabo
disminución
merma
mengua

aumento
mejora

descrédito
desdoro

**menospre-
ciar(se)**
despreciar
desdeñar
desairar

apreciar
justipreciar

menosprecio
desprecio
desdén

desestima
desconsideración

aprecio
justiprecio

mensaje
aviso
recado
comunicación
anuncio

mensajero
recadero
comisionado
enviado

menstruación
menstruo
período
regla

menstruar
sangrar

mensualidad
salario
sueldo
haberes

ménsula
repisa
rinconera
estante

moldura
resalto

mensurar
medir

menta
hierbabuena

mental
cerebral
espiritual
intelectual

material
corporal

mentalidad
peculiaridad
característica
pensamiento

mentar
citar
mencionar
nombrar

omitir
olvidar

mente
entendimiento
inteligencia
pensamiento

propósito
intención
idea

mentecato
botarate
majadero
memo

listo
sensato

mentir
engañar
falsificar
fingir

mentira
embuste
falsedad
trola
engaño

verdad
veracidad

mentiroso
embustero
engañoso
falaz
farsante

veraz
sincero

mentís
desmentido
desaprobación

ratificación

mentón
barbilla
mandíbula
prominencia

mentor
consejero
maestro
preceptor

menú
minuta
carta

repertorio
lista

menudear
frecuentar
soler

detallar
puntualizar

menudencia
insignificancia
nimiedad
minucia
bagatela

menudo
pequeño
minúsculo

grande

meollo
centro
núcleo
fundamento

superficie
exterior

juicio

inteligencia
entendimiento

mequetrefe
tarambana
zascandil
botarate

serio
responsable

mercachifle
buhonero
mercader

mercader
comerciante
negociante

mercadería
mercancía
género
existencias

mercado
plaza
feria
lonja
zoco

mercancía
mercadería

mercantil
mercante
comercial

mercantilismo
industrialismo
explotación
interés

mercar(se)
comprar
vender
comerciar

merced
gracia
don

dádiva
privilegio

piedad
perdón
indulgencia

mercenario
soldado
mesnadero

jornalero
asalariado

mercería
sedería
lencería

mercurio
azogue
hidrargirio

merecedor
acreedor
digno

indigno
deudor

merecer
meritar
ganar
lograr

desmerecer
perder

merecido
meritorio
justo

injusto

merecimiento
mérito
derecho

demérito
defecto

merendar(se)
comer

apropiarse
apoderarse

merendero
glorieta
templete
cenador

meretriz
prostituta
ramera

meridiano
claro
evidente
obvio

confuso
impreciso

mediodía
círculo

meridional
antártico
austral
sureño

septentrional

merienda
refrigerio
tentempié
aperitivo

mérito
valor
interés
valía

merecimiento
derecho

demérito

meritorio
loable
encomiable

indigno

aprendiz
auxiliar

merluza
borrachera
embriaguez
curda

merma
mengua
disminución
desgaste

aumento

mermar(se)
disminuir
decrecer
menguar

aumentar
incrementar

mermelada
confitura

mero
puro
simple
solo

merodeador
vagabundo
malhechor

merodear
vagar
deambular
rondar

mes
mensualidad
período
tiempo

menstruación
regla

mesa
escritorio
consola
camilla

mesar(se)
arrancar
tirar

meseta
altiplanicie
altiplano

descansillo
rellano

mesnada
tropa
partida
banda
hueste

mesón
taberna
posada
venta

mesonero
ventero
tabernero
posadero

mestizaje
cruce
mezcla
combinación

mestizo
cruzado
híbrido
mulato

mesura
moderación
cordura
prudencia

mesurar(se)
moderar
calmar
aplacar

extralimitarse

meta
final
límite
finalidad
objetivo

inicio
comienzo

remate
extremo
término

portería
puerta

metabolismo
transformación
asimilación

metafísica
filosofía
trascendentalismo

metafísico
abstracto
teórico

metáfora
alegoría
símbolo

realidad

metafórico
alegórico
simbólico

real

metal
aleación
mineral

metálico
efectivo
dinero

metalurgia
siderurgia

metalistería
transformación

metamorfosis
transformación
transfiguración
transmutación

metaplasmo
apócope
aféresis
elisión
síncopa

meteorito
aerolito
bólido

meteorología
climatología

meter(se)
insertar
introducir
embutir
empotrar
penetrar
encerrar

sacar

encajonar
encestar
embalar

entrometerse
intervenir
inmiscuirse

meticulosidad
minuciosidad

meticuloso
minucioso
detallista
puntilloso

negligente
chapucero

medroso

miedoso
cobarde

atrevido
valiente

metódico
cuidadoso
sistemático
ordenado

desordenado

método
procedimiento
sistema
táctica
manera
modo

desorden

uso
costumbre

metomentodo
entremetido
cotilla

metralla
munición
proyectil
cascote

metralleta
subfusil
ametralladora

metro
medida
patrón

metropolitano

metrópoli
capital
ciudad
urbe

patria
nación

metropolitano
arzobispal

metro

mezcla
amalgama
aleación
combinación
conjunto
composición
compuesto

mezclado
compuesto
combinado
asociado
revuelto

separado
aislado

mezclar(se)
combinar
juntar
incorporar
unir
revolver
agitar

separar
aislar

injerirse
inmiscuirse
entrometerse

mezcolanza
mezcla
revoltijo
amasijo

mezquindad
cicatería
ruindad
tacañería
egoísmo

liberalidad
esplendidez

mezquino
cicatero
ruin
tacaño
roñoso

liberal
espléndido
dadivoso

mezquita
morabito
rábida

miaja
migaja
miga

miasma
efluvio
emanación
irradiación

micción
orina
meada
pis

mico
mono
macaco

adefesio
feo
coco

microbio
microorganismo
bacteria
bacilo
virus

microfilme
fotografía
película

**microorga-
nismo**
microbio

microscópico
diminuto
minúsculo
insignificante
imperceptible

miedo
temor
terror
pavor
pánico
espanto
horror

valor

miedoso
medroso
asustadizo
pusilánime
temeroso
timorato
cobarde

valiente
valeroso

miembro
extremidad
órgano
parte
sección

pene
falo

socio
cofrade
elemento
componente

mientras
entretanto
durante

mierda
excremento
deyección

defecación
deposición

suciedad
porquería

birria
bodrio
chapuza

borrachera
curda

mies
espiga
grano
cereal

miga
migaja

miaja
pizca
partícula

meollo
núcleo
enjundia

migaja
miga
miaja

migración
emigración
inmigración

migraña
hemicranea
jaqueca
neuralgia

mil
millar

milagrero
charlatán
cuentista
embaucador

milagro
prodigio
portento
fenómeno

milagroso
portentoso
prodigioso
sobrenatural

corriente
natural

milenario
aniversario
conmemoración

antiguo
vetusto
arcaico

nuevo
moderno

milicia
ejército
tropa
legión

miliciano
soldado
combatiente
guerrillero

militante
afiliado
asociado
socio

militar
soldado
guerrero
combatiente

civil
paisano

marcial
castrense

servir
cumplir

militarismo
agresividad
belicismo
marcialidad

pacifismo
antimilitarismo

militarizar
movilizar
reclutar
disciplinar

licenciar

millar
mil

millonario
multimillonario
acaudalado
potentado

pobre
indigente

mimado
consentido
malcriado

educado
obediente

mimar
acariciar
halagar
regalar

malcriar
consentir

educar

mimbre
mimbrera

mimético
mímico
imitativo

enrolarse
alistarse

mimetismo
adaptación
imitación
ocultación

mímica
ademán
gesticulación
pantomima

mímico
mimético
imitativo
representativo

mimo
caricia
cariño
carantoña

complacencia
condescendencia
tolerancia

mimoso
mimado
consentido
melindroso

zalamero
cariñoso
delicado

arisco
antipático

mina
yacimiento
criadero
filón
veta

minar
excavar
socavar
barrenar

debilitar
consumir
extenuar

mineral
inorgánico
pétreo
mineralógico

minería
explotación
excavación
perforación

miniatura
reducción

minimizar
empequeñecer
disminuir
minusvalorar

agigantar

mínimo
minúsculo
diminuto
exiguo
menudo

máximo
grande

ministerial
gubernamental
administrativo

ministerio
departamento
administración
cartera

ocupación
empleo
profesión

ministro
administrador
funcionario

agente
representante
delegado

minorar
disminuir
reducir
atenuar

aumentar
realzar

minoría
minoridad

oposición
facción

mayoría

minorista
comerciante

minucia
menudencia
insignificancia
nimiedad

importancia

minuciosidad
meticulosidad
escrupulosidad
miramiento

minucioso
meticuloso
detallista
cuidadoso
perfeccionista

superficial
negligente

minúsculo
diminuto
mínimo
pequeño

mayúsculo
grande

minusválido
incapacitado
inválido

minusvalorar
subestimar
infravalorar

minuta
anotación
nota
apunte

factura
cuenta
honorarios

minutero
aguja
manecilla
saeta

minuto
tiempo
lapso

miope
cegato

mira
intención
propósito
idea

mirada
ojeada
vistazo
examen

mirador
observador
oteador

galería
corredor
balcón

miramiento
atención
cautela
cuidado
prudencia

desconsideración

mirar(se)
ver
observar
ojear
otear
contemplar

pensar
reflexionar
juzgar
considerar

apuntar
dirigirse
encañonar

apreciar
estimar
admirar

atender
cuidar
velar

atañer
concernir
tocar

lindar
dar
limitar

mirilla
ventanillo
abertura
rejilla

mirón
curioso
cotilla
fisgón

discreto
recatado

voyeur

misa
ceremonia
celebración
rito

misacantano
sacerdote
celebrante

misal
breviario
devocionario

misantropía
retraimiento
insociabilidad
hosquedad

cordialidad
filantropía

misántropo
insociable
retraído
arisco

sociable
cordial
filántropo

miscelánea
mezcla
variedad
combinación

miserable
menesteroso
indigente
pobre

rico
acaudalado

desdichado
desgraciado
infeliz

dichoso
afortunado

avaro
tacaño
roñoso

espléndido
generoso

despreciable

abyecto
perverso

noble
honrado

miseria
pobreza
indigencia
escasez

riqueza
opulencia

desventura
desgracia
infortunio

felicidad

avaricia
tacañería
mezquidad

generosidad

misericordia
piedad
compasión
clemencia

inhumanidad
dureza

clemencia
gracia
perdón

inflexibilidad

misericordioso
clemente
compasivo
bondadoso
caritativo

inhumano

mísero
desgraciado
infeliz

desdichado
infortunado

afortunado

pobre
indigente
necesitado

rico
acaudalado

escaso
corto
exiguo
raquítico

abundante

miserable
avaro
mezquino

desprendido
espléndido

misión
cometido
tarea
trabajo
encargo

delegación
embajada
comisión

misionero
apóstol
evangelizador

misiva
carta
epístola

mismo
análogo
igual
idéntico
exacto

distinto
diferente

misterio
secreto
enigma
arcano

evidencia
claridad

misterioso
enigmático
secreto
oculto
encubierto

claro
manifiesto

mística
espiritualidad
contemplación

misticismo
mística
contemplación
éxtasis
ascetismo

místico
contemplativo
espiritual
ascético

mitad
centro
medio

fracción
parte
porción

entero
doble

mítico
mitológico
legendario
fabuloso

mitificar
endiosar
divinizar

mitigar(se)
suavizar
paliar
moderar
calmar

incrementar
exacerbar

mitin
asamblea
junta
concentración

arenga
sermón
charla

mito
fábula
leyenda
ficción
quimera

mitología
mito
cosmogonía
teogonía

mitológico
fabuloso
legendario

mitra
diócesis
obispado
sede

mitrado
prelado
obispo
arzobispo

mixtificación
adulteración
falsificación

mixtificar
adulterar

falsificar
disfrazar

mixto
compuesto
mezclado
complejo

simple

cerilla
fósforo

mixtura
composición
mezcla

pócima
medicina

mobiliario
moblaje
menaje
ajuar

mocedad
adolescencia
juventud
pubertad

ancianidad
vejez

mocetón
mozallón
corpulento
hombretón

mochila
macuto
morral
zurrón

mocho
desmochado
chato
romo

puntiagudo

mochuelo
carga
encargo
muerto

despiste
lapsus
omisión

moción
proposición
propuesta
iniciativa
sugerencia

movimiento
desplazamiento

moco
mucosidad
secreción
flema

mocoso
mucoso
viscoso

chiquillo
crío
rapaz

moda
uso
costumbre
boga
novedad

desuso
antigüedad

modales
formas
maneras
modos

modalidad
modo
forma
manera
particularidad
peculiaridad

modelar(se)
moldear
configurar
cincelar
tallar
esculpir
fomar

modélico
ejemplar
prototípico
arquetípico

modelo
tipo
prototipo
arquetipo
ejemplo
ejemplar

copia
imitación
reproducción

moderación
mesura
medida
comedimiento
tolerancia
sensatez
juicio

abuso
exceso
destemplanza

moderado
mesurado
templado
comedido
prudente
sobrio

abusivo
extremado

moderador
árbitro
conciliador
pacificador

moderar(se)
calmar
mitigar
aliviar
aplacar
frenar
refrenar

exagerar
abusar

contenerse
dominarse
reportarse
controlarse

regular
reglar

modernidad
novedad
actualidad
renovación
innovación

antigüedad

modernizar
actualizar
remozar
rejuvenecer
renovar

envejecer

moderno
nuevo
actual
renovado
flamante
reciente

antiguo
obsoleto

modestia
sencillez
humildad
sobriedad
timidez

inmodestia

presunción
ostentación

pobreza
moderación
templanza

recato
pudor
decoro

modesto
humilde
sencillo
moderado
sobrio
austero

orgulloso
altivo

recatado
decente
decoroso
púdico

indecoroso
impúdico

módico
económico
barato
asequible

caro

modificable
variable
alterable
cambiable
transformable

invariable
inalterable

modificación
cambio
reforma
transformación
alteración
corrección

modificar(se)
cambiar
mudar
alterar
variar
rectificar

ratificar
permanecer

modismo
locución
giro
expresión
dicho

modista
diseñadora
creadora
sastra
costurera

modisto
diseñador
creador

sastre

modo
modalidad
forma
manera
método
procedimiento

costumbre
estilo
talante

modorra
somnolencia
soñera
letargo
sopor

modoso
circunspecto
discreto
educado

recatado
reservado

descarado

modular
pronunciar
articular
entonar
vocalizar

módulo
medida
canon
patrón
regla

mofa
burla
befa
escarnio
chanza

respeto

mofarse
burlarse
guasearse
escarnecer
agraviar

respetar

mofeta
zorrillo

moflete
carrillo
mejilla
cachete

mofletudo
carrilludo
rollizo
gordo
gordinflón

mogollón
multitud

cantidad
muchedumbre

alboroto
barullo
lío
follón
jaleo

mohín
gesto
guiño
mueca

mohíno
enojado
disgustado
contrariado
enfurruñado

contento
alegre

moho
herrumbre
óxido
verdín
cardenillo

mohoso
herrumbroso
oxidado
roñoso

moisés
cuna
cestillo
canastillo

mojadura
remojón
caladura
empapamiento

mojama
cecina
salazón
tasajo

mojar(se)
humedecer
calar
empapar
remojar
bañar

secar

mojicón
cachete
torta
sopapo
soplamocos

mimo
caricia

mojiganga
farsa
mascarada
bufonada
fiesta
jolgorio

burla
mofa
chanza
befa

mojigatería
gazmoñería
afectación
puritanismo
hipocresía

mojigato
gazmoño
puritano
hipócrita
beato
santurrón

mojón
hito
poste
señal
marca

molar
gustar
agradar
encantar

molde
matriz
modelo
troquel
horma

módulo
regla
tipo
ejemplo

moldeable
elástico
dúctil
maleable

rígido

moldear
ahormar
moldurar
forjar
troquelar
acuñar

moldura
filete
listón
resalto
saliente
adorno
bocel

mole
masa
volumen
bulto

corpulencia
mamotreto
mastodonte

molécula
partícula

corpúsculo
átomo

moler
triturar
machacar
molturar
pulverizar

fatigar
derrengar
fastidiar
maltratar

deleitar

molestar(se)
fastidiar
jorobar
incomodar
importunar
incordiar
irritar
enojar

agradar
entretener
aliviar

molestia
contrariedad
fastidio
estorbo
incomodidad
inconveniente

comodidad
conveniencia

dolor
dolencia
desazón
trastorno
achaque

molesto
fastidioso
incómodo
pesado
latoso

desagradable
inoportuno

agradable
ameno

dolorido
desazonado

molicie
blandura
relajación
abandono
pereza
ocio

molido
triturado
molturado
machacado

cansado
fatigado
derrengado
agotado

molienda
trituración
pulverización
moledura
molturación

molinete
molinillo
aspa
ventilador

movimiento
giro
vuelta

molino
triturador
molturador
aceña

molla
magro
carnosidad

pulpa
chicha

michelín

mollar
tierno
blando
frágil

molleja
estómago
buche

mollera
sesera
seso
cabeza
cacumen
caletre

molturación
trituración
molienda

molturar
moler

momentáneo
breve
circunstancial
transitorio
pasajero
fugaz
repentino

permanente
prolongado

momento
instante
segundo
tris
santiamén

oportunidad
coyuntura
ocasión
circunstancia
trance

momia
cadáver
muerto
difunto
restos

momificar(se)
embalsamar
disecar

acartonarse
apergaminarse

momio
ganga
ventaja
provecho
sinecura
prebenda

mona
borrachera
curda
merluza

monacal
conventual
monástico
cenobítico
claustral

monada
monería
gracia
carantoña
zalamería

monaguillo
acólito
escolano

monarca
soberano
rey

monarquía
reino
realeza

corona
imperio
república

monárquico
realista
republicano

monasterio
convento
abadía
cartuja
claustro
cenobio

monástico
monacal
conventual
abacial

monda
poda
mondadura

mondadientes
palillo
escarbadientes
limpiadientes

mondadura
monda
cáscara
corteza
pellejo
peladura

mondar
descortezar
pelar
despellejar
podar

mondo
despellejado
descortezado
pelado

limpio

lirondo
neto

mondongo
barriga
panza
andorga
vientre

moneda
dinero
efectivo
calderilla
cambio
suelto

medalla
ceca
pieza

monedero
portamonedas
billetero
cartera

monería
monada
gracia
arrumaco
melindre

monetario
dinerario
pecuniario
económico
crematístico

mongol
mogol
tártaro

monigote
muñeco
títere
marioneta
fantoche
pelele

monipodio
convenio
confabulación
connivencia
contubernio

monitor
educador
instructor
profesor

monja
religiosa
hermana
sor

monje
religioso
hermano
fraile

mono
simio
macaco
antropoide

bello
bonito
gracioso
lindo

monocorde
monótono
uniforme
igual

monóculo
lente
anteojo

monografía
tratado
estudio
descripción

monograma
letra

cifra
inicial

sello
marca

monolito
piedra
megalito
dolmen
menhir

monólogo
soliloquio
discurso
aparte

diálogo

monomanía
manía
locura
paranoia
obsesión

monomaníaco
maniático
paranoico
obsesivo

monopolio
acaparamiento
exclusiva
trust

monopolizar
acaparar
centralizar
acumular
copar

competir
descentralizar

monotonía
igualdad
invariabilidad
homogeneidad

aburrimiento
rutina

variedad
complejidad

monótono
regular
uniforme
igual
invariable
aburrido
rutinario
latoso
pesado

diferente
entretenido

monserga
sermón
cantinela
charla
mitin
tabarra
perorata

monstruo
engendro
deforme
prodigio
quimera
esperpento

monstruosidad
deformidad
aberración

enormidad
exageración
desmesura

crueldad
atrocidad
barbaridad

monstruoso
deforme
aberrante

grotesco
horrible

enorme
gigantesco

exagerado
desmesurado
inhumano
cruel

montacargas
ascensor
elevador

montador
mecánico
ensamblador

montaje
acoplamiento
ensamblaje
estructura
ajuste

desmontaje

montante
suma
total
importe
gasto

espada
sable

listón
soporte
travesaño

pleamar
flujo

montaña
cordillera
sierra
monte

montañero
alpinista
escalador
trepador

montañés
serrano

cántabro

montañismo
alpinismo
escalada

montañoso
montuoso
abrupto
escarpado
rocoso

llano

montar(se)
cabalgar

subirse
auparse
encaramarse

apearse
bajar

copular
cubrir
aparearse

armar
acoplar
ajustar
articular

desarmar
despiezar
desajustar

engastar
engarzar

sumar
valer
costar

montaraz
agreste
silvestre
campestre

bravío
salvaje

doméstico
sociable

monte
montaña
cerro
cordillera
sierra

llanura
planicie

bosque
soto
boscaje
selva

montepío
mutualidad
cooperativa
asociación
agrupación

montería
cacería
caza
cinegética
batida
ojeo

montero
cazador
cetrero
ojeador
batidor

montículo
altozano
colina
collado
loma

monto
monta
montante
suma

importe
total

montón
montonera
rimero
pila
aglomeración

montura
caballería
cabalgadura
cuadrúpedo
caballo

armadura
armazón
guarnición

arreos
albarda
silla

monumental
descomunal
gigantesco
grandioso
monstruoso
enorme

diminuto
insignificante
corriente

monumento
monolito
obelisco
pirámide
túmulo
panteón
mausoleo

moña
borrachera
curda
cogorza
mona

lazo
adorno
cinta

moño
rodete
castaña

penacho
copete
plumaje

moqueta
alfombra
estera
cubierta
tapiz

mora
zarzamora

tardanza
dilación
aplazamiento

morada
domicilio
hogar
residencia
vivienda
casa

morado
violáceo
cárdeno
violeta
lila

morador
habitante
inquilino
vecino
residente

moradura
cardenal
equimosis
moretón
hematoma

moral
ético
honesto

decoroso
honrado
decente

inmoral
amoral
deshonesto

moralidad
ética
deontología
honestidad

inmoralidad
injusticia
deshonestidad

moraleja
enseñanza
lección
máxima
consejo

moralidad
honradez
ética
decencia

amoralidad
inmoralidad
picaresca

moralista
moralizador
educador
ético

corruptor
pecaminoso

moralizador
moralista

moralizar
predicar
evangelizar
catequizar

pervertir
corromper

morar
habitar
residir
vivir

moratón
moretón
cardenal

moratoria
aplazamiento
prórroga
dilación
plazo
retraso

adelanto
anticipo

morbidez
blandura
suavidad
delicadeza
flojedad

mórbido
delicado
blando
suave
flácido
fofo

duro
áspero

enfermizo
patológico
malsano
insano
nocivo

sano
saludable

morbo
retorcimiento

enfermedad
dolencia
afección

morboso
malsano
patológico
insano
enfermizo

retorcido
truculento
desagradable

mordacidad
acritud
ironía
virulencia
sarcasmo
sátira

delicadeza
franqueza

mordaz
satírico
sarcástico
incisivo
punzante
irónico
corrosivo

sincero
delicado
benévolo

mordaza
venda
bozal
trapo

cepo
mandril·

mordedura
mordisco
bocado
dentellada

morder
mordisquear
dentellear
masticar

mordido
roído
mordisqueado
carcomido
picado

nuevo
impecable

incompleto
menoscabado
limado
gastado

entero
completo

mordiente
cáustico
ácido
fijador
corrosivo

mordisco
mordedura

mordisquear
morder
mordiscar
roer

moreno
bronceado
tostado
pardo
atezado

rubio
pálido

morfina
alcaloide
anestésico
narcótico

morfinómano
drogadicto
toxicómano
drogado

morfología
figura
forma
hechura
configuración
formato

moribundo
agonizante
mortecino
agónico

morigeración
moderación
sobriedad
templanza
mesura

morigerado
mesurado
comedido
sobrio
parco
prudente

extremado
abusivo

morigerar
moderar
contener
mesurar
refrenar

abusar
extralimitarse

morir(se)
fallecer
expirar
agonizar
perecer

nacer
vivir

terminar
extinguirse
concluir
consumirse

agotarse

surgir
comenzar

desvivirse
pirrarse
anhelar
ansiar

moro
mahometano
musulmán
sarraceno
morisco

morosidad
dilación
lentitud
tardanza
demora
retraso

puntualidad
formalidad

moroso
deudor
informal

tardo
lento
calmoso
tranquilo

rápido
activo

morrada
cabezazo
testarazo
coscorrón
topetazo

guantazo
bofetada
tortazo

morral
macuto
zurrón

talego
bolsa

morralla
chatarra
baratijas
quincalla

gentuza
chusma
populacho
plebe

elite
jet

morriña
añoranza
melancolía
nostalgia
pena

alegría
gozo

morrión
casco
yelmo

gorro

morro
promontorio
risco

hocico
labios
boca
jeta

descaro
cara dura
desfachatez

morrón
pimiento

morrada
porrazo
golpe

mortaja
sudario
lienzo

mortal
perecedero
efímero
temporal

perenne
inmortal
eterno

hombre
humano
persona

mortífero
letal
funesto

penoso
abrumador
fatigoso

mortalidad
muertes
fallecimientos

mortandad
hecatombe
matanza
desastre

mortecino
tenue
apagado
débil

fuerte
vivo

mortero
almirez
machacador

argamasa
cemento
hormigón

obús
cañón

mortífero
mortal
letal
nefasto
venenoso

salubre
saludable

mortificación
sacrificio
penitencia
austeridad

mortificar
disciplinar
sacrificar
azotar
castigar

afligir
angustiar
inquietar
atormentar
zaherir
incomodar

mortuorio
fúnebre
luctuoso
lúgubre

vital
alegre

mosaico
azulejo
baldosa
cerámica
alicatado

mosca
dinero
pasta
guita

mosqueado
receloso

moscardón
moscarda
moscón

cargante
latoso
pesado

ameno

mosquearse
amoscarse
escamarse
recelar
sospechar

cabrearse
ofenderse
disgustarse

mosqueo
suspicacia
desconfianza
sospecha

confianza
tranquilidad

cabreo
enfado

mosquetón
carabina
fusil

mostacho
bigote

mosto
zumo
jugo
extracto

mostrador
tabla
tablero
repisa

mostrar
exhibir

enseñar
exponer
presentar
manifestar

ocultar
tapar

indicar
señalar
advertir
sugerir
encaminar

desorientar
embarullar

mostrenco
bruto
torpe
inculto
zoquete

culto
listo

mota
brizna
ápice
pizca

imperfección
tara

mote
apodo
sobrenombre
alias

motejar
censurar
tachar
tildar
zaherir

motel
albergue
parador
hotel

motete
cantata
salmo

motín
rebelión
sublevación
insurrección
levantamiento

motivación
acicate

motivar
originar
causar

estimular
incitar
impulsar
animar

motivo
causa
razón
móvil
fundamento

tema
argumento
materia

motocicleta
moto
ciclomotor
motociclo

motociclismo
motorismo

motor
impulsor
propulsor
motriz

máquina
mecanismo
aparato

motorismo
motociclismo

motorista
motociclista

motorizar
mecanizar
automatizar

motriz
motor
propulsor
cinético

movedizo
movible
portátil
móvil

inmóvil

inestable
inseguro
oscilante

estable
fijo

mover(se)
trasladar
desplazar
mudar

inmovilizar
fijar

remover
agitar
menear
batir

activar
impulsar
agilizar
estimular
instigar

desanimar
paralizar

caminar
andar

afanarse
ajetrearse

pararse
estancarse

movido
activo
agitado
dinámico

tranquilo
sosegado
pacífico

borroso
confuso
corrido

nítido
claro

móvil
movedizo
movible
portátil

inmóvil

causa
motivo
razón
origen

movilidad
movimiento

movilización
reclutamiento
militarización

movilizar
reclutar
militarizar
alistar

movimiento
oscilación
vibración
tráfico

flujo
actividad

inmovilidad
quietud
reposo

corriente
tendencia

levantamiento
rebelión
alzamiento

moza
muchacha
doncella
chica
criada
sirvienta

mozo
mozalbete
muchacho
adolescente

anciano
mayor

criado
recadero
sirviente
peón

recluta
quinto

muceta
esclavina
capirote

muchacha
doncella
chica
asistenta
criada

muchacho
mozo
chico

chaval
adolescente

botones
recadero
mensajero

muchedumbre
multitud
gentío
tropel
tumulto

mucho
cuantioso
abundante
excesivo
demasiado

escaso
exiguo
poco

abundancia
exceso

mucosa
membrana
revestimiento
tegumento

mucosidad
moco
secreción
flema

muda
cambio
transformación
metamorfosis

ropa
ajuar

mudable
modificable
transformable
alterable

inalterable
invariable

voluble

inconstante
tornadizo

constante
firme

mudanza
traslado
cambio

alteración
renovación
modificación

mudar(se)
alterar
variar
transformar
modificar
sustituir

conservar
mantener

trasladarse
cambiarse
moverse

quedarse
permanecer

mudo
sordomudo
afásico

callado
reservado
silencioso

hablador
charlatán

mueble
trasto
enser
utensilio
cachivache

mueca
visaje
gesto

guiño
seña
ademán

muela
molar
diente

piedra
rueda

muelle
puerto
desembarcadero
atracadero
andén

resorte
espiral
ballesta

blando
suave
mullido

muerte
fallecimiento
defunción
óbito
deceso

nacimiento
vida

asesinato
homicidio
crimen

ruina
caída
destrucción
desaparición

surgimiento
afloración

muerto
difunto
fallecido
cadáver

finado
víctima

viviente
vivo

engorro
carga

desolado
desértico
vacío
apagado

bullicioso
animado

agotado
reventado

muesca
escotadura
mella
hendedura

muestra
modelo
ejemplar
espécimen
patrón

prueba
señal
indicio
evidencia

exposición
certamen

muestrario
selección
colección
serie

mugido
berrido
bramido

mugir
bramar
berrear

mugre
suciedad
porquería
roña

limpieza
higiene

mugriento
sucio
pringoso
grasiento
cochambroso

limpio
pulcro

mujer
hembra
dama
señora

esposa
consorte
desposada

mujeriego
ligón
tenorio
donjuán
seductor

mujerzuela
ramera
prostituta

mula
acémila

muladar
basurero
estercolero
vertedero

mulato
mestizo
cruzado

muleta
apoyo
soporte
bastón

muletilla
coletilla
cantinela

mullido
blando
acolchado
esponjoso

duro
denso

mullir
ahuecar
esponjar
ablandar

apelmazar
endurecer

mulo
caballería
cuadrúpedo
macho

multa
sanción
castigo
pena
correctivo

multar
sancionar
castigar

perdonar
condonar

multicolor
polícromo
cromático

monocolor

multicopista
xerocopiadora
copiadora

multiforme
variado
heterogéneo
diverso

uniforme
homogéneo

multimillonario
acaudalado
rico
capitalista

pobre
necesitado

múltiple
complejo
diverso
vario

simple
único

multiplicación
acrecentamiento
proliferación
reproducción

división
reducción

multiplicar
aumentar
incrementar
reproducir

disminuir
dividir

multiplicidad
diversidad
heterogeneidad
pluralidad

multitud
muchedumbre

gentío
aglomeración

abundancia
profusión
sinnúmero

escasez
penuria

multitudinario
tumultuario
popular
masivo

minoritario
elitista

mundano
mundanal
terrenal
frívolo
profano

espiritual
trascendente

mundial
universal
general
internacional

local
nacional

mundillo
ambiente
círculo

mundo
universo
cosmos
orbe
planeta
tierra
globo

humanidad
sociedad

mundología
experiencia

mundología
experiencia
veteranía
habilidad
tacto

inexperiencia
ignorancia

munición
provisión
equipo

carga
metralla

municipal
corporativo
consistorial
comunal

municipalidad
municipio

municipio
ayuntamiento
concejo
municipalidad
cabildo
consistorio
alcaldía
corporación

muñeca
pepona
muñeco

muñeco
marioneta
pelele
títere
maniquí

muralla
muro
pared
fortaleza

murciélago
vampiro
quiróptero

murga
banda
comparsa
charanga

lata
incordio
pesadez

amenidad
tranquilidad

murmullo
bisbiseo
susurro
rumor

murmuración
comadreo
cotilleo
chisme
calumnia

elogio
alabanza

murmurador
chismoso
calumniador
cotilla

murmurar
criticar
cotillear
calumniar
difamar

elogiar
alabar
defender

susurrar
rumorear
cuchichear

muro
tapia
pared
valla
muralla

murria
murria
melancolía
tristeza
nostalgia

alegría

musa
inspiración
intuición
fantasía

musculatura
corpulencia
fortaleza

musculoso
fornido
vigoroso
fuerte
robusto
atlético

débil
enclenque

muselina
gasa
tela
velo

museo
pinacoteca
galería
exposición

música
armonía
melodía

canto
ritmo

musical
armónico
melódico
melodioso
rítmico

estridente
desafinado

musicalidad
armonía
melodía
ritmo

músico
compositor
concertista
intérprete

musicólogo
melómano
compositor
musicógrafo

musicomanía
melomanía

musitar
cuchichear
susurrar
murmurar

muslo
pernil
pierna
anca

mustio
marchito
ajado
lacio
lánguido

lozano

melancólico
triste
abatido
deprimido

alegre
animado

musulmán
mahometano
islámico
árabe

mutación
cambio
transformación
conversión

mutilación
amputación
cercenamiento
corte

mutilado
lisiado
tullido
impedido

sano
indemne

mutilar
lisiar
amputar
cortar
tullir

mutis
desaparición
retirada
salida

entrada
aparición

mutismo
reserva
discreción
sigilo

mutualidad
cooperativa
montepío
agrupación

mutualista
socio
asociado

mutuo
recíproco
alterno

muy
demasiado
bastante
mucho

N

nácar
concha

nacarado
irisado
brillante
tornasolado

opaco

nacer
venir al mundo
emerger
brotar
germinar
originarse

morir
fallecer

nacido
nato
originario
natural

naciente
incipiente
nuevo
reciente

este
oriente
levante

nacimiento
parto
alumbramiento

origen
fuente
principio

fin
final

belén
portal

nación
estado
país
patria
pueblo

nacional
patrio
territorial
doméstico
interior

internacional
exterior

estatal
público

nacionalidad
ciudadanía

origen
procedencia

nacionalismo
patriotismo
regionalismo

chauvinismo
patriotería

nacionalista
patriota
regionalista

separatista
xenófobo

nacionalización
incautación
confiscación
expropiación

nacionalizar
estatalizar
confiscar
expropiar

nada
cero
ninguno
carencia

todo

nadador
bañista
buceador

nadar
bañarse
flotar
zambullirse

sumergirse
hundirse

nadería
chuchería
fruslería
insignificancia

nadie
ninguno
ninguna persona

alguien
alguno

nailon
nilón

naipes
baraja
cartas

nalgas
posaderas

trasero
pompis

nana
arrullo
tarareo

nao
embarcación
nave

napias
nariz

naranja
cítrico
agrio

naranjada
refresco
gaseosa
zumo

narcisismo
egolatría
egocentrismo
presunción

sencillez
humildad

narciso
narcisista
vanidoso
presumido

narcótico
estupefaciente
somnífero
soporífero

excitante
estimulante

narcotizar
adormecer
anestesiar
aletargar

excitar
espabilar

narigón
narigudo
narizotas

nariz
napias
trompa

narración
cuento
relato
descripción
novela

narrador
cronista
escritor
historiador
novelista

narrar
contar
relatar
describir
novelar

narrativa
narración
épica

narrativo
explicativo
descriptivo
expositivo

nasa
nansa
cesta
red

nasal
gangoso
ininteligible
defectuoso

nata
crema
grasa

la flor
lo mejor

natación
baño
zambullida

natal
nativo

natalicio
aniversario
cumpleaños

natalidad
demografía
nacimientos

natillas
crema

nativo
natural
oriundo
originario

extranjero

nato
connatural
innato

adquirido

natural
congénito
innato
inherente

nativo
originario
nacido

lógico
normal
evidente

ilógico
extraño

sencillo
espontáneo
franco

artificial

carácter

temperamento
índole

naturaleza
esencia
sustancia
propiedad

índole
carácter
talante
natural

tendencia
inclinación

creación
universo
cosmos

complexión
constitución

naturalidad
sencillez
espontaneidad
franqueza
llaneza

hipocresía
artificiosidad

naturalismo
naturismo

naturalizar(se)
nacionalizar
asentar

naturismo
naturalismo
vegetarianismo

naturista
vegetariano

naufragar
hundirse
zozobrar

fracasar
malograrse

naufragio
hundimiento
inmersión

fracaso
frustración

náufrago
víctima
desamparado
hundido

náusea
arcada
vómito

repulsión

agrado

nauseabundo
repugnante
asqueroso
hediondo

agradable
atractivo

náutica
navegación

náutico
naval

navaja
faca
chaira
hoja

navajazo
puñalada
corte
tajo

naval
marítimo
náutico

nave
barco
navío

buque
embarcación

pabellón
almacén

navegación
náutica
singladura
travesía

navegante
marino
tripulante
marinero

navegar
zarpar
surcar
singlar
embarcarse

Navidad
Natividad
Pascuas

naviero
armador

navío
barco
nave
embarcación

náyade
ninfa

nazareno
penitente
disciplinante

nazismo
fascismo
nacionalsocialismo

neblina
bruma
niebla

nebulosa
galaxia

nebuloso
neblinoso
brumoso
nublado

claro
despejado

turbio
confuso
impreciso
vago

preciso
transparente
nítido

necedad
estupidez
majadería
memez
sandez
idiotez
imbecilidad

sensatez

necesario
imprescindible
indispensable
obligatorio
ineludible
imperioso

accesorio
innecesario

neceser
estuche
maletín

necesidad(es)
obligación
menester

apuro
aprieto

escasez
indigencia

abundancia
opulencia

excreción
deposición
micción

necesitado
pobre
indigente
menesteroso

rico
adinerado

necesitar
precisar
requerir

carecer
escasear
faltar

sobrar

necio
tonto
imbécil
idiota
bobo
estúpido
memo
ignorante

listo
culto
sabio

necrología
necrológica
obituario

necrópolis
camposanto
cementerio

necrosis
muerte
destrucción

néctar
elixir
ambrosía

nefando
abominable
ignominioso
infame

elogiable
honorable

nefasto
aciago
funesto
desgraciado

propicio
dichoso

nefrítico
renal

negación
negativa
desmentido
refutación

confirmación
afirmación

privación
falta
ausencia

abundancia
exceso

negado
incapaz
torpe
inútil

apto
hábil

negar(se)
rechazar
desmentir

rebatir

confirmar
ratificar

prohibir
impedir
privar

permitir
autorizar

negativa
negación

negativo
dañino
perjudicial
adverso

positivo
favorable

cliché
película

negligencia
descuido
desidia
apatía
abandono
indolencia

diligencia
atención

negligente
indolente
perezoso
apático
descuidado

diligente
activo

negociación
convenio
pacto
acuerdo
trato

desacuerdo
hostilidad

negociado
sección
departamento
dependencia

negociante
traficante
tratante
comerciante

negociar
comerciar
traficar
especular

pactar
convenir
tratar
acordar

endosar
descontar

negocio
comercio
transacción
intercambio
permuta

ganancia
lucro
beneficio

pérdida

establecimiento
tienda

negrero
explotador
déspota
tirano

negro
oscuro
bruno
moreno

blanco
claro

desfavorable

sombrío
adverso

prometedor

negrura
oscuridad
tinieblas
noche

claridad
blancura

nene
niño
crío
criatura

neófito
novato
principiante
novel
aprendiz

veterano
experimentado

nepotismo
favoritismo
predilección
amiguismo

equidad
ecuanimidad

nervadura
nervio

nervio(s)
energía
vigor
vitalidad
ímpetu

pusilanimidad
timidez

nervadura
nervatura

nerviosismo
inquietud

nerviosismo
desasosiego
ansiedad
inquietud
excitación

tranquilidad
sosiego
serenidad

nervioso
excitado
inquieto
intranquilo

tranquilo
sereno

brioso
impetuoso

neto
líquido
deducido

claro
nítido

empañado

neumático
rueda
cubierta
goma

neumonía
pulmonía

neurálgico
central
vital
básico
fundamental

secundario
intrascendente

neurastenia
neurosis
psicopatía

depresión

ansiedad
excitación

neurasténico
neurótico
neurópata
maniático

tranquilo
sereno

neurosis
neurastenia

neurótico
neurasténico

neutral
imparcial
equitativo
ecuánime
objetivo

parcial

neutralidad
imparcialidad
ecuanimidad
objetividad

parcialidad

neutralizar
contrarrestar
compensar
equilibrar
oponer

facilitar
favorecer

neutro
ambiguo
indefinido
indeterminado

específico
determinado

nevada
nevisca

cellisca
precipitación

nevar
neviscar
cellisquear

nevera
frigorífico
refrigerador

nexo
vínculo
lazo
unión

nicho
hornacina
hueco
oquedad

sepultura
tumba

nicotina
alcaloide
tóxico

nidada
puesta
pollada

nidal
nido

nido
nidal
ponedero

refugio
guarida
madriguera
hogar
morada

niebla
neblina
calima
bruma

nieto
descendiente
vástago
retoño

nieve
nevisca
nevada

nigromancia
brujería
hechicería
magia negra
superstición
ocultismo

nihilismo
escepticismo

nilón
nailon

nimbo
aureola
halo
cerco

nimiedad
pequeñez
bagatela
menudencia
trivialidad

nimio
intrascendente
insignificante
pequeño
trivial

importante

ninfa
náyade
sirena
sílfide

ninfomanía
lascivia
furor uterino

ninguno
nadie

niña
cría
nena
chica
muchacha

niñada
niñería
travesura
puerilidad

niñera
nodriza
tata

niñez
infancia
minoría
inocencia

niño
bebé
nene
crío
criatura
chico

adulto
viejo

nipón
japonés

niquelar
cromar
bañar
recubrir

nirvana
bienaventuranza
paraíso

nitidez
limpieza
transparencia

claridad

opacidad
suciedad

nítido
limpio
claro
puro
transparente

opaco
borroso
turbio

nitrato
fertilizante
abono

nitroglicerina
explosivo
dinamita

nivel
altura
cota

capa
piso

grado

nivelar
allanar
alisar
igualar

desnivelar
desigualar

equiparar
equilibrar
compensar

desequilibrar
descompensar

níveo
blanco
albo

negro
oscuro

no
nones
nanai
quia

sí

nobiliario
señorial
ilustre
noble

noble
aristócrata
hidalgo
caballero

plebeyo
villano

nobiliario
ilustre
honorable

humilde
modesto

generoso
leal
sincero
franco
honrado

innoble
desleal
falso

nobleza
honradez
honestidad
generosidad

aristocracia
hidalguía

noche
oscuridad
tinieblas

día
claridad

noción(es)
idea
conocimiento

principios
fundamentos

nocivo
dañino
perjudicial
venenoso
insano
pernicioso

beneficioso
positivo
inocuo

noctámbulo
trasnochador
noctívago

nocturno
noctámbulo

diurno

nodriza
ama
niñera

nódulo
bulto
dureza

acumulación

nogal
noguera

nómada
trashumante
migratorio
errante

sedentario
estable

nombradía
fama
popularidad

prestigio
renombre

desprestigio
impopularidad

nombramiento
designación
elección
nominación

nombrar
citar
mencionar
denominar
llamar

nominar
proclamar
investir
designar

destituir
cesar

nombre
denominación
apelativo

renombre
fama
prestigio

nomenclátor
catálogo
índice
guía

nómina
lista
relación
plantilla

sueldo
paga

nominación
nombramiento

nominal
honorífico

representativo
teórico

real
auténtico

nominar
nombrar

non
impar

par

nonada
insignificancia
nimiedad
bagatela
fruslería

enormidad

nonagenario
noventón
anciano

joven

noquear
derribar
vencer

nórdico
septentrional
escandinavo

meridional

noria
rueda

norma
ley
precepto
normativa
disposición

modelo
ejemplo
pauta

patrón
guía

normal
habitual
corriente
común
lógico
natural

inusual
anormal
insólito

normalidad
tranquilidad
serenidad
naturalidad

irregularidad
anormalidad

normalizar
ordenar
enderezar
regularizar

desordenar
desorganizar

estandarizar
tipificar

normativo
reglamentario
preceptivo

ilegal

norte
septentrión

sur

rumbo
dirección
finalidad
objetivo

norteamericano
estadounidense
yanqui

norteño
nórdico

sureño

nostalgia
añoranza
melancolía
tristeza

alegría

nota
apunte
mensaje
aviso
indicación
anotación

calificación
puntuación

notable
importante
destacado
distinguido
eminente
ilustre
preclaro
relevante

insignificante
mediocre
vulgar

notación
signos
clave

notar
sentir
percibir
apreciar
percatarse
reparar
darse cuenta

notaría
despacho
bufete

notario
fedatario
actuario

noticia
suceso
acaecimiento
revelación
comunicación
reportaje
crónica

conocimiento
noción

noticiario
informativo
telediario
noticiero

notificación
comunicación
aviso
comunicado

notificar
comunicar
transmitir
informar
avisar

notoriedad
fama
celebridad
reputación

notorio
evidente
manifiesto
patente
claro

oculto
incierto
dudoso

conocido
célebre
famoso

novatada
broma
burla
jugarreta

novato
nuevo
inexperto
principiante

veterano
experto

novedad
innovación
primicia
invención
originalidad

noticia
suceso
acontecimiento

cambio
modificación
variación

novedoso
original
nuevo
innovador

novel
novato

novela
narración
relato
cuento

ficción
patraña
farsa

novelar
narrar
contar

novelero
fantasioso
soñador

realista

novelesco
ficticio
fantástico
imaginativo

novelista
narrador
escritor
autor

novena
ofrenda
rezo

noveno
nono
nueve

noviazgo
idilio
compromiso
relaciones

noviciado
aprendizaje
formación
iniciación

novicio
neófito
profeso

novel
novato
aprendiz

veterano
experto

novillada
becerrada
capea

novillero
torero
lidiador

novillo
becerro
eral

novio
prometido
pretendiente
enamorado

nube
estrato
cirro
cúmulo

abundancia
aglomeración

escasez

núbil
casadero
pubescente

nublado
cubierto
encapotado
cargado
nuboso
oscuro
anubarrado

despejado
claro

nube
tormenta
nubarrón

nublarse
encapotarse
cubrirse
oscurecerse
cerrarse

aclararse
despejarse
desencapotarse

nubosidad
nube

nuca
cogote
cerviz
testuz

nuclear
atómico
molecular

núcleo
centro
corazón
médula

periferia

nudillo
articulación

nudismo
desnudismo
naturismo

nudo
atadura
lazo

enlace
unión
conexión

dureza
nódulo

nudoso
rugoso
áspero

nueva
novedad
primicia
noticia

nuevo
reciente
actual
fresco

viejo
antiguo

inédito

original
insólito

conocido

novato
novel

veterano
experto

nulidad
anulación
abolición
derogación

vigencia

incapacidad
ineptitud
incompetencia

inepto
incompetente
ignorante
torpe
incapaz

nulo
abolido
anulado
derogado

legal
vigente

inepto
inútil
torpe
incapaz

apto
útil

numen
inspiración
musa

numeración
número
cifra

foliación
paginación

sucesión
serie

numerar
enumerar
cifrar
foliar
clasificar
paginar

numerario
fijo
permanente

interino

dinero
efectivo
metálico

numérico
aritmético
matemático

aproximado

número
guarismo
cifra

cantidad
importe
total

show

numeroso
abundante
copioso
considerable
cuantioso

escaso

exiguo
reducido

nunca
jamás

siempre

nuncio
representante
legado
enviado

nupcial
conyugal
marital

nupcias
casamiento
boda
desposorio
esponsales

divorcio
separación

nutrición
alimentación
sostenimiento
mantenimiento

nutrir
alimentar
sustentar
mantener
atiborrar

fortalecer
robustecer
suministrar
surtir

nutritivo
alimenticio
sustancioso
reconstituyente

Ñ

ñanga *(amer.)*
cenagal
ciénaga
barrizal

ñangotado
(amer.)
servil
adulador
rastrero

alicaído
desmoralizado
abatido

ñangotarse
(amer.)
humillarse
someterse
entregarse

ñaña *(amer.)*
niñera

nodriza
chacha

ñaño *(amer.)*
consentido
mimado
malcriado

camarada
inseparable
amigo

ñapango *(amer.)*
mestizo
mulato

ñaque
residuos
desperdicios
fárrago

ñata *(amer.)*
nariz

napias
trompa

ñato
chato
chingo
desnarigado

ñeque *(amer.)*
enérgico
robusto
fuerte
valeroso

débil
endeble

fuerza
vigor
energía

ño *(amer.)*
don

señor
tratamiento
título

ñoñería
ñoñez
melindre
cursilería
remilgo

ñoñez
ñoñería

ñoño
remilgado
melindroso
quejumbroso
apocado
pusilánime

decidido
vivo
enérgico

O

oasis
palmeral

remanso
descanso
refugio

infierno

obcecación
obstinación
ofuscación
cabezonería

obcecado
obstinado
empecinado
terco
testarudo

condescendiente

obcecarse
obsesionarse
obstinarse
ofuscarse
empeñarse

despreocuparse
desentenderse

obedecer
acatar
respetar

subordinarse
someterse

desobedecer
resistirse

obediencia
acatamiento
sumisión
subordinación
respeto
docilidad

desobediencia
rebeldía

obediente
disciplinado
dócil
cumplidor
servicial

obelisco
monolito
pilar
columna

obertura
preludio
introito
comienzo

obesidad
corpulencia
gordura

delgadez

obeso
grueso
gordo
voluminoso
rechoncho
corpulento

flaco
escuálido

óbice
impedimento
inconveniente
obstáculo

obispado
diócesis
episcopado

obispo
prelado
metropolitano
mitrado

óbito
defunción
fallecimiento

nacimiento

obituario
necrología

objeción
reparo
inconveniente
discrepancia

conformidad
acuerdo

objetar
argüir
rebatir
discrepar
oponerse

asentir
aceptar

objetividad
imparcialidad
neutralidad
ecuanimidad

subjetividad

objetivo
imparcial
desapasionado
neutral

subjetivo
parcial

meta

finalidad
propósito
intención

lente
visor

objeto
cosa
elemento
cuerpo

objetivo
fin
intención

oblación
ofrenda
sacrificio

oblea
hostia

oblicuo
sesgado
torcido
transversal

recto
derecho

obligación
deber
responsabilidad
compromiso
imposición

obligar
imponer
forzar
exigir
presionar
coaccionar

dispensar
eximir

obligatoriedad
imposición
exigencia
necesidad

obligatorio
forzoso
obligado
preceptivo
exigido

voluntario
libre

obnubilar(se)
turbar
deslumbrar
embelesar

desencantar

oscurecer
ensombrecer

despejar

óbolo
donativo
limosna
dádiva

obra
creación
producto
fruto

faena
tarea
labor

libro
volumen
ejemplar

construcción
edificio
reforma

obrador
taller

obrar
actuar
proceder
portarse
conducirse

defecar
evacuar

obrero
trabajador
asalariado
operario
proletario
jornalero

obsceno
indecente
impúdico
pornográfico
sucio

decente
púdico
recatado

obsequiar
agasajar
regalar
ofrecer
gratificar

desdeñar
despreciar

obsequio
agasajo
regalo
atención

observación
aviso
advertencia
sugerencia
insinuación
aclaración

contemplación
análisis

observador
espectador
curioso
atento

distraído
abstraído

enviado
comisionado

observancia
obediencia
acatamiento
cumplimiento

inobservancia
indisciplina

observante
cumplidor
obediente
serio

indisciplinado
rebelde

observar
contemplar
examinar
analizar
percibir
advertir

obedecer
acatar
respetar

desobedecer
rebelarse

obsesión
ofuscación
manía
obcecación
empeño

obsesionar(se)
obcecar
preocupar

obsesivo
insistente
reiterativo

obseso
maniaco
neurótico
obcecado
poseso

despreocupado
indiferente

obsoleto
anticuado
arcaico
desfasado
caduco

actual
moderno

obstaculizar
estorbar
dificultar
obstruir
impedir

facilitar
favorecer

obstáculo
estorbo
impedimento
inconveniente
traba
obstrucción

facilidad

obstar
impedir
obstaculizar

facilitar
posibilitar

obstetricia
tocología

obstinación
terquedad
tozudez
empecinamiento
empeño
intransigencia

transigencia
flexibilidad

obstinado
terco
tozudo

testarudo
tenaz
obcecado

dócil

obstinarse
obcecarse
empecinarse
empeñarse
obsesionarse

condescender
transigir
ceder

obstrucción
obturación
atasco
oclusión
atoramiento
impedimento
obstáculo

obstruir
obturar
atascar
obstaculizar
ocluir
taponar
interceptar

desatascar
facilitar

obtención
consecución
logro
adquisición

fracaso

obtener
conseguir
alcanzar
lograr

perder
desperdiciar

producir

obturador
cierre
válvula

obturar
obstruir

obtuso
despuntado
mocho
romo

puntiagudo

tardo
lerdo
torpe

inteligente
listo

obús
proyectil
cañón

obviar
eludir
sortear
evitar

obvio
evidente
claro
patente
indiscutible

oscuro
dudoso

oca
ganso
ánsar

ocasión
coyuntura
oportunidad

rebaja
saldo

ocasional
accidental
eventual
fortuito

intencionado
provocado

ocasionar
causar
motivar
originar
producir

ocaso
atardecer
anochecer
crepúsculo

alba
amanecer

decadencia
declive

esplendor

occidente
oeste
poniente

oriente
este

occipital
cervical
craneal

occipucio
nuca
cogote

occiso
asesinado
víctima

oceánico
marítimo
náutico

océano
mar
inmensidad
abismo

ochavo
perra
duro

ochentón
octogenario
anciano

ocio
asueto
descanso
desocupación
expansión
diversión

labor
actividad

ociosidad
vagancia
pereza
inactividad

laboriosidad
diligencia

ocioso
desocupado
inactivo

ocupado
activo

perezoso
holgazán
vago

trabajador
diligente

inútil
vano
estéril

necesario
útil

ocluir
cerrar
obstruir
obturar
tapar

desobstruir

oclusión
obstrucción
obturación
taponamiento

ocre
tostado
amarillento

octavilla
hoja
panfleto

octogenario
anciano
viejo

ocular
lente
objetivo

oculista
oftalmólogo

ocultar
esconder
tapar
encubrir
camuflar
silenciar
enterrar
guardar
cubrir
enmascarar

descubrir
destapar
difundir

ocultismo
parapsicología
espiritismo

oculto
escondido
encubierto
disimulado
velado

visible
patente

ocupación
quehacer
actividad
tarea
obligación
empleo
trabajo

ociosidad
inactividad

ocupante
inquilino
arrendatario

invasor
usurpador

ocupar(se)
llenar
habitar
instalarse

desocupar
deshabitar
abandonar

apoderarse
invadir

liberar
ceder

trabajar
dedicarse
desempeñar
atender

ocurrencia
agudeza
gracia
ingeniosidad

ocurrente
gracioso
agudo
ingenioso

soso
patoso

ocurrir
suceder
acaecer

oda
poema
verso
loa

odalisca
esclava
concubina

odiar
aborrecer
detestar
despreciar

amar
querer

odio
rencor
aversión
aborrecimiento
antipatía
desprecio

amor
afecto

odioso
detestable
despreciable
antipático

atractivo
agradable
simpático

odisea
aventura

penalidad
sufrimiento

odontólogo
dentista
estomatólogo

odorífero
oloroso
aromático

maloliente

odre
pellejo
cuero

oeste
occidente
poniente

este
levante

ofender(se)
agraviar
insultar
despreciar
denigrar
faltar
difamar

elogiar
honrar
alabar

molestarse
resentirse
picarse
amoscarse
incomodarse
mosquearse
disgustarse
enfadarse

congraciarse
avenirse

ofensa
afrenta
agravio

escarnio
injuria
insulto

ofensiva
ataque
invasión

retirada
huida

ofensivo
injurioso
insultante
humillante
afrentoso

elogioso

oferta
ofrecimiento
proposición

demanda

ocasión

oficial
legal
autorizado

extraoficial

alférez
teniente
capitán

oficiante
celebrante
sacerdote

oficiar
celebrar

actuar
mediar

oficina
bufete
despacho
agencia

oficinista
empleado
escribiente
auxiliar
chupatintas

oficio
profesión
empleo
ocupación
trabajo

escrito
comunicación
expediente

oficioso
extraoficial
particular

ofidio
serpiente

ofrecer
ofrendar
consagrar
proponer
invitar
dedicar
obsequiar

ofrecimiento
propuesta
oferta
proposición

ofrenda
sacrificio
ofrecimiento
donación
oblación
obsequio

oftalmólogo
oculista

ofuscación
obcecación
obsesión

alucinación
deslumbramiento

lucidez
razonamiento

ofuscarse
obsesionarse
obcecarse
obstinarse
deslumbrarse
sugestionarse

aclararse
serenarse

ogro
gigante
monstruo

antipático
desagradable
insociable
cruel

humano

oído
oreja

oír
escuchar
percibir
advertir

ojal
abertura
ojete

ojeada
vistazo
atisbo
repaso

ojeador
cazador
acosador
batidor

ojear
batir

acosar
levantar

observar
mirar
atisbar

ojén
anís
aguardiente

ojeo
batida
persecución

ojeriza
tirria
odio
antipatía
aversión
inquina
manía
fobia

amor
simpatía

ojeroso
macilento
pálido
agotado

animado
fresco

ojete
ojal
agujero

ano

ojiva
arcada

ojo
vista
iris
pupila

niña
retina

orificio
agujero

atención
cuidado

ola
onda
oleaje
ondulación

¡olé!
¡bravo!
¡viva!

oleada
riada
muchedumbre
ola
invasión
avalancha

escasez

oleaginoso
aceitoso
oleoso
grasiento

astringente
seco

oleaje
marejada
oleada

óleo
aceite

pintura
cuadro

oleoducto
conducción
tubería

oler
olfatear

percibir
sentir

exhalar
desprender
despedir

sospechar
suponer
barruntar

olfatear
oler

olfato
instinto
intuición
astucia
perspicacia

oligarquía
autarquía
camarilla
círculo

olimpiada
competición
juegos olímpicos

olímpico
deportivo
atlético

altanero
orgulloso
engreído

humilde

olisquear
oliscar
oler

oliva
aceituna

olivo
acebuche
oliva

olla
cacerola
puchero
perol

guiso
cocido

ológrafo
autógrafo
manuscrito

olor
emanación
fragancia
aroma
tufo
hedor

sospecha
recelo

oloroso
aromático
fragante
odorífero
perfumado

inodoro

olvidadizo
desmemoriado
despistado
descuidado

egoísta
desagradecido

atento
agradecido

olvidar
relegar
postergar
desatender
descuidar
ignorar

recordar
evocar

perder

extraviar
abandonar

encontrar

olvido
omisión
relegación
postergación
descuido
distracción
abandono

recuerdo

indiferencia
ingratitud
desprecio

ombligo
centro
corazón
núcleo

ominoso
abominable
odioso
repugnante
vil

noble
honorable

omisión
descuido
negligencia
olvido
distracción
falta

recuerdo
alusión
mención

omitir
olvidar
suprimir
excluir
callar

ignorar
silenciar

indicar
recordar

ómnibus
autocar
autobús

omnímodo
total
absoluto
todopoderoso

parcial

omnipotente
todopoderoso
supremo
soberano
absoluto

inferior
impotente

omnipresente
universal
propagado
difundido

restringido

activo
dinámico

omóplato
omoplato
paletilla
escápula

onanismo
masturbación

oncología
cancerología

onda
rizo
ondulación

ondear
ondular
flamear
oscilar
agitar

ondulación
sinuosidad
onda
ola

ondulado
irregular
tortuoso
sinuoso

recto

rizado
encrespado
ensortijado

liso

ondular
flamear
ondear
balancear
tremolar

rizar
ensortijar

desrizar
alisar

oneroso
caro
gravoso

pesado
fatigoso

liviano
llevadero

ónice
ónix
ágata

onomástica
santo

onomatopeya
imitación
remedo
reproducción

opaco
turbio
velado
sombrío
oscuro

transparente
diáfano
nítido

opción
alternativa
disyuntiva
elección

imposibilidad

opcional
voluntario
facultativo

forzoso
obligatorio

operación
acción
actuación
ejecución
trabajo

cálculo

negocio
trato

intervención

operador
cirujano
especialista

técnico
operario

operar
actuar
ejecutar

realizar
efectuar

abstenerse
inhibirse

intervenir
cortar

operario
obrero
trabajador
asalariado
artesano

empresario

operativo
operacional
activo
eficaz
ejecutor

ineficaz
pasivo

opereta
zarzuela
vodevil

opinar
juzgar
pensar
decir
considerar
estimar

opinión
dictamen
parecer
juicio
criterio

prestigio
reputación

opio
alcaloide
estupefaciente
narcótico

opíparo
suculento
copioso
abundante

insípido
escaso

oponente
competidor
enemigo
rival

aliado
amigo

oponer(se)
enfrentar
contrariar
objetar
desaprobar
impedir
desafiar
desobedecer
estorbar
neutralizar

acceder
admitir

oportunidad
ocasión
coyuntura
coincidencia
casualidad

saldo
rebaja

oportunista
aprovechado
chaquetero
ventajista

altruista
generoso

oportuno
preciso
apropiado

adecuado
conveniente

inoportuno
inadecuado

ocurrente
gracioso
ingenioso

oposición
antagonismo
rivalidad
enfrentamiento
resistencia

igualdad
acuerdo

concurso
prueba

opositar
concursar
concurrir

opositor
concursante
examinando

oponente
rival
antagonista

partidario

opresión
tiranía
esclavitud
avasallamiento
sumisión
subyugación

libertad
emancipación

presión
ahogo

alivio

opresivo
tiránico

intolerante
intransigente

liberador

sofocante
angustioso
agobiante

relajante

opresor
déspota
tirano
dictador

liberal
tolerante

oprimir
avasallar
vejar
tiranizar
esclavizar

liberar
transigir
tolerar

apretar
comprimir
estrujar

aflojar
aliviar

oprobio
humillación
afrenta
agravio
ignominia
injuria

honra
honor

optar
elegir
escoger
inclinarse
preferir

rechazar
renunciar

optativo
potestativo
voluntario
facultativo

forzoso
obligatorio

óptico
oculista
oftalmólogo

visual
ocular

optimismo
ilusión
euforia
alborozo
entusiasmo
ánimo

pesimismo
tristeza

optimista
ilusionado
alegre
feliz

pesimista

óptimo
inmejorable
insuperable
perfecto
estupendo

pésimo

opuesto
contrario
antagónico
contradictorio
enfrentado
incompatible

equivalente
partidario

opulencia
abundancia

riqueza
exuberancia

escasez
carencia
miseria

opulento
fastuoso
lujoso

pobre

oquedad
cavidad
hueco
hoyo

oración
rezo
plegaria
súplica

imprecación

alocución
proposición

frase

oráculo
vaticinio
augurio
predicción

orador
conferenciante
predicador

oral
verbal
hablado

bucal

orar
rezar
rogar
implorar

orate
demente
loco
ido
trastornado

cuerdo
juicioso

oratoria
elocuencia
retórica
dialéctica

oratorio
capilla

orbe
universo
mundo
planeta

órbita
curva
elipse
trayectoria

ámbito
campo
terreno
esfera

orden
mandato
decreto
precepto
disposición
ley
ordenanza

colocación
estructura
ordenación

descolocación

comunidad
instituto
regla

armonía
disciplina

paz
normalidad

desorden
caos

ordenador
computador
computadora
procesadora

ordenamiento
reglamento
ordenanza

ordenanza
asistente
bedel
conserje

estatuto
reglamento
legislación

ordenar
organizar
arreglar
clasificar
estructurar
coordinar
regular

desarreglar
desordenar
embarullar

mandar
decretar
exigir

obedecer
acatar

tonsurar

ordeñar
vaciar
extraer

agotar
explotar

colmar
llenar

ordinariez
descortesía
grosería
zafiedad

delicadeza
fineza

ordinario
común
corriente
habitual
usual

extraordinario

grosero
vulgar
soez

educado
cortés

orear
airear
secar

humedecer

oreja
oído

orfanato
hospicio
orfelinato

orfandad
desamparo
abandono

orfebre
artesano
joyero
orífice

orfebrería
joyería
platería
artesanía

orfeón
coral
coro

orgánico
estructurado
sistemático
armónico

vivo
biológico

inorgánico

organillo
pianola

organismo
ser
ente
individuo

entidad
institución
corporación

organización
orden
ordenamiento
disposición

desorganización

entidad
institución
organismo

organizador
promotor
coordinador

organizar
estructurar
disponer
establecer
regularizar
agrupar

desordenar
disolver

órgano
armonio
piano
clavicémbalo

medio
portavoz

víscera
miembro

orgasmo
exaltación
clímax
culminación

orgía
desenfreno
desmesura
bacanal
comilona
jolgorio

orgullo
soberbia
altivez
engreimiento
vanidad
presunción
arrogancia

humildad

satisfacción
honra

orgulloso
soberbio
vanidoso
arrogante
engreído
presumido

modesto
sencillo

satisfecho
ufano
gozoso

insatisfecho
descontento

orientación
ubicación
disposición
colocación

consejo
instrucción
sugerencia
indicación

oriental
asiático
japonés
chino

orientar(se)
situar
colocar

descolocar

guiar
instruir
aconsejar
educar
encaminar
encarrilar
encauzar

desorientar
desaconsejar

oriente
este
levante

poniente
occidente

orífice
orfebre
joyero

orificio
abertura
boquete
agujero
taladro

origen
principio
germen
fundamento
fuente

fin
término

nacionalidad
patria
país

ascendencia
estirpe
linaje

descendencia

original
único
raro
insólito
inusitado
singular

corriente
vulgar
normal

nuevo
inédito

ejemplar
patrón
prototipo

copia

manuscrito
borrador

originalidad
singularidad
personalidad
innovación
rareza

imitación
plagio

originar(se)
causar
producir

crear
formar
ocasionar
generar

provenir
dimanar
derivarse
emanar
brotar
iniciarse

extinguirse
acabarse
terminarse

originario
oriundo
nativo
natural

forastero

primario
primitivo
inicial

orilla
borde
margen
reborde
ribera

centro
interior

orillar
bordear
costear
cantear

eludir
evitar
soslayar
esquivar

afrontar
encarar

orín
óxido
herrumbre
moho

orina
meada
pis

orinal
perico
bacín

orinar
mear
hacer pis

oriundo
originario

orla
aureola
corona
ribete
cenefa

ornamentación
adorno
ornamento
aderezo
atavío

desnudez

ornamental
artístico
decorativo
engalanado

sencillo

ornamentar
decorar
adornar
engalanar
ornar

orondo
satisfecho
ufano
contento
eufórico

descontento

qrueso

corpulento
rollizo

flaco

oropel
relumbrón
ostentación
apariencia

fruslería
baratija

orquesta
conjunto
banda

ortodoxia
autenticidad
fidelidad
rectitud

falsedad
rebeldía

ortodoxo
fiel
leal
regular

heterodoxo

ortografía
escritura
puntuación
acentuación

ortopedia
prótesis
rehabilitación

oruga
gusano
larva

cadena

orujo
hollejo
residuo

aguardiente

orvallo
calabobos
sirimiri

orzuelo
divieso
grano

osadía
audacia
intrepidez
valentía
atrevimiento
imprudencia

timidez
prudencia

osado
atrevido
audaz
intrépido
resuelto
descarado
insolente

tímido
cobarde

osamenta
esqueleto
armazón

osar
atreverse
arriesgarse
lanzarse
acometer

temer
arredrarse

oscilación
balanceo
fluctuación
temblor
vibración

estabilidad

oscilar
balancearse
fluctuar
temblar
vibrar

estabilizarse

ósculo
beso

oscurantismo
incultura
ignorancia

oscurecer(se)
anochecer
ensombrecer
encapotarse
cubrirse

alborear
clarificar

confundir
liar
embrollar

serenar
desenredar

oscuridad
tinieblas
noche
negrura
opacidad

luminosidad
claridad

ignorancia
incultura
atraso

sabiduría
cultura

confusión
complicación
ambigüedad

certeza

oscuro
apagado
tenebroso
sombrío
opaco
negro

luminoso
radiante

difícil
confuso
misterioso
dudoso

fácil
sencillo

incierto
inseguro

esperanzador

óseo
huesudo
esquelético

osezno
cachorro
osito

osificarse
calcificarse
endurecerse
encallecerse

descalcificarse

oso
plantígrado
osezno

ostensible
manifiesto
evidente
palpable
notorio

encubierto
oculto

ostentación
pompa
boato
fausto
aparato
suntuosidad

jactancia
presunción

humildad
sencillez

ostentar
mostrar
exhibir

alardear
pavonear

ostentoso
aparatoso
espectacular
fastuoso

sobrio
discreto

jactancioso
presumido

humilde

ostracismo
destierro
confinamiento

aislamiento
vacío
boicot

otear
divisar
descubrir
mirar

otero
cerro
loma
colina

llanura

otorgamiento
permiso
concesión

otorgar
donar
agraciar
ceder
conceder
dispensar

denegar

disponer
establecer

prohibir

otro
diferente
distinto

semejante
igual

ovación
palmas
aplauso
aclamación

abucheo

ovacionar
aplaudir
aclamar
vitorear
alabar

censurar

oval
ovalado
elíptico
aovado
curvado

óvalo
elipse
curva

oveja
borrego
cordero
ovino

ovillo
bola
madeja

ovino
lanar
merino
oveja
cordero

óvulo
embrión
huevo
germen

oxidar(se)
enmohecer

herrumbrar
aherrumbrar

óxido
herrumbre
moho
verdín
cardenillo

oxigenar(se)
airear
ventilar
purificar

enrarecer

oyente
asistente
alumno

escucha
radioescucha
radioyente

P

pabellón
nave
ala
anexo
sección

bandera
enseña
emblema
nacionalidad
origen

pabilo
pábilo
mecha
torcida
cabo

pábulo
base
motivo
fundamento

pacer
pastar
apacentar
comer

pachorra
cachaza
flema

calma
apatía

agilidad
diligencia

pachucho
alicaído
desmejorado
enfermizo

sano

paciencia
serenidad
resignación
conformidad
aguante
perseverancia
tranquilidad

desasosiego
intranquilidad

paciente
tolerante
sosegado
tranquilo
resignado

impaciente

enfermo
convaleciente

pacificación
apaciguamiento
calma
paz

motín
sublevación
beligerancia

pacificar
amansar
apaciguar
tranquilizar
aplacar
calmar

soliviantar

pacífico
quieto
sosegado
tranquilo
sereno

inquieto
violento

pacifismo
antibelicismo
neutralidad

belicismo
militarismo

pacotilla
baratija
quincalla

pactar
convenir
acordar
concertar
negociar

litigar
reñir

pacto
acuerdo
trato
compromiso
contrato
convenio

ruptura
desacuerdo

padecer
penar
sufrir
soportar
resistir
aguantar

gozar
disfrutar

padecimiento
dolencia
mal
angustia
sufrimiento

alegría
dicha
felicidad

padre
progenitor
ascendiente
procreador

autor
creador
inventor

fraile
sacerdote
clérigo

padrinazgo
apadrinamiento
protección

desamparo

padrino
protector
valedor
bienhechor

ahijado
protegido

padrón
catastro
censo
registro

paga
sueldo
salario
haberes
honorarios
remuneración
retribución
jornal

pagaduría
tesorería
caja
administración

pagano
gentil
idólatra
infiel

creyente
cristiano

pagar
abonar
remunerar
retribuir
cotizar
desembolsar
compensar
gratificar
costear

cobrar

pagaré
compromiso
obligación

página
folio
hoja
plana

paginar
foliar
numerar

pago
retribución
entrega
desembolso
reintegro
recompensa

cobro

región
lugar

país
patria
estado
nación
comarca
región

paisaje
panorama
vista

paisano
compatriota
conciudadano

extranjero

aldeano
pueblerino

civil

paja
brizna
tamo
forraje
heno

relleno
desecho

pájaro
ave

astuto
cuco
pillo

paje
escudero
criado
acompañante
servidor

pajizo
amarillo
dorado

pala
paleta
azada

palabra
vocablo
voz
término

dicción
expresión

promesa
compromiso

palabrería
verborrea
labia
charlatanería

discreción

palabrota
taco
blasfemia
grosería

palacete
chalé
palacio

palaciego
cortesano
palatino

palacio
mansión
palacete
castillo

choza
cuchitril

paladar
sabor
gusto

cielo de la boca

paladear
degustar
saborear
gustar

repugnar

paladín
héroe
campeón
adalid

paladino
claro
evidente
manifiesto
patente

oscuro
confuso

palanca
pértiga
barra
palanqueta

palangana
jofaina
aguamanil

palco
platea
balcón

palenque
valla
empalizada
estacada

coso
plaza

palestra
arena
escenario

lucha
reto
desafío

paleta
pala
espátula
llana
álabe

paletilla
escápula
omóplato

paleto
cateto
pueblerino
ignorante
inculto
palurdo

elegante
refinado
culto

paliar
mitigar
calmar
suavizar
aliviar
atenuar
disminuir

agravar
aumentar

paliativo
atenuante
suavizante
mitigante

agravante
excitante

palidecer
desencajarse
demudarse

amarillear
emblanquecer
disminuir

pálido
descolorido
blanquecino
amarillento

sonrosado
colorado

desencajado

turbado
tembloroso

sereno
tranquilo

palillo
mondadientes

palio
dosel
pabellón

palique
verborrea
cháchara
labia

palitroque
banderilla

paliza(s)
zurra
somanta
azotaina

pasta
latoso

palma(s)
palmera

gloria
éxito
triunfo

aplausos
palmadas
ovación

bronca
abucheo

palmada(s)
golpe
manotazo

palmas

palmar
palmeral

morir
espicharla
diñarla

palmario
evidente
patente
claro
notorio

dudoso
equívoco

palmatoria
candelero
candil
lamparilla

palmera
cocotero
datilera

palmeral
palmar
oasis

palmito
porte
apariencia
tipo

palmo
cuarta
mano

palmotear
aplaudir
palmear
animar

abuchear

palo
estaca
vara
poste
madero
porra
listón

bastonazo
garrotazo
golpe

paloma
tórtola

palomar
criadero

palomo
pichón

palote
trazo
raya
garabato

palpable
claro
patente
visible
manifiesto

oscuro

palpar
tocar
tentar
manosear
sobar

palpitación
latido
pulsación

palpitante
candente
actual

palpitar
latir
contraerse

emocionarse
vibrar

paludismo
malaria

palurdo
paleto
cateto

tosco
basto
maleducado

fino
culto
cortés

pamela
sombrero
toca

pampa
llanura
sabana
pradera

pámpano
sarmiento
vástago

pamplina
tontería
remilgo
nadería
chorrada
nimiedad

importancia

pan
hogaza
barra
libreta
chapata
pistola

panacea
curalotodo
remedio
elixir

panadería
horno
tahona

panal
colmena
celdilla

pancarta
cartel
letrero
rótulo
cartelón

pancista
oportunista

panda
pandilla
peña
grupo

pandearse
abarquillarse
combarse

pandemónium
griterío
alboroto
escándalo
bulla

calma

pandereta
pandero

pandero
pandereta
pandera

pandilla
clan
cuadrilla
banda
grupo

panecillo
chusco
bollo
pan

panegírico
elogio
encomio
apología

loa
alabanza

censura
reprobación

panel
indicador
tablón
tabla
cuadro

panera
granero

pánfilo
tardo
lelo
parado

nervioso
inquieto

panfleto
libelo
octavilla
pasquín

pánico
horror
miedo
terror
espanto

calma

panoja
panocha
mazorca

panoli
lelo
memo
pánfilo

diligente
listo

panorama
paisaje

vista
panorámica

expectativas
futuro

panorámica
panorama

panorámico
general
extenso
amplio

parcial

pantagruélico
desmesurado
exagerado
excesivo

sobrio
mesurado

pantalla
mampara
biombo
toldo
visera

pantalones
calzas
calzones
bombachos

pantano
balsa
embalse
presa

ciénaga
fangal

pantanoso
anegado
encharcado
fangoso
insalubre

panteón
mausoleo

sepulcro
tumba

pantera
leopardo

pantomima
imitación
parodia
mímica
representación

pantorrilla
pantorra
corva
pierna

pantufla
zapatilla
chinela
chancleta

panza
barriga
tripa
vientre

prominencia
abultamiento

panzada
atracón
hartazgo
tripada

panzudo
barrigudo
gordo

delgado
esbelto

pañal
envoltura
lienzo
paño

paño
tela

lienzo
trapo

colgadura
tapiz

pañoleta
chal
toquilla

pañuelo
moquero
lienzo
trapo

papa
patata

Padre Santo
Sumo Pontífice

papá
padre
progenitor

papada
sobarba
barbada

papagayo
cotorra
loro
cacatúa

papal
romano
vaticano
pontificio

papanatas
tontaina
bobalicón
pardillo

avispado
listo

paparrucha
majadería
necedad

bobada
memez

sensatez
cordura

papel
hoja
folio
impreso
pliego

prensa
diario
periódico

representación
encargo
labor
función

papeleo
burocracia
trámite
complicación

facilidad
sencillez

papeleta
recibo
vale
resguardo
comprobante

engorro
dificultad

facilidad

papilla
papas
gachas
sopa

papiro
hoja
lámina
pergamino

paquete
lío

bulto
envoltorio

paquidermo
proboscidio
elefante
rinoceronte

par
igual
semejante
similar

distinto
desigual

pareja
dúo
dos

impar

parabién
congratulación
enhorabuena
felicitación

parábola
alegoría
metáfora
ejemplo

curva
trayectoria

parabrisas
cristal
guardabrisas

parada
alto
detención
pausa
permanencia

movimiento

desfile
revista
exhibición

paradero
destino
dirección
sitio

paradigma
prototipo
ejemplo
modelo
arquetipo
muestra

paradisiaco
paradisíaco
delicioso
feliz

horrible
infernal

parado
desempleado
desocupado
ocioso

estático
quieto
estancado
inmóvil

móvil

indeciso
retraído
tímido

osado

paradoja
contradicción
contrasentido
absurdo

lógica

paradójico
contradictorio
sorprendente
chocante

lógico
natural

parador
hostal
hotel
hostería

paráfrasis
comentario
aclaración
explicación

paraguas
quitasol
sombrilla
parasol

paragüero
perchero
bastonero

paraíso
cielo
edén
gloria
vergel

infierno

paraje
sitio
estancia
lugar
rincón

paralelismo
semejanza
correspondencia
equivalencia
símil

paralelo
equidistante
equivalente
semejante

perpendicular

paralelogramo
rectángulo
cuadrilátero

parálisis
anquilosamiento
invalidez

paralítico
tullido
parapléjico
impedido

paralización
estancamiento
detenimiento
detención

paralizar
lisiar
atrofiar
entumecer

obstaculizar
parar
entorpecer
inmovilizar

mover
movilizar

paramento
adorno
decoración

pared
superficie

páramo
paramera
erial
yermo
estepa

bosque
vergel

parangón
analogía
comparación
equiparación

parangonar
comparar

equiparar
cotejar

diferenciar

paraninfo
aula
salón

paranoia
chaladura
locura
alucinación

sensatez
cordura

paranoico
maniaco
loco
demente

cuerdo
sensato

parapetarse
protegerse
atrincherarse
guarecerse
precaverse

parapeto
barricada
trinchera
defensa
muro

parapléjico
paralítico

parar
detener
retener
obstaculizar
inmovilizar
estacionar

soltar
marchar
favorecer

hospedarse

alojarse
acampar

acabar
cesar
finalizar

comenzar

parásito
insecto
comensal
pulgón

aprovechado
chupón
gorrón

generoso
desinteresado

parasol
quitasol
sombrilla

parcela
solar
terreno
tierra
propiedad

parcelar
dividir
fraccionar
partir

parche
remiendo
retoque
apaño

cataplasma
emplasto

parcial
fragmentario
incompleto
inacabado

total
completo

injusto

arbitrario
partidario

neutral
imparcial

parco
exiguo
frugal
escaso

abundante

moderado
sobrio

exagerado

pardillo
confiado
ingenuo
inocente

desconfiado

pardo
castaño
oscuro
grisáceo

parecer(se)
opinión
dictamen
juicio

presencia

creer
pensar
opinar

asemejarse
semejarse

diferenciarse

parecido
semejanza
similitud
afinidad

análogo
parejo

afín
semejante

diferente

pared
tabique
muro
tapia

paredón
muro

pareja
par
dúo
doble
dos

parejo
análogo
equivalente
parecido
semejante

desigual
desemejante

parentesco
afinidad
analogía
consanguinidad
relación
vínculo

paréntesis
acotación
inciso

interrupción
pausa

paria
ruin
desarraigado
pelagatos

parida
estupidez

idiotez
tontería

paridad
afinidad
semejanza
equivalencia
paralelismo

desemejanza

pariente
familiar
próximo

afín
análogo

desemejante

parihuelas
camilla
andas
angarillas

parir
alumbrar
dar a luz
engendrar

producir
idear

parlamentar
dialogar
hablar
entrevistarse
deliberar

callar

parlamentario
diputado
congresista
legislador

delegado
enviado
embajador

legislativo
constituyente

parlamento
alocución
discurso

congreso
asamblea
cámara

parlanchín
locuaz
charlatán
hablador

callado

parlar
charlar
conversar
hablar
parlotear

parné
dinero

paro
desempleo
desocupación
pausa
detención
huelga

empleo
ocupación

parodia
pantomima
burla
imitación
remedo

parodiar
imitar
simular
caricaturizar
ridiculizar

paroxismo
crisis
exaltación

arrebato
acaloramiento

parpadear
pestañear
guiñar
oscilar

parque
jardín
bosque
arboleda

parqué
entarimado

parquedad
ahorro
economía
moderación
sobriedad

derroche
exageración

parra
cepa
vid

parrafada
conversación
charla
confidencia

párrafo
frase
discurso
oración

parranda
diversión
jolgorio
bulla
jarana

parricida
homicida
criminal
asesino

parrilla
asador
rejilla

párroco
cura
sacerdote

parroquia
feligresía

clientela
público

parroquiano
feligrés
fiel

cliente
asiduo

parsimonia
tranquilidad
cachaza
calma
lentitud

rapidez

parte
trozo
fracción
pedazo

todo
entero

sitio
lugar
zona

noticia
comunicado

partera
comadrona
matrona

parterre
jardín
arriate

partición
distribución
fraccionamiento
división

unificación

participación
colaboración
contribución
intervención

inhibición
desvinculación

noticia
invitación
comunicación

incomunicación

participar
notificar
informar
comunicar

colaborar
cooperar
intervenir
contribuir

desentenderse
inhibirse

partícipe
participante
integrante
colaborador

partícula
pizca
porción
fracción
molécula

particular
propio
exclusivo
característico
específico

peculiar
individual

general
común

particularidad
singularidad
característica
distintivo
peculiaridad
propiedad

generalidad
vulgaridad

particularizar
detallar
diferenciar
distinguir
especificar

generalizar

partida
salida
marcha
retirada

llegada

certificación
documentación

remesa
mercancía

juego
lance
jugada

banda
cuadrilla

partidario
adicto
seguidor
simpatizante
adepto

oponente
enemigo

partidista
sectario

imparcial

partido
fraccionado
dividido
roto

entero

asociación
bando
clan

juego
competición

beneficio
provecho
ventaja

resolución
determinación

partir
fragmentar
dividir
trocear
romper
cortar

unir
juntar

irse
ausentarse
marchar

volver
regresar

partitura
composición
pieza

parto
alumbramiento
nacimiento

muerte

parva
trilla
montón

parvo
escueto
sucinto
corto
escaso

abundante

párvulo
crío
niño
pequeño

mayor

ingenuo
inocente

maduro
experimentado

pasada
paso
recorrido

exageración

pasadero
aceptable
llevadero
pasable
tolerable

insufrible

pasadizo
pasaje
pasillo
corredor
galería
callejón

pasado
antigüedad
ayer

remoto
antiguo

futuro
actual

maduro
podrido
estropeado

verde

pasador
pestillo
cerrojo
aldaba
perno

imperdible
alfiler

pasaje
pasadizo
paso
comunicación

billete
peaje

episodio
fragmento

pasajeros
viajeros

pasajero
viajero
turista
transeúnte

breve
corto
transitorio
efímero
fugaz

permanente

pasamanos
balaustrada
barandilla
asidero

pasante
asistente
auxiliar
ayudante

pasaporte
pase
salvoconducto
visado
credencial

pasar(se)
atravesar
transitar
cruzar

transportar
trasladar

traer

introducir
meter
penetrar

sacar
extraer

ocurrir
suceder
acontecer

superar
aventajar
rebasar

admitir
aceptar
tolerar

rechazar
desaprobar

ocultar
disimular
callar

excederse
extralimitarse
exagerar

pudrirse
estropearse

pasarela
puente

pasatiempo
esparcimiento
entretenimiento
diversión
distracción

pase
vale
autorización
permiso
aval

paseante
caminante
peatón
transeúnte

pasear
caminar
andar
deambular
vagar

paseo
caminata
excursión

alameda
avenida

pasillo
pasadizo
pasaje
corredor
galería

pasión
arrebato
entusiasmo
vehemencia

frialdad
pasividad

preferencia

cariño
predilección

aversión

lujuria ·
erotismo
deseo

pasional
ardiente
vehemente
impulsivo

frío
indiferente

pasividad
indolencia
apatía
desinterés

actividad
dinamismo

pasivo
indiferente
impasible
desinteresado
inactivo
despreocupado
inmóvil

activo
dinámico
inquieto

pasmar(se)
embelesar
maravillar
asombrar

helarse
congelarse

calentarse

pasmo
extrañeza
aturdimiento
asombro

enfriamiento

resfriado
catarro

paso
zancada
movimiento

pisada
huella

senda
vereda
pasaje

entrada
puerta

pasota
indiferente
apático

pasquín
cartel
libelo
folleto

pasta
mazacote
mezcla
engrudo
cola

fideos
espaguetis
macarrones

dinero
guita

tapa
cubierta

pastar
pacer
apacentar
alimentarse

pastel
dulce
tarta
torta

apaño

chanchullo
enjuague

pastelería
confitería
repostería
bollería

pasteurizar
pasterizar
esterilizar

pastilla
comprimido
gragea
píldora

pastizal
pradera
prado
dehesa

pasto
pienso
forraje
pastizal
heno

pastor
zagal
cabrero
vaquero
guía

prelado
eclesiástico
cura

pastoral
encíclica
circular

pastoril
bucólico
campestre
idílico

urbano

pastoso
viscoso
espeso
grumoso

fluido
líquido

pata
pierna
extremidad
pie

apoyo
sostén

patada
puntapié
coz

patalear
patear

pataleo
pateo
protesta
abucheo

aplauso

pataleta
rabieta
berrinche

patán
tosco
basto
ordinario
palurdo
grosero

fino
educado

patata
tubérculo
batata
papa

patatús
soponcio
convulsión
desmayo
síncope

patear
patalear
protestar
abuchear

alabar
aplaudir

andar
recorrer
deambular

patentar
inscribir
registrar

patente
licencia
exclusiva
privilegio
título

evidente
notorio
manifiesto

velado

patentizar
demostrar
evidenciar
exteriorizar
manifestar

ocultar
esconder

paterno
paternal
benévolo
bondadoso
comprensible
protector

patético
dramático
trágico
triste
doloroso
conmovedor

alegre
jubiloso

patíbulo
horca
cadalso
condena

perdón

patidifuso
sorprendido
estupefacto
asombrado

patín
deslizador
patinete

pátina
barniz
lustre
brillo

patinar
esquiar

resbalarse

equivocarse

patinazo
resbalón
frenazo

planchazo
coladura

patio
portal
claustro
jardín

butaca
preferencia

patitieso
exánime
rígido

boquiabierto
estupefacto

patizambo
zambo
patituerto

pato
ganso
ánade
ánsar
parro

patoso

patochada
disparate
desatino
despropósito
torpeza

acierto

patógeno
contagioso
infeccioso
nocivo

inofensivo

patológico
enfermizo
morboso
malsano

sano

patoso
desmañado
cargante
torpe
molesto
pesado
fastidioso

cuidadoso

patraña
mentira
trola
bola
embuste

verdad

patria
nación
país
pueblo
cuna
origen

patriarca
anciano
jefe

prelado

patriarcal
venerable
ancestral
majestuoso

moderno
nuevo

patricio
aristócrata
noble
notable
señor

plebeyo
vulgar

patrimonial
familiar
hereditario

patrimonio
herencia
dote
fortuna
heredad
bienes
propiedades
capital

patrio
nacional
propio
nativo

extranjero
extraño

patriota
nacionalista
leal
patriótico
héroe

desleal
traidor

patriotero
chauvinista
xenófobo
nacionalista

patriotismo
lealtad
fidelidad
nacionalismo

xenofilia

patrocinador
protector
padrino

patrocinar
apadrinar
ayudar
proteger
amparar
garantizar
impulsar

contrariar
obstaculizar

patrocinio
garantía
amparo
auxilio
ayuda

desamparo

patrón
patrono
dueño
amo
señor
jefe

asalariado
trabajador

guía
muestra
pauta
modelo
horma

patronato
fundación
corporación
sociedad

patronímico
nombre
apelativo
apellido

patrulla
destacamento
pelotón
escuadra
piquete

patrullar
rondar
vigilar
velar

paulatino
gradual
escalonado
sucesivo
pausado

paupérrimo
misérrimo
indigente

pausa
parada

detención
intervalo
alto

continuidad
actividad

pausado
lento
tranquilo
sosegado
calmoso

nervioso
vivaz

pauta
patrón
norma
ejemplo
modelo

pavesa
ceniza
chispa

pavimentar
adoquinar
enlosar
empedrar

pavimento
piso
suelo
firme
asfalto

pavo
gallipavo

tonto
soso

pavonear(se)
presumir
vanagloriarse
alardear
fanfarronear

menospreciarse

pavor
miedo
horror
pánico
espanto

atrevimiento
valentía

payasada
bufonada
gansada
bobada

payaso
clon
bufón
cómico
clown

ganso
necio

paz
tranquilidad
sosiego
calma
reposo
concordia

enemistad
guerra
intranquilidad

peaje
pasaje
tributo
pago
tasa

gratuidad

peana
pedestal
plataforma
pie
apoyo

peatón
caminante

transeúnte
viandante

motorizado

peca
mancha
lunar

pecado
falta
culpa
mancha
desliz
maldad
vicio
imperfección

virtud
perfección

pecador
infractor
transgresor
penitente

santo
puro
inocente

pecaminoso
inmoral
obsceno

virtuoso

pecar
faltar
infringir
transgredir
enviciarse

regenerarse

pecera
acuario

pechera
chorrera
peto
pechuga

pecho
tórax
caja torácica
torso
busto

seno
mama

pechuga
pechera
pecho

peciolo
pedúnculo
rabillo

pécora
malvada
perversa

pectoral
torácico
pulmonar

cruz
crucifijo

pecuario
ganadero

peculiar
característico
especial
singular
diferente

común
vulgar

peculio
bienes
patrimonio
fortuna

pecuniario
monetario
crematístico

pedagogía
enseñanza
instrucción
educación

pedagógico
didáctico
educativo

pedagogo
educador
instructor
maestro

pedal
palanca

pedalear
mover
impulsar

pedante
engolado
pretencioso
sabiondo
redicho

sencillo
natural

pedantería
afectación
jactancia
presunción

sencillez
modestia

pedazo
trozo
porción
fragmento
cacho

pederasta
homosexual

heterosexual

pedernal
sílex
cuarzo
piedra

pedestal
base
peana
soporte
pie

pedestre
vulgar
corriente
ordinario

fino
elevado

pedicuro
callista
podólogo

pedido
encargo
petición

pedigrí
ascendencia
genealogía

pedigüeño
gorrón
aprovechado
abusón

pedir
solicitar
requerir
demandar
reclamar
rogar
rezar
mendigar

dar
ofrecer

pedo
flatulencia
ventosidad

borrachera
curda

pedrada
cantazo

pedrea
pedrisco
granizada

premio

pedregal
peñascal
pedriza

pedregoso
rocoso
áspero
abrupto

pedrería
piedras preciosas

pedrisco
granizo
granizada

pedrusco
chinarro
guijarro

pedúnculo
apéndice
pezón

peer(se)
ventosear

pega
dificultad
contrariedad

facilidad

pegadizo
contagioso
fácil
cadencioso

difícil

pegajoso
viscoso
espeso
pringoso

pegadizo
contagioso

meloso
empalagoso
sobón

pegamento
goma
cola
adhesivo

pegar(se)
encolar
engomar
fijar
unir

despegar
desunir

contagiar
infectar

maltratar
golpear
zurrar

reñir
pelear
agarrarse

pegatina
adhesivo

pegote
emplasto
apósito

chapuza
parche

peinado
tocado
adorno

despeinado

peinar(se)
acicalar
atusar
componer
adornar

peine
peineta
peinilla

pejiguera
incomodidad
molestia
lata
pesadez

pela
peseta

peladilla
golosina
confite

pelado
calvo
pelón

peludo

árido
desértico

fértil
frondoso

raído
gastado

pelagatos
pobretón

pelagatos
pobretón
pinchaúvas
despreciable

importante

rico
poderoso

pelaje
pelo
pelambrera

traza
aspecto
apariencia

pelambrera
cabellera
melena

pelandusca
prostituta

pelar
rapar
cortar
trasquilar
rasurar

mondar
descascarillar

despojar
desvalijar
estafar

peldaño
escalón
estribo

pelea
disputa
riña
lucha

afán
agobio

pelear(se)
combatir
luchar
contender

rendirse

reñir

discutir
enemistarse

avenirse
reconciliarse

afanarse
trabajar

pelele
monigote
muñeco

mequetrefe
bobo

peleón
camorrista
pendenciero

peliagudo
complicado
difícil

fácil
sencillo

película
piel
capa
telilla

filme
cinta

peligrar
arriesgarse
exponerse
correr riesgo

asegurarse

peligro
amenaza
riesgo
inseguridad

peligroso
arriesgado
expuesto

seguro

pelirrojo
rojizo
bermejo

pella
bola
masa
amalgama

pellejo
piel
hollejo
corteza

odre
bota

pelliza
pellica
zamarra
gabán
chaquetón

pellizcar
apretar
retorcer

picotear

pellizco
retorcimiento

pizca
miaja

pelma
pelmazo
pesado
latoso

lento
calmoso

rápido
diligente

pelo
cabello
cabellera

melena
vello

filamento
hilo

pelota
balón
esfera

pelotillero
adulador

pelotas (en)
desnudo

pelotazo
balonazo
golpe

trago
lingotazo

pelotear
rebotar
jugar
entrenar

adular
halagar

criticar
reprochar

pelotera
riña
pelea
discusión

pelotillero
adulador
cobista

crítico

pelotón
escuadra
grupo
patrulla

peluca
peluquín
postizo

peluche
felpa

peludo
lanudo
velloso
tupido

pelón
lampiño

peluquería
barbería

peluquín
bisoñé

pelusa
vello

polvo
suciedad

celos
envidia

pena
tristeza
amargura

alegría

sentencia
condena

perdón
absolución

fatiga
agobio

alivio

penacho
copete
plumero

penado
condenado

preso
presidiario

absuelto
inocente

penal
cárcel
prisión

punible
disciplinario

penalidad
padecimiento
calamidad
desgracia

castigo
pena

penalizar
castigar
sancionar

despenalizar

penar
sufrir
padecer

aliviarse

sentenciar
sancionar
penalizar

amnistiar
perdonar

penco
rocín
jamelgo

tosco
torpe

pendencia
riña
reyerta

disputa
discusión

acuerdo
arreglo

pendenciero
camorrista
provocador
bravucón

tranquilo
pacífico

pender
colgar
caer
suspender
inclinarse

pendiente
arete
zarcillo
colgante

aplazado
incompleto
en trámite

acabado

vigilante
interesado

distraído

cuesta
rampa
ladera
inclinación

péndola
péndulo

pendón
estandarte
bandera
distintivo

pendejo
mujerzuela
prostituta

pendular
oscilante
fluctuante

fijo

péndulo
péndola
regulador

colgante
oscilante

pene
falo
órgano viril
glande

penetración
introducción
implantación

entrada
invasión
avance

salida
retroceso

ingenio
agudeza

cortedad
torpeza

penetrante
agudo
estridente
ensordecedor

afilado
puntiagudo

inteligente
perspicaz

penetrar
entrar
acceder
introducirse

salir

meter

introducir

sacar

atravesar
calar
implantar
impregnar
infiltrar

entender
comprender

península
peñíscola
promontorio
cabo
punta

penitencia
confesión
arrepentimiento
contrición

mortificación
pena
disciplina
sufrimiento
castigo

placer
gozo

penitenciaría
correccional
penal
cárcel
prisión

penitenciario
penal
carcelario

penitente
arrepentido
sacrificado
disciplinante

encapuchado
nazareno

penoso
arduo
difícil
costoso

fácil
llevadero

doloroso
lamentable
triste

grato
alegre

pensador
sabio
filósofo
erudito

pensamiento
raciocinio
inteligencia
razonamiento

idea
plan
proyecto
intención

máxima
sentencia
proverbio

pensar
razonar
discurrir
meditar
reflexionar

creer
opinar
considerar
concebir
juzgar
suponer

proyectar
planear
imaginar
idear

pensativo
absorto
abstraído
preocupado

pensión
fonda
hostal
hospedería
casa de huéspedes
posada

jubilación
subsidio
retribución
renta

pensionado
internado
residencia

pensionista

pensionista
jubilado
retirado
pasivo

trabajador
activo

huésped
interno

externo

pentagrama
pauta

penumbra
sombra
crepúsculo
oscuridad

claridad

penuria
carencia
escasez

abundancia

pobreza
indigencia

riqueza

peña
peñasco
roca
risco

grupo
asociación
panda

peñascal
pedregal

peñasco
peñón
risco

peñón
cerro
monte
roca

peón
jornalero
bracero
obrero

peonza

peonza
peón
trompo

peor
malo
deficiente
inferior

mejor

pepita
semilla
simiente
pipa

pepito
bocadillo
filete

pepona
muñeca

pequeñez
nimiedad
insignificancia
nadería

enormidad

cortedad
escasez

abundancia

pequeño
reducido
corto
chico

grande
enorme

bajo
enano

alto

niño
crío

adulto
mayor

pera
barbilla

pulsador
interruptor

peralte
desnivel
inclinación

percance
contratiempo
contrariedad
accidente

per cápita
por cabeza
por persona
individualmente

percatarse
advertir

apreciar
enterarse

percepción
apreciación
captación

impresión
sensación

perceptible
apreciable
ostensible
sensible

imperceptible
invisible

percha
perchero
colgador

pértiga
listón

percibir
advertir
notar
observar
distinguir
percatarse
oír
oler

cobrar
recibir

comprender
entender

percusión
golpe
sacudida
choque

percutir
chocar
golpear
batir

percutor
percusor
martillo
detonador

perdedor
vencido
derrotado

ganador
triunfador

perder(se)
dejar
olvidar
descuidar
malgastar
desperdiciar

encontrar
hallar
aprovechar

extraviarse
descarriarse
despistarse

corromperse
estropearse
enviciarse

desvanecerse
disiparse

perdición
pérdida
destrucción
desgracia

fortuna

descarrío
condenación

salvación

pérdida
extravío
despiste
olvido

hallazgo

perjuicio

daño
menoscabo

beneficio
ganancia

perdido
olvidado
extraviado
desorientado

calavera
degenerado
depravado

sensato
virtuoso

perdigón
grano
plomo
balín

pollo
perdiz

perdón
absolución
indulto
amnistía
clemencia
gracia

condena
castigo

perdonar
absolver
indultar
amnistiar
disculpar
eximir

castigar
condenar
vengarse

perdonavidas
valentón
bravucón
chulo

perdurable
duradero
imperecedero
perenne
constante

fugaz
perecedero

perdurar
durar
permanecer
subsistir
perpetuarse

perecer
morir

perecedero
caduco
fugaz
transitorio

imperecedero
eterno

perecer
morir
fallecer
extinguirse
fenecer
sucumbir
terminar
acabarse

nacer

peregrinación
peregrinaje
romería
excursión
éxodo

peregrinar
viajar
errar
caminar
deambular
emigrar

peregrino
penitente
romero
caminante

extraño
insólito
raro

natural
corriente

perenne
eterno
imperecedero
incesante
permanente

pasajero
transitorio

perentorio
apremiante
improrrogable
urgente
inaplazable

pereza
desgana
desidia
galbana
vagancia
negligencia
dejadez

diligencia
laboriosidad

perezoso
indolente
holgazán
gandul
negligente
dejado
vago

diligente

perfección
excelencia
culminación

madurez
esplendor
prototipo

imperfección

**perfecciona-
miento**
mejora
desarrollo
progreso
corrección
acabado

empeoramiento

perfeccionar(se)
desarrollar
acabar
afinar
completar
depurar
pulir
mejorar
corregir

estropear
empeorar

perfecto
completo
correcto
excelente
magnífico
estupendo
inmejorable

imperfecto
defectuoso
incompleto

perfidia
traición
insidia
alevosía
perversidad

lealtad
nobleza
bondad

pérfido
traidor
desleal
insidioso
perverso

noble
leal

perfil
silueta
contorno
forma
figura

rasgo
trazo
reborde

perfilado
completo
detallado
perfecto
claro

impreciso
vago

largo
estrecho

achatado
ancho

perfilar(se)
perfeccionar
completar
precisar
concretar

manifestarse
aparecer

perforación
excavación
extracción
sondeo

abertura
taladro
orificio

perforar
horadar
taladrar
traspasar
excavar
sondear

perfumado
aromático
fragante
oloroso
agradable

hediondo

perfumador
aromatizador
pulverizador

perfumar
aromatizar
embalsamar
emanar
exhalar

apestar
heder

perfume
aroma
fragancia
olor
esencia
colonia
bálsamo

pergamino
piel
papiro

manuscrito
original

pérgola
emparrado
armazón
galería
cenador

pericia
habilidad
destreza
soltura
práctica
maestría

impericia
inexperiencia

perico
papagayo
loro
cotorra

orinal

periferia
aledaños
alrededores
afueras
cercanías
contorno

centro
interior

periférico
circundante
exterior
suburbano
limítrofe

interno

perifollos
adornos
aderezos
ornamentos

perífrasis
rodeo
circunloquio

perilla
barba
barbilla
chiva

pera
interruptor

perillán
granuja
tuno
bribón

perímetro
contorno
periferia
exterior
cerco

interior
centro

periódico
regular
habitual
fijo
asiduo

inhabitual

diario
gaceta
rotativo

periodismo
prensa
información
comunicación

periodista
informador
redactor
reportero
corresponsal

periodístico
informativo
publicitario

período
etapa
fase
ciclo
época
tiempo
lapso

párrafo

frase
oración

regla
menstruación

peripecia
incidente
suceso
aventura
lance

periplo
viaje
recorrido
peregrinaje

peripuesto
arreglado
compuesto
endomingado
acicalado

desaseado
desarrapado

periquito
perico
loro

peritaje
peritación
evaluación
valoración

peritar
evaluar
estimar

perito
diestro
conocedor
experto
especialista
técnico

inexperto
incompetente

perjudicar
dañar
lastimar
deteriorar
desfavorecer

beneficiar
favorecer

perjudicial
dañino
nocivo
lesivo
negativo

beneficioso
bueno

perjuicio
daño
deterioro
extorsión
inconveniente
quebranto

ventaja
ganancia

perjurio
infidelidad
traición
deslealtad
prevaricación

lealtad

perjuro
apóstata
infiel
renegado

perla
concreción
adorno

permanecer
mantenerse
continuar
durar
perpetuarse

quedarse
habitar

abandonar
irse

permanencia
estancia
duración
continuidad

ausencia
marcha
cambio

permanente
duradero
estable
constante

pasajero
inestable

ondulación
peinado

permeable
absorbente
poroso
penetrable

impermeable
impenetrable

permisivo
condescendiente
permisible

estricto

permiso
autorización
consentimiento
licencia

prohibición
negativa

permitir
acceder
aceptar

aprobar
autorizar
posibilitar
conceder
consentir
transigir

denegar
prohibir
vetar

permuta
canje
cambio
trueque

permutar
canjear
trocar
intercambiar
alternar
variar

pernera
pernil

pernicioso
nocivo
malo
dañino
perjudicial

beneficioso
bueno

pernil
muslo
pata

pernera

pernio
gozne
bisagra

pernoctar
dormir
hacer noche
alojarse
hospedarse

pero
sin embargo
no obstante
mas

defecto
inconveniente
objeción

acicate
ayuda

perogrullada
simpleza
puerilidad
necedad

perol
perola
cuenco
caldero
olla

perorata
rollo
monserga
matraca
tabarra

perpendicular
vertical
recto

paralelo
horizontal

perpetrar
cometer
consumar
realizar

perpetuación
perduración
conservación

perpetuar(se)
durar
perdurar
conservar

subsistir
inmortalizar
recordar

acabar
olvidar

perpetuidad
eternidad
perdurabilidad
inmortalidad

mortalidad
provisionalidad

perpetuo
duradero
eterno
imperecedero
inmortal
perenne

efímero
pasajero
transitorio

perplejidad
extrañeza
asombro
sorpresa
desconcierto

decisión
firmeza

perplejo
desconcertado
confuso
indeciso
vacilante

decidido
resuelto

perra(s)
rabieta
berrinche

manía

dinero
pelas

perrera
jaula
casilla
caseta
cajón
encierro

perrería
jugarreta
faena
trastada

perro
can
chucho

persecución
acosamiento
búsqueda
acoso
hostigamiento

perseguir
buscar
acosar
hostigar
incordiar
acorralar
pretender

huir
escapar

perseverancia
tenacidad
empeño
tesón

inconstancia
dejadez

perseverante
tenaz
constante
firme
obstinado

inconstante

perseverar
perdurar
mantenerse
permanecer
persistir
insistir
obstinarse

persiana
celosía
rejilla
corredera

persignarse
santiguarse

persistente
duradero
permanente
perenne

tenaz
obstinado

inconstante

persistir
durar
mantenerse
perdurar
perseverar
insistir
empeñarse

cesar
renunciar
desistir

persona
ser
individuo
sujeto

personaje
personalidad
celebridad
figura

persona

actor
intérprete

personal
íntimo
particular
subjetivo

colectivo
general

empleados
plantilla
nómina

personalidad
identidad
carácter
temperamento

personaje
celebridad

personalizar
individualizar

personarse
comparecer
presentarse
acudir

personificación
representación
encarnación

personificar
encarnar
representar

perspectiva
paisaje
panorama

aspecto
óptica

expectativa
esperanza

perspicacia
agudeza
intuición
sagacidad

torpeza

perspicaz
sagaz
intuitivo
agudo

torpe
miope

persuadir
convencer
seducir
fascinar
atraer
incitar
impulsar

disuadir

persuasión
convencimiento
atracción
seducción

disuasión

persuasivo
convincente
seductor
elocuente

disuasorio

pertenecer
concernir
corresponder
competer

integrar
depender

pertenencia
propiedad
posesión
hacienda

pértiga
garrocha
lanza
palanca

pertinaz
obstinado
testarudo
tenaz

persistente
duradero
prolongado

pertinente
conveniente
oportuno
adecuado
propio

inoportuno
inadecuado

pertrechar
abastecer
proveer
guarnecer
equipar

pertrechos
provisiones
víveres
suministros
municiones

perturbación
alteración
trastorno
desconcierto
desasosiego

sosiego

perturbado
loco
demente
chalado
desequilibrado

cuerdo

perturbador
agitador

amotinador
alborotador

tranquilo
pacífico

inquietante
turbador
enloquecedor

perturbar
agitar
alterar
alborotar
trastornar
turbar
inquietar

sosegar
calmar

perversidad
maldad
perfidia
crueldad
vileza

bondad

perversión
inmoralidad
vicio
depravación

virtud
rectitud

perversidad

perverso
maligno
malvado
pérfido
cruel

bondadoso

pervertido
depravado
corrompido
vicioso

degenerado

virtuoso

pervertir(se)
corromper
depravar
viciar
prostituir

educar
perfeccionar

pervivir
subsistir
perdurar

morir
desaparecer

pesa
peso
contrapeso

pesadez
aburrimiento
fastidio
tostón

entretenimiento
diversión

molestia
malestar

pesadilla
alucinación
delirio
desasosiego
angustia

pesado
aburrido
cargante
fatigoso

liviano
llevadero

gordo
obeso

flaco
delgado

pesadumbre
disgusto
tristeza
padecimiento

alegría
satisfacción

pésame
condolencia
dolor

pesar
dolor
sentimiento
arrepentimiento

alegría
regocijo

doler
apesadumbrar
arrepentirse

determinar
establecer
equilibrar
contrapesar

influir
intervenir

pesaroso
apenado
afligido
dolido
molesto

contento
satisfecho

pescante
banco
madero

soporte
aparejo
tramoya

pescar
extraer

capturar
atrapar

coger
pillar

pescozón
cogotazo
cachete

pescuezo
cuello
garganta

pesebre
establo
cuadra

peseta
pela
cala

pesetero
interesado
agarrado
roñoso
ruin
tacaño

desinteresado
desprendido
generoso

pesimismo
desmoralización
desesperanza
desilusión

optimismo

pesimista
desmoralizado
desilusionado
agorero

optimista

pésimo
deplorable
detestable
fatal

óptimo

magnífico
espléndido

peso
carga
lastre

agobio
inquietud

alivio
tranquilidad

importancia
trascendencia

pespunte
costura
puntada
cosido

pesquisa
indagación
averiguación
búsqueda
investigación

pestaña
cerda
pelo

resalte
reborde
extremidad

pestañear
parpadear

peste
epidemia
plaga
calamidad

pestilencia
fetidez
hedor

pestilencia
peste
hediondez

hedor
tufo

pestilente
apestoso
fétido
hediondo
maloliente

aromático

pestillo
pasador
cerrojo
cierre

petaca
pitillera
tabaquera
cigarrera

petardear
timar
sablear
birlar

petardo
cohete
morterete
buscapiés
explosivo

pestiño
rollo
tostón

petate
bulto
bártulos
hatillo
atadijo

petición
demanda
súplica
ruego
solicitud
encargo

mandato
entrega

peticionario
solicitante
demandante
signatario

petimetre
lechuguino
presumido
figurín
pisaverde

peto
pechera
coraza
armadura

pétreo
granítico
roqueño .
rocoso
duro
inflexible

petrificado
absorto
inmóvil

petróleo
queroseno
hidrocarburo
carburante

petrolero
aljibe
buque
tanque

petulancia
engreimiento
presunción
pedantería
jactancia

sencillez
humildad

petulante
presumido
fatuo

insolente
engreído
vanidoso

comedido
humilde

peyorativo
despectivo
despreciativo
ofensivo

elogioso
laudatorio

pez
pescado

brea
alquitrán
resina

pezón
mama
tetilla

saliente
punta
extremo

piadoso
compasivo
clemente
misericordioso

despiadado

devoto
fervoroso
pío

impío

pianista
concertista
ejecutante
intérprete
músico

piar
chillar
gritar

cantar
cacarear

protestar
quejarse
refunfuñar

pibe
niño
chaval
muchacho

pica
lanza
garrocha
puya
rejón

picacho
cumbre
cima
cúspide
pico

picadillo
adobo
relleno

picado
enfadado
mosqueado
contrariado
enojado

picador
varilarguero
alanceador
rejoneador

picadura
picotazo
punción
picada

caries
perforación

tabaco

picajoso
quisquilloso
puntilloso
susceptible

picante
condimentado
sazonado
fuerte

satírico
mordaz
picaresco
verde

picapedrero
cantero

picapleitos
abogado
leguleyo
letrado

picaporte
pomo
pasador
aldaba

picar(se)
pinchar
punzar
clavar

desmenuzar
triturar
trinchar

incitar
espolear
estimular
alentar

desanimar
desalentar

molestarse
ofenderse
mosquearse

estropearse

pudrirse
avinagrarse

encresparse
agitarse

aplacarse
calmarse

picardía
sagacidad
astucia
argucia

ingenuidad
simpleza

travesura
trastada

picaresca
engaño
truhanería
rufianería

honradez
moralidad

pícaro
pillo
bribón
granuja
tunante
astuto
malicioso
engañador

ingenuo
veraz

picaza
urraca

picazón
cosquilleo
hormigueo
picor

desazón
quemazón
disgusto

pichón
palomino
cría
pollo

pico
boca
punta
extremidad

cresta
cima
cúspide

piqueta
piocha

picor
comezón
escozor
hormigueo
picazón

picotazo
pinchazo
picadura
punzada

pictórico
iconográfico
representativo
gráfico
escénico

picudo
puntiagudo
agudo

chato
romo

pie
extremidad
pata
casco
pezuña

base
pedestal
peana

fundamento

razón
motivo

piedad
clemencia
compasión
misericordia

crueldad

devoción
fervor
religiosidad

irreligiosidad

piedra
canto
guijarro
pedrusco
roca
mineral

piel
epidermis
dermis
tegumento
cutícula
cutis

cáscara
corteza
vaina

pienso
forraje
heno
grano
alimento

pierna
extremidad
pata
muslo
pernil
anca

pieza
porción
fragmento

pedazo
trozo

habitación
cuarto
sala

moneda
ficha

obra
partitura
composición

pifia
chasco
error
fallo
equivocación

pigmentado
coloreado
teñido
tintado
jaspeado

pigmento
tinte
color
pintura
colorante

pigmeo
enano
pequeño
minúsculo
diminuto

pignorar
empeñar
hipotecar
enajenar

desempeñar

pijotero
fastidioso
molesto
chinche
impertinente

pila
fuente
pilón
abrevadero
bañera

montón
hacina
rimero
cúmulo

acumulador
batería
generador

pilar
apoyo
columna
pilastra
sostén
base
cimiento

píldora
comprimido
gragea
pastilla

pillaje
rapiña
saqueo
robo
hurto

pillar
atrapar
agarrar
cazar
coger
pescar

hurtar
robar
sustraer

comprender
percatarse

pillastre
pillo

sinvergonzón
rapaz

pillería
chiquillada
travesura
diablura
trastada

pillo
bribón
granuja
tunante
pícaro
golfillo

pilotar
navegar
conducir
guiar
dirigir
gobernar

piloto
aviador
conductor
chófer
guía

marino
oficial
timonel
navegante

piltrafa
desecho
despojo
residuo
desperdicio

pimiento
ají
morrón
guindilla

pimpante
flamante
arrogante

airoso
garboso

viejo
penoso

pimpollo
brote
renuevo
vástago
tallo

botón
capullo

joven
mozo
mocita

pinacoteca
galería
museo
sala de
  exposiciones

pináculo
cima
cumbre
cresta
cúspide

auge
apogeo
culmen

pinar
pinada
pineda

pincel
brocha
escobilla
cerdamen

pincelada
brochazo
trazo
rasgo
toque

pinchadiscos
disc-jockey

pinchar(se)
picar
clavar
punzar
herir

incitar
acuciar
instigar
chinchar

drogarse
chutarse

pinchazo
picotazo
picadura
punción

reventón
avería

pinche
ayudante
auxiliar
criado

pincho
púa
espina
punzón
puya
clavo

tapa
aperitivo

pindonga
callejera
pingo
trotacalles
pendón

pindonguear
callejear
errar
vagabundear

pingajo
colgajo
harapo
pingo
andrajo

pingo
pingajo

ramera
golfa
barragana
prostituta

pingüe
copioso
cuantioso
fértil
abundante

escaso
exiguo

pinitos
pasitos
tanteos
intentos

pino
pinocho
ocote

empinado
inclinado
pendiente

llano
plano

pinta
mota
lunar
peca
mancha

aspecto
apariencia
facha

bribón
granuja
tunante

pintar(se)
dibujar
trazar
colorear

manchar
tiznar

describir
relatar
narrar
contar

maquillarse
acicalarse

pintiparado
apropiado
adecuado
conveniente
oportuno

inoportuno
inadecuado

parecido
semejante

pintor
artista
acuarelista
paisajista

pintoresco
expresivo
vivo
llamativo
atractivo
característico

pintura
cuadro
lienzo
fresco
dibujo
retrato
paisaje

color
esmalte
colorante

pinza(s)
tenacillas
tenazas
sujetador

pliegue

piñón
semilla
almendra

engranaje
rueda dentada

pío
beato
devoto
fervoroso
piadoso

irreligioso
impío

piojo
cáncano
liendre
carángano
parásito

piojoso
sucio
desastrado
andrajoso

pulcro

desgraciado
miserable
mezquino

piola
cabo
cordel
cuerda

pionero
precursor
fundador
explorador
adelantado

pipa
boquilla
cachimba

cuba
barril
tonel

pepita
pipo
semilla

pipí
pis
orina

pipiolo
principiante
aprendiz
novato
inexperto

experimentado
veterano

pique
enfado
enojo
resquemor

piqueta
pico
zapapico
piocha

piquete
grupo
patrulla
escolta

pira
fogata
hoguera

pirado
loco
demente
perturbado
chalado

cuerdo
juicioso

piragua
lancha
canoa
bote
falúa

pirarse
marcharse
largarse
huir
fugarse

pirata
corsario
bucanero
filibustero
corso
saqueador

ilegal

piratear
robar
saquear
atracar
asaltar

plagiar
copiar
imitar

piripi
chispado
alegre
borracho

sobrio

pirómano
incendiario

piropear
galantear
lisonjear
alabar
adular

piropo
lisonja
requiebro

galantería
halago

pirrar(se)
encantar
entusiasmar
chiflar

desagradar
repugnar

pirueta
cabriola
salto
voltereta
contorsión

pirulí
caramelo
dulce
golosina

pis
micción
orina
pipí

pisada
huella
marca
señal
rastro

pisar
pasar
andar
hollar
aplastar
patear
pisotear

atropellar
quebrantar
infringir
desdeñar

pisaverde
amanerado
presumido

lechuguino
afectado

piscina
estanque
alberca
pileta

piscolabis
aperitivo
refrigerio
tentempié

piso
suelo
pavimento
firme
tierra

apartamento
domicilio
vivienda
casa

pisotear
pisar
aplastar
apisonar
patear

humillar
maltratar
ofender
denigrar

pista
carretera
autopista
vía

huella
vestigio
señal
rastro

surco
banda

escenario
cancha
circuito

pisto
fritada
frito
revoltillo

importancia
postín
vanagloria

pistola
revólver
pistolete

pistolero
atracador
bandido
forajido
gángster

pistoletazo
disparo
tiro
detonación

pistonudo
estupendo
espléndido
magnífico

pésimo
desastroso

pita
abucheo
pitada
chifla
silba
silbido

aplauso
ovación

pitaña
legaña
pitarra

pitar
silbar
chiflar

abuchear
desaprobar
patalear

aplaudir
aclamar

pitido(s)
silbido
llamada
toque
chiflido

pita
abucheo

pitillera
petaca
cigarrera
tabaquera

pitillo
cigarrillo
cigarro

pito(s)
silbato
silbo
chiflo
claxon

pita
abucheo

pitonisa
sacerdotisa
profetisa
sibila
adivinadora
vidente

pitorrearse
burlarse
cachondearse
guasearse
mofarse

pitorreo
burla

guasa
mofa

pivotar
girar
oscilar

pivote
soporte
eje
punta

pizarra
esquisto
roca
piedra

encerado
tablero

pizca
miaja
migaja
partícula
menudencia
insignificancia

pizpireta
aguda
expresiva
vivaracha
coqueta

seria

placa
lámina
plancha
chapa
clisé

distintivo
insignia
matrícula

pláceme
enhorabuena
felicitación
parabién

placentero
agradable
confortable
grato
ameno

desagradable
molesto

placer
gozo
deleite
dicha
diversión
regocijo
satisfacción

desagrado
disgusto

gustar
deleitar
satisfacer
complacer
regocijar

plácet
aprobación
conformidad
venia

rechazo

placidez
sosiego
tranquilidad
calma
serenidad

agitación

plácido
apacible
sosegado
sereno
tranquilo

intranquilo
desapacible

placentero

dulce
grato

desagradable

plaga
peste
epidemia
calamidad
catástrofe
tragedia
desastre

bienestar

abundancia
exceso
multitud

escasez
falta

plagado
atestado
lleno
cubierto

plagiar
copiar
imitar
calcar
estafar

plagio
imitación
remedo
copia
estafa
robo

plan
proyecto
programa
propósito
idea
objetivo

ligue
rollo

plana
página
cara
hoja
folio

plancha
chapa
lámina
tabla
cubierta
recubrimiento

planchazo

planchar
alisar
estirar
desarrugar

arrugar

planchazo
chasco
coladura
corte
desacierto
equivocación
error

planear
proyectar
planificar
programar
organizar
diseñar
pensar
idear

improvisar

volar
descender
deslizarse

planeta
asteroide
astro
globo
mundo

planetario
astral
mundial
universal

planicie
llanura
llano
meseta
páramo

planificar
proyectar
planear
programar

improvisar

plano
liso
llano
raso
uniforme

mapa
carta
croquis
esbozo

cara
superficie
lado

planta
vegetal
árbol
arbusto
mata

piso
nivel
altura

porte
apariencia
figura

plantación
cultivo

plantío
sembrado

finca
granja
rancho

plantar(se)
sembrar
cultivar
poblar
trasplantar

arrancar

abandonar
dejar

enfrentarse
encararse
rebelarse

detenerse
pararse

plante
complot
protesta
paro
boicot

plantón

planteamiento
exposición
propuesta
proposición
sugerencia

plan
proyecto
programa

plantear
proponer
sugerir
esbozar

proyectar
programar
idear

plantilla
suela
soleta

nómina
personal
lista

patrón
molde
modelo

plantón
esquinazo
plante
tardanza
demora

plañidera
llorona
suspirante
sollozante

plañidero
lastimero
llorón
quejumbroso
quejica

plasma
sangre
linfa

plasmar
expresar
formar
configurar
estampar

plasta
masa
mazacote
pegote

pelma
pesado
plomo
petardo

plástico
flexible
dúctil
moldeable

rígido

gráfico
expresivo
colorista

plata
riqueza
dinero

plataforma
estrado
entarimado
tablado
tribuna

medio
trampolín
causa

plátano
banana

plateado
blanquecino
argentado
entrecano

platear
bañar
recubrir
argentar
chapar

platería
joyería
argentería
orfebrería

plática
charla
conversación
coloquio

conferencia

homilía
sermón

platicar
charlar
departir
dialogar
conversar

sermonear
predicar

plato
bandeja
escudilla
fuente
cuenco

comida
guiso
alimento

plató
escenario
escena
estrado

platónico
espiritual
idealista
desinteresado
altruista

materialista
interesado

plausible
elogiable
laudable
loable

reprobable
censurable

playa
costa
grao
litoral
orilla

plaza
glorieta
rotonda
plazoleta

mercado
lonja
zoco

coso
ruedo

empleo
cargo
puesto
oficio

asiento
sitio

plazo
período
intervalo
prórroga
tregua

pago
vencimiento
cuota
mensualidad

pleamar
marea
flujo
plenamar

bajamar

plebe
vulgo
populacho
gente
chusma

plebeyo
villano
vasallo
siervo

noble
distinguido

ordinario

vulgar
grosero

refinado
educado

plebiscito
consulta
comicios
referéndum
sufragio
votación

plegable
desmontable
desarmable
enrollable
flexible

rígido
fijo

plegar(se)
doblar
tablear
fruncir
plisar

estirar

doblegarse
amoldarse
ceder
someterse

rebelarse
sublevarse

plegaria
oración
rezo
jaculatoria
preces

pleitear
contender
demandar
litigar
querellarse

pleitesía
acatamiento
sumisión
obediencia
reverencia

rebeldía
desobediencia

pleito
litigio
juicio
proceso

plenario
pleno
completo
lleno
entero
íntegro

plenitud
totalidad
integridad

culminación
plétora
abundancia

pleno
completo
lleno
atestado
abarrotado
rebosante

vacío
mermado

asamblea
reunión
junta

pleonasmo
redundancia
repetición

pletórico
exuberante
exultante

rebosante
colmado

escaso
falto

enérgico
vital

pléyade
generación
hornada
legión
conjunto

pliego
folio
hoja
cuadernillo
documento
formulario

pliegue
doblez
plegadura
plisado
fuelle
frunce

plinto
podio
base
pedestal

plisar
doblar
replegar
fruncir

plomada
peso
pesa
plomo
sonda

plomazo
plasta
pelma
tostón

pesado
cargante

entretenido
ameno

plomizo
grisáceo
oscuro
nublado
cargado

despejado
abierto

plomo(s)
plomazo

fusibles

pluma
estilográfica
plumilla
péndola
cálamo

grúa

plumazo
trazo
rasgo
tachadura
raya

plúmbeo
cargante
machacón
pesado
aburrido

divertido
ameno

plumero
escoba
escobilla

penacho
copete
plumaje

plumier
caja
estuche

plural
múltiple
diverso
vario

uno

pluralidad
diversidad
multiplicidad
variedad
abundancia

plus
gratificación
extra
sobresueldo

plusmarca
récord
marca

plusvalía
encarecimiento
sobreprecio
incremento

pluviómetro
pluvímetro
udómetro

pluvioso
lluvioso

población
ciudad
urbe
villa
pueblo
aldea

habitantes
residentes
vecinos

poblado
población
pueblo
aldea
caserío
villorrio

habitado
concurrido
populoso

desértico
despoblado

poblador
habitante
residente
vecino

colonizador
colono
emigrante

poblar(se)
colonizar
establecerse
asentarse
ocupar

despoblar
emigrar

incrementarse
aumentar
colmar
llenar

vaciarse

pobre
indigente
menesteroso
pordiosero
mendigo
mísero
necesitado

rico

pobreza
miseria

estrechez
escasez
indigencia
necesidad
penuria

riqueza
abundancia

pocho
pasado
marchito
podrido

enfermizo
pachucho
achacoso

pocilga
porqueriza
cochiquera
cuchitril
cuadra

pócima
brebaje
potingue
poción
ungüento

poco
escaso
exiguo
insuficiente
corto
limitado
reducido
menguado

mucho
abundante

podar
cortar
limpiar
desmochar
escamondar
suprimir
eliminar

poder
mando
poderío
dominio
autoridad
potestad
supremacía

sumisión
subordinación

potencia
fuerza
vigor
energía

permiso
autorización
licencia
concesión

lograr
conseguir
obtener
ser capaz
valer

poderío
poder
mando
dominio
potestad
autoridad

energía
fuerza
vigor

fortuna
riquezas
bienes

poderoso
potente
vigoroso
enérgico
fuerte

débil
endeble

rico
acaudalado

potentado
adinerado

pobre

podio
basa
pedestal
estrado
plataforma

podredumbre
pudrimiento
putrefacción
descomposición

corrupción
inmoralidad
corruptela

moralidad

podrido
descompuesto
putrefacto
corrompido
infecto
pasado
picado

sano
fresco

poema
poesía
verso
oda
romance
soneto
estrofa

poesía
poema

poética
lírica

inspiración
musa
numen

lirismo
sensibilidad

dulzura
encanto

poeta
lírico
trovador
coplista
juglar
rapsoda
aedo

poético
lírico
idílico
bucólico
elegíaco
épico

poetizar
idealizar
versificar
inspirar
rimar

polarizar
atraer
concentrar
captar
absorber

polea
motón
garrucha
trocla
rueda

polémica
controversia
debate
deliberación
porfía
discusión
litigio

acuerdo

polémico
controvertible

controvertido
discutible

indiscutible
definitivo

polemizar
debatir
cuestionar
disputar
discutir

pacificar
acordar

polichinela
muñeco
fantoche
payaso
títere

policía
detective
gendarme
comisario
agente
guardia

comisaría

polícromo
multicolor
irisado
tornasolado
coloreado

monocromo

polifacético
múltiple
diverso
variado
heterogéneo

polifonía
música
conjunto
armonía

polifónico
musical

conjuntado
armónico

polilla
carcoma
mariposa
alevilla

polinización
fecundación
difusión
fertilización
propagación

infecundidad

pólipo
celentéreo
coral
madrépora

fibroma
excrecencia
tumor

politeísmo
paganismo
gentilidad

politeísta
hereje
pagano
gentil
idólatra

política
astucia
habilidad
diplomacia

régimen
legalidad
dirección
gobierno

político
gubernativo
estatal

ministerial
público

estadista
gobernante
mandatario
dirigente

astuto
diplomático
hábil

póliza
sello
timbre
tributo

contrato
documento

polla
gallina
pita

moza
muchacha

pene

pollada
nidada

pollino
asno
burro
borrico
rucio

bruto
ignorante
ceporro

pollo
pollito
polluelo
pollastre

mocito
muchacho
joven
chaval

polo
helado

centro
fundamento
base

extremo
borne
terminal

poltrona
cargo
empleo
puesto

polución
contaminación
suciedad

limpieza

fusión
flujo
derrame
mojadura

polvareda
polvo
nube

polvera
estuche
cajita

polvo(s)
polvareda
nube

partículas
moléculas
corpúsculos

pólvora
explosivo
detonante
carga

polvorín
depósito

santabárbara
almacén

pomada
crema
ungüento
vaselina
cosmético

pomelo
toronja

pomo
tirador
agarrador
manilla
bola

pompa
ostentación
suntuosidad
boato
aparato
lujo
opulencia
solemnidad
vanidad

sencillez

burbuja
ampolla

pompón
borla
fleco
colgante

pomposo
ampuloso
ostentoso
lujoso
suntuoso
aparatoso
vanidoso

sobrio
sencillo

poncho
capote
manta
manto

ponderación
elogio
encomio
alabanza

consideración
estudio
análisis

ponderado
mesurado
moderado
sensato
justo

ponderar
elogiar
ensalzar
enaltecer
encomiar
alabar

sopesar
considerar
estudiar
analizar

ponencia
informe
dictamen
comunicación
exposición

ponente

ponente
informante
comunicante
expositor
relator

poner(se)
situar
colocar

instalar
montar
conectar
enchufar
meter
introducir
disponer
preparar

eliminar
quitar

contribuir
aportar
colaborar

dedicarse
consagrarse
afanarse

vestir
colocar
calzar
aderezar

poniente
ocaso
occidente
oeste

pontificado
papado
trono
dignidad

pontificar
dogmatizar

pontífice
papa

pontificio
papal
pontifical
vaticano
romano

ponzoña
veneno
tóxico
tósigo

ponzoñoso
venenoso
nocivo
tóxico
venenoso

populachero
vulgar
tosco
ordinario

populacho
plebe
vulgo
chusma
turba
pueblo

popular
folclórico
sencillo
común
normal

escogido
selecto

conocido
famoso
respetado
querido
admirado

popularidad
celebridad
fama
publicidad
aplauso
prestigio

popularizar
difundir
divulgar
publicar
extender

populoso
poblado
numeroso
bullicioso

popurrí
mezcla
mezcolanza
baturrillo
revoltijo

poquedad
escasez
miseria
nimiedad
insignificancia

pusilanimidad
cortedad
timidez

porcelana
cerámica
loza
mayólica

esmalte
capa
recubrimiento

porcentaje
comisión
proporción

porche
pórtico
atrio
soportal
galería

porción
trozo
fragmento
ración
fracción

montón
cantidad

pordiosero
pobre
mendigo
pedigüeño
mendicante

porfía
machaconería
insistencia
obstinación
empeño
empecinamiento
tenacidad

discusión
debate
polémica

porfiado
machacón
insistente
pesado
terco
testarudo
tenaz

porfiar
machacar
insistir
obstinarse
empeñarse
empecinarse
obcecarse

pormenor
particularidad
menudencia
minucia
detalle
reseña

generalidad

pormenorizar
particularizar
detallar
puntualizar
reseñar

generalizar

pornografía
obscenidad
sicalipsis
lujuria
concupiscencia

pornográfico
obsceno
sicalíptico
lujurioso
concupiscente

poro
orificio
agujero
abertura

poroso
esponjoso
permeable
agujereado
perforado

compacto

porqué
causa
razón
motivo
fundamento
quid

porquería
suciedad
basura
inmundicia
excrementos

trasto
cacharro

cerdada
faena
guarrada

golosina
chuchería
fruslería

porqueriza
cochiquera
pocilga
zahúrda

porra
cachiporra
palo

garrote
estaca
tranca
bastón

porrada
batacazo
porrazo

montón
abundancia
conjunto

porrazo
trompazo
golpe
palo
estacazo

portada
fachada
frontis
frontispicio
frente

trasera

página
tapa

contraportada

portaequipajes
maletero
baca

portafolio
cartera
portapapeles

portal
zaguán
entrada
vestíbulo

nacimiento
belén

portamonedas
monedero

cartera
bolso

portar(se)
llevar
traer
trasladar
acarrear

comportarse
conducirse
actuar
obrar

portátil
manejable
trasladable
desarmable
movible

fijo
inmóvil

portavoz
representante
delegado
agente
emisario

portazo
golpe
golpazo
desaire
desprecio

porte(s)
presencia
apariencia
aspecto
facha
modales
ademanes

cantidad
suma
pago

portento
maravilla
milagro

fenómeno
prodigio

portentoso
maravilloso
milagroso
fenomenal
prodigioso
asombroso
pasmoso
extraordinario

portería
conserjería
portal
garita

meta

portero
conserje
guardián
bedel

guardameta
arquero
cancerbero

pórtico
atrio
soportal
galería
porche
vestíbulo

portillo
abertura
postigo
gatera
vano
hueco

porvenir
destino
futuro
mañana
posterioridad

venidero

ulterior
pendiente

pasado

posada
mesón
fonda
hospedería
hostería

alojamiento
hospedaje
cobijo

posaderas
nalgas
trasero
asentaderas
cachas

posadero
mesonero
ventero
hotelero

posar(se)
permanecer
estar
retratarse

dejar
poner
colocar
situar

sedimentarse
depositarse
caer

posdata
nota
acotación
apostilla
aclaración

pose
postura
posición
gesto
amaneramiento

poseedor
tenedor
titular
dueño
propietario

poseer
tener
detentar
usufructuar
disfrutar
gozar

saber
dominar
conocer

fornicar
copular
yacer

poseído
endemoniado
poseso
embrujado
hechizado

posesión
tenencia
detentación
disfrute
goce

hacienda
tierras
propiedad

territorio
colonia
feudo

poseso
poseído
alucinado
loco

posibilidad(es)
contingencia
probabilidad
eventualidad

aptitud
ocasión
oportunidad

bienes
medios
riquezas
fortuna

posibilitar
facilitar
permitir
favorecer
propiciar

impedir
imposibilitar

posible(s)
probable
factible
viable
ejecutable
permisible
verosímil
casual

posibilidades
bienes

posiblemente
quizá
acaso
probablemente
seguramente

posición
postura
situación
emplazamiento
colocación
ubicación
actitud

categoría
nivel
clase
esfera
condición

positivismo
mercantilismo
sensualismo
empirismo

positivista
materialista
realista
empírico
utilitarista
pragmático

idealista

positivo
eficaz
efectivo
eficiente
verdadero
auténtico
real
concreto
garantizado
firme

inútil
inseguro

poso
sedimento
residuo
heces
madre

posponer
aplazar
atrasar
diferir
retrasar
demorar

adelantar

postergar
relegar
despreciar
menospreciar
humillar

preferir

postal
tarjeta
felicitación
misiva

poste
palo
madero
columna
mástil
mojón
pilar

postema
absceso
supuración
forúnculo
pústula

póster
cartel
mural
afiche

postergado
olvidado
incomprendido
arrinconado

postergar
posponer

anteponer

posteridad
futuro
porvenir
mañana

descendencia
personas
humanidad

posterior
ulterior
subsiguiente
detrás
siguiente

posterioridad
continuación
sucesión
aplazamiento
retraso

dorso
envés
revés
reverso

postigo
puerta
portillo
contrapuerta

contraventana
ventano
ventanillo

postilla
costra
pupa
pústula
llaga

postín
lujo
boato
ostentación
pisto
tono
vanidad
farde

postinero
presumido
ostentoso
vanidoso
fardón
farolero

sencillo
humilde

postizo
falso
imitado
agregado

añadido
ficticio

natural
verdadero

peluca
peluquín
bisoñé

postración
abatimiento
decaimiento
aplanamiento
desaliento
desánimo

vigor
ánimo

postrar(se)
abatir
debilitar
aplanar
extenuar
afligir
humillar

arrodillarse
hincarse
inclinarse

postre
fruta
dulce
sobremesa

postrero
último
postrer
terminal
extremo
final

primero

postrimería(s)
final
agonía
ocaso

muerte
conclusión
desenlace

postulado
supuesto
principio
proposición
axioma
premisa

postulante
candidato
solicitante
demandante
pretendiente
aspirante

postular
solicitar
pretender
aspirar
pedir

póstumo
posterior
postrimero
ulterior
superviviente

postura
posición
actitud
colocación
situación
pose
forma
modo

apuesta
envite
jugada

potable
bebible
puro
limpio

aceptable

pasable
bueno

potaje
fabada
guisado
olla

lío
desorden
jaleo
follón
cacao

pote
vaso
vasija
tarro
recipiente

potencia
poder
fuerza
capacidad
brío
valor
vigor
robustez
fortaleza

flojedad

estado
nación
país

potencial
condicional
probable
eventual

capacidad
posibilidad
potencia

potenciar
desarrollar
favorecer
impulsar
fortalecer

debilitar

potentado
poderoso
rico
opulento
pudiente
adinerado

pobre

potente
fuerte
robusto
recio
impetuoso
duro
firme
resistente

débil
flojo

potestad
poder
autoridad
facultad
capacidad

potestativo
facultativo
optativo
opcional
voluntario

obligatorio

potingue
pócima
brebaje
mejunje

potra
chiripa
carambola
chamba
suerte

potro
potrillo
jaco

corcel
caballo

poyo
poyete
banco
asiento

poza
charca
charco
alberca
cenagal

pozo

pozo
hoyo
agujero
foso
excavación
oquedad
perforación

poza

práctica(s)
hábito
costumbre
uso
experiencia
pericia
trabajo

teoría

ejercicios
pruebas

practicable
realizable
posible
factible

transitable
despejado
expedito
libre

practicante
enfermero

practicar
ejercer
ensayar
habituarse
foguearse
experimentar
adiestrarse

teorizar

práctico
útil
funcional
utilitario
apropiado
pragmático

avezado
fogueado
experto
diestro
perito
versado

teórico

pradera
prado
pradería
herbazal
pastizal
pasto
pradal

pragmático
práctico
útil
efectivo

pragmatismo
empirismo
materialismo

teoría

preámbulo
introducción
prefacio
prólogo
encabezamiento

preliminar
presentación

epílogo

prebenda
renta
canonjía
beneficio
favor
ventaja

precariedad
inseguridad
escasez
inestabilidad
apuro
pobreza

precario
inseguro
escaso
inestable
efímero
pobre

sólido
estable

precaución
cautela
caución
cuidado
prudencia
prevención
previsión
mesura
discreción

imprudencia
espontaneidad

precaver(se)
evitar
cuidar
prevenir
prever
mirar
moderar

eludir
recelar
advertir
esquivar
rehuir

descuidar
aventurar

precavido
cauteloso
cuidadoso
previsor
prudente
reservado
moderado
discreto

precedente
antedicho
anterior
precitado
previo
precursor

consecuente
posterior

ejemplo
antecedente
referencia

preceder
anteceder
adelantar
encabezar
prefijar
aventajar

seguir

preceptivo
normativo
reglamentario
obligatorio
legal

precepto
norma
regla

ley
orden
mandato
mandamiento
disposición
reglamento
canon

desorden

preceptor
tutor
instructor
educador
maestro
consejero

preceptuar
normalizar
regular
ordenar
mandar
disponer
reglamentar

preces
plegaria
rezo
oración
jaculatoria

preciado
apreciado
valioso
caro
estimado

preciarse
presumir
jactarse
vanagloriarse
envanecerse
enorgullecerse

avergonzarse

precintar
sellar
lacrar

clausurar
cerrar

precinto
sello
ligadura
marchamo
lacre
cierre

precio
cantidad
importe
valor
costo
coste
evaluación
tasación

esfuerzo
sacrificio
sufrimiento
menoscabo

preciosidad
belleza
encanto
hermosura

fealdad

precioso
bonito
hermoso
bello
atractivo
pulcro

preciado
apreciado
valioso

precipicio
barranco
abismo
despeñadero

planicie

llana

degradación
perdición

precipitación
apremio
rapidez
aceleración
arrebato
ímpetu

sosiego

lluvia
nieve
granizo

precipitado
alocado
impulsivo
irreflexivo
atolondrado

sosegado

sedimento

precipitar(se)
tirar
despeñar
arrojar
lanzar

apresurarse
correr
impacientarse

tranquilizarse
contenerse

precisar
necesitar
requerir
demandar
solicitar

especificar
detallar
fijar
determinar
concretar

precisión
necesidad
exigencia
demanda
carencia

exactitud
concisión
acierto
detalle
concreción
claridad

imprecisión

preciso
necesario
imprescindible
esencial
obligatorio

exacto
conciso
riguroso
específico
determinado
concreto

impreciso

preclaro
ilustre
insigne
célebre
notable
famoso

preconcebir
preestablecer
premeditar
planear
proyectar

preconizar
recomendar
promover
propugnar

precoz
prematuro

anticipado
adelantado
aventajado
prometedor
prodigio

precursor
iniciador
pionero
antepasado
ascendiente
precedente

predecesor
precursor
progenitor
padre

descendiente

predecir
adivinar
vaticinar
pronosticar
augurar

predestinación
fatalidad
sino
destino
hado
suerte
azar

predestinar
destinar
decidir
disponer
señalar
proponer

predeterminar
preceder
adelantar
anticipar

predicador
orador
apóstol

evangelizador
misionero

predicamento
autoridad
fama
prestigio
reputación
crédito

predicar
sermonear
platicar
catequizar
evangelizar

recomendar
sugerir
amonestar
aconsejar

predicción
vaticinio
pronóstico
profecía
augurio
revelación

predilección
preferencia
favoritismo
protección
privanza
propensión

predilecto
preferido
favorito
protegido
mimado

predio
finca
propiedad
hacienda
heredad
tierra
feudo

predisponer
incitar
inclinar
impulsar
disponer
convencer

predisposición
inclinación
tendencia
propensión
afición
vocación

predominante
sobresaliente
dominante
preponderante
preeminente
superior

predominar
sobresalir
dominar
influir
aventajar
superar
exceder

predominio
dominio
influencia
ventaja
preponderancia
preeminencia
supremacía

preeminencia
predominio
dominio
supremacía
primacía
privilegio

preeminente
predominante
prioritario
destacado

ilustre
insigne

bajo
insignificante

preexistir
preceder
anteceder
anticipar

prefacio
preámbulo
introducción

epílogo

preferencia
prioridad
primacía
ventaja

predilección
pasión
debilidad
parcialidad

hostilidad

platea
butacas
patio

preferente
preferencial
preeminente
predilecto
supremo
superior
mejor

inferior
menospreciado

preferible
mejor
preferente

preferido
predilecto
selecto

favorito
elegido

preferir
anteponer
escoger
seleccionar
elegir
distinguir
favorecer

postergar

pregón
anuncio
manifiesto
proclama
discurso

pregonar
vocear
proclamar
divulgar
difundir
informar

pregonero
propagandista
anunciador
voceador
divulgador

pregunta
interrogación
interrogante
interpelación
consulta
encuesta
aclaración

preguntar
interrogar
interpelar
cuestionar
demandar
consultar

prehistoria
principio
inicio

albores
orígenes

prehistórico
antediluviano
antiquísimo
vetusto
antiguo
arcaico

moderno
actual

prejuicio
escrúpulo
tabú
aprensión
ofuscación
prevención
recelo
suspicacia

prejuzgar
juzgar
preconcebir
predecir
calificar

prelado
arzobispo
obispo
cardenal
abad
patriarca

preliminar
preámbulo
inicial
previo
preparatorio
preparación

posterior

preludio
comienzo
inicio
introducción

prematuro
precoz
abortivo

inmaduro
apresurado
precipitado

premeditación
intencionalidad
deliberación
preparación
planificación

improvisación

premeditar
calcular
meditar
reflexionar
preparar
madurar
urdir
tramar

improvisar

premiar
galardonar
honrar
laurear
coronar
homenajear
condecorar

premio
galardón
corona
medalla
homenaje
condecoración
gratificación

castigo

premioso
lento
pesado
torpe
tardo
pausado

premisa
hipótesis
proposición
supuesto
antecedente
idea

premonición
presagio
intuición
corazonada
presentimiento

premura
rapidez
prontitud
prisa
urgencia
diligencia
apresuramiento
velocidad

calma

prenda(s)
cualidad
virtud
facultad
dote
atributo

fianza
garantía
aval
resguardo
depósito
señal

ropa
vestido
traje

prendar(se)
agradar
encantar
cautivar
seducir
deleitar

desagradar

embelesarse

enamorarse
entusiasmarse

prendedor
alfiler
broche
pasador
imperdible

prender(se)
asir
coger
agarrar
aprisionar
atrapar
apresar
capturar

soltar

enganchar
fijar
coser
enredar

quemar
inflamar
encender

arraigar
enraizar
encepar

prensa
compresora
rotativa
estampadora

periódicos
diarios
revistas
periodismo

prensar
comprimir
presionar
aplastar
apisonar
exprimir

aflojar

preñar
embarazar
fertilizar
fecundar

llenar
colmar
atestar
henchir

preñez
embarazo
concepción
gravidez
gestación

preocupación
desasosiego
intranquilidad
ansiedad
inquietud
malestar
desazón
recelo
angustia

despreocupación

cuidado
afán
desvelo
interés

preocupante
alarmante
agobiante

preocupar(se)
desasosegar
intranquilizar
inquietar
alarmar
angustiar
obsesionar
impacientar

tranquilizar

ocuparse
responsabilizarse

cuidar
interesarse

desentenderse

preparación
disposición
organización
prevención
arreglo
proyecto
elaboración
preámbulo

saber
conocimiento
cultura
entrenamiento

preparado
listo
dispuesto
presto

experto
entendido
ducho
especializado
capacitado
competente

medicamento
medicina
específico

preparador
entrenador

preparar(se)
disponer
organizar
acondicionar
arreglar
proyectar
proporcionar
proveer
desarrollar
elaborar

capacitar
enseñar

entrenar
aprender

amañar
apañar
falsear

preparativos
proyectos
planes
previsiones
trámites

preparatorio
preliminar
preventivo
iniciador

preponderar
predominar

prepotencia
abuso
despotismo
superioridad
dominación
rodillo

inferioridad

prerrogativa
ventaja
privilegio
beneficio
favor
atribución
dignidad
distinción
dispensa

presa
botín
captura
trofeo
despojo
caza

dique
embalse

acequia
represa

presagiar
adivinar
augurar
presentir
profetizar
pronosticar
vaticinar
predecir
conjeturar

presagio
adivinación
augurio
presentimiento
profecía
pronóstico
vaticinio
predicción
revelación

presbítero
capellán
clérigo
arcipreste
sacerdote
cura

prescindir
eliminar
quitar
reemplazar
excluir
desterrar
relegar
descartar
omitir
desentenderse
renunciar
desechar

considerar
emplear

prescribir
recetar
recomendar

disponer
ordenar

caducar
vencer
extinguirse
concluir

prescripción
receta
recomendación
orden
precepto
mandato

pérdida
caducidad
vencimiento
finalización
extinción

prescrito
vencido
anulado
caducado

vigente
actual

presencia
asistencia
comparecencia
existencia

ausencia

apariencia
figura
empaque
estampa
facha
traza

presenciar
mirar
observar
contemplar
ver
asistir

ausentarse

presentable
aseado
correcto
limpio
decente
pulcro

presentación
muestra
manifestación
exhibición
exposición

presencia
apariencia
aspecto

saludo
salutación
introducción
preámbulo

presentador
locutor
introductor
anunciante
showman

presentar(se)
mostrar
exhibir
enseñar
descubrir

introducir
exponer
prologar
preludiar

comparecer
personarse
acudir
asistir

surgir
aparecer
producirse
suceder

presente(s)
asistente
concurrente
expectador

actual
reciente
vigente
contemporáneo
coetáneo

hoy
ahora
actualidad

regalo
obsequio
ofrenda
dádiva

presentimiento
premonición
presagio
corazonada
intuición
sospecha
conjetura
augurio

presentir
presagiar
barruntar
prever
intuir
sospechar
augurar

preservar(se)
proteger
cuidar
guardar
resguardar
defender
amparar

preservativo
condón
profiláctico

presidencia
directiva
jefatura
directorio
gobierno
staff

presidente
director
gobernante
mandatario
jefe
dirigente
principal

presidio
penitenciaría
cárcel
prisión
penal
chirona
trena

encarcelamiento
cautiverio
cautividad
reclusión
confinamiento

presidir
dirigir
gobernar
regir
mandar
arbitrar
regentar

presilla
tira
trencilla
cordón
galón

presión
opresión
compresión
aplastamiento

apretura
estrujamiento

coacción
apremio
conminación
intimidación

presionar
oprimir
comprimir
aplastar
estrujar

coaccionar
apremiar
conminar
intimidar
forzar

preso
prisionero
recluso
cautivo
penado

prestación(es)
ayuda
asistencia
socorro
auxilio

rendimiento
posibilidades

prestamista
usurero
especulador
prestador

deudor
prestatario

préstamo
adelanto
crédito
anticipo
hipoteca
financiación

prestancia
porte
distinción
elegancia
refinamiento
empaque

vulgaridad

prestar(se)
adelantar
anticipar
financiar
fiar
entregar
conceder
dar

brindarse
avenirse
aceptar
plegarse
transigir
acceder

presteza
celeridad
ligereza
diligencia
rapidez
velocidad

prestidigitación
ilusionismo
magia
truco
ilusión
apariencia

prestigiar
acreditar
ennoblecer
honrar

prestigio
celebridad
crédito
honra
autoridad

fama
reputación
renombre
consideración

prestigioso
célebre
famoso
afamado
influyente
notorio
respetado
querido

presto
listo
dispuesto
preparado

veloz
raudo
rápido

prontamente
urgentemente

presumido
fatuo
petulante
engreído
presuntuoso
vanidoso
coqueto

modesto
sencillo

presumir
sospechar
suponer
figurarse
imaginarse

alardear
vanagloriarse
jactarse
fanfarronear

humillarse
rebajarse

presunción
sospecha
suposición
conjetura
creencia

orgullo
jactancia
fanfarronería

sencillez
humildad

presunto
supuesto
hipotético

presuntuoso
presumido

pretencioso
ostentoso
aparatoso

modesto
sencillo

presuponer
suponer
reconocer
aceptar

significar
implicar

presupuestar
calcular
estimar
valorar
evaluar

presupuesto
cálculo
estimación
evaluación
importe

supuesto
premisa
postulado

presuroso
veloz
rápido
vivo
apresurado

lento

pretencioso
presuntuoso
presumido

modesto

pretender
intentar
procurar
ambicionar
solicitar
perseguir
ansiar
reclamar

renunciar

simular
fingir

cortejar
conquistar

pretendiente
galanteador
prometido
novio

aspirante
candidato
solicitante

pretensión
intención
propósito
deseo
ambición
meta
objetivo

preterir
postergar
relegar

excluir
olvidar
prescindir

incluir
preferir

pretérito
pasado
lejano
remoto
sucedido
antiguo

presente

pretexto
excusa
disculpa
evasiva
simulación

sinceridad
verdad

pretil
baranda
barandilla
antepecho
balaustrada
brocal

prevalecer
predominar
dominar
exceder
rebasar
vencer
influir

someter
humillar

perdurar
durar
permanecer

decaer

prevaricación
contravención

infracción
delito

prevención
previsión
preparación
organización
preparativos

recelo
desconfianza
suspicacia
duda

prevenir(se)
precaver
prever
impedir
evitar
eludir

impulsar

avisar
informar
advertir
alertar
apercibir

callar
silenciar

disponer
organizar
proveer
acondicionar
preparar

preventivo
precautorio
protector
provisorio

prever
predecir
vaticinar
pronosticar
adivinar

prevenir
disponer

descuidar

previo
anterior
antecedente
anticipado
precedente

posterior

previsible
probable
pronosticable
imaginable
presumible

imprevisible
inimaginable

previsión
predicción
vaticinio
pronóstico
premonición

proyecto
cálculo
presupuesto

precaución
cautela
prudencia
prevención

imprudencia

previsor
prevenido
cauto
precavido
prudente
juicioso

incauto
confiado

previsto
sospechado
presentido
barruntado

insospechado
inesperado

prieto
apretado
ajustado
comprimido
ceñido

flojo
suelto

prima
gratificación
plus
sobresueldo
premio

primacía
superioridad
preponderancia
preeminencia
prioridad

inferioridad

primario
vital
capital
primordial
fundamental

secundario

primitivo
elemental
original
rudimentario
embrionario
rudo
atrasado

primavera
entretiempo
florecimiento
esplendor
alegría
juventud

primerizo
principiante
bisoño
inexperto

aprendiz
novato

veterano

primero
inicial
principal
superior
aventajado

último

primeramente
antes
previamente

primicia
novedad

primitivo
primario
elemental
tosco

prehistórico
antiguo

actual
contemporáneo

primo
bobo
cándido
incauto
simple

astuto

colateral
pariente

primogénito
mayor
mayorazgo
heredero
sucesor

primor
cuidado
delicadeza

belleza
encanto
preciosidad
exquisitez
maravilla

primordial
básico
fundamental
esencial
capital
crucial

primoroso
cuidadoso
delicado
pulcro
perfecto
encantador
precioso
exquisito
maravilloso

tosco
descuidado

principal
primordial

secundario

jefe
encargado
gerente

príncipe
infante
consorte
soberano
heredero
sucesor
alteza
delfín

principesco
esplendoroso
lujoso
magnífico
soberbio
magnánimo

principiante
primerizo

veterano

principio(s)
iniciación
inicio
nacimiento
génesis
comienzo
arranque
preámbulo

fin

germen
base
causa
origen

fundamento
tesis
regla
razonamiento

pringar(se)
engrasar
ensuciar
untar
tiznar

limpiar

implicar
involucrar
complicar
comprometer

currar
currelar
trabajar

pringoso
graso
mugriento
pegajoso
sucio
untuoso

pringue
grasa

sebo
aceite

mugre
guarrería
suciedad
tizne

prior
superior
rector
abad

priorato
monasterio
abadía
convento
parroquia

prioridad
precedencia
antelación
preferencia
primacía

postergación

prioritario
preeminente
preferente

prisa
prontitud
presteza
celeridad
premura
rapidez

lentitud

prisión
presidio

prisionero
preso

esclavo

prismáticos
gemelos

anteojos
binoculares

privación
despojo
expropiación
expolio

carencia
necesidad
escasez
pobreza
miseria
penuria

riqueza
abundancia

privado
falto
carente
desprovisto
despojado

íntimo
secreto
reservado
personal

público

privar(se)
despojar
desposeer
desheredar
arrebatar
expoliar

dar

vedar
denegar
prohibir

marear
aturdir
atontar
encantar
fascinar

abstenerse
renunciar
pasar

privativo
peculiar
exclusivo
propio
particular

público
general

privilegiado
extraordinario
excepcional
sobresaliente
excelente

acomodado
pudiente
rico
afortunado

privilegio
prerrogativa
prebenda
exención
facultad
fuero

desventaja
postergación

honor
placer

probabilidad
posibilidad
verosimilitud
expectativa
auspicio

probable
posible
realizable
viable
factible
presumible
previsible

imposible
improbable

probado
demostrado
verdadero
legítimo
incontestable
auténtico

probar
acreditar
justificar
demostrar
evidenciar
convencer

gustar
catar
saborear

ensayar
intentar
tratar
procurar

probatorio
probativo
acreditativo
justificativo
testifical

problema
duda
incógnita
dilema
ejercicio
enigma
rompecabezas

solución

disgusto
dificultad
contratiempo
inconveniente
obstáculo

problemático
dudoso
discutible
nebuloso
difícil
complicado

procacidad
groseria
insolencia
desvergüenza
indecencia
cinismo

comedimiento

procaz
grosero
insolente
desvergonzado
cínico
indecente
atrevido

comedido
discreto

procedencia
origen
ascendencia
filiación
cuna
raíz
principio

descendencia

procedente
originario
oriundo
nativo
natural

oportuno
adecuado
razonable
justo

injusto
inadecuado

proceder
descender
arrancar
emanar
venir
derivarse
originarse
salir

causar

portarse
conducirse
obrar

iniciar
comenzar
principiar

terminar

corresponder
convenir

conducta
comportamiento
actitud
estilo

procedimiento
medio
técnica
método
actuación
conducta
trámite
fórmula

prócer
insigne
eminente
ilustre
noble

humilde
subordinado

procesado
reo
encausado
acusado

procesar
inculpar
encausar
enjuiciar

absolver
sobreseer

tratar

procesión
comitiva
desfile
caravana
peregrinación
romería

proceso
marcha
curso
evolución
sucesión

procedimiento
técnica
medio

juicio
pleito
sumario
atestado
procesamiento

avenencia

proclama
arenga
pregón
bando
comunicado

proclamación
publicación
revelación
divulgación

coronación
nombramiento

proclamar(se)
publicar
divulgar
pregonar
revelar

callar
ocultar

aclamar
nombrar
designar
coronar

proclive
inclinado
propenso
tendente
dado
aficcionado

reacio

procrear
engendrar
reproducirse
multiplicarse

abortar
esterilizar

procurar(se)
intentar
pretender
emprender
empezar
tratar
proyectar

prodigalidad
generosidad
liberalidad
largueza
derroche
despilfarro

tacañería

abundancia
profusión
exuberancia

escasez

prodigar(se)
malgastar
derrochar
despilfarrar
regalar

ahorrar
escatimar

dispensar
conceder

prodigio
milagro
portento
maravilla
fenómeno

vulgaridad

prodigioso
milagroso
asombroso
espectacular
maravilloso
increíble
fantástico

vulgar
anodino

pródigo
generoso
liberal
desprendido
derrochador
despilfarrador

tacaño

productivo
fértil
fecundo

estéril
yermo

producción
creación
elaboración
fabricación
rendimiento
productividad

consumo
improductividad

producir(se)
hacer
fabricar
crear

elaborar
realizar

consumir

obtener
rendir
reportar

ocasionar
provocar
originar

productivo
fecundo
fértil
provechoso
lucrativo
rentable

estéril
infructuoso

producto
artículo
fruto
manufactura
género
obra

beneficio
ganancia
lucro
rendimiento
rentabilidad

pérdida

productor
creador
fabricante
industrial

trabajador
obrero
asalariado
empleado

proeza
hazaña
heroicidad

gesta
aventura

profanación
sacrilegio
irreverencia
escarnio
mofa

profanar
violar
mancillar
mofarse
envilecer
degradar
corromper

consagrar
reverenciar

profano
laico
secular
seglar
lego

sacro

ignorante
inexperto
inculto

sacrílego
impío
irreverente

espiritual

profecía
predicción
oráculo
vaticinio
augurio
pronóstico
auspicio

proferir
articular
exclamar
pronunciar

prorrumpir
decir
alegar

profesar
abrazar
afiliarse
aceptar
seguir
practicar

rechazar

sentir
experimentar
querer

abominar
odiar

dedicarse
ejercer

profesión
ocupación
empleo
carrera
actividad
estudio
trabajo

holganza
desocupación

confesión
religión
creencia
inclinación

profesional
experto
entendido
perito
técnico
competente

profesor
educador
instructor
maestro

pedagogo
catedrático

alumno
educando

profeta
adivino
augur
arúspice
enviado
elegido

profético
adivinatorio
iluminado
intuitivo

profetizar
predecir
anunciar
presagiar
pronosticar
vaticinar

profiláctico
higiénico
preventivo

condón
preservativo

prófugo
fugitivo
desertor
huido
fugado
perseguido

profundidad(es)
fondo
calado
abismo
depresión
sima
pozo
socavón
hondonada

honduras

complicaciones
dificultades

profundizar
ahondar
excavar
cavar
sondear
picar

surgir
elevar

investigar
reflexionar
escudriñar
escrutar
indagar

profundo
hondo
abisal
abismal
recóndito
bajo

superficial

reflexivo
trascendente

trivial
ligero

intenso
penetrante
acentuado
agudo

profusión
abundancia
superabundancia
exceso
exuberancia
multitud

escasez
carencia

profuso
abundante
superabundante

exuberante
pletórico
multitudinario
copioso
pródigo

escaso

progenie
linaje
progenitura
estirpe
casta
dinastía
antepasados
mayores

prole
descendencia

progenitor
antepasado
padre
ascendiente
abuelo

descendiente
hijo

programa
plan
planteamiento
proyecto
programación
esquema

materias
temas
asignaturas

programar(se)
planificar
plantear
proyectar
esquematizar
bosquejar

improvisar

progresar
prosperar
avanzar

adelantar
mejorar
medrar
desarrollarse
subir
evolucionar

empeorar
estancarse

progresión
progreso

descenso
disminución

serie

progresista
avanzado
renovador
reformista

conservador

progresivo
avanzado
adelantado
desarrollado
evolucionado
audaz
renovador

regresivo

creciente
gradual
paulatino
escalonado

progreso
prosperidad
avance
florecimiento
auge
mejora
crecimiento
desarrollo
evolución

retroceso
involución

prohibición
impedimento
veda
exclusión
restricción
interdicción
privación
inhibición

permiso
autorización

prohibido
contraindicado
ilegal
vetado
vedado
clandestino

permitido
reglamentario

prohibir(se)
impedir
vedar
vetar
privar
negar
denegar
proscribir
suprimir
quitar
anular
evitar
reprimir

admitir
dejar

prohibitivo
inasequible
caro

asequible
barato

prohijar
adoptar
apadrinar
acoger

proteger
patrocinar
tutelar

rechazar

prójimo
individuo
hombre
pariente
hermano
igual
afín

prole
descendencia
familia
hijos
retoños

ascendencia
padres

prolegómenos
preámbulo
preliminares
prólogo
introducción
inicio

proletario
obrero
asalariado
trabajador
productor

amo
capitalista

proliferar
abundar
desarrollarse
multiplicarse
reproducirse
aumentar
incrementarse
crecer

disminuir
limitarse

prolífico
fecundo
fértil
abundante
exuberante
rico
copioso

estéril

prolijo
minucioso
detallado
largo
extenso
farragoso
difuso
amplio

escueto
sucinto

prólogo
preámbulo
proemio
prolegómenos

epílogo

prolongación
alargamiento
desarrollo
ampliación
dilatación

reducción

cola
extremo
apéndice

retraso
aplazamiento
prórroga
demora

anticipación

prolongar(se)
alargar
dilatar

extender
ampliar

acortar

retrasar
aplazar
diferir
prorrogar
demorar

abreviar

promediar
nivelar
equilibrar
igualar
repartir
distribuir
dosificar

desnivelar

promedio
media
cociente
mitad

promesa
propuesta
oferta
ofrecimiento
ofrenda
palabra
garantía
compromiso
juramento

incumplimiento
olvido

augurio
esperanza

prometedor
sugestivo
precoz
halagüeño
conveniente

sombrío

prometer(se)
proponer
ofrecer
garantizar
comprometerse
obligarse
jurar
asegurar

negar
resistirse

augurar
esperar

desconfiar

prometido
futuro
novio
pretendiente

prominencia
eminencia
prestigio
preponderancia

montículo
colina
cerro
abultamiento
elevación
realce
abombamiento

cavidad
llanura

prominente
eminente
prestigioso
destacado
preponderante

elevado
realzado
abombado
abultado

deprimido
profundo

promiscuo
revuelto
heterogéneo
mezclado
entreverado

homogéneo

promoción
impulso
fomento
ascenso

hornada
curso
generación

promocionar
promover
ascender
medrar

degradar

promontorio
prominencia
colina

promotor
impulsor
organizador
autor
fundador
inspirador

promover
fomentar
impulsar
organizar
promocionar

degradar

provocar
causar
crear
originar

abandonar
frenar

promulgar
decretar
proclamar
difundir
publicar

callar
revocar

pronóstico
predicción

prontitud
celeridad
presteza
rapidez
velocidad
urgencia
diligencia
dinamismo
energía
agilidad

retardo

pronto
rápido
diligente
ligero
veloz
raudo
acelerado
precipitado
enérgico
ágil
instantáneo
activo

lento

preparado
dispuesto
presto

arranque
impulso
ímpetu

temprano

tarde

rápidamente

aprisa
inmediatamente
ya

después

prontuario
compendio
resumen
sumario
manual
síntesis
vademécum

ampliación

**pronuncia-
miento**
rebelión
alzamiento
sublevación
golpe
revolución
motín

lealtad
disciplina

sentencia
fallo
resolución

pronunciar(se)
emitir
articular
vocalizar
deletrear
hablar

callar

dictar
dictaminar
juzgar
decidir

marcar
acentuar
destacar

rebelarse

sublevarse
levantarse

someterse
obedecer

propagación
difusión
dispersión
transmisión
publicación
reproducción
proliferación

propaganda
publicidad
difusión
divulgación
anuncio
información

silencio

propagandista
divulgador
activista
prosélito
portavoz
pregonero

censor
contrario

propagar(se)
extender
difundir
dispersar
transmitir
publicar
divulgar
vulgarizar
comunicar

callar

multiplicarse
reproducirse
crecer

propasarse
excederse

extralimitarse
abusar

contenerse

propensión
tendencia
predisposición
afición
inclinación

propenso
predispuesto
proclive
inclinado
tendente
partidario

contrario

propiciar(se)
favorecer
ayudar
patrocinar

dificultar

conquistar
ganarse
atraer

repeler

propicio
adecuado
conveniente
apropiado
indicado
conforme

desfavorable
inoportuno

propiedad
posesión
pertenencia
dominio
usufructo

hacienda
finca

tierra
capital

pobreza
indigencia

cualidad
característica
atributo
peculiaridad

fidelidad
rigor
exactitud
legitimidad

propietario
dueño
amo
terrateniente
hacendado
casero
empresario
patrono

inquilino
trabajador

titular

interino

propina
gratificación
regalo
aguinaldo
plus

propinar
atizar
dar
pegar
sacudir
asestar
endilgar

propio
personal
particular
inherente

perteneciente
concerniente

ajeno

característico
peculiar
típico
exclusivo
inconfundible

adecuado
oportuno
conveniente
apto
ajustado

inoportuno
impropio

proponer(se)
sugerir
plantear
manifestar
expresar
opinar
recomendar

empeñarse
pretender
intentar
tratar
procurar

abstenerse
inhibirse

proporción
relación
armonía
conformidad
simetría
equilibrio

intensidad
trascendencia
envergadura
repercusión
alcance

proporcionado
armonioso

conveniente
simétrico
equilibrado
equitativo
compensado
adecuado

inadecuado
desproporcio-
nado

proporcional
proporcionado
equitativo
adecuado
distributivo

desigual

proporcionar(se)
facilitar
suministrar
proveer
conceder
otorgar
ofrecer
aportar
deparar

quitar

equilibrar
adecuar
ajustar

desajustar

proposición
oferta
propuesta
sugerencia
invitación
promesa

negativa
abstención

oración
frase
idea
enunciado

propósito
deseo
voluntad
intención
proyecto
objetivo
aspiración
idea
plan

irreflexión
realización

propuesta
proposición

propugnar
defender
promover
respaldar
apoyar
patrocinar
abogar

rechazar

propulsar
impulsar
impeler
lanzar
mover
empujar

frenar

propugnar
promover

propulsión
proyección
impulso
avance
marcha
movimiento

prorrata
cuota
parte
cantidad
reparto

proporción
división

totalidad

prorratear
derramar
distribuir
repartir
asignar
dividir

prórroga
aplazamiento
moratoria
plazo
retraso
dilación
permiso

prorrogar
aplazar
demorar
retrasar
retardar
dilatar

terminar

prorrumpir
proferir
estallar
exclamar
gritar
emitir

callar

prosaico
práctico
material
vulgar
tosco
trivial
chabacano
insulso
ramplón

elevado
lírico

prosapia
alcurnia
abolengo
linaje
estirpe
ascendencia
casta

proscribir
expulsar
desterrar
expatriar
deportar
confinar

prohibir
impedir
vetar

autorizar

proscrito
expulsado
desterrado
expatriado

proseguir
seguir
continuar
reanudar
insistir
repetir
permanecer

detener
interrumpir

prosélito
adepto
partidario
seguidor
incondicional
adicto
afiliado

enemigo

prosista
novelista
escritor

autor
dramaturgo
literato
ensayista

prosopopeya
personificación

solemnidad
pomposidad
engolamiento
ampulosidad
vanidad

naturalidad

prospección
búsqueda
exploración
sondeo
perforación

prospecto
hoja
papel
impreso
folleto

prosperar
progresar
triunfar

decaer
fracasar

prosperidad
progreso
bienestar
auge
éxito
fortuna

decadencia
desgracia

próspero
progresivo
desarrollado
floreciente
rico

opulento
boyante
triunfante
afortunado
venturoso

decadente
desgraciado

prosternarse
arrodillarse
postrarse
adorar
venerar

prostíbulo
burdel
mancebía
lupanar

prostitución
lenocinio
puterío
trata
amancebamiento

corrupción
degradación
envilecimiento

incorruptibilidad

prostituir(se)
putear
corromper
pervertir
degradar
envilecer
enviciar

honrar
rehabilitar

prostituta
ramera
fulana
furcia
zorra
puta
meretriz

buscona
golfa
mujerzuela
pelandusca
pingo

protagonista
intérprete
personaje
galán
estrella
héroe
heroína

antagonista

protagonizar
interpretar
representar
actuar
desempeñar

protección
seguridad
apoyo
ayuda
defensa
amparo
atención
cuidado
tutela
refugio
escolta

indefensión

protector

protector
defensor
valedor
escolta
guardaespaldas
guardián
tutor
padrino
patrón
mecenas

opresor

proteger(se)
preservar
resguardar
ayudar
defender
auxiliar
abrigar
amparar
tutelar
custodiar
patrocinar
cuidar
socorrer
acoger
escoltar

abandonar
atacar

protegido
favorito
recomendado
predilecto
mimado
consentido
elegido
enchufado
valido

inerme
desvalido

prótesis
sustitución
reparación
ortopedia
postizo
aparato

protesta
desaprobación
disconformidad
queja
reproche
crítica
condena
acusación
abucheo

rechifla
pita

aplauso
aprobación

protestante
luterano
calvinista
jansenista
anglicano
presbiteriano
evangelista
metodista
anabaptista
reformista
hereje
cismático

protestantismo
luteranismo
calvinismo
jansenismo
anglicanismo
presbiterianismo
evangelismo
metodismo
reforma
herejía
cisma

protestar
desaprobar
reprochar
criticar
reclamar
quejarse
lamentarse
rebelarse

aprobar

abuchear
silbar
pitar

aplaudir

protocolario
ceremonioso
aparatoso

pomposo
solemne
ampuloso
ritual
fastuoso

informal
sencillo

protocolo
ceremonia
parafernalia
aparato
etiqueta
solemnidad
ritual
formulismo
ceremonial

informalidad
sencillez

documento
acta

prototipo
arquetipo
patrón
molde
muestra
ejemplar
paradigma
modelo
ejemplo

protuberancia
prominencia
convexidad
abultamiento
bulto
abombamiento
resalte
joroba
hinchazón
tumor

lisura
concavidad

provecho
beneficio
utilidad
conveniencia
ganancia
ventaja
lucro
aprovechamiento
remuneración
recompensa
renta
rédito
interés
rendimiento

inutilidad

provechoso
beneficioso
útil
conveniente
positivo
fructífero
ventajoso
lucrativo
rentable

improductivo
ineficaz

provecto
viejo
anciano
caduco
senil
decrépito

joven
imberbe

proveedor
abastecedor
aprovisionador
suministrador
distribuidor
agente

proveer(se)
suministrar
abastecer

avituallar
aprovisionar
entregar
dotar
equipar
facilitar

privar
quitar

dictar
disponer
decidir
resolver

provenir
proceder
venir
derivar
originarse
descender

proverbial
aforístico

conocido
habitual
tradicional
característico
típico
propio
singular

inusual

proverbio
sentencia
aforismo
máxima
refrán
frase
moraleja
pensamiento

providencia
previsión
prevención
precaución
remedio

destino
suerte

azar
sino
ventura
predestinación

providencial
casual
oportuno
propicio
salvador
beneficioso
feliz
milagroso

fatal
desgraciado

provincia
división
circunscripción
demarcación
distrito
área
jurisdicción
término

provinciano
paleto
pueblerino
palurdo
atrasado
burdo
vulgar
ordinario

cortesano
culto

provisión
suministro
abastecimiento
avituallamiento
dotación
abasto
surtido
comestibles
víveres

vituallas
pertrechos

desabasteci-
miento

providencia
dictamen
disposición
resolución
orden

provisional
transitorio
accidental
eventual
interino
pasajero
temporal
circunstancial

definitivo

provisto
dotado
surtido
pertrechado
equipado

provocación
reto
bravata
desafío
insulto
ofensa
hostigamiento
incitación

calma

provocador
fanfarrón
incitador
pendenciero
chulo
alborotador
camorrista
bravucón

manso

provocar
fanfarronear
comprometer
incitar
chulearse
bravuconear
retar
desafiar
insultar
ofender
hostigar
coquetear
excitar
insinuarse

apaciguar

producir
causar
ocasionar
desencadenar
originar
motivar
promover

proxeneta
alcahuete
mediador
celestina
comadre

proximidad
cercanía
vecindad
contigüidad
inmediación

lejanía

semejanza
similitud
afinidad

próximo
cercano
vecino
contiguo
adyacente

fronterizo
limítrofe

lejano
remoto

parecido
similar
semejante

proyección
lanzamiento
propulsión
impulso
disparo

influencia
alcance
trascendencia
importancia

representación
imagen
perspectiva

proyectar
arrojar
echar
despedir
lanzar
disparar

retener

planear
planificar
idear
trazar
esbozar
urdir
fraguar

exhibir
rodar

proyectil
bala
perdigón
bomba
granada
obús

cohete
flecha
venablo

proyectista
diseñador
dibujante
creador

proyecto
plan
intención
propósito
idea
pensamiento
deseo

diseño
boceto
esbozo
bosquejo
croquis
plano

proyector
reflector
linterna
fanal
faro
foco

prudencia
cordura
sensatez
cautela
moderación
juicio
tacto
comedimiento
seriedad

imprudencia
temeridad

prudente
sensato
juicioso
reflexivo
comedido

moderado
discreto

imprudente
insensato

prueba
ensayo
tanteo
tentativa
verificación
comprobación
examen

demostración
testimonio
fundamento
razón
justificación

pena
sufrimiento
amargura
dolor
trago

prurito
comezón
picor
picazón
desazón

anhelo
ansia
pasión

psicología
temperamento
carácter
idiosincrasia
personalidad

psicológico
psíquico
anímico
espiritual
interior

psicólogo
sagaz

sutil
perspicaz

psicópata
neurótico
desequilibrado
lunático
demente
perturbado
loco

cuerdo

psique
alma
espíritu

psiquiatría
neurología
neuropsiquiatría
psicoterapia

psíquico
anímico
espiritual
psicológico
mental

somático
exterior

púa
aguijón
pincho
espina
aguja

púber
adolescente
núbil
joven
mozo

pubertad
adolescencia
mocedad
juventud
nubilidad

vejez
madurez

publicación
difusión
divulgación
propagación
información

libro
folleto
revista
periódico

publicar
divulgar
difundir
propagar
revelar
transmitir
propalar

ocultar
callar

editar
imprimir

publicidad
propaganda
difusión
divulgación
anuncio
mensaje

silencio

publicista
escritor
cronista
autor

público
conocido
sabido
manifiesto

privado
secreto

oficial
estatal

común

corriente
vulgar

auditorio
concurrencia
espectadores
oyentes

puchero
cacerola
olla
pote
perol

cocido

sollozo
gimoteo
lloriqueo

pudendo
vergonzoso
torpe
feo

pudibundo
puritano
mojigato

púdico
casto
honesto
pudoroso
recatado

desvergonzado

pudiente
acomodado
opulento
rico

pobre

pudor
decoro
recato
honestidad

impudicia
desvergüenza

pudrir(se)
corromper
descomponer
estropear

conservar

pueblerino
lugareño
aldeano
campesino
rústico
paleto

ciudadano
urbano

pueblo
población
poblado
aldea
municipio

país
nación
estado
patria

vecindario
habitantes
pobladores
ciudadanos

tribu
raza
casta
linaje

puente
pasarela
pontón
viaducto

vacación
asueto
fiesta

enlace
vínculo
conexión

puerco
cerdo
guarro

sucio
desaseado

limpio

pueril
infantil
aniñado
inocente
cándido

maduro

trivial
fútil
vano
nimio

importante

puerilidad
candor
candidez
ingenuidad
inocencia

malicia

futilidad
nimiedad
niñería
chiquillada

importancia

puerta
portón
abertura
pórtico
portillo
entrada
salida

puerto
fondeadero
desembarcadero
embarcadero

muelle
dique

desfiladero
paso
garganta

pues
ya que
luego
puesto que
por consiguiente

puesta
apuesta
envite
jugada

crepúsculo
ocaso
anochecer

alba
amanecer

puesto
sitio
lugar
espacio
posición
situación

tienda
quiosco
tenderete

cargo
empleo
destino
ocupación

desempleo

púgil
boxeador
luchador
contendiente

pugilato
boxeo
combate

pelea
lucha

pugna
enfrentamiento
hostilidad
rivalidad
combate
lucha
pelea

concordia
acuerdo

pugnar
batallar
combatir
pelear

pacificar

porfiar
insistir
esforzarse
afanarse

renunciar

puja
subasta
licitación
concurso
mejora

rebaja

pujanza
potencia
energía
vigor
brío

debilidad
impotencia

pujar
aumentar
subir
licitar
tantear

bajar
abandonar

pulcritud
cuidado
esmero
delicadeza
aseo
limpieza

suciedad

pulcro
cuidadoso
delicado
atildado
impecable
aseado
limpio

sucio
desaseado

pulido
liso
terso
alisado
pulimentado
lijado

educado
fino
cortés

pulimentar
pulir
alisar
limar
lijar
lustrar

deslustrar

pulimento
lustre
brillo
lijado
abrillantado
bruñido

pulir(se)
pulimentar
abrillantar

limar
lijar

arreglar
adornar
aderezar

instruirse
educarse
refinarse

pulla
befa
mofa
broma
chacota

respeto
seriedad

pulmonar
torácico
pectoral
respiratorio

pulmonía
neumonía
bronconeumonía

pulpa
molla
carne
masa
pasta

medula
tuétano

púlpito
tribuna
estrado

pulsación
palpitación
latido

pulsador
interruptor
botón
llave
mando

pulsar
oprimir
apretar
presionar

tañer
rasguear

tantear
sondear
comprobar

pulsera
aro
arete
esclava

pulso
pulsación
latido
palpitación

seguridad
tiento
tino
acierto
puntería

vacilación

pulular
bullir
proliferar
multiplicarse
agitarse

pulverizador
rociador
perfumador

pulverizar(se)
polvorizar
moler
machacar
triturar

solidificar
concentrar

rociar

esparcir
diseminar

destruir
aniquilar

crear

punción
pinchazo
punzada
incisión

pundonor
honor
honra
fama
dignidad
decoro
orgullo

informalidad

punible
condenable
reprobable
sancionable
censurable
vituperable

elegible

punta
extremo
vértice
apéndice
fin
remate

púa
pincho
aguijón
rejón
clavo
pica
puya

cima
cumbre
cabo
promontorio
picacho

puntada
hilván
cosido
zurcido
pespunte

alusión
indirecta
pulla

puntal
contrafuerte
poste
pilar
pilastra
columna

apoyo
soporte
sostén

puntapié
patada
coz
golpe

puntear
pulsar
marcar
señalar
comparar

puntería
tino
pulso
acierto
ojo
vista

puntero
palo
vara
caña

destacado
sobresaliente
primero

atrasado
último

puntiagudo
aguzado
afilado
picudo
agudo

romo
chato

puntilla
encaje
blonda
bordado

descabello
cachetero
puñal

puntilloso
susceptible
quisquilloso
chinchorrero

punto
señal
trazo
marca

sitio
lugar
paraje
posición
localización
zona

tema
asunto
cuestión

puntuación
calificación
valoración
nota
evaluación

signos
señales
trazos

puntual
regular
exacto

preciso
metódico
escrupuloso

impuntual
informal

puntualizar
concretar
detallar
precisar
matizar
pormenorizar
analizar
especificar

generalizar

puntuar
anotar
marcar
señalar

borrar

registrar
obtener
sumar

anular
restar

punzada
pinchazo
punción
aguijonazo
retortijón

punzante
afilado
agudo
lacerante

romo
chato

satírico
mordaz
picante

elogioso

punzar
pinchar
picar
clavar
aguijonear

punzón
buril
estilete
lezna
clavo

puñado
conjunto
porción
montón

puñal
daga
cuchillo
navaja
estilete

puñalada
cuchillada
navajazo

puñetazo
tortazo
guantazo
golpe

puñetería
minuciosidad
fastidio

puño
empuñadura
mango
asidero

pupa
erupción
pústula
postilla
llaga

pupila
abertura del iris
niña del ojo

pupilo
huérfano

alumno
discípulo

pensionista
interno

pupitre
escritorio
bufete
buró

puré
pasta
papilla
crema

pureza
castidad
inocencia
virginidad
pudor

deshonestidad

integridad
purismo
ortodoxia

purga
laxante
catártico

depuración
eliminación

purgar(se)
laxar
medicinar

expiar
padecer
pagar

destituir
expulsar
depurar
eliminar

purgatorio
penitencia
penalidad
sufrimiento
dolor

purificación
depuración
saneamiento
desinfección
limpieza

infección
suciedad

purificado
acrisolado
acendrado
puro
higiénico
limpio

purificar(se)
sanear
higienizar
limpiar
refinar
acrisolar

manchar
ensuciar

purista
refinado
rebuscado
académico

puritano
rígido
estricto
severo
austero

flexible
comprensivo

puro
simple
sencillo

natural
limpio

impuro

casto
virtuoso
inmaculado

deshonesto

cigarro
habano
breva

púrpura
granate
escarlata
rubí

tinte
tintura
colorante

dignidad

purpurado
cardenal

purulento
supurante
virulento

pus
secreción
humor
podre

pusilánime
achantado
apocado
cobarde
miedoso
timorato

valiente
fanfarrón

pusilanimidad
cobardía
cortedad

timidez
apocamiento
temor

valentía
entereza

pústula
úlcera
absceso
grano
pupa

puta
prostituta
ramera
furcia

putada
faena
trastada
jugada

putrefacción
podredumbre

corrupción
descomposición

putrefacto
corrompido
podrido
descompuesto
infecto
hediondo

lozano
fresco

puya
púa
pica
garrocha
rejón

puyazo
pinchazo
herida

puzzle
rompecabezas

Q

quebrada
desfiladero
cañón
garganta

quebradero
cavilación
inquietud
preocupación

quebradizo
delicado
endeble
frágil
rompible

resistente
fuerte

quebrado
abrupto
escabroso
escarpado
accidentado

roto
partido
cascado

fraccionario

entero

**quebranta-
miento**
infracción
violación
transgresión
vulneración

cumplimiento

quebrantar(se)
transgredir
infringir
vulnerar
incumplir

respetar
obedecer

romper
fragmentar
quebrar
partir
fracturar

cansarse
fatigarse
debilitarse

quebranto
deterioro
detrimento

pérdida
merma

ganancia
beneficio

quebrar(se)
romper
fragmentar
tronchar
despedazar

unir
consolidar

fracasar
arruinarse
hundirse

quedar(se)
convenir
acordar
pactar

discrepar

permanecer
resistir
persistir
aguantar
seguir
continuar

residir

establecerse
ubicarse

ausentarse
irse

engañar
burlarse

quedo
despacio
lento
suave
silencioso
callado

quehacer
tarea
ocupación
trabajo
faena

queja
lamento
gemido
quejido

querella
reclamación
protesta

sentimiento

pena
disgusto

satisfacción
contento

quejarse
lamentarse
gemir
suspirar
protestar
reclamar

reírse
contentarse

quejica
quejicoso
plañidero
llorón

sufrido

quejido
gemido
lamento
queja

júbilo

quejoso
disgustado
descontento
resentido
agraviado
molesto
pesaroso

alegre
contento

quejumbroso
lastimero
llorón
plañidero
ñoño

quema
cremación
combustión

incendio
ignición

quemador
abrasador
ígneo
calcinante

quemar(se)
abrasar
incendiar
carbonizar
incinerar
calcinar

enfriar
congelar

liquidar
derrochar
desperdiciar

quemazón
quema

resquemor
resentimiento
queja
rencilla

amistad
benevolencia

querella
riña
pendencia
disputa
altercado
reyerta

concordia

litigio
demanda
pleito
reclamación

acuerdo

querellarse
litigar

pleitear
demandar
denunciar

acordar

querencia
tendencia
inclinación
atracción
afecto
simpatía

repulsión
despego

querer(se)
desear
ansiar
anhelar
aspirar
ambicionar

amar
estimar
adorar
enamorarse

despreciar
aborrecer

decidir
disponer
determinar
resolver

afecto
cariño
amor

odio
desdén

querido
estimado
apreciado
respetado
amado

odiado
despreciado

amante

amado
amigo

querubín
ángel
serafín

hermoso
bello
bonito

quevedos
lentes
gafas
antiparras

¡quia!
¡ca!
¡increíble!
¡imposible!

quid
esencia
razón
causa
motivo
base

quiebra
rotura
grieta
abertura

bancarrota
ruina
crack

florecimiento

quiebro
regate
finta
amago
lance

quieto
parado
detenido

inmóvil
estático

tranquilo
sosegado
calmado

nervioso

quietud
tranquilidad
calma
sosiego
equilibrio
paz
reposo

movilidad
actividad

quijada
mandíbula
maxilar

quijotada
quijotería
altruismo
ingenuidad

egoísmo
materialismo

quijote
soñador
idealista
iluso
altruista

quijotismo
idealismo
altruismo
generosidad

materialismo

quimera
ilusión
fantasía
alucinación
visión
mito
sueño

realidad

riña
pendencia
pelea

quimérico
fabuloso
fantástico
imaginario
irreal
utópico

quimono
túnica
bata

quincalla
baratijas
chucherías
fruslerías

quincallero
buhonero
trapero
feriante
pacotillero

quincenal
bisemanal
quincenario

quinqué
lámpara
candil

candileja
fanal

quinquenio
lustro

quinta
finca
propiedad
villa

leva
reemplazo

quinto
recluta
soldado

quiosco
templete
cenador
pabellón

puesto
tenderete

quiromancia
adivinación
vaticinio
augurio

quisquilla
camarón
gamba

quisquilloso
puntilloso
meticuloso
minucioso
susceptible

indiferente

quiste
tumor

quitar(se)
arrebatar
despojar
hurtar
robar
birlar
usurpar

dar
devolver

retirar
separar
desalojar
suprimir
eliminar

poner
agregar

impedir
estorbar
evitar

irse
marcharse
apartarse

quitasol
sombrilla
parasol

quite
regate
finta
amago
quiebro

quizá
quizás
acaso
probablemente
tal vez

seguro
cierto

R

rabadilla
curcusilla
obispillo
cóccix

rabanera
descarada
ordinaria
verdulera

fina

rabia
coraje
cólera
enojo
ira
furia
irritación

tranquilidad
serenidad

odio
resentimiento
rencor

hidrofobia

rabiar
encolerizarse
irritarse

enfurecerse
enojarse

tranquilizarse
apaciguarse

rabieta
berrinche
perra
pataleta
enfado

rabillo
pedúnculo
peciolo
pezón
apéndice

rabino
rabí
maestro

rabioso
colérico
furibundo
indignado
irascible

mesurado
tranquilo

hidrófobo
rábido

rabo
cola
apéndice
hopo

rabotada
grosería
incorrección
exabrupto

rácano
tacaño
avaro
sórdido

espléndido

racha
ráfaga

lapso
período
tiempo

racial
étnico
etnográfico

racimo
conjunto
conglomerado
agregado
ramillete

raciocinio
razonamiento
juicio
razón
intelecto
reflexión

ración
cantidad
porción
parte
cupo

racional
lógico
razonable
justo
equitativo

irracional
inverosímil

racionalidad
lógica
coherencia
cordura
sensatez

irracionalidad
insensatez

racionamiento
reparto

asignación
distribución

derroche
desmedida

racionar
distribuir
repartir
asignar

racismo
segregación
segregacionismo
discriminación

rada
bahía
ensenada
cala
fondeadero

radiación
irradiación
refulgencia
fulgor
fosforescencia
luminiscencia

radiactividad
irradiación
radiación
energía

radiante
brillante
resplandeciente
luminoso

apagado
empañado

contento
feliz
alegre
dichoso

triste

radiar
emitir

difundir
transmitir

omitir
silenciar

irradiar
refulgir
brillar
resplandecer

radical
fundamental
esencial
básico

relativo
secundario

extremista
fanático
revolucionario

radicalismo
extremismo
fanatismo
sectarismo

eclecticismo

radicar(se)
arraigar
establecerse
residir

radio
línea
recta
rayo

receptor
radiorreceptor

radiodifusión

distancia
alcance

radiodifusión
radio
emisión
transmisión

radioescucha
radioyente
oyente

radiografía
placa
negativo

radiología
radioscopia

radiorreceptor
transistor
radio

radioscopia
radiología
radiografía

radioyente
oyente
radioescucha

raer
raspar
limar
rallar
pulir

ráfaga
torbellino
vendaval
ventolera

ametrallamiento
descarga
salva

raído
ajado
gastado
rozado
viejo

flamante
nuevo

raspado
limado

raigambre
arraigo
solera
abolengo
estabilidad

desarraigo

raíl
riel
carril
vía

raíz
raigón
cepa
bulbo

tallo

origen
principio
causa
fundamento
razón

raja
hendedura
abertura
grieta
fisura

rodaja
rebanada

rajar(se)
abrir
agrietar
resquebrajar
romper

unir
soldar

retractarse
arrepentirse

lanzarse

hablar
cotillear
murmurar

rajatabla (a)
rigurosamente
estrictamente
inflexiblemente

libremente

ralea
calaña
pelaje
condición
categoría

ralentizar
frenar
parar

acelerar

rallar
frotar
limar
lijar

rally
carrera
competición

ralo
claro
disperso
espacioso

apretado

rama
ramo
tallo
vástago

bifurcación
desviación
derivación
ramal

linaje
familia

sección
especialidad

ramaje
enramada
fronda
follaje
espesura

ramal
bifurcación
desviación
derivación
ramificación

ronzal
cabestro
brida

ramalazo
dolor
pinchazo
punzada

destello
chispazo

rambla
torrentera
cauce
lecho

calle
paseo
bulevar

ramera
prostituta
puta
fulana

ramificación
bifurcación
derivación
ramal

unificación

ramificarse
bifurcarse
derivarse
dividirse

divulgarse
propagarse

unirse
juntarse

ramillete
ramo
manojo

ramo
ramillete
manojo

parte
sección
sector

rampa
pendiente
desnivel
cuesta
declive

ramplón
ordinario
tosco
vulgar
basto
chabacano

selecto
elegante

ranchero
granjero
ganadero
hacendado
colono

rancho
granja
hacienda
alquería

cabaña
albergue
choza

comida

guisado
bazofia

rancio
añejo
pasado
curado
antiguo
tradicional

reciente

randa
ratero
granuja
pícaro
truhán

rango
categoría
jerarquía
índole
alcurnia

ranking
clasificación
rango

ranura
abertura
acanaladura
raja
rendija
muesca

rapacidad
codicia
avaricia
usura

saqueo
rapiña
expoliación

rapapolvo
reprimenda
represión
regañina
bronca

rapar
afeitar
rasurar
pelar
trasquilar

rapaz
avaricioso
codicioso
usurero

generoso
desprendido

muchacho
chaval
chico

viejo
adulto

rapidez
celeridad
velocidad
ligereza
diligencia
premura
prisa

lentitud
calma

rápido
veloz
raudo
activo
ágil
diligente
dinámico

pausado
lento

rabión
torrente
corriente

rapiña
expoliación
hurto
robo
saqueo

raposo
zorro

astuto
taimado
tramposo

veraz
noble

rapsoda
poeta
juglar
trovador

rapsodia
poema
poesía

raptar
secuestrar
retener
detener

liberar

rapto
detención
retención
reclusión
secuestro

arrebato
ataque
pronto

serenidad

éxtasis
arrobamiento
ensimismamiento

raqueta
pala
paleta

raquis
vértebra
espinazo
columna

raquítico
canijo
esmirriado
enclenque
enfermizo
anémico

robusto
fuerte

raquitismo
debilidad
anemia
depauperación

fortaleza
salud

rareza
singularidad
extravagancia
anomalía
excentricidad
chaladura
manía

normalidad

raro
extraño
excéntrico
extravagante
peculiar
singular
curioso
insólito
inusual

habitual
corriente

ras
igualdad
nivel
rasante

desigualdad

rasante
inclinación

ángulo
declive

rasar
nivelar
igualar

rozar
tocar

rasca
tacaño
avaro
agarrado
mezquino

generoso
desprendido

rascar(se)
frotar
restregar
friccionar
limar
lijar

rasero
rasera
nivel
paleta

rasgar(se)
romper
desgarrar
descoser
deshilachar

unir
componer

rasgo(s)
trazo
raya
marca
señal

atributo
carácter
peculiaridad

facciones
rostro

aspecto
semblante

rasgón
desgarrón
jirón
rasgadura

rasguñar
arañar
rascar
escarbar

rasguño
arañazo
rasponazo
roce
herida

raso
plano
llano
liso
pelado
descubierto
despejado
claro

accidentado
nublado

raspador
rallador
raedor
rasqueta

raspar(se)
raer
rallar
limar
arañar
desgastar

rasponazo
arañazo
señal
marca
herida

rastra
rastrillo
grada

ristra
sarta

rastrear
explorar
indagar
investigar
escudriñar
buscar

rastrero
indigno
abyecto
arrastrado
miserable
vil
lameculos
tiralevitas

noble
digno

rastrillo
rastra
recogedor

mercadillo
rastro

rastro
rastrillo

huella
marca
vestigio
pista

rastrojo
rastrojera
rastrojal

rasurar
afeitar
rapar
tonsurar
cortar

rata
roedor
ratón

ratero
caco
ladrón

ratear
hurtar
mangar
robar

distribuir
prorratear
repartir

ratero
carterista
caco
ladrón
rata

ratificación
convalidación
revalidación
corroboración
confirmación

contraorden
anulación

ratificar(se)
corroborar
revalidar
convalidar
certificar
confirmar

modificar
rectificar

rato
lapso
momento
periquete
santiamén

ratón
roedor

rata
mur

ratonera
cepo
trampa

madriguera
escondrijo

celada
engaño
treta

raudal
abundancia
afluencia
exceso
cantidad
profusión
exuberancia
inundación

escasez

raudo
rápido
veloz
diligente
presuroso

lento
torpe

raya
línea
trazo
rasgo
tilde
guión

límite
frontera
linde

rayano
contiguo
vecino
limítrofe
lindante

distante

rayar
trazar
marcar
raer
señalar
pautar

limitar
lindar
colindar

descollar
sobresalir
exceder

rayo
radiación
centella
relámpago
chispa

radio
barra
varilla

raza
etnia
casta
linaje
abolengo
tribu
estirpe

razón
raciocinio
discernimiento
inteligencia
intelecto
entendimiento
juicio

irreflexión

argumento
explicación
prueba

causa
motivo

móvil
fundamento

equidad
justicia
prudencia
cordura
tacto

cociente
fracción
quebrado

razonable
sensato
prudente
equitativo
moderado
lógico
racional

injusto
imprudente

razonamiento
argumento
demostración
explicación
deducción
prueba

razonar
discurrir
reflexionar
meditar
pensar
deducir
analizar

reacción
oposición
resistencia
rechazo
enfrentamiento
rebeldía

sometimiento

tradicionalismo
conservadurismo

progresismo

reaccionar
reanimarse
renovarse
reactivarse
progresar
mejorar
evolucionar

decaer
retroceder

responder

oponerse
rechazar
rebelarse

reaccionario
conservador
retrógrado
tradicionalista

progresista
innovador

reacio
remiso
remolón
adverso
opuesto
reticente

partidario
sumiso

reactivación
reanimación
resurgimiento
revitalización

reactor
avión
aeroplano
jet

reafirmar(se)
ratificar
asegurar
aseverar
confirmar

invalidar
abandonar

reajustar
reorganizar
renovar
reformar
readaptar

reajuste
renovación
reforma
readaptación
actualización

real
regio
soberano
palaciego

verdadero
auténtico
cierto
verídico

irreal

espléndido
excelente
magnífico

realce
esplendor
brillo
suntuosidad
magnificencia
trascendencia

relieve
saliente

realeza
majestad
monarquía
corona
trono

realidad
existencia
materialidad
objetividad

inexistencia
irrealidad

realismo
naturalismo
objetivismo
materialismo
autenticidad

idealismo

realista
sensato
práctico
positivo
objetivo

teórico

realizable
posible
factible
viable

imposible
irrealizable

realización
ejecución
actuación
elaboración
confección

obra
resultado
creación
trabajo

liquidación
venta

realizar(se)
hacer
ejecutar
desarrollar
efectuar
elaborar
producir
confeccionar
componer

abandonar
abstenerse

liquidar

vender
saldar

realquilar
subarrendar

realzar(se)
enaltecer
alabar
encumbrar
engrandecer
ensalzar
alzar
elevar

humillar
minimizar

reanimación
tonificación
restablecimiento

colapso

reanimar(se)
reavivar
revitalizar
reconfortar
alentar
animar
estimular
curar
vigorizar

debilitar
desanimar

reanudar(se)
reiniciar
reemprender
proseguir
continuar
seguir

parar
detener

reaparecer
volver
presentarse

regresar
resurgir

desaparecer

reaparición
vuelta
regreso
retorno
presentación

desaparición
ocultación

rearme
militarización
fortalecimiento
refuerzo

desmilitarización

reavivar(se)
vivificar
revitalizar
reforzar
rehabilitar
reanimar

debilitar
atenuar

rebaba
reborde
resalte
saliente

rebaja
reducción
deducción
disminución
descuento

aumento
encarecimiento

rebajar(se)
abaratar
depreciar
descontar

encarecer

reducir

disminuir
aminorar
debilitar

aumentar

subestimar
humillar
envilecer
menospreciar

alabar
elogiar

rebalsarse
estancarse
detenerse

rebanada
loncha
raja
pedazo
porción
corte

rebañar
arrebañar
aprovechar
recoger

rebaño
hato
piara
manada

grupo
congregación
grey

rebasar
pasar
traspasar
exceder
rebosar
extralimitarse
desbordarse
derramarse

contenerse
comedirse

rebatible
refutable
discutible
impugnable

rebatir
refutar
impugnar
replicar
rechazar
oponerse
objetar

corroborar
confirmar

rebelarse
sublevarse
insubordinarse
amotinarse
insurreccionarse

subordinarse

enfrentarse
oponerse
resistirse
discrepar

someterse

rebelde
sublevado
amotinado
insurrecto
sedicioso
subversivo

desobediente
indisciplinado
inconformista
contestatario
insumiso

sumiso
dócil

rebeldía
desobediencia
indisciplina

levantamiento
revolución

sublevación
insurrección

acatamiento
sumisión

rebelión
levantamiento
revuelta
alzamiento
revolución
pronunciamiento
motín

reblandecer(se)
ablandar
molificar
emolir
macerar

endurecer

reborde
saliente
resalte
rebaba
borde
ribete

rebosante
lleno
repleto
sobrado

rebosar
derramarse
salirse
desbordarse

abundar
sobrar
henchir

carecer

rebotar(se)
saltar
botar
devolver

rechazar
retroceder

enojarse
cabrearse
indignarse
irritarse

rebote
bote
brinco
retroceso
salto

enojo
cabreo
indignación

rebozar
empanar
recubrir
bañar
enharinar

rebozo
embozo
recubrimiento
ocultamiento

excusa
pretexto
simulación

rebrotar
retoñar
retallecer

rebrote
renuevo
retoño
hijuelo

rebujo
lío
bulto
envoltorio

rebullir(se)
agitarse

moverse
bullir

rebuscado
estudiado
atildado
amanerado
complicado

sencillo
natural

rebuscamiento
complejidad
complicación
amaneramiento
afectación

rebuscar
buscar
explorar
escudriñar
indagar

rebuznar
roznar

recabar
demandar
solicitar
reclamar
pedir

conseguir
lograr
obtener
alcanzar

recadero
ordenanza
emisario
enviado
botones
factótum

recado
mensaje
carta
misiva
comunicación

recaer
empeorar
agravarse
desmejorar

mejorar
recuperarse

insistir
reiterar
reincidir

vencer

lograr
obtener
recibir

recaída
agravamiento
empeoramiento
desmejoramiento

restablecimiento
mejoría

repetición
reincidencia
reiteración

recalcar
acentuar
subrayar
machacar
reiterar
repetir
remachar

recalcitrante
contumaz
pertinaz
obstinado
terco
empecinado
insistente

condescendiente
flexible

recalentar(se)
calentar

quemar

achicharrar
escaldar

recámara
sala
cuarto
alcoba

ánima
hueco

recambio
repuesto
pieza
accesorio
suplemento

principal

recapacitar
meditar
reflexionar
pensar
considerar

recapitulación
compendio
resumen
sumario
síntesis

recapitular
compendiar
resumir
sintetizar
inventariar

ampliar

recargado
barroco
pomposo
abigarrado
profuso

elegante
sencillo

recargar(se)
sobrecargar

abarrotar
llenar

aligerar
disminuir

abigarrar
adornar
emperifollar

recargo
incremento
encarecimiento
gravamen
impuesto

recatado
púdico
reservado
cauto
modesto
honesto
prudente
discreto

impúdico
imprudente

recatar(se)
encubrir
esconder
ocultar
cubrir

descubrir

dominarse
moderarse
refrenarse

recato
decoro
honestidad
modestia
pudor
decencia

desvergüenza
impudor

cautela

prudencia
discreción

indiscreción
imprudencia

recaudación
colecta
recaudo
cuestación
ingreso
cobro

recaudador
cobrador
habilitado

recaudar
cobrar
recibir
colectar
recoger

recaudo
cobro
recaudación

precaución
cautela
seguridad

recelar(se)
sospechar
desconfiar
temer
dudar

confiar

recelo
desconfianza
sospecha
suspicacia
prevención
mosqueo
temor

confianza

receloso
desconfiado
suspicaz

prevenido
mosqueado

confiado
tranquilo

recepción
admisión
entrada
ingreso

expulsión

recibimiento
acogida
bienvenida

celebración
conmemoración
homenaje

receptáculo
recipiente
vasija
vaso
cavidad

receptividad
sensibilidad
predisposición
propensión
tendencia

insensibilidad

receptivo
propenso
abierto

receptor
destinatario
beneficiario

emisor

radiorreceptor
radio

receso
intervalo

pausa
descanso

separación
alejamiento

receta
fórmula
prescripción
composición

recetar
prescribir
ordenar
formular

rechazar
rehusar
impugnar
repudiar
refutar
expulsar
despedir
echar
censurar
desmentir
contradecir

aceptar
atraer

rechazo
choque
devolución
retroceso
repudio

acogimiento
atracción

rechifla
befa
burla
mofa
abucheo

aplauso
elogio

rechiflar
silbar
abuchear

mofarse
burlarse

aclamar
aplaudir

rechinamiento
crujimiento
chirrido
estridencia

rechinar
crujir
chirriar
chillar

rechistar
chistar
contestar
oponerse
enfrentarse

asentir
obedecer

rechoncho
tripudo
barrigudo
regordete
rollizo
achaparrado

espigado
esbelto

rechupete (de)
agradable
exquisito
sabroso
suculento

recibidor
antesala
vestíbulo
salón

recibimiento
acogida
recepción
admisión

recibir
percibir
cobrar
obtener
aceptar
acoger
admitir

ceder
rechazar

recibo
resguardo
recibí
justificante
comprobante
acuse
factura
vale
talón
albarán

reciedumbre
fortaleza
energía
entereza
firmeza
vigor
robustez
vitalidad

debilidad

reciente
fresco
lozano
caliente
actual
moderno

pasado
estropeado

recinto
aposento
estancia
habitación
espacio

recio

fuerte
vigoroso
musculoso
robusto

débil
endeble

rígido
firme
sólido
duro

liviano

recipiente

vasija
vaso
receptáculo
envase

reciprocidad

intercambio
permuta
compensación

recíproco

mutuo
intercambiable
alterno
bilateral

recital

concierto
gala
recitación

recitar

declamar
entonar
enunciar
narrar

relatar
contar
referir

reclamación

demanda
solicitud

protesta
reivindicación
requerimiento
interpelación

reclamar

demandar
exigir
reivindicar
requerir
interpelar

conformarse
desistir

reclamo

llamada
canto
voz
señuelo

anuncio
propaganda
publicidad

reclinar(se)

apoyar
inclinar
recostar

alzar
enderezar

recluir(se)

encerrar
confinar
encarcelar
aprisionar
internar
enclaustrar

liberar

reclusión

internamiento
encarcelamiento
arresto

liberación

recluso

presidiario
preso
confinado
interno
reo

libre

recluta

soldado
quinto
mozo

reclutamiento

alistamiento
enganche
leva
reemplazo

reclutar

alistar
enrolar
incorporar
inscribir

licenciar

recobrar(se)

recuperar
rescatar
reconquistar
restaurar
restablecer
resarcir

perder
deteriorar

reponerse
restablecerse
mejorarse
reanimarse

empeorar

recochineo

cachondeo
guasa
burla
chacota

recodo

ángulo
esquina
recoveco
curva
vuelta

recogedor

cogedor
colector
pala

recoger(se)

reunir
agrupar
acumular
acopiar
recaudar
almacenar
congregar
recolectar

desparramar
dispersar

albergar
asilar
acoger

abandonar

encerrarse
aislarse
acostarse
retirarse

salir

recogido

aislado
apartado
retirado
recluido

agrupado
reunido
ordenado

recogimiento

contemplación
meditación

ensimismamiento
devoción

distración

recolección

cosecha
siega
vendimia
acopio

siembra
barbecho

recopilación
resumen
compendio

recolectar

cosechar
segar
vendimiar
recoger

acopiar
acumular
reunir
almacenar
atesorar
recaudar

dispensar

recomendable

aconsejable
elogiable
meritorio
digno

indigno
despreciable

recomendación

advertencia
consejo
sugerencia
aviso

intercesión
influencia
enchufe
favoritismo

recomendado

beneficiado
favorecido
protegido
enchufado

recomendar

advertir
aconsejar
insinuar
sugerir

amparar
proteger
apoyar
apadrinar
enchufar

desamparar

recompensa

retribución
remuneración
indemnización
compensación
gratificación

castigo

recompensar

remunerar
retribuir
pagar
indemnizar
compensar
galardonar
gratificar

castigar
sancionar

recomponer

arreglar
componer
reparar
rehacer
restaurar

descomponer
desarreglar

reconcentrar(se)

reunir
concentrar
agrupar
juntar

separar
desconcentrar

abstraerse
ensimismarse
reflexionar

distraerse

reconciliación

entendimiento
acuerdo
arreglo
pacificación
apaciguamiento

hostilidad
separación

reconciliar(se)

apaciguar
interceder
mediar
arreglar
perdonar

enemistar
regañar

reconcomerse

concomerse
angustiarse
consumirse
impacientarse

sosegarse

reconcomio

impaciencia
angustia
desconfianza
nerviosismo
recelo

tranquilidad
confianza

afán
prurito

ansia
anhelo

recóndito

escondido
oculto
secreto
profundo
íntimo

visible
conocido

reconfortante

reconstituyente
vigorizador
tónico
reparador

reconfortar

alentar
animar
fortalecer

entristecer
desalentar

reconocer(se)

examinar
inspeccionar
investigar
explorar

admitir
acatar
aceptar
asentir

rechazar
repudiar

reconocido

comprobado
identificado

agradecido

reconocimiento

examen
observación

exploración
inspección

identificación
verificación
comprobación

evocación
memoria
reminiscencia
recuerdo

gratitud
agradecimiento
satisfacción

ingratitud

reconquista
recuperación
rescate
liberación

reconquistar
recobrar
recuperar
redimir
rescatar

perder

reconsiderar
replantear

reconstituir(se)
reconstruir
reorganizar
rehacer

destruir
disolver

fortalecer
sanar
curar
vigorizar

debilitar

reconstituyente
confortante
reconfortante
vigorizante

reconstrucción
reedificación
restauración
reparación
restablecimiento

demolición
destrucción

repetición
reproducción

reconstruir
reedificar
restaurar
reparar
rehacer

demoler
destruir

repetir
reproducir

reconvención
amonestación
represión
recriminación
regañina

felicitación
alabanza

reconvenir
amonestar
recriminar
reprochar
reprender
criticar

felicitar
alabar

recopilación
selección
compendio
compilación
antología
resumen

dispersión

recopilar
seleccionar
coleccionar
compilar
reunir
compendiar

dispersar

récord
marca
plusmarca

recordar
evocar
rememorar
conmemorar
acordarse
invocar

olvidar

recordatorio
aviso
advertencia

celebración
conmemoración

recorrer
andar
transitar
caminar
correr
callejear

pararse
detenerse

recorrido
trayecto
ruta
itinerario
camino

recortadura
recorte
resto
retazo

recortar
cortar
cercenar
amputar
seccionar

disminuir
reducir
menguar
limitar

aumentar

recorte(s)
recortadura
cercenadura
pedazo

suelto
noticia
comentario

residuos
limaduras
desperdicios

recostar(se)
apoyar
reclinar
acostar

enderezar
levantar

recoveco
rincón
recodo
curva
sinuosidad

artificio
ardid
artimaña

recrear(se)
crear
producir
rehacer
regenerar

distraerse
divertirse

entretenerse
regocijarse

aburrirse
entristecerse

recreativo
entretenido
divertido
ameno

aburrido
triste

recreo
distracción
entretenimiento
esparcimiento
vacación

trabajo
aburrimiento

recriminación
reprensión
reproche
censura
amonestación

alabanza
aprobación

recriminar(se)
censurar
reprender
reprochar
afear

alabar
aprobar

recrudecer(se)
incrementar
aumentar
intensificar
avivar

debilitar
disminuir

recrudecimiento
intensificación

incremento
aumento

disminución

recta
vector
radio
sagita
segmento

curva

rectangular
cuadrangular
cuadrilongo
cuadriforme

rectángulo
cuadrángulo
cuadrilongo
paralelepípedo
paralelogramo

rectificación
corrección
enmienda
modificación
cambio
alteración

ratificación
corroboración

rectificar(se)
corregir
modificar
reformar
rehacer
retocar
enmendar

ratificar
insistir

rectilíneo
recto

rectitud
derechura

horizontalidad
verticalidad

justicia
integridad
imparcialidad
ecuanimidad
equidad
honestidad

deshonestidad
injusticia

recto
derecho
seguido
directo
llano
liso

curvo
sinuoso

justo
honesto
honrado
imparcial
equitativo

deshonesto
parcial

rector
superior
director

párroco
abad
prior

recua
reata
traílla
arria

recuadrar
encasillar
encuadrar
cuadricular

recuadro
marco
encuadre

recubierto
envuelto
revestido
forrado

descubierto
destapado

recubrimiento
revestimiento
envoltura

recubrir(se)
cubrir
revestir
tapar
vestir

descubrir
desvestir

recuento
cómputo
arqueo
inventario
cálculo

recuerdo
memoria
mención
evocación

olvido

recular
retroceder
retornar
desandar

avanzar

ceder
cejar
claudicar

insistir

recuperable
aprovechable
utilizable

recuperación
reparación
restauración
rescate
redención

pérdida

restablecimiento
mejoría
convalecencia
cura

agravamiento
empeoramiento

recuperar(se)
recobrar
rescatar
redimir
reponerse
restablecerse
mejorar
convalecer

empeorar
desmejorarse

recurrir
pedir
reclamar
requerir

litigar
pleitear
demandar

recurso(s)
demanda
litigio
proceso
pleito

medio
subterfugio
procedimiento

táctica
técnica

bienes
capital
fortuna
hacienda

pobreza
escasez

recusable
impugnable
rechazable
repudiable

aceptable
admisible

recusación
desestimación
repulsa
reprobación

aceptación
aprobación

recusar
rechazar
rehusar
declinar
denegar

aceptar

red
malla
urdimbre
trama
tejido

aparejo
almadraba
jábega

trampa
ardid
celada

sistema
servicio
distribución

redacción
escritura
escrito
composición

oficina
escritorio
despacho

redactar
escribir
expresar
describir
narrar
transcribir

redactor
escritor
autor
articulista
cronista
comentarista

redada
detención
arresto
batida

conjunto
grupo
banda
bandada

redaño(s)
peritoneo
entresijo

valor
brío
fuerza
vitalidad

apocamiento
temor

rededor
contorno
perímetro

periferia
límites

alrededor
cerca

lejos
lejanía

redención
salvación
liberación
rescate

condena

redentor
salvador
libertador
liberador

redil
aprisco
corral
encierro
refugio

redimir(se)
salvar
liberar
librar
rescatar

condenar
esclavizar

rédito
beneficio
interés
rendimiento
renta

redivivo
resucitado
reencarnado
reaparecido

redoblar(se)
duplicar
agrandar

incrementar
reiterar
repetir

disminuir
rebajar

tocar
percutir
tamborilear

redoble
tamborileo
redoblado
percusión

redoma
botella
frasco
damajuana

redomado
perfecto
consumado

cauteloso
taimado
astuto
ladino

redondeado
ovalado
oval
elíptico

redondear(se)
curvar
tornear
ovalar

completar
terminar
perfeccionar

redondel
círculo
anillo
circunferencia

ruedo
plaza
arena

redondo
redondeado
circular
esférico
cilíndrico

cuadrado

claro
rotundo
categórico

reducción
rebaja
disminución
deducción
mengua
merma

aumento
incremento

reducido
pequeño
estrecho
restringido
escaso

amplio
grande

reducir(se)
aminorar
achicar
disminuir
restringir
acortar

aumentar
incrementar

resumir
compendiar
abreviar
condensar

ampliar
agrandar

moderar
mitigar

suavizar
calmar

fortalecer

someter
dominar
vencer
sujetar

insubordinar

reducto
fortaleza
fortificación
refugio

redundancia
repetición
reiteración
insistencia
demasía
superfluidad

redundar
repercutir
influir

reedificar
reconstruir
rehacer
restaurar
rehabilitar

reeditar
reimprimir

reelección
ratificación
renovación
confirmación

reelegir
confirmar
ratificar
renovar
reafirmar

denegar
rechazar

reembolsar
devolver
reintegrar
restituir

reembolso
reintegro
devolución
restitución

reemplazable
renovable
sustituible
relevable

reemplazar
sustituir
reponer
cambiar
suplir
relevar

reemplazo
sustitución
cambio
relevo

quinta
alistamiento
reclutamiento
leva

reencarnación
reaparición
regeneración
resurgimiento
resurrección

muerte
olvido

reencarnar(se)
reaparecer
resucitar
renacer

reestructurar
reorganizar
remodelar
reformar

refajo
enagua
falda
saya

referencia
alusión
mención
cita

relación
narración
relato
reseña

referéndum
sufragio
votación
consulta
plebiscito

referente
concerniente
relativo
alusivo

referir(se)
relatar
contar
narrar

callar
silenciar

aludir
mencionar
citar

refinado
selecto
distinguido
elegante

sutil
diabólico
astuto
cruel

refinamiento
distinción
elegancia

sibaritismo
cortesía

vulgaridad
naturalidad

ensañamiento
astucia
malicia
crueldad

refinar(se)
purificar
depurar
limpiar

mejorarse
cultivarse
educarse

embrutecerse
descuidarse

reflectante
reverberante
fulgurante
brillante

opaco
velado

reflectar
reflejar

reflector
proyector
foco
faro

reflejar(se)
reflectar
reverberar
brillar

revelar
evidenciar
plasmar

reflejo
destello

brillo
centelleo

espontáneo
impensado
involuntario

voluntario

reflexión
meditación
consideración
pensamiento

advertencia
consejo
exhortación
sugerencia

reflexionar
meditar
cavilar
deliberar
discurrir
pensar
razonar

reflexivo
pensativo
juicioso
ponderado
sensato

alocado
irreflexivo
insensato

refluir
retroceder
volver
recular

avanzar
sobrepasar

reflujo
bajamar
descenso
bajada

flujo
pleamar

refocilarse
deleitarse
divertirse
gozar
recrearse

aburrirse
hastiarse

reforma
cambio
renovación
transformación
reparación
restauración

conservación

reformador
renovador
reformista
progresista

reformar(se)
variar
transformar
rectificar
cambiar
acondicionar

conservar

enmendar
enderezar
regenerar
rehabilitar

reformatorio
correccional

reforzado
fortificado
fortalecido
robustecido

debilitado

reforzar
robustecer
fortalecer

asegurar
fortificar

debilitar
desproteger

intensificar
aumentar
añadir

disminuir
rebajar

refracción
reflejo
reverberación

refractario
incombustible
ignífugo

inflamable
combustible

contrario
opuesto
reacio

partidario
adepto

refrán
dicho
máxima
proverbio
sentencia

refregar
restregar
frotar
fregar

refrenar(se)
moderar
contener
reprimir
cohibir
coartar

liberar
libertar

frenar

controlar
detener
sujetar

hostigar
fustigar

refrendar
avalar
respaldar
ratificar
firmar

desaprobar
invalidar

refrescante
refrigerante
fresco

bochornoso

refrescar(se)
enfriar
refrigerar
congelar

calentar
templar

renovar
desempolvar

olvidar
enterrar

refresco
bebida
limonada
naranjada
granizado

refrigerio
piscolabis
aperitivo

refriega
combate
contienda
lucha
pelea

refrigerador
frigorífico
nevera
congelador

calentador
calorífero

refrigerar
refrescar
enfriar
congelar
helar

calentar
caldear

refrigerio
piscolabis
tentempié
refresco
aperitivo

refrito
frito
fritura
condimento

imitación
revoltillo
recopilación

refuerzo
ayuda
auxilio
protección

remiendo
apoyo
sostén
soporte

refugiado
acogido
asilado
exiliado

repatriado

refugiar(se)
cobijar
resguardar

asilar
amparar
esconder
guarecer

desamparar
abandonar

refugio
acogida
amparo
asilo

desamparo

abrigo
albergue
guarida

refulgencia
brillo
fulgor
reflejo
resplandor

refulgente
brillante
luminoso
radiante
resplandeciente

opaco
sombrío

refulgir
brillar
fulgurar
relumbrar
resplandecer

refundición
compendio
recopilación
resumen
refrito

refundir
unir
fusionar
condensar
resumir

refunfuñar
gruñir
murmurar
rezongar

refutable
rebatible
impugnable
contestable

irrefutable
indiscutible

refutar
rebatir
contestar
impugnar

aprobar
ratificar

regadío
cultivo
huerta

secano
yermo

regalar(se)
obsequiar
donar
dar

vender
cobrar

deleitarse
recrearse
regocijarse
divertirse

sufrir
padecer

regalía
prerrogativa
privilegio
prebenda

obligación
carga

regaliz
orozuz
paloduz

regalo
obsequio
agasajo
presente

deleite
holganza
placer

regañadientes (a)
refunfuñando
murmurando

regañar
reprender
amonestar
sermonear

alabar
elogiar

disputar
discutir
pelearse

enfadarse
enemistarse
indisponerse

reconciliarse

regañina
reprimenda
represión
rapapolvos
filípica

elogio
alabanza

regar
irrigar
asperjar
mojar
rociar

secar
resecar

regate
amago
finta
quiebro

regatear
trapichear
porfiar
chalanear

esquivar
sortear
soslayar
burlar

regateo
trapicheo
chalanería

regazo
halda
falda

refugio
cobijo
amparo

regencia
gobierno
administración
dirección
tutela

regeneración
rehabilitación
renovación
recuperación

corrupción
vicio

regenerar(se)
rehabilitar
reformar
reconstituir
renovar

enviciar
perder

regentar
gobernar
regir
mandar
dirigir
administrar

obedecer
servir

regente
gobernante
administrador
rector
tutor
director

regidor
corregidor
edil
concejal

régimen
sistema
gobierno
política
dirección
administración
regla

anarquía
desorganización

dieta
tratamiento
ayuno

regimiento
destacamento
guarnición
tropa

regio
real
imperial
soberano

espléndido
esplendoroso
fastuoso

grandioso
majestuoso

región
comarca
territorio
zona
área

regional
comarcal
territorial
local

regionalismo
localismo
modismo

centralismo

regir(se)
dirigir
gobernar
regentar
administrar

funcionar
marchar
actuar
obrar

registrar(se)
inspeccionar
cachear
rastrear
rebuscar

registro
inspección
examen
batida

inscripción
anotación
asiento

regla
cartabón

escuadra
plantilla

precepto
norma
estatuto
reglamento
código
ley

indisciplina
desorden

menstruación
período
mes
menstruo

reglaje
ajuste
regulación
reajuste
corrección

desajuste
desacoplamiento

reglamentación
regulación
ordenación
codificación
legislación

reglamentar
regular
normalizar
preceptuar
ordenar
legalizar

reglamentario
preceptivo
obligado
establecido
preceptuado
normativo
legal

prohibido
ilegal

reglamento
código
estatuto
ley
ordenanza
precepto

reglar(se)
regular
ajustar
acomodar
adaptar

rayar
pautar

regocijarse
recrearse
divertirse
gozar
alegrarse

aburrirse
apenarse

regocijo
alborozo
alegría
felicidad
gozo
júbilo

tristeza
pesar

regodearse
regocijarse
deleitarse
refocilarse
solazarse
complacerse

apenarse
compadecerse

regodeo
complacencia
deleite
placer
gozo

regoldar
eructar
rutar
expeler

regresar
tornar
volver
retornar

marchar
ir

regresión
retroceso
retrocesión
empeoramiento
desmejoramiento

regresivo
retrógrado
adverso
contraproducente
desfavorable

progresivo

regreso
retorno
vuelta
venida
llegada

marcha
ida

reguero
regato
arroyo
riachuelo

rastro
trazo
señal
residuo

regulación
reglamentación
ordenación
norma

orden
regla

regulador
regularizador
normalizador
termostato

regular
reglamentar
reglar
normalizar
regularizar

desorganizar

mediocre
mediano
corriente
intermedio

bueno
malo
excepcional

normal
común
ordinario
usual

irregular
anormal

regularidad
uniformidad
estabilidad
periodicidad
puntualidad

irregularidad
anormalidad

regurgitar
vomitar
devolver
eructar

regusto
gustillo
saborcillo
resabio
recuerdo

rehabilitación
restauración
reparación
reposición
restablecimiento

inhabilitación
destitución

rehabilitar(se)
restaurar
rehacer
regenerar
reparar
restablecer

destruir
inhabilitar

rehacer(se)
recomponer
restaurar
reformar
reconstruir

deshacer
destruir

reanimarse
recuperarse
mejorar
recobrarse
restablecerse

angustiarse
hundirse

rehén
prisionero
retenido
capturado

fianza
garantía
prenda
señal

rehilete
banderilla
flechilla

rehogar
dorar
sofreír

rehuir
eludir
evitar
soslayar
esquivar

afrontar
aceptar

rehusar
rechazar
denegar
desdeñar
desechar

admitir
aceptar

reimprimir
reeditar

reinado
imperio
dinastía
regencia
reino
monarquía

reinante
imperante
actual

reinar
mandar
gobernar
imperar
dominar
regir

abdicar
obedecer

predominar
prevalecer
destacar
sobresalir

reincidencia
recaída
insistencia
obstinación

reincidente
incorregible
rebelde
indisciplinado

reincidir
recaer
incurrir
reiterar
insistir

escarmentar
enmendarse

reincorporación
rehabilitación
reingreso
reposición

reincorporar(se)
reintegrar
restituir
reponer
rehabilitar

expulsar
apartar

reingresar
reincorporar

reino
reinado
monarquía

ámbito
dominio
marco
espacio

reintegrar(se)
restituir
devolver

pagar
resarcir

apropiarse
conservar

reincorporar
reponer
rehabilitar

expulsar
cesar

reintegro
devolución
pago
liquidación
reembolso

reposición
reincorporación
vuelta

reír(se)
carcajear
sonreír
desternillarse

llorar

burlarse
chancearse
mofarse
cachondearse

reiteración
repetición
reincidencia
insistencia
ratificación

reiterar(se)
repetir
insistir
reincidir

confirmar

desdecir

reiterativo
·repetitivo

insistente
redundante

reivindicación
reclamación
demanda
insistencia
queja

renuncia
abandono

reivindicar
exigir
demandar
pedir
reclamar

renunciar
abandonar

reja
verja
enrejado
valla
cancela

rejilla
redecilla
mirilla
celosía

rejoneador
jinete
lidiador
torero

rejonear
lidiar
torear
picar

rejuvenecer(se)
remozar
vigorizar
robustecer

envejecer
marchitar

**rejuveneci-
miento**
remozamiento
modernización
recuperación
renovación

debilitación
envejecimiento

relación(es)
correlación
correspondencia
nexo
ilación

desconexión
independencia

narración
descripción
explicación
relato

catálogo
lista
enumeración
elenco

familiaridad
parentesco
afinidad
trato
amistad

enemistad
enfrentamiento

noviazgo
amorío
enamoramiento
idilio

relacionar(se)
enlazar
vincular
conectar
unir

desunir
separar

narrar
describir

relatar
contar

alternar
tratarse
codearse
comunicarse

relajación
flojedad
laxitud
aflojamiento
relax
distensión

alivio
desahogo
distensión
tranquilidad

depravación
desenfreno
libertinaje
vicio

relajar(se)
aflojar
distender
debilitar
calmar

tensar
fortalecer

descarriarse
depravarse
desenfrenarse
viciarse

corregirse
enmendarse

relamerse
deleitarse
regodearse
gozar
saborear

relámpago
resplandor
destello

chispazo
descarga

relampaguear
resplandecer
centellear
deslumbrar

relatar
contar
narrar
referir
describir
reseñar

relatividad
limitación
comparación
correlación

relativo
concerniente
referente
perteneciente
correspondiente

ajeno
extraño

condicional
limitado
parcial
restringido
accidental

absoluto
total

relato
narración
crónica
descripción
informe

relax
relajación
calma
descanso
distensión

tensión
estrés

relé
regulador
disyuntor
interruptor
distribuidor

releer
repasar
profundizar
empollar
asimilar
empaparse

relegar
postergar
arrinconar
apartar
olvidar
desplazar

promover

relente
rocío
escarcha
humedad
helada

relevancia
importancia
significación
envergadura
trascendencia

relevante
sobresaliente
notable
destacado
excelente
superior

irrelevante
vulgar
corriente

relevar
eximir
excusar
liberar

absolver
exonerar

cargar
endosar

sustituir
reemplazar
cambiar
mudar
suplantar

expulsar
despedir
destituir

relevo
sustitución
cambio
permuta
reemplazo

relicario
estuche
cofrecillo
joyero

relieve
resalte
prominencia
realce
saliente

hendidura
concavidad

categoría
prestigio
renombre
importancia

religión
creencia
dogma
fe
credo

ateísmo
incredulidad

religiosidad
devoción

piedad
fervor
misticismo

impiedad
agnosticismo

religioso
creyente
devoto
fervoroso
piadoso

ateo
pagano

fraile
monje
sacerdote
cura

seglar
laico

reliquia
vestigio
resto
residuo
fragmento

antigualla
anacronismo
vejestorio

rellano
descansillo
meseta
plataforma

rellenar(se)
atestar
atiborrar
abarrotar
henchir

vaciar
desocupar

relleno
repleto
abarrotado

henchido
atiborrado

vacío
hueco

picadillo
picado
adobo

reloj
cronómetro
cronógrafo
despertador

reluciente
brillante
destellante
relumbrante
luminoso
resplandeciente

apagado
opaco

relucir
brillar
resplandecer
relumbrar
fulgurar

destacar
exceder
sobresalir
resaltar

relumbrar
relucir

relumbrón
brillo
destello
fulgor
resplandor

oropel
apariencia
efectismo

remachar
aplastar

unir
sujetar

recalcar
subrayar
acentuar
reiterar

remache
roblón
clavo
tornillo
perno
clavija

remanente
resto
sobrante
restante
exceso

remangar(se)
arremangar
alzar
subir

decidirse
disponerse
prepararse
aprestarse

remansarse
detenerse
pararse
estancarse
empantanarse
embalsarse

correr
fluir

remanso
balsa
recodo
charca
vado

corriente
arroyo

remar
bogar
ciar

remarcar
recalcar
remachar
subrayar

olvidar
omitir

rematar
matar
liquidar
eliminar

finalizar
concluir
terminar
consumar

comenzar
principiar

subastar
licitar
pujar
adjudicar

remate
fin
término
conclusión
coronamiento
terminación
acabado

inicio
comienzo

subasta
licitación
puja

remedar
parodiar
imitar

remediar
reparar
compensar

subsanar
enmendar

deteriorar
estropear

auxiliar
socorrer
amparar
ayudar

abandonar
desatender

remedio
enmienda
arreglo
corrección
reparación

auxilio
socorro
ayuda
amparo
alivio

medicina
medicamento
antídoto

remedo
parodia
imitación
pantomima

original
creación

rememorar
recordar
evocar
revivir
reconstruir

olvidarse
omitir

remendar
zurcir
arreglar
apañar
recoser

remendón
zapatero
sastre

remero
barquero
lanchero
remador
bogador

remesa
envío
expedición
partida
pedido

remiendo
pieza
parche
arreglo
añadido

remilgado
melindroso
ñoño
escrupuloso
cursi
mojigato

remilgo
afectación
amaneramiento
ñoñez
cursilería

naturalidad
normalidad

reminiscencia
evocación
memoria
recuerdo

remirado
escrupuloso
minucioso
reflexivo

descuidado
negligente

remisión
referencia
indicación
cita

envío
remesa
partida

perdón
absolución
indulto
conmutación

remiso
reacio
reticente
remolón
perezoso

dispuesto
decidido
favorable

remitente
expedidor
librador

destinatario

remitir(se)
mandar
enviar
expedir

recibir
recoger

disminuir
aminorar
ceder
aflojar
aplacar

aumentar
arreciar

referirse
atenerse
ceñirse
aludir

remo
pala
espadilla

brazo
pierna
extremidad

remojar(se)
humedecer
mojar
empapar
calar

secar

remojón
chapuzón
baño
ducha
zambullida

remolacha
betarraga
betarrata

remolcar
arrastrar
acarrear
trasladar
transportar

remolino
torbellino
ciclón
tifón

aglomeración
gentío
apelotonamiento

remolón
lento
cachazudo
indolente
perezoso

activo
diligente

remolonear
zanganear
holgazanear
gandulear
rezagarse

bregar
trabajar

remolque
arrastre
transporte
acarreo
traslado

remontar(se)
subir
ascender
escalar

bajar
descender

progresar
superar
vencer
mejorar

frustrarse
fracasar

rémora
estorbo
impedimento
lastre
dificultad

facilidad
apoyo

remorder
atormentar
desasosegar
inquietar
preocupar

tranquilizar
sosegar

remordimiento
arrepentimiento
inquietud

desasosiego
desazón

paz
consuelo

remoto
lejano
alejado
apartado
antiguo

cercano
próximo

improbable
inverosímil
incierto
dudoso

probable
previsible

remover(se)
mover
revolver
agitar
batir

mudar
trasladar
cambiar

remozar(se)
modernizar
rejuvenecer
renovar
innovar

remuneración
retribución
jornal
paga
sueldo
salario

remunerar
retribuir
pagar
gratificar

renacer
reaparecer
retoñar
resucitar
rebrotar
reverdecer

morir
decaer

renacimiento
resurgimiento
reaparición
resurrección
renovación

decadencia
declive

renacuajo
cría
larva
batracio

pequeño
raquítico
canijo
esmirriado

robusto
fuerte

renal
nefrítico
suprarrenal

rencilla
pelea
conflicto
disputa
riña

concordia
amistad

rencor
odio
inquina
resentimiento
encono

amor
afecto

rencoroso
vengativo
resentido
sañudo

caritativo
indulgente

rendición
capitulación
entrega
acatamiento

rebeldía
resistencia

rendido
cansado
agotado
exhausto
fatigado

descansado

sumiso
apasionado
enamorado

rendija
grieta
ranura
raja
abertura

rendimiento
rentabilidad
provecho
productividad

sumisión
subordinación
sometimiento

rebeldía

rendir(se)
rentar
producir
compensar

vencer
someter

subyugar
avasallar

fatigarse
cansarse
agotarse

capitular
claudicar
entregarse

resistir
rebelarse

renegado
apóstata
perjuro
traidor

leal
fiel

renegar
abjurar
apostatar
repudiar

blasfemar
injuriar
maldecir

renglón
línea
titulillo

reno
ciervo
cérvido

renombrado
popular
conocido
célebre
famoso

desconocido
humilde

renombre
fama
popularidad

celebridad
gloria

renovable
cambiable
permutable
sustituible

fijo
irreformable

renovación
cambio
reforma
transformación

anquilosamiento

renovador
reformador
innovador
progresista
regenerador

conservador
inmovilista

renovar(se)
modernizar
restaurar
innovar
transformar

conservar

renta(s)
rédito
beneficio
rendimiento
ganancia

alquiler
arrendamiento
arriendo

fortuna
capital
medios
riqueza

rentabilidad
rendimiento

beneficio
provecho

rentable
productivo
provechoso
útil
beneficioso

improductivo
inútil

rentar
producir
rendir
remunerar

rentero
colono
arrendatario
tributario

rentista
accionista
propietario
casero
arrendador

arrendatario
rentero

renuente
reacio
remiso
reticente
opuesto

dispuesto
presto

renuevo
retoño
brote
yema

renuncia
abandono
abdicación

dimisión
dejación

aceptación
permanencia

renunciar
dimitir
abdicar
abandonar
retirarse

aceptar
admitir

reñido
enemistado
enfadado
disgustado
indispuesto

disputado
porfiado
duro
igualado

reñir
reprender
amonestar
regañar

alabar
aprobar

discutir
disputar
pelear

enemistarse
enfadarse
indisponerse

reconciliarse

reo
acusado
procesado
convicto
culpable
condenado

inocente
absuelto

reojo (de)
disimuladamente
sesgadamente
de soslayo

reorganización
reajuste
reestructuración
modificación
reforma

reorganizar
reajustar
reestructurar
reordenar
remodelar

conservar

reóstato
regulador
resistencia

repantigarse
repantingarse
repanchigarse
repanchingarse
arrellanarse
acomodarse

reparable
corregible
restaurable
reformable
subsanable

reparación
arreglo
restauración
reforma
reconstrucción

desagravio
explicación
excusa

reparar
recomponer
restaurar

arreglar
remendar

estropear
deteriorar

resarcir
desagraviar
rectificar
enmendar
subsanar

ofender
agraviar

percatarse
apercibirse
observar
notar
advertir

reparo
objeción
pega
traba
pero

facilidad

apuro
vergüenza
timidez
corte

desembarazo

repartición
reparto

repartidor
distribuidor
mensajero
recadero

repartir(se)
distribuir
prorratear
compartir
promediar

concentrar
acumular

reparto
repartición
repartimiento
distribución
adjudicación

concentración
acumulación

repasar
revisar
releer
retocar

zurcir
coser
remendar

repaso
revisión
repetición
ojeada

retoque
rectificación
remate

repatriar(se)
devolver
retornar
reintegrar

desterrar
expatriar

repecho
cuesta
pendiente
rampa
subida

repelente
repugnante
asqueroso
desagradable
repulsivo

agradable
atractivo

engolado
pedante

redicho
petulante

repeler(se)
rechazar
ahuyentar
alejar
repudiar

atraer
admitir

repugnar
desagradar
asquear

agradar
deleitar

repelús
repeluzno
repeluco

repensar
cavilar
meditar
ponderar
reflexionar

repente (de)
súbitamente
repentinamente
inesperadamente

repentino
súbito
rápido
fulminante
inesperado

esperado
previsto

repercusión
consecuencia
trascendencia
alcance
secuela

repercutir
trascender
influir

afectar
concernir

resonar
retumbar
atronar

repertorio
catálogo
inventario
lista
colección

repetición
reproducción
reiteración
reincidencia

estribillo
muletilla
tabarra

repetido
reiterado
frecuente
periódico

duplicado
copiado
calcado
doble

único
sólo

repetir(se)
reiterar
insistir
reincidir
volver

repicar
repiquetear
doblar
resonar
tañer

repipi
petulante

pedante
cursi

humilde
sencillo

repique
repiqueteo
tañido
redoble

repisa
estante
anaquel
ménsula

replantear(se)
reconsiderar
modificar
revisar

replegar(se)
retirar
retroceder
ceder
recular

avanzar
desplegar

repleto
lleno
colmado
saturado
completo

vacío
desocupado

réplica
contestación
alegación
protesta

copia
duplicado
reproducción

replicar
contestar
objetar

protestar
alegar

asentir
consentir

repliegue
retirada
retroceso
huida

avance

doblez
arruga
pliegue

despliegue

repoblación
asentamiento
colonización
inmigración

cultivo
forestación
trasplante

repoblar
colonizar
instalarse
asentarse

trasplantar
plantar
poblar
replantar

repollo
col
cogollo

reponer(se)
restituir
reintegrar
restablecer

quitar
apartar

recobrarse
mejorarse

restablecerse
recuperarse

empeorar
desanimarse

reportaje
crónica
información
informe
documental

reportar(se)
refrenar
aplacar
apaciguar
calmar

liberar

producir
acarrear
ocasionar
procurar

reportero
corresponsal
periodista
cronista

reposado
tranquilo
sereno
pacífico
relajado

inquieto
intranquilo

reposar
descansar
dormir
relajarse

cansarse
trabajar

reposición
reestreno
repetición

reanudación
devolución

reposo
descanso
calma
sosiego
placidez
quietud

actividad
inquietud

repostería
pastelería
confitería
bombonería
bollería

reprender
reñir
recriminar
regañar
censurar
reprochar

felicitar
alabar

reprensible
censurable
criticable
reprochable
vituperable

elogiable
loable

reprensión
reprimenda
reproche
censura
increpación

aplauso
elogio

represa
presa
embalse

estanque
dique

represalia
venganza
revancha
desquite

perdón
indulgencia

represar(se)
embalsar
estancar
contener
detener
retener

representación
exhibición
función
espectáculo

delegación
comisión
comité

imagen
idea
símbolo
figura
gráfico

representante
delegado
apoderado
portavoz

agente
corredor
comisionista
viajante

representar
simbolizar
figurar
personificar
encarnar

suplantar
suplir

reemplazar
sustituir

interpretar
declamar
recitar
reproducir

representativo
característico
típico
específico
propio

atípico
general

figurativo
simbólico
ideográfico

represión
coacción
prohibición
freno
opresión

libertad
autorización

represivo
coercitivo
represor
dominante
autoritario
opresivo

liberal
tolerante

reprimenda
reprensión
regañina
rapapolvo
bronca

alabanza
elogio
felicitación

reprimir(se)
contener
refrenar

dominar
someter
apaciguar
aplacar

exteriorizar
fomentar

reprobable
censurable
criticable
condenable
vituperable

loable
plausible

reprobación
desaprobación
reproche
censura
crítica
vituperio

reprobar
censurar
desaprobar
criticar

alabar
aplaudir

suspender
catear
descalificar

réprobo
condenado
malvado
hereje
proscrito

reprochar(se)
censurar
criticar
recriminar
regañar
reprender

alabar
disculpar

reproche
crítica
censura
amonestación
regañina

felicitación
alabanza

reproducción
copia
duplicado
réplica
calco

difusión
proliferación
propagación
multiplicación

reproducir(se)
copiar
calcar
repetir
duplicar
representar

propagarse
multiplicarse
procrear
fecundar
desarrollarse

reproductor
verraco
garañón
semental
macho

repetidor
copiador
copista
imitador

reptar
arrastrarse
deslizarse
zigzaguear

reptil
sauro
serpiente
ofidio
quelonio

rastrero
servil
bajo
pérfido

república
democracia
estado
gobierno
país

republicano
democrático
popular
representativo

repudiable
recusable
abominable

aceptable

repudiar
reprobar
rechazar
censurar
recusar

aceptar
aprobar
apoyar

repudio
rechazo
desprecio
desdén
repulsa

aceptación
acogimiento

repuesto
restablecido

recuperado
curado

accesorio
recambio
pieza
provisión

repugnancia
asco
repulsión
náusea
arcada

agrado

animosidad
animadversión
aborrecimiento
aversión

simpatía

repugnante
desagradable
asqueroso
repulsivo
hediondo

agradable
bonito

repugnar(se)
asquear
desagradar
repeler

agradar
encantar
gustar

repujado
labrado
grabado
tallado
cincelado

repujar
labrar
cincelar

tallar
esculpir
grabar

repulgo
dobladillo
hilván
borde
cenefa

afectación
remilgo
escrúpulo
melindre

repulido
acicalado
pedante
peripuesto

repulsa
repudio

repulsión
repugnancia

repulsivo
repugnante

repuntar
iniciar
comenzar
empezar

reputación
prestigio
fama
renombre
notoriedad

desprestigio
descrédito

reputar(se)
estimar
considerar
ponderar
valorar
evaluar

requebrar
piropear
cortejar
galantear

insultar
injuriar

requemar(se)
tostar
torrar
quemar
chamuscar

impacientarse
reconcomerse
atormentarse

calmarse
tranquilizarse

requerimiento
demanda
aviso
mandato
requisitoria

petición
requisito
exigencia
formalidad

requerir
notificar
solicitar
pedir
mandar

requesón
cuajo
queso

requiebro
piropo
galantería
halago

réquiem
oración
funeral
misa

requisa
confiscación
incautación
embargo
expropiación

devolución
reintegro

requisar
confiscar
incautar
embargar
expropiar

requisito
condición
formalidad
cláusula
obligación

requisitoria
interpelación
pregunta
requerimiento

contestación
respuesta

res
rumiante
oveja
cordero
vaca
toro

resabiarse
malearse
viciarse
malograrse
corromperse

enmendarse
corregirse

resabio
regusto
sabor
gustillo

defecto

vicio
perversión

resaca
corriente
marea
oleaje
retroceso

desazón
malestar
intranquilidad
amargura

resaltar
destacar
sobresalir
descollar
despuntar

igualarse
confundirse

resalte
saliente
relieve
borde
reborde

entrante
hendidura

resarcimiento
indemnización
compensación
devolución
restitución

resarcir(se)
restituir
reparar
indemnizar
satisfacer
compensar

desquitarse
vengarse
cobrarse
rescatar

resbaladizo
conflictivo
deslizante
peligroso
problemático

resbalar(se)
patinar
deslizarse
escurrirse

equivocarse
colarse
columpiarse
errar

acertar
atinar

resbalón
desliz
traspié
patinazo
equivocación
error

rescatar
recuperar
liberar
reconquistar

rescate
liberación
recuperación
redención
salvamento

pago
entrega

rescindir
anular
invalidar
cancelar
revocar

confirmar
prorrogar

rescisión
anulación
cancelación

invalidación
derogación

confirmación
prórroga

rescoldo
brasa
ascua
lumbre

resecar(se)
extirpar
cortar
amputar

secarse
marchitarse
deshidratarse

humedecerse

resentido
molesto
dolido
enfadado
apenado
enojado

agradecido
conforme

resentimiento
rencor
animosidad
odio
animadversión

simpatía
cariño

resentirse
debilitarse
decaer
flaquear

fortalecerse
mejorarse

disgustarse
contrariarse

molestarse
ofenderse
enojarse

alegrarse
contentarse

reseña
informe
nota
comentario
crítica
recensión

reseñar
comentar
contar
resumir
describir
relatar

reserva(s)
cautela
discreción
prudencia
sigilo
circunspección

indiscreción
imprudencia

depósito
provisión
repuesto
fondos

restricciones
limitaciones
cortapisas
reticencias

reservado
discreto
comedido
cauteloso
prudente
cauto

indiscreto
imprudente

secreto

confidencial
privado

público
conocido

guardado
depositado
ahorrado
apartado

reservar(se)
apartar
guardar
almacenar
ahorrar
acopiar

diferir
dilatar
retrasar
aplazar

conservarse
mantenerse
resistir

resfriado
catarro
constipado
enfriamiento
romadizo

resfriarse
acatarrarse
constiparse
enfriarse

resguardar(se)
proteger
amparar
guarecer
preservar
refugiar

desamparar
desproteger

precaverse
prevenirse

descuidarse

resguardo
protección
amparo
refugio
cobijo

desprotección
desamparo

justificante
recibo
comprobante
garantía

residencia
domicilio
vivienda
casa
hogar
morada

dirección
señas
paradero

residencial
lujoso
selecto
elegante
distinguido
tranquilo

residente
afincado
vecino
domiciliado
habitante
inquilino

residir
vivir
habitar
morar
afincarse
establecerse

residual
sobrante
excedente
secundario

residuo(s)
restante
sobrante
resto
saldo

sobras
despojos
desechos
desperdicios

resignación
paciencia
mansedumbre
conformidad
humildad

rebeldía
inconformismo

resignar(se)
dimitir
abdicar
renunciar

conformarse
consentir
aguantarse
tolerar
sacrificarse

rebelarse
enfrentarse

resina
goma
gomorresina
bálsamo
barniz
látex

resistencia
aguante
vigor
fuerza
energía
fortaleza

debilidad
fragilidad

oposición
negativa

rebeldía
repulsa

abandono
rendición

resistente
fuerte
duro
sólido

frágil
blando

incansable
infatigable
vigoroso
tenaz

débil
flojo

resistir(se)
tolerar
aguantar
soportar
encajar

sucumbir
desistir

oponerse
negarse
rebatir
impugnar
rebelarse

aceptar
someterse

resollar
jadear
resoplar
bufar

resolución
decisión
conclusión
dictamen
fallo
sentencia

audacia
osadía

valor
arrojo

cobardía
timidez

resolver
solucionar
aclarar
descifrar
solventar

determinar
sentenciar
decidir
zanjar

dudar
vacilar

resonancia
reverberación
sonoridad
repercusión
eco

divulgación
expansión
publicidad
propagación
difusión

resonar
retumbar
atronar
ensordecer
tronar

resoplar
resollar
jadear
bufar

resoplido
resuello
jadeo
bufido
soplido

resorte
muelle

fleje
ballesta

influencia
enchufe
recurso

respaldar(se)
ayudar
amparar
apoyar
proteger
avalar
patrocinar

desamparar
desaprobar

respaldo

respaldo
espaldar
respaldar

apoyo
protección
ayuda
amparo
sostén

desamparo
desprotección

respectivo
correspondiente
mutuo
recíproco
concerniente

respecto
razón
relación
afinidad
relatividad

respetabilidad
dignidad
honorabilidad
decoro

respetable
digno
loable
serio
decente
íntegro

indecente
impresentable

considerable
grande
importante
amplio

insignificante
pequeño

respetar
acatar
obedecer
admirar
reverenciar
ponderar

maltratar
despreciar

respeto
consideración
deferencia
sumisión
obediencia
acatamiento

desobediencia

miedo
temor
aprensión
recelo

respetuoso
cortés
atento
educado
amable

descortés
grosero

réspice
reprimenda
exabrupto
regañina
rapapolvo

respingo
brinco
bote
sacudida

respiración
inspiración
aspiración
inhalación
aliento
hálito

respiradero
abertura
tragaluz

respirar
inspirar
aspirar
inhalar

relajarse
sosegarse
tranquilizarse
descansar

respiro
tregua
desahogo
alivio
descanso

resplandecer
brillar
centellear
relucir
relumbrar

resplandeciente
brillante
fulgurante

reluciente
centelleante

tenebroso
sombrío

resplandor
fulgor
brillo
luminosidad

responder
contestar
replicar
argumentar
alegar
objetar

preguntar
callarse

avalar
garantizar
asegurar
certificar

inhibirse
desentenderse

responsabilidad
compromiso
obligación
deber
cometido

**responsabili-
zar(se)**
culpar
culpabilizar
imputar
inculpar

comprometerse
obligarse
asumir

responsable
encargado
jefe

apoderado
director

culpable
autor
causante
reo

inocente
víctima

cumplidor
sensato
juicioso

irresponsable
insensato

responso
responsorio
oración
rezo
funeral

reprensión
reprimenda
regañina
bronca

respuesta
contestación
réplica
solución
resolución
veredicto

pregunta
interrogación

**resquebraja-
dura**
grieta
raja
hendedura
fractura

resquebrajar(se)
agrietar
rajar
cuartear
abrir

resquemor
resentimiento
desazón
angustia
amargura
desasosiego

resquicio
abertura
grieta
ranura
hendidura

coyuntura
ocasión
oportunidad

resta
sustracción
diferencia
descuento

suma
aumento

restablecer(se)
restaurar
restituir
reponer
reparar
rehabilitar

recuperarse
reponerse
recobrarse
curarse
sanar

empeorar

**restableci-
miento**
reposición
rehabilitación
reintegro

recuperación
reanimación
mejoría
curación
convalecencia

restallar
crujir
chascar
chasquear
crepitar

restañar
contener
detener
obstruir
atajar

restar
deducir
detraer
quitar
sustraer

sumar
añadir

restauración
reparación
renovación
recuperación
rehabilitación

destrucción
deterioro

restaurante
restorán
comedor
bufé

restaurar
reparar
restablecer
restituir
recomponer
reinstaurar

restitución
reintegro
reposición
retorno
devolución

usurpación
retención

restituir
reintegrar
reponer
restaurar
rehabilitar
devolver

quitar
retener

resto(s)
remanente
diferencia
saldo
residuo

sobras
rebañaduras
desperdicios

cadáver
muerto
despojos

vestigios
huellas
ruinas

restregar(se)
frotar
refregar
friccionar
estregar

restricción
cortapisa
limitación
obstáculo
impedimento

restrictivo
limitativo
represivo
prohibitivo

restringir
limitar
reducir
disminuir

acortar
coartar

ampliar
aumentar

resucitado
renacido
reencarnado
reaparecido

resucitar
reaparecer
renacer
revivir

reanimar
vivificar
estimular
animar

deprimir
abatir

resuello
resoplido
jadeo
aliento
hálito

resuelto
decidido
valiente
audaz
atrevido
osado

apocado
timorato

resultado
producto
consecuencia
conclusión
solución

resultar
surgir
derivar

seguirse
deducirse

producir
rendir
fructificar
beneficiar

manifestarse
aparecer
mostrarse

resumen
síntesis
compendio
extracto
sinopsis

ampliación

resumido
abreviado
condensado
sucinto
extractado
reducido

resumir
abreviar
compendiar
extractar
sintetizar
condensar

ampliar
completar
acrecentar

resurgimiento
resurrección

resurgir
reaparecer
rebrotar
retornar
renacer

decaer
cesar
desaparecer

resurrección
renacimiento
reaparición
resurgimiento

desaparición
muerte

retablo
altar
talla
pintura
imagen

retaco
canijo
enano
regordete
rechoncho

espigado
esbelto

retador
desafiante
provocador
pendenciero
combativo

tímido
timorato

retaguardia
zaga
cola
posterior

vanguardia
avanzadilla

retahíla
sarta
tira
fila
ristra

retal
recorte
retazo
pedazo
trozo

retama
ginesta
hiniesta
escobera

retar
desafiar
provocar
encararse
enfrentarse
incitar

retardar(se)
diferir
dilatar
aplazar
demorar
posponer

adelantar
acelerar

retardo
atraso
demora
tardanza
dilación
retraso

adelanto
urgencia

retemblar
vibrar
trepidar
temblar

retén
refuerzo
destacamento
guardia

provisión
reserva
repuesto

retención
contención
detención

parada
freno
atasco

retener(se)
detener
paralizar
inmovilizar
parar
obstruir

soltar
liberar
agilizar

retentiva
memoria
recuerdo
reminiscencia

reticencia
reserva
desconfianza
suspicacia
recelo

indirecta
insinuación
rodeo
evasiva
retintín

reticente
evasivo
irónico
sarcástico

claro
directo
franco

retículo
malla
red
urdimbre

retina
membrana
capa
cubierta

retintín
ironía
sarcasmo
indirecta
pulla

sonsonete
soniquete
eco

retirada
retiro
aislamiento

retroceso
repliegue
huida
desbandada

avance
progresión

retirado
alejado
distante
apartado
remoto

cercano
próximo

incomunicado
aislado
solitario
recluido

jubilado
pensionista
emérito

retirar(se)
apartar
alejar
separar
distanciar

acercar
aproximar

jubilarse
licenciarse

cesar
renunciar

aislarse
recogerse
encerrarse

abandonar
retroceder
replegarse
huir

retiro
jubilación
pensión
excedencia

aislamiento
recogimiento
soledad
clausura

refugio
abrigo
resguardo
cobijo

reto
desafío
provocación
lance
bravata

avenencia
acuerdo

retocar(se)
arreglar
recomponer
restaurar
pulir

retoñar
brotar
rebrotar
reverdecer
entallecer

secarse

retoño
brote

renuevo
vástago
hijuelo

retoque
mejora
arreglo
corrección
restauración

retorcer(se)
torcer
rizar
ensortijar
curvar

estirar
alisar

contorsionarse
contraerse
encogerse

retorcido
torcido
doblado
ensortijado
rizado

malpensado
maquiavélico
sinuoso
tortuoso

franco
sincero

retorcimiento
retorcedura
ondulación
torcimiento

estiramiento

malicia
zorrería
hipocresía
doblez

sinceridad
transparencia

retórica
elocuencia
oratoria
poética

ampulosidad
grandilocuencia
pomposidad

sencillez

retórico
elocuente
convincente
persuasivo

altisonante
ampuloso
grandilocuente
pomposo

sencillo
sobrio

retornar
regresar
volver
retroceder

irse
marcharse

restituir
devolver
reintegrar

retorno
regreso
vuelta
llegada
reingreso

ida
marcha

reintegro
devolución
restitución

retorta
alambique
redoma

matraz
destilador

retortijón
dolor
pinchazo
contorsión
retorcimiento

retozar
brincar
corretear
jugar
juguetear

solazarse
coquetear

retozo
brinco
salto
juego

coqueteo
caricia
arrullo
manoseo

retozón
juguetón
saltarín
travieso

retractación
rectificación
contraorden
enmienda
arrepentimiento

confirmación
ratificación

retractarse
rectificar
desdecirse
arrepentirse
rajarse

ratificarse
reafirmarse

retraerse
aislarse
incomunicarse
apartarse
retirarse

relacionarse
comunicarse

retraído
tímido
reservado
introvertido
acomplejado

extrovertido
sociable

retraimiento
timidez
introversión
insociabilidad
hermetismo

extroversión
atrevimiento

retransmisión
comunicación
emisión
transmisión

retransmitir
reproducir
repetir

emitir
radiar
televisar

retrasar(se)
aplazar
diferir
dilatar
prorrogar
retardar

acelerar
aligerar

demorarse
atrasarse

entretenerse
tardar

adelantarse
anticiparse

retraso
atraso
demora
dilación
retardo

adelanto
avance

ignorancia
incultura
pobreza
miseria

retratar(se)
fotografiar
dibujar
pintar

retratista
fotógrafo
pintor
artista
dibujante

retrato
fotografía
foto
imagen
figura
efigie

retreparse
recostarse
apoyarse
arrellanarse
repantigarse

levantarse
incorporarse

retreta
toque
trompetazo

clarinazo
son

retrete
aseo
servicio
lavabo
wáter
baño

retribución
remuneración
paga
salario
jornal
sueldo

retribuir
pagar
remunerar
gratificar
indemnizar

cobrar
percibir

retributivo
productivo
lucrativo
rentable
provechoso
beneficioso

desventajoso
improductivo

retroceder
retirarse
retornar
regresar
volverse

avanzar
progresar

retroceso
repliegue
retirada

retorno
vuelta

avance
progresión

retrógrado
reaccionario
carca
conservador
ultra

avanzado
progresista

retrospectivo
evocador
pasado
sugerente
recapitulador

presente
actual

retruécano
equívoco
chiste
chascarrillo
agudeza

retumbar
atronar
resonar
tronar
ensordecer
estremecer

reúma
reumatismo
lumbago
achaque
enfermedad

reunión
unión
aglomeración
agrupamiento

congregación
acumulación

dispersión
desunión

asamblea
junta
agrupación

fiesta
velada
guateque
convite
celebración

reunir(se)
unir
juntar
fusionar
concentrar
agrupar
aglutinar

separar
aislar

entrevistarse
concentrarse
concurrir
encontrarse

reválida
confirmación
ratificación
corroboración
convalidación

revalidar
confirmar
corroborar
ratificar

revalorizar
encarecer

devaluar

revancha
desquite
venganza
represalia

revelación
manifestación
descubrimiento
confidencia
declaración

revelador
expresivo
elocuente
demostrativo
indicador

revelar(se)
confesar
declarar
descubrir
desvelar
explicar

encubrir
ocultar
callar

mostrarse
manifestarse
presentarse
aparecer
traslucirse

revendedor
especulador
intermediario
mediador

comprador
adquirente

revender
especular
mediar
traficar
trapichear

reventa
especulación
trapicheo
distribución
mediación

reventar(se)
romperse
estallar
quebrarse
rajarse
resquebrajarse

agotarse
cansarse
fatigarse
extenuarse

reventón
explosión
estallido
estampido
descarga

reverberación
reverbero
reflejo
destello

opacidad
oscuridad

reverberar
brillar
destellar
centellear
resplandecer
relucir

reverdecer
retoñar
renacer
regenerarse

agostarse

reverencia
respeto
veneración
devoción

desacato
desprecio

venia
inclinación
genuflexión

reverenciar
venerar
respetar
obedecer
acatar

ofender
despreciar

reversible
cambiable
mudable
variable
transformable

fijo
irreversible

reverso
revés

revertir
volver
devolver
reintegrarse
restituirse
repercutir

revés
reverso
dorso
vuelta
envés
posterior

derecho
anverso
haz

calamidad
pérdida
infortunio
fracaso
desastre

éxito
bonanza

bofetón
guantazo
golpe
tortazo

revestimiento
cobertura
envoltura
recubrimiento
capa

revestir
vestir
envolver
cubrir
disfrazar
recubrir

descubrir
desnudar

revisar
repasar
inspeccionar
comprobar
investigar
reconocer
explorar

descuidar

revisión
examen
repaso
revista
reconocimiento
exploración

descuido
dejadez

revisor
supervisor
interventor
fiscalizador

revista
semanario
publicación
boletín
periódico

inspección
análisis
examen

revisión
control

desfile
parada
formación
exhibición

revivir
rebrotar
renacer
resurgir
resucitar

morir
desaparecer

evocar
rememorar
recordar
invocar

olvidar

revocación
anulación
cancelación
derogación
rescisión

vigencia
persistencia

revocar
anular
rescindir
derogar
cancelar
invalidar

confirmar
aprobar

enfoscar
enjalbegar
enlucir
estucar

revolcar(se)
tirar
derribar

revolver
vencer

levantar
mimar

suspender
catear
reprobar

elegir
aprobar

echarse
restregarse
tirarse
ensuciarse

revolcón
humillación
ofensa
derrota

caricia

revolotear
aletear
mariposear
volar

revoloteo
vuelo
aleteo
mariposeo

revoltijo
lío
enredo
embrollo
batiburrillo
mezcla
revoltillo

orden
método

revoltoso
travieso
rebelde
inquieto

pacífico

sumiso
obediente

revolución
insurrección
motín
sublevación
rebelión
revuelta

sometimiento
acatamiento

mutación
cambio
modificación
transformación

estabilidad
permanencia

giro
rotación
vuelta

revolucionar
sublevar
soliviantar
amotinar

transformar
innovar
modificar

revolucionario
subversivo
agitador
alborotador
insurrecto

disciplinado
sumiso

innovador
renovador
reformador
modificador

conservador

revolver(se)
remover
menear

agitar
batir
bullir

posarse
sedimentarse

desordenar
descomponer
desarticular
desorganizar

ordenar
arreglar
acondicionar

encararse
enfrentarse
oponerse
contraatacar

revólver
colt
pistola
arma

revuelo
alboroto
tumulto
perturbación
agitación

orden
calma

revuelta
revolución
rebelión
motín

vuelta
recodo
esquina
curva

revuelto
trastocado
turbulento
alterado
confuso

revulsivo
purgante
revulsorio

estímulo
acicate

rey
monarca
soberano
majestad

reyerta
riña
trifulca
pelea
bronca
pendencia

rezagado
retardado
distanciado
remolón
atrasado

rápido
adelantado

rezagarse
atrasarse
retrasarse
demorarse

adelantarse

rezar
orar
rogar
adorar
invocar

blasfemar

rezo
oración
plegaria
preces
rogativa
jaculatoria

rezongar
murmurar
gruñir
refunfuñar
mascullar

rezumar(se)
exudar
filtrarse
sudar
transpirar

secarse

ría
desembocadura
estuario
fiordo

riachuelo
regato
arroyo
reguero
corriente
torrentera

riada
aluvión
crecida
desbordamiento
inundación

sequía

ribazo
margen
ribera
orilla
borde

ribera
borde
orilla
ribazo
costa
litoral

ribete
greca
encaje

orla
adorno
fleco

asomo
indicio
huella
señal
vestigio

ribetear
adornar
orlar
festonear

rico
opulento
acaudalado
acomodado
pudiente
adinerado

pobre
indigente

gustoso
sabroso
apetitoso
exquisito
delicioso

desabrido
insípido

copioso
exuberante
abundante

escaso
estéril

ridiculez
adefesio
bufonada
payasada
excentricidad
extravagancia

seriedad

ridiculizar
caricaturizar
parodiar
satirizar
burlarse

ridículo
grotesco
extravagante
esperpento
adefesio
estrafalario

serio

escaso
poco
minúsculo
insignificante
insuficiente

abundante
exagerado

riego
irrigación
regadío
inundación
empapamiento
remojo

sequía
secado

riel
raíl
carril

rielar
lucir
reflejar
brillar

rienda(s)
freno
mando
brida

contención
sujeción

dirección
dominio

inmoderación
intemperancia

riesgo
peligro
trance
contingencia
escollo

seguridad
certeza

rifa
lotería
sorteo
tómbola

rifar
sortear
jugar

rifle
carabina
escopeta
fusil
mosquetón

rigidez
dureza
tirantez
consistencia
tiesura

blandura
flacidez

inflexibilidad
rigor
severidad

flexibilidad

rígido
duro
endurecido
tenso

tieso
erecto

maleable
moldeable

austero
disciplinado
severo
estricto

humano
comprensivo

rigor
severidad
intolerancia
austeridad
intransigencia

benevolencia
tolerancia

tiesura
tirantez
firmeza

inclemencia
crudeza

bonanza

riguroso
severo
inflexible
austero
estricto

clemente

preciso
exacto
cabal

impreciso
inexacto

inclemente
duro
crudo
extremado

bonancible
templado

rima
verso
poesía
poema

rimar
versificar
asonantar
armonizar

rimbombante
grandilocuente
hueco
altisonante

rimero
cúmulo
pila
montón

rincón
ángulo
canto
recodo
esquina

escondrijo
cobijo
resguardo

rinconera
estante
repisa
vasar
anaquel

ring
cuadrilátero

rinoceronte
abada
bada
paquidermo

riña
pendencia
reyerta
altercado

río
agarrada
contienda
pelea

amistad
concordia

río
riachuelo
riacho
afluente

abundancia
raudal
cantidad
caudal

ripio
cascajo
escombro
residuo

habladuría
palabrería
superfluidad

riqueza
dinero
fortuna
capital
hacienda
patrimonio

pobreza
indigencia
miseria

abundancia
exuberancia
copia

escasez

risa
carcajada
risotada
sonrisa

seriedad
gravedad

risco
peñasco
peña
roca
cerro
promontorio

ristra
serie
sarta

risueño
alegre
contento
agradable
placentero

desagradable
triste

favorable
propicio
próspero
satisfactorio

perjudicial

rítmico
cadencioso
acompasado
armonioso
musical

ritmo
cadencia
compás
métrica
armonía

equilibrio
orden
proporción

desequilibrio

rito
ceremonia
culto
protocolo

ritual
solemne
ceremonial
ceremonioso

rito

rival
competidor
contrincante
adversario

aliado
amigo

rivalidad
antagonismo
hostilidad
enfrentamiento

amistad

rivalizar
competir
luchar
enfrentarse

rivera
arroyo
riachuelo
regato

rizado
ensortijado
crespo
ondulado
rizoso

rizar
encrespar
ensortijar
ondular

desrizar

rizo
onda
tirabuzón
bucle
caracol

robar
estafar
timar
quitar
hurtar
afanar

restituir
devolver

robo
hurto
estafa
fraude
desfalco
timo
atraco

restitución
devolución

robot
androide
autómata

robustecer(se)
fortalecer
fortificar
vigorizar
reforzar
consolidar

debilitar
adelgazar

robustez
vigor
fuerza
potencia
firmeza
energía

debilidad
endeblez

robusto
fuerte
vigoroso
enérgico

recio
fornido

enfermizo
débil

roca
pedrusco
peñasco
peña
piedra
escollo

roce
rozadura
rozamiento
frotamiento
masaje

comunicación
trato
amistad
relación

reyerta
pelea
altercado

rociada
rocío
salpicadura
ducha
chorro
mojadura

secado
absorción

sermón
regañina
reprimenda
reconvención
reprensión

rociar
salpicar
mojar
irrigar
asperger

rocín
jamelgo
penco
asno

torpe
rudo
tosco

inteligente
espabilado

rocío
escarcha
relente
helada

rocoso
roqueño
pedregoso
peñascoso

rodada
carril
huella
rastro
rodera

rodaja
loncha
lonja
lámina
rebanada

rodaje
prueba
ensayo
adaptación

rodamiento
cojinete
rodillo

rodapié
friso
zócalo

rodar
girar

rotar
circular

vagabundear
errar
merodear

filmar
fotografiar

rodear
cercar
envolver
abrazar
acordonar
acorralar

esquivar
eludir
orillar
evitar

rodeo
circunvalación
vuelta
desvío

evasiva
insinuación
circunloquio
indirecta

rodilla
rótula
articulación

rodillo
cilindro
rulo
rollo

rodrigón
sostén
soporte
puntal
palo

acompañante
escolta
criado

roedor
rata
ratón
ardilla

roer
corroer
mordisquear
raer

tranquilizar
suavizar

rogar
pedir
implorar
orar
solicitar
reclamar

conceder
donar

rogativa
oración
plegaria
rezo
súplica

roído
carcomido
mordido
apolillado

rojo
encarnado
escarlata
colorado
rubí
carmesí
bermellón

rol
lista
listado
catálogo

papel
actuación

representación
cometido

rollizo
gordo
grueso
fornido
robusto

flaco

rollo
rodillo
eje
cilindro
rulo

lata
aburrimiento
tabarra

ovillo
lío
madeja

romana
balanza
báscula
peso

romance
románico
neolatino
lengua

poema
poesía
verso
amorío
flirteo

romancero
antología
florilegio
recopilación

romano
latino
papal
pontificio

romántico
sensiblero
fantástico
enamorado
tierno

realista
clásico

rombo
cuadrilátero
polígono
paralelogramo

romería
peregrinación
peregrinaje
procesión

feria
fiesta
verbena
festejo

romo
obtuso
chato
achatado
embotado
mellado

afilado

tonto
lerdo
torpe

listo
inteligente
agudo

rompecabezas
puzzle
acertijo
adivinanza
jeroglífico

rompeolas
escollera
dique

malecón
espigón

romper(se)
partir
quebrar
despedazar
fracturar
cascar
rajar
rasgar

reparar
unir
arreglar
componer

violar
incumplir
quebrantar
infringir

cumplir
respetar

comenzar
empezar
principiar
iniciar

ron
licor
aguardiente

roncar
resoplar
resollar

roncear
dilatar
aplazar
retardar

aligerar
acelerar

adular
halagar
mimar
acariciar

vituperar
odiar

roncha
sarpullido
eritema
erupción
rojez

ronco
bronco
afónico
áspero

suave
agudo

ronda
vigilancia
custodia
centinela
guardia

rondalla
estudiantina
tuna
serenata

convite
invitación
agasajo

rondalla
tuna
estudiantina
ronda

rondar
patrullar
vigilar
guardar

cortejar
requebrar
galantear
deambular
pasear

ronquera
ronquez
carraspera
afonía

ronquido

carraspeo
gruñido
respiración
resuello

ronroneo

bisbiseo
murmullo
susurro
cuchicheo

ronzal

cabestro
ramal
brida

roña

mugre
porquería
sarna
suciedad

limpieza
pulcritud

tacañería
avaricia
miseria
ruindad

generosidad
dadivosidad

roñoso

tacaño
avaro
cicatero
agarrado

espléndido
generoso

marrano
puerco
sucio
cochino
asqueroso

limpio
aseado
pulcro

ropa

vestido
indumentaria
traje
vestimenta
ropaje

ropaje

ropa

ropero

ropería
guardarropa
armario
aparador

roquedal

peñascal
riscal
canchal
roca

roqueño

peñascoso
rocoso
pétreo

rorro

bebé
crío
nene

ros

chacó
quepis
gorro

rosa

flor
capullo
botón

rosado
sonrosado
encarnado

rosado

sonrosado

rosa
asalmonado
rosáceo

vino
clarete

rosario

ristra
sarta
serie
sucesión

rosca

giro
tuerca
vuelta
espiral

rosquilla
roscón
rosco
torta

coba
adulación
lisonja
alabanza
zalamería

roscón

rosco
rosquilla
rosca

rosetón

tragaluz
vidriera
ventanal

rosquilla

rosqueta
rosca

rostro

cara
semblante
facciones
faz

rotación

giro
vuelta
rodeo
viraje

rotar

rodar
girar
voltear

turnarse
alternar

rotativo

alternativo
intermitente
variable
alterno

invariable

periódico
diario
publicación

rotatorio

giratorio
movible
circulatorio

roto

partido
rajado
fracturado
reventado
destrozado

intacto
perfecto
arreglado

descosido
desaliñado
harapiento
desarrapado

aseado
impecable

rotor

aspas

rótula
menisco
rodilla
articulación
choquezuela

rotular
marcar
dibujar
diseñar
publicar

rótulo
anuncio
encabezamiento
etiqueta
letrero

rotundo
tajante
contundente
categórico
claro
definitivo

rotura
fractura
desgarro
rasgadura
siete

integridad
arreglo

roturar
arar
labrar
surcar
binar
aricar

rozadura
arañazo
rozamiento
escocedura
rasponazo

rozamiento
fricción
roce
rozadura

desavenencia
discordia
disensión

amistad
apego

rozar(se)
tocar
frotar
lamer
acariciar

relacionarse
tratarse
visitarse
alternar

rúa
calle
calzada
vía

rubí
carbúnculo
gema
rubín

rojo
granate
carmesí
escarlata

rubicundo
rubio
rojizo
pelirrojo
colorado

rubio
bermejo
blondo
rucio
pelirrojo
rubiales

rubor
sofoco
sonrojo
turbación
vergüenza
bochorno

palidez
desvergüenza

ruborizarse
enrojecer
sonrojarse
abochornarse
avergonzarse

rúbrica
firma
signatura
epígrafe
autógrafo

rubricar
firmar
legalizar
refrendar
signar

rucio
asno
borrico
pollino
burro
jumento

rudeza
brusquedad
grosería
zafiedad
descortesía

finura
suavidad

rudimentario
tosco
elemental
básico

primario
primitivo

desarrollado
acabado
perfecto

rudimento(s)
principio
germen
embrión
esbozo

fin
ampliación

nociones
fundamentos
elementos
base
comienzos

rudo
tosco
ordinario
basto
zote
descortés
grosero
romo

civilizado
listo
suave

rueda
disco
arandela
aro
círculo
neumático

corro
corrillo
círculo

loncha
rebanada
rodaja

tanda

turno
vez

ruedo
redondel
círculo
coso
plaza

ruego
petición
solicitud
instancia
súplica

oración

rufián
bellaco
granuja
estafador
pícaro
pillo

digno
noble

mantenido
chulo
gorrón
aprovechado

rugido
grito
chillido
bramido

rugir
bramar
gritar
vocear
chillar

rugoso
arrugado
áspero
granuloso

liso
planchado

ruido
sonido
zumbido
crujido
chasquido
estruendo
fragor

silencio
mutismo

alboroto
algarabía
griterío
jaleo

tranquilidad
calma

ruidoso
ensordecedor
atronador
estrepitoso
estridente

silencioso

ruin
vil
indigno
infame
despreciable
mezquino

digno
honrado

tacaño
avaro
roñoso
miserable

espléndido
desinteresado
altruista

ruina(s)
quiebra
bancarrota
decadencia

depresión
insolvencia

prosperidad
riqueza

restos
escombros
cascotes
vestigios

ruindad
tacañería
vileza
infamia
avaricia
bajeza

desprendimiento
nobleza

ruinoso
viejo
deshecho
destrozado
arruinado

nuevo
floreciente

caro
costoso
gravoso
dispendioso

barato
beneficioso

rulo
cilindro
rizador
rodillo
rollo

rumbo
dirección
camino
trayecto
derrotero

desorientación

ostentación
pompa

derroche
suntuosidad
fastuosidad

tacañería
sencillez

rumboso
dadivoso
espléndido
generoso
desprendido

tacaño
rácano

suntuoso
ostentoso
pomposo
aparatoso

mesurado

rumiante
rumiador
bóvido
bovino
vacuno

rumiar
masticar
mascar
triturar

considerar
meditar
pensar
reflexionar

rumor
ruido
susurro
murmullo
runrún

chisme
murmuración
cotilleo
bulo

rumorearse
decirse

divulgarse
murmurarse

silenciarse
callarse

rupestre
prehistórico
paleolítico
antediluviano
cavernario

ruptura
rotura
separación
disgusto
desavenencia

concordia
arreglo
unión

rural
campestre
agrario
rústico
pastoril

urbano

rústico
burdo
patán
tosco

culto
refinado

rural
aldeano
campestre
campesino

urbano

ruta
itinerario
rumbo
derrotero
dirección

rutilante
brillante
resplandeciente
fulgurante
luminoso

apagado
opaco

rutilar
relumbrar
resplandecer
refulgir

rutina
hábito
práctica
repetición
costumbre

novedad

rutinario
frecuente
común
repetido
corriente

novedoso

indiferente
apático
aburrido

entretenido

S

sabana
llanura
páramo
planicie
llano

montaña
altura

sábana
embozo
cubierta
sabanilla
lienzo

sabandija
alimaña
bicho
bicharraco

vil
rufián
granuja
golfo

digno
honrado

sabedor
conocedor
entendido
enterado

sabelotodo
sabidillo
sabihondo
pedante

saber
conocer
entender
comprender
discernir

ignorar

sabiduría
inteligencia
sapiencia
ciencia
cultura
conocimiento

ignorancia
analfabetismo

sabido
conocido
notorio
público

ignorado
desconocido

sabiduría
ciencia

erudición
cultura
saber
conocimiento
sapiencia

ignorancia
desconocimiento
analfabetismo

sabihondo
sabelotodo
listillo
enteradillo

sabio
erudito
ilustrado
docto
culto
inteligente

ignorante
insensato
tonto

sablazo
mandoble
golpe
herida

gorronería
petición

súplica
abuso

sable
espada
espadón
mandoble
alfanje

sablear
pedir
gorronear
exigir
abusar

sablista
gorrón
sacacuartos
sacadineros

sabor
gusto
gustillo
degustación

insipidez

saborear
catar
gustar
paladear

probar
degustar

sabotaje
perjuicio
daño
deterioro
quebranto
entorpecimiento

beneficio

sabotear
dañar
entorpecer
averiar
estropear

favorecer
arreglar

sabroso
apetitoso
exquisito
delicioso
gustoso

insípido
soso

sabueso
perro
can
podenco
dogo

detective
policía
inspector

saca
costal
talego
saco
fardo

sacaclavos
alicates
tenazas
pinzas

sacacorchos
descorchador
tirabuzón
abridor

sacacuartos
aprovechado
sacadineros
gorrón
sablista

incauto
ingenuo

sacamuelas
charlatán
hablador
parlanchín

callado

dentista
odontólogo

sacapuntas
cortalápices
afilalápices

sacar
extraer
retirar
quitar
apartar
arrancar

meter
incluir
encerrar

deducir
colegir
obtener

mostrar
enseñar
manifestar

ocultar

sacerdocio
curato
clero

sacerdotal
eclesiástico
clerical
monacal
religioso

seglar
secular

sacerdote
clérigo
eclesiástico
religioso
cura
presbítero

lego
seglar

pastor
pope
rabino
lama
bonzo

saciado
saturado
atiborrado
harto

saciar(se)
hartar
llenar
atiborrar
saturar

saciedad
empacho
empalago
indigestión
atracón
exceso

hambre
necesidad

saco
costal
saca

fardo
talego

saqueo
asalto
desvalijamiento
pillaje

devolución

sacramental
consagrado
ritual
ungido

sacramentar
consagrar
ungir
convertir

excomulgar

sacramento
misterio
signo
símbolo

excomunión

sacrificado
ofrecido
inmolado
mártir
víctima

opresor
victimario

sacrificar(se)
inmolar
matar
ofrecer
ofrendar

resignarse
aguantarse
privarse
conformarse

revelarse

sacrificio
holocausto
inmolación
martirio

abnegación
sufrimiento
padecimiento
renuncia

sacrilegio
impiedad
profanación
blasfemia
apostasía

devoción
respeto

sacrílego
impío
blasfemo
apósta
perjuro

devoto
religioso

sacristán
monaguillo
acólito
escolano

sacristía
vicaría
dependencia

sacro
sagrado

sacudida
convulsión
conmoción
golpe
zarandeo

quietud

sacudir(se)
mover
menear

estremecer
agitar
batir

aquietar
posar
dejar

pegar
zurrar
golpear
apalear

librarse
desembarazarse
eludir
evitar

atraer

sádico
bestial
cruel
despiadado
feroz
salvaje

angelical
piadoso

sadismo
crueldad
ferocidad
saña
perversión
encarnizamiento

piedad
amor
masoquismo

saeta
flecha
venablo
sagita
dardo

manecilla
aguja
varilla
saetilla
minutero

saga
fábula
leyenda
cuento

sagacidad
perspicacia
agudeza
astucia
inteligencia

ingenuidad
sinceridad

sagaz
perspicaz
sutil
artero
astuto
avispado
ladino

ingenuo
torpe

sagita
saeta

sagrado
divino
sacro
sacrosanto
santo
bendito

profano

sagrario
custodia
tabernáculo
sanctasanctórum

sahumar
aromatizar
incensar
perfumar

heder
apestar

saín
grasa
gordo
sebo

sainete
farsa
paso
entremés

sajar
cortar
rajar
hender
abrir

cicatrizar
cerrar

sajón
germánico
nórdico
anglosajón
inglés

sal
donaire
donosura
gracia
salero

sosería

salmuera
salazón
salobridad

sala
salón
habitación
pieza
recibidor

teatro
cine
local
paraninfo

salado
salobre

salino
sabroso
fuerte

dulce
soso

chistoso
divertido
ingenioso
ocurrente
gracioso

aburrido

salamandra
salamanquesa
salamandria

salar
sazonar
condimentar
curar

endulzar

salario
sueldo
paga
jornal

salazón
conserva
saladura
desecación
saladero

saldar
liquidar
malvender
pagar
satisfacer
finiquitar

saldo
finiquito
liquidación

pago
abono

deuda
carestía

resto
retazo
sobrante
ganga
ocasión

salero
simpatía
sal
gracia
chispa

saleroso
divertido
chistoso
agudo
gracioso

aburrido
soso

salida
partida
marcha
viaje
ida

venida
llegada

puerta
abertura
paso

recurso
subterfugio
justificación

ocurrencia
agudeza
ingeniosidad

saliente
prominente
relieve

borde
reborde

entrante
concavidad

salir(se)
partir
irse
ausentarse
marchar
alejarse

venir
regresar

surgir
aparecer
presentarse
emerger
brotar

ocultarse

rebosar
desbordarse
inundar
gotear

proceder
dimanar
originarse

salitre
nitro
sal
alatrón

saliva
baba
espumarajo
espuma

salivar
babear
insalivar
ensalivar

salivazo
escupitajo
gargajo

pollo
esputo
flema

salmo
cántico
salmodia
canto
alabanza

salmodia
tarareo
zumbido
monserga
canturreo

melodía
armonía

salmuera
salazón
sal
salobridad

salobre
salado
salino
salobreño

salón
aposento
habitación
sala

salpicadura
chorreo
rociada
aspersión

salpicar
rociar
irrigar
bañar
asperjar

secar

salpullido
sarpullido

salsa
adobo
jugo
moje
unto

saltamontes
caballeta
cigarra
langosta
saltón

saltar(se)
brincar
botar
rebotar
retozar

lanzarse
arrojarse
tirarse
abalanzarse

romperse
estallar
explotar

omitir
olvidar
silenciar
eludir

atender
recordar

saltarín
bailarín
revoltoso
brincador
retozón

salteador
bandolero
bandido
atracador
saqueador

honrado

salterio
breviario

saltimbanqui
trapecista
volatinero
acróbata
equilibrista

salto
bote
brinco
rebote
pirueta
cabriola

cascada
catarata
precipicio
caída

interrupción
variación
cambio

permanencia
continuidad

olvido
omisión
negligencia
laguna

salubridad
higiene
limpieza
salud
sanidad

insalubridad

salud
salubridad
lozanía
robustez
fortaleza

enfermedad

saludable
sano
vigoroso

fuerte
lozano

enfermizo
achacoso

saludar(se)
cumplimentar
reverenciar

saludo
cortesía
congratulación
salutación

salva
descarga
fuego
disparos
cañonazos

aplausos
aclamación
vítores
palmadas

salvación
libertad
liberación
salvamento
redención

condenación

garantía
refugio
amparo

salvado
afrecho
moyuelo
tástara
cascarilla

liberado
emancipado
rescatado
libre
defendido

condenado
sujeto

salvador
defensor
protector
redentor
bienhechor

salvaguardar
salvar
defender
guarecer
proteger
amparar

desproteger
atacar

salvaguardia
aseguramiento
garantía
cuidado
seguridad
custodia

pasaporte
salvoconducto
pase

salvajada
barbaridad
brutalidad
atrocidad
bestialidad

salvaje
montaraz
bronco
montuoso
bravío
agreste

animal
bestia
bestial
bruto
cruel

humano
civil

salvajismo
salvajada

salvamento
salvación

salvar(se)
redimir
librar
emancipar
guarecer

condenar
desamparar

atravesar
rebasar
pasar
saltar

salvavidas
flotador
guindola
corcho
boya

salvedad
advertencia
cortapisa
excusa
aclaración
explicación

salvo
exceptuado
excepto
solamente

incluido

ileso
incólume
indemne
seguro

perjudicado
inseguro

salvoconducto
permiso
pase
licencia
credencial

sambenito
descrédito
difamación
infamia
deshonra

crédito
honra

sanar
curar
reponerse
mejorar
convalecer
recuperarse

enfermar
indisponerse
empeorar

sanatorio
ambulatorio
clínica
hospital
lazareto

sanción
castigo
pena
penalidad

premio
recompensa

autorización
permiso
venia
aceptación

prohibición
denegación

precepto
ordenanza
ley
decreto

sancionar
castigar
condenar

inhabilitar
penar

premiar
recompensar

autorizar
aprobar
confirmar
ratificar

desautorizar

**sanctasanctó-
rum**
sagrario
tabernáculo
santuario
templo

misterio
arcano
secreto

sandalia
chancla
chancleta
playera
alpargata
zapatilla

sandez
tontería
majadería
estupidez
idiotez
bobería

sandía
pepón
cucurbitácea
badea
melón de agua

sandunguero
divertido
chistoso
gracioso
salado

aburrido
soso

sándwich
emparedado
bocadillo

saneamiento
compostura
higiene
limpieza
depuración

suciedad
insalubridad

sanear
limpiar
asear
higienizar

ensuciar
infectar

arreglar
componer
reparar

estropear
descomponer

sangrante
cruel
cruento
ofensivo

sangrar
abrir
sajar
cortar

cerrar
taponar
cicatrizar

perder
fluir
gotear
exudar

coagularse
cortarse

robar
hurtar

escamotear
sisar

sangre
humor
plasma
linfa
flujo

casta
familia
parentesco
raza
linaje

sangría
hemorragia
incisión
corte
flujo

refresco
ponche
bebida
mezcla

robo
sisa
hurto
escamoteo

sangriento
cruento
sanguinario
brutal
inhumano

incruento

sanguinolento
sangrante
ensangrentado

injurioso
insultante
ofensivo
humillante
ultrajante

inocente
amable

sanguijuela
sanguisuela
sanguja
anélido

usurero
explotador
sablista
embaucador
negrero

desinteresado
generoso

sanguinario
sangriento
inhumano
cruel
salvaje
feroz

humano
incruento

sanguíneo
colorado
excitable
encarnado
bermejo

pálido
exangüe

sanguinolento
sangriento
ensangrentado
sangrante

sanidad
higiene
salubridad
cuidado
limpieza

insalubridad

sanitario
higiénico
sano
saludable

insalubre

enfermero

ayudante
auxiliar médico

sano
robusto
fuerte
vigoroso
vital

enfermizo
enclenque

higiénico
sanitario
salutífero
saludable

insalubre
antihigiénico

cabal
recto
honesto
honrado

sanseacabó
terminado
concluido
decidido
resuelto

indeciso

sansón
hércules
forzudo
titánico
cachas

enclenque

santiamén
instante
momento
rato

santidad
santificación
virtud
perfección

espiritualidad
misticismo

pecado
condenación

santificación
canonización
glorificación
consagración
beatificación

santificar
consagrar
deificar
glorificar
canonizar
beatificar

maldecir

santiguarse
persignarse
signarse

maravillarse
escandalizarse
pasmarse
asombrarse

santo
apóstol
beato
justo
canonizado
bienaventurado

condenado
pecador
malo

estampa
reproducción
fotografía
ilustración

onomástica
festividad
aniversario

consigna

contraseña
salvoconducto

santón
anacoreta
eremita
asceta

santoral
hagiografía
martirologio
calendario

santuario
monasterio
abadía
ermita
capilla

santurrón
beato
mojigato
meapilas
gazmoño

saña
rabia
ensañamiento
rencor
inquina

dulzura
clemencia
piedad

sañudo
airado
virulento
furioso
cruel

piadoso
dulce

sapidez
sabor
gusto
paladar
sensación

sapiencia
instrucción
cultura
erudición
ilustración

ignorancia

sapo
rana
escuerzo
escorzón
anuro

saque
lanzamiento
tiro
impulso
tirada

saqueador
asaltante
pirata
corsario
desvalijador
salteador

saquear
asaltar
atracar
robar
desvalijar

respetar
restituir

saqueo
asalto
atraco
latrocinio
pillaje

sarao
fiesta
baile
reunión
velada
convite

sarasa
afeminado
marica
homosexual

sarcasmo
socarronería
causticidad
sátira
indirecta
ironía

sarcástico
mordaz
agresivo
cáustico
irónico

delicado
amable
adulador

sarcófago
sepulcro
tumba
ataúd
caja
féretro

sardina
arenque
parrocha

sargento
suboficial
soldado
mandón
severo

flexible
comprensivo

sarmentoso
nudoso
fibroso
retorcido
áspero

terso
liso

sarmiento
codal
mugrón
vástago
pámpano

sarna
roña
tiña
comezón
usagre

sarnoso
roñoso
tiñoso

sarpullido
salpullido
urticaria
eczema
erupción

sarraceno
agareno
mahometano
musulmán
árabe
ismaelita

sarro
sedimento
tártaro
costra
residuo

sarta
ristra
fila
retahíla
serie
rosario

sastre
alfayate
costurero
modisto
cortador

satanás
lucifer
luzbel
belcebú
maligno
leviatán

satánico
depravado
perverso
maligno
malvado

angelical
estupendo

satélite
luna
planeta
astro

adlátere
segundón
ayudante
lacayo

independiente
jefe

satén
raso
satín
seda

satinado
lustroso
pulido
terso
brillante

satinar
pulir
tersar
alisar
abrillantar
pulimentar

empañar
deslucir

sátira
crítica
diatriba
invectiva
sarcasmo
ironía

apología
elogio

satírico
crítico
sarcástico
irónico
punzante
cáustico
incisivo

amable
elogioso

satirizar
ironizar
burlarse
zaherir
escarnecer

elogiar
alabar

sátiro
deshonesto
obsceno
lujurioso
libidinoso
lúbrico

casto
honesto

satisfacción
regocijo
complacencia
gozo
agrado
contento
placer

desagrado

pago
indemnización

reparación
recompensa

deuda

excusa
disculpa
aclaración
explicación

incumplimiento

satisfacer(se)
agradar
encantar
entusiasmar
alegrar
complacer
gustar

disgustar
desagradar
molestar

saldar
pagar
abonar
indemnizar
reparar

adeudar
deber

saciar
hartar
llenar
saturar

satisfactorio
agradable
ameno
conveniente
grato
placentero

desfavorable
insatisfactorio

satisfecho
ufano
contento
dichoso

feliz
eufórico

insatisfecho
descontento

saciado
harto
lleno
repleto

hambriento

sátrapa
gobernador

tirano
déspota

astuto
ladino
pícaro

saturación
congestión
hartazgo
hartura
saciedad

escasez

saturar(se)
colmar
hartar
inflar
llenar
impregnar

vaciar
carecer
faltar

saturnal
fiesta
orgía
desenfreno
bacanal
aquelarre

orden
moderación

saturnino
mohíno
taciturno
tristón
triste

contento
alegre

sauce
salce
salguera
salguero
saz

sauna
sudadero
vaporario
baño

saurio
cocodrilo
reptil
caimán
lagarto

savia
jugo
zumo
esencia

vigor
energía
fuerza
vitalidad

saya
halda
regazo
falda
refajo

sayo
casaca
vestidura
traje
vestido

sayón
alguacil

esbirro
verdugo

brutal
cruel
feroz

sazón
madurez
perfección
lozanía
punto

agraz
imperfección

coyuntura
ocasión
lance
oportunidad
circunstancia

sazonar(se)
adobar
condimentar
aliñar
salar

madurar
granar
fructificar

concluir
terminar
rematar
perfeccionar

sebo
grasa
unto
gordo
saín

seboso
sebáceo
grasiento
adiposo
craso

secano
secadal

sequero
sequío

secar(se)
desecar
enjugar
escurrir
evaporar

humedecer
mojar

marchitarse
agostarse
requemarse
amarillear

reverdecer
revitalizarse

enflaquecer
apergaminarse
acartonarse
extenuarse

engordar
fortalecerse

sección
departamento
grupo
parte
sector
apartado

corte
cortadura
escisión
división
tajo

seccionar
cortar
partir
hender
dividir
escindir

unir
juntar
pegar

secesión
separación
apartamiento
segregación
división
desunión

unión

secesionista
separatista
cismático

unionista

seco
enjugado
deshidratado
agotado
desecado

húmedo
mojado

agostado
árido
marchito
estéril

fértil
verde

flaco
delgado
chupado
enjuto

fuerte
gordo

antipático
desabrido
lacónico
conciso
brusco

simpático
agradable

secreción
exudación
evacuación

excreción
segregación

secretaría
administración
oficina
asesoría
despacho

secretario
amanuense
mecanógrafo
escribiente

secretear
cuchichear
ocultar
urdir
tramar

propalar
difundir

secreto
misterio
enigma
incógnita
reserva
confidencia

claridad
evidencia

misterioso
enigmático
impenetrable
confidencial
reservado
oculto

claro
evidente

secta
cisma
disidencia
herejía

clan
camarilla

facción
grupo

sectario
fanático
intransigente
dogmático
exaltado
intolerante

transigente
comprensivo

sectarismo
disidencia
intransigencia
fanatismo
intolerancia

comprensión
objetividad

sector
sección
departamento
zona
tramo
parcela

secuaz
adicto
fiel
parcial
seguidor
adepto

oponente
contrario
enemigo

secuela
consecuencia
efecto
fruto
conclusión

antecedente
origen
causa

secuencia
ordenamiento
sucesión
serie
proceso
orden

secuestrador
raptor

liberador

secuestrar
raptar
retener
encerrar
chantajear

liberar
soltar

confiscar
embargar
incautar
requisar

devolver
restituir

secuestro
rapto
retención
encierro

liberación

confiscación
embargo
incautación
requisa

secular
civil
laico
seglar
profano
lego

divino
religioso

centenario
viejo

añejo
antiguo

reciente
moderno

secularizar(se)
temporalizar
cambiar
transformar
desamortizar

secundar
apoyar
cooperar
seguir

obstaculizar
oponerse
abandonar

secundario
accesorio
accidental
adjunto

esencial
principal

trivial
despreciable
insignificante
exiguo

importante

sed
polidipsia
anhelo
necesidad
ansia
avidez

saciedad

sequedad
desecación
sequía
deshidratación

seda
raso

sedal   678

satén
tisú

sedal
tanza
bramante
hilo

sedante
calmante
sedativo
tranquilizante
analgésico

excitante

sedar
calmar
aplacar
sosegar
tranquilizar
adormecer

excitar

sede
origen
emplazamiento
base

diócesis
obispado

sedentario
inmóvil
quieto
estacionario
tranquilo

migratorio
nómada

sedición
motín
rebelión
sublevación
levantamiento
alzamiento

sometimiento
obediencia

sedicioso
amotinado
sublevado
insubordinado
insurrecto
rebelde

pacífico

sediento
anhelante
ansioso
deseoso
ávido

harto
saciado

árido
seco
reseco

encharcado
anegado

sedimentar(se)
asentar
sentar
posarse

revolver

sedimento
residuo
asiento
poso
solera
madre

sedoso
delicado
suave
fino
liso

áspero

seducción
fascinación
captación
enamoramiento
incitación

sugestión
atracción

repulsión
disuasión
desencanto

seducir
atraer
cautivar
enamorar
encandilar
fascinar
ilusionar

repeler
repugnar

engañar
corromper
sobornar
inducir
embaucar

disuadir

seductor
atrayente
cautivador
fascinante
hechicero

repugnante

sefardí
sefardita
judeoespañol

segador
recolector
labrador
labriego
campesino

segadora
cortacésped
cosechadora

segar
cortar
seccionar
tronchar

cercenar
truncar

plantar
sembrar

seglar
civil
laico
lego
secular

religioso
espiritual

segmentar(se)
partir
fraccionar
dividir

unir
fundir

segmento
porción
sección
cacho
fracción
parte

segregación
desglose
secesión
separación
desunión

secreción
sudor
transpiración
goteo

segregar(se)
destilar
excretar
rezumar
gotear

absorber
retener

separar
dividir
apartar

desglosar
desmembrar

unir
integrar
acoger

seguidilla
estrofa
danza

seguido
continuo
ininterrumpido
consecutivo
sucesivo

discontinuo

directo
recto
derecho

seguidor
discípulo
partidario
adepto
admirador
simpatizante

perseguidor

seguir(se)
acompañar
perseguir
acosar
escoltar

abandonar
dejar

imitar
copiar
plagiar

respaldar
apoyar

rechazar
desobedecer

continuar
insistir

persistir
repetir

desistir

derivarse
deducirse
colegirse
resultar

preceder
anteceder

según
conforme
depende
como

segundero
indicador
manecilla
aguja

segundo
auxiliar
suplente
ayudante
delegado
sustituto

primero
jefe

segur
dalle
falce
podadera
guadaña
hacha

seguridad
certeza
confianza
convicción
convencimiento
certidumbre

inseguridad
vacilación

garantía
estabilidad

inmunidad
protección
tranquilidad

desprotección
desamparo

seguro
cierto
infalible
indudable
fijo
innegable
evidente

dudoso
equívoco
oscuro

defendido
protegido
resguardado
inexpugnable
inatacable

peligroso
arriesgado

mecanismo
muelle
dispositivo
cierre

contrato
documento
fianza
compromiso
pacto

seísmo
terremoto
maremoto
temblor
sacudida

selacio
tiburón
raya
escualo
plagióstomo

selección
elección
opción
preferencia
distinción

mezcla
mezcolanza

recopilación
antología
resumen
compendio

seleccionar
escoger
elegir
separar
apartar
destacar

mezclar

recopilar
compendiar
extractar
resumir
coleccionar

selecto
seleccionado
elegido
distinguido
escogido
excelente

corriente
normal

sellar
lacrar
precintar
timbrar
acuñar

cerrar
tapar
concluir
cubrir

abrir
destapar

sello
marca
precinto
timbre
póliza
plomo
lacre

oblea

selva
bosque
jungla
floresta
monte
arboleda

selvático
agreste
inculto
montaraz
inhóspito
impenetrable
rústico

desértico
claro

semáforo
disco
luz

semana
septenario
hebdómada

semanal
semanario
septenario
hebdomadario

semblante
rostro
cara
aspecto
fisonomía
faz
imagen

semblanza
biografía
apunte
reseña
panegírico
bosquejo

sembrado
sembradío
huerto
cultivo
plantación
vivero

sembrar
plantar
cultivar
granear
labrar

desparramar
diseminar
distribuir
esparcir
propagar

semejante(s)
parecido
afín
análogo
similar
equivalente

diferente
desigual

prójimo
hermano

semejanza
afinidad
analogía
similitud
igualdad
equivalencia
paralelismo
proximidad

diferencia
desigualdad

semejar(se)
parecerse
identificarse
aproximarse
equivaler
compararse

diferenciarse

semen
esperma
secreción
semilla
simiente

semental
garañón
macho
morueco
verraco
padre

sementera
sembrado
siembra

semicírculo
hemiciclo

semidiós
héroe
superhombre

semiesfera
hemisferio

semilla(s)
simiente
pepita
germen
embrión
semen

motivo
raíz
causa
origen

cereales
áridos

granos
grana

semillero
vivero
criadero
invernadero

semilla
causa
fuente

seminario
colegio
escuela
instituto
institución

semita
judío
hebreo
israelita
israelí
sionista
semítico

semítico
semita

semitismo
judaísmo
sionismo
hebraísmo

sémola
sopa
pasta

sempiterno
perenne
infinito
eterno
perpetuo
inmortal

senado
asamblea
congreso

ágora
cámara
parlamento

senador
parlamentario
congresista
asambleísta
legislador
representante

sencillez
facilidad
simplicidad
naturalidad
franqueza
campechanía

dificultad
altanería

sencillo
fácil
asequible
elemental
simple
campechano
sincero
humilde
afable
espontáneo

difícil
complejo

single

long play
elepé

senda
vereda
sendero
camino
vía
calzada

medio
derrotero

sendos
respectivos
mutuos
correspondientes

senectud
ancianidad
vejez
senilidad
decrepitud
longevidad

infancia
juventud

senil
anciano
viejo
decrépito
longevo
caduco

infantil
juvenil

seno
pecho
mama
teta
busto
ubre

concavidad
hueco
oquedad
abertura
regazo

saliente

ensenada
golfo
entrante

sensación
impresión
efecto
percepción
huella
emoción

evocación
presentimiento

insensibilidad
atonía

sensacional
impresionante
emocionante
extraordinario
apasionante
estupendo
magnífico

horrible
corriente

sensacionalista
efectista
escandaloso
populachero
indiscreto

discreto
mesurado

sensatez
prudencia
cautela
cordura
discreción
moderación
precaución

insensatez
imprudencia

sensato
prudente
cauto
cuerdo
discreto
moderado
precavido

insensato
imprudente

sensibilidad
ternura
piedad

delicadeza
emotividad
susceptibilidad

dureza
crueldad

perceptibilidad
receptibilidad
excitabilidad
hiperestesia

impasibilidad

sensible
sentimental
afectivo
tierno
piadoso
delicado
emotivo
susceptible

perceptivo
receptivo
excitable
exacto
preciso

lamentable
doloroso
dolorido
lastimoso
enojoso

sensiblería
cursilería
sentimentalismo
compasión
sensibilidad

moderación
objetividad

sensiblero
cursi
sentimental
emotivo
sensible

frío

duro
impasible

sensorial
sensorio
sensual

sensual
sensitivo
sibarita
refinado
agradable
placentero

voluptuoso
erótico
lujurioso
lascivo
carnal

frío
cerebral

sensualidad
sensualismo

atractivo
voluptuosidad
erotismo
lujuria
concupiscencia
obscenidad

sensualismo
sibaritismo
refinamiento
epicureísmo
placer

sentada
manifestación

sentado
asentado
sedentario
sedente
arrellanado

sensato

alocado

establecido

fijo
determinado
fundado

sentar(se)
asegurar
afianzar
colocar
establecer
convenir

aplanar
allanar
igualar
alisar

anotar
inscribir
registrar

acomodarse
repantigarse
retreparse
arrellanarse

levantarse

estabilizarse
normalizarse

sentencia
dicho
aforismo
máxima
proverbio

decisión
resolución
fallo
veredicto
laudo

sentenciar
decir
pronunciar

condenar
culpar
castigar
sancionar

dictaminar

fallar
arbitrar
resolver
decidir
enjuiciar

sentido
sensible

conocimiento
conciencia
discernimiento
entendimiento
noción

percepción
sensibilidad
sensación

acepción
significación
significado
valor
importancia

dirección
orientación
trayectoria
derrotero

sentimental
sensible
sensiblero

patético
conmovedor
emocionante
íntimo

**sentimenta-
lismo**
sensibilidad
sensiblería

sentimiento
sensación
sensibilidad
sensiblería
sentir
afecto

piedad
ternura
delicadeza

insensibilidad

sentir(se)
deplorar
lamentar
arrepentirse
afligirse
entristecerse
compadecerse

notar
experimentar
percibir
advertir
percartarse

adivinar
presagiar
pronosticar
barruntar
presentir
sospechar

encontrarse
hallarse
verse
estar

sentimiento
parecer
juicio

seña(s)
ademán
gesto
movimiento
mueca

señal
contraseña

dirección
domicilio

señal
marca
huella

rastro
signo
pista
distintivo
contraseña
muestra
síntoma
seña

señalización
semáforo
poste
pilar
mojón
cartel
hito

asterisco
llamada
nota
referencia

fianza
depósito
aval
garantía

señalado
destacado
famoso
importante
célebre
ilustre

indicado
determinado
establecido

señalar(se)
mostrar
indicar
informar
guiar
apuntar
designar
nombrar

imprimir
marcar
precintar

rotular
reseñar

distinguirse
significarse
destacar
descollar
sobresalir
despuntar

señalizar
señalar
trazar

señero
señalado
notable

aislado
separado
solitario
solo

señor
varón
hombre
caballero
aristócrata

amo
dueño
propietario
patrono
patrón
jefe

señora
mujer
hembra
dama
matrona

esposa
cónyuge
compañera
pareja
consorte

señorear
mandar

dominar
adueñarse
disponer
imperar
someter

señorial
feudal
aristocrático
elegante
distinguido
noble

vulgar
plebeyo

señorío
dominio
mando
potestad
autoridad

feudo
territorio
heredad
propiedad
hacienda

distinción
elegancia
nobleza
hidalguía

señorita
joven
muchacha
doncella
moza
damisela

señorito
joven
pollo
señoritingo

señorón
personaje
burgués
figurón

ricachón
aristócrata

pobretón

señuelo
reclamo
cebo
trampa
gancho
anzuelo

seo
catedral

separable
divisible
disgregable
disociable
rompible

inseparable

separación
cisma
independencia
segregación

autonomía
autarquía
descentralización
escisión

alejamiento
desunión
desacoplamiento
desglose
marcha
salida
expulsión
exilio
despedida

clasificación
división
análisis

espacio
frontera
barrera

distancia
límite

divorcio
ruptura
desavenencia
disolución
repudio

separado
emancipado
libre
independizado
independiente
autónomo

sometido
sujeto

alejado
apartado
retirado
arrojado
rechazado
repudiado
segregado

solitario
solo
suelto
desperdigado
desunido
disuelto

separar(se)
emanciparse
liberarse
independizarse

someterse
sujetarse

clasificar
ordenar
agrupar
seleccionar

alejar
disgregar
disociar
dividir

aislar
retirar
dispersar
desperdigar
segregar

expulsar
despedir
destituir
apartar
excluir

divorciarse
desunir
disolver
repudiar
desligarse

vincularse
juntarse

separatismo
separación
secesión
cisma
escisión

unidad

separatista
nacionalista
cismático
escindido

sepelio
entierro
exequias
inhumación
enterramiento

sepia
jibia
choco

septentrión
norte

septentrional
nórdico
ártico

boreal
norteño

meridional

septicemia
sepsis
infección

septuagenario
setentón

sepulcro
sepultura

sepultar(se)
inhumar
enterrar
cavar

sepultura
enterramiento
inhumación
sepulcro
tumba
mausoleo
panteón
nicho
fosa

sepulturero
enterrador

sequedad
desecación
deshidratación
evaporación

agostamiento
aridez
estiaje
sequía
sed

aspereza
antipatía
descortesía
laconismo

cortesía
amabilidad

sequía
sequedad
agostamiento
aridez
desertización

séquito
escolta
comitiva
cortejo
acompañamiento
servidores
criados

secuela
consecuencias

ser
esencia
naturaleza
sustancia
materia
ente
individuo

nada
nadie

estar
existir
vivir
residir
permanecer

morir
faltar

pertenecer
corresponder
depender
formar

causar
producir
originarse

ocurrir
pasar
transcurrir
suceder

sera
capacho
espuerta
serón

seráfico
angelical
puro
espiritual
etéreo
cándido

demoniaco

serafín
querubín
ángel
arcángel

serenar(se)
tranquilizar
sosegar
calmar
moderar
refrenar
aplacar
apaciguar

inquietar

escampar
despejar
aclarar
estabilizar
mejorar
amainar

serenata
romanza
ronda
canción
homenaje
música

serenidad
tranquilidad
sosiego
calma
aplomo

moderación
entereza

excitación
apasionamiento

sereno
tranquilo
sosegado
calmoso
entero
flemático
frío

despejado
claro
límpido
azul
diáfano

encapotado
nublado

relente
rocío
helada
escarcha

vigilante
guardián

serial
folletín
culebrón
serie

serie
sucesión
progresión
orden
fila
hilera
escala
gama
colección
lista
cadena
ristra
sarta

ciclo
grupo

seriedad
formalidad
sensatez
responsabilidad
prudencia
reserva
mesura
solvencia
discreción
cumplimiento
celo
rectitud

informalidad

serio
formal
sensato
responsable
prudente
reservado
mesurado
discreto
respetuoso
cumplidor
recto
escrupuloso
reflexivo
sobrio
seco
adusto
solemne

informal
alegre
irresponsable
desenfadado

grave
importante
delicado
difícil
complicado

sermón
plática

homilía
predicación

amonestación
reprimenda

monserga
rollo

sermonear
predicar
platicar
exhortar

amonestar
reprender
recriminar

serón
sera
espuerta

serosidad
humor
líquido
secreción
exudación

serpentear
serpear
reptar
zigzaguear

serpentín
tubo
conducto
espiral

serpentina
tira
cinta
papel

serpiente
ofidio
reptil
culebra
víbora

serrallo
harén

serranía
sierra
montañas
montes
cordillera

serrano
montañés
montés
montaraz

serrar
aserrar
cortar
talar

serrería
aserradero

serrín
aserraduras
residuo
limaduras
raeduras

serrucho
sierra

servicial
solícito
amable
cortés
atento
educado
servil

servicio(s)
prestación
trabajo
asistencia
actuación
destino
función
misión
ocupación

favor
ayuda
auxilio

servidumbre
personal
criados

culto
ceremonia
oficio
misa

vajilla
cubierto
cristalería

rendimiento
provecho
utilidad

red
sistema
distribución
organización

retrete
lavabos
urinario
evacuatorio
baño
wáter

servidor
sirviente
criado
mozo
doméstico
camarero
mayordomo
acompañante
lazarillo
asistente
ordenanza
conserje
bedel

amo
patrono

servidumbre
servicio

sirvientes
séquito

obligación
deber
sujeción
esclavitud
sumisión
compromiso
carga

servil
rastrero
esclavo
pelota
lameculos
adulador
apocado
sumiso

servilismo
adulación
zalamería
sumisión

servilleta
paño
tela
lienzo
babero

servir(se)
ayudar
ejercer
trabajar
militar
ocuparse
emplearse
encargarse

utilizar
esgrimir
usar

distribuir
repartir
ofrecer
administrar
suministrar
proporcionar

entregar
asignar
dispensar

lanzar
sacar
restar
echar

aprovecharse
lucrarse
beneficiarse
explotar

dignarse
acceder
condescender
aceptar
permitir

sésamo
ajonjolí
alegría

sesera
mollera
cabeza
coco
cacumen
caletre

sesgado
oblicuo
atravesado
diagonal
transversal
inclinado
ladeado
torcido
tendencioso

recto
objetivo
imparcial

sesgo
oblicuidad
inclinación
desviación

rumbo
dirección

orientación
tendencia
giro

sesión
función
pase
audición

consejo
junta
cónclave
asamblea

seso
cerebro
cabeza
inteligencia
sesera

juicio
prudencia
sensatez
mesura

sesada

sestear
descansar
reposar
dormir
adormilarse

velar
trabajar

sesudo
sensato
reflexivo
juicioso
maduro
sabio
inteligente
cerebral
laborioso
empollón

irreflexivo
inmaduro
alocado

seta
hongo

setentón
septuagenario
vejestorio
anciano

seto
valla
cercado
cerca
cerco
tapia
empalizada
verja
matorral

seudónimo
apodo
mote
alias
sobrenombre

severidad
austeridad
rigor
dureza
intolerancia
intransigencia
sequedad
exigencia
crueldad
rigidez
disciplina

severo
estricto
austero
riguroso
duro
intolerante
inflexible
serio
seco
exigente
cruel

rígido
disciplinado

tolerante
flexible

sexo
sexualidad
erotismo

genitales
partes

sexual
sensual
carnal
erótico

sexy
erótico
seductor
sensual

shock
conmoción
emoción
sacudida
sobresalto

sí
efectivamente
evidentemente
sin duda

no

sibarita
exquisito
refinado

sibila
profetisa
pitonisa
adivina
sacerdotisa

sibilino
enigmático
misterioso
confuso

incomprensible
esotérico

claro
preciso

sic
así
textual
literal

sicario
esbirro
matón
asesino
secuaz

sideral
sidéreo
estelar
astral
cósmico
espacial
astronómico
celeste

siderurgia
acería
fundición

siega
cosecha
recolección
mies
cogida

siembra
sementera
sembrado

diseminación
propagación

siempre
eternamente
perpetuamente
constantemente
continuamente

nunca

sien
temporal

sierra
serrucho
segueta
serreta
tronzador

serranía
macizo
cordillera
cadena
montaña

siervo
cautivo
esclavo
servidor
súbdito
vasallo
plebeyo

libre

siesta
reposo
descanso
sueño

sietemesino
canijo
enclenque
débil
esmirriado

robusto
fuerte

sifón
tubo
tubería

sigilo
secreto
discreción
cautela
silencio
prudencia

escándalo

sigiloso
secreto
reservado
callado
discreto
cauteloso
solapado
disimulado
silencioso
prudente

ruidoso

sigla
abreviatura
signo
símbolo

siglo
centuria
centenario

mundo
sociedad

signar(se)
sellar
estampar
rubricar
firmar

persignarse
santiguarse

signatario
firmante
suscriptor

signatura
firma
rúbrica
autógrafo
sigla

número
inscripción
señal

significación
significado
importancia

valor
sentido
trascendencia
categoría

significado
significación
alcance
razón
motivo
representación

concepto
signo

destacado
conocido
importante
distinguido

significar(se)
representar
denotar
simbolizar
entrañar
implicar
suponer
equivaler
expresar
exponer
manifestar

sobresalir
destacar
distinguirse

significativo
característico
expresivo
elocuente
revelador
importante
relevante
representativo

insignificante

signo(s)
marca
carácter
símbolo

rasgo
letra
número
cifra
sigla
abreviatura

síntoma
señal
indicio
huella
dato
detalle

seña
ademán
gesto

hado
destino
sino

siguiente
posterior
sucesivo
consecutivo
correlativo
sucesor

anterior

silba
pita
pitada
abucheo
pateo
bronca

silbar
pitar
chiflar
abroncar
abuchear

silbato
pito
chiflo

silbido
pitido
pita

silenciar
ocultar
omitir
disimular
encubrir
callar
enmudecer
amordazar

revelar

silencio
secreto
reserva
omisión
ocultación
sigilo
prudencia
discreción

paz
sosiego
tranquilidad
calma
quietud

ruido

mutismo
mudez

silencioso
callado
sigiloso
reservado
prudente
discreto
tranquilo
sosegado
introvertido

sonoro
hablador
ruidoso

sílex
sílice
piedra
pedernal

sílfide
náyade
ninfa

esbelta
delgada

silla
asiento
sillón
escaño
taburete
sillín

sede
trono
solio
sitial

sillar
piedra
dovela
bloque

sillón
asiento
silla
butaca
solio
trono
escaño

silo
depósito
almacén
granero
hórreo

silogismo
argumento
deducción
razonamiento

silueta
perfil
contorno
trazo
borde
forma

sombra
figura

silvestre
agreste
campestre
montaraz
montés
salvaje
natural
inculto

urbano
cultivado

sima
depresión
fosa
hondonada
abismo
barranco

altura

simbiosis
asociación
fusión
unión
combinación

simbólico
alegórico
emblemático
figurado
representativo
alusivo
imaginario

real
auténtico

simbolizar
personificar
representar
encarnar
aludir
significar

símbolo
alegoría
signo

emblema
efigie
insignia
distintivo
divisa

letra
inicial
sigla
fórmula

representación
modelo
ejemplo

simetría
disposición
proporción
armonía
correspondencia
equilibrio
paridad
regularidad
compensación

desequilibrio
desproporción

simétrico
proporcionado
armonioso
armónico
equilibrado
regular
compensado

asimétrico
desproporcionado

simiente
semilla

símil
similitud
comparación

similar
semejante
análogo

similitud
semejanza
parecido

diferencia

simio
mono

simpatía(s)
atracción
encanto
gracia
cordialidad

cariño
apego
afecto
inclinación

conformidad
coincidencia
afinidad
relación

apoyo
adhesión

antipatía

simpático
atractivo
atrayente
encantador
gracioso
cordial
amable
cariñoso
abierto
extrovertido
campechano
sociable
jovial

desagradable
antipático

simpatizante
adepto
partidario
prosélito

seguidor
fan
admirador

detractor
hostil

simpatizar
entenderse
compenetrarse
coincidir
relacionarse
congeniar
confraternizar
atraer
encantar
agradar
encariñarse

simple
sencillo

complicado

inocente
ingenuo
simplón

necio
estúpido
bobo
memo
soso

listo

simpleza
necedad
estupidez
bobada
memez
insignificancia

simplificación
resumen
síntesis
reducción
aclaración
análisis

simplificar
facilitar
abreviar
compendiar
resumir
sintetizar
aclarar

complicar

simposio
congreso
reunión
convención

simulación
fingimiento
disimulo
encubrimiento
representación
comedia
farsa
falsedad
fraude
engaño
hipocresía
simulacro

verdad
sinceridad

simulacro
simulación
apariencia
maniobra
adiestramiento
ejercicio
práctica

imitación
copia
calco

simulador
farsante
hipócrita
impostor
comediante
solapado

reproductor

simular
fingir
disimular
encubrir
representar
falsear
engañar
desfigurar
aparentar
imaginar
idear
imitar
copiar

simultanear
compaginar
sincronizar
combinar
compartir
contemporizar

simultaneidad
coincidencia
coexistencia
paralelismo
conjunción
compatibilidad
sincronismo

simultáneo
coincidente
coetáneo
paralelo
compatible
sincrónico

simún
siroco

sin
falto
carente
exento
privado
desprovisto

con

sinagoga
templo
aljama

sinalefa
unión
enlace
trabazón
ligazón

sincerarse
confesar
declarar
revelar
abrirse
desahogarse
confiarse

cerrarse
ocultar

sinceridad
franqueza
naturalidad
honradez
seriedad
veracidad
espontaneidad

sincero
franco
verdadero
confiado
natural
noble
limpio
leal
abierto
claro
ingenuo

hipócrita
falso

síncopa
reducción
supresión
acortamiento

sincopado
rítmico
movido
enlazado

síncope
desfallecimiento
desmayo
desvanecimiento
mareo
ataque

sincretismo
fusión

diversificación

sincronía
sincronismo
coincidencia
concordancia
simultaneidad

diacronía

sincrónico
simultáneo
sincronizado
coordinado

diacrónico

sincronizar
simultanear
concordar
regularizar
acompasar

sindical
gremial
corporativo

liberal
independiente

sindicar(se)
afiliar
asociar
confederar
federar

sindicato
gremio
asociación
agrupación
federación
confederación

síndico
administrador
delegado
apoderado
supervisor
intendente

síndrome
síntoma
manifestación
indicios
señales

sinfín
infinidad
sinnúmero
cantidad
abundancia
multitud
muchedumbre
inmensidad
montón
barbaridad

sinfonía
obertura
preludio

armonía
acorde
colorido
concierto

sinfónico
instrumental
filarmónico
musical

singladura
distancia
rumbo

navegación
recorrido
camino
desarrollo

singular
especial
particular
original
sorprendente
extraordinario
peculiar
típico
diferente
extraño
misterioso

vulgar
normal

impar
simple
indiviso

plural

singularidad
rareza
excepcionalidad
distintivo
particularidad
peculiaridad
extrañeza
excelencia
prodigio

normalidad
vulgaridad

singularizar(se)
destacar
descollar
diferenciar
caracterizar
particularizar
distinguir
sobresalir

generalizar
pluralizar

siniestra
izquierda
zurda
mano

diestra

siniestrado
accidentado

siniestro
malvado
perverso
amenazador
pérfido
maligno
espeluznante
trágico
aterrador

inocente
bondadoso

desgraciado
funesto
aciago
infeliz

afortunado

accidente
catástrofe
desgracia
desastre
tragedia

sinnúmero
sinfín

sino
hado
fatalidad
azar
destino
predestinación
casualidad

sínodo
concilio
cónclave

congreso
asamblea
reunión

sinonimia
semejanza
analogía
equivalencia
paralelismo

antonimia

sinónimo
semejante
equivalente
parecido
homólogo

antónimo

sinopsis
esquema
síntesis

sinóptico
gráfico
esquemático
sintético

sinrazón
injusticia
arbitrariedad
atropello
contrasentido
abuso

justicia
objetividad

sinsabor
disgusto
pesar
pena
pesadumbre
contrariedad

satisfacción
alegría

sintaxis
construcción

ordenación
conexión

síntesis
resumen
compendio
extracto
sumario
sinopsis
simplificación
reducción
recopilación
compilación

sintético
artificial
elaborado
imitado
industrial
químico

natural
auténtico

compendiado
resumido
extractado
sinóptico
simplificado
acortado

sintetizar
reducir
resumir
abreviar
simplificar
compendiar
condensar
recopilar
extractar
acortar
disminuir

síntoma
indicio
señal
signo
revelación
manifestación

síndrome
vestigio
símbolo
representación

sintomático
revelador
manifiesto
significativo
propio
peculiar
demostrativo
característico

impropio

sintonizar
captar
recibir
recoger
conectar

coincidir
armonizar
compenetrarse

sinuoso
curvo
ondulante
serpenteante
quebrado
zigzagueante
tortuoso
retorcido
hipócrita

recto
franco

sinvergüenza
desvergonzado
fresco
descarado
caradura
golfo
canalla
ruin
bajo
tunante
pícaro

bribón
granuja

sionismo
judaísmo
hebraísmo
semitismo

siquiera
aunque
ni
por lo menos
tan sólo

sirena
ninfa
nereida
náyade

silbato
alarma

sirga
maroma
soga
cabo
cuerda

sirimiri
calabobos
orvallo
llovizna

siroco
simún
ventarrón

sirvienta
criada
doncella
camarera
muchacha
chacha
doméstica
servidora

sirviente
criado

servidor
mayordomo
chico
lacayo
asistente
pinche
botones
mozo
recadero

sisa
hurto
sustracción
estafa
timo
robo
escamoteo

abertura
corte
merma
escote

sisar
hurtar
sustraer
estafar
timar
robar
escamotear

sisear
chistar
silbar
llamar
abuchear
protestar
desaprobar
cuchichear

siseo
abucheo
pita
protesta
desaprobación
cuchicheo

aplauso
silencio

sistema
procedimiento
método
modo
práctica
estilo
medio
técnica
plan
régimen
organización
estructura
red

doctrina

sistemática
taxonomía
ordenación
orden
sistema

sistemático
metódico
regular
ordenado
sistematizado
invariable
consecuente

anárquico
inconsecuente

sistematizar
organizar
estructurar
ordenar
normalizar
reglamentar

sístole
contracción

diástole

sitial
solio
trono

sitiar
asediar
cercar
aislar
rodear
estrechar
asaltar
incomunicar

claudicar
rendirse

sitio
asedio
bloqueo
cerco
aislamiento
asalto

lugar
emplazamiento
puesto
localidad
parte
zona
paraje

situación
posición
colocación
emplazamiento
ubicación
orientación

curso
fase
etapa
estado
disposición
tesitura
circunstancia
coyuntura

cargo
empleo
puesto

situado
instalado

ubicado
enclavado

empleado
acomodado
boyante

situar(se)

instalar
localizar
colocar
emplazar
ubicar
orientar
poner
acomodar

prosperar
triunfar
enriquecerse

sketch

escena

slogan

frase
lema

smoking

esmoquin
frac

snob

esnob

soba

sobo
sobeo
sobe
manoseo

zurra
paliza
apaleamiento
castigo
vapuleo

sobaco

axila

sobado

gastado
usado
deslucido
maltratado
descolorido
deteriorado

manido
vulgar
conocido
trillado

sobar

manosear
toquetear
sobetear
restregar
acariciar
magrear

arrugar
deslucir
maltratar
decolorar
deteriorar
desgastar

zurrar
apalear
pegar
castigar
sacudir

dormir

soberanía

independencia
emancipación
libertad
autonomía
autoridad
mando
imperio
reino
dominio
poder
poderío

dependencia

soberano

independiente
emancipado
libre
autónomo

rey
monarca
zar
káiser
césar

excelente
majestuoso
espléndido
soberbio
magnífico

vulgar

soberbia

altivez
inmodestia
presunción
orgullo
altanería
arrogancia
vanidad
engreimiento
jactancia
pedantería

humildad

soberbio

altivo
inmodesto
presuntuoso
orgulloso
altanero
arrogante
vanidoso
engreído

excelente
majestuoso
espléndido
magnífico
maravilloso
sublime
insuperable

sobo

soba

uso
desgaste
deslucimiento

sobón

manoseador
efusivo
tocón

sobornar

comprar
cohechar
corromper

soborno

compra
venta
cohecho
corrupción

sobra(s)

exceso
excedente
sobrante
desperdicio
desecho
residuos
escoria
despojos
migajas

sobrado

desván
buhardilla

sobrante

remanente
residuo
resto
rebosante
exceso
excesivo
sobra
superfluo

sobrar

exceder
abundar
rebosar
colmar
sobrepasar
desbordar

faltar

sobre

encima de
en
arriba

de
acerca de
referente a
relativo a

por

tras

envoltura
envoltorio

sobrealimentar

cebar
atiborrar

sobrecarga

excedente
exceso
recargo
incremento
sobreprecio
imposición
impuesto

molestia
pesadez

sobrecargar

recargar
incrementar
gravar
abrumar

sobrecogedor

estremecedor
horroroso

espantoso
aterrador
escalofriante
conmovedor
impresionante

agradable
alegre
tranquilizador

sobrecoger(se)

estremecer
espantar
aterrar
horrorizar
alarmar
conmover
impresionar
asombrar
inquietar

agradar
alegrar
tranquilizar

sobrecuello

collarín
alzacuello

sobreexcitarse

emocionarse
intranquilizarse
agitarse
estremecerse
alterarse
inquietarse
conmoverse

tranquilizarse

sobrehumano

heroico
ímprobo
titánico
sobrenatural

sobrellevar

aguantar
soportar

conformarse
tolerar

sobremesa

tertulia
conversación
postres

sobrenatural

divino
celestial
sobrehumano
extraordinario
asombroso

terrenal
natural

sobrenombre

seudónimo
apodo
alias
mote

sobrentender

adivinar
intuir
deducir
significar

sobrentendido

tácito
implícito

sobrepasar

exceder
adelantar
aventajar

sobrepelliz

roquete
camisola

sobreponer(se)

superponer
anteponer
añadir

recobrarse
reanimarse

sobreprecio

recargo
aumento
incremento
gravamen

sobrero

sobrante
suplente

sobresaliente

eminente
excelente
aventajado
dintinguido
destacado
descollante

suplente
sustituto

sobresalir

aventajar
exceder
rebasar
emerger
dintinguirse
predominar
dominar
destacar
descollar
adelantarse

sobresaltar(se)

alterar
asustar
alarmar
intranquilizar
impresionar
angustiar
azarar
conmover

sobresalto

susto
alarma
intranquilidad
preocupación

temor
conmoción
temblor

sobreseer
suspender
interrumpir

sobresueldo
plus
prima
extra

sobretodo
gabán
abrigo
capote
zamarra
gabardina

sobrevenir
suceder
ocurrir
acontecer
acaecer
efectuarse
realizarse
surgir

sobrevivir
subsistir
perdurar
permanecer
resistir

sobrevolar
volar

sobriedad
moderación
austeridad
mesura
comedimiento
parquedad
concisión
sencillez
seriedad

sobrio
frugal
parco
moderado
austero
mesurado
comedido
conciso
sencillo
escueto
prudente
serio
formal
sereno
abstemio

desmedido
retórico
nervioso
ebrio

socaire
refugio
abrigo
protección
amparo
resguardo

socarrar
quemar
tostar
requemar

socarrón
burlón
guasón
irónico
pícaro
astuto
ladino

serio
noble

socarronería
burla
guasa
ironía

picardía
astucia

seriedad
nobleza

socavar
excavar
cavar
debilitar
minar
destruir

socavón
hoyo
bache
agujero
zanja
oquedad

sociable
social
comunicativo
abierto
amable
cordial
sencillo
accesible
simpático
agradable

insociable
adusto
antipático

social
comunitario
colectivo
general
benéfico

individual

socialismo
laborismo
marxismo
socialdemocracia
cooperativismo

capitalismo

socializar
nacionalizar
estatalizar

privatizar

sociedad
mundo
humanidad

comunidad
colectividad
generalidad
nación
pueblo
estado

compañía
empresa
firma
consorcio
corporación
entidad

asociación
centro
círculo
club

socio
asociado
copartícipe
mutualista
miembro
afiliado
inscrito

colega
camarada

socorrer
auxiliar
amparar
salvar
ayudar
remediar
proteger
aliviar
favorecer
sufragar

desamparar
abandonar

socorrido
útil
práctico
manido
trillado
usado

socorro
amparo
auxilio
protección
ayuda
asistencia
apoyo
remedio

sodomía
homosexualidad
pederastia

sodomita
pederasta
homosexual

heterosexual

soez
ordinario
chabacano
grosero
bajo

fino
cortés
educado

sofá
diván
canapé

sofisma
falacia
engaño
argucia
argumentación

sofisticado
refinado
exquisito
elegante
artificial

complejo
complicado
perfeccionado

soflama
arenga
alocución

sofocante
asfixiante
bochornoso
caluroso
ardiente
abrasador

refrescante

angustioso
agobiante
opresor
irritante

sofocar(se)
apagar
extinguir
contener
neutralizar
dominar
aplastar

molestar
agobiar
acosar

ahogarse
asfixiarse
jadear
acalorarse

avergonzarse
abochornarse
turbarse

alterarse
disgustarse
irritarse

sofoco
ahogo
asfixia
jadeo
sofoquina

vergüenza
bochorno
disgusto
enfado
sofocón

sofreír
rehogar
freír

soga
maroma
cuerda
cabo

sojuzgar
someter
subyugar
dominar
avasallar
esclavizar
tiranizar
oprimir

liberar

sol
astro
luz
día
encanto
cielo

solado
soladura
enlosado
embaldosado

solamente
exclusivamente
sólo
únicamente

solana
solanera
solazo
bochorno
sofoco

solapa
doblez
reborde

solapado
malicioso
oculto
taimado
ladino
hipócrita
astuto

manifiesto
abierto

solapar(se)
tapar
ocultar
cubrir
sobreponer
disimular
falsear

descubrir

solar
pavimentar
adoquinar
enlosar

linaje
familia
descendencia
estirpe
origen

terreno
parcela
propiedad

solariego
noble
antiguo
aristocrático

originario
patrimonial

solárium
solario
galería
terraza
patio

solaz
placer
distracción
entretenimiento
esparcimiento
recreo
diversión

aburrimiento
fastidio

solazar(se)
recrear
distraer
entretener
desahogar
expansionar
divertir
descansar

aburrir
trabajar

soldado
militar
oficial
estratega
recluta
quinto

defensor
partidario
adalid

soldadura
unión
ligazón
trabazón
engarce
junta

soldar(se)
unir
pegar
ligar
trabar
adherir
engarzar
juntar
estañar

soleado
radiante
claro
luminoso
agradable
cálido
alegre

nublado
triste

soledad
aislamiento
abandono
retiro
incomunicación
desamparo
destierro

melancolía
nostalgia
añoranza
tristeza

solemne
protocolario
ceremonioso
majestuoso
suntuoso

informal

grave
serio
firme

solemnidad
función
fiesta
festividad

rito
ritual
etiqueta
protocolo
ceremonia

suntuosidad
aparatosidad
gravedad
dignidad
seriedad

solemnizar
celebrar
festejar
realzar
honrar
conmemorar
formalizar

soler
acostumbrar
frecuentar
habituarse

solera
antigüedad
vejez
carácter
abolengo
prosapia
raigambre

solfa
burla
ridículo

música
signos

paliza
tunda

solfear
vocalizar
cantar
tocar

solfeo
canto

vocalización
compás

solicitante
peticionario
demandante
pretendiente
aspirante

solicitar
pedir
pretender
suplicar
gestionar
requerir
instar

rehusar
rechazar
denegar

cortejar

solícito
afanoso
activo
eficaz
servicial
atento
complaciente
diligente
cariñoso
afectuoso

desagradable
seco
frío

solicitud
cuidado
diligencia
prontitud
amabilidad
cortesía
afecto

petición
demanda
instancia

solidaridad
participación
apoyo
compañerismo
camaradería
fraternidad
adhesión
favor

insolidaridad
repulsa

solidario
fraternal
amistoso
fiel

insolidario

solidarizarse
adherirse
respaldar
unirse
defender
apoyar

solideo
casquete
gorro

solidez
fortaleza
robustez
cohesión
resistencia
firmeza
estabilidad

fragilidad
endeblez

solidificar(se)
endurecer
consolidar
condensar
comprimir
cristalizar
cuajar

sólido
fuerte
duro
robusto
denso
resistente
firme
estable
seguro
compacto
consolidado

líquido
gaseoso
frágil

cuerpo
volumen
objeto

soliloquio
monólogo
aparte
recitado

diálogo
coloquio

solio
sitial
trono
sillón
sede

solista
concertista
cantante
intérprete

solitaria
tenia

solitario
despoblado
desierto
deshabitado
desolado
abandonado

retirado
desamparado

insociable
huraño
retraído
tímido
misántropo
intratable

sociable

soliviantar(se)
hostigar
instigar
incitar
alzar
amotinar
sublevar
alborotar
inquietar
agitar
indignar

disuadir
tranquilizar

sollozar
gimotear
lloriquear
llorar
gemir
lamentarse
quejarse
suspirar

sollozo
gimoteo
lloriqueo
lloro
gemido
lamento
quejido
suspiro

solo
solitario
aislado

despoblado
vacío

lleno
poblado

único
uno
exclusivo
singular

sólo
solamente

solomillo
filete
bistec

soltar(se)
liberar
libertar
excarcelar

encarcelar

desatar
desenredar
aflojar
desabrochar
desabotonar
separar
arrancar
extraer
despegar

despedir
expeler
emitir
proferir
lanzar
confesar
largar
despotricar
aclarar
propinar
dar
asestar

retener

iniciar
romper

comenzar
decidirse
desenvolverse

soltero
célibe
solterón
libre
casadero
virgen

soltura
agilidad
prontitud
desenvoltura
habilidad
destreza
pericia
maña
desparpajo
descaro

torpeza

soluble
disoluble
licuable
separable
divisible

insoluble

solución
remedio
resolución
conclusión
resultado
desenlace
reparación
arreglo
recurso
medida
salida
salvación

disolución
emulsión
infusión

solucionar
solventar
resolver
reparar
remediar
concluir
arbitrar
enmendar
enderezar
salvar

solvencia
crédito
capacidad
responsabilidad
formalidad

solventar
solucionar

pagar
liquidar
saldar

solvente
acreditado
acomodado
pudiente
adinerado
responsable

insolvente
endeudado
pobre

somanta
paliza
tunda
zurra

somático
corporal
orgánico
físico

sombra
oscuridad
penumbra
umbría

tinieblas
noche

luz
sol
día

imagen
contorno
figura
perfil
silueta

espectro
aparición
fantasma
recuerdo
memoria

ignorancia
desconocimiento
misterio
enigma
incógnita

saber
información

indicio
pista
síntoma

defecto
mancha
imperfección

sombreado
umbrío
ensombrecido
oscuro

sombrero
güito
gorro
bonete
chambergo
montera
pamela
cofia
solideo
casquete

chistera
bombín
tricornio
ros

sombrilla
quitasol
parasol

sombrío
oscuro
negro
lúgubre
tétrico
tenebroso
gris
cubierto
encapotado

luminoso
claro
soleado

triste
melancólico
taciturno
pesimista
decaído
afligido

alegre
contento

somero
sucinto
ligero
breve
insustancial
resumido

detallado
profundo

someter(se)
imponer
dominar
sujetar
sojuzgar
subyugar
reprimir

vencer
conquistar

mostrar
exponer
proponer
plantear
presentar
brindar

doblegarse
entregarse
rendirse
claudicar
humillarse

rebelarse

sometimiento
imposición
dominio
sujeción
represión
opresión
capitulación
rendición
acatamiento
vasallaje
sumisión
claudicación

somier
jergón
bastidor

somnífero
narcótico
tranquilizante
sedante
relajante
ansiolítico
hipnótico
calmante

somnolencia
sopor
adormecimiento
modorra
letargo

sueño
pesadez

son
sonoridad
resonancia
eco

manera
estilo

sonado
célebre
famoso
nombrado
conocido
inolvidable
memorable
recordado

loco
chalado
chiflado
pirado
majareta

sonajero
cascabel

sonar(se)
resonar
retumbar
zumbar
repiquetear
chirriar
chasquear
crujir
rechinar
tocar
tañer

parecer
resultar

rumorearse
divulgarse
extenderse
popularizarse

limpiarse

sonda
plomada
cuerda

catéter
conducto

barrena
taladro

sondear
sondar
medir

averiguar
sonsacar
indagar
escrutar

sondeo
medición
fondeo

encuesta
examen
estudio
estadística
escrutinio

soneto
poema
verso
balada

sonido
sonoridad
resonancia
ruido
son
eco
murmullo
rumor
susurro
tañido
voz
grito
aullido
música
bullicio
trueno

explosión
estallido

silencio
sigilo

articulación

soniquete
sonsonete
runrún

sonoridad
eco
estruendo
sonido
resonancia
vibración
armonía

sonoro
ruidoso
resonante
vibrante
clamoroso
estruendoso
espectacular

silencioso
discreto

sonreír
reir

sonrojar(se)
ruborizar
enrojecer
abochornar
turbar
azorar

palidecer

sonrojo
rubor
vergüenza
bochorno
turbación
sofoco
azoramiento

palidez

sonrosado
colorado
encendido
saludable
fresco

pálido

sonsacar
sondear
averiguar

sonsonete
soniquete
retintín
tonillo

soñador
fantaseador
romántico
imaginativo
visionario
inquieto
utópico
idealista

realista

soñar
fantasear
ilusionarse
imaginar

anhelar
ansiar
desear

dormir

soñoliento
somnoliento
aletargado
amodorrado
adormilado

sopa
caldo
consomé
gazpacho
fideos

sopapo
bofetón
cachete
bofetada
soplamocos
torta
tortazo

sopesar
calcular
considerar
ponderar
valorar
apreciar
tantear

soplar(se)
espirar
exhalar
inspirar

suspirar
bufar

inflar
hinchar

robar
quitar
birlar
afanar
timar

delatar
denunciar
acusar
chivarse

beber
emborracharse

soplete
soldador

soplo
soplido
aliento
espiración
exhalación
inspiración

bufido
resoplido

denuncia
chivatazo
confidencia

instante
momento
segundo
periquete

soplón
chivato
confidente
delator

soponcio
ataque
desmayo
desvanecimiento
mareo
patatús
síncope
telele

sopor
adormecimiento
letargo
somnolencia
modorra
pesadez

soporífero
somnífero

pesado
aburrido

soportable
aguantable
llevadero
admisible
aceptable

insufrible
intolerable
inadmisible

soportal
porche
pórtico

atrio
portal
zaguán
vestíbulo

soportar
sostener
llevar
sujetar
sustentar
mantener
tener

aguantar
resistir
tolerar
sobrellevar
sufrir
conformarse

soporte
apoyo
sostén
base
cimiento
fundamento

amparo
auxilio
ayuda
socorro

soprano
tiple

sor
hermana
monja
religiosa

sorber
aspirar
absorber
chupar
mamar
succionar
beber
tragar

atraer

empapar
embeber

expulsar
repeler
escupir

sorbete
helado
mantecado
polo
refresco
granizado

sorbo
trago
succión
chupada

sórdido
pobre
mísero
sucio
abandonado

rico
lujoso

tacaño
avaro
miserable
ruin
mezquino
cicatero

generoso
espléndido

sordo
teniente
sordomudo
impedido

callado
sigiloso
amortiguado
ahogado

ruidoso

insensible
indiferente
inconmovible

sorna
ironía
burla
retintín
guasa

sorprendente
sorpresivo
admirable
asombroso
extraordinario
extraño
singular
chocante
insólito
inaudito
inesperado
imprevisto

normal
acostumbrado

sorprender(se)
asombrar
admirar
extrañar
chocar
impresionar
sobrecoger

descubrir
pillar
pescar
atrapar
coger
desenmascarar

sorpresa
asombro
admiración
extrañeza
fascinación
impresión
desconcierto
chasco
sobresalto
susto

sorpresivo
sorprendente
imprevisto

súbito
inesperado

sortear
rifar
distribuir

evitar
eludir
rehuir
soslayar
esquivar

encarar
arrostrar

sorteo
rifa
lotería
juego
azar

sortija
anillo
aro
anilla
arete
sello
alianza

sortilegio
adivinación
encantamiento
magia
ensalmo
embrujo
hechicería
hechizo

sosegado
pacífico
reposado
plácido
tranquilo
apacible
serio
juicioso

nervioso
irritable

sosegar(se)
tranquilizar
apaciguar
serenar
aplacar
calmar
amansar

intranquilizar
alterar
agitar

descansar
reposar

sosería
insipidez
insulsez
apatía
vacuidad

sal
salero
agudeza

sosiego
calma
serenidad
tranquilidad
quietud
paz
placidez
reposo

intranquilidad

soslayar
sortear
evitar
precaver
prevenir

afrontar

ladear
torcer

soso
insípido
insulso
insustancial

apático
desaborido
sosaina
soseras

sabroso
salado
gracioso
divertido

sospecha
creencia
suposición
conjetura
presentimiento
presagio
desconfianza
recelo
temor
preocupación

confianza
certeza

sospechar
dudar
creer
suponer
presentir
desconfiar
recelar
imaginar
presumir
temer
mosquearse

confiar
asegurar

sospechoso
dudoso
extraño
equívoco
oscuro
incierto
inseguro

claro

desconfiado
malicioso

receloso
suspicaz
susceptible

sostén
soporte
apoyo
amparo

sujetador
ajustador

protector
defensor

sostener(se)
sustentar
sujetar
soportar
agarrar
apoyar
aguantar

alimentar
mantener
costear
proteger
amparar
defender
favorecer

perjudicar
abandonar

afirmar
defender
declarar
manifestar
proclamar

negar

resistir
mantenerse
perdurar
permanecer

caerse

sostenido
continuado
permanente

constante
continuo
uniforme
regular

interrumpido
alterno

sotana
hábito
túnica

sótano
cueva
bodega
subterráneo

ático

soterrar
enterrar
sepultar
ocultar
esconder

desenterrar
hallar

soto
arboleda
monte
bosquecillo
sotillo
matorral

sport
cómodo
deportivo

spray
vaporizador
aerosol

stand
caseta
pabellón

standing
posición

categoría
nivel de vida

stock
provisión
surtido
existencias
reservas
depósito

stop
parada
alto

punto

strip-tease
desnudamiento

suave
terso
sedoso
liso
agradable
fino
uniforme
blando
delicado
exquisito
ligero

áspero
rudo

tranquilo
reposado
apacible
dócil
sosegado
dulce
sumiso
manso

irritable

suavidad
tersura
uniformidad
blandura

delicadeza
sutileza

aspereza
rudeza

tranquilidad
reposo
placidez
sosiego
dulzura
mansedumbre

rudeza
irritabilidad

suavizante
balsámico
suavizador
emoliente

suavizar(se)
alisar
afinar
igualar
ablandar
allanar
pulir
lijar
pulimentar
acepillar
bruñir
raspar

tranquilizar
apaciguar
mitigar
calmar
moderar
aplacar
sosegar

subalterno
subordinado
inferior
auxiliar
dependiente
ayudante
mozo
criado

adjunto
agregado

secundario
complementario
accesorio

subarrendar
realquilar

subasta
venta
concurso
puja
licitación

subastar
rematar
vender

subconsciente
subliminal
inconsciente
involuntario
reflejo

subcutáneo
hipodérmico

subdesarrollo
atraso
pobreza
incultura
retraso

súbdito
subordinado
dependiente
vasallo

gobernante

ciudadano
habitante

subestimar(se)
subvalorar
infravalorar
menospreciar

sobrestimar

subida
ascenso
escalada
remonte

incremento
mejora
progreso

encumbramiento
ascensión

alza
encarecimiento
especulación
inflación

cuesta
rampa
pendiente

bajada

subido
vivo
chillón
fuerte
acentuado
exagerado
osado

suave
débil
comedido

subir(se)
ascender
escalar
elevar
aumentar
mejorar
progresar
crecer
encumbrar
alzar
aupar
erguir
sumar
acrecentar
acentuar
intensificar

costar
enaltecer
montar
marear
embriagar

bajar
descender
disminuir

súbito
imprevisto
inesperado
rápido
brusco
veloz
instantáneo

lento
paulatino
reflexivo

subjetivo
personal
interior
relativo
propio

sublevación
levantamiento
alzamiento
insurrección
rebelión

sublevar(se)
alzar
levantar
rebelar
amotinar
incitar
conspirar
soliviantar
desobedecer
desafiar
enfrentar

someter

indignarse
enojarse

enfurecerse
irritarse

sublimar
alabar
enaltecer
exaltar
ensalzar
elogiar

criticar
humillar

volatilizar
destilar
evaporar

sublime
elevado
excelente
grandioso
extraordinario
excepcional
espléndido
soberbio
celestial
divino

vulgar
ruin
abominable
material

submarinista
buceador

submarino
subacuático

sumergible
batiscafo

subnormal
anormal
deficiente
minusválido

suboficial
sargento
brigada
subalterno

subordinación
sometimiento
acatamiento
dependencia
sumisión
obediencia
respeto
esclavitud
inferioridad

insubordinación
rebeldía

subordinado
subalterno

jefe

sometido
supeditado
disciplinado

rebelde

subordinar(se)
someter
acatar
depender
obedecer
reducir
humillar

rebelar

supeditar
relegar
postergar

anteponer

subrayar
marcar
trazar
señalar

acentuar
recalcar
resaltar

omitir
atenuar

subrepticio
oculto
encubierto
solapado
furtivo
ilegal

abierto
ostensible

subrogación
sustitución
relevo

subsanar
corregir
remediar
enmendar
rectificar
compensar
solucionar

reiterar
empeorar

subsidiario
sustitutorio
suplementario
complementario
adicional

principal

subsidio
asignación
subvención
contribución
auxilio
ayuda

subsistencia
conservación
existencia
vida

desaparición

manutención
alimentación

subsistir
perdurar
permanecer
conservarse
sobrevivir
mantenerse
alimentarse

desaparecer

subterfugio
evasiva
escapatoria
disculpa
excusa
pretexto

subterráneo
oculto
profundo
hondo

sótano
cueva
conducto
pasadizo
subsuelo
galería

metropolitano
metro

suburbano
suburbial
circundante
periférico

céntrico

ferrocarril

suburbio
periferia
extrarradio
arrabal
afueras
alrededores
aledaños

centro

subvención
subsidio
contribución

subvencionar
contribuir
auxiliar
socorrer
apoyar
financiar
becar

subversión
revolución
rebelión
agitación
levantamiento
sedición
alzamiento
conspiración
pronunciamiento

orden
restablecimiento

subversivo
perturbador
revolucionario
rebelde
sedicioso
agitador
golpista
conspirador

subyacente
oculto
profundo
hondo
latente

subyugar
someter
sojuzgar
oprimir
vejar

liberar

cautivar
seducir

atraer
embelesar

succionar
chupar
mamar
lamer
sacar
beber
absorber

expulsar

sucedáneo
sustituto
sustitutivo
similar

original
auténtico

suceder
ocurrir
acontecer
acaecer
sobrevenir
producirse

seguir
reemplazar
sustituir
relevar
proseguir
heredar
perpetuar
prolongar

anteceder

sucesión
serie
proceso
progresión
orden
relación
encadenamiento
ciclo
cadena

descendencia
transmisión

sucesivo
siguiente
ulterior
continuo
continuado
repetido
gradual
progresivo
periódico

suceso
hecho
acontecimiento
incidente
episodio
evento
circunstancia
asunto
aventura
accidente

sucesor
sustituto
heredero
beneficiario
continuador
discípulo

predecesor

suciedad
descuido
desaseo
porquería
inmundicia
basura
contaminación
mierda
indecencia

limpieza

sucinto
breve
resumido
reducido
conciso
lacónico
somero

abreviado
escueto

extenso
pormenorizado

sucio
descuidado
desaseado
adán
puerco
guarro
contaminado
pringoso
embarrado
grasiento
manchado

limpio

indecente
inmoral
obsceno

decente

tramposo
traicionero
ruin

noble

suculento
sabroso
jugoso
nutritivo
sustancioso
apetitoso

insípido

sucumbir
ceder
abandonar
rendirse
entregarse
someterse
claudicar

resistir

morir
fallecer

expirar
desaparecer
derrumbarse

nacer
resurgir

sucursal
filial
agencia
delegación
oficina

sudar
exudar
rezumar
transpirar
exhalar
segregar
gotear
empapar

absorber

trabajar
esforzarse
bregar
afanarse

sudario
mortaja

sudor
transpiración
exudación
secreción

esfuerzo
trabajo
angustia
agobio

suela
cuero
tapa

sueldo
paga
salario
remuneración

mensualidad
jornal

suelo
superficie
piso
pavimento
firme
terreno
solar

territorio
patria
pueblo
cuna

suelto
disgregado
separado
disperso
desparramado
esparcido

concentrado
junto

libre
liberado
excarcelado
redimido
autónomo
independiente

flojo
holgado
fluido
ágil
expedito
atrevido
descompuesto

estrecho
farragoso
estreñido

cambio
calderilla

sueño
reposo
descanso

modorra
somnolencia

vigilia
vela

proyecto
deseo
ambición
anhelo
utopía
quimera

realidad
desengaño

suero
solución
líquido

suerte
azar
fortuna
ventura
casualidad
destino
sino

desgracia
infortunio

manera
modo
forma
método
clase
tipo
especie

suéter
jersey

suficiencia
capacidad
aptitud
habilidad
idoneidad
competencia

escasez
incapacidad

presunción
soberbia

engreimiento
petulancia

modestia

suficiente
capacitado
apto
idóneo
competente

inepto
incapaz

presumido
soberbio
engreído
petulante

modesto

bastante
sobrado
preciso
adecuado
proporcionado

escaso
insuficiente

sufragáneo
dependiente
subordinado

sufragar
subvencionar
costear

sufragio
voto
votación
elección
comicios
referéndum
plebiscito

sufrido
resignado
paciente
tolerante

resistente
duro

quejica
protestón

sufrimiento
padecimiento
pena
dolor
angustia
tortura
malestar

estoicismo
perseverancia
entereza
conformidad

sufrir
tolerar
soportar
padecer
aguantar
angustiarse
resignarse
conformarse
sobrellevar

sugerencia
proposición
insinuación
invitación
recomendación

sugerente
sugestivo

sugerir
proponer
insinuar
recomendar
aludir
evocar

sugestión
fascinación
hipnotismo
hechizo

obsesión
manía
ofuscación

sugestionar(se)
persuadir
sugerir
fascinar
hechizar

obcecarse
cegarse
ofuscarse
alucinarse

sugestivo
atractivo
atrayente
seductor
fascinante
sugerente
evocador

suicida
insensato
arriesgado
imprudente

suicidarse
matarse
inmolarse

suizo
bollo

helvético

sujeción
retención
fijación
atadura
inmovilización
trabazón

suelta

dominio
esclavitud
tiranía
dependencia
subordinación

sumisión
vasallaje

sujetador
sostén

sujetar(se)
coger
asegurar
retener
sostener
agarrar
asir
trabar
atar
paralizar
inmovilizar

soltar

clavar
remachar
pegar
adherir

dominar
someter
ajustar

sujeto
agarrado
dominado
sometido
fijo

persona
individuo
hombre
ente

asunto
tema
motivo

sulfatar
azufrar

sulfurar(se)
azufrar

enfadar
irritar

enfurecer
encolerizar

calmar

sultán
emperador
príncipe
monarca

suma
operación
adición
monto
total
resultado

resta

conjunto
recopilación
colección

sumar(se)
añadir
reunir
juntar
contar
agregar

restar

costar
importar
valer

incorporarse
adherirse
agregarse
integrarse

abandonar

sumario
breve
conciso
rápido
sucinto
escueto
abreviado

extenso

compendio
índice

resumen
extracto
recopilación

ampliación

proceso
juicio
expediente

sumergible
submarino

sumergir(se)
hundir
meter
mojar
empapar
calar

zambullirse
bucear
zozobrar

sumirse
ensimismarse

sumersión
inmersión
descenso
hundimiento
naufragio

emersión
flotación

sumidero
alcantarilla
desagüe
desaguadero
cloaca
vierteaguas

suministrar
proveer
abastecer
surtir
aprovisionar
distribuir
proporcionar

dotar
equipar
dar

suministro(s)
abastecimiento
avituallamiento
distribución
entrega

víveres
provisiones
dotación
alimentos
municiones

sumir(se)
sumergir
arrastrar

ensimismarse
abstraerse

sumisión
docilidad
humildad
mansedumbre
fidelidad

desobediencia
deslealtad

acatamiento
sometimiento
capitulación
subordinación

rebeldía
desacato

sumiso
dócil
obediente
humilde
subyugado
esclavo

desobediente
rebelde
libre

sumo
máximo
supremo
altísimo
incomparable
superior
excesivo

mínimo
inferior

suntuario
suntuoso

suntuosidad
pompa
ostentación
opulencia
magnificencia
solemnidad
lujo

sencillez
modestia

suntuoso
espléndido
magnífico
lujoso
opulento
ostentoso
excesivo
recargado

pobre
humilde
insignificante

supeditar(se)
subordinar
depender
postergar
relegar
condicionar

someterse
atenerse
ceñirse
acatar

súper
bueno
excelente
superior

superabundar
proliferar
abundar
prodigarse
sobrar
exceder

escasear
faltar

superar(se)
aventajar
adelantar
rebasar
dominar
vencer
salvar
sobrepasar

retroceder

sobreponerse
rehacerse
mejorar
progresar
ascender

retrasarse
adocenarse

superávit
exceso
excedente
ganancia
beneficio
dividendo

déficit
pérdida

superchería
engaño
treta
trampa

falsedad
argucia

verdad
autenticidad

superstición

superficial
exterior
somero
externo
aparente
visible

interior
profundo

insustancial
trivial
frívolo
vacío
vano

trascendental
fundamental

superficialidad
frivolidad
trivialidad
ligereza
apariencia
simpleza
puerilidad

trascendencia
importancia

superficie
extensión
área
plano
espacio
zona
cara
exterior
terreno
suelo

superfluo
innecesario
inútil

nimio
baladí
trivial
vacío
redundante
sobrante

necesario
imprescindible

superhombre
semidiós
héroe
supermán

superintendente
jefe
administrador
gerente
supervisor

superior
mejor
excelente
supremo
sobresaliente
extraordinario
inmejorable

inferior
pésimo

jefe
director
rector
amo
patrón

subordinado

prior
abad
general

superioridad
dirección
jefatura
gobierno
mando

predominio
preponderancia

preeminencia
supremacía
ventaja

inferioridad

superlativo
superior
supremo
excelente

supermán
superhombre

supermercado
autoservicio
mercado

supernumerario
excedente
sobrante
remanente

superponer
sobreponer
cubrir
tapar
añadir
incorporar

superposición
anteposición
intercalación
añadido
recubrimiento

postergación
subordinación

supersónico
meteórico
vertiginoso
veloz

lento
parsimonioso

superstición
creencia
fetichismo

hechicería
magia
brujería
ocultismo

supersticioso
fetichista
crédulo
agorero

supervisar
vigilar
inspeccionar
controlar
comprobar
revisar

descuidar
abandonar

supervisión
inspección
control
revisión

supervisor
interventor
revisor
inspector
controlador

supervivencia
perduración
vida
longevidad

extinción
muerte

superviviente
sobreviviente

afectado
damnificado
víctima

suplantación
usurpación

simulación
sustitución

autenticidad

suplantar
usurpar
desbancar
reemplazar
relegar

suplementario
accesorio
adicional
complementario

principal
esencial

suplemento
complemento
accesorio
apéndice

suplencia
sustitución

suplente
sustituto
interino

titular

supletorio
complemento
suplemento

accesorio
secundario
extra

principal
fijo

súplica
ruego
imploración
solicitud
petición

oración

plegaria
rezo

suplicar
implorar
rogar
pedir
recurrir

rezar
orar

suplicatorio
exhortativo
suplicante

instancia
comunicación

suplicio
martirio
tortura
pena
castigo

suplir
reemplazar
sustituir
relevar

suponer
sospechar
creer
figurarse
imaginar

significar
implicar
conllevar

suposición
conjetura
hipótesis
deducción
presunción
sospecha

comprobación
realidad

supremacía
superioridad
predominio
preponderancia
hegemonía

supremo
superior
sumo
máximo
sobresaliente
extraordinario

ínfimo
insignificante

final
último
definitivo

supresión
anulación
eliminación
abolición

instauración
reposición
inclusión

suprimir
eliminar
anular
abolir
quitar
exterminar
prohibir

reponer
restaurar

omitir
ocultar
silenciar

incluir

supuesto
suposición
conjetura
hipótesis

fingido
presunto

hipotético
atribuido

verdadero
auténtico
comprobado

supuración
secreción
humor
mucosidad
pus

supurar
segregar
excretar
infectarse

sur
sud
mediodía
meridional
austral
antártico

norte
septentrional
ártico

surcar
atravesar
navegar
volar
cruzar

surco
estría
ranura
muesca

zanja
cauce
reguera

rastro
huella
rodada

surgir
brotar
manar

salir
manifestarse
aparecer

surtido
variado
diverso
heterogéneo

igual
homogéneo

muestrario
repertorio
colección

suministro
provisión

surtidor
fuente
manantial
chorro

depósito

surtir
abastecer
proveer
suministrar
equipar
servir

brotar
surgir

susceptible
suspicaz
malicioso
receloso

confiado
seguro

capaz
dispuesto

suscitar
provocar
motivar

levantar
originar

evitar

suscribir(se)
apoyar
respaldar
adherirse

rebatir
rechazar

abonarse
inscribirse

suscripción
inscripción
registro
alta

suscriptor
abonado
firmante
signatario

susodicho
aludido
citado
mencionado

suspender
interrumpir
detener
aplazar
suprimir
impedir
anular
cancelar

colgar
enganchar
pender
caer

castigar
sancionar
inhabilitar

descalificar
reprobar

catear
revolcar

suspense
intriga
emoción
incertidumbre

suspensión
supresión
cancelación
interrupción

reanudación
restablecimiento

amortiguación

suspenso
insuficiente
suspendido

aprobado
suficiente

perplejo
asombrado
sorprendido
atónito

suspicacia
desconfianza
susceptibilidad
recelo
reticencia

confianza

suspicaz
desconfiado
mosqueado
reticente
receloso

confiado
despreocupado

suspirar
exhalar
respirar

afligirse
quejarse

anhelar
ansiar
ambicionar

suspiro
exhalación
espiración
soplo
jadeo
gemido
lamento
sollozo

sustancia
elemento
componente
principio
fundamento
materia

ser
esencia
naturaleza
espíritu
alma
fondo
médula

alimento
extracto
concentrado

sustancial
esencial
fundamental
primordial
básico

insustancial
intrascendente

sustancioso
nutritivo
alimenticio
sabroso

valioso
interesante

sustantivo
nombre

sustancial

propio
característico
inherente
intrínseco

sustentación
sostén
apoyo
soporte

sustentar(se)
soportar
sostener

mantener
alimentar
criar

defender
propugnar

sustento
manutención
alimento
sostenimiento

soporte
base

sustitución
relevo
cambio
reemplazo
suplencia

sustituir
reemplazar
relevar
suplir
suceder

sustitutivo
sucedáneo
similar
análogo

sustituto
suplente
auxiliar
interino

titular

susto
sobresalto
temor
asombro
alarma

sustracción
resta

diferencia
disminución

adición
suma

hurto
robo

sustraer(se)
restar
disminuir
descontar

sumar

afanar
hurtar
robar

desentenderse
eludir
evitar

enfrentarse

susurrar(se)
musitar
bisbisear
murmurar

susurro
murmullo
rumor
runrún

sutil
leve
delicado
frágil
tenue

grueso
tosco

ingenioso
perspicaz
agudo
inteligente

torpe
simple

sutileza
finura
delicadeza
exquisitez
gracia

tosquedad

agudeza
ingeniosidad

simpleza

sutura
costura
cosido
juntura
cicatriz

T

taba
astrágalo

tabaco
hebra
picadura
rapé
cigarro
cigarrillo

tábano
moscardón
moscón

tabaquera
pitillera
cigarrera
petaca

tabaquero
estanquero
expendedor

tabaquismo
nicotismo

tabardillo
insolación

tifus

tabardo
gabán
pelliza
capote
zamarra

tabarra
incordio
lata
matraca
molestia
tostón
monserga

deleite
amenidad

taberna
cantina
bar
bodega
tasca

tabernáculo
altar
sagrario

tabernero
bodeguero
cantinero

tabicar
cerrar
tapiar
vallar
cercar

tabique
pared
muro
medianera

tabla(s)
chapa
plancha
lámina
tablero

cuadro
lista
índice

bancal

empate
igualdad

tablado
tarima
entarimado
estrado
escenario

cadalso
patíbulo

tablao
tablado

tablero
tabla
tablón

marcador

tableta
pastilla
comprimido
gragea
píldora

tabletear
entrechocar
repiquetear
castañetear

tablón
tabla
viga
traviesa
listón

tablero
marcador

tabú
prohibición
veto
superstición

taburete
banqueta
asiento

tacañería
roñosería
avaricia
mezquindad
ruindad
miseria

generosidad
desprendimiento

tacaño
agarrado
cicatero
roñoso
avaro
mezquino

espléndido
desprendido
generoso

tacatá
andador
andaderas
tacataca

tacha
falta
defecto
mancha
imperfección

tachadura
tachón
borrón
raspadura

tachar
rayar
anular
suprimir
eliminar

censurar
tildar
acusar

elogiar

tachón
tachadura

tachonado
sembrado
salpicado
adornado

tachuela
clavo
chincheta

retaco

tácito
implícito
virtual
supuesto
sobrentendido

explícito

taciturno
retraído
reservado
triste
lúgubre
ceñudo

comunicativo
alegre

taco
cuña
tarugo
madero
tapón

varilla
baqueta
palo

blasfemia
juramento
palabrota

lío
enredo
follón
confusión

tacómetro
taquímetro
cuentarrevolu-
ciones

tacón
talón
alza

taconear
zapatear
pisotear

táctica
método
procedimiento
sistema

diplomacia
habilidad
estrategia
argucia

torpeza

táctico
estratega
militar

tacto
percepción
impresión

toque
roce

discreción
delicadeza
diplomacia

torpeza
indiscreción

tafetán
seda

tafilete
cordobán
cuero
badana

tahalí
correa
cinturón

tahona
horno
panadería

tahúr
jugador

fullero
tramposo
ventajista

taiga
bosque

taimado
astuto
sagaz
ladino
granuja
zorro
bribón

ingenuo
inocente

tajada
loncha
raja
pedazo

tajo
corte

provecho
beneficio

borrachera
curda
melopea

tajamar
espolón
malecón
proa
roda

tajante
contundente
rotundo
terminante
concluyente
firme

flexible
condescendiente

tajo
corte
cuchillada
hendidura

sima
escarpadura
despeñadero

tajadera
tajón

trabajo
faena

tal
igual
parecido
semejante

tala
poda
corte

talabartero
guarnicionero

taladradora
taladro
perforadora

taladrar
perforar
horadar
traspasar

atronar
ensordecer

taladro
taladradora

barrena
broca

perforación
abertura

tálamo
lecho
cama

talante
temperamento
carácter
actitud

talar
cortar
podar
serrar

arrasar
destruir
devastar

respetar

talco
espejuelo
fuellar

talega
talego
costal
saco
alforja

talegazo
porrazo
costalada

talego
talega

cárcel
trena

taleguilla
pantalón
calzón

talento
ingenio
inteligencia
agudeza
perspicacia
capacidad

cortedad
torpeza
necedad

talión
castigo
venganza

perdón

talismán
amuleto
fetiche
mascota

talla
escultura
estatua

altura
alzada
estatura
medida

importancia
notoriedad

tallar
esculpir
cincelar
modelar

medir
marcar

tallarín
pasta

talle
cintura
cinto

apariencia
aspecto

taller
fábrica
factoría
obrador
estudio

tallista
escultor
modelador
imaginero
grabador

tallo
brote
esqueje
retoño
renuevo

talludo
maduro
crecido

talón
calcañar
planta
tarso

cheque
pagaré
bono

talonario
libreta
cartilla
chequera

talud
cuesta
pendiente
declive

tamaño
dimensión
volumen
medida

tambalearse
bambolearse
desequilibrarse

oscilar
vacilar
peligrar

también
asimismo
igualmente
incluso
además
aún
todavía

tambor
tamboril
caja
timbal
bombo

rodillo
rollo
cilindro

tamboril
tambor
caja

tamborilear
tamborear
repicar
repiquetear
redoblar

tamiz
cedazo
cernedor
criba
filtro

tamizar
cerner
colar
cribar

seleccionar

suavizar

tamo
pelusa
polvo

tampoco
nada
no
menos aún

también

tampón
almohadilla
sello

compresa

tanda
turno
vez

serie
grupo
partida

tándem
bicicleta

pareja

tanga
chito

bañador
biquini
taparrabos

tangencial
secundario
accesorio

básico
fundamental

tangente
contiguo
colindante
próximo

separado
lejano

tangible
concreto
real

material
perceptible

intangible
irreal
ilusorio

tango
baile
danza

tanque
depósito
cisterna
aljibe

blindado
carro de combate

tanteador
marcador

tantear
sondear
comparar
sopesar
considerar

tocar
tentar

tanteo
prueba
sondeo

puntuación
resultado

tanto
total
cantidad
número

punto
gol

tañer
tocar
pulsar
rasguear
doblar

tañido
son
toque
redoble
repique

tapa
cubierta
tapadera
tapón
funda

aperitivo
entremés

tapaboca
tapabocas
bufanda

tapadera
tapa
cubierta

encubridor
pantalla

tapadillo (de)
ocultamente
a escondidas

abiertamente
públicamente

tapar
cubrir
envolver
liar
resguardar
revestir
recubrir
abrigar

desenvolver
desvestir

esconder
ocultar
disimular

revelar
descubrir

cerrar

taponar
obstruir

abrir
destapar

taparrabo(s)
tanga

tapete
paño
mantel

tapia
pared
muro
valla
medianera

tapial
tapia
muro

tabla
armazón

tapiar
cercar
cerrar

tapicería
decoración
revestimiento
cortinaje

tapiz
colgadura
cortina
paño
alfombra

tapizar
forrar
revestir
recubrir

tapón
corcho
tapa

taponamiento

atasco
embotellamiento

desatasco

taponar
tapar
obstruir
atascar
cegar

destaponar
desatascar

tapujo
disimulo
engaño
pretexto
rodeo

taquicardia
aceleración
cardiaca

bradicardia

taquígrafa
taquimecanógrafa
secretaria

taquigrafía
estenografía
escritura
abreviada

taquigráfico
rápido
veloz
abreviado
conciso

taquilla
despacho
ventanilla
mostrador

cabina
armario

recaudación

taquillón
armario

taquímetro
tacómetro

tara
envase
recipiente

carga

defecto
lacra

taracea
marquetería
incrustación
encaje
damasquinado

tarado
deficiente
anormal
tonto
torpe

tarambana
zascandil
alocado
botarate
calavera
irreflexivo

sensato
juicioso

tarántula
araña

tararear
cantar
canturrear
entonar

tarascada
dentellada
mordisco

insolencia

brusquedad
desaire

tardanza
demora
retraso
dilación
lentitud

prontitud
rapidez
presteza

tardar
invertir
gastar
emplear

demorar
dilatar
retrasar
retardarse

aligerar
adelantarse

tarde
atardecer
crepúsculo
anochecer

mañana
amanecer

a deshora
a última hora

pronto
temprano

tardío
lento
tardo
calmoso
remiso

diligente
activo

inoportuno
inadecuado
extemporáneo

adecuado

tardo
lento
parsimonioso

vivaz
rápido

torpe
lerdo

despierto
perspicaz

tarea
labor
faena
trabajo
ocupación

desocupación
inactividad

tarifa
tasa
coste
precio
importe

tarifar
valorar
tasar

discutir
regañar

tarima
tablado
estrado
peana
plataforma

tarjeta
cartulina
papeleta
ficha
postal

tarro
frasco
pote

vaso
taza

tarso
talón
planta
calcañar

corvejón
jarrete
espolón

tarta
pastel
bizcocho
budín

botín

tartaja
tartamudo

tartajear
tartamudear

tartamudear
tartajear
farfullar
balbucear
trabucar
trastabillar
entrecortarse
aturullarse

tartamudo
tartajoso
tartaja
trapajoso
entrecortado

tartana
carruaje
calesa
coche
carricoche

tártaro
averno

infierno
abismo

mongol

tartera
fiambrera
cacerola

tarugo
taco
cuña
trozo
pedazo

torpe
zoquete
bruto

tarumba
loco
trastornado
aturdido
atolondrado

tas
yunque

tasa
canon
arancel
impuesto
contribución

índice
medida

tasación
valoración
evaluación
cálculo
ajuste

tasa
canon

exención

tasador
experto

perito
entendido

tasajo
salazón
cecina
mojama

tasar
valorar
evaluar
estimar
ajustar
determinar

tasca
taberna
bodega
cantina
bar

tata
niñera
aya
nodriza

tatarabuelo
rebisabuelo

tataranieto
rebisnieto

tatuaje
dibujo
grabado

tatuar
dibujar
grabar

taumaturgia
magia

taumaturgo
mago
adivino
hechicero

taurino
torero
taurómaco

tauromaquia
toreo
lidia

tautología
repetición
sinonimia

taxativo
preciso
específico
claro
concreto
estricto

vago
relativo

taxi
taxímetro

taxidermia
disecación
embalsamamiento
momificación

taxímetro
contador
medidor

taxi

taxista
chófer
conductor

taxonomía
clasificación
ordenación

taza
tazón
vasija

tazón
cuenco
bol

té
infusión

tea
antorcha
hacha
candela

borrachera
melopea

teatral
dramático
escénico
trágico

fingido
artificial
aparatoso
afectado

natural
espontáneo

teatro
representación
función

drama
comedia

sala
salón
anfiteatro
escenario

farándula
candilejas
escena

cuento
simulación
farsa

naturalidad
espontaneidad

tebeo
historieta
cómic

techar
cubrir
tejar
abovedar

techo
techumbre
bóveda
artesonado

albergue
refugio
cobijo

techumbre
techo
tejado

tecla
pulsador
llave

teclear
pulsar
presionar
mecanografiar

probar
ensayar
tantear

técnica
tecnología

método
sistema

capacidad
destreza

técnico
experto
perito
especialista
entendido

tecnología
técnica
ciencia

tectónico
geológico
terrestre
telúrico

tedéum
cántico
loa
himno

tedio
aburrimiento
hastío
apatía
desgana

diversión
ilusión

tegumento
membrana
tejido
recubrimiento

teja
cubierta
pizarra

tejadillo
cobertizo
marquesina

tejado
cubierta
techumbre
azotea

tejar
tejera
tejería

tejedor
urdidor
tramador
artesano

tejemaneje
ajetreo
actividad

enredo

lío
chanchullo

tejer
hilar
urdir

intrigar
maquinar

tejido
tela
paño
lienzo

tegumento
capa
revestimiento

tejo
chito
canto

tela
tejido
paño

revestimiento
tegumento

asunto
tarea

dinero
parné

telar
tejedora

telaraña
tela
red
malla

telecabina
teleférico

**telecomunica-
ción**
comunicación
transmisión

telediario
noticiario

teleférico
transbordador
funicular
telecabina

telefonear
llamar

teléfono
telefonía

receptor
auricular

telegrafiar
transmitir
enviar
recibir

telegráfico
escueto
lacónico
sucinto
breve

extenso

telégrafo
telegrafía
telecomunicación

receptor
transmisor

telegrama
cablegrama

telele
desmayo
soponcio
patatús
síncope

teleobjetivo
zoom

telescopio
anteojo
periscopio

telesilla
telesquí

telespectador
televidente

telesquí
telesilla
teleférico

teletipo
teleimpresor

televidente
telespectador

televisar
transmitir
emitir

televisión
transmisión
emisión

receptor
televisor

televisor
televisión
receptor

télex
telegrama

telón
cortina
bastidor
decorado

telúrico
terrestre
geológico
tectónico

tema
asunto
materia
contenido

melodía
composición

obsesión
manía
fijación

texto
lección

raíz
radical

temario
programa
cuestionario

temática
asunto
materia

tembladera
temblor
tiritona

temblar
vibrar
oscilar
tiritar

temer
asustarse

temblor
estremecimiento
convulsión
tiritera
escalofrío

temor
miedo

seísmo
terremoto
sacudida

tembloroso
trepidante
trémulo

espantado
sobresaltado

temer
asustarse
sobrecogerse
espantarse
recelar
sospechar
dudar
preocuparse

envalentonarse
confiar

temerario
arriesgado
atrevido
osado
audaz

prudente
sensato

temeridad
imprudencia
atrevimiento
irreflexión

prudencia

temeroso
miedoso
cobarde
desconfiado

valiente
atrevido

temible

temible
espantoso
alarmante
horrible

deseable
bueno

temor
miedo
pavor
pánico
asombro
sobresalto
desasosiego

valor
serenidad
calma

sospecha
recelo

confianza

témpano
carámbano
hielo

temperamental
apasionado
exaltado
impulsivo
vehemente

frío
cerebral
reflexivo

temperamento
carácter
personalidad

empuje
genio

pusilanimidad

temperar
atemperar
mitigar

intensificar

temperatura
calor
grados

fiebre
hipertermia

tempestad
tormenta
temporal
borrasca

bonanza

explosión
revuelo

calma
tranquilidad

tempestuoso
agitado
tormentoso
encolerizado
violento

calmado
tranquilo

templado
cálido
tibio
tenue

comedido
mesurado
sereno

extremado
inmoderado

bebido
achispado
amonado

sobrio

templanza
moderación
prudencia
sobriedad
austeridad

desenfreno
lujuria

templar
caldear

calentar
entibiar

mitigar
suavizar
atenuar

tensar
estirar
afinar

temple
serenidad
entereza
tenacidad

carácter
talante

dureza
resistencia

templete
cenador
mirador

templo
iglesia
basílica
catedral
santuario

temporada
período
época
estación

temporal
tempestad
borrasca

eventual
transitorio
pasajero

indefinido
permanente
duradero

mundano
material

espiritual
religioso

temporero
jornalero

tempranero
madrugador
mañanero

tempranо
prematuro

temprano
prematuro
tempranero
inmaduro
verde

tardío
retrasado
maduro

pronto
al amanecer

tarde

tenacidad
constancia
firmeza
tesón
empeño

inconstancia
pasividad

tenada
tinada
cobertizo

tenaz
constante
perseverante
persistente
porfiado
pertinaz
obstinado
terco

inconstante
débil

fuerte
resistente

tenazas
pinzas
tenacillas
alicates

tendedero
tendedor
secadero
tendal

tendencia
propensión
inclinación
preferencia
querencia
simpatía

aversión
desagrado

tendencioso
parcial
arbitrario
apasionado
sectario

ecuánime
objetivo

tender(se)
desplegar
extender
desdoblar
colgar

inclinarse
procurar

acostarse
tumbarse

ténder
vagón
remolque

tenderete
quiosco
puesto
tiendecilla

tendero
vendedor
comerciante
dependiente

tendido
tumbado
acostado

graderío
andanada

tendón
ligamento
nervio

tenebroso
oscuro
sombrío
tétrico
misterioso

luminoso
claro

tenedor
cubierto
tridente

poseedor
propietario

tenencia
posesión
propiedad
disfrute

tener
haber
poseer
detentar
disfrutar
conservar

sostener
sujetar

juzgar
reputar

tenería
curtiduría

tenia
solitaria

teniente
lugarteniente
sustituto

concejal
delegado

sordo

tenor
cantante
solista

contexto
relación

tenorio
conquistador
seductor
donjuán

tensar
templar
estirar

destensar
aflojar

tensión
tirantez
rigidez

nerviosismo
estrés

distensión
relajación

tenso
estirado
tirante
rígido

flojo
flexible

nervioso

inquieto
preocupado

relajado
distendido

tentación
incitación
sugestión
seducción
atracción

tentáculo
apéndice
extremidad

tentadero
cercado
corral

tentador
provocativo
atrayente
seductor

disuasor

tentar
tocar
palpar
manosear

reconocer
examinar

inducir
incitar

disuadir
repeler

tentativa
intento
propósito
pretensión
prueba

tentempié
aperitivo
piscolabis

tenue
fino
delicado
sutil
leve

grueso
denso

teñir
colorear
pintar
entintar

teología
doctrina
dogma

teólogo
doctor
prelado

teorema
proposición
tesis

teoría
suposición
creencia
hipótesis
probabilidad

práctica
pragmatismo

teórico
hipotético
supuesto
utópico

práctico
real

teorizador
ideólogo

teorizar
especular
idealizar
sistematizar

experimentar
ensayar

terapéutica
tratamiento
medicación
cura

terapéutico
curativo
rehabilitador

terapia
terapéutica
tratamiento

tercero
intermediario
mediador
árbitro
intercesor

terceto
trío
terna

tercerilla
estrofa

terciado
atravesado
inclinado

horizontal
recto

mediano

terciar
interceder
mediar
arbitrar
interponerse

abstenerse

tercio
legión
regimiento
batallón

parte
fracción
división

terciopelo
felpa
pana

terco
obstinado
tenaz
testarudo
obcecado
tozudo

transigente
comprensivo

tergiversación
falseamiento
deformación
alteración
confusión
enredo

autenticidad
franqueza

tergiversar
confundir
falsear
deformar
enredar
alterar

aclarar
explicar

termas
balneario
caldas
baños

termes
carcoma
termita

térmico
cálido
caliente

frío
helado

terminación
conclusión
final
término
clausura

iniciación
comienzo

remate
extremo

terminal
terminante
final
postrero
último

terminante
decisivo
definitivo
tajante
incuestionable

impreciso
cuestionable

terminar(se)
acabar
completar
concluir
finalizar
ultimar
rematar
agotar

empezar
iniciar

término
terminación
conclusión

vocablo
palabra

jurisdicción
circunscripción
municipio

plazo
período

terminología
vocabulario
léxico

termita
termes

termo
vasija

termosifón

termómetro
medidor

termosifón
calentador
termo

termostato
regulador

terna
trío
tres
triunvirato

ternasco
cordero
recental
cabrito

ternera
becerra
vaquilla

ternero
eral
choto
novillo

ternilla
cartílago

terno
trío
tríada

traje

ternura
delicadeza
suavidad
cariño
terneza
mimo
requiebro

brutalidad
grosería

terquedad
contumacia
porfía
tozudez
obstinación

transigencia
docilidad

terracota
escultura
estatuilla

terrado
azotea

terraplén
desmonte
desnivel
pendiente
montículo

terráqueo
terrestre
terrícola

terrateniente
hacendado
latifundista

terraza
azotea
terrado
solario
balcón
mirador
cenador

terrazo
losa
baldosa

terremoto
temblor
seísmo
maremoto

terrenal
terreno
terrestre

temporal
transitorio
tangible

espiritual
intangible
perenne

terreno
campo
tierra
solar
superficie
propiedad
plantación

ámbito
contorno
medio
especialidad

capa
estrato

terrenal

terrestre
terrenal
terrícola
geológico

terrible
horrible
terrorífico
atroz

espantoso
horroroso

atractivo
grato

duro
cruel
brutal

humano
tierno

terrícola
terrestre

territorio
circunscripción
demarcación
distrito

estado
región
país

terrón
gleba
trozo
pedazo

azucarillo

terror
miedo
horror
espanto
atrocidad

serenidad
valentía

terrorífico
aterrador
espantoso
espeluznante
horrible

tranquilizador

terrorismo
violencia
amenaza

represalia
terror

paz

terrorista
guerrillero
violento
fanático
saboteador
pistolero
revolucionario

pacifista

terroso
térreo
terrizo
arcilloso
gris
pardo

terruño
pueblo
patria
país

terso
estirado
tenso
suave
liso
brillante
nítido
reluciente

arrugado
sucio

tersura
finura
suavidad
transparencia
nitidez
pureza

opacidad

tertulia
reunión
velada

conversación
charla
coloquio
círculo

tesina
tesis

tesis
estudio
memoria

proposición
consideración

tesitura
coyuntura
disposición

registro
intensidad

tesón
constancia
tenacidad
firmeza
persistencia

inconstancia
abandono

tesorería
administración
pagaduría
caja

tesorero
administrador
cajero

tesoro
caudal
fortuna
bienes
riquezas

alhaja
prenda

erario
hacienda

test
prueba
examen

testa
testuz
cabeza
mollera
cráneo

testaferro
sustituto
suplantador

testamento
transmisión
sucesión
cesión
herencia

testar
legar
otorgar
ceder
transmitir
disponer

testarazo
cabezazo
golpe

testarudo
pertinaz
obcecado
tozudo
cabezota
porfiado

transigente
flexible

testera
testero
frente
fachada
exterior
frontis

testículo
glándula
criadilla
huevo

testificación
certificación
declaración
testimonio

testificar
atestiguar
testimoniar
declarar
alegar
certificar

testigo
declarante
atestiguante
deponente

prueba
señal

testimonial
cierto
legítimo
auténtico

testimoniar
atestiguar
probar
testificar
manifestar

testimonio
declaración
revelación
certificación
juramento

prueba
huella
vestigio

testuz
frente

nuca
cerviz

teta
ubre
mama
pecho
seno

tétanos
agarrotamiento
contracción

tetrágono
cuadrilátero

tétrico
lúgubre
sombrío
siniestro
macabro

alegre
agradable

tetuda
tetona
pechugona
exuberante

escasa
fláccida

teutón
teutónico
germano
germánico
alemán
tudesco

textil
tejido

texto
escrito
descripción
relato

obra
libro
ejemplar
tratado

textual
literal
exacto
fiel
preciso
calcado

textura
trama
urdimbre
punto
grano
ligazón
estructura

tez
piel
cutis
dermis
semblante
cara

tía
familiar
pariente

hembra
mujer

fulana
prostituta

tiara
mitra
pontificado

tiberio
lío
alboroto
bullicio
jaleo

tibia
espinilla

tibieza
enfriamiento
indiferencia

ardor
fervor

tibio
cálido
templado
suave
tenue

desapasionado
indiferente
frío

apasionado
entusiasta

tiburón
escualo

tic
contracción
contorsión
gesto

ticket
billete
boleto
vale
entrada

tictac
ritmo
compás

tiempo
período
época
etapa
temporada
lapso
fase
momento
estación

clima
meteorología

edad
años

oportunidad
ocasión

tienda
establecimiento
comercio
bazar
negocio
local

lona
entoldado
carpa

tienta
capea
becerrada

tiento
cautela
prudencia
moderación
cuidado
tino

imprudencia

tierno
blando
flexible
suave

duro

cariñoso
dulce
delicado

seco
frío

verde
joven
novato

viejo
experto

tierra
universo
mundo
globo
planeta
orbe

suelo

firme
pavimento

barro
polvo

patria
país
nación

terreno
campo
finca

tieso
rígido
tenso
duro
erguido

flojo
encogido

arrogante
orgulloso
seco
adusto

humilde
sencillo

tiesto
maceta
jardinera
florero
jarrón

tifón
huracán
ciclón
tornado
torbellino
vendaval

tifus
tifo
cólera
fiebre amarilla

tijera(s)
tijereta
cizalla

tenacillas
despabiladeras

tijeretazo
tijeretada
corte
incisión

tila
infusión

tildar
atribuir
designar
señalar

acusar
difamar
censurar
reprochar

ensalzar

acentuar

tilde
acento
virgulilla
rasgo
señal
marca

tacha
borrón
mancha

timador
ladrón
estafador
embaucador

timar
engañar
estafar
robar
embaucar

timbal
tambor
tamboril
atabal

timbrado
afinado

timbrar
estampar
marcar
sellar

timbre
campanilla
llamador

sonoridad
tono

póliza
sello
gravamen

timidez
vergüenza
retraimiento
cortedad
modestia

decisión
atrevimiento

tímido
vergonzoso
apocado
cohibido
retraído
introvertido

osado
resuelto
atrevido

leve
sutil
ligero

intenso
fuerte

timo
engaño
fraude
estafa
robo

timón
mando
gobierno
dirección

gobernalle
caña

timonel
timonero
guía
piloto

timorato
asustadizo
apocado
miedoso
tímido

decidido
atrevido

puritano
mojigato

liberal

tímpano
timbal

membrana
telilla
oído

tina
tinaja
cuba
barreño

bañera
pila
artesa

tinaja
tina

tinglado
entablado
armazón

enredo
embrollo

tinieblas
oscuridad
noche

claridad
día

ignorancia
incultura

conocimiento
certidumbre

tino
acierto
puntería

desacierto

cautela
discreción
tiento

imprudencia
torpeza

tinta
tinte
colorante
tintura

tintar
teñir

tinte
tinta
tintura

tintinear
tintinar
entrechocar
sonar

tinto
cárdeno
colorado
rojo

tintorro
oscuro

tintura
tinte
colorante

tiña
roña
mugre
suciedad

limpieza

tiñoso
mugriento
sucio
guarro
piojoso

limpio
pulcro

mezquino
miserable
ruin

generoso

tío
pariente
familiar

tipo
gachó
menda

tiovivo
carrusel
caballitos

tipejo
hazmerreír
mamarracho

típico
característico
peculiar
representativo

popular
tradicional
pintoresco

tipificar
estandarizar
homologar
normalizar

variar
desigualar

tipismo
peculiaridad
folclore
tradición

tiple
soprano

bajo

tipo
modelo
ejemplo
muestra
pauta

letra
carácter

figura
porte

tipografía
imprenta
impresión

tique
vale
bono
recibo
entrada

tiquismiquis
ñoño
pejiguero
melindroso

reparos
escrúpulos

tira
cinta

correa
franja
venda

trozo
pedazo

tirabuzón
bucle
rizo

sacacorchos

tirachinas
tirador
tiragomas

tirada
lanzamiento

distancia
tramo
recorrido

sucesión
serie

edición
impresión
ejemplares

tirado
echado
tendido
caído

barato

caro

perdido
miserable

tirador
manilla
asa
asidero

tirachinas

pistolero
francotirador

tiragomas
tirachinas

tiralevitas
pelota
adulador
pelotillero

tiralíneas
compás

tiranía
opresión
dictadura
totalitarismo
absolutismo

democracia
libertad

tiránico
despótico
cruel
opresivo
dictatorial

tolerante
justo
humano

tiranizar
avasallar
esclavizar
oprimir
subyugar

liberar

tirano
dictador
opresor

tirante
tenso
rígido

flojo
blando

delicado

grave
difícil

cinto
correa
elástico

tirantez
embarazo
tensión
hostilidad

cordialidad
relajación

tirar(se)
arrojar
lanzar
echar
derramar

coger
recoger

derribar
tumbar
abatir

disparar
descargar

malgastar
desperdiciar

ahorrar
aprovechar

imprimir
editar
publicar

tenderse
tumbarse

levantarse

tirillas
enclenque
mequetrefe

tiritar
temblar
estremecerse

tiritera
tiritona
tembladera
castañeteo

tiro
detonación
disparo
descarga

corriente
ventilación

yunta
pareja

lanzamiento

tirón
sacudida
meneo
estirón

tirotear(se)
disparar
descargar
acribillar

tiroteo
refriega
choque
combate
disparos

tirria
odio
aborrecimiento
antipatía
ojeriza

afecto
atracción
simpatía

tísico
tuberculoso

tisis
tuberculosis

tisú
brocado
seda

titán
gigante
coloso
superhombre

titánico
colosal
inmenso
gigantesco
grandioso

insignificante
pequeño

títere(s)
espantajo
monigote
pelele

muñeco
marioneta
guiñol

titilar
centellear
resplandecer

temblar
palpitar

titiritero
acróbata
saltimbanqui
comediante

tito
almorta

titubeante
indeciso
vacilante
inseguro

seguro
decidido

titubear
balbucear
farfullar

dudar
vacilar

decidirse
asegurarse

titubeo
duda
vacilación
irresolución

seguridad
decisión

titulado
diplomado
graduado
licenciado

titular(se)
titulado
fijo

título
encabezamiento

nombrar
denominar
dar nombre

licenciarse
doctorarse

título
encabezamiento
cabecera
rótulo
inscripción

denominación
nombre

diploma
licencia
acreditación

dignidad
categoría

abolengo
linaje

tiza
yeso
escayola
clarión
espejuelo

tiznar(se)
ensuciar
manchar
ennegrecer

blanquear
limpiar

tizne
humo
hollín
pringue

tiznón
mancha
tiznadura
tizne
tiznajo

tizón
brasa
rescoldo

carboncillo

tizona
espada

toa
maroma
sirga
cabo
amarra

toalla
lienzo
paño

toba
recubrimiento
corteza

cardo

tobera
conducto
boca
abertura

tobillera
venda

tobillo
maléolo
protuberancia

tobogán
deslizadero
rampa

toca
tocado
cofia

tocadiscos
fonógrafo
gramófono

tocado
peinado
aderezo

chiflado
chalado
perturbado

cuerdo

tocador
cómoda
coqueta

aseo
toilette

tocamiento
palpamiento
toque
sobo

tocante
referido
relativo
relacionado

tocar(se)
tentar
palpar
manosear
sobar

tañer
ejecutar
interpretar

repicar
sonar

chocar
rozar
lindar

concernir
referirse
corresponder

tocayo
homónimo

tocho
necio
tonto
tosco

ladrillo

tocino
grasa
gordo
sebo

tocología
obstetricia

tocólogo
obstetra
ginecólogo

tocomocho
timo
estafa

tocón
sobón
pegajososo

tronco

todavía
aún
incluso
no obstante

todo
total
completo
entero
íntegro

conjunto
totalidad

nada

todopoderoso
omnipotente
supremo
absoluto

toga
túnica
manto

togado
juez
magistrado

toilette
tocador
lavabo

aseo
arreglo

toisón
insignia
dignidad

toldo
dosel
palio
lona
carpa

tolerancia
transigencia

respeto
comprensión

intolerancia
inflexibilidad

tolerante
condescendiente
comprensivo
respetuoso

intransigente

tolerar
aceptar
admitir
soportar
consentir
transigir
comprender
sobrellevar

rechazar
prohibir

tolla
lodazal
ciénaga

tolva
embudo

tolvanera
polvareda
remolino

toma
ocupación
conquista
apropiación
incautación
usurpación

derivación
abertura
acceso

dosis
porción

filmación
fotografía

tomador
receptor

dador

tomar
coger
asir
agarrar

soltar
dejar

apropiarse
adueñarse
conquistar
ocupar
invadir
requisar

entregar

beber
ingerir
consumir

tomavistas
cámara
filmadora

tómbola
rifa
lotería

tomo
ejemplar
volumen
libro

tonada
copla
canción
canto
melodía
tonadilla

tonadilla
tonada
cuplé

entonación

sonsonete
estribillo

tonadillera
cupletista

tonalidad
sonido
tono

coloración
gama

tonel
barril
barrica
cuba

tonelaje
capacidad
volumen
arqueo

tongo
fraude
engaño
amaño
arreglo

tónico
reconstituyente
tonificador
estimulante

acentuado

átono

tonificador
tónico

tonificar(se)
fortalecer
vigorizar
reconstituir
estimular
reanimar

debilitar
apagar

tonillo
sonsonete
acento
tono
deje

tono
inflexión
entonación
modulación

colorido
matiz

actitud
carácter

energía
vigor

presunción
importancia

tonsura
rapadura

grado
ordenación

tonsurar
rapar
pelar

ordenar

tontear
bobear
bromear
fantochear

disparatar
desbarrar

coquetear
galantear
cortejar
flirtear

tontera(s)
tontería
tontuna

tontaina

bobo
simple

tontería
bobada
estupidez
sandez
simpleza
memez
necedad
despropósito
disparate

agudeza
sensatez
sutileza

chuchería
insignificancia
pequeñez
nadería
menudencia
fruslería

zalamería
mimo

tonto
imbécil
bobo
estúpido
idiota
majadero
memo
mentecato
necio
torpe
retrasado
subnormal
demente

inteligente
listo

ingenuo
infeliz
inocente
tontaina

toña
borrachera

cogorza
melopea

topacio
gema
berilo

topar(se)
chocar
tropezar
colisionar

hallar
encontrarse

tope
protección
refuerzo
parachoques
obstáculo

extremidad
extremo
borde
remate
límite

topetazo
testarazo
cabezazo
tropiezo
trompicón
trompazo
colisión

tópico
manido
repetido

original

vulgaridad
trivialidad

remedio
medicamento

topo
zoquete
lerdo

infiltrado

topografía
relieve
orografía

toponimia
origen
procedencia
significado

topónimo
nombre

toque
roce
contacto
fricción

advertencia
aviso
amonestación
llamada

campanada
tañido
redoble
repique

rectificación
remate

toquetear(se)
manosear
sobar

toquilla
pañoleta
mantilla
chal

torácico
pectoral
pulmonar
respiratorio

tórax
pecho
tronco
torso

torbellino
remolino
ciclón
corriente

aglomeración
revuelo
confusión

impetuoso
alocado
impulsivo
atropellado

pacífico
cerebral
juicioso

torcedura
distensión
dislocación
torsión
esguince
luxación

torcer(se)
enroscar
curvar
doblar
arquear

enderezar
estirar

girar
desviarse
volver

dislocar
luxar
descoyuntar

descarriarse
perderse
enviciarse

enmendarse
corregirse

torcida
pabilo
mecha

tordo
pardo
gris
cano

estornino

torear
lidiar
rejonear

eludir
esquivar
sortear
rehuir

toreo
lidia
tauromaquia

torera
chaquetilla
bolero
chaleco

torero
diestro
espada
lidiador
matador

toril
chiquero
corral
redil

tormenta
temporal
tempestad
borrasca
ventisca

riña
pelea
discusión

calma
paz

tormento
tortura
suplicio

dolor
sufrimiento

desazón
amargura
remordimiento
pena

consuelo
felicidad
alegría

tormentoso
nublado
borrascoso
ventoso
huracanado

despejado
apacible

tormo
terrón

tornadizo
voluble
inconstante
cambiante
inestable

constante
firme
estable

tornado
huracán
tifón
ciclón
tormenta

tornar
volver
regresar
reaparecer

irse
marcharse

transformar
mudar
convertir

tornasol
reflejo
irisación
fulgor
coloración
viso
matiz

tornasolado
irisado
refulgente
coloreado
teñido

tornear
labrar
redondear

torneo
combate
justa
lid
desafío
certamen

tornero
mecánico

tornillo
tuerca
rosca
perno

torniquete
ligadura
atadura
venda

torno
cabrestante
fresa

toro
astado
cornúpeta
bovino

toronja
pomelo

torpe
incapaz
inepto
incompetente
tardo
negado
inútil
cerril
zopenco

ágil
inteligente
ligero

torpedear
disparar
lanzar
arrojar

impedir
boicotear
entorpecer

torpedo
proyectil

torpeza
ineptitud
inexperiencia
ignorancia
incompetencia
aturdimiento

aptitud
habilidad

desacierto
equivocación
error

torrar(se)
tostar

torre
torreón
atalaya
baluarte

torrefacción
tostadura
tueste

torrefacto
torrado
tostado

torrencial
tempestuoso
impetuoso
incontenible

torrente
torrentera
corriente
arroyo

multitud
muchedumbre

torrentera
cauce
lecho

torreón
torre
baluarte

tórrido
ardiente
sofocante
abrasador

torrija
picatoste
tostada

torsión
retorcimiento
flexión
torcedura

torso
busto
tórax
pecho

torta
pasta
bizcocho
pastel

bofetada
tortazo
cachete

tortazo
bofetada
torta
guantazo

tortillera
lesbiana

tórtola
paloma

tórtolo
enamorado
amartelado

tortuga
galápago
quelonio

tortuoso
sinuoso
ondulado
zigzagueante

solapado
desconfiado
astuto
taimado

sincero
claro

tortura
suplicio
tormento

angustia
inquietud
remordimiento
desazón

alivio
satisfacción

torturar(se)
martirizar
atormentar
fustigar

inquietar
acongojar
apenar

consolar

torvo
siniestro
avieso
huraño

abierto
simpático

tos
carraspeo
expectoración
catarro

tosco
ordinario
basto
rudimentario

grosero
chabacano
palurdo

delicado
fino

toser
carraspear
expectorar

tostada
rebanada
picatoste

tostado
asado
quemado
dorado
gratinado
bronceado

moreno
curtido

tostadura
torrefacción
tueste

tostar(se)
asar
quemar
chamuscar
dorar

broncear
curtir
atezar

tostón
pesadez
tabarra

cochinillo
lechón

total
completo
íntegro
general
absoluto

parcial

suma
resultado
totalidad

parte
porción
resta

totalidad
integridad
todo

parcialidad

totalitario
absolutista
dictatorial
fascista
tiránico

democrático
liberal

totalitarismo
absolutismo
dictadura
tiranía

democracia
liberalismo

tótem
ídolo
talismán

tournée
tour
gira
viaje
excursión

tóxico
venenoso
dañino

veneno
ponzoña

antídoto

toxicómano
drogadicto
adicto
drogodependiente

toxina
tóxico

tozudo
testarudo
terco
porfiado
inflexible
obcecado
recalcitrante
cabezota
tenaz

flexible
transigente

traba
obstáculo

estorbo
impedimento
inconveniente
dificultad

facilidad

atadura
lazo

trabajado
cansado
molido
fatigado

descansado

elaborado
cuidado

descuidado

trabajador
laborioso
diligente
cumplidor
emprendedor
solícito

vago
zángano
ocioso

obrero
operario
jornalero
asalariado
proletario

trabajar
producir
laborar
labrar
esforzarse
bregar
trajinar
ocuparse
atarearse

vaguear
holgar

trabajo
ocupación
función
misión
cometido
labor
tarea

descanso
holgazanería

esfuerzo
carga
padecimiento
lucha

estudio
investigación
publicación
memoria

trabajoso
laborioso
arduo
difícil
duro
penoso
ingrato

fácil
sencillo
cómodo

trabar(se)
atar
unir
ligar
enlazar
juntar
sujetar

liberar
soltar
separar

coordinar
concordar

espesar
condensar

impedir

dificultar
obstaculizar
retener

tartamudear
tartajear

trabazón
enlace
unión
conexión
ligazón

desconexión
separación

trabucar(se)
alterar
perturbar
trastocar
embrollar

aclarar
ordenar

equivocarse
confundirse

trabuco
bocarda

tracción
arrastre
remolque

tirón
empuje

tractor
remolcador
propulsor
impulsor

tradición
costumbre
hábito
práctica
creencia
leyenda
historia

pasado
acervo
folclore

novedad
modernidad
actualidad

tradicional
acostumbrado
típico
habitual
castizo
folclórico
histórico
legendario
antiguo
clásico

nuevo
moderno

tradicionalismo
conservadurismo

traducción
versión
transcripción
interpretación

traducir(se)
interpretar
verter
trasladar
descifrar
transcribir

cambiar
convertirse

traductor
intérprete
glosador

traer
transportar
trasladar
acercar

llevar

alejar

ocasionar
acarrear

lucir
vestir

traficante
comerciante
negociante
tratante
intermediario

traficar
comerciar
negociar
especular
vender
comprar

tráfico
comercio
negocio
intercambio
especulación
compraventa
importación
exportación

circulación
tránsito

tragaderas
glotonería

aguante
paciencia
tolerancia

intolerancia

tragadero
desagüe
sumidero

faringe
garganta

tragaldabas
tragón

tragaluz
claraboya
lucerna
ventana
cristalera

tragar
comer
ingerir
engullir
devorar
zampar
atiborrarse

devolver
vomitar

chupar
absorber

soportar
tolerar
aguantar

tragedia
catástrofe
desastre
desgracia
infortunio
desdicha
fatalidad
siniestro
adversidad

suerte
fortuna

drama
melodrama

comicidad
humorismo

trágico
desdichado
desgraciado
infortunado
terrible
calamitoso
infausto
nefando

siniestro
penoso

benéfico
alegre

teatral
dramático

cómico
jocoso

tragicómico
melodramático
teatral
ridículo

trago
sorbo
bebida
deglución
ingestión

infortunio
adversidad
disgusto
desdicha

tragón
comilón
glotón
zampón
tripero
tragaldabas

traición
deslealtad
infidelidad
engaño
ingratitud
vileza
delación
complot
maquinación
conjura

lealtad
rectitud

traicionar
vender
desertar
delatar
chivarse
conspirar
abandonar

defender
ayudar

traicionero
traidor

traidor
desleal
infiel
renegado
desertor
delator
conspirador

leal
fiel
noble

traílla
correa
cinto
cuerda

jauría

trainera
lancha
barca
embarcación

traje
vestido
indumentaria
ropaje
terno
uniforme
hábito

trajín
ajetreo
actividad

esfuerzo
agitación
trabajo

calma
tranquilidad

trajinar
trabajar
bregar
afanarse
ajetrearse
esforzarse

holgazanear

acarrear
trasladar
transportar

tralla
látigo
fusta
vergajo

trallazo
chasquido
latigazo

trama
urdimbre
malla
red

argumento
tema
asunto

intriga
maquinación
confabulación
conspiración

tramar
tejer
urdir

maquinar
planear
conspirar
intrigar

tramitación
trámite
diligencia
procedimiento

tramitar
gestionar
diligenciar
despachar
cursar

entorpecer
dificultar

trámite
gestión
diligencia
procedimiento
expediente
formalidad
papeleo

tramo
parte
trozo
trecho
intervalo
distancia
recorrido

tramontana
ventarrón
vendaval

tramoya
ingenio
artilugio
maquinaria
decorado

enredo
engaño
farsa

trampa
engaño
enredo
celada

asechanza
intriga

cepo
lazo
red
cebo
ratonera

escotilla
trampilla

deuda
débito

trampear
engañar
estafar
sablear

tirar
renquear

trampilla
portillo
ventanilla

trampolín
plataforma
plancha
tablón

tramposo
embustero
estafador
fullero
sablista
embaucador
farsante
chantajista

honrado
noble

tranca
palo
bastón
garrote
estaca

borrachera
curda

trancazo
bastonazo
garrotazo
estacazo
porrazo

catarro
gripe

trance
lance
brete
compromiso
apuro
aprieto
dificultad
dilema

tranquilidad
sosiego
quietud
placidez
paz
calma
bonanza

intranquilidad
viveza

indiferencia
parsimonia
flema
cachaza

tranquilizante
calmante
sedante
lenitivo
barbitúrico
hipnótico

estimulante

tranquilizar(se)
sosegar
calmar
apaciguar
aplacar
serenar

sedar
consolar

inquietar
turbar
irritar
excitar

tranquillo
truco
habilidad
rutina
práctica

tranquilo
pacífico
reposado
sosegado
apacible
sereno

irritable

indiferente
frío
parsimonioso
indolente

intranquilo
nervioso
vivaz

transacción
trato
intercambio
acuerdo

desavenencia
intransigencia

transatlántico
ultramarino
transoceánico

buque
barco

transbordador
barcaza
ferry

funicular
plataforma

transbordar
trasladar
transportar
cruzar
pasar

transbordo
cambio
combinación
enlace

transcribir
copiar
reproducir
trasladar

transcripción
copia
reproducción
traducción

original

transcurrir
pasar
correr
sucederse
durar
cumplirse

retroceder
detenerse

transcurso
curso
sucesión
lapso
intervalo

transeúnte
caminante
viandante
peatón
viajero

visitante
pasajero
turista

transferencia
traspaso
transmisión
cesión

retención
permanencia

transferir
pasar
traspasar
ceder
entregar
abonar

retener
permanecer

transfiguración
transformación
alteración
metamorfosis
cambio

transfigurar(se)
transformar
alterar
modificar
cambiar

transformación
alteración
modificación
cambio
conversión
reforma
variación
mutación
metamorfosis
renovación

inmutabilidad
permanencia

transformador
convertidor
reductor
amplificador

transformar(se)
alterar
cambiar
variar
modificar
trocar
desfigurar
distorsionar
reformar
restaurar
elaborar

permanecer
durar
conservar

transformista
travesti
travestido

tránsfuga
desertor
prófugo
fugitivo

transfusión
trasvase
inyección

transgredir
infringir
contravenir
quebrantar
vulnerar
violar

cumplir
respetar

transgresión
infracción
vulneración
quebrantamiento
violación
desobediencia

cumplimiento
observancia

transgresor
infractor
vulnerador
inobservante
delincuente

respetuoso
observante

transición
cambio
mudanza
transformación

transido
acongojado
angustiado
preocupado

transigente
condescendiente
benévolo
contemporizador
tolerante

intransigente
intolerante

transigir
condescender
permitir
tolerar
acceder
contemporizar

negarse
oponerse

consentir
mimar
malcriar

transistor
radiorreceptor
receptor
radio

transitable
franqueable
expedito

accesible
despejado

intransitable
infranqueable

transitado
frecuentado
concurrido
animado

transitar
circular
andar
caminar
recorrer
atravesar

quedarse
detenerse

tránsito
tráfico
circulación
movimiento

paso
comunicación
camino

fallecimiento
muerte

transitorio
fugaz
provisional
temporal
caduco
efímero

imperecedero
permanente

transmigración
traslado
emigración

transmisión
traspaso

cesión
licencia

retención
fijación

infección
contagio

emisión
difusión
programa

embrague
engranaje
cigüeñal

transmisor
emisor
radio
receptor

transmitir
trasladar
transferir
traspasar
ceder

retener
apropiarse

difundir
radiar
emitir
retransmitir

incomunicar

contagiar
infectar
contaminar

transmutación
transformación
alteración
variación
cambio

permanencia

transoceánico
transatlántico
ultramarino

transparencia
translucidez
diafanidad
lucidez
luminosidad
claridad
nitidez

transparentarse
traslucirse
clarearse
entreverse

transparente
traslúcido
diáfano
límpido
claro
cristalino

opaco
turbio

transpiración
sudor
secreción

transpirar
sudar
segregar
excretar
rezumar

transportar(se)
trasladar
acarrear
cargar
portear
mover

extasiar
embelesar

transporte
acarreo
traslado
porte
carga
conducción

mudanza
pasaje
tránsito
transbordo

transportista
porteador
conductor
cargador
fletador

transposición
alteración
superposición

transvasar
trasegar
trasladar
cambiar

transvase
trasiego
traslado
cambio

transversal
cruzado
atravesado
oblicuo
sesgado

recto
derecho

trapacería
engaño
estafa
timo

trapacero
estafador
timador
tramposo

trapajoso
andrajoso
harapiento

trápala
ruido
vocerío

embuste
engaño

trapatiesta
riña
alboroto

trapecio
cuadrilátero
polígono

columpio
barra

trapería
chamarilería
quincallería
ropavejería

trapero
chamarilero
quincallero
ropavejero

trapichear
negociar
regatear
porfiar

trapío
gracia
garbo

bravura
gallardía

trapisonda
bulla
riña
zalagarda

embrollo
enredo
alboroto

trapisondista
intrigante
enredador
embaucador

trapo
paño
tela
tejido

retal
harapo

velamen

traquetear
zarandear
agitar
mover

traqueteo
vibración
zarandeo
ajetreo

tras
detrás
después de

trascendencia
consecuencia
importancia
relevancia

intrascendencia
insignificancia

perspicacia
sagacidad
astucia

trascendental
importante
relevante
sustancial
capital
esencial

intrascendente
insignificante

trascender
difundirse
divulgarse
propagarse

reducirse
circunscribirse

exhalar
emanar

trasegar
transvasar
revolver
desordenar

beber
soplar
pimplar

trasero
posaderas
asentaderas
nalgas
culo

posterior
último
final

trasgo
duende

trashumante
errante
ambulante
nómada

sedentario

trasiego
mudanza
traslado
transvase

asentamiento

trago
sorbo
bebida

trasladar(se)
transportar
cambiar
mudar
mover
desplazar
portear
acarrear
traer
llevar

asentarse
arraigarse

traslado
remoción
destitución
tránsito
cambio

transporte
locomoción
transvase
emigración
mudanza

copia
trasunto
reproducción

traslapar
solapar

traslaticio
figurado
metafórico

traslúcido
transparente
diáfano

opaco
sucio

traslucirse
transparentarse
vislumbrarse
clarearse
adivinarse

trasnochado
anacrónico
anticuado
pasado

moderno
actual

trasnochador
noctámbulo
noctívago

trasnochar
velar
pernoctar
juerguear

traspapelar(se)
extraviar
perder
trastocar
mezclar

ordenar
encontrar

traspasar
transferir
trasladar
transmitir
ceder
entregar
vender

atravesar
cruzar
perforar
ensartar
penetrar

quebrantar
transgredir

traspaso
cesión
transmisión
entrega
venta

traspié
resbalón
tropezón

equivocación
error

trasplantar(se)
plantar
replantar
esquejar
remover
intervenir
operar

trasplante
traspaso
permuta
intervención
operación

mantenimiento
permanencia

trasponer
atravesar
franquear
cruzar

trasquilar
esquilar
rapar
pelar

trastabillar
trastrabillar
tropezar

titubear
vacilar

tartajear
tartamudear

trastada
bribonada
jugarreta
travesura
broma

trastazo
golpetazo
trompazo
batacazo

trastear
revolver
desordenar

tocar
pulsar

trastero
desván
altillo

trastienda
rebotica
anejo

trasto
cacharro
cachivache
bártulo

utensilio
mueble
enser
herramienta

inquieto
travieso
zascandil

trastocar(se)
alterar
revolver

trastornado
alterado
revuelto
confundido

perturbado
excéntrico
desquiciado

trastornar(se)
trastocar
desordenar

revolver
alterar
enredar
desbarajustar
embrollar

ordenar
organizar

disgustar
apenar
inquietar

enloquecer
desvariar
disparatar

trastorno
desorden
confusión
alteración
trastrueque

orden
organización

contrariedad
pena

locura
chaladura
chifladura

sosiego
calma

trastrocar
trastornar
revolver
desordenar

organizar
mantener

trastrueque
trastorno
cambio
trueque

trasunto
copia

reproducción
imitación

original
realidad

resumen
síntesis

trata
comercio
tráfico
prostitución
alcahuetería

tratable
sociable
amable
cortés

intratable
insociable

tratado
acuerdo
convenio
pacto
negociación
compromiso

desacuerdo
ruptura

escrito
libro
texto
ensayo

tratamiento
medicación
régimen
cura
proceso
procedimiento

título
dignidad
cortesía

tratar(se)
convenir
acordar

comerciar
negociar
pactar

discrepar
discordar

alternar
frecuentar
codearse
relacionarse

enemistarse
separarse

usar
manejar
emplear
utilizar

atender
cuidar

consultar
examinar
estudiar

trato
convenio
acuerdo
pacto
compromiso

desacuerdo

relación
familiaridad
amistad
roce

enemistad
hostilidad

tratamiento
título
dignidad

trauma
traumatismo
complejo

traumatismo
lesión

contusión
herida

través (al)
inclinación
torcimiento
sesgo

horizontalidad

travesaño
viga
madero
traviesa
larguero

travesear
juguetear
bromear

travesía
calle
calleja
callejón
pasaje

viaje
recorrido
itinerario

travestido
travesti
disfrazado
encubierto

travesura
chiquillada
trastada
diablura

traviesa
travesaño
madero

travieso
revoltoso
enredador
inquieto
vivaracho

trayecto
itinerario
recorrido
viaje
espacio
distancia
trecho

trayectoria
trayecto
camino
itinerario
recorrido

conducta
proceder
ejecutoria

traza
apariencia
aspecto
facha
pinta
porte

modo
manera
recurso
procedimiento

plano
diseño
esquema

trazado
plano
proyecto
dibujo
diseño

recorrido
itinerario
trayecto

trazar
representar
diseñar
dibujar
bosquejar
proyectar

formular

escribir
describir

indicar
marcar
rayar

trazo
línea
raya
signo
marca

rasgo
perfil
facción

trébede
trípode

trebejo(s)
utensilio
accesorio
trasto

trébol
trifolio

trecho
espacio
distancia
recorrido
intervalo
tiempo
transcurso

tregua
intervalo
pausa
descanso
aplazamiento
cesación
armisticio

insistencia
porfía

tremebundo
tremendo
terrible

aterrador
espeluznante

tremedal
cenagal
lodazal
ciénaga

tremendo
tremebundo
espantoso

formidable
gigantesco
enorme

tremolar
enarbolar
ondear
flamear
trepidar

tremolina
jaleo
bulla
bullicio

trémulo
tembloroso
temblón
palpitante

asustado
nervioso
temeroso

tranquilo
impávido

tren
ferrocarril
convoy

ostentación
boato
fasto
pompa

trena
cárcel
prisión

trencilla
galón
cordón
cinta

trenza
coleta
guedeja
mechón

trenzar
tejer
entretejer
urdir
tramar

trepanación
perforación
penetración
horadamiento

trepanar
perforar
taladrar
horadar

cerrar
obturar

trépano
barrena
taladro

trepar
escalar
ascender
subir

bajar

progresar
encumbrarse

fracasar

trepidar
temblar
vibrar
palpitar

tres
terna
trío
terceto

tresillo
sofá
canapé

treta
argucia
truco
artimaña

tribal
primitivo
salvaje
familiar

tribu
clan
etnia
raza
pueblo

tribulación
preocupación
aflicción
congoja
pena
sufrimiento

contento
alegría

tribuna
estrado
plataforma
tarima
grada

tribunal
juzgado
audiencia
corte

tribuno
magistrado
orador

tributar
contribuir
cotizar
pagar

tributario
dependiente
feudatario
afluente

independiente
principal

tributo
impuesto
arbitrio
gravamen
contribución
carga
derrama

responsabilidad
deber
obligación

tridente
arpón
fisga

trifulca
riña
camorra
gresca

trigo
cereal
grano

trigueño
castaño
moreno
tostado

trilla
despajo
abaleo
avienta

trillado
común
sabido

original
nuevo

trillar
emparvar
rastrillar
abalear

trinar
gorjear
gorgoritear
piar

rabiar
enojarse

trinca
trío
terceto
terna
triunvirato
trinidad

atadura
ligadura

trincar
sujetar
atar
trabar
inmovilizar

beber
libar

trinchar
partir
cortar
desmenuzar
trocear

trinchera
defensa
parapeto
zanja

gabardina
impermeable

trineo
troika
deslizador

trinidad
trío
trimurti

trino
canto
gorgorito
gorjeo

ternario
triple

trío
terceto
terna
trinca
trinidad
triunvirato

tripa(s)
vientre
abdomen
barriga
panza

intestinos
vísceras
entrañas

tripicallero
ropavejero
quincallero

triple
tresdoble
trestanto
tríplice

tripudo
panzudo
gordinflón
barrigón
gordo

tripulación
dotación
equipo
marinería

tripular
conducir
gobernar
dirigir

dotar
proveer

triquiñuela
argucia
artimaña
ardid
treta

tris
instante
momento
periquete
santiamén

triscar
retozar
juguetear

triste
afligido
apenado
apesadumbrado
pesaroso
mohíno
mustio
taciturno

alegre
jovial
risueño

infausto
funesto
deplorable
lamentable
luctuoso
aciago

tristeza
pena
desconsuelo
melancolía
pesar
nostalgia

alegría

trituración
molienda
molturación
aplastamiento
pulverización

triturar
machacar
majar
molturar
desmenuzar
mascar
moler

triunfador
vencedor
campeón
dominador
invicto

derrotado
perdedor

triunfal
victorioso
invicto
triunfante
glorioso

triunfar
vencer
derrotar
batir
conquistar
dominar
someter

perder
fracasar

triunfo
éxito
victoria
trofeo
corona
conquista
honra
gloria
fama
honor

derrota
pérdida

triunvirato
trío
terceto
terna
trinca
magistratura

trivial
baladí
nimio
banal
insustancial
insignificante

original
extraordinario

trivialidad
fruslería
nimiedad
insignificancia
minucia
vacuidad

originalidad
importancia

triza
pizca
chispa
partícula
migaja

trocar(se)
canjear

cambiar
permutar
intercambiar

mantener
permanecer

transformar
convertir

tergiversar
equivocar

trocear
partir
cortar
dividir

trocha
senda
vereda
camino

trochemoche (a)
disparatadamente
abundantemente
atropelladamente

sensatamente

trofeo
premio
recompensa
galardón
triunfo
botín
despojo

troj
silo
granero

trola
mentira
embuste

trolero
embustero
mentiroso

tromba
tifón
ciclón
torbellino
tornado
manga

trombosis
obstrucción
tapón
coágulo

trompa
trompeta
bocina
cuerna

hocico
nariz

borrachera

trompada
puñetazo
guantazo
bofetada

trompazo
batacazo
porrazo
golpe

trompeta
clarín
corneta

trompicar
tropezar

trompo
peón
peonza
perinola

tronada
borrasca
tempestad
tormenta

tronado
deteriorado
estropeado
usado

ido
loco

tronar
atronar
retumbar
estallar

maldecir
encolerizarse

tronchar(se)
partir
quebrar
truncar
destrozar
fraccionar

reírse
desternillarse

troncho
tronco
tallo
maslo

tronco
troncho
tallo
leño
madero

torso
busto
tórax
pecho

par
pareja
tiro

ascendencia
familia
origen
linaje
estirpe

tronera
abertura
lumbrera
ventanuco

cañonera
ballestera
portañola

juerguista
perdido
perdulario

formal
serio

tronío
ostentación
boato
lujo

humildad
sencillez

trono
sitial
sillón
escaño
sede
poltrona

tronzar(se)
tronchar
partir
dividir

tropa
milicia
hueste
mesnada
ejército

muchedumbre
multitud
caterva
cuadrilla
chusma

tropel
muchedumbre
horda

panda
caterva
chusma

tropelía
desmán
desafuero
atropello
arbitrariedad
injusticia

tropezar(se)
trompicar
chocar
topar

encontrarse
verse

retrasarse
demorarse
detenerse

equivocarse
errar

tropezón
traspié
trompicón
choque
encontronazo

tropical
cálido
tórrido
bochornoso
sofocante

gélido
helado

tropiezo
tropezón
choque
encontronazo
topada

obstáculo
impedimento
contratiempo

yerro

error
equivocación

tropismo
movimiento
dirección
atracción
orientación

inmovilidad

tropo
figura
imagen
símbolo
sinécdoque

troquel
cuño
molde
matriz

troquelar
acuñar
moldear

trotamundos
vagabundo
andarín
viajero
bohemio

trotar
andar
correr

trote
paso
correteo
galope

trabajo
zurra
brega

trotón
caballo
corcel
palafrén
montura

trova
verso
oda
canto

trovador
trovero
juglar
bardo
poeta
rapsoda
vate

trozo
porción
fragmento
parte
pedazo
resto
residuo
triza
cacho

trucar
manipular
apañar
arreglar
trampear

trucha
lancurdia
raño

truco
estratagema
ardid
argucia
artimaña
trampa
treta

truculencia
crueldad
atrocidad
espanto
horror

truculento
atroz
terrorífico
tremebundo
siniestro

bondadoso
agradable

trueno
tronido
tronada
retumbo
estruendo
estampido

trueque
cambio
intercambio
permuta
canje
trapicheo

truhán
granuja
bribón
rufián

formal
honrado

truhanería
bellaquería
bribonada
granujada
engaño

seriedad
honradez

trujamán
truchimán
trujimán
intérprete
traductor

trullo
cárcel
prisión

truncar
tronchar
cortar
seccionar
cercenar
amputar
decapitar
descabezar

unir

interrumpir
suspender
frenar
paralizar

tubérculo
protuberancia
nódulo
tumor

bulbo
raíz
rizoma
cebolleta

tuberculosis
tisis
hectiquez
hetiquez

tuberculoso
tísico
héctico
hético

tubería
cañería
caño
conducto
red

tubo
caño
conducto
cánula
manguera
cilindro

tubular
cilíndrico
capilar
canular

tuerca
rosca
paso
filete

tueste
torrefacción
tostadura
cochura

tuétano
médula
meollo
caña

tufo
emanación
efluvio
husmo
olor

peste
pestilencia
fetidez
hedor

soberbia
vanidad

tugurio
tabuco
cabaña
cuchitril
guarida
antro

tul
gasa
velo
malla
tejido

tullido
impedido
lisiado

mutilado
imposibilitado

tullimiento
tullidez
tullidura
atrofia
entumecimiento
parálisis
mutilación

tullir(se)
baldar
lisiar
incapacitar
lesionar
mutilar
atrofiar
deslomar

tumba
sepulcro
sepultura
panteón
túmulo
mausoleo
sarcófago
enterramiento
cenotafio
fosa
nicho
catacumba

tumbado
echado
tendido
acostado

levantado
derecho

tumbar(se)
abatir
derribar
volcar
tender

echarse
encamarse

acostarse
yacer

levantarse
erguirse

tumbo
vaivén
balanceo
bandazo
sacudida

tumbona
hamaca
diván

tumefacción
hinchazón
inflamación
tumescencia
chichón
edema
flemón
tumor

tumefacto
hinchado
abultado
amoratado
congestionado

tumor
quiste
nódulo
grano
dureza
bulto
bubón
tumefacción
inflamación
hinchazón
cáncer
neoplasia

túmulo
sepultura

catafalco
armazón
monumento

tumulto
alboroto
desorden
escándalo
pendencia
revuelta
alzamiento
rebelión

tumultuoso
agitado
alborotado
escandaloso
ruidoso
bullicioso

tranquilo
pacífico

tuna
estudiantina
comparsa
rondalla

chumbera
nopal

tunantada
truhanería
granujada

tunante
truhán
bribón
pícaro
granuja

tunda
somanta
zurra
paliza

tundir
golpear
apalear
aporrear
vapulear
zurrar

cortar

rapar
recortar

túnel
galería
corredor
conducto
subterráneo
mina
gruta
cueva
sima

tungsteno
volframio

túnica
toga
manto
manteo
sotana
hábito
clámide
quimono
chilaba

película
membrana
telilla
cutícula
piel

tuno
tunante
pillo
bribón
pícaro

tuntún (al buen)
imprevistamente
irreflexivamente

tupé
flequillo
bucle
mechón
copete

desfachatez

descaro
atrevimiento

prudencia
comedimiento

tupido
compacto
espeso
denso
apretado

ralo
claro

tupir(se)
espesar
apelmazar
apiñar
atestar

tapar
cegar
taponar

turba
aglomeración
multitud
tropel
caterva
tumulto

carbón

turbación
aturdimiento
desorientación
desconcierto
azoramiento
ofuscación
timidez

tranquilidad
serenidad
atrevimiento

turbador
desconcertante
inquietante
sorprendente

conmovedor
emotivo

indiferente
calmante
tranquilizante

turbante
gorro
tocado
banda

turbar(se)
aturdir
confundir
desconcertar
desorientar
azorar
azarar

serenar
calmar

turbina
generador
motor

turbio
revuelto
borroso
sucio
nebuloso
velado
vidrioso

limpio
claro
transparente

dudoso
sospechoso
problemático
confuso
ilegal
ilícito

seguro
legal
lícito

turbión
aguacero
chaparrón

turbulencia
torbellino
remolino
perturbación
vorágine

desorden
alboroto
motín
revuelta
levantamiento

orden
sometimiento

turbulento
alborotador
rebelde
ruidoso
inquieto
tumultuoso

tranquilo
pacífico
moderado

turbio
confuso

turca
borrachera
curda

turgencia
protuberancia
abultamiento
hinchazón
rigidez

flaccidez

turgente
abultado
hinchado
inflado

tirante
rígido

blando
liso

turíbulo
incensario

turismo
excursión
viaje
recreo
vacación
veraneo

turista
excursionista
visitante
viajero

turma
testículo
criadilla

turnar(se)
alternar
suceder
permutar
reemplazar
sustituir

turno
vuelta
vez
tanda
ciclo
sucesión
repetición
permuta
canje

turulato
atónito
estupefacto
sorprendido
asombrado

tuso
  perro
  chucho

tute
  trajín
  ajetreo
  fatiga
  esfuerzo
  agobio

  descanso

tutear(se)
  tratarse

  intimar
  franquearse

  alejarse
  distanciarse

tutela
  amparo
  protección
  custodia
  tutoría
  orientación

  desamparo
  desinterés

tutelar
  amparar
  custodiar
  proteger
  defender
  dirigir

  desamparar
  abandonar

  protector
  defensor
  guía

  enemigo
  malhechor

tutiplén (a)
  abundantemente
  copiosamente
  profusamente

tutor
  defensor
  protector
  valedor
  preceptor
  maestro
  guía

tutoría
  tutela

U

ubérrimo
fértil
feraz
fecundo
productivo
prolífico
opulento

estéril
pobre

ubicación
colocación
emplazamiento
situación
lugar
sitio

ubicar(se)
colocar
situar
asentar
poner
estar
hallarse

ubicuidad
omnipresencia
generalidad
bilocación

ubre
teta
mama
seno

ufanarse
engreírse
ensoberbecerse
vanagloriarse
jactarse
preciarse
alardear

humillarse
avergonzarse

ufano
engreído
jactancioso
presumido
vano
arrogante
presuntuoso

humilde
sumiso

alegre
contento
optimista

triste
mustio

ujier
portero
bedel
ordenanza
conserje

úlcera
herida
llaga
pústula
fístula

ulcerar(se)
llagar
supurar
cancerar

ulterior
posterior
siguiente
consecutivo
futuro
venidero

anterior
pasado

allende
lejano

ultimar
acabar

concluir
finalizar
terminar

empezar

asesinar
matar

ultimátum
conminación
requerimiento
amenaza
exigencia

último
postrero
final
zaguero
extremo
posterior

primero
anterior

moderno
actual
nuevo

definitivo
terminante
concluyente

ultra
además de
más allá de

ultrajante
injurioso
vejatorio
humillante

elogioso
honroso

ultrajar
agraviar
injuriar
vejar
humillar

alabar
honrar

ajar
estropear
deteriorar

ultraje
agravio
afrenta
injuria
vejación
escarnio
humillación

alabanza
honra

ultramarino(s)
ultramar
transatlántico
transoceánico

comestibles
alimentos
provisiones

ultranza (a)
resueltamente
decididamente
radicalmente

ultratumba (de)
enigmático
fantasmagórico
espectral

ulular
aullar
gritar
vociferar

ululato
alarido
aullido

umbral
entrada
acceso
porche
soportal

principio
origen

término
fin

umbrío
umbroso
sombreado
fresco
frondoso

claro
luminoso

unánime
conforme
acorde
concorde
coincidente
general
uniforme

dividido
disconforme

unanimidad
conformidad
coincidencia
avenencia

correspondencia
concordia
aprobación

disconformidad
discrepancia

unción
devoción
fervor
piedad

frialdad
incredulidad

uncir
enganchar
enyugar
aparear
atar

desatar

ungido
consagrado
investido
coronado
entronizado

ungir(se)
embadurnar
untar
olear

proclamar
investir
entronizar

ungüento
unción
bálsamo
pomada

único
solo
singular
señero
exclusivo

vario

múltiple
plural

excelente
magnífico
inimitable

unicornio
monocerote
rinoceronte

unidad
uno
número
cifra
cantidad

entidad
ente
ser
individuo

magnitud
patrón

destacamento
pelotón
patrulla

unión
unanimidad
acuerdo
coincidencia

desunión
diversidad
pluralidad

unido
junto
yuxtapuesto
pegado

desunido
distinto

aliado
asociado

unificar(se)
igualar
uniformar

aunar
unir
reunir

desunir
desigualar

uniformar(se)
igualar
nivelar
unificar

uniforme
igual
similar
parejo

desigual
diverso

liso
llano
sistemático
monótono

hábito
traje
vestido

uniformidad
igualdad
similitud
identidad
analogía
homogeneidad
monotonía

variación
variedad
heterogeneidad

unilateral
parcial
limitado
restringido
independiente

unión
fusión
cohesión

nexo
vínculo
mezcla
soldadura
agregación
empalme
junta
articulación

disgregación
disociación

asociación
sociedad
alianza
coalición

concordia
amistad
camaradería
acuerdo
consonancia

desavenencia
disconformidad

matrimonio
casamiento
maridaje

unir(se)
juntar
reunir
aunar
mezclar
fusionar
soldar
atar
pegar
agregar
ensamblar
acercar
aproximar
incorporar

desunir
separar
distanciar

asociarse
aliarse

hermanarse
unificarse

disociarse
disgregarse

casarse
desposarse
emparejarse

copular
aparearse

unísono
unánime
acorde

unitario
indivisible
indisoluble
adjunto
adscrito

múltiple
misceláneo

universal
general
global
total
absoluto
genérico
colectivo

particular
parcial
limitado

mundial
internacional
ecuménico

local
nacional

universalidad
generalidad
totalidad
integridad

particularidad

universalizar
extender
generalizar

restringir
particularizar

universidad
facultad
escuela
seminario
cátedra
paraninfo

universitario
titulado
graduado
diplomado
licenciado
doctorado
facultativo

docente
catedrático
académico
escolástico

universo
cosmos
orbe
firmamento
mundo
globo

generalidad
integridad

uno
individuo
impar
singular
non
simple

varios
plural
par

indiviso
inseparable

homogéneo
único

complejo
compuesto

untar(se)
engrasar
pringar
ungir
aceitar
embadurnar
bañar

limpiar
secar

sobornar
corromper
cohechar

unto
untura
ungüento
pomada

soborno
propina

untuoso
graso
pringoso
pegajoso

servil
sumiso

uña
casco
pezuña
garra
zarpa

urbanidad
cortesía
educación
finura
elegancia
tacto

modales
maneras

descortesía
desatención

urbanizar
proyectar
desarrollar
construir

urbano
ciudadano
civil
cívico
metropolitano

rural

atento
cortés
amable

insociable
hosco

urbe
ciudad
capital
metrópoli

pueblo
aldea

urdimbre
tejido
trama
red
malla
estambre
encaje

urdir
tejer
hilar
trenzar

maquinar
tramar
confabular

urente
ardiente
urticante

refrescante
refrigerante

urgencia
prisa
apremio
celeridad
presteza
perentoriedad

demora
retraso
parsimonia

urgente
apremiante
perentorio
inaplazable
acuciante
inminente

aplazable
demorable

urgir
apremiar
apresurar
acuciar
exhortar

aplazar
demorar

urinario
retrete
mingitorio
evacuatorio
meadero
servicio

urna
arca
arqueta
caja
envase

urraca
picaza
marica
pega

urticante
picante
irritante

calmante
emoliente

urticaria
erupción
sarpullido
irritación

usado
desgastado
deteriorado
estropeado
raído
viejo

nuevo
flamante

usanza
hábito
costumbre
tradición
práctica
rutina

usar(se)
utilizar
emplear
disponer
manejar
servirse
valerse

acostumbrar
soler
frecuentar

uso
desgaste
deterioro

ajamiento
envejecimiento

utilización
empleo
fin
función

desuso
inutilidad

costumbre
hábito

usual
acostumbrado
común
corriente
normal
habitual
frecuente
tradicional

inusual
desusado

usuario
consumidor
usufructuario
cliente

usufructo
uso
utilización
empleo

provecho
disfrute
goce
lucro

usufructuar
usar
aprovechar
disfrutar
gozar

desaprovechar

usufructuario
usuario
beneficiario
fructuario

usura
lucro
interés
codicia

generosidad
filantropía

usurear
abusar
lucrarse
aprovecharse

usurero
prestamista
avaro
tacaño

generoso
espléndido

usurpación
expoliación
despojo
apropiación
incautación

reposición
restitución

usurpar
expoliar
arrebatar
confiscar
incautarse

restituir
devolver

utensilio(s)
herramienta
instrumento
aparato
artefacto

útil
aparejo
bártulo

útero
matriz

útil(es)
conveniente
provechoso
apropiado
beneficioso
ventajoso
eficaz
eficiente
práctico

inútil
inadecuado

utensilio
herramienta

utilidad
beneficio
rendimiento
producto
ganancia
lucro
interés

pérdida
perjuicio

conveniencia
oportunidad
empleo
aplicación

incapacidad
inutilidad

utilitario
aprovechado
materialista
interesado

económico
útil

utilizable
aprovechable
apto
útil

inutilizable
inútil

utilizar
emplear
usar
manejar
servirse
beneficiarse
consumir

inutilizar
desaprovechar

utopía
quimera
fantasía
ilusión
sueño
idealización
ideal
anhelo

realidad
materialidad

utópico
quimérico
mítico
ficticio
ilusorio
irrealizable
ingenuo
ideal

real
material

uva
agracejo
agraz

V

vaca
res
ternera
becerra

vacación
descanso
asueto
ocio
fiesta
recreo

trabajo
actividad

vacante
desocupado
libre
deshabitado
vacío
disponible

ocupado
lleno

vacar
cesar
descansar
holgazanear
reposar

trabajar

vaciado
desocupado
agotado
vacío

hueco
rehundido

vaciar
desocupar
descargar
deshabitar
sacar
derramar

llenar
ocupar

afilar
afinar

vacilación
indecisión
duda
incertidumbre
titubeo
inseguridad

decisión
seguridad

oscilación
balanceo
vaivén

vacilante
indeciso
irresoluto
confuso
inseguro

decidido
resuelto
seguro

tambaleante
oscilante

vacilar
titubear
dudar
tantear
desconfiar

decidirse
asegurarse

balancearse
oscilar
mecerse

bromear
burlarse
mofarse

vacío
desocupado
libre

despejado
vacante
disponible

lleno
ocupado

hueco
oquedad
cavidad

presuntuoso
frívolo
necio

reflexivo
profundo

vacunar
inocular
inmunizar
inyectar

infectar
contagiar

vacuno
bovino
bóvido

vacuo
superficial
insustancial

trivial
vacío

profundo
trascendente

vadeable
franqueable
superable
transitable

vadear
franquear
atravesar
cruzar
pasar

vademécum
manual
prontuario
compendio

vado
paso
cruce
remanso

vagabundear
vagar
callejear
deambular
holgazanear

trabajar
trajinar

vagabundeo
zascandileo
callejeo
merodeo

vagabundo
holgazán
vago
perezoso
errante
mendigo

trabajador

dinámico
activo

vagancia
gandulería
holgazanería
ociosidad
pereza

laboriosidad
diligencia

vagar
vagabundear
deambular
holgazanear
zascandilear

vagido
gemido
llanto
lloriqueo

vago
gandul
perezoso
holgazán
zángano
indolente
negligente

diligente
trabajador

impreciso
indefinido
confuso
ambiguo

preciso
concreto

vagón
furgón
vehículo
coche
carruaje
tren
vagoneta

vaguada
cañada
rambla
torrentera

vaguear
holgazanear
gandulear
holgar

trabajar
bregar

vaguedad
imprecisión
indefinición
ambigüedad
generalidad

precisión
concreción

vahído
desmayo
desvanecimiento
mareo

vaho
vapor
hálito
neblina
niebla
efluvio
emanación

vaina
funda
cubierta
forro
envoltura
cáscara

botarate
tarambana
informal

vaivén
oscilación

bamboleo
balanceo

reposo
quietud

altibajo
fluctuación
inestabilidad

estabilidad
constancia

vajilla
platos
loza
porcelana

vale
resguardo
talón
recibo
justificante

valedor
protector
defensor
patrocinador

valentía
coraje
valor
osadía
arrojo
intrepidez
agallas
entereza
atrevimiento

cobardía
miedo
timidez

valentón
fanfarrón
bravucón
chulo

valer(se)
costar
importar

montar
sumar

equivaler
corresponder
identificarse

amparar
apoyar
patrocinar
ayudar

manejarse
desenvolverse

valeroso
valiente
audaz
osado
intrépido

cobarde
miedoso

valetudinario
achacoso
enfermizo
senil
viejo

valía
capacidad
inteligencia
talento
aptitud

validar
ratificar
certificar
aprobar
homologar

invalidar
rechazar

validez
utilidad
valor
vigencia

valido
favorito
privado

válido
legítimo
legal
autorizado
lícito
útil
apropiado

ilegal
inapropiado
inútil

valiente
valeroso
osado
audaz
atrevido
intrépido
heroico
fuerte

cobarde
miedica
gallina

valija
maleta
maletín
cartera

valimiento
ayuda
amparo
protección
favoritismo
auxilio

desamparo
desprecio

valioso
apreciado
estimable
admirable
eficaz

útil
provechoso

corriente
vulgar

caro
lujoso
costoso

barato
sencillo

valla
vallado
cercado
seto
muro
empalizada
barrera
tapia
verja

valladar
obstáculo
defensa
inconveniente
dificultad

facilidad
oportunidad

vallar
cercar
tapiar
alambrar
cerrar
aislar

abrir
descercar

valle
vega
vallejo
hondonada
vaguada
angostura
cuenca

valor
precio
coste
importe
valoración

mérito
utilidad
interés
importancia
estimación

desinterés
inutilidad

validez
vigencia
efectividad

valentía
audacia
coraje
osadía
intrepidez

cobardía
timidez

desvergüenza
descaro
desfachatez

discreción
vergüenza

valoración
evaluación
tasación
estimación

valorar
evaluar
tasar
calcular
apreciar

valorización
aumento
subida
encarecimiento

abaratamiento

valorizar
revalorizar
encarecer
aumentar
subir

abaratar
rebajar

valva
concha
caparazón

válvula
grifo
espita
escape
salida

vampiro
cadáver
resucitado

avaro
codicioso
usurero

generoso
dadivoso

vanagloria
vanidad
jactancia
presunción
engreimiento
petulancia
altanería

humildad
sencillez
modestia

vanagloriarse
jactarse
enorgullecerse
engreírse
alardear

humillarse
rebajarse

vandálico
bárbaro
devastador
destructivo

civilizado
benévolo

vandalismo
barbarie
devastación
gamberrismo
destrucción
pillaje

civismo
educación

vanguardia
frente
avanzadilla
avanzada

retaguardia

progreso
desarrollo
evolución

vanguardista
atrevido
audaz
moderno
renovador

vanidad
envanecimiento
jactancia
vanagloria
engreimiento
petulancia
pedantería
fatuidad

humildad
modestia
sencillez

vanidoso
orgulloso
presumido

engreído
fatuo
presuntuoso

humilde
modesto
sencillo

vano
infundado
ilusorio
irreal

real
auténtico

inútil
estéril
infructuoso

eficaz
fructífero
fecundo

vacío
insustancial
trivial
nimio

sustancial
importante

hueco
ventana
arco
puerta
oquedad

vapor
vaho
fluido
gas
exhalación
emanación

vaporización
pulverización
rociadura

vaporizar
pulverizar

rociar
atomizar

vaporoso
volátil
etéreo
aéreo
gaseoso
tenue
sutil
ligero

consistente
denso
tangible

vapulear
azotar
maltratar
golpear
zurrar
atizar
pegar

mimar
acariciar

vapuleo
paliza
tunda
somanta
zurra

vaquería
vacada
manada

granja
lechería
rancho

vaquero
vaquerizo
ganadero
mayoral
caporal

vara
palo
bastón

pértiga
garrocha
pica

varada
varadura
encalladura
atolladura

varadero
dique
muelle

varapalo
bastonazo
golpazo
trancazo

quebranto
daño
perjuicio

varar
encallar
embarrancar
atascarse

varear
apalear
golpear
derribar

variabilidad
inestabilidad
variación
mutabilidad
versatilidad

variable
cambiante
reformable
cambiable
transformable
alterable

fijo
estable

variación
cambio

alteración
modificación
transformación

continuidad
estabilidad

variado
vario
diverso
heterogéneo
entretenido

uniforme
monótono
homogéneo

variante
diferencia
cambio
variación

desvío
circunvalación
bifurcación

variar
modificar
cambiar
transformar
alterar

mantener
igualar

variedad
diversidad
heterogeneidad
complejidad

uniformidad
homogeneidad

varilla
varita
tira
rama
batuta
palo

vario
diverso
diferente
heterogéneo
dispar

homogéneo
único

varón
hombre
macho
caballero
señor

mujer
hembra

varonil
viril
masculino
valeroso
enérgico
fuerte
recio

cobarde
pusilánime

vasallaje
sumisión
acatamiento
esclavitud
servidumbre

vasallo
súbdito
siervo
feudatario
esclavo
tributario

vasar
estante
anaquel
aparador
repisa

vasija
recipiente

jarra
jarrón
cántaro
botijo
bote
taza

vaso
copa
cubilete
caña
cáliz
recipiente

vena
conducto
tubo

vástago
brote
pimpollo
cogollo
tallo
renuevo
retoño

hijo
descendiente

eje
barra
varilla

vastedad
amplitud
inmensidad
enormidad

pequeñez
exigüidad

vasto
dilatado
extendido
extenso
amplio
grande

pequeño
exiguo

vate
poeta
rapsoda
juglar
trovador

adivino

vaticinar
pronosticar
predecir
profetizar
presagiar
adivinar
presentir

vaticinio
presagio
augurio
predicción
profecía
pronóstico
conjetura
adivinación
premonición
oráculo

vecinal
municipal
común

particular
privado

vecindad
cercanía
proximidad
contigüidad

vecindario
ciudadanía

cercanías
alrededores
contornos

vecindario
vecindad
comunidad
vecinos
convecinos

vecino
residente
habitante
morador

cercano
próximo
limítrofe
fronterizo

alejado
lejano

parecido
semejante
similar

vector
línea
segmento

veda
prohibición
veto
impedimento

vedar
prohibir
impedir
acotar

permitir
autorizar

vega
ribera
huerta
vergel

vegetación
flora
plantas
vegetales
espesura

vegetal
planta
árbol
arbusto

vegetar
vaguear
languidecer
anquilosarse

vegetariano
naturista

vehemencia
pasión
fogosidad
ardor
apasionamiento
ímpetu
excitación

calma
indiferencia

vehemente
fogoso
impetuoso
apasionado
efusivo
entusiasta
impulsivo
exaltado

frío
reflexivo

vehículo
coche
automóvil
autobús
tren
camión
motocicleta
bicicleta

vejación
vejamen
ofensa
humillación
injuria
escarnio
ultraje

elogio
alabanza

vejar
ofender
agraviar
injuriar
ultrajar
denigrar
mortificar

respetar
alabar
ensalzar

vejatorio
ofensivo
humillante
ultrajante
denigrante

vejestorio
decrépito
vetusto

vejez
ancianidad
senectud
senilidad

juventud
adolescencia

vejiga
ampolla
bolsa
vesícula
vejiguilla

vela
candela
cirio
hacha
lamparilla

guardia
vigilancia
vigilia
velatorio

velamen
lona
aparejo

velada
reunión
fiesta
tertulia
celebración

velado
turbio
nublado
opaco
oculto
cubierto
disimulado

manifiesto
claro

velador
mesita
repisa

candelabro
candelero
lámpara

velamen
velaje
aparejo
trapío

velar
vigilar
cuidar
custodiar
proteger

tapar
ocultar
disimular

velatorio
velorio
vela

veleidad
capricho
inconstancia
volubilidad

veleidoso
antojadizo
caprichoso
voluble
frívolo

serio
constante

veleta
giralda
banderola
gobierna

inconstante
caprichoso
voluble

vello
pelo
pelusa
bozo
vellosidad

vellocino
cuero
piel

vellón
lana
guedeja
vedija
mechón

velludo
velloso
peludo
hirsuto

lampiño
pelado

velo
mantilla
gasa
toca
tul

confusión

disimulo
excusa

sinceridad
claridad

velocidad
ligereza
rapidez
celeridad
viveza
diligencia
aceleración

lentitud
parsimonia

velódromo
pista
circuito
estadio

velón
lámpara
velador
vela

veloz
rápido
raudo
ligero
presuroso
acelerado
vertiginoso
súbito
ágil

calmoso
lento
pausado

vena
vaso
conducto
arteria
capilar

filón
veta

franja
faja

inspiración
idea
intuición

venablo
dardo
flecha
lanza
arpón
jabalina

venado
ciervo
cérvido

venal
vendible
negociable

corruptible
sobornable
deshonesto

incorruptible
insobornable

venalidad
corrupción
inmoralidad
soborno

honradez
honestidad

vencedor
ganador
triunfador
victorioso
campeón

perdedor
vencido

vencer(se)
ganar
triunfar
derrotar
derrocar

someter
conquistar
dominar

perder
fracasar
rendirse

caducar
prescribir

contenerse
reprimirse
dominarse

vencido
derrotado
batido
dominado
ganado
sometido
conquistado
invadido

victorioso
triunfante

caduco
decadente
acabado

vencimiento
plazo
término
prescripción

venda
gasa
faja
banda
vendaje

vendaje
ligadura
apósito
compresa
venda

vendar
cubrir
ligar

atar
fajar
sujetar

vendaval
ventarrón
huracán
ciclón
ventolera
torbellino

vendedor
comerciante
tendero
viajante
corredor
representante
dependiente

comprador
cliente

vender(se)
traspasar
enajenar
expender
despachar

comprar
adquirir

traicionar
delatar
descubrir

vendible
enajenable
negociable
venal

vendimia
cosecha
recolección
recogida

vendimiar
cosechar
recolectar

beneficiarse

veneno
tóxico
bebedizo
ponzoña

venenoso
tóxico
ponzoñoso
nocivo

venerable
honorable
respetable
noble

despreciable
indigno

veneración
devoción
reverencia
homenaje
respeto
culto
acatamiento

desprecio
irreverencia

venerar
adorar
honrar
reverenciar
idolatrar
ensalzar

deshonrar
despreciar
menospreciar

venéreo
sexual
carnal
erótico
sensual

venero
manantial
fuente

alfaguara
hontanar

origen
principio

final
efecto

vengador
vengativo
justiciero
reparador

venganza
desquite
represalia
resarcimiento
escarmiento

perdón
olvido

vengar
desagraviar
ajustar
desquitarse
escarmentar

perdonar
olvidar

vengativo
rencoroso
vengador
resentido

generoso
magnánimo

venia
autorización
licencia
permiso
consentimiento

prohibición
veto

inclinación
reverencia
saludo

venial
leve
superficial
ligero

mortal
importante

venida
advenimiento
llegada
regreso
arribada
entrada
vuelta
retorno

ida
marcha
partida

venidero
futuro
próximo
porvenir

anterior
pasado

venir(se)
volver
llegar
regresar
retornar
acudir
presentarse

marcharse
irse

provenir
proceder
derivar

venta
enajenación
transacción
cesión
oferta
negocio

saldo
comercio

compra
adquisición

mesón
parador
posada
fonda
taberna

ventaja
superioridad
preeminencia
prelación
excelencia
virtud
utilidad
atributo
provecho
mérito
poder
prerrogativa
capacidad

desventaja
inferioridad

ganga
prebenda
sinecura

inconveniente
perjuicio

ventajista
oportunista
aprovechado
desaprensivo

ventajoso
provechoso
útil
lucrativo
rentable
conveniente
aconsejable
beneficioso
satisfactorio

perjudicial
desventajoso

ventana
tragaluz
abertura
ventanal
claraboya
cristalera
tronera
mirador
rosetón
vidriera
vano

ventear
olfatear
oler
oliscar
husmear
fisgar

soplar
airear
orear
aventar
ventilar

ventero
posadero

ventilación
aire
corriente
brisa
oreo
aireación

ventilar
airear
orear
oxigenar

resolver
analizar
dilucidar

esconder
ocultar

ventisca
vendaval
tormenta

ráfaga
racha

ventisquero
glaciar
helero
nevero

ventolera
vendaval
ráfaga
racha
tromba

manía
vena
chaladura

ventosa
abertura
respiradero
succión

ventosear(se)
peerse
ventear
expeler

ventosidad
flatulencia
gases
pedo
cuesco

ventoso
tempestuoso
borrascoso
tormentoso
huracanado

ventral
abdominal
intestinal

ventregada
lechigada
camada

ventrículo
cavidad
cámara

ventrudo
gordo
obeso
grueso

delgado
esquelético

ventura
dicha
felicidad
fortuna
bienestar
prosperidad

desventura
desdicha
desgracia

azar
casualidad
suerte

aventura
riesgo
fatalidad

venturoso
dichoso
afortunado
feliz
placentero
alegre
próspero

desgraciado
desafortunado

venus
beldad
belleza
hermosura

ver(se)
mirar
ojear

observar
divisar
contemplar
distinguir
otear
revisar
acechar
avistar

estudiar
investigar
fiscalizar
examinar

intentar
experimentar
probar

reunirse
juntarse
entrevistarse
encontrarse

vera
borde
orilla
lado
proximidad

veracidad
verdad
sinceridad
franqueza
fidelidad
realismo
autenticidad

falsedad
mentira

veranear
descansar
recrearse
holgar

veraneo
ocio
vacaciones
descanso
holganza

veraniego
estival
canicular
caluroso

invernal
frío
riguroso

ligero
fino
liviano

verano
estío
calor
canícula

invierno
frío

veraz
sincero
auténtico
franco
noble
verdadero
fiel
honesto
justo

mentiroso
embustero

verbal
oral
hablado
expresado

escrito
gráfico

verbena
feria
fiesta

verbigracia
por ejemplo

verbo
palabra

vocablo
término

verbosidad
labia
locuacidad
charlatanería
facundia

concisión
reserva

verdad
evidencia
sinceridad
exactitud
veracidad
certeza
franqueza
afirmación
realidad

falsedad
mentira
engaño
error

verdadero
cierto
verídico
real
veraz
sincero
auténtico
probado
exacto
evidente

mentiroso
inexacto
erróneo

verde
verdoso
aceitunado
cetrino
verdemar

fresco
jugoso

lozano
tierno

pasado
seco
mustio

novato
bisoño
neófito
principiante

experto
maduro

hierba
pasto
verdor
verdura
fronda

inmaduro
crudo
duro

maduro
sazonado

picante
lascivo
obsceno
lujurioso
salido

casto
honesto

verdear
reverdecer
verdecer
brotar

verdín
cardenillo
herrumbre
orín
moho
óxido

verdor
verde
fronda

follaje
hierba
pasto

juventud
lozanía
vigor

vejez
decadencia
fin

verdugo
castigador
ejecutor
sayón
ajusticiador

ajusticiado
víctima

cruel
sanguinario
criminal

compasivo
misericordioso

azote
látigo
tormento

verdugón
moratón
cardenal
contusión
magulladura
hematoma

verdulera
tendera

descarada
desvergonzada
deslenguada

fina
exquisita

verdura
hortaliza

legumbre
vegetal

fronda
ramaje
follaje
espesura

vereda
senda
sendero
camino
atajo
desvío

veredicto
fallo
sentencia
juicio
dictamen
resolución
condena

inhibición
abstención

verga
pene
falo

vara
percha
palo

vergajazo
trallazo
latigazo
azote

vergajo
fusta
azote
látigo
flagelo

vergel
parque
jardín
huerta
vega

edén
oasis

vergonzoso
tímido
apocado
retraído
pusilánime

atrevido
resuelto
decidido

deshonroso
abyecto
indigno
inmoral
indecoroso
bochornoso

decente
decoroso

vergüenza
timidez
rubor
sonrojo
retraimiento
apocamiento

descaro
atrevimiento

dignidad
pundonor
decencia

indignidad

afrenta
humillación
deshonra
ultraje
escándalo
vilipendio
baldón

honra
gloria

vericueto
atajo

andurrial
sendero

verídico
verdadero

verificación
comprobación
prueba
supervisión
contraste
justificación
revisión
control
examen

verificar(se)
comprobar
examinar
cotejar
confirmar
revisar
constatar

disentir
omitir
olvidar

cumplirse
resultar
ocurrir

verja
valla
reja
cerca
enrejado
alambrada
barandilla

verme
gusano
lombriz

vermiforme
agusanado
vermicular
alargado
delgado

vermífugo
vermicida
antiparasitario

vermut
aperitivo

vernáculo
nativo
doméstico
indígena
peculiar
comarcal
regional

extranjero
foráneo
extraño

verosímil
probable
creíble
posible
admisible

inverosímil
imposible

verosimilitud
posibilidad
probabilidad
creencia
veracidad
autenticidad
certidumbre

inverosimilitud
falsedad
improbabilidad

verraco
semental
cerdo

verruga
lunar
excrecencia
carnosidad
tumorcillo

versado
experto
ducho
experimentado
documentado
conocedor
perito

inexperto
novato
desconocedor

versal
mayúscula
capital
inicial

versar
tratar
hablar
aludir
referirse

versátil
caprichoso
variable
inconstante
veleidoso
voluble
mudable

serio
constante

transformable
cambiable

inmutable

versatilidad
mutabilidad
inconstancia
variabilidad
volubilidad
vacilación

constancia
seriedad

versículo
antífona

párrafo
fragmento

versificar
rimar
poetizar

versión
exégesis
interpretación
traducción
glosa

original
auténtico

verso
poesía
oda
balada
estrofa
poema
trova

prosa

vértebra
espinazo
columna
raquis

vertedero
basurero
estercolero
albañal

verter(se)
vaciar
volcar
derramar
difundir
propagar

retener
llenar

traducir
interpretar

rebosar

esparcirse
desbordarse

vertical
perpendicular
tieso
derecho
erecto
empinado
erguido

horizontal
plano
tendido

verticalidad
perpendicularidad
derechura
empinamiento

horizontalidad
llanura

vértice
cúspide
punto
ápice

pie
base

vertiente
ladera
falda
desnivel
inclinación
declive

planicie
llanura

vertiginoso
rápido
galopante
veloz
presuroso
desenfrenado
trepidante

dinámico
vivaz

lento
calmoso
pausado

precipitado
impetuoso
brusco

abúlico
tranquilo

vértigo
vahído
mareo
desmayo

actividad
dinamismo
arrebato
ímpetu

lentitud
calma

vesania
locura
demencia

cordura

vesicante
urticante
irritante
picante
cáustico

suavizante
calmante

vesícula
ampolla
vejiga
bolsa

vespertino
crepuscular

matutino

vestal
pitonisa
sacerdotisa

vestíbulo
recibidor
entrada
antesala
hall
porche
portal

vestido
ropa
traje
vestimenta
indumentaria
atavío
prenda

vestigio
rastro
señal
huella
indicio
marca
memoria

reliquia
resto
partícula
residuo

vestir(se)
revestir
cubrir
ataviar
engalanar
llevar
calzar
uniformar
equiparse
arroparse
arreglarse

desnudarse

vestuario
vestidos

equipo
guardarropa

veta
filón
yacimiento
vena

banda
franja
estría
ribete
faja

vetar
prohibir
vedar
impedir

consentir
aprobar

vetear
jaspear
rayar
estriar
ribetear

veteranía
antigüedad
madurez
experiencia
destreza

inmadurez
inexperiencia

veterano
viejo
antiguo
añejo
pasado

nuevo
reciente
joven

experimentado
maduro
avezado

experto
curtido

inexperto
neófito
novicio

veto
prohibición
negativa
impedimento
denegación

acuerdo
autorización

vetustez
ancianidad
senectud
vejez
senilidad

juventud

vetusto
añejo
antiguo
provecto
anciano
achacoso
senil
decrépito

nuevo
joven

vez
ciclo
tanda
turno
mano
alternación
serie
frecuencia

ocasión
coyuntura
oportunidad
situación
momento

vía
calle
cañada
ronda
pista
ruta
trayecto
avenida
carretera
paseo
camino

medio
modo
procedimiento

viable
posible
factible
probable
admisible
realizable

inviable
irrealizable

vía crucis
pasos
estaciones

calvario
suplicio
tormento

viaducto
puente
acueducto
tendido

viajante
corredor
agente
comisionista
representante
vendedor

viajar
peregrinar
recorrer

andar
trasladarse
explorar
navegar
vagar

viaje
excursión
gira
desplazamiento
recorrido
paseo
éxodo
odisea
aventura
expedición

permanencia

viajero
caminante
excursionista
pasajero
turista
explorador
expedicionario
aventurero
peregrino

vianda
manjar
alimento
comida
sustento
ración

viandante
peatón
transeúnte
caminante

viático
eucaristía
sacramento

provisión
subvención
dieta

víbora
culebra
reptil

bicho
pécora

vibración
oscilación
temblor
trepidación
traqueteo
convulsión
sacudida

quietud
inmovilidad

vibrante
excitante
intenso
conmovedor
apasionante
emotivo
entusiasta

decepcionante
desapasionado

vibrátil
oscilante
trepidante
tembloroso

quieto
inmóvil
parado

vibrar
oscilar
trepidar
agitarse
palpitar
sacudirse
temblar

detenerse
inmovilizarse

emocionarse
excitarse

apasionarse
entusiasmarse

sosegarse
desilusionarse

vibratorio
trepidante
oscilante
vibrante

inmóvil
fijo

vicaría
parroquia

vicario
párroco

sustituto
representante

viceversa
inversamente
recíprocamente
a la inversa
al contrario

viciar(se)
corromper
dañar
pervertir
degenerar
adulterar
depravar

conservar
mantener

descarriarse
aficionarse

regenerarse
enmendarse

vicio
corrupción
degeneración
depravación
daño

imperfección
inmoralidad

ética
moralidad
virtud

defecto
carencia
deficiencia
imperfección

perfección

vicioso
calavera
pervertido
disoluto
libidinoso
lúbrico
lascivo

virtuoso
honesto

vicisitud
acontecimiento
suceso
incidente
alternativa
dilema
variación

monotonía
inmutabilidad

víctima
muerto
herido
accidentado
perjudicado
damnificado
mártir
martirizado
inmolado
sacrificado

homicida
victimario
beneficiado

victoria
éxito
triunfo
premio
botín
conquista
trofeo
gloria

derrota

victorioso
ganador
campeón
vencedor
glorioso
laureado

perdedor
derrotado

vid
cepa
parra

vida
existencia
subsistencia
supervivencia
duración
energía
actividad
dinamismo

muerte
fin

conducta
comportamiento
actuación

biografía
historia
hechos
crónica

vidente
adivino
médium
profeta
futurólogo
augur

vidorra
comodidad
holganza
ocio

vidriar
barnizar
vitrificar

vidriera
cristalera
ventanal
vitral
escaparate

vidrio
cristal
vidriado

vidrioso
vitrificado
vidriado
cristalino
vítreo
transparente

opaco

delicado
frágil
quebradizo

duro
inquebrantable

viejo
anciano
abuelo
matusalén
decrépito
veterano
maduro
senil
achacoso
vetusto

joven
adolescente
mozo

arcaico
anticuado

pretérito
antiguo
lejano
trasnochado

gastado
estropeado
ajado

nuevo
impecable

viento
aire
brisa
galerna
huracán
corriente
ciclón
tromba
tornado
remolino
vendaval
tifón

calma

vientre
barriga
panza
tripa
abdomen
intestino
estómago

viga
traviesa
puntal
poste
listón

vigencia
validez
vigor
legislatura

abolición
prescripción

vigente
válido

eficaz
actual
reinante

desusado
caducado

vigía
vigilante
espía
atalaya
centinela
guardián

vigilancia
atención
alerta
acecho
cuidado
observación
custodia
guardia

negligencia
descuido

vigilante
celoso
cuidadoso
atento
prudente
presto
cauteloso
alerta
diligente

descuidado
negligente
distraído

capataz
celador
supervisor
cuidador
guarda
guardia

vigilar
inspeccionar
observar

velar
examinar
supervisar
cuidar
custodiar

desatender
abandonar
descuidar

vigilia
vela
desvelo
insomnio

soñolencia
sueño

ayuno
abstinencia
dieta

exceso

víspera
proximidad

vigor
vitalidad
brío
vehemencia
ánimo
viveza
actividad
empuje
energía

endeblez
debilidad

vigorizar(se)
fortalecer
reanimar
reconstituir
confortar
animar
rejuvenecer
vivificar

debilitar
desanimar

vigoroso
enérgico
hercúleo
corpulento
activo
robusto
vital
fuerte

débil
impotente

vihuela
guitarra

vil
bellaco
indigno
despreciable
abyecto
canalla
alevoso
infame
mezquino
villano

noble
digno
honorable

vileza
deslealtad
infidelidad
ruindad
maldad
traición
indignidad
servilismo
mezquindad
villanía

nobleza
dignidad

vilipendiar
denostar
denigrar
agraviar

despreciar
injuriar
deshonrar
insultar
difamar

ensalzar
enaltecer
elogiar

vilipendio
afrenta
denigración
ofensa
humillación
menosprecio
ultraje
desprecio
deshonra

elogio
alabanza

vilipendioso
injurioso
insultante
denigrante

villa
ciudad
población
plaza
pueblo

casa
hotel
chalé
quinta

villanía
ruindad
bajeza
deslealtad
vileza
maldad
traición

nobleza
dignidad

villano
infame
desleal
indigno
traidor
bellaco

leal
noble

aldeano
campesino
lugareño
labriego
rústico

refinado
educado

villorrio
lugarejo
aldehuela
aldea
caserío

vinagre
acético
vinagrillo
ácido

vinagrera
vinajera
aceitera

vinagreta
adobo
condimento
salsa

vinatería
bodega
taberna
tasca

vincular(se)
asociar
ligar
unir
fusionar

relacionar
supeditar
juntar
reunir
conexionar

separar
desligar
desvincular

vínculo
atadura
enlace
fusión
lazo
unión
conexión
asociación
conjunción
empalme
relación
correspondencia
nexo

separación
desligadura
desatadura

vindicación
rehabilitación
reivindicación
venganza
restitución

perdón
olvido

vindicar(se)
defender
vengar
reivindicar
exculpar

perdonar
olvidar

vindicativo
vindicatorio
rencoroso

vengativo
resentido

generoso
olvidadizo

vinicultura
vitivinicultura
enología
enotecnia

vino
caldo
morapio

viña
viñedo
majuelo
parral

viñeta
dibujo
ilustración
distintivo
insignia

violáceo
amoratado
violeta
violado
lila
malva
morado

violación
forzamiento
estupro
abuso
desfloración
deshonra
violencia
profanación

incumplimiento
inobservancia
transgresión
quebrantamiento
desobediencia

obediencia

respeto
observancia

violado
violáceo

violar
quebrantar
infringir
vulnerar
conculcar
transgredir

obedecer
respetar

forzar
estuprar
deshonrar
desflorar
mancillar

violencia
exabrupto
coacción
profanación
ferocidad
agresión
ensañamiento
brusquedad
acometividad
atropello
violación

disgusto
tirantez
tensión

violentar(se)
vulnerar
descerrajar
romper
forzar
obligar
agredir
acometer
atentar
desvirgar
violar

permitir

respetar

dominarse
reprimirse

violento
implacable
feroz
impetuoso
vehemente
impulsivo
agresivo
brusco
iracundo

tranquilo
pacífico

violeta
morado
amoratado
violáceo
malva

violón
contrabajo

violonchelo
chelo
violoncelo

viperino
venenoso
retorcido
dañino
nocivo

virada
viraje
giro
vuelta
desvío

virago
machorra
marimacho
hombruna

femenina
delicada

virar
girar
torcer
doblar
volver
cambiar

virgen
doncella
adolescente
impúber
moza
muchacha
vestal

virginal
puro
casto
inocente

inexplorado
impenetrable

virginidad
inocencia
candor
pureza
castidad
virtud
doncellez

impureza
lujuria

virgo
membrana
virginidad
himen

vírgula
virgulilla
coma
trazo
rayita
tilde

viril
masculino
varonil

macho
fuerte
decidido
resuelto

femenino
débil

virilidad
hombría
masculinidad
fortaleza
valor
energía
firmeza
potencia
madurez

femineidad
timidez

virola
anillo
abrazadera
arete

virote
saeta

pisaverde
petimetre
lechuguino

virtual
probable
implícito
aparente
irreal
posible
supuesto
tácito

actual
explícito

virtualidad
eficacia
poder
potencia

capacidad
posibilidad

imposibilidad
incapacidad

virtud

eficacia
potencia
capacidad
poder
fuerza

ineficacia
incapacidad

moralidad
bondad
ética
honradez
integridad

vicio
maldad
vileza

virtuosismo

habilidad
experiencia
arte

ignorancia
incompetencia

virtuoso

bueno
honesto
honrado
prudente
íntegro
justo
bondadoso

pecador
deshonesto

artista
experto
diestro
hábil

inexperto
novato

viruela

pústula
vejiguilla
costra
postilla

virulencia

virus
infección

furia
violencia
mordacidad

suavidad
benignidad

virulento

agresivo
malicioso
sañudo
cáustico
insidioso

amistoso
cándido

tóxico
ponzoñoso
venenoso
nocivo

sano
inocuo

virus

bacilo
microbio
germen

viruta

serrín
limaduras

visado

aprobación
documento
permiso
visa

prohibición

visaje

ademán
gesto
mueca
aspaviento

visar

aprobar
permitir
autorizar
consentir

denegar
prohibir

encuadrar
encajar
apuntar

víscera(s)

asadura
entrañas
bofe
menudos

viscoso

glutinoso
gelatinoso
denso
pastoso
espeso
pegajoso

fluido
ligero
claro

visera

anteojera
ala

visibilidad

luminosidad
claridad
perceptibilidad

opacidad
invisibilidad

visible

claro
evidente
palpable
obvio
ostensible
palmario
manifiesto

velado
oculto

visillo

cortina
cortinilla
cortinaje

visión

vista
visibilidad
ojo
mirada
percepción

ceguera
oscuridad
invidencia

panorama
perspectiva
paisaje

alucinación
espejismo
ilusión
aparición

visionario

soñador
idealista
iluminado
utópico

realista
materialista

visita

visitante
invitado
convidado

entrevista

cita
cortesía

revista
registro
inspección

visitante
invitado
forastero
turista

visitar
cumplimentar
entrevistar
asistir
citar
presentarse

despedirse
abandonar
ausentarse

inspeccionar
examinar
revistar

vislumbrar
distinguir
percibir
otear
entrever
atisbar

sospechar
conjeturar
adivinar

vislumbre
reflejo
resplandor
brillo
atisbo
visión

conjetura
sospecha
indicio

semejanza
parecido
similitud

viso
apariencia
aspecto
traza
aire
matiz

visor
mira
ocular
objetivo
lente

vista
panorama
paisaje
horizonte
perspectiva

sagacidad
sutileza
intuición
perspicacia

juicio
proceso
sumario

visto
examinado
comprobado
verificado
revisado

mirado
observado
advertido
descubierto

imperceptible
oscuro

manido
ajado
manoseado
sobado

nuevo
novedoso

vistosidad
encanto
atractivo
hermosura
gracia
donaire

vulgaridad
deslucimiento

vistoso
bello
lucido
brillante
atractivo
llamativo

deslucido
feo

visual
ocular
óptico

línea
recta
mirada

vital
biológico

básico
esencial
trascendental
fundamental

intrascendente
secundario

vivaz
optimista
vigoroso
dinámico

lánguido
pesimista

vitalicio
indefinido
perpetuo
definitivo

transitorio

vitalidad
vida
empuje
vigor
juventud
fortaleza
energía
vivacidad

atonía
encanijamiento
melancolía

vitamínico
vitaminado
energético
alimenticio

vitando
despreciable
aborrecible
desechable

atractivo

vitola
faja
marca
banda
sello

aspecto
facha

vitorear
aclamar
alabar
homenajear
aplaudir
ovacionar

denigrar
criticar

vítreo
cristalino
claro
frágil
transparente
quebradizo

irrompible
opaco

vitrina
armario
escaparate
vasar

vituallas
víveres

vituperable
abominable
reprobable
reprochable

elogiable
plausible

vituperar
reprobar
censurar
criticar
recriminar
reprender

alabar
elogiar

vituperio
censura
represión
crítica
reproche
recriminación

alabanza
elogio

viudedad
viudez
soledad
desamparo

pensión
subsidio

vivac
campamento
vivaque
refugio

vivaracho
bullicioso
dinámico
alegre

triste
lánguido

avispado
listo
despierto

torpe

víveres
comestibles
avituallamiento
provisiones
suministro

vivero
semillero
criadero
invernadero
vivar

origen
fuente
germen
fundamento
principio

final
término

viveza
vivacidad
fogosidad
dinamismo
prontitud
rapidez
celeridad

apagamiento
lentitud

sagacidad
astucia
perspicacia

torpeza

vívido
claro
real
evidente
elocuente
expresivo

vividor
aprovechado
gorrón
frescales

vivienda
apartamento
piso
domicilio
morada
casa

vivificante
reconfortante
estimulante
vivificador
tonificante

vivificar
reanimar
tonificar
estimular
confortar
reavivar

debilitar
deprimir

vivir
subsistir
coexistir
ser
estar
existir

morir
fallecer

habitar
morar
residir

vivisección
disección
corte

vivo
viviente
orgánico
vital

exangüe
exánime

activo
atareado
presto
raudo
fogoso
vivaracho
diligente
enérgico
ágil

parado
calmoso
tranquilo

ingenioso
perspicaz
astuto
sagaz

tonto
torpe

canto
borde
arista
filo
ángulo

romo
mellado

vocablo
palabra
término
voz

vocabulario
léxico
lexicón

diccionario
terminología
glosario

vocación
preferencia
inclinación
aptitud
afición

aversión
repugnancia

vocal
oral
componente
consejero
asesor

vocalizar
entonar
modular
solfear

vocear
chillar
clamar
berrear
gritar
vociferar

callar
silenciar

vocerío
griterío
vocinglería
alboroto
algarabía
bulla
confusión
escándalo
clamor

silencio
calma

vocero
delegado
portavoz
representante

vociferar
vocear

vocinglero
gritón
alborotador
escandaloso

silencioso
callado

voladizo
saledizo
cornisa

voladura
estallido
explosión
descarga
detonación
deflagración

derribo
desplome
hundimiento
destrucción

erección
construcción

volandero
inestable
voluble
inconstante
mudable
caprichoso

accidental
inopinado
breve
imprevisto

volante
volador
volátil
volandero

impreso
hoja
orden

nota
escrito

guía
manilla

ambulante
errante
suelto
callejero
vagabundo

sedentario
fijo
permanente

volar
planear
elevarse
revolotear
aletear
circunvolar

acelerar
apresurarse
correr
trotar

ralentizar
frenar

estallar
desintegrar
reventar
deflagrar
explotar
dinamitar

construir
erigir

volátil
ave
avecilla

aéreo
etéreo
ligero
sutil

pesado
espeso

volatilizar(se)
desaparecer
evaporarse
esfumarse
gasificar

licuar
solidificar

volatinero
equilibrista
acróbata
trapecista
funámbulo

volcán
cráter
erupción

pasión
ardor
violencia
ímpetu

volcánico
apasionado
ardiente
impetuoso
fogoso
vehemente

volcar(se)
derribar
desplomar
tumbar
voltear

verter
derramar
vaciar

esforzarse
afanarse
dedicarse
aplicarse
consagrarse

volea
golpe
patada
sacudida

volquete
camión
carretilla
carro

voltear(se)
girar
rotar
caracolear
volcar

volverse

voltereta
cabriola
pirueta
salto
brinco

voltímetro
contador
medidor
registrador
amperímetro

voluble
veleidoso
caprichoso
frívolo
variable
cambiante

constante
firme

volumen
bulto
cuerpo
masa
magnitud

capacidad
cabida
tonelaje
aforo

tomo
ejemplar
libro
texto

voluminoso
abultado
grande
corpulento
enorme

pequeño
reducido

voluntad
intención
deseo
gana
ansia

tenacidad
perseverancia
empeño
constancia

consentimiento
aquiescencia
permiso
conformidad

testamento
mandato
orden
decisión
disposición

voluntario
espontáneo
libre
opcional
optativo

obligatorio
forzado

voluntarioso
trabajador
afanoso
perseverante
tenaz
constante

terco
obstinado
tozudo
testarudo

voluptuosidad
sensualidad
erotismo
placer
concupiscencia
lujuria

castidad
templanza

voluptuoso
sensual
apasionado
erótico
libertino
lujurioso
lascivo

ascético
casto
místico

voluta
adorno
espiral
caracol

volver(se)
regresar
retornar
venir
llegar

irse
marcharse

reanudar
reemprender
repetir
insistir

dejar
abandonar

girar
virar
voltear
torcer

cambiarse
transformarse

renovarse
mudarse

vomitar
devolver
regurgitar
arrojar

desembuchar
cantar
declarar
confesar

vomitivo
emético
vomitorio
purgante

vómito
náusea
arcada
basca

voracidad
avidez
ansia
gula
glotonería

desgana
inapetencia
sobriedad

vorágine
torbellino
remolino

tumulto
barahúnda
desorden
caos

voraz
glotón
tragón
comilón
hambriento

desganado
inapetente

destructor

violento
devorador

moderado
sobrio

votación
elección
sufragio
plebiscito
comicios
referéndum

votar
elegir
seleccionar
nominar
sufragar

abstenerse
inhibirse

votivo
expiatorio
ofrendado
ofrecido
dedicado

voto
decisión
opinión
sufragio

papeleta

promesa
ofrenda
compromiso
pacto

taco
juramento
blasfemia
palabrota

voz
aullido
chillido
dicción

grito
gruñido

vuelco
volteo
tumbo
giro
caida

variación
cambio
transformación
alteración

vuelo(s)
revoloteo
planeo
acrobacia

extensión
anchura
amplitud
holgura

ínfulas
humos
engreimiento
fantasías

vuelta
regreso
retorno
venida
llegada

giro
rotación
rodeo
viraje

curva
recodo
esquina
ángulo

calderilla
suelto
dinero
monedas

reverso
dorso

revés
espalda
trasera

vulgar
ordinario
corriente
común
chabacano
rústico
tosco
trivial

selecto
especial
refinado

vulgaridad
chabacanería
grosería
ordinariez
trivialidad
zafiedad

genialidad
exquisitez

vulgarismo
barbarismo
incorrección
vulgaridad

cultismo
purismo

vulgarizar(se)
divulgar
difundir
extender
propagar

trivializar
achabacanar
adocenar
rebajar

vulgo
plebe
pueblo

chusma
populacho

nobleza
aristocracia

vulnerabilidad
debilidad
fragilidad
inseguridad
flaqueza

fortaleza

vulnerable
débil
endeble
delicado
frágil

consistente
fuerte

vulneración
conculcación
transgresión
contravención
quebrantamiento

vulnerar
violar
transgredir
infringir
incumplir
quebrantar

cumplir
acatar

dañar
perjudicar
herir
lesionar
lastimar

favorecer
beneficiar

vulva
labios

W

wagon-lit
coche cama

walkie-talkie
emisor
receptor
intercomunicador
radio

walkiria
valquiria
amazona
guerrera

wáter
váter
retrete

aseo
servicio
baño
excusado
lavabo

weekend
fin de semana

descanso
asueto

western
filme
película

whisky
güisqui

xenofobia
patriotería
intransigencia
chauvinismo

xenófobo
patriotero

intransigente
chauvinista

xenófilo

xerocopia
fotocopia

xerox
xerografía

xifoides
paletilla
esternón
cartílago

xilófono
xilofón
marimba

xilografía
grabado
reproducción

Y

ya
ahora
actualmente
hoy

yacaré
caimán

yacente
tendido
tumbado
echado
acostado
extendido

vertical
levantado

yacer
reposar
descansar
dormir

cohabitar
amancebarse
fornicar

yacija
cama
lecho
camastro

fosa

sepulcro
tumba

yacimiento
filón
vena
veta
mina
cantera
depósito

yanqui
estadounidense
norteamericano
americano
gringo

yantar
comida
manjar
vianda
alimento

comer
jamar
manducar

yatagán
alfanje
sable
cimitarra

yayo
abuelo

yedra
hiedra

yegua
jaca
potranca
potra

yeguada
manada
hato
recua

yegüerizo
yegüero
mozo

yegüero
yegüerizo

yelmo
casco
bacinete
celada
morrión

yema
brote
botón

vástago
renuevo

dulce
confitura

yerba
hierba

yermo
baldío
árido
estéril
infecundo

fértil
sembrado
cultivado

despoblado
deshabitado
desierto
solitario

habitado
poblado

yerro
error
fallo
desacierto
equivocación
falta

acierto

yerto
rígido
tieso
inmóvil
inerte
congelado
muerto

yesca
leña
pajuela
eslabón
pedernal

yeso
cal
tiza
escayola
lechada

yodo
yodoformo
tintura
desinfectante

yoga
ascética
concentración
ascetismo

yuca
mandioca

yudo
judo

yugo
jubo

gamella
armazón

opresión
atadura
esclavitud
sumisión
servidumbre

yunque
tas
bigornia

yunta
yugada
pareja

yute
fibra
arpillera
hilaza

hebra
filamento

yuxtaponer(se)
juntar
adosar
arrimar
acercar
aplicar
encarar

separar
apartar

yuxtaposición
acercamiento
aproximación
unión
aplicación

alejamiento
separación

Z

zabordar
encallar
varar
embarrancar
atascarse
atollarse

zafarrancho
limpieza
preparativos

algarada
riña
gresca
refriega
zapatiesta

zafarse
irse
escaparse
huir
escabullirse

resistir
aguantar

librarse
liberarse
eludir
desembarazarse

afrontar
encarar
enfrentarse

zafio
grosero
inculto
patán
chabacano
rudo
tosco
vulgar

culto
fino
educado

zafiro
corindón
piedra

zafra
aceitera

desechos
escombros

cosecha

zaga
retaguardia
cola
final
extremo
atrás

dorso
espalda

reverso
trasera

zagal
muchacho
joven
adolescente
chaval
chico
mozalbete

pastorcillo
ayudante

zaguán
portal
vestíbulo
porche
recibidor
atrio
galería
pórtico

zaguero
trasero
postrero
último
rezagado
colista

delantero
puntero

defensa

zahareño
desdeñoso
intratable
cerril
montaraz
rebelde
indomable
arisco
huraño

manso
dócil
afable

zaherir
escarnecer
agraviar
vejar
ofender
ultrajar
despreciar
mortificar
menospreciar

ensalzar
alabar

zahón
pantalón
calzón

zahorí
vidente
rabdomante

zahúrda
pocilga
cochiquera
porqueriza

covacha
tugurio
chiscón

zaíno
falso
hipócrita
traicionero
desleal
infiel

castaño
pardo
marrón
rojizo

negro
bruno
azabachado

zalagarda
alboroto
follón
pelotera
zapatiesta
gresca

emboscada
trampa
celada

zalamería
halago
arrumaco
carantoña
adulación
elogio

zalamero
adulador
halagador
tiralevitas
lameculos
pelotillero

hosco
arisco

zalea
zaleo
zamarra

zalema
reverencia
saludo
cortesía

zamarra
pelliza
chaquetón
cazadora
zamarro
gabán

zamarrear
menear
sacudir
zarandear

mimar
acariciar

zamarro
zamarra

zambo
patizambo
patituerto
patojo

zambombazo
golpazo
trompazo
batacazo
golpetazo

explosión
estampido
estallido
cañonazo

zambombo
tosco
rudo
zafio

zambra
fiesta
jolgorio
algazara
cachondeo
jaleo

zambullida
inmersión
chapuzón
sumersión
baño

zambullirse
sumergirse
bañarse
bucear
chapuzarse

zampabollos
glotón
tragón
tragaldabas
zampón

sobrio
frugal

tosco
rudo
basto

zampar
engullir
tragar
devorar
atiborrarse
jalar

zampón
comilón
tragón
tragaldabas
zampabollos

zampoña
caramillo

bobada

trivialidad
simpleza

zanca
pata
miembro
extremidad
pierna

zancada
paso
tranco
trancada

zancadilla
traspié
traba
tropiezo
trampa

zancajear
deambular
corretear
apresurarse
afanarse

zancajo
talón
calcañar
tarso

zanco
palo

zueco

zancudo
zanquilargo

zanganear
holgazanear
vaguear
gandulear
haraganear
remolonear

trabajar
trajinar

zanganería
holgazanería
gandulería
vagancia
ociosidad

actividad
ocupación

zángano
gandul
haragán
perezoso
vago
holgazán

trabajador
activo

zanguango
indolente
vago
perezoso
gandul
holgazán

diligente
dinámico

zanja
cuneta
trinchera
cauce
acequia

zanjar
solucionar
resolver
despachar
concluir
acabar

entorpecer
complicar

zanquilargo
zancudo
patilargo
patudo
larguirucho

zapa
túnel
galería
mina

pala

zapador
gastador
excavador
perforador

zapapico
piqueta
alcotana

zapar
cavar
excavar
picar
minar

tapar
rellenar

zapata
cuña
calce
zócalo

zapatazo
patadón
puntapié
chupinazo

zapateado
zapateo
repiqueteo
taconeo

zapatear
taconear
repiquetear
bailar

zapateo
zapateado

zapateta
cabriola
salto
brinco
pirueta

zapatiesta
trapatiesta
riña
jaleo
alboroto
follón

zapatilla
babucha
chancla
pantufla
alpargata
playera

zapato
calzado
botín
borceguí
escarpín

zaquizamí
cuartucho
cuchitril
buhardilla
tugurio
antro

palacio
mansión

zar
emperador
soberano

zarabanda
jolgorio
algazara
bullicio
jaleo
jarana

zaragata
pelea
pelotera
gresca
altercado

zaragatero
pendenciero
camorrista
juerguista
alborotador

zaranda
cedazo
criba
harnero
cernedor

zarandajas
bagatelas
minucias
pamplinas
chuminadas
fruslerías

zarandar
cribar
limpiar
cerner
tamizar

zarandear(se)
agitar
sacudir
ajetrear
traquetear

zarandeo
ajetreo
traqueteo
agitación

quietud
calma

zarcillo
pendiente
aro

arete
colgante

zarpa
garra
mano
uñas

zarpar
salir
marchar
partir

zarpazo
zarpada
arañazo
rasguño
desgarrón

caricia
mimo

zarrapastroso
desaseado
desaliñado
andrajoso
harapiento
sucio

elegante
pulcro

zarria
lodo
cieno
barro

colgajo
harapo
pingo
andrajo

zarza
zarzamora
espino
escaramujo

zarzagán
zarzaganete

zarzaganillo
cierzo

zarzal
breñal
matorral
espesura

zarzaparrilla
refresco
bebida

zarzuela
opereta
comedia

zascandil
chisgarabís
mequetrefe
enredador
botarate
tarambana

serio
formal

zascandilear
enredar
cotillear
vagar
holgazanear
gandulear

zazo
zazoso
tartajoso
tartaja
tartamudo

zeda
ceda
ceta
zeta

zepelín
dirigible
aeróstato
globo

zeta
zeda

zigoto
cigoto
huevo
gameto

zigzag
culebreo
ondulación
serpenteo

derechura
recta

zigzaguear
serpentear
culebrear

zíngaro
cíngaro
gitano

zipizape
riña
pelotera
gresca
alboroto
follón
trifulca

paz
calma

zócalo
rodapié
friso

base
pedestal
peana
plinto

zoco
mercado
mercadillo
rastro
tenderetes

zombi
alelado
aturdido
grogui

zona
región
comarca
territorio
demarcación

franja
faja
banda
cinturón

zonzo
soso
sosaina
soseras

salado
gracioso

tonto
simple
mentecato
bobo

listo
inteligente

zopenco
bruto
tosco
rudo
tonto
zoquete
ignorante

listo
espabilado

zoquete
tarugo
taco
leño

mendrugo
corrusco

cuscurro
cantero

bruto
ignorante
torpe
mentecato
zote
tonto

inteligente
despierto

zorra
raposa
vulpeja
alimaña

prostituta
ramera
fulana
puta

zorrería
astucia
sagacidad
picardía
sutileza

ingenuidad
candidez

zorro
zorra
raposa
vulpeja
alimaña

astuto
ladino
pícaro
taimado

ingenuo
cándido
franco

zote
zoquete
ignorante
adoquín
memo

mentecato
patán

listo
avispado

zozobra
angustia
ansiedad
intranquilidad
desasosiego

tranquilidad
serenidad

zozobrar
naufragar
volcar
peligrar
hundirse

zueco
almadreña
chanclo
choclo
madreña

zulo
agujero
hoyo
escondite
escondrijo

zumbar(se)
silbar
sonar
ronronear
susurrar

pegar
zurrar
atizar
cascar

zumbido
chiflido
silbido
ruido
ronroneo

zumbón
burlón
bromista

guasón
socarrón

serio
taciturno

zumo
jugo
extracto
néctar
esencia
caldo

beneficio
utilidad
provecho
ventaja

zuncho
abrazadera
arandela
fleje

zupia
poso
residuo
sedimento

desperdicio
desecho
sobras
restos

zurcido
cosido
recosido
remiendo
refuerzo

zurcir
repasar
remendar
coser
reforzar

rasgar
romper

zurdo
izquierdo
siniestro

diestro

zurita
tórtola
paloma
pichón

zurra
tunda
azotaina
soba
somanta
paliza

zurrapa
zupia
poso
residuo
sedimento

zurrar
pegar
golpear
azotar
atizar
sacudir
vapulear

acariciar
mimar

zurriagazo
latigazo
vergajazo
correazo
cintazo

zurriago
látigo
fusta
tralla
correa

zurrón
macuto
morral
mochila
alforja

zutano
fulano
mengano
perengano
citano